《中国学术》十年精选

融合与突破

刘 东 主编

商务印书馆
创于1897 The Commercial Press
2014年·北京

图书在版编目(CIP)数据

融合与突破/刘东主编. —北京:商务印书馆,2014
(《中国学术》十年精选)
ISBN 978-7-100-10194-3

Ⅰ.①融… Ⅱ.①刘… Ⅲ.①史学—文集 Ⅳ.①K0-53

中国版本图书馆 CIP 数据核字(2013)第 184842 号

《中国学术》十年精选
融合与突破
刘 东 主编

商 务 印 书 馆 出 版
(北京王府井大街36号 邮政编码 100710)
商 务 印 书 馆 发 行
北京瑞古冠中印刷厂印刷
ISBN 978-7-100-10194-3

2014 年 6 月第 1 版 开本 787×960 1/16
2014 年 6 月北京第 1 次印刷 印张 33
定价:76.00 元

《〈中国学术〉十年精选》总序

刘　东

越来越显然，已经很少有人不在抱怨那个既外行又强势的学术体制了，却又很少有人能够摆脱它那全能型的“宰制意志”。网上甚至有人用这样的语言，来夸张地形容它那吞噬式的诱惑——“你要我的钱，我要你的命”。正因为这样，也就难怪有年轻学子在模糊的对比中，恍然觉得就连那个战乱频仍、物价飞涨，且经常欠薪的民国时代，都要比现在这种窒息的氛围更适于做学问。

可是私下里，自己却在内心中唱着反调：即使在那个思想遭禁锢的苏联，不也还出现了肖斯塔科维奇的音乐么？即使在已被炸成残垣废墟的列宁格勒，老肖不还是写出了他的《第七交响乐》么？所以说，相对于“并非衰落”的民国学术本身，我们这一代人更应当记取的，还是当时的学人以内心中的坚持、以“不被决定”的坚毅精神，来守护他们毕生挚爱的学业。设非如此，他们又岂会在如此艰危的时局中，为我们留下了可供承继的一线学脉？

同样的，眼下的这四卷《〈中国学术〉十年精选》，也可以属于一种“未被决定”的“例外”。——这倒不必非要等到后世，大家现在来平心读它一过，也就可以确信无疑地知道，无论当今的学界怎样被批评为“堕落”，但只要哪位学人的良心尚没有跟着堕落，而不在乎短时间是否被承认，不在乎各种以“基金”名义掷下的“封赏”，那么，他就仍然可以做到“立地成佛”，从而以自己坚忍的努力来证明：毕竟在偌大的一个中国，真正称得上“研究”的严肃学术，还不可能被横蛮的外力彻底荡平。

非但如此，在当今的这种环境中，我们还可以趁着全球化的契机，包括不断扩充的图书馆收藏,快速迅捷的国际互联网,日益密切的学界互访和渐趋多元的财力资源,来向往日的学术记录发起极限冲击。正是上述昔年无法想象的便利,使我们比起前几代的师尊们,有了更加优越充裕的治学条件,所以在这种情况下,也完全有理由反过来说,要是我们还没有能把学问做好,那么归根结底,病根还在于自己内心的缺失——正所谓"非不能也,是不为也"!

的的确确,随意打开这套《精选》的任一卷,无论是它的《德性与价值》或《实践与记忆》,还是它的《艺术与跨界》或《融合与突破》,都可以看到群星灿烂般的作者群,其中不少还是国际学界的领军人物,注定要被永久性地写入学术史。——而如果再考虑到,他们在这里所发表的论文,都还是经过严格匿名评审、细细切磋打磨的作品,而且这些作品在最初刊发时,按照《中国学术》的操作规程,基本上都还属于"全球首发",那么,读者们也就不难想象到,当代的知识生产已经走多远了!

当然,还是有必要来预先提醒,由于这只是篇幅有限的选集,规定了每人仅能被各选一篇,所以还只是一番匆匆的巡礼;而读者们如想更多地了解,还只能是经由这里的指南,去阅读更加浩繁厚重的原刊。不过即使如此,这种学术选集的存在本身,却已经可以示范性地证明:如果更相信自己的学术判断,更听从内心学术良知的感召,而不是任由外在蛮力的牵引,那么,尽管我们脚下的土地并不完美,但我们仍可能就在这块土地上,去逐渐打造出一个国际级的学刊,并且就在这样的学刊上,去为我们自己的子孙后代,逐渐苦熬出一种可资承继的学统。

正因此,尽管这里只给出了少量样品,仍希望邀请读者借此鉴定一下,这本学刊究竟在多大程度上,实现了自己在"发刊词"中的愿望:"**提升我国人文及社科的研究水准,推展汉语世界的学术成就;增强文化中国的内聚力,促进中外学术的深度交流;力争中文成为国际学术的工作语言,参赞中国文化现代形态在全球范围内的重建。《中国学术》的涉猎范围,囊括人文及社科诸方面,但更提倡此二翼渗透和互动,即人文研究指向社会问题,社科研究显出人文视界,力争以'人文与社会'为轴心,追求学科交叉和科际**

整合。”当然，这决不意味着我已认定，本刊业已切实达到了这个目标，但我却敢向大家这样来担保：无论在过去还是未来的操作中，我们都时刻牢记着这样的目标。

另一方面，读者们还自可明鉴，尽管这里的作者都属于“一时之选”，而且这些作品也都是他们的“精心之作”，但这也并不自动地意味着，他们由此所达到的学术结论，就已经可以代表“真理本身”了。即使我们仍然愿意相信，“真理”这东西总还是存在的，它也只存在于这类学者的艰深对话中，而且这类的对话、辩难与检讨，还将是开放性的和永无止境的。——事实上，就我个人所面临的工作抉择而言，认识到此种“对话性”的关键作用，正是创办这本学刊的主要动力，否则的话，我当初就会把自己主要的精力，投放到多写几本只属于个人的著作。

在这个意义上，创办和坚守这样一本学刊，如果仅就个人的治学而言，或许仍可以算作一种“牺牲”。这是因为，就算是再愚钝再木然，我也并非完全不知道，在验收学术成果的现行机制下，如果太去放纵作为“大我”的想象，那么，对于“小我”只能是有百害无一利。不过，对于这样的一种“牺牲”，我本人却并没有什么好抱怨的。——这又是因为，从自己的学术训练和学术良知出发，我无论如何也忍受不了那种“杨朱式的”想象：可以任由中国文化无论变得怎样破败，而只要自己个人作为一位翘楚级的学者，对于它的“研究”还能堪称一流、还能受到认可。

正因为这样，真正要在这里特别感谢的，还是十几年来一直在默默支撑着本刊的、奋勇地冲击在学术一线的作者们。他们不仅以其深湛的求学态度，在共同确保着本刊的论证质量，还更以其职业化的诚敬精神，来忍耐本刊率先施行的、有时难免显得严苛的“双向匿名评审”制度。此外尤其重要的是，他们还更和本刊编者站在一起，拒不相信在这个日渐“扁平”的世界上，还有比学者本身更懂得学术的人，——不管这些人打着怎样令人目眩的名义，也不管这些人掌管着多少令人艳羡的、原应能做点好事的资源。

2013 年 4 月 19 日于清华园立斋

目　录

叙事与诗性的历史*

海登·怀特(美国斯坦福大学)

《元史学》是西方人文科学中那个"结构主义"时代的著作,要是今天的话,我就不会这么写了。尽管如此,我还是认为本书对于更具综合性的历史著述理论有所贡献,因为它认认真真地考虑了历史编纂作为一种书面话语的地位,以及作为一门学科的状况。随着十九世纪历史学的科学化,历史编纂中大多数常用的方法假定,史学研究已经消解了它们与修辞性和文学性作品之间千余年来的联系。但是,就历史写作继续把基于日常经验的言说和写作当作首选媒介来传达人们发现的过去而论,它仍然保留了修辞和文学的色彩。只要史学家继续使用基于日常经验的言说和写作,他们对于过去现象的表现以及对这些现象所做的思考就仍然会是"文学性的",即"诗性的"和"修辞性的",其方式完全不同于任何公认的明显是"科学的"话语。

我相信,对于历史作品的研究,最有利的切入方式必须要更加认真地看待其文学方面,这种认真程度超过了那含糊不清且理论化不足的"风格"观念所能允许的。那种被称为比喻学的语言学、文学和符号学的理论分支被人们看成是修辞理论和话语的[1]情节化,在其中,我们有一种手段能将过去事件的外延和内涵的含义这两种维度联系起来,藉此,历史学家不仅赋予过去的事件以实在性,也赋予它们意义。话语的比喻理论源自维柯,后继者有现代话语分析家,如肯尼斯·伯克、诺斯罗普·弗莱、巴特、佩雷尔曼、福柯、

---

* 本文为《元史学:19 世纪欧洲的历史想象》中译本前言,该书即将由译林出版社出版。文章名为译者所加。

1 discursive,该词作为名词 discourse(话语)的形容词形式,用它可以表达那种赋予特定形式或语气的拓展了的言语内涵。——译注

格雷马以及其他人，它仍旧是我的史学思想的核心，是我有关史学与文学和科学话语的联系，以及史学与神话、意识形态和科学的联系这种思想的核心。我致力于把比喻当作一种工具来分析历史话语的不同层面，诸如本体论和认识论层面、伦理和意识形态层面、美学和形式层面，正是这一点，使得我在如何区分事实与虚构、描述和叙事化、文本和情境、意识形态和科学等等方面与其他史学理论家不同。

比喻对想象性话语的理论性理解，是对各种修辞（如隐喻、转喻、提喻和反讽）生成想象以及生成种种想象之间彼此联系的所有方式的理论性理解。修辞生成的想象充当了实在的象征，它们只能被臆想，而不能直接感知。话语中（有关人物、事件和过程的）修辞之间的话语性联系并非逻辑关系或与他者的演绎性继承关系，而通常意义上是隐喻性的关系，即以凝练、换位、象征化和修正这样的诗学技巧为基础。正因为如此，任何忽视了比喻性维度的对特定历史话语所做的任何评价都必定无法理解：尽管该话语可能包含了错误信息并存在可能有损其论证的逻辑矛盾，它却能令过去“产生意义”。

特定历史过程的特定历史表现必须采用某种叙事化形式，这一传统观念表明，历史编纂包含了一种不可回避的诗学—修辞学的成分。既然没有哪个被理解为一组或一系列离散事件的事件场实际上能被描述成具有故事的结构，我便采纳了这样一种方式，通过它，一组事件的叙事化将更具比喻性而非逻辑性。一组事件转换成一个系列，系列又转换成序列，序列转换成编年史，编年史转换成叙事作品，我认为，这些行为更宜于理解成比喻性的，而非逻辑—演绎性的。此外，我把事件构成的故事和可能用来解释这些事件的任何形式论证之间的关系，当作是由逻辑—演绎和比喻—修辞的要素构成的组合。这样，一方面是历史话语和科学话语之间的差异，另一方面是历史作品与文学作品之间的类同，如果它们不再强求，对于历史话语研究而言，比喻的方法看上去尤其是正当的。

我一直感兴趣的问题是，修辞性语言如何能够用来就不再能感知到的对象创造出意象、赋予它们某种“实在”的氛围，并以这种方式使它们易于受特定史学家为其说明而选择的解释和阐释技巧的影响。这样,马克思在1848年巴黎起义期间对法国资产阶级和工人阶级的描述为工人们运用辩证唯物主义进行分析做了准备,他正是用这种分析解释他们在随后事件中的行为。这种在最初的描述和马克思的话语中紧随而来的解释之间获得的一致性是一种形式上的,而不是逻辑上的。它并不是给"真实的不一致性"戴上了"虚假的一致性"的面具,而是诸种事件的叙事化,这种叙事化展示了时间进程中事件群的变化和它们彼此之间关系的转变。人们不可能将一种实在的事件序列描述得表现了"喜剧"意义,除非他把相关的行为者和事件过程描绘成那些人们能够看作是"喜剧"类型的现象。不同表现层次彼此类比相连而获得的话语的一致性完全不同于逻辑上的一致性,在后者中,一个层次被认为是能够从另一个层次演绎而来的。近来人们想要提出一种有关历史因果的融贯学说的努力失败了,这说明科学化的"法则式演绎"范式作为一种历史解释工具是不完备的。

我认为,史学家尤其想通过将一系列历史事件表现得具有叙事过程的形式和实质,来对它们进行解释。他们或许会用一种形式论证来弥补这种表现,该论证认为逻辑一致性可以充当其合理性的表征和标示。但是,正如存在诸多不同的表现模式一样,合理性也有诸多不同的种类。福楼拜在《情感教育》中对1848年事件的描述很少有"非理性的",即便其中有许多是"假想的"和大量"虚构的"东西。福楼拜以尝试形成一种无法区分对(真实的或想象的)事件的"解释"与对它们的"描述"的表现风格而闻名。我认为,从希罗多德和修昔底德,历经李维和塔西佗,下至兰克、米什莱、托克维尔和布克哈特,伟大的叙事史学家往往均是如此。在此,我们必须以米歇尔·福柯所说的那样来理解"风格":它是某种稳定的语言使用方式,人们用它表现世界,也用它赋予世界意义。

意义的真实与真实的意义并不是一回事。用尼采的话说,人们可以想象对一系列过往事件完全真实的记述,而其中依然不包含一丝一毫对于这些事件的特定的历史性理解。历史编纂为有关过去的纯粹的事实性记述增添了一些东西。所增添的或许是一种有关事件为何如实发生的伪科学化解释，但西方史学公认的经典作品往往还增添了别的东西，我认为那就是“文学性”，对此，近代小说大师比有关社会的伪科学家提供了更好的典范。

我在《元史学》中想说明的是，鉴于语言提供了多种多样的建构对象并将对象定型成某种想象或概念的方式，史学家便可以在诸种比喻形态中进行选择，用它们将一系列事件情节化以显示其不同的意义。这里面并没有任何决定论的因素。修辞模式和解释模式或许是有限的，但它们在特定话语中的组合却是无限的。这是因为语言自身没有提供任何标准，以区别“恰当的”（或者字面的）和“不恰当的”（或修辞的）语言用法。任何语言的词汇、语法和句法都并未遵循清晰的规则来区分某种特定言说的外延和内涵层面。诗人们了解这一点，他们通过运用这种模糊性使作品获得了特殊的启示性效果。历史实在的叙事大师们也是如此。传统中的史学大师们同样知道这一点，但到十九世纪时，历史学越来越被一种追求明晰性、字面意义和纯粹逻辑上的一致性的不可实现的理想所束缚，情况就不一样了。在我们自身的时代中，专业史学家没能使历史研究成为一门科学，这表明那种理想是不可能实现的。近来的“回归叙事”表明，史学家们承认需要一种更为“文学性”而非“科学性”的写作来对历史现象进行具体的历史学处理。

这意味着回归到隐喻、修辞和情节化，以之取代字面上的、概念化的和论证的规则，而充当一种恰当的史学话语的成分。

我在《元史学》中试图分析的正是这种意义产生的过程是如何运作的。确实，正如人们现在认识到的那样，我当时也认识到，通过进行论证以便“科学地”说明过去或者“解释学式地”解释过去，史学家能够赋予过去以意义。但是，我那时更感兴趣的是史学家把过去构成为一个主词的方式，这个主词可以充当科学研究或解释学分析的可能对象，更重要的是，充当叙事化的对象。我认识到，“罗马帝国”、“罗马天主教”、“文艺复兴”、“封建主义”、“第三等级”、“清教徒”、“奥利弗·克伦威尔”、“拿破仑”、“本·富兰克林”、“法国大革命”等等（或者至少是这些术语所指的实体），早在任何特定史学家对它们感兴趣之前就存在了。但是，相信某个实体曾经存在过是一回事，而将它构成为一种特定类型的知识的可能对象完全是另一回事。我相信,这种构成行为既与想象相关,也同样和理性认知有关。这就是为什么我把自己的研究描述为一种构思历史写作的"诗学"而非历史"哲学"的努力。

诗学表明了历史作品的艺术层面,这种艺术层面并没有被看成是在文饰、修饰或美感增补意义上的"风格",而是当作某种语言运用的习惯性模式,通过该模式将研究的对象转换成话语的主词。在史学家探询过去的研究阶段中,他/她的兴趣在于,就他/她感兴趣的对象以及该对象在时间中经历的变化建构一种精确的描述。他/她这样做是以文献档案为基础,从其内容中提取出了一组事实。我说的是"提取"一组事实,因为我对事件(作为在流俗的时间和空间中发生的事件)和事实(以判断形式出现的对事件的陈述)做了区分。事件发生并且多多少少通过文献档案和器物遗迹得到充分的验证,而事实都是在思想中观念地构成的,并且/或者在想象中比喻地构成的,它只存在于思想、语言或话语中。

说某个人"发现"事实,这毫无意义,除非我们用这种断言指的是在文献中发现的陈述,它们证明了在特定的时空中发生了特定的事件。但在这种情况下,我们也在说语言学事件,如类型 2 的 X 事件在 A 时间和Ⅲ空间中发生这样的陈述。这正是我选用巴特的话"事实只是一种语言学上的存在"作为《话语的比喻》一书的警句所想要表达的意思。我并不是说,"事件"只有一种语言学上的存在。我想要强调的是,在我看来,历史事实是构造出来的,固然,它是以对文献和其他类型的历史遗存的研究为基础的,但尽管如此,它还是构造出来的:它们在文献档案中并非作为已经包装成"事实"的"资料"而出现(可参照柯林武德)。

因此,事实的构成必须像这样以对过去档案的研究为基础,以便充当描述某种复杂的历史现象(如"法国大革命"、"封建主义"、"英诺森三世"等)的基石,而那些历史现象可能转而又成为说明和解释的对象。换句话说,如果历史说明或解释是一种构造物,是依具体情形观念地并且/或者想象地构成的,那么,运用了这些解释性技巧的对象也是构成的。当谈到历史现象时,它也从来都是构成物。

它怎么可能是其他情形呢?只要历史实体在定义上隶属于过去,对它们的描述就不会被直接的(受控的)观察所证实或证伪。当然,通过直接观察所能研究的是证明了史学家感兴趣的过去对象之本质的那些文献。但是,如果这些记载想要不顾事实,而原本在这些事实的基础上,对于可能成为研究主题的对象所作的最初看似真实的描述才得以呈现,那么这些记载就需要解释。这就促使我得出这样的结论,即历史知识永远是次级知识,也就是说,它以对可能的研究对象进行假想性建构为基础,这就需要由想象过程来处理,这些想象过程与"文学"的共同之处要远甚于与任何科学的共同之处。

我所说的想象过程是以对意象的思考和比喻性的联想模式为特点,后者乃是诗学言语、文学写作,并且还有神话思想所具有的特征。历史话语中"文学"成分的出现是不是有损于史学所主张的讲述真实以及证实和证伪的程序呢?只有当人们将文学写作等同于撒谎或者歪曲事实,并且否认文学有任何真实表现现实的兴趣时,才会造成损害。这就使得我们可以把史学归入现代科学,而只要人们认为现代科学对确定有关世界的真实不像对确定世界的"实在"那么感兴趣。

的确,我说过,作为创造过程的产物,历史的文学性和诗性要强于科学性和概念性;并且,我将历史说成是事实的虚构化和过去实在的虚构化。但十分坦率地说,我倾向在现代边沁主义和法欣格尔的意义上来理解虚构的观念,即将它看成假设性构造和对于实在的"好像"式描述,因为这种实在不再呈现在感知前,它只能被想象而非简单地提起或断定其存在。欧文·巴菲尔德的著名文章《诗歌用语和法律拟制》[2]对我有所启示,该文指出,在法律上归诸于"法人"的"个体人格"就其是某种"虚构"而言仍然是"真实的"。正如前文所述,我始终把"事实"视为建构之物,就是阿瑟·丹托所称的"描述中的事件",因而在拉丁语"fictio"的词源学意义上,它是一种语言学上的或话语的虚构,即把它视为某种人工制成的或制作的东西。当然,这正是我

2 "Poetic Diction and Legal Fiction,"作者欧文·巴菲尔德(1898—1997年),英国语言学家、批评家、诗人、思想家,主要著作有《诗歌用语》(1928年)、《拯救外观:偶像崇拜研究》(1957年)等。——译注

看待现代小说中实在表现的方式,它们明显就所描述的一点一滴社会实在都提出了真实性要求,这丝毫不比任何一位进行叙事的史学家所做的弱。关键在于,就叙事为实在强加了那种只会在故事中遭遇的意义的形式与内容而言,将实在叙事化就是一种虚构化。

史学理论中有一种老生常谈,说的是由事实而得出的故事是一种浓缩,即将行为经历的时间缩减为讲述的时间、将人们有关某个特定历史时期所知的一切事实缩减成只剩那些重要的事实,这种浓缩不仅对特定时空范围内发生的事件是如此,对于人们就这些事件可能会知道的事实也是如此。将柯林武德所说的史学家"关于事件的思想"转变成(他实际上讲述的或写作的)著述话语,这一行为使用了一切比喻性话语运用中颇具特征性的浓缩和移情。史学家也许想准确地言说,并且只想讲述与他们的研究对象有关的真实,可是人们无法在叙事化中不求助比喻性语言和比写实性更具诗性(或修辞性)的话语。在特定的过去中,对"发生的事情"所做的纯粹字面的记述只能用来写作一部年代纪或编年史,而不是"历史"。历史编纂作为一种话语,它特别旨在建构一系列事件的真实叙事,而不是就情势做一番静态描述。

因而,如果某人有兴趣构思一部史学史(或历史写作史、史学思想史、历史意识史等等此类的东西),也就是说,如果他有兴趣阐明那些在时间中经历的变迁,以及诸种变迁在不同处境下表现出来的差异,而在那些处境中,"过去"已经被解释成了系统性和自反性认知的可能对象,那么,他必然采用一种元史学观点。换句话说,人们不能简单地假定他自身那个时代的史学家(或其他时代和地区的史学家)所使用的概念是恰当的,也不能简单地以这种概念的循环作为目标,而令任何事情都或多或少地变成了该学科实践"自开始起"就趋向于这个目标。例如,设想兰克或布罗代尔使用"历史事件"、"历史事实"、"历史叙事"或者"历史解释"(或就此用"文学"、"虚构"、"诗歌"、"模仿"、"过去"、"现在"等等术语)所理解的意思与希罗多德或修昔底德用与这些词对应的希腊术语所理解的一样,这没有多少意义,也完全是非历史性的。这也正是为什么人们根据公认的西方史学经典似乎看上去接近或不同于当代史学话语规则，而对它们进行分类，这也没有多大意思，并且完全是非历史性的。

这正是在研究古希腊、罗马、中世纪和早期近代“科学”中的情形，更不用提研究各种非西方形式的“科学”。科学哲学家有充分理由假设，近代物理学家们就有关自然实在的概念提供了有效标准，用来判定在亚里士多德、伽林、普林尼、帕拉塞尔苏斯、阿格里科拉、布鲁诺或培根那里相应使用的观念，但近代科学史涉及的完全是相继的自然因果关系概念之间（并因此而在不同的“自然”或“物理”观念之间）的差异和非连续性，而这些概念曾标志着自公元前六世纪以来“科学”的整体进展。换句话说，一部适当的科学史需要远离和质疑被误认为是我们自己时代的“真正的”科学，以及远离和质疑那种观念的支撑，也即：近代西方科学构成了真正的科学，可以说自泰勒斯或希波克拉底以来，所有其他的科学性观念都为着这一真正科学而努力或是未能成功。如果人们想要形成一种真正历史性的（我的意思是一种真正历史主义的）科学概念，他就必须采纳一种在当前科学正统之外的元科学立场。

（陈新 译）

（原载《中国学术》第十七辑）

中国、希腊之科学和医学的比较研究

席文（美国宾夕法尼亚大学）

导　言

世界上每一文化都有其科学、技术与医学之传统。[1]关于欧洲以外的传统，已有几个世纪的研究，但关于世界科学如何发生这个问题，我们至今尚未有全面的理解。学者们费尽时间来确定哪一个国家最先发现了什么，然而这种研究对于理解科学在过去两千年如何在世界传播并无多大裨益。其研究成果只是一些分散的国别科学发展史，其间少有联系；也只有相同的归宿，就是它们的传统都在现代科学的冲击下消失殆尽。可是我们不能忘记，十七世纪以来的科学革命并不是自动地传遍欧洲；伽利略的发现在法国就如同在中国一样命运多舛。

对于现存西方以外的自然知识，如中国或印度医学，西方人认为是一些异国的奇思妙想，殊不知它们是各个国家完整自然观的一部分。如果中国人只知道中国科学史，法国人只知道法国科学史，那么谁也不能理解科学演进的总进程。这正是人们想要通过比较以获得新见解的原因。三百年来，历史学家们一直在探讨欧洲与其他国家科学传统之间的关系，它们之间有什么主要的类似点和不同点。然而，三百年的比较研究成果并不是蔚然可观的。

1　“希腊”一词在本文是指使用希腊文字的广大地域。到公元前四世纪，它包括地中海附近的中东大部。在希腊化（Hellenistic）时代，其范围延伸到北印度、埃及以及北非诸地。关于科学和医学在中国和希腊的诞生，我们有专著论述，本文是其概要。

十九世纪和二十世纪初,西方学者在进行比较研究时,由于受帝国主义的影响,为了显示其他文明的劣势,一般都强调那些欧洲先于其他文明的科学发现和发明。但从五十年代开始,中国历史学家证明,他们的祖先在欧洲之前就有了许多科学发现。一些西方汉学家不满帝国主义的看法,把这些发现介绍到了西方。李约瑟和其他一些学者认为,古代中国及其他文明有很多重要的科学发明,现代科学是多文化研究传统融合的结果;特别是中国、日本和印度的传统,它们在中东汇合,自十二世纪以来一直影响着欧洲。

如今,所有受过教育的欧洲人和美国人都知道,中国人和日本人以往对科学也有志趣,而穆斯林则从希腊借去科学并加以发明创新。每个学过科学史入门的学生都知道,十四世纪末的时候,数理天文学的发明中心不是在巴黎和牛津,而是在汉城和巴格达;再早一个世纪,最有创新的工作则是在中国的首都进行。这些知识是专家学者对某一个文明研究的结果,而不是对两个文明进行比较研究的结果。要做到这一点,需要对两个文明同等地娴熟。

由于科学发明先例在任何文明中都能找到,如今的历史学家对此已不再重视。那种狭隘的研究忽视现在大家关心的问题:首先,科学思想与技术和当时的社会、政治环境有什么联系?也就是说,社会是如何影响科学的,而科学又是如何影响社会的?第二,这种联系如何影响科技知识的内容?第三,科学知识与科学实践为何和如何发生变化?

比较研究是解答这些问题的有效方法。某些问题和许多概念,中国及其他文化的科学家们提了出来,可欧洲科学家却并没有想到。如果我们尽量考虑问题的多样性,就有可能为人类思想与实践找到新的途径,就有思路去解答为什么某一文明会选择某一科学模式。比较研究如果做得好的话,将有利于我们更深地理解中国的自然学理论、美国的医学、希腊的认识论哲学或印度的数学。

方 法

脱离语境而进行单一主题或单一概念的比较,无论是涉及科学思想、价值观、机械发明、还是涉及科学团体,其结果必然不尽人意。本文采取不同的比较研究策略,表现为以下若干方面:

第一,比较研究,如只对其中之某一文化有深刻的了解,而对另一文化则仅知皮毛,这种比较通常就毫无价值。所以,必须掌握两种文字和两个文化传统的原始资料。

第二,选择不同时期的对象进行比较,容易导致谬误,因为其背景和含义都会不同。最好是寻找一个时期,两个文化都在经历相似的转变,其史料具有可比性。本研究选定从公元前300年到公元后200年这一时期。

在公元前最后三个世纪,中国和希腊哲学的百家争鸣局面都已结束,新意不多。这一时期之后,人们越来越注重过去,注重从过去流传下来的知识;在医学是这样,在科学上也如此。到了公元后200年,两个文明中科学都建立起各自的学科领域、各自的体系,出现了各自的经典文献。

五百年中出现了大量探讨科学基本问题的类似文献。在自然科学和数学领域可资比较的,一方面是欧多克斯、欧几里得、喜帕恰斯和托勒密的著作,另一方面是《九章算术》、《周髀算经》,和《史记》、《汉书》中的天文、天官、律历志等,而在医学领域,则有盖伦及其先辈的著作和中国的马王堆帛书、秦汉简册、《黄帝内经》、《难经》等经典。

对这一时期进行比较研究还另有一层意义。此时期在欧亚两端都发生了重大的根本性政治变革。在欧洲,约在公元前300年,亚历山大大帝征服了中东大部、印度北部及非洲一些地区,希腊独立城邦的地位已今非昔比,新的社会秩序已不再利于产生诸如柏拉图、亚里士多德这样的思想家。这一时期也称希腊化和罗马时代,到公元后200年时,学术和科学体系都在新的社会历史背景下重新得到界定。中国的情况也类似。到公元前300年时,诸侯称霸,最终周朝社稷不存。这五百年中,汉朝社稷建立,中央集权一统宇内，一度繁荣稳定，又经历分裂割据，而最终分崩离析。秦汉以前，有识之士竞趋诸侯显贵门下，以待一展才华。到汉朝建立，知识分子只能在官制中谋取生存。但这种情况并不持久，因为到汉家衰败时，官僚职位已成十分险恶的谋生手段。研究这些变迁之中政治变化如何影响自然哲学、科学和医学的发生很有必要。同样的历史时期，同样的知识分子，却分别在不同的社会政治背景下创造了不同的科学体系。

第三，比较不能以今天的科学为标准，而是要比较中国与希腊之间有哪些重要的相似之处和不同之处，由此才能弄清不同的文化特征是如何影响科学思想与体系的。

希腊思想中的有些方面，在中国并无对应的概念，一个明显的例子是四元素理论。根据四元素理论，物质由极细微的元素组成，这些元素一般与肉眼可见的大的物体不相类似。其理论依据是，物质"实在"是隐藏的，我们不能直接体验，因此我们的感观不是真的。这种"表象与实在"的根本对立，在佛教东渐之前不见于中国。

同样，中国的五行在欧洲也没有与之相对应的概念。五行并不是指"元素"，而是指空间构造或时间过程中的方位或相位。[2]十七世纪的基督教传教士为显示欧洲四元素说的高明，把中国的五行误解为五种元素，导致了相当的理解混乱。至今还有一些不求甚解的西方学者把"五行"译为"五元素"(Five Elements)，而正确的翻译却应是"五相"(Five Phases)。通过研究因时因地不同而产生的"四元素"和"五行"概念，我们对两者都会有更深刻的理解。"五行"和"四元素"对于产生科学思想同样富有成效，对历史学家同样具有研究价值。

同样的概念和假定在两个文化中都会出现，但必会有不同的含义。许多误解混乱是由于定义疏略而造成的。例如在讨论思想史时，当今的学者通常都区分作为命题相互关系的"逻辑"与作为名词和事物关系的"语意学"。中国的名家之所为相当于语意学，探讨名物之间的关系，这与逻辑不

---

2 详细讨论见 Sivin 1987：70—800。

同。然而许多中国学者对此往往不加区分，想在中国哲学中找出“逻辑”，结果不免是缘木求鱼。他们这样做的原因，可能是因为仍为偏见所囿，认为如果中国缺乏欧洲具有的逻辑，就表明中国不如西方。这使得他们忽略了一个重要的研究主题，即探讨希腊的逻辑如何与中国的语意学互为补充。

第四，最重要的一点是，比较研究并非比较事物或概念，而是比较过程，比较在中国和希腊发生的科学与医学活动。今天颇有些科学史家不再认为科学是一回事，而科学语境是另一回事，两者互不相关；他们认为科学思想的运用及其产生之社会过程，是一个整体活动现象。医生和天文学家如何谋生，学者之间是什么关系，他们如何表示不同观点，他们以为思想与宇宙观有什么关系，所有这些都和概念、论证方法、思维方式一样，具有研究的价值。

对此要这样理解：这不是要问某某社会变化是否导致某某科学变化，或者某某哲学是否改变了某某政治，而是要把所有这些看作整个历史的多个方面；问题在于是什么把它们联结在一个整体过程之中。一个很好的例子是：公元前三世纪以来，人们把自然过程、政治过程和人体的生命过程结合在一起，这在希腊和中国都是如此。

宇宙和小宇宙

关于宇宙观的发展，近来的研究多有新见。“阴阳”、“五行”、“气”等概念，虽然都各有发展历史，但却渐渐结合到了一起。其结果是产生了关于天与地、天与社会政治相互感应的理论。根据这种理论，气是基本物质，具有各种形态，包括固体、液体、气体、生命之气和个人的意识；阴阳成为相互对立、相互补充的气；五行成为组成一个整体的五种类型的气。当这种理论成熟之后，学者论“阴”或“木”即是指“阴气”或“木气”。

徐复观曾在四十年前的研究中指出，这个综合过程从公元前200年开始，大约经历了一个世纪。近来关于战国末到汉初时期经典的重新断代，基本证明了徐氏的见解是对的。[3]这种综合约在西汉末年成熟,《黄帝内经》或《太玄经》,是这一阴阳、五行、气综合为一体的理论体系走向成熟的标志。由于《内经》年代未定,这两者孰先孰后尚不得而知。[4]但两书却具有同等重要的科学意义。

庞朴等学者已经证明,阴阳、五行概念早在邹衍之前就已存在。它们最初是政治和伦理概念,而不是物质或自然概念。现存零星散片的邹衍著作也把它们当作伦理概念,只是赋予了新的历史理论含义,即有关历代兴衰的"五德终始"学说。阴阳五行作为物理概念,出现在公元前四世纪末,在吕不韦的《吕氏春秋》中得到了发展。此后阴阳五行概念从未失去伦理和政治含义,它们在二千多年的中国思想史中,一直是伦理概念、政治概念和物理概念。

秦汉以来,思想家把国家概念和上述宇宙观结合起来。并不是因为有经验证据迫使他们这样做,而是因为气、阴阳、五行思想在政治上十分重要,并作为基本概念渗透到科学和医学的方方面面。政治上之所以重要,是因为这些概念运用到自然上,可以解释自然过程,从而反过来证明秦汉统一的政治举措是基于自然法则的。[5]他们声称,帝王的礼仪贤行维系天地与天下和谐,而反对基于天地自然法则的权威必将受挫,就像逆四时而行必将失败一样。另一方面,他们想让权力无限的帝王接受某种约束。帝王百官只有各司其职才能维系宇宙、国家秩序,帝王根据天地法则构建政府,而百官则负责具体政策举措;百官在实现帝王意志,但帝王却不能干预具体政务。

让我们看一下《吕氏春秋》如何发展出了这种宇宙与政治的类比概念。是书成书约在公元前239—公元前235年,当时秦已经废除了周制,而社会政治动荡,谁也说不准中国是否会归于统一。书中有一段话很有意思,先说干扰人体气的循环会导致疾病,接着说自然中的类似情况,再说这些对于国

---

3 有关断代见本文参考文献。关于中国、日本及其他地方学者对这些年代使用,见鲁惟一(Loewe)1993。

4 庞朴1980;徐复观1963;Nylan & Sivin 1987。《春秋繁露》中五行篇的年代,问题较多;见Queen 1996。

5 关于秦代的情况,见Kern 2000。

家的重要性。对于秩序的要求见于字里行间：

凡人三百六十节，九窍五脏六腑。肌肤欲其比也，血脉欲其通也，筋骨欲其固也，心志欲其和也，精气欲其行也，若此则病无所居而恶无由生矣。病之留、恶之生也，精气郁也。故水郁则为污，树郁则为蠹，草郁则为蒉。[6]国亦有郁。主德不通，民郁不达，此国之郁也。国郁处久，则百恶并起，而万灾丛至矣。上下之相忍也，由此出矣。故圣王之贵豪士与忠臣也，为其敢直言而决郁塞也。[7]

政治、物理和医学相结合，构成了一种经久不衰的统一理论，从公元前二世纪末起开始成为官僚知识分子普遍接受的理论。汉武帝罢黜百家，独尊儒术，而董仲舒的《春秋繁露》陈其旨要曰：

是故王者唯天之施，施其时而成之。法其命而循之诸人，法其数而以起事，治其道而以出法，治其志而归之于仁。[8]

此种政治宇宙论深入到了其他学科分支。这从《黄帝内经》和《周髀算经》中帝王与臣子间的对话便可看出。即使在1118年的《圣济经》中也仍有类似论说，可见其影响之久远。

再举《黄帝内经素问》的一段话为例，它不是在讨论大宇宙与小宇宙之间，而是两个小宇宙（即国家与人体）之间的对应。黄帝开头就问岐伯："愿闻十二藏之相使，贵贱何如。"这说明医学体系的关键之一，就是脏腑的主次等级，相当于国家的官僚体制。岐伯回答说：

心者，君主之官也，神明出焉。肺者相傅之官，治节出焉。肝者，将军之官，谋虑出焉。胆者，中正之官，决断出焉。[如此等等十二内脏系统]……凡此十二官者，不得相失也。故主明则下安，以此养生则寿，殁世不殆，以为天下则大昌。主不明则十二官危，使道闭塞而不通，形乃大伤，以此养生则殃，以为天下者，其宗大危，戒之戒之。[9]

---

6 原文似有阙误，但未见注者提供可信补正。

7 《吕氏春秋》卷二十，览 8.5：1373。

8 《春秋繁露》卷十一；最后一句话意思不明。编者苏舆以为"施"、"治"为"法"之误，而"法"又复为"治"之误。

9 《黄帝内经素问》，8.1—8.2. 此段在现存《黄帝内经太素》中阙如。

岐伯认定内脏体系相当于身内的“官僚体系”，心脏就像帝王，主使机关部门的正常运转。这种执掌能力在两个体系中都十分关键；而人体健康与否相当于国家政治是否安定。这些例子表明，政府的原理如同宇宙、人体。人体的各种功能也构成了一个“官僚体系”。

既然国家是小宇宙，那么宇宙也可看作一个大的国家体系。古人命名天上的星座，就是采用世间熟悉的事物。中国人也一样。孔子把北极星比作帝王，“居其所而众星拱之。”围绕北极的区域，叫作“紫微”，相当于天子朝廷。在公元前300年至公元前100年之间，许多政府部门搬到天上去了。除了中宫以外，还有东南西北四宫，相当于帝王的四方行宫。同欧洲以神话中的英雄及事物命名星座不一样，中国人采用各种官僚职衔。这样做使得天文与人文的统一昭然若揭：只要抬头看星空即可领略。[10]

中国星官体系的官僚特征由《史记·天官书》中得到系统阐述。每个星官都是一个机构，其中的星星即官员。围绕北极的区域为“中宫”，其言曰：

> 中宫天极星，其一明者，太一常居也；旁三星三公，或曰子属。后句四星，末大星正妃，余三星后宫之属也。环之匡卫十二星，藩臣。皆曰紫宫。

太史公进一步解释了为什么星官体系即政治体系：

> 自初生民以来，世主曷尝不历日月星辰？及至五家三代，绍而明之，内冠带，外夷狄，分中国为十有二州，仰则观象于天，俯则法类于地。天则有日月，地则有阴阳。天有五星，地有五行。天则有列宿，地则有州域。三光者，阴阳之精，气本在地，而圣人统理之。[11]

既然是上古圣人历象天文，而帝王一直被看作圣人，因此有些战国以后的作者以为天文学是先王创造的。《周髀算经》开篇即为周公与其臣子商高的对话：“周公问于商高曰：‘窃闻乎大夫善数也，请问古者包牺立周天历度……’”[12]该书作者也以为是远古圣王发明了科学。

10 《论语》，2.1. Sun & Kistemaker 重新复原了汉人所觅星空，1997：124—135。

11 上引两段见《史记》，27：1289，134。关于天官书，高平子有专论（1965）。

12 《周髀算经》，1：13；Cullen 1996：174。包牺即传说中的帝王伏羲。

政治观念在科学和医学著作中屡见不鲜,上引诸书决非特例。但也并不是每一部科学著作都以政治体系作为其学术框架。例如,《九章算术》就是一部具体数学问题的汇集。即使是这样,为这部算术书作序的大家刘徽还是称此书为续古绍圣:

> 昔在包牺氏始画八卦,以通神明之德,以类万物之情,作九九之术以合六爻之变。……周公制礼而有九数,九数之流,则九章是矣。[13]

这种推理可以说是牵强附会,但也说明了一点,那就是注者和读者都想把它与帝王相关联,从而获得权威认可。

希腊的情况

古希腊文化的范围比中国要小得多,但政治种类却复杂得多。它由许多小型城邦组成,其政治体制有原始民主体制(即每个公民直接参与立法)、寡头政治、君主制、独裁等等多种形式。即使在同一城邦中,所采用的政治制度也不断有变。其结果是各种对立的政治思想与实践经常相互冲突,难以节制。公民推举政府的情况司空见惯,而君主统治又缺乏足够的权威将其意志强加于民。因此,希腊统治者的兴趣便不在于从宇宙论中获得关于国家政治的启示。由于政权常由公民决定,哲学家们没有发言权,他们就没有帝王去游说,也不受到政治的约束,更没有必要去发展一套正统的世界观。

文人通过同对手的公开辩论而获得名声,他们的生计不是靠恩公赞助,也不是在政府谋职,而主要是靠教授弟子。他们特别重视关于因果、求证、客观性等新概念,重视新理论,因为这可用作击败对手的资本。这种环境鼓励创新,和中国在百家争鸣之后鼓励学者因循守旧的情况形成了对比。在希腊,任何理论都免不了争论,这既是长处又是弱点。为了赢得辩论,古希腊学者中也有人把物理学的实证法和严密的逻辑运用到医学等学科,但他

---

13 《九章算术注》原序。Sivin 1995b。

们这样做不过是虚张声势。标新立异，争论不休，使得他们不可能建立像在中国那样的一统学说。

因此，同中国一样，希腊关于大宇宙与小宇宙的认识，反映了其政治理想。其多种形式的城邦，其宪法制度，其社会特征，使得人们或以为宇宙中有唯一的秩序，或以为是多种秩序混合，或以为是对立力量的平衡，或以为是多种力量相互倾轧。总之，在那里并无普遍认同的理念。

若干比较

把政治、社会、知识和技术看作相互联系的综合统一体，这种多元的历史观对于历史研究必有创新，对于研究中国科学也会别开生面。希腊喜欢存异，中国喜欢求同，但除此之外还有其他一些根本差别，在笔者的研究中均已给出证明，下面仅是扼要综述而已。从社会层面到认知层面，包括生计、多元与异端、公私边界、学术认同、科学应用和科技概念等项。

（生计）

寻职谋生，靠知识获得尊重和报偿，这对中国、希腊学者都是大事，但具体情况却有显著不同。中国统治者认为谋略很重要，因此需要举贤与能。战国时期春申君、孟尝君等广揽门客，即属这种情况。门客因不是正式官职，故要依靠主公不断给养，因此也叫“食客”。汉代知识分子进入了比较有保障的官僚体系，虽不是所有思想家与科学家都这么想或这么做，但这毕竟是实惠可行的升官发财之道。

希腊知识分子就少有这样的机会。他们中间很少有人能在官场飞黄腾达，政府也缺乏这种聘人的机制。在罗马帝国之前，情形大抵是这样。哲学家和科学家很少得到赞助，大都是以为师授业为生，或借一技之长，成为医生、建筑师、占星家等。

这种差别在某些方面影响深刻。在希腊一方，没有达官显贵去攀附，没有仕宦之途去追逐,学者便只能靠真才实学去建立名声,谋取生计。他们得不到权力,却有更多时间进行玄思。而在中国一方,学者的影响有可能左右国势,但不时也有风险。学者因失宠而遭囚禁流放、宫刑杀戮的例子不胜枚举,其中不但有天人宇宙论家吕不韦和淮南王刘安,也有医生淳于意和历史家与太史令司马迁。

(多元与异端)

对于个别君王统治,中国学者可以论得论失,但他们认同的理想却是:君主贤明,为政以德。德治主要是指任用忠诚贤良之士治理国家。战国时代政治扰攘,人心企盼安定统一。但即使在帝国统治下,政治稳定也是逐步建立的,而且并非长治久安。

中国的政府形式单一,一直是皇朝统治。像希腊那样的民主参与在战国以后的中国是不可能的。中国社会极重视文职服务,有志于仕途的学者,不敢轻易提出主张,怕统治者认为威胁政权。各陈己见的辩论局限在很小的不涉及政治的范围,而更少是公开的。大家不在其职,不谋其政;而局外人对政策品头论足,轻则被认为不忠,重则被认为大逆不道。

在希腊,多元不仅可能,而且必不可免。志士能人,不管兴趣特长,都要极尽发明创新之能事,这样才能建立名声。新的思想理论,不管是关于政治的,还是关于宇宙论的,抑或关于时间、空间、物质元素等抽象哲学的,都要大力宣扬。反正只有所得,没有所失。所以希腊人对同一问题往往探求多种解答。

但这种多元主义的态度,并没有阻止有一些希腊学者主张禁止不同见解。他们把不同见解称为异端,以为是侵害政治机体的毒素,需要予以根除治疗。持这种权威主义的学者,如柏拉图,把真正的政治家比作医生,大家都必须接受其良方。不过,由于政治影响力不够,他们不可能把这种“良方”强加给别人。

中国人对异端学说的态度与此不同。他们也把异端学说比作“邪”,相当于毒素,但早期文献只是以"邪"比喻那些行为不轨的官卿。希腊和中国都以良医即为良相,但两者在含义上有显著不同。良医在早期中国是指世医之德,而不是指医术。良医良相是指循规蹈矩的医家和官卿。而有医德就必有医术,这一点不容置疑。希腊的情形就不是这样,医生采用什么理论,进行何种医术,都是可以争论的问题。医家也靠论争获得名声。

(公私边界)

在希腊,公开赞成私人利益属于情有可原,但在中国,这种直率就不可想象。中国官员即便是贪婪成性,也要用冠冕堂皇的言辞加以掩饰。帝王与百官之间的权力鸿沟不可逾越,因此百官既要忠君,同时又要欺君。官员一方面是皇家统治的工具,同时也代表了一家世代相袭的利益,这跟帝王利益不无冲突。这种冲突不容忽视,尽管史书很少明言。

希腊哲学家和科学家,其谋生之道大多在私人圈子,而非官场,原因是国家所能提供公职非常有限。或许有些建筑师可以得到国家的项目,可医生则没有多少公职可寻。即便有少量的公职,也是朝不保夕,学者不能以此为生计。要获得名声,不是靠统治者及其左右的宠幸,而是靠自己在公众那里的口碑。在古希腊时代,建筑项目的归属、公众医生的选定,都是由市民大会来决定,或者由临时代表会议来决定。有志于这类项目或职位的人,必须说服公众。到了希腊化与罗马时代,情况虽有所变化,但公职人员的位置并不稳定,跟中国的官职不同。

(学术认同)

希腊人很少在思想和具体做法上有一致意见,即使在某个问题上意见相同,其理解也会不同。而中国人则在原则上大体趋同,但在具体理论上并无标准。医学理论基于阴阳五行及类似概念,但有各种不同的分析法。在具体内容上,中国学者并不追求完全一致,不过总的来说,有一个术语体系,基本上为各家接受,可以作为一个认同的框架,在其基础上发展理论。

汉以来的中医学者力图糅合不同体系。但他们提出新理论时,并不摒弃旧的传统,而是对旧的经典进行诠释补充,从而产生更加复杂的理论综合。当时既没有职业化的标准,也没有完备的教学机制,所以无法普及标准理论。各家可以做到在理论上大体一致,但在具体细节上则由各家发挥。

其实医家并不希望什么都完全一致。对同一现象的不同解释,而且常常是相互矛盾的解释,在医家论著中屡见不鲜。对此有岐伯式的辩解,称医学的具体情况本来就复杂多变,因此需要不同的解释来对付不同的情况,而理论如果十分一致,反而无法解决具体问题。中国对于问题偏向于寻求不同层次的、各种可能的解答,而不是找出唯一的原因,而排除其他解释。正因为这个原因,理论上的分歧并不导致激烈的争辩。

所以说,希腊和中国在表达科学与医学思想理论上的不同见解时,有层次上的不同。而另一方面,它们又都同现代的情况不一样。在这两个社会中,都没有职业化的体制,藉以进行职业资格审定、解决技术难点、推广标准术语。特别是在医学上,没有行业执照制度,也无法规定工资标准,诸如此类的差别很多。

(科学应用)

对于科学思想是否应该实际应用,两种文化有不同的期望。希腊天文学家可以精确测定回归年与朔望月长度,但城邦统治机构却很少采用他们的成果来制定历法。而在中国,情况适成鲜明对照:历法正朔乃是国家大事,历法正确即意味着帝王德统天下,统治者遂想方设法采用先进知识来改进历法。他们成立了钦天监,实际上为天文历法研究提供了体制保障。

医学上情况也类似。在希腊,不时有一两个城邦雇用医师,但并不提供资助以供研究工作。公元前300年时,亚历山大城虽一时成为学术大都,但也没有证据说明,当时那里从事人身活体解剖的郝罗费里斯(Herophilus)和埃拉西斯特拉斯(Erasistratus)曾被皇家机构的雇用。[14]而在中国,皇朝在进行仔细培养考核之后却要聘用太医。太医院虽不制定或发布行医标准,但其官方地位吸引众人,要谋此职须有高水平的训练。在王莽时代,具体

14 Staden 1989.

说是公元16年,进行了中国历史上的首次人体解剖,其结果为后世医书提供了有关脏腑的标准描述,一直使用到清末。[15]

(科技概念)

天文学家进行天象观测以便制定历法、确定日月食等天象的周期,这在中国和希腊都一样;医生切脉以便诊断疾病,这在中国和希腊也都一样。然而这仅仅是表面的类似,其实关于天体运动规律的基本假设,关于人体内部的功能,中国和希腊之间差别还是很大的。另外两者使用的基本概念也有显著不同,这在上文中已经指出。即使是在希腊,有关物质的组成问题也有原子论与连续论之争,仅靠理性论证不可能解决这个问题。

希腊学者靠辩论或执教来提高声誉,中国学者则大多另有目的,他们要为统治者参谋资政。为此他们也必须要有能说服人的见解,但是他们采用的手段和目的都与希腊不同。他们都采用气这样的概念,但进行重新定义,以此构建关于天、地、社会与人的相互感应的综合体系。在两个文化之中,科学家和医家所使用的基本概念都和他们在各自社会中所想要实现的目标紧密相关。

结　论

在中国和希腊,学者个人如何继承学术传统,如何靠学问谋生,如何获得学者的权威地位,如何确定和实现学术目标,这都是些十分复杂的问题,对此不可能进行简单的解答。但对两种文化进行比较研究,可能会对这些问题达到更深入的理解。

中国文化和希腊文化各有自己的概念体系,各有自己的学术框架,据此都可以对自然、宇宙和人体进行系统的研究。希腊最重要的方法——但不是唯一的方法——是探究基本概念体系和严密论证。它的弱点是,学者热衷于争论,无法达成学术上的共同见解。中国的主要方法——当然也不是

15 Yamada 1991.

唯一的方法——是寻求事物之间的共性，寻找同类关系，寻找感应关系。这种研究方法有利于建立统一不同领域的大范围的综合体系，但与此同时，它不利于异端见解的提出，以代替现成的体系。

比较研究表明，中国的学术讨论缺乏正面冲突。与希腊学者不同，前汉时期的学者接受国家的宣传体系，因为这本身就是他们自己构建及维护的体系。他们创建的体系，不仅是一个政治体系，也是一个宇宙体系和一个人体系统。我们必须理解这个体系的多重性质，特别要理解为什么在各种科学独立发展之后，这种有政治意味的系统还如此有吸引力。只有注意到政治、社会与科学医学概念之间的关系，才能对这种综合体系获得深入的理解。

参考文献

原始文献

1.《春秋繁露》，部分为董仲舒原著，撰于公元前156—前130年。见《春秋繁露义证》。
2.《黄帝内经》，无名氏，约成书于公元前一世纪。《素问》，王冰纂，762年。篇章页行据任应秋1986年本。《太素》，杨上善纂于656—683年。据小曾户洋1981年本。
3.《黄帝八十一难经》，无名氏，可能成书于二世纪。据《难经本义》，台北重印，1976。
4.《九章算术》，无名氏，公元前一世纪初。据钱宝琮1963年本。
5.《吕氏春秋》，吕不韦，约前239年。据陈奇猷1984年本。
6.《论语》，孔子及其弟子，编撰于公元前479年—前249年。据哈佛燕京引得本。
7.《圣济经》，御制，成书于1118年。收于《珍本医书集成》，卷九。
8.《史记》，司马谈，司马迁，成书于公元前100—前90年。中华书局二十五史本。

9.《太玄经》,扬雄,约公元前4年。太玄经校释本。
10.《周髀算经》,无名氏,约成书于公元前50—后100年。钱宝琮1963年本。

现代文献

1. 陈奇猷 1984。《吕氏春秋校释》第4卷,学林出版社。
2. 高平子 1965。《史记天官书今注》,台北:中华丛书编审委员会。
3. Kern, Martin. 2000. *The Stele Inscriptions of Ch'in shih-huang: Text and Ritual in Early Chinese Imperial Representation*. American Oriental Series, vol. 85. New Haven: American Oriental Society.
4. 小曾户洋(主编)1981。《东洋医学善本丛书》,大阪:东洋医学研究会。
5. Loewe, Michael, editor. 1993. *Early Chinese Texts. A Bibliographical Guide*. Early China Special Monograph Series, 2. Berkeley: The Society for the Study of Early China & The Institute of East Asian Studies, University of California.
6. Nakayama, Shigeru. 1984. *Academic and Scientific Traditions in China, Japan, and the West*, trans. Jerry Dusenberry. University of Tokyo Press.
7. Queen, Sarah. 1996. *From Chronicle to Canon: The Hermeneutics of the Spring and Autumn Annals according to Tung Chung-shu*. Cambridge Studies in Chinese History, Literature and Institutions, 20. Cambridge University Press.
8. 钱宝琮(编)1963。《算经十书》,北京:中华书局。
9. Sivin, Nathan. 1995. State, Cosmos, and Body in the Last Three Centuries B. C. *Harvard Journal of Asiatic Studies*, 55. 1:5—37.
10. Sivin, Nathan. 1995. Text and Experience in Classical Chinese Medicine. In *Knowledge and the Scholarly Medical Traditions*, ed. Don G. Bates, pp. 177—204. Cambridge University Press.
11. Staden, Heinrich von. 1989. *Herophilus. The Art of Medicine in Ancient Alexandria*. Cambridge University Press.
12. Sun Xiaochun; Jacob Kistemaker. 1997. *The Chinese Sky during the Han.*

Constellating Stars & Society. Sinica Leidensia, 38 Leiden: E. J. Brill.

13. Yamada Keiji. 1991. Anatometrics in Ancient China. *Chinese Science*, 10: 39—52。

（孙小淳、席文 译）

（原载《中国学术》第九辑）

王国维的西学和国学

张广达(法兰西学院)

一、时代

王国维先生(1877—1927 年)在世五十年间,正值清末民初内忧外患纷至沓来、国势阽危的时代。两千年来,中国不是没有内部变乱和屡遭周边势力侵袭的经历,而且内外因素的互动每每导致中央王朝的瓦解。唯独此次际遇大不同于既往:门户洞开、列强环伺不仅引发了中国社会秩序和政治体制的剧烈震荡,而且历来自我标榜为天下中心的天朝帝国的崩溃预示着中国自身即将被卷入世界体系。面对前所未有的变局,人们遇到了随社会转型而伴生的新旧观念替置的考验。

在十九世纪中叶中西文化碰撞之初,在“德成而上,艺成而下”[1]的观念的支配之下,中国曾经主动引进应用型的西方技艺。当时,人们认为这种引进不会妨害中国传统文化和价值体系仍然保持其普世意义(universalism),更意识不到中国文化相形之下或有沦为一偏文化(particularism)之虞,因而不存在太大的思想障碍。经过同治、光绪两朝的洋务运动,西方知识体系,包括西方的人文学科及其价值判断系统,作为新学的组成部分也就势传入中国。西方人文学科及其思想体系的大举传入,势必带给儒家思想及其维护的专制体制以冲击。对于经朝廷和封疆大吏极力提倡,戴震(1724—1777 年)、段玉裁(1735—1815 年)、钱大昕(1728—1804 年)、王念孙(1744—1832 年)、王引之(1766—1834 年)、汪中(1745—1794 年)等大儒所确立的清代学

1 《礼记注疏》卷三十八,乐记二,“乐者非谓黄钟”条。

术的绝对权威和正统地位，人们从尊奉而开始产生疑问。尽管当时的士大夫和儒生之中没有人全面否定旧学，但是，西学的冲击和风气的转移促使有识之士疏离汉学、宋学之争，不再唯文字训诂和史实考据是务。时势的变化导致人们开始对传统文化产生认同危机，这是中国历史上从来没有过的现象。以龚自珍（1792—1841 年）、魏源（字默深，1794—1857 年）为先导，不少士子逐渐摆脱中国乾嘉时期以解经、注经为主的治学路数，另从中国的通经济世、微言大义的传统中发掘张大改制的理据。对于这一变化，王国维有直接的论述，他清楚地认识到国初乾嘉二派“为学之成法”已经不能“适中当世之弊”[2]，注意到龚、魏“忧世之深”[3]，指出龚、魏之学在道光、咸丰之后“虽不逮国初乾嘉二派之盛，然为此二派之所不能摄其逸而出此者，亦时势使之然也。”[4]根据王国维的证言，可见经世致用观念的复活和公羊派的兴起既继承了中国固有的经世致用的传统，又反映了时代的变异和当代士人对时局的忧虑。读书人尽管感情上留恋旧学，但是不乏有识之士开始清醒地意识到古今局势的不同，时代已经不是孟子所说的只能“以夏变夷、不闻变夷于夏”的时代了。[5]面临难于逆转的世界大势，中国势须从根本上改弦更张，从变动制度上开拓局面，而不能再仅仅局限于筹办洋务，寻求富国强兵的一时权宜之计。有此认识的最具代表性的人物当是郭嵩焘（1818—1891 年）。由于果敢之士的提倡和内外危机的深化，变法维新的思想骎骎然成为人们的共识，虽然朝野上下对此认同的程度远远赶不上日本。无论如何，到了十九世纪九十年代，世变日亟，大道多歧，在江山代出的才人之中，已经是康有为（1858—1927 年）、严复（1854—1921 年）、章炳麟（1869—1936 年）、杨文会（1837—1911 年）、梁启超（1873—1929 年）、谭嗣同（1865—1898 年）等人物崭露头角，崛起于学界、政界，显示精英主动性了。无待赘言，他们对于现实

2 《沈乙庵先生七十寿序》，《观堂集林》卷二十三，《王国维遗书》本，上海：上海古籍书店，1983 年，叶二十六。以下所引王国维的著作均据这一版本。

3 同上书，叶二十七上。

4 同上书，叶二十六下。

5 《后汉书》卷一一二上，《方术列传》上。《孟子 · 滕文公》上原文作“吾闻用夏变夷，未闻变于夷者也。”

及其演变趋势各有各的解读，并据以确定自己的政治态度和重估传统学术的价值，进而规定自己安身立命的领域。

王国维（初名国桢，字静庵（安），初号礼堂，人间，永观，晚号观堂），出生在这样的新旧转折时期。他少年青年时代生活在浙东人文荟萃的故乡海宁，接受旧式儒生的传统教育。但是，风气所渐，他已经不再以仅仅讲求旧学为满足。他在1898年初来到上海，时年二十二岁，体弱多病，在劳累的工作之余学习日语、英语。1901年末至1902年夏一度东渡日本留学，因病归国后肆力于自学西方哲学，并从日文翻译西方近代哲学、伦理、心理、美学、逻辑、法学著作。1903年起，任教于师范学堂，同时继续研究德国哲学，探讨人生意义，并以"填词自遣"，抒发"欢也零星，悲也零星"的苍凉寂寞、抑郁寡欢心情。1907—1911年（三十一岁至三十五岁）到北京学部供职，治学兴趣转向中国文学，侧重文艺批评，研究戏曲。1911年10月10日爆发武昌起义，以辛亥革命为转折，先生的治学道路断然分成两截：1912年三十六岁以前不分中西，兼治新学旧学；1912年以后舍弃西学，专注于中国文化遗产的实证研究。

王国维投身国学研究实际上只有十五年的时间（1912—1927年）。在这短短的十五年内，他在研究过程中强调"观其会通"、"窥其奥窔"，由于根柢深固，枝叶遂繁，得以在经学、古文字学、训诂、声韵、名物、甲骨学和商代史、周代青铜器物与金文、周代制度、战国秦汉时代文字演变、汉魏学术、魏蜀石经、汉晋简牍、唐人写卷、古代地理、宋代以来金石学、边疆近代新出碑铭、古代北方民族、辽金元史、西北史地等诸多领域迭有独到的创获。在西学强势传入、地上地下新资料层出不穷的情况下，他的建树维护了先哲之业于不坠，为后进奠定了纵深拓殖的基础。他的学术水准为他确立了国学祭酒的地位，赢得了国内学界无分新派旧派的一致悦服和当代国际汉学界的普遍崇敬。

1927年6月2日，王国维辞世，海内外人士同声哀悼。中国和东邻日本学者们的追忆文章已为人们所熟悉。[6]这里略举西方学者的评价和反应。例

6　陈平原、王枫：《追忆王国维》，北京：中国广播电视出版社，1997年。

如,法国东方学家伯希和(Paul Pelliot,1878—1945 年)在《通报》杂志讣闻栏中写道:"作为王国维老友的我,作为经常引证王国维、多方受益于他的渊博而门类多样的学问的我,谨置身于各界人士的行列之中,向这位同道敬致哀悼。看到他的工作中辍,至为痛心,不胜惋惜。罗振玉氏早年资助年轻的王国维的时候就已有预见。近代中国还没有产生过探索如此精深、涉猎如此广泛的渊博学者。离了罗振玉和王国维,殷墟甲骨文字将难于释读。不参照罗振玉和王国维的订正和增补,就不该阅读沙畹(Edouard Chavannes,1865—1918 年)对斯坦因(Marc Aurel Stein,1862—1943 年)发现的流沙坠简的考释。王国维还为科学地研究中国的戏曲和小说奠定了基础。他于学无所不窥,而无论治哪一门学问,他都开辟了新的门径。"[7]

今天,王国维的著作流传于世,经常被后学引证。国学值得保存的部分,由于他具有实力的创新而得以保存。在行将到来的文化多元世纪,先生的业绩为开拓中国学术的未来做出了贡献,从而再次证实改变能力与保守能力的相互为用。[8]与此同时,人们也注意到王国维流于伤感的悲观性格和传统道德对他的制约作用。在先生身上,明显地流露出来中国士大夫的淑世匡俗的心态,或借用今天西方流行的语词,呈现出来传统社会"规范化行为"(Habitus)现象。[9]成长和生活在中国语境中的王国维,虽然研究过西学,但是舶来的西方理性思维方式对他的影响究竟日浅,不足以促使他明确做出如下区别:何者是个人修身层次上的道德规范,何者是仁者为怀层次上的人间关切,何者是专制制度的意识形态层次上的符号系统。简言之,受传统文化全面浸润熏陶的王国维,思想感情犹如一张磁碟,被传统所格式化(formatted)了。1784 年,即大清帝国高宗乾隆四十九年,康德(Immanuel Kant,1724—1804 年)发表了《答"何谓启蒙?"》(An Answer to the Question

---

7 *T'oung Pao*(《通报》),XXVI,1928 年,第 72 页。

8 爱德蒙·柏克(Edmund Burke,1729—1797 年),《法国革命感言》(*Reflection on the Revolutin in France*),企鹅丛书本,第 106 页。

9 德语中 der Habitus 本指体型、外貌,此处借用茅斯(M. Mauss)开始研究、伊里阿斯(Norbert Elias)深入探讨、布厄迭(Pierre Bourdieu)予以推广的这一术语的社会学引申意义:"规范化或构造性的习惯行为"。

"What is Enlightenment")一文,该文的第一段即开宗明义,为启蒙下了明确的定义:"启蒙是人从自我招致的不成熟状态(selbst verschuldete Unmündigkeit/self-incurred immaturity)中解脱出来。"[10]康德号召人们敢于运用自己的理性思考,"敢于求知!(Sapere aude!/Dare to know!)"[11]不幸,王国维在长年累月探讨中国传统学术的过程中,恰恰在践履伦常道德(如"在三之谊")[12]和奉行专制制度下的符号系统(如"君辱臣死")方面没有摆脱自我招致的依存状态,对传统社会的"惯性行为"没有经过理性的系统检验而有所甄别,即一揽子将其定格于自己的思想感情之中。

综观王国维一生五十年的经历,可以化约为一位耿介恬退的学者在祸乱频仍、社会转型、观念替置岁月中所做的一系列选择和取舍的过程。选择(choice)和取舍(preference)两个概念十分相近,所不同的是,前者往往可以借助于工具理性而做出抉择或简选的权衡;而后者则因为涉及价值取向,在不可得兼的两难情况下不得不有所割舍。王国维到了晚年,对中外时局、对中国趋于极权主义的走向不乏先见。他几次引用《诗经·小雅·雨无正》的"若此无罪,沦胥以铺"[13],为生民之"沦胥以铺"而悲伤。依据朱熹《诗集传》

---

10 *Immanuel Kant Political Writings*, 1970, 1991, 第 54 页;转引自 M. Burns and H. Rayment-Pickard, *Philosophies of History: from Enlightenment to Postmodernity*, Oxford: Blackwell Publishers, 2000, 第 52 页。参看刘皓明:《启蒙的两难·康德篇》,《读书》1995 年 3 月,北京:三联书店,第 86 页。

11 康德关于启蒙的这一格言的译法,此处依据 Appleby and al., *Telling the Truth about History*, 第 40 页。

12 参看王国维对戴震与老师江永的关系的指责,王国维:《聚珍本戴校水经注跋》,《观堂集林》卷十二,叶三十三下。

13 王国维在 1919 年 3 月 14 日写给罗振玉的信中说:"世无神禹,岂能抑洪水之祸耶?智虑短浅,人才乏绝,恐各国皆然。《诗》云:'舍彼有罪,既伏其辜。若此无罪,沦胥以铺。''沦胥'之语,似为我辈而设。"(吴泽主编,刘寅生、袁英光编:《王国维全集·书信》,北京:中华书局,第 285 页)。在同一封信中,王国维把世界局势的混乱归结于西方数百年来讲求富强的结果:"时局如此,乃西人数百年讲求富强之结果,恐我辈之言将验。若世界人民将来尚有孑遗,则非采用东方之道德及政治不可也。"1920 年王国维致书日本学者狩野直喜信中又说:"世界新潮澒洞澎湃,恐遂至天倾地折。然西方数百年功利之弊,非是不足一扫荡,东方道德政治或将大行于天下,此不足为浅见者道也。"(《王国维全集·书信》,第 311 页)。这一见识和 1919 年后梁启超访问欧洲在《欧游心影录》中的观感如出卷五《雨无正》的注解,沦,陷也;胥,相也;铺,遍也。此言彼有罪而死则是伏其辜矣,若此无罪之民,而使之相与陷溺死亡无不遍焉,则如之何哉!“若此无罪,沦胥以铺”是王国维晚年概括诡谲纷浊的现实世界的极为重要的观点,表明他的主体性取舍具有普世关怀的价值取向。但是,无可讳言,面对充满强权和悖谬的混沌时局,他的怀旧情绪和“惯性行为”加剧了他的精神的迷失。他面对事实判断和价值判断的背反而“内自讼”,不降其志,不辱其身,置自己认同的价值追求于生命之上,以弃绝人寰来对抗道德的沦丧。一位卓有贡献的学者以这样“行己有耻”的人生取向体现道德精神,既发人悲痛,也留下了一个启人反思的严峻课题——如果我们认为王国维最后与人世的悲剧性“断裂”分明具有时代悖谬的性质,那么,又当本着怎样的价值系统避免精神迷失,在“沦胥以铺”的时代立身,在原来的道德“惯性行为”(Habitus)之中作道德取舍?

二、王国维一生的选择和取舍

(一)疏离“官学”

甲午(1894年)中日战争之前,王国维的家境说不上贫寒,但也很不富裕,一岁所入,仅足衣食。他在故乡海宁接受的是传统的旧式学塾的教育,年纪轻轻,便不喜十三经注疏而嗜读前四史,显示出非凡才智。1893年夏历七月,先生年仅十七岁,到省城杭州参加乡试,不待终场而退出秋闱。在当时,实行了千年之久的科举考试是士子致身通显的正途。退场之举表明,年轻的王国维不沾沾于章句之学,不屑于八股时文,其勇敢的选择已分明有别于占毕陋儒。在士大夫与专制皇权共生共存的时代,读书人的分化后果是明显的,放弃士子的主流追求,不仅丧失现实的功名利禄的前程,而且一旦

一辙。王国维有“沦胥以铺”的想法,看来久蓄于心,“不能不为我国人与我世界之人类垂涕而道”。参见北京图书馆藏王国维手书的一篇无题文稿,录文见周一平、沈茶英:《中西文化交汇与王国维学术成就》,上海:学林出版社,1999年,第223—224页。

被挤到士流的从属层(subaltern)[14],就有可能终生在困境中挣扎,例如,清代著名学者汪中,虽然才高逸众,却过着"簪笔佣书、倡优同畜","俯仰异趣、哀乐由人"的贫贱生活。我们看到,此后王国维虽然又参加过乡试,但是没有全力以赴。不喜科举而又参加,参加又不尽力,正是这一看来矛盾的举止反映了年轻的王国维的选择倾向。他在"官学"和学问之间做出第一次人生取舍,放弃了功名利禄,按自己的意愿生活。

据王国维的父亲王乃誉的日记,1894 年初,王国维不满十八周岁,曾经撰文"条驳"俞樾(1821—1907 年)的《群经平议》。[15]在当时,如果他退出科场、放弃功名之举或许由于风气之所渐还算不上罕见的特立独行,那么,髫年敢于质疑经学大师俞樾,则显示了这位未来拓殖国学的学者已具卓越学识和批判意识。人们知道,德清俞樾主持和主教杭州诂经精舍凡三十一年,身为天下学术重镇,晚清许多清流名臣、怀疑派经学家出于他的门墙,是一位举足轻重、地位显赫的人物。俞樾的声誉还远播东瀛,日本学者岸田银次郎邀请俞樾主持选编日本汉文古诗集《东瀛诗选》(1822 年);另一位日本学者楢原(井上)陈政(1861—1900 年)更在 1883—1884 年间径奔诂经精舍就学于俞樾,并且为庆贺俞樾的七十大寿而编集了《东海投桃集》。清学末代大师章太炎年长于王国维九岁,早年就读于诂经精舍。章太炎后来参加民族革命,为回答俞樾"无父无君"的谴责而写出《谢本师》,阐述了不同于乃师的立场,可是在此之前章太炎曾经恭恭敬敬地师事俞氏七年有余。王国维撰文"条驳"《群经平议》的 1894 年前后,正是章太炎在在诂经精舍䌷绎经训、研究诸子百家的时期(时章太炎二十三岁至二十九岁,1890—1896 年间)。王国维批评《群经平议》的"条驳"之文似已不存,但是这一事实表明,王国维少年时期已有敢于质疑俞樾解经名作的学识和见解。从王国维于乙卯年末(1916 年初)撰写的《生霸死霸考》一文中对俞樾的同名文章的考证结果

---

14 此处借用 subaltern 一词,虽受 *Subaltern Studies*:*Writings on South Asian History and Society*(1999)内某些论文启示,但与后现代主义、后殖民主义无关。

15 陈鸿祥:《王国维年谱》,济南:齐鲁出版社,1991 年,第 24 页,见该页转引王乃誉甲午年五月初一日日记。

有所订正[16],从许多收在《观堂集林》中的论文对从东汉许慎到清代诸多鸿儒的意见时有商榷,可以推断先生当年的质疑亦当立言有据。

早年的术业选择和感情寄托往往对于一个人的后半生的选择起着规定性的作用,下文即将叙及,先生在三十六岁(1912 年)的时候做出了回归国学的选择,或许即当以此"条驳"为张本。

正是以学问为志业,王国维早年就在人文荟萃的故乡的文化氛围中,在父亲王乃誉的指导下,在诗、文方面打下了坚实的基础,在绘画、书法、金石、篆刻等方面培养出行家的鉴赏能力。在 1912 年转入国学研究之后,这一知识结构发挥了相应的作用。

(二)学习西方哲学

1894 年中日甲午战争爆发时,王国维年方十八岁。甲午丧师,举国大震。战败的冲击,使更多的士人出于愤悱而重新考虑自身职责。王国维在三十岁时自述为学次第的《自序》中指出,"有甲午之役,始知世尚有所谓新学"[17]。先生知道了世间有所谓新学,不再满足于仅有片段的了解。由于"家贫不能以赀供游学",先生描述当时的心情是只能空怀向往,"居恒怏怏"。[18]清末民初,几乎所有的读书人都处于时代气氛笼罩之下,心情受到时局的走向、人生观的困惑、治学道路的选择所造成的重重压抑,仍然离群索居的少年王国维也无从摆脱。

所谓"新学",依据章太炎的见证,在其初兴阶段,为政论者每将西方科技与政事并为一谈,雅好援引西来术语以附政论。[19]经过初兴阶段,新学不再仅指实用意义上具有优势的形而下的西方科学技术,而是包括了欧洲启蒙运动以来基于理性思维发展起来的、积累了强大势能的人文学科。王国

16 《生霸死霸考》,《观堂集林》卷一,叶一下。

17 《自序》一。1907 年,王国维年届三十,撰写了《自序》一,《静庵文集续编》,叶十九上。

18 三十《自序》一。

19 《太炎先生自定年谱》光绪二十三年(1897)条。台北:广文书局,1971 年《年谱丛书》本第 61 册,第 6 页。

维回顾说过:十九世纪九十年代初严复译出赫胥黎(Thomas H. Huxley,1825—1895年)《天演论》(《进化论与伦理学》),"一新世人耳目",从此"达尔文(Charles R. Darwin,1809—1882年)、斯宾塞(Herbert Spencer,1820—1903年)之名腾于众人之口,物竞天择之语见于通俗之文。"[20]王国维有《咏史二十首》,写作时间虽然无从确考,但似当完成于1898年来上海之前,其中《咏史》之三有"憯憯生存起竞争"之语[21],这一情况似乎表明,王国维即便困居海宁故乡,也没有与西方式论述(logos/discursus)隔绝,因而在他的诗作中也有反映。

由此可见,王国维的心向新学不是个案。西方思想体系的传入,不论是被动接受,还是主动引进,对中国传统文化而言实质上都是一种外来的强加。检阅徐以悉《东西学书目》,可以一目了然:中西文化交汇的结果是,西学没有因为与中学接触而改变面貌,哪怕是改变局部面貌;可是中国旧学却在外来强制性的影响下而发生了重大变化。中国学界失去了明末清初西学东渐时期吸收耶稣会士传来的形而下科技知识时的那种从容心态。如今中国的传统文化突然陷入了近乎失语的境地,它的代表人物只能以提倡"中学为体西学为用"稳住阵脚,精神上诉诸"依自不依他"以强作镇定[22],或者提倡国故、从中搜寻某些脱离语境的概念或片言只语以牵强地比附外来学说。面对西方思想体系的全面挑战,整个学界的有识之士无一不在认真思考如何应对。

1898年初,王国维终于来到上海,时年二十二岁,在汪康年(1860—1911年)主持的维新派《时务报》馆担任书记和校对工作。[23]这时候,罗振玉(1866—1940年)创办的农学会为了逐译东西各国的农学书报,与汪康年、蒋黻(1866—1911年)等一道以私资合办东文学社,培育翻译人才。王国维征得汪康年的同意,"日以午后三小时往学"(三十《自序》一)。然而报馆工

20　王国维1905年所刊《论近年之学术界》,《静庵文集》,叶九十四上。

21　陈鸿祥:《王国维年谱》,第35页。

22　章炳麟:《答铁铮》,《太炎文录初编·别录》卷二。

23　"二十二岁正月始至上海,入《时务报》馆,任书记校雠之役。"三十《自序一》。梁启超曾任该报主,时已去馆职。

作繁重，收入极微，生活清苦，身体孱弱的一介寒士王国维为兼顾糊口与求学而饱尝生活的艰辛。

王国维在东文学社总共有二年半的时间[24]，学习了日语、英语，并在探索学术途径和观察时局方面扩大了视野，例如他曾经具体建议《时务报》馆添订几份最重要的日文报刊。东文学社中的主要教习是日本文学士、汉学家藤田丰八（剑峰，1869—1929年），藤田又邀自己的同学田冈岭云（田冈佐代治，1870—1912年）来东文学社任教。藤田、田冈两人均毕业于东京帝国大学文科大学汉文科，这两位先生当时在日本本国的教师之中也属于上选。特别是田冈岭云，身为日本明治时代文艺批评家、汉学家、新闻记者，一生称得上波澜起伏，是一位非同寻常的人物。[25]王国维回顾说，“二君故治哲学”，“余一日见田冈君之文集中有引汗（康）德、叔本华（Arthur Schopenhauer，1788—1860年）之哲学者，心甚喜之，顾文字睽隔，自以为终身无读二氏之书之日矣。”[26]从田冈的自传《数奇传》可以得知，田冈“早年有厌世思想的阴影，对汗（康）德、叔本华的哲学深为醉心。”王国维当时也正在受着人生观问题的困扰，由于翻阅田冈的文集而得知康德、叔本华，可以说田冈岭云是先生踏入德国哲学领域的向导。看来，王国维由于田冈岭云的影响一见康德、叔本华而“心喜”，不是受康德的启蒙口号的感召，而是叔本华的天才论及其悲观厌世、追求心灵超越的思想，起了媒介作用。

1901年末至1902年夏，王国维曾赴日本留学，时年二十六岁。他在三

24　报社于二月六日开馆（见1898年3月1日《致许同蔺》），1898年8月变法失败，《时务报》馆关闭。先生任东文学社庶务。1900年8月，东文学社又因庚子之变、八国联军入京而解散。

25　田冈岭云毕业于东京帝国大学文科大学汉文科，学生时代即投身写作，与藤田丰八等协力刊行《东亚说林》，宣扬东洋文化的近代复兴。1895年开始投稿《青年文》，批判社会腐败现象，投身反映下层民众生活的新文学。明治二十九年以后，转而关心政治和社会，对内鼓吹打倒藩阀的二次“维新”，对外倡导从列强下解放亚洲。历任中学教师、《万朝报》记者、（冈山）《中国民报》主笔。田冈担当《万朝报》记者期间，同僚有内村鉴三、幸德秋水、内藤湖南、堺利彦。日俄战争后通过《天鼓》等杂志提出反对资本主义文明论。常到中国，结交中国革命党人。后期作品日益露骨地反对政府的资本主义论，许多著作及论文集《壶中观》被禁止发售。据田冈自传《数奇传》称，“对汗德、叔本华的哲学深为醉心。”

26　《静庵文集》，叶十九下。

十岁《自序》中说:“留东京四、五月而病作,遂以是夏归国。自是而后,遂为独学之时代矣。体素羸弱,性复忧郁,人生之问题日往复于吾前,自是始决计从事于哲学的研究。”先生使用“独学”二字,不免令人产生“独学而无友,则孤陋而寡闻”的联想。实际情况也正是这样,先生留日期间,感受到了日本当时盛行新康德主义、叔本华、尼采哲学的热潮,但是孤悬于欧洲启蒙思潮和德国思辨哲学的语境之外而“独学”哲学,毕竟是莫大缺陷。归国后,为了生计,他协助罗振玉编辑在上海刊行的《教育世界》杂志,在这份杂志上发表他的译著。在当时的日本,哲学、心理学、伦理学不分,王国维的译著,除了哲学之外,兼及心理学、伦理学、美学,看来仍是受日本的影响。

据梁启超的见证,“壬寅[1902年]、癸卯[1903年]间,译述之业特盛,定期出版之杂志不下数十种。日本每一新书出,译者动数家。新思想之输入,如火如荼矣。”[27]在“译述之业特盛”的癸卯年,王国维译出至少三种日文著作,即学院派哲学家桑木严翼(1874—1912年)的《哲学概论》、日本试验心理学奠基人元良勇次郎(1858—1912年)的《心理学》和《伦理学》。另有《哲学小辞典》,刊在罗振玉发行的《教育丛书》二集之中,当亦出于先生之手。

1903—1907年(二十七岁至三十一岁)王国维在南通师范学堂、苏州师范学堂任教期间,开始大量阅读西方社会科学著作。[28]他学习哲学开始于阅读巴尔善(Friedrich Paulsen)的《哲学概论》(*Introduction to Philosophy*, trans, from the third edition by Frank Thilly, N. Y. : H. Holy & Co. , 1895)和新康德学派的文特尔彭(Wilhelm Windelband, 1848—1915年)的《哲学史》(*A History of Philosophy, with Especial Reference to the Formation and Development of its Problems and Conceptions*, trans. by James H. Tufts, N. Y. :

27 梁启超:《中国学术概论》,上海:上海古籍出版社,1998年,第97页。

28 据《静庵文集》自序,研究哲学始于辛壬(1901—1902年)之间。然据1907年自述三十年生平的《自序》及《自序二》,研究哲学则在1902年从日本归国之后。又据三十《自序》,1903年春始读翻尔彭(Fairbank)的《社会学》(*Introduction to Sociology*),器文(William S. Jevon)的《名学》(*Logic*, N. Y. : D. Appleton, 1880),海甫定(Harald Høffding)的《心理学》(*Outlines of Psychology*, trans. from the German edition by Mary E. Loudes, London: Macmillan, 1892)。读到海甫定的《心理学》一半的时候,他订购的哲学书籍到达,于是放下《心理学》而读哲学著作。

Macmillan,1893)。他在《自序》中说:“当时之读此等书,固与前日之读英文读本之道无异,幸而已得读日文,则与日文之此类书参照观之,遂得通其大略。”我们现在不清楚,先生究竟参照了哪些“日文之此类书”,以及其中有没有日本哲学家桑木严翼的《哲学史要》。桑木严翼早年的两部哲学著作《哲学概论》和《哲学史要》曾风行日本。《哲学概论》刊于1900年,曾是日本早年被人阅读最久、备受推崇的哲学概论类书籍。如上所述,此书已由王国维在1902年前后译为汉文,刊于《教育世界》哲学丛书初集。至于《哲学史要》,这是桑木严翼升任东京帝国大学副教授之前在1900—1901年对文特尔彭《哲学史》所做的节译本,刊行于1901年,王国维手边的参考书中不无可能也有桑木的这部《哲学史要》。如果情况是这样,先生的哲学知识大概主要来自文特尔彭书和桑木严翼相应的新康德主义著作。按哲学课题叙述哲学史的文特尔彭书,在中国也风行到二十世纪二十年代。

1904年,先生翻译了桑木严翼以中西比较方法写成的研究论文《荀子之论理学》(译文改题为《荀子之名学说》)[29]。看来,继田冈岭云之后,桑木严翼是对王国维很有影响的一位日本学者,桑木的著作有助于王国维理解西方哲学著作、进入德国哲学殿堂,不仅如此,桑木发表的一系列研究先秦诸子的论文,也是王国维梳理、探讨中国思想的必要参照文献。

在选定研究西方哲学之后,王国维对之倾注了莫大的热忱。他每天聚精会神研读西方哲学三四小时。[30]在晚清学人之中,不能说没有其他人也注意到康德,例如,梁启超就曾通过日译介绍过康德。但是,参照日文译本

29　陈鸿祥:《王国维年谱》,第70—71页。

30　三十《自序》:“始读汗德之《纯理批评》,至《先天分析论》几全不可解,更辍不读,而读叔本华之《意志及表象之世界》。”《静庵文集》自序:“余之研究哲学始于壬癸(1902—1903年)之间。癸卯(1903年)春,始读汗德之《纯理批评》,苦其不可解,读几半而辍。嗣是读叔本华之书而大好之。自癸卯之夏至甲辰之冬,皆与叔本华之书为伴侣之时代也。其所尤惬心者则在叔本华之知识论,即汗德之说亦得因之而上窥焉。”本年阅读的海甫定《心理学》和器文(今名耶方斯)《名学》均有先生的译本,海甫定《心理学》收于上海商务印书馆代为发行的《哲学丛书》,1907年(光绪三十三年)6月初版,至1935年先后印行约十版;器文《名学》经先生译出,更名《辨学》,1908年(光绪三十四年)学部图书编译局排印本;又1959年三联书店重排本,列为《逻辑丛刊》之一。

直接从西文攻读康德以及叔本华、尼采(Friedrich Nietzsche,1844—1900年)、洛克(John Locke,1632—1704年)、休谟(David Hume,1711—1776年)等人的著作,特别是主攻德国哲学家的原著,当以王国维为最早,也最深入。为了研读康德的《纯粹理性批判》,王国维先后下了四次功夫,[31]这种事例在二十世纪之初的1903—1907年的中国是绝无仅有的。

1903年6月,先生发表《哲学辨惑》,这当是先生的第一篇哲学论文。[32]所辨之"惑"凡五:一曰"哲学非有害之学";二曰"哲学非无益之学";三曰"中国现时研究哲学之必要";四曰"哲学为中国固有之学";五曰"研究西洋哲学"之必要。后来之《奏定经学科文学科大学章程》即据此文写成。《国学丛刊序》论说学无分中西、古今、有用无用,也是发挥本文的思想。[33]同年8月,先生作《叔本华像赞》和《汗(康)德像赞》。[34]《汗(康)德像赞》收入于《静庵文集续编》,赞文中称康德的学说是"息彼众喙,示我大道"。

1904年3月,先生发表《汗(康)德之哲学说》[35],文中推崇康德学说既包容启蒙期哲学,又提出哲学的新问题和新方法。[36]在中西学术开始交汇、传统学术发生转折的时代,先生敏感地从形而上方面探索西学脉络,显然意在从理性思维着手,促进中国人从根本上改进原有的思维方式。1904—1906年,先生相继发表《国朝汉学派戴阮二家之哲学说》《释理》《论性》《原

---

31 癸卯(1903年)春,始读康德之《纯理批评》,苦其不可解读,几半而辍。又说,"既卒巴尔善《哲学概论》和文特尔彭《哲学史》,次年(1904年)始读康德之《纯理批评》,至《先天分析论》(Transcendental Analytic)(按《先天分析论》当是康德《纯粹理性批判》的第一卷第一章第三节。)几全不可解,更辍不读,而读叔本华之《意志及表象之世界》。"1907年,三十《自序》:"至二十九岁(1905年)更返而读汗德之书,则非复前日之窒碍矣。嗣是于汗德之纯理批评外,兼及其伦理学及美学。"同《自序》:"至今年(1907年),从事第四次之研究,则窒碍更少,而觉其窒碍之处大抵其说支不可持处而已。"

32 《教育世界》十三期(总五十五号),再收于《教育丛书》三集。参看陈鸿祥:《王国维年谱》,第59页。

33 陈鸿祥:《王国维年谱》,第59页。

34 同上书,第60—61页。

35 《教育世界》六期(总七十四号)。

36 陈鸿祥:《王国维年谱》,第68页。

命》等论文。[37]王国维的这些撰述具有开拓性，他参照西方哲学学理来阐释先秦诸子、宋代理学文献，是中国学者在这一领域的最早尝试。他以西方“理论哲学”作为参照系，解析戴震（1723—1777 年）和阮元（1764—1849年）的哲学概念，特别是戴震的“理存于欲”的学说，在表彰戴、阮之同时指出中国一般思想的“彻头彻尾实际的”性质。[38]他对中国哲学的“彻头彻尾实际的”性质表示了不满，可惜，他停留于此限，没有再进一步推阐中国哲学为什么过分实际而不具有理性批判水平。

在今人看来，王国维对欧陆的思辨哲学和英国的经验主义的理解难免生硬片面，有欠准确。但是，从学术演变源流着眼，先生孤立于中国传统文化语境之中，缺少群体进行切磋，只凭借自己的颖悟、勤苦和参考某些日文译著，基本上克服了自学西方哲学的格义障碍，取得了远比梁启超等时贤更正确的解读，深深令人尊敬。当然，先生在参照西方哲学整理中国学问的尝试中，食而不化、生搬硬套的情况也在所难免。例如，他在参照叔本华的意志论、解脱论、美学悲剧观而撰述的长篇论文《红楼梦评论》中，将人生的本质仅仅归结为“欲”，“欲”之不足而生“痛苦”，抽薪止沸的解脱之道在于皈依美学从而忘却物我利害关系，这样的立论就“不够周密”。[39]即便如此，在拓殖阶段，处理问题的这种偏颇对后人也有启发，人们因而认识到，以他者或以他性（otherness）为参照系研究不同语境的异质文化，特别需要谨防一知半解，凭粗浅的体会而生吞活剥。

今天看来，王国维治西学的特征是，他强调哲学的意义，把哲学抬到至高无上的地位。

37　1904 年正月发表《就伦理学上之二元论》，《教育世界》二至四期（总七〇至七二号）连载；1904 年 4 月发表《国朝汉学派戴阮二家之哲学说》，《教育世界》七、九期（总七五、七七号）连载；1904 年 7 月发表《释理》，《教育世界》十四、十五、十八期（总八二、八三、八六号）连载；1906 年 5 月发表《原命》，刊于《教育世界》十一期（总一二七号）。《就伦理学上之二元论》在 1905 年收入《静庵文集》时更改题目名为《论性》。这一题目的改动使《释理》《论性》《原命》三篇文章构成完整的一组。

38　《国朝汉学派戴阮二家之哲学说》，《静庵文集》，叶八十下

39　叶嘉莹：《王国维及其文学批评》，广州：广东人民出版社，1982 年，第 200 页。并请参看叶嘉莹《静安先生〈红楼梦评论〉一文致误之主因》全文，上引书，第 200—204 页。

人们都熟知严复所译西方著作在晚清起了振聋发聩的巨大效应。但是,王国维并没有大力表彰严复的译著和他提出"尊民叛君,尊今叛古"、"鼓民力"、"开民智"、"新民德"的主张。在他看来,严复引进的并非纯粹哲学,而是经济学、社会学等"哲学之各分科",仅仅是"功利论及进化论之哲学","严氏之学风,非哲学的而宁科学的也,此其所以不能感动吾国之思想界者也。"[40]

王国维也不认同"于吾国思想界占一时之势力"的康有为、谭嗣同等人的思想。按照王国维思辨哲学高于一切的标准,康有为的著作"谓之无价值可也"。[41]对于谭嗣同的评价同样如此。谭氏思想发展的脉络受到了杨文会的影响。十九世纪末,杨文会(1837—1911年),曾经于1878—1881年随从中国驻英公使曾纪泽(1839—1890年)在伦敦、1886—1889年随从驻英、俄、法等国公使刘瑞芬(1827—1892年)在巴黎从事外交活动,业余研究西方政治、经济、科学,并结交南条文雄(1849—1927年)等日本僧人学者。当时,南条文雄正在英国牛津协助梵学巨匠缪勒(Friederich Max Müller,1823—1900年)编纂《东方圣典》(*Sacred Books of the East*)。杨文会与南条的结交更加坚定了杨氏栖心内典、以弘扬佛学为济世津逮的信念。王国维在《时务报》馆和东文学社时期,正是杨文会归国后通过"金陵刻经处"的各种活动对谭嗣同、夏曾佑(1863—1924年)、梁启超、沈曾植(1850—1922年)、陈三立(陈寅恪之父)、李翊灼、梅光羲等人起了巨大精神影响的时期。谭嗣同的《仁学》就是1896年在南京等候授任候补知府时期受到杨氏影响写成的。[42]谭嗣同的学说确实比较粗糙,王国维评之为"幼稚之形而上学",谭氏的"以太说"则被先生斥为"半唯物论、半神秘论"。[43]

---

40 《论近年之学术界》,《静庵文集》,叶九十四上;有关王国维对严复的评价,参见 Joey Bonner, *Wang Kuo-wei. An Intellectual Biography*, Cambridge, Mass.: Harvard University Press, 1986, 第52—53页。

41 同上书,叶九十四下。

42 梁启超:《谭嗣同传》;J. Bonner,上引书,第53—54页;Gabriele Goldfuss, *Vers un bouddhisme du XXe siècle. Yang Wenhui (1837—1911), réformateur laïque et imprimeur*, Collège de France, IHEC, 2001, 第92—93页。

43 《论近年之学术界》,《静庵文集》,叶九十五上。

严格说来，王国维的见解与严几道的见解并没有根本差异。人们都知道，严复曾经用牛马的比喻驳斥过中西体用说，指出学无分中西，无分新旧，只看是否有助于强国；而西方之强，既不在武器和技术，也不在经济政治制度，而在一种完全不同的现实观。由此可见，如果一定要说严、王两人见解有什么不同，只在于王国维认为连学问的有用无用也无须考虑，或者说，王国维提倡的"用"(utility)是一种"无用之用"。他强调纯学术的自由和独立，"欲学术之发达，必视学术为目的，而不视为手段而后可。"[44]"哲学之所以有价值者，正以其超出乎利用之范围故"[45]，因为人在生活之欲外有感情和知识的要求，感情的最高满足求之于文学美术，知识的最高满足求之于哲学。[46]因此，他认为哲学的"无用之用"不仅关系"一国之名誉与光辉"，而且是"生民之先觉，政治之指导利用，厚生之渊源，胥由此出"的根本。[47]

显然，王国维所强调的"无用之用"的学术只有在历史的长时段中方能显示它的作用。毫无疑问，抽象的理性思维有助于对人文学科的后设(meta-)思考，有助于补济中国浑元一气式(holistic)、天人合一有机结构观(organicist)和过于实用主义(pragmatic)的思维方式之不足。简言之，理性思维模式的变更具有根本意义。然而，从霍布士(Thomas Hobbes，1588—1679 年)、洛克提出"初人"(the First Man)到黑格尔(Georg W. F. Hegel，1770—1831 年)、尼采提出"末人"(the Last Man)的数百年中，西方迈入近代阶段，个人、社会、国家、世界的种种相互关系需要具体的人文学科予以探讨和指引。后设思考应与具体学科两者相辅相成，难分轩轾。对于转型中的中国说来，先生强调理性思维和严复引入译著，都具有现实意义。

1905 年 9 月，王国维结集数年来治德国哲学等西方学术所发表的部分文章，刊为《静庵文集》，门人赵万里后来再汇集同期同类文章为《静庵文集续编》。[48]《静庵文集》与《静庵文集续编》对先生的此期译著并没有收录完

---

44 《论近年之学术界》，《静庵文集》，叶九十五下。

45 《国学丛刊序》，《观堂别集》卷四，叶九下。

46 《奏定经学科大学文学科大学章成书后》，《静庵文集续编》，叶三十七下。

47 《国学丛刊序》，《观堂别集》卷四，叶九下。

48 刊入 1940 年商务印书馆长沙石印本《王静安先生遗书》。

全。考察中国近代学术思想转折史,应当认真检阅先生的此期的撰述。

就是这样,王国维在新旧转换、人生问题往复于胸臆的岁月中,选择了西方哲学作为首要的思想借鉴资源。这是他一生中做出的第二次选择。

(三)从西方哲学向国学的过渡

王国维"独学"哲学有日,他生活在缺少哲人群体相互切磋的语境之中,深感疲惫。他感到自己治哲学没有出路,用他的话说:研究哲学史或可操胜券,但非所愿,想成为哲学家,在现实条件下没有可能。[49]王国维这样的自我评估不无道理。以先生的资质,研究思辨哲学,肯定会有一定的造诣;然而,缺乏学术群体,没有才智相当的人物相互诘驳辩难,注定先生的思考不可能逼近思辨哲学的前缘。

例如,王国维研究了康德的认识论和知识论,认为康德将知识区分为先天、后天的陈述"今日殆为定论"。[50]先生接受康德的知识论的这样一种断然肯定的语气显示,他已经为自己规定了预设,没有意识到康德的这一陈述本身就是一种经验判断,而哲学上的陈述在历史进程中往往只有相对性。康德关于一切经验的知识皆以实在的先天知识为基础、实在的先天知识是先天为真的综合判断的表述,先生无保留地接受。但是,实在的先天知识是先天为真的综合判断这一表述本身就是一种综合判断,有待逻辑学和经验科学的论证和检验。王国维孤立存在于中国语境之中,显然缺少在认识论、知识论、哲学经验论上深入解析这些课题的起码条件,当然更不能设想先生在当时就能具有今天分析哲学的认识水平。

又如,从王国维之注重康德的第三背反律[51],以及王国维对康德的第三安梯诺米(antinomy/背反律)的引用[52],可知先生完全接受了康德的以实践理性来保证价值世界的客观存在的论证。先生依据康德,对于现象界的经验品性的必然而非自由、本体界的睿智品性的自由而非必然及其在人的

49 《自序》二,《静庵文集续编》,叶二十一下。

50 《论性》,《静庵文集》,叶一下。

51 见《原命》一文,《静庵文集续编》,叶二下。

52 同上书,叶三下叶四上。

行为和动机中的选择作用作过深入探讨。“道德之于人心,无上之命令也。”[53]但是,王国维重视了实践理性的理论,却没有在中国传统社会趋于解体时期参照康德的论证方式指导实践理性活动的思想准备。从西方启蒙运动以来的历史经验看,王国维研究西方哲学学理或学案的最大缺陷是忽视了宗教改革以来西方哲学发展的历史背景。先生引用了康德伦理学的格言“当视人人为一目的,不可视为手段”(Regard humanity as an end, not a means)[54],但是,他强调“岂特人之对人当如是而已乎,对学术亦何独不然?”这样,他便把康德提出的这一具有启蒙意义的对人的主体性的呼唤替换成了是发展学术应当奉行的信条。由此可见,即便在他醉心于西方哲学的时期,他也没有因为研究德国思辨哲学而学到普鲁士式的精神超越,尽管他在《汗(康)德像赞》和多篇文章中高度推崇康德,他并没有真正体会康德的时代精神。

再如,从1903年夏到1904年冬,他与叔本华的著作相伴。然而恰恰是在他曾经感到“冥符契合”、犁然有当于心的叔本华的论述中,越来越多地发现了叔氏的破绽。叔氏主张人类及万物之意志皆我之意志,然而又只顾一己的解脱而不言世界的解脱,“实与其意志同一论不能两立”。叔氏提出意志寂灭说,在尼采的启发下,王国维意识到了叔本华“寂灭此意志者亦一意志”的矛盾。几经反复,先生觉悟到“叔氏之说半出于其主观的气质,而无关于客观的知识”[55],终于做出了“叔氏之说不可恃”的综合判断。然而,王国维到此止步,并没有以此为契机,锲而不舍,作进一步的哲学探讨。

对于尼采,王国维做过相当认真的研究。这极可能是他在1902年短期留学日本时受到影响的缘故,因为尼采曾在十九世纪末二十世纪初风靡日本。[56]尼采一生的特点是他逸出常轨的生存,在丢掉教职后放浪形骸之外,

---

53 《静庵文集》,叶一下。

54 《论近年之学术界》,《静庵文集》,叶九十五下。

55 《静庵文集》自序,《静庵文集》,卷首。

56 Marian von Galik, "Nitzsche in China (1918—1925)," *Zeitschrift für Kultur und Geschichte Ost-und Sudostasiens* 110(1971), 5—6; Joey Bonner, *Wang Kuo-wei, An Intellectual Biography*, Cambridge: Harvard University Press, 1986, 第28—29页。

晚年更由怀疑主义、虚无主义转向“权力意志”，摆脱常规成为他的全部哲学活动的方式。对于这样的尼采，王国维盛赞之为“旷世之奇才”。他形容尼采推翻一切道德的主张是“肆其叛逆而不惮”，“图一切价值之颠覆”。[57]对尼采的超人哲学，他用天才的尼采为了自我“求得慰藉”加以解释。一生谦逊拘谨的王国维，除了精神上的贵族主义、厌恶平庸、对功利世界反感这些方面与尼采灵犀相通之外，实际上与尼采没有共同语言。先生对尼采的赞扬，可谓先生一生唯一的一次激进行为，但也不妨说是一次误会。

凡此种种，都使得王国维可以热忱地研究哲学，但是摆脱不了困惑和迷惘，终于得出自己不可能做一位哲学家的综合判断。在新康德学派的文特尔彭的真、善、美的价值论的影响下，先生归纳出形而上学、伦理学、美学“可爱”，知识论上的实证论、伦理学上的快乐论、美学上的经验论“可信”，最后则是做出“知其可信而不能爱，觉其可爱而不能信”的断语。

十分值得我们注意的是，王国维研究哲学感到疲惫，兴趣转向中国文学，为的是可以取得直接的慰藉。他的热衷于填词，正是基于“欲于其中求直接之慰藉”。填词的成功，加速了他向国学的回归。在这一回归中，他仍然坚持为学术而学术的立场。在《文学小言》第一则中强调“铺馁的文学绝非真正之文学也”。在《人间词话》中嘱咐人们：“人能于诗词中不为美刺投赠之篇，不使隶事之句，不用粉饰之字，则于此道已过半矣。”

（四）转入国学

在王国维供职北京学部、兴趣向文学转移的时期发生了辛亥武昌起义。1911 年末，王国维随罗振玉举家迁居日本京都，寓居于日本人文荟萃的京都左京区。从 1912 年到 1916 年初将近四年（三十六岁至四十岁），除了

---

57 《叔本华与尼采》，《静庵文集》，叶七十四上。“一切价值之颠覆”一语当是 Umwertung aller Werte 的确切翻译。1919 年 12 月胡适发表《新思潮的意义》（《新青年》第七卷第一号），文中对 Umwertung aller Werte 译法是“重新估定一切价值”，今天通译“重估一切价值”。按，尼采使用 Umwertung/重估一词有其前提，专指以拒绝和抛弃人们奉行的准则为基础而对一切价值所作的重估。Weis Mattutat 编《Harrap's-Pons 德法词典》（1989 年版）中 Umwertung 条下对 Umwertung aller Werte 的释义正是 renversement de toutes les valeurs/颠倒或颠覆一切价值。

1915 年曾返国扫墓,留在国内月余外,先生在京都度过了五个旧历新年,在京都的实际居留约四年的时间。在这一时期,先生的生活简单,虽然以亡国之民自居,但心绪不似晚年那么恶劣。最初一年,先生主要协助罗振玉整理运到日本的收藏,得以接触罗氏的五十万卷典籍、千余品钟鼎彝器、数千通金石拓片。1913 年 3 月,移居神乐冈新居,背吉田山,面如意岳(殆指今天的名胜大文字山),山光岚气,溪水潺湲。先生得此静谧,开始专注于国学。1913 年二月二十九日清明,樱花初放,先生与家人游真如堂,循东麓,下至安乐寺;此期某年秋季,先生另有《观红叶一绝句》[58],可见先生这一时期心境略得舒缓。从 1913 年 3 月到 1916 年正月初二携长子归国,其间三年,成书之多,成就之大,为一生之冠。至 1921 年《观堂集林》初次编成,可以说是先生治国学的成就达到了巅峰。[59]

---

58 《观堂集林》卷二十四。

59 卜寓西京(田中村),现存王国维是年腊月二十四日(醉司命日,1912 年 2 月 11 日)抵达京都后致缪荃孙信略述其事。据钱鸥的考察(钱鸥:《京都における罗振玉と王国维の寓居》,《中国文学报》47,1993 年,第 156—168 页),罗振玉、罗婿刘季缨、王国维三家一行二十余口于 1911 年 11 月 27 日在神户登岸,藤田丰八、狩野直喜等到岸迎接。王家侨寓京都田中村,与罗家同住。田中村在大正七年以前属爱宕县,尚未划归京都。钱鸥访问狩野直喜的哲嗣狩野直方,并悉心核对相关市街地图与京都府志等,考定其地当坐落在今天京都市左京区田中飞鸟井町 43 番地(钱鸥,上引文,第 158—159 页),宅已不存。年底(1912 年 1 月)王一家迁居百万遍(钱鸥,上引文,第 159 页),其地当在今天的东大路通、百万遍十字路口西侧、今知恩寺西门对过。今天的东大路屡经展宽,比当年的东大路扩展不下十倍,当年的王宅早已平毁,遗址恐怕应求之于大路中间了(钱鸥,上引文,第 160 页)。王国维的移出原因多半是罗家人多地仄。1913 年 1—2 月,罗氏于净土寺町购地建筑的新宅建成,名"永慕园",并设"大云书库"、"宸翰楼"等。其地在今白川通之东,净土寺东田町 1 番地,该宅第已于平成十二年春拆除。3 月 14 日(阴历二月初七),王国维一家迁居吉田町神乐冈 8 番地(土江澄南《朋友书店周边案内(旧罗振玉邸等)》《朋友书店目录(创刊 25 周年特集号)》1996 年;钱鸥,上引文,第 165 页;白须净真《大谷光瑞と罗振玉》,高田时雄编《草创期の敦煌学》,第 24 页)。罗家在东、王家在西,相隔上马场町,距离甚近。先生的《流沙坠简》1914 年序曾署"日本京都之吉田山东麓寓庐",即指此新居。是年,先生在日人所办《盛京日报》发表札记之一称《东山杂记》,"东山"当亦由此而来。或曰,先生曾住南禅寺永观堂,此说无据。2002 年 8 月中旬至 2003 年 2 月中旬,笔者在洛京期间,骑脚踏车往返于办公室和住地修学院,多取道东大路通,行经百万遍和飞鸟井町,田中地名仍在;有时取道吉田神社,绕行神乐冈及净土寺町,王与罗之故居分在北白川通左右。稻田已无,清幽尚在。

在王国维回归旧学上，罗振玉起了作用。初到日本，罗振玉总结清廷倾覆的原因，攻讦尼采的"贱仁义、薄谦逊、非节制"导致"世论益歧"。据说，罗氏说服王国维放弃西学的最强有力的论据是，研究西学未蒙其利，已受其害。曾几何时，王国维还在奋笔宣扬"夫尊孔孟之道，莫若发明光大之，而发明光大之之道又莫若兼究外国之学说"，[60]同时激烈反驳张之洞等旧派代表人物，指出怀疑西学"为酿乱之曲蘖者，可谓全无根据之说也。"[61]孰料先生而今竟然轻易地抛掉了自己当年极力辩护的主张。这一转折是如此陡然，如此彻底，似乎也是先生在尝试哲学、文学研究十年之后，根据主客观条件变化后自己做出的合乎实际的选择。

（五）最后的取舍——与现世决裂

伴随着王国维在国学领域的精进是他在意识形态领域的倒退。清末民初，一大批读书人都表现了早年激进、晚年保守的集体性格。这种早年激进、晚年保守现象似乎不仅表现在严复、章炳麟、梁启超等人身上，王国维也不例外。西方研究中国近代思想史的学者，每每运用传统与近代之间造成的内心张力和两难抉择的模式解析中国近代这些代表性人物在西学冲击下对传统文化的艰巨认同过程。特别是第一次世界大战以后，鉴于西方社会存在的问题和弊端，由新趋旧的人们更想从中国文化中探求人类文明的普遍因素，以避免重蹈西方覆辙。在这方面，王国维对待新旧态度的前后相异，除了共性之外，还有他的个人因素。

先生到日本后，于1912年二月，作歌颂慈禧太后的《颐和园词》，罗振玉激赏之下为之手写石印，并以《送日本狩野博士游欧洲》、《蜀道难》（悼念端方）二首附后，署名《壬子三诗》。"定陵松柏郁青青，应为兴亡拊一膺"[62]，"汉土由来贵忠节，至今文谢安在哉？"[63]标志着王国维在感情上、行动上投入

60 《奏定经学科大学文学科大学章成书后》，《静庵文集续编》，叶四十下。

61 同上，叶三十七下。

62 《壬子三诗》之一《颐和园词》，《观堂集林》卷二十四，叶一上至二下。

63 《壬子三诗》之一《送日本狩野博士游欧洲》，《观堂集林》卷二十四，叶三上、下。

旧派人物阵营。他的仁者之心,此前已经充分反映在他的《人间词》和《人间词话》中,特别见于他对李后主的评价。1913 年的《隆裕太后挽歌词》进一步把人道的悲悯与昔日的伦常混淆在一起,对成了政治牺牲品的清廷皇室末代寡妇孤儿表达了深切的同情。

1916 年初,王国维从日本回国。归国后,无论是在上海时期,还是在北京时期,他都是以"简单人"自居,自知没有解析人间机括的能力。[64]他耿介恬退,自我定位于学术研究,潜沉于学业。即便一度供职清朝逊帝溥仪的南书房,他也是卑栖尘俗,隐于朝市,他同情逊帝溥仪的命运,并对溥仪有深深的知遇之感,同时远离溥仪身旁那批结党营私、互相倾轧的各色人物。人们看不到他参与任何政治性活动,他对遗老们口头标榜的信念及其作为不存期望,对他们的反复也无厚责。但是,有形无形的人际关系网络终究束缚着王国维的日常行为。在他交往的人物中,例如,他在生计上多所依赖的罗振玉、在学问上衷心敬佩的饱学之士沈曾植、平日交往的藏书家和相互酬唱的赋闲文人,都是前朝遗老和旧家子弟。可以理解,新派人物中没有什么人能在先生心目中与沈曾植等抗衡,其中也举不出什么人的学问能够赢得他的心悦诚服。与沈曾植、罗振玉、缪荃孙切磋学问之相得,与柯劭忞、孙德谦、张尔田、杨钟羲等遗老酬唱之浃洽、为蒋汝藻藏书编目和代刊《观堂集林》的情分,在在加固了王国维与旧派的感情。

现实的中国正在转型,小雅尽废,大道多歧。王国维不投身政治,并不等于他不关心政治,他和青年时期一样,晚年依然关切政局更迭,忧生忧世,这有他的大量书信为证。在新文化运动和五四运动期间及其以后,先生更趋守旧。先生在 1917 年 9 月发表了《殷周制度论》。在他看来,国家应当是一个道德团体。[65]他的这种政统观导致他赞美"周之制度典礼实皆为道德而设"、"周之制度典礼乃道德之器械",[66]断言殷周变革之际的文物制度及

64 吴泽主编:《王国维全集 · 书信》,北京:中华书局,1984 年,第 212 页。

65 "周之所以纲纪天下,其旨则在纳上下于道德,而合天子、诸侯、卿大夫、士、庶民以成一道德之团体。"《殷周制度论》,《观堂集林》卷第十,叶二下;"古之所谓国家者,非徒政治之枢机,亦道德之枢机也。"叶十三上。

66 同上,叶十四上。

其立制意图“乃出于万世治安之大计。”[67]由此可见,中国从先秦诸子百家以来形成的政治伦理文化对于王国维这样的读书人具有多么深远的拘束力量。他晚年上溥仪的《论政学疏》大要[68],如果确实出于先生手笔,其中有更多的脱离现实的悖论。

1925年正月下旬或二月初,王国维四十九岁,为了远离喧嚣而决定就任清华学校国学研究院导师之聘。四月,迁居西郊清华园,专任教授,谢绝研究院中一切职务。在此期间,先生过着近乎蛰居的生活。五月,日本利用庚子赔款筹办的东方文化总委员会在北平成立。委员之中中国方面有柯劭忞等十一人,日本方面有狩野直喜、内藤虎次郎等十人,柯劭忞为主任委员。中日学人希望先生参加,狩野持之最力。但是,先生的名字到底也没有出现在委员名单之中。[69]这一事例最足以表明先生的淡泊。1926年9月,即辞世前九个月,他曾经写信给神田喜一郎,询问“贵国杂志如《文学杂志》、《东洋学报》现在尚可设法购一全份否？如有全份,则需价若干,祈于便中见示。”[70]从这一事实又可以看出,在学术研究上,先生此时此刻自有他的关怀和考虑。

王国维不是不明白两千年的帝统已然无可救药,但是,他的失落情结或精神迷惘日益加深。他自幼所受的熏陶和“惯性行为”,决定了他无从在心理上异化自己的信念。1927年,陈寅恪的《王观堂挽词》记述了两人曾在清华工字厅深夜共话前朝旧事而不胜唏嘘:“回思寒夜话明昌,相对南冠泣数行。”[71]经历了辛亥革命以来袁氏称帝、张勋复辟、世界大战及战后动乱和革命潮流、五四运动、军阀混战、1924年溥仪出宫事件、1926—1927年国民

---

67 《殷周制度论》,《观堂集林》卷第十,叶二上。

68 见罗振玉《王忠悫公别传》。《别传》撮录王国维上溥仪的《论政学疏》大要。

69 《燕京学报》第十九期,转引自王德毅:《王国维年谱》,台北:中国学术著作奖助委员会,1967年,第301—302页。

70 《王国维全集·书信》,第442页。

71 此事当系在陈寅恪1926年秋到达清华园之后,寅恪先生时年三十七岁。王国维致罗振玉信中特别提及陈寅恪的到校:“顷陈散原之幼子名寅恪者已至学校,此人学东方言语学,言欧洲学问界情形甚详。”《书论》第32号,罗振玉特集,第71页,“王国维致罗振玉书”。

革命军北伐，王国维眼见生民“沦胥以铺”，自己人生观中珍视的一切也已破坏殆尽，四顾萧然，留给他的只剩下了对现实的绝望和对信念的忠诚。他知道自己的孤独的存在犹如一茎蓬草，正像一根稻草压折骆驼的超载的腰，意义危机造成的长期心理重负可以由于任何细故作为契机而促使他踏上绝路。以放弃自我而完成自我，这是社会失序、道德沦丧下的具有末代士大夫意识的一种价值追求的抉择。

也许，如果先生的一生弃绝良知，不理会“应然”与“实然”的背反，或者索性像马丁·海德格尔（Martin Heidegger，1889—1976 年）那样不顾学术与人格的分裂，投水的悲剧或可避免。然而，一项主观因素起着非常重要的作用，这就是王国维个人的执着性格。他处世以道德与学问“集于吾躬”自我期许，持身追求理得之心安，行事恪守始终一贯。这一性格一方面赢得了人们的敬重，另一方面也注定了他即便对旧派有所认识，也无从在行动上有所调整。基于王国维晚年只接受逊帝溥仪和民国方面的教学职位，而在任何政治活动中绝对看不到他的身影的事实，梁启超的挽联和陈寅恪的挽词序言对王国维的死因的判断最近其实。但是，立足于今天，人们委实难以理解，以先生横绝一世的非凡才智，在学术研究上能够卓有成效地借鉴西方近代理性思维，将其运用于梳理学统遗产，为什么就不能同样参照西方“理论哲学”和启蒙思想，同样地也对中国的道统和政统遗产哪怕略略有所质疑、略略有所分析、略略有所商榷？一位学术上如此具有自主性、善于开拓的巨擘，怎么在思想感情上会是如此拘谨的恪守陈规旧矩者（conformist），以至于把两千余年帝制下形成的意识形态的某些符号规范当成了自己的终极关怀（ultimate concern），错位以至于此？

值得注意的是，自谓“思想在同光之间”的陈寅恪面对文化传统之遭摧残，同样也是愁绪萦回，一腔惆怅。那些身处有序国家的汉学家，例如，法国的沙畹、日本的内藤湖南（1866—1934 年），是不可能感到如此压抑，遭际如此命运的。

三、王国维国学研究的几个特点

(一)王国维治学的标准在于"会通"

先生对治学和治艺有着严格的区分。他认为,于学问有"固有的趣味"者,是为治学;"其学苟可以得利禄,苟略可以致用,则遂嚣然自足,或以筌蹄视之"者,是为治艺。治艺只要"横通"就可以了,治学则必须"达观"、"会通"。为此就必须认真阅读基本典籍,藉以建立通识,铸成坚实雄厚的功底。

东渡前,先生每天聚精会神研读西方哲学三四小时,东渡后转入了研读经典文献。移居神乐冈,先生日有常课,以圈点三《礼》开始,"日读注疏一卷",时作疏记。1913 癸丑年二月初九至三月十八日读《周礼注疏》毕。三月间写成《名堂寝庙通考》;四月二一日至六月九日读《仪礼注疏》毕;八月十一至十月十二日读《礼记注疏》毕。精读三《礼》之前后或同时,自二月二七日至三月十二日及四月二六日至五月下旬圈读《说文解字》段注一过。时王国维三十七岁。[72]

1914 年甲寅年闰五月廿五日(7 月 17 日)先生致缪荃孙函称:"比年以来拟专治三代之学,因先治古文字,遂览宋人及国朝诸家之说。"[73]他的门人赵万里回忆,1923 年初次谒见先生,"先生以治学必先通《说文》,而后治诗、书、三礼相诏。"[74]狩野直喜等几位日本学者留下的回忆,都提到先生此时专习经史小学。

由此可见,先生首先圈点研读基本文献,育成训诂、古文字、音韵的独到功底,然后据以治古史绝学。先生以此自课,也以此教人。没有这一功底,任何一般的和特殊的治学方法都无从派上用场。例如,人们时时称道先生提出了"二重证据法",然而,"二重证据法"再好,缺乏功底则不起作用。

---

72 赵万里:《王静安先生年谱》,癸丑年条。

73 《王国维全集·书信》,第 40 页。

74 赵万里:《王静安先生年谱》,癸亥年条。"相诏"二字,见于台北广文书局 1971 年《年谱丛书》本第 61 册,第 44 页,疑排印有误,惜手边无他本可供核对。

先生圈点、校刊了大量典籍，在研读原典过程中产生课题。[75]先生从广泛比对中连锁散在材料，在“以阙疑为第一要诀”的前提下，只把确有把握、确有发明的研究心得撰写成文。每一篇先生的文字，无论长短，必包含对前人成果的总结，也凝缩着先生自己的发明和心得。也就是说，先生的文章是基于前人成果，根据新资料和对文本的新解读进行再分析、再归纳，而后进行综合判断和综合论述的结果。因而先生得出的结论具有更悠久的生命力，《太史公行年考》收入北京大学中文系《中国文学史参考资料》，《释史》解明了簿书的来历，《简牍检署考》阐明了书册制度的演变源流，至今为人们所依据。由于先生学问的会通，《观堂集林》中分入各卷的许多文章往往相互连锁。实际上，先生的每一单篇论文多与他人与自己的著述有拆不开的关系。

《观堂集林》卷六收有《释史》、《释由》、《释天》、《释旬》、《释昱》、《释西》、《释物》等十六篇文章，长者字数约两千，短者不过百余字，全部文章解释了十八个字。这是先生协助罗振玉完成《殷墟书契考释》过程中自己进行研究、积累札记的成果。以这一组文章为例，人们可以体会王国维的学问的融会贯通，邃密深沉。《释史》一文，在归纳江永、吴大澂、罗振玉的启发性见解的基础上，以自己的缜密研究订正了许慎之误，其中取证之广泛、精微、贴切，自然令人折服。陈寅恪声称两汉以上书不敢观，既是谦虚，可能也是鉴于王国维的工作的水准，类似于“崔颢题诗在上头”。高本汉（Bernhard Karlgren，1889—1978年）的《修订本汉文典》（*Grammata Serica Resensa*，1957）将“中”、“史”分开，断定中国古文字中“史”、“吏”、“事”之间实际上没有区别，当是遵循王国维的见解。

另一例证是，先生从《山海经》、《竹书纪年》、《世本》、《楚辞》、《吕览》、《史记》之《殷本纪》、《三代世表》、《汉书》之《古今人表》中检出殷代先公王亥的不同名称[76]，印证甲骨文中的王亥，由于这一发现，王亥“骸

75　乙卯（1915年）春，先生归国展墓。见沈曾植于上海，沈曰：“君为学乃善自命题，何不多命数题，为我辈遗日之资乎？”丙辰（1916年）仲冬《尔雅草木虫鱼鸟兽释例》自序，《观堂别集》卷四，叶十上。

76　“甲寅岁（1914年）莫，上虞罗叔言参事撰《殷墟书契考释》，始于卜辞中发见王

骨因得起而重新”。

（二）根据时代导致的国学变化，在继承中更新

王国维认为，清代学术经历了“大→精→新”的变化过程：“国初之学大，乾、嘉之学精，而道、咸以来之学新。”[77] 十九世纪末二十世纪初，更是时代导致研究中国学问发生巨大变化的时期。“大→精→新”的提出表明，先生认识到，中国传统的经史之学经历了乾嘉全盛时期之后，由于自身的内在演变和西学的外来影响，不可能依旧保持原貌。先生需要解决前人没有面对过的旧学与新学的相互关系。在这一点上，他既重视中国自身的长处，又借鉴“他者”。中国旧式学者治学注重背诵记忆，博古通今，以惊人的熟稔旧典、今典来体现渊博之极致。到了清代，经学大师们进一步运用归纳、分析的方法部勒材料，特别是以“比事质疑”的看家本事治经治史，在证伪、证实方面取得超越前代的突破，其成就为人们所津津乐道。王国维禀赋异常，一方面继承了旧学的博闻强记、比事质疑的优秀传统，另一方面也较早意识到这一传统之不足。他之所以大声呼吁学无分中西，其道理无非是说，研究中国学术和西方学术一样，在梳理、论证时都得诉诸理性的综合判断，因而研治中国学问有参照西方学理的必要。这就导致先生无论是证虚还是证实，无论是破还是立，在尽可能地搜集史实和比勘史实之外，致力于建立概念联系，疑所当疑，断所当断，力求对系统化的感性资料获致概念层次的提升和会通[78]，这就超越了清代大师们的局部的、分散的分析归纳水平，提高了理性批判的中规中矩的层次。

亥之名。嗣余读《山海经》、《竹书纪年》，乃知王亥为殷之先公，并与《世本·作篇》之胲，《帝系篇》之核，《楚辞·天问》之该，《吕氏春秋》之王冰，《史记·殷本》及《三代世表》之振，《汉书·古今人表》之垓，实系一人。尝以此语参事及日本内藤博士（虎次郎）。”《殷卜辞中所见先公先王考》序，《观堂集林》卷九，叶一上。

77 《沈乙庵先生七十寿序》，《观堂集林》卷二十三，叶二十五下至二十七下。

78 1900年，王国维奉老师藤田丰八之命，代为撰写《东洋史要》序，明确提出：“自近世历史为一科学，故事实之间不可无系统。抑无论何学，苟无系统之智［知］识者，不可谓之科学。中国之所谓‘历史’，殆无有系统者，不过集合社会中散见之事实，单可称之史料而已，不得云历史。”《〈东洋史要〉序》，转引自陈鸿祥：《王国维年谱》，第356—357页。

先生把朱熹唱和陆九渊的旧句“旧学商量加邃密，新知培养转深沉”[79]转换为“商量旧学加邃密，倾倒新知无穷已。”[80]他的词句转换之所指与朱熹吟咏的内涵有根本的不同，因为当前西学的强势传入对旧学的冲击大不同于朱陆异同的论诤境界。王国维的国学研究的业绩令人叹服地体现了“思古之情与求新之念互相错综。”[81]在思古方面，他不像守旧人物那样对待传统，一概拒绝证伪；在求新方面，他也不像新派人物那样，对待传统不加区分、不经证伪、不加试错而一律怀疑，一味拒斥。用他的话说，“今人勇于疑古，与昔人之勇于信古，其不合论理正复相同，此弟所不敢赞同者也。”[82]在这里，合不合乎“论理”是先生的准则，而先生早在1904年《释理》一文就对“理”的概念作过全面深入的语义分析。是以先生进行研究工作，无论是求实于古，还是取信于今，无论是证实，还是证伪，致力于“不屈旧以就新，亦不绌新以从旧”。[83]守成与创新相辅相成的道理，由于他拥有守成的巨大实力、创新方面游刃有余而得实现。

看来，先生置身于新时代，在前期“独学”西方哲学，不仅扩大了学术视野，为自己补充了逻辑学、欧洲哲学、美学、伦理学、心理学、文学等多学科知识，改变了自己的知识结构，而且得到了思维训练。先生是近代中国从阅读原著而了解西方 meta-，亦即形上或后设语言的第一人。对于近代中国学者说来，对认知(cognito)机制，也就是人的智力活动的机制，有所认识，无疑是一种全新的思维训练。这样，王国维既具有中国戴、段、钱、王等乾嘉大师以及他钦佩的汪中、程瑶田等传统学者的功力和精识，又有了逻辑思维、哲学思维和西方生成知识学(genitive epistemology)提供给他的启示。例如，在多义分析中注重概念的规定性，大大帮助了先生在微观上“极其会归”，考据

79 《鹅湖寺和陆子寿》：“德义风流夙所钦，别离三载更关心，偶扶藜杖出寒谷，又枉篮舆度远岑。旧学商量加邃密，新知培养转深沉，却愁说到无言处，不信人间有古今。”《晦庵集》卷四。参见元盛如梓：《庶斋老学丛谈》卷中上，本条。

80 《送日本狩野博士游欧洲》，《观堂集林》卷二十四，叶三上。

81 《宋代之金石学》四《后论》，《静庵文集续编》，叶七十四下。

82 《王国维全集·书信》，第477页。

83 《殷墟文字类编序》，《观堂别集》卷四，叶三上。

尽其真，在宏观上“观其会通”，言理求其是。此外，其他学科带来的支持性学识，亦即 Michael Polyani 所说的支持性学科的作用，新数据的参证，主客观多重因素的结合，使先生展现出来蕴蓄已久的创造力和原创力。因而他在选定以国学研究为志业之后，在依据文献和出土实物处理大量信息，打通貌似没有关联的多种数据之间的隔障的时候，显示出来惊人的贯穿能力和综合判断能力。

蒋汝藻在《观堂集林》序中称：“君新得之多，固由于近日所出新史料之多，然非君之学识，则无以理董之。盖君于乾嘉诸儒之学术方法无不通，与古书无不贯串，其术甚精，其识甚锐，故能以旧史料释新史料，复以新史料释旧史料，辗转相生，所得乃如是之伙也。”据《观堂遗墨》下先生致蒋汝藻函中“大序屡拟增改，迄无善，恐此已妥，再加反为蛇足”等语，似可推断此序实为先生自撰，以蒋汝藻名义刊出。若然，则这一段话当是先生自己对自己的评估。

另一情况是，十九世纪末二十世纪初，地上地下文物文献层出不穷，导致研究中国学问与乾嘉盛世国学的巨大的不同，为研究学术上的许多“瓯脱”地带和补证典籍记载之不足提供了新资料。最早的例子应是俄国人送来了所谓“总理衙门书”求教。1889 年，俄国考察队的雅德林采夫（N. M. Yadrintsev）根据前人记载的线索，在蒙古高原嗢昆水（鄂鲁浑河）回纥汗国（744—840 年）故都 Ordu-balïq（今 Kara Balgasun）访得回纥汗国第八代可汗保义可汗（808—821 年）的鲁尼文（runic）、粟特文、汉文三体碑，此碑通称 Kara Balgasun 碑。1892 年，拉特禄夫（W. Radloff）《蒙古（古物）图志》（*Atlas der Alterthümer der Mongolei*）“始揭其影本”[84]。1893 年，俄国驻华公使喀西尼（A. P. Cassini）“以拉氏书送总理各国事务衙门，属为考释。”当时沈曾植正在总理各国事务衙门的译署供职，作跋“以复俄使，俄人译以行世，西人书中屡引其说，所谓《总理衙门书》者也。”[85]实际上，拉氏影本文字的刊布推动了包括中国学者在内的世界各国学者参与考释工作，可以认为这

84　王国维：《九姓回鹘可汗碑跋》《观堂集林》卷二十。

85　同上。

是国际间共同合作研究东方学问的发轫之始。此后，俄、瑞典、英、法、德、日等国考察队纷至沓来，轰动性的发现层出不穷。在这方面，王国维可以说做到了紧跟形势。

由此而引发时代导致的国学新旧结合的第三个变化。外国专业学者开始置身于研究中国学问的行列，而且逐渐取代传教士和外交官成为外国研究中国的主力。中国人的学问不再仅仅是中国人进行研究的学问了。千百年来建立于经学和史学传统上的中国学问到此结束孤立自在的状态。近代汉学的诞生和此后的发展，导致读书人研究问题借用西方观念，撰写文章参照和追随西方模式。在这一变化中，王国维与国外同行，特别是日本同行，有着相当密切的交流，并从这一交流中获得启示。

（三）先生对几乎所有的已成文或已发表的文章总在不断补充修改

人们知道，1912 年夏历九月朔日写定《简牍检署考》，已经四易其稿。最典型的例证可能是《流沙坠简》。

1913 年冬，法儒沙畹寄来考释斯坦因 1908 年在西域所得汉晋木简文字的清样，先生与罗振玉读后决定重行加以分类、排比、考释。罗氏分任文字、方伎书部分，成《小学术数方伎书考释》和简牍遗文，先生负责簿书、烽燧、戍役、廪给、器物、杂事六类简牍，1914 年甲寅正月，成《屯戍丛残考释》稿，合罗振玉所撰考释次第校录。二月，得读斯坦因纪行之书《Serindia-西域考古记》，乃知沙氏书中每简符号皆记其出土地点，自西而东，自敦一、敦二至敦三四。先生本想加入考释，而写定已过半，乃绘敦煌障燧图一、表一，列烽燧之次第及其所出简牍，名《斯坦因访古图表并附记》附于书后，并举其要点于后序中。三月，复取和阗尼雅河下游所出各简为补遗考释一卷，刊于《流沙坠简》之后。至四月写毕。先生复为序以考木简出土之地，文长数万言，实为近代研究西陲古地理第一篇文字。罗氏即据先生手写本付石印，署名《流沙坠简》，刊于 1914 年 4 月，是为罗氏宸翰楼印本。实际上，是书刊行前后，王国维一直在不停地增补，见先生 1914 年上巳（夏历三月三日）后二日跋文,其后添加同年三月清明节后二日完成的《流沙坠简补遗考释》,同年三月完成的前凉西域长史李柏书稿《附录》。这些都说明先生对这一批出土于敦煌、蒲昌海、尼雅、于阗的文书用力甚勤,不断修订。1915 年,夏历“七月,补正《流沙坠简》考释三十余处”。最令先生欣喜的是,“重阳日读《汉书·功臣侯表》至续相如使西域事,因订正前所释《屯戍丛残》考释禀给类第一简之误,至为愉快。”[86]1916 年 3 月,先生于《学术丛刊》第一册刊出《流沙坠简考释补正》,在自序中说:1914 年春考释流沙坠简,“阅两月而成,虽粗有发明,而违失漏略时所不免。……二年以来,浏览所及足以补苴前说者,辄记于书眉,共得数十事,写而出之。”[87]1923 年,《流沙坠简》初版的序言收入《观堂集林》,先生增添了这样一句话:“古‘牢’‘楼’同音,《士丧礼》‘牢中’,郑注:‘牢读为楼。’”[88]先生找到与简文相应的续相如使西域事,先生发现古“牢”“楼”同音,证实牢兰就是楼兰。实际上不仅先生“至为愉快”,后人也在分享先生的幸福。[89]

四、王国维的“观”

王国维取号观堂,并把自己的心血结集称为《观堂集林》,看来并非偶然。我们看到,王国维一生治学,无一阶段不提及内观外观问题,他运用理性的内观外观,深知“观”字在认知(cognito)机制中的重要。他说:“盖观之作用于五官中为最重要,故悉取由他官之知觉而以其最重要之名名之。”[90]最后,先生终于化约出一个字最为吃紧,这就是“观”字,从而在“观”字上形成了自己的认知系统。

“观”的概念见于《易·系词》:“天地之道,贞观者也。”宋代邵雍

86 赵万里:《王静安先生年谱》,乙卯年七月条。

87 《观堂别集》四,叶十五下。

88 《流沙坠简序》,《观堂集林》,卷十七,叶五上。

89 关于《流沙坠简》的版本,参看门田明:《流沙坠简版本考》,刊于《汉简研究国际シンポジウム92 报告书　汉簡研究の现状と展望》,关西大学出版部,1993 年。

90 《论新学语之输入》,《静庵文集》,叶九十九下。

(1011—1077年)的著作对“观”字发挥得最为充分:“天之所以谓之观物者,非以目观之也;非观之以目,而观之以心也;非观之以心,而观之以理也。”[91]

1904年正月,王国维发表《孔子之美育主义》于《教育世界》第一期(总六九号),引及宋代邵雍《皇极经世书》《天之所以谓之观物》条,提出“观物”“观我”;首揭“境界”之说。[92]王国维在《汗(康)德像赞》中也强调了“观”字,他写道:“人之最灵,厥为天官,外以接物,内以反观。”而反观的内容包括“观外于空,观内于时”,此语最足以表明他对康德先天知识范畴的理解,他特别注意到了具有不可逆性质的单维的时间概念的内在性,从而大大深化了中国固有的“观”的内涵。又如,王国维的《释理》《论性》《原命》三文也借用了邵雍的理、命、性三者为“天下真知”的表述。[93]在《释理》一文中依据西方哲学,特别是康德的知识论,取reason一词的“理由”的含义论证人的概念思维和概念联系的机制以及充足理由律;取reason一词的“理性”涵义,以求得“吾人之经验知识的说明之统一”,赋予中国文化传统中的“理”的观念以新解。

据赵万里《王静安先生年谱》,1917年,先生四十一岁,“汇集此数年间所为文,得五十七篇,凡二卷,署《永观堂海内外杂文》。先生初号礼堂,其号观堂也,或自此始。”[94]陈鸿祥也指出:“丁巳(1917年)王氏在沪自订其辛亥以后所撰文,署《永观堂海内外杂文》,或以为‘观堂’之号由此而来。1921年(辛酉)5月22日(农历四月十五日),写定数年来所为文字刊于《学术丛编》及旧作之刊于《雪堂》、《广仓》二丛刊者,为自编文集署名《观堂集林》,凡二十卷。参诸王氏题跋,其自署‘观堂’、‘观翁’、‘观堂学人’者,皆起于辛酉

91 《皇极经世书》卷十二,《天之所以谓之观物》条。

92 陈鸿祥:《王国维年谱》,第64页。

93 邵雍:“天下之物,莫不有理焉,莫不有性焉,莫不有命焉。所以谓之理者,穷之而后可知也;所以谓之性者,尽之而后可知也;所以谓之命者,至之而后可知也。此三知者,天下之真知也。”《皇极经世书》卷十二,《天之所以谓之观物》条。

94 赵万里:《王静安先生年谱》丁巳(1917年)十月条。

(1921年)[95],则以观堂之号行世,当自此始。"[96]王国维将自信传世的篇章集为《艺林》《史林》《缀林》,总名之为《观堂集林》,是1921年(岁在辛酉)改订《永观堂海内外杂文》而成书,这是没有疑问的。据此可以推测,"观堂"很可能是由"永观堂"而来,"观"字贯穿着先生一生,此其缘起乎？先生的名号也似乎随之从"礼堂"改为"观堂"。[97]在这里,人们似乎也可以觉察到王国维越来越重视"观"字的消息。我们看到,先生于1911年末赴日和1916年自日本归国之后,书信往来中每每自谓为"永",当是"永观"的略称。1924年,王国维为容庚纂《金文编》所写序,末书"甲子夏五月书于京师履道坊北之永观堂",可知先生用永观堂号至少用到1924年。

1998年,日本伊原泽周发表了《论王国维的观堂之号》一文,强烈暗示王国维之号永观,与以枫叶著称的京都古刹南禅寺的永观堂有关,先生有吟咏红叶之作。[98]伊原氏的这一意见看来是受了文中引用的罗振玉婿刘季英之子刘蕙孙1987年6月的回忆的影响,刘氏曾说,王国维将家属送回中国后,自己回到京都,住在南禅寺的永观堂。早在1951年6月10日,日本"静安学会"和"浪华艺文会"在大阪共同举办过"王国维先生追忆会",在座有铃木虎雄、神田喜一郎等当年与王国维有私交往来的老辈学者,当座谈会谈及王国维在京都期间的住地问题时,历史地理学家森鹿三教授提问:"王君取观堂之号是不是与永观堂有关系呢?"神田、铃木两教授回答得非常含糊:"啊,这,您认为呢?"[99]最近,白须净真的研究再次证实罗、王在京都的住处,没有任何迹象表明王国维曾经住过永观堂。[100]

95 《观堂题跋选录》,《文献》,1981年第十辑。

96 陈鸿祥:《王国维年谱》,第11页。

97 关于王国维的前后名号,陈鸿祥另有详细的考证,王国维三十五岁之前号人间;1911年东渡,改号"礼堂";"礼堂"之号,今所见者,如罗振玉《商三句兵拓本跋》云"礼堂先生善说殷礼"。

98 伊原泽周:《王国维の号"观堂"について》,《アジア文化学科年报》,1998年,第51页。

99 怀德堂尚友会编:《王静安先生を追想す》,《怀德》第22号,昭和26年,京都:弘文堂,第71页。

100 白须净真:《大谷光瑞と罗振玉》,高田时雄编:《草创期の敦煌学》,第24—

今天看来，先生何时命名所居为“永观堂”，又从何时复将“永观堂”改称“观堂”，似乎已难以确指其具体时日。1921年，先生四十五岁时，改订《永观堂海内外杂文》成《观堂集林》，当是观堂一号的最后定型。

以下是“观”字在王国维不同时期的认知系统中的反映。

（一）研读哲学期间，1903年，先生写了《汗德像赞》，破题揭出：“人之最灵，厥维天官，外以接物，内以反观。”（《静庵文集续编》叶二二下）运用“天官”“外以接物，内以反观”的描述，表明先生借用了邵雍的词汇“反观”[101]，理解了康德关注客观世界和人的内心的方式。先生的康德“观”表明先生在知识结构和思维训练上开始与旧式学者有了区别。

《汗德像赞》又云：“观外于空，观内于时。”[102]何谓“观外于空，观内于时？”

人们知道，康德认为空间与时间观念是人生而具有的先验主观形式，属于先验地根植在人们主观之中、感官经验无法认知的先验条件，或称“先天直观形式”或“纯粹直观范畴”。这体现着康德对“现象界”和“本体界”的二分思维，体现着康德对理性极限的考察。在中国，王国维是中国认真研究康德哲学的第一人。先生接受康德的空间与时间观，“吾人之所可而知者，一先天的知识，一后天的知识也。先天的知识，如空间、时间之形式及悟性之范畴，此不待经验而生，而经验之所由以成立者。”（《论性》）又说，“空间、时间既为吾人直观之形式，物之现于空间皆并立，现于时间皆相续，故现于空间、时间者皆特别之物也。”（《叔本华之哲学及其教育学说》）。康德又把同是人的主观（sensibility）的先验形式的时间和空间加以区别，将时间作为“内感”（internal sense）、空间作为“外感”（external sense）而参与我们的主观构成（subjective constitution）。王国维也接受康德的空间与时间观的这一精微区别，在《汗德像赞》中表述为“观外于空，观内于时”。

（二）转入文学期间，先生使用观物，观我之语更加频繁，兹仅择数则

25页，特别是注47。并参看前注58。

101　“圣人之所以能一万物之情者，谓其圣人之能反观也。所以谓之反观者，不以我观物也。不以我观物者，以物观物之谓也。”邵雍《皇极经世书》卷十二。

102　《静庵文集续编》叶二二下。

如下：

1906 年《人间词甲稿》及序："若夫观物之微，讬兴之深，则又君诗词之特色。"

1907 年自述三十年生平的《自序》及《自序二》；同年《人间词乙稿》序。"原夫文学之所以有意境者，以其能观也。出于观我者，意余于境；而出于观物者，境多于意……。"（《人间词乙稿》序）

1909 年《人间词话》："读东坡、稼轩词，须观其雅量高致。""纳兰容若以自然之眼观物，以自然之舌言情。""诗人对宇宙、人生，须入乎其内，又须出乎其外。入乎其内，故能写之；出乎其外，故能观之。"

"有我之境，以我观物，故物皆着我之色彩；无我之境，以物观物，故不知何者为我，何者为物。"

"政治家之眼域于一人一事，诗人之眼则通古今而观之。词人观物须用诗人之眼，不可用政治家之眼。"

（三）转入国学研究时，先生多次指出"观其会通"和"达观"：

1913 年《宋元戏曲考·序》："元人之曲为时既近，托体稍卑，……后世儒硕皆鄙弃不复道。……即有一二学子以余力及此，亦未有能观其会通、窥其奥窔者。"

1916 年先生撰《尔雅草木虫鱼鸟兽释例》成，自序中借沈子培话语说："草木虫鱼鸟兽诸篇，以声为义者甚多，昔人于此，似未能观其会通。"[103]"余感是言，乃思为《尔雅》声类，观其会通。"[104]

1922 年 12 月 8 日（十月二十日）之沈兼士函附《研究发题》："若集此类〔联绵〕之字，经之以声，而纬之以义，以穷其变化，而观其会通，岂徒为文学之助，抑亦小学上未有之事业欤。"

1923 年为商承祚纂《殷墟文字类编》所写序标出"达观新旧史料二者之际"："书契文字之学，自孙比部〔诒让〕而罗参事〔振玉〕而余，所得发明者不过十之二三。而文字之外，若人名，若地理，若礼制，有待于考究者尤多。故

103 赵万里辑《观堂别集》四，叶十下。

104 同上，叶十一上。

此新出之史料，在在与旧史料相需。故古文字古器物之学与经史之学实相表里，惟能达观二者之际，不屈旧以就新，亦不绌新以从旧，然后能得古人之真，而其言乃可信于后世。”[105]

按，《易·系辞上》：“圣人有以见天下之动，而观其会通。”《荀子·非十二子》：“奥窔之间，簟席之上，敛然圣王之文章具焉。”

由此可见，先生在研读哲学期间，学习康德，运用“天官”“外以接物，内以反观”；转入文学期间，注意文学创作中的“观我”、“观物”；转入国学研究时，强调“观其会通、窥其奥窔”和“达观”。如果加以化约，可以说，一个“观”字贯穿了先生一生治学的三个阶段。

五、王国维国学的薄弱面

今天，去王国维的谢世已经四分之三世纪有余，拉开的时间距离使后世的人们更加清楚地看到，他在中国近代学术史上是个异数。在他后半生所从事研究的诸多领域，人们大多已经做出了超过先生的工作，但是，就整体气象而言，后辈中似乎没有几位具有先生的规模，兼备先生的主客观条件。当年，王国维通过自学西方哲学而获得的认知理论开拓了他的思考空间，层出不穷的新史料扩大了他的引证范围。他的学术成就改变了中国旧学的浑元一气的(holistic)面貌，既弘扬了中国学术的赅博会通的传统，又开启了现代意义的分科扩宇的专业化发展方向。他的工作就其整体和内容而言，大致不出通过训诂音韵考核名物故实、疏证典章制度的范围。但是，就其客观意义而言，他的许多考证绵密、精心结撰的论文旨在遍检证据以达至综合判断，实际上起了转换范式的作用。清末民初，各种思潮花样翻新，国学的兴替也相继展示了不同风尚，时而探寻“国粹”、时而复古、时而疑古、时而提倡“整理国故，再造文明”。在此期间，王国维潜沉地、默默地在多方面做出了实实在在的贡献。我国国学能够具有今天的个性和风格，在很大程度上应该归功于先生昭示的轨则和示范的实践。而今天人们研究中国学问，只要是王国维

105 《观堂别集》卷四，叶三上。

涉及过的领域，仍然是人们的再出发点。

在人们肯定王国维确立当代国学性格(identity)[106]的同时，人们看到，先生的国学既有与同时代国际中国学(sinology)近似的地方，又有相形之下薄弱的方面。例如，王国维注意“观其会通”“窥其奥窔”，法国的沙畹注意“事实的整合”“诸力的总括”，日本的内藤湖南注意从东亚的“风水”流转，“从上行下行”以窥历史和文化演变递嬗的消息，方法层次上都注意宏观，这是彼此近似之处。然而，王国维从事国学研究的时期，国际上是比较语言学、比较宗教学、比较社会学大发展的时代，是批判、怀疑、重估价值盛行成风的时代，而且，自从狄尔泰(Wilhelm Dilthey，1833—1911年)着重研究历史理性以来，也是实证技巧因受阐释学发展的影响而比中国传统考据更趋精确的时代。不仅如此，在当代国际中国学的发展过程中，不同的国情和不同的个人经历赋予不同国家研究中国学问的学者以不同的特色或个性。人们如果将沙畹、内藤湖南以及韦伯(Max Weber，1864—1920年)的工作与王国维的业绩加以比较，王国维的优长将会显得更加优长，薄弱环节也会显得更加明显。

沙畹(1865—1918年)的学术生涯一帆风顺，与王国维的早年困顿偃蹇恰成对比。沙畹在十七岁的时候完成了关于康德的哲学论文，对于王国维来说，则要等到1898年二十二岁的时候才有机会间接得知康德的名字。然后，沙畹在二十岁的时候进入了名校巴黎高师(École Normale Supérieure)，并在东方语言学院学习汉语，在学术道路上得到高师院长Georges Perrot和Gabriel Monod、Henri Cordier等诸多名师的指点。1889年，他来到北京，开始译注《仪礼》、《史记》。1893年3月，沙畹在八位候选人中当选为地位崇高

106　参看井波陵一：《王国维の国学——记忆よ、语れ》，狭间直树编：《西洋近代文明と中华世界》，京都大学学术出版会，2001年2月，第242—258页；井波陵一：《はじかれ、こぼれおちるもの——清代の文化と社会》，京都大学人文科学研究所编集：《人文科学研究のフロンティア——京都大学人文科学研究所要览　2001年》，京都大学人文科学研究所出版，2002年3月，第20—21页。井波教授研究王国维的国学定义，意在以王国维的“大>精>新”中的“大”和Walter Benjamin的“根源”的涵义相比较，研究王氏学问的“杂”的威力。

的法兰西学院(Collège de France)第四任中国学领域的讲席教授(前三任为Abel Rémusat,王韬好友儒莲/Stanislas Julien,le marquis d'Hervey de Saint-Denys),时年二十八岁。选举期间,他本人还在北京。四个因素促使他为法国的中国学(sinologie)带来新的面貌。(一)在欧洲启蒙运动之后,他有不同于东方学者的知识结构和多科性的东方学学者群体的协作。(二)他躬逢英法殖民的黄金时代,时势使他继承了百余年的法国东方学传统。(三)他的学术盛年正当欧洲学术潮流发生变化时期,在马克思、尼采、弗洛伊德三位怀疑大师的影响下,欧洲学术界的论战不断。史学界亦然,例如,德国史学界的"兰普莱希特论战"(因 Karl Lamprecht 教授发动对兰克史学的攻讦而得名)。在法国,对以人物为中心的政治史的日益疏离,具有"问题意识"的多科性的综合史学开始为总体史学开辟道路。(四)俄、德等后起殖民国家向东方的推进和考古探查队在中亚的发现为东方学带来崭新的内容、灭绝的语言和原来人们料想不到的资料。

1893 年 12 月 5 日,沙畹在法兰西学院就任中国文化史讲席而发表就职首讲,题目是"中国文献的社会作用"。[107] 沙畹在他的首讲中首先对中国的巨量文献的正面作用给予具体的肯定,然后对其消极社会后果作了鞭辟入里的批评,这种以他者立场的评估给予我们的启发是在王国维的著作中求之不可得的。

内藤虎次郎(字炳卿,号湖南,以号行,1866—1934 年)是和王国维同样生当转折时代的学者。内藤仅比沙畹年轻一岁。在十九世纪,中国和日本同时面临着西方的冲击。为了应对西方的冲击,中国长时间内纠缠于"中体西用",而日本上下在"脱亚"意识的主导下,逐步以"和魂洋才"取代了"和魂汉才"。日本经过明治维新跻入"脱亚入欧"的行列,国力蒸蒸日上、成为东亚一流强国。于是人们看到,大时代相同下的两个国家由于遗产厚重程度的不等和应变方式的不同而结果各异,中国追求的"中体西用"在日本却收到

107 Edouard Chavannes, *Du role social de la littérature chinoise, leçon d'ouverture faite au Collège de France, le 5 décembre 1893*. 巴黎, Aux Bureaux de la *Revue bleue* 印刷所, 1983 年,全文第 31 页。

了“和体西用”的效益。

内藤从旧学术源流中脱胎，自幼有良好的家教，早年受日本汉学、实学的培育，汉学根柢深厚，后又沉潜于日本儒学、国学、实学、佛学。在行事做人方面，他钦佩德川末期思想家、教育家，因安政大狱被杀的幕末志士吉田松荫（1830—1859 年），决不容许自己兀坐书斋将自己矮化为侏儒。因而，他早年从事新闻业，任记者、杂志编辑和报刊主笔凡二十一年（1887—1907 年），间或涉足政界，但无意从政，先以《近世文学史论（关西文运论）》等著述驰名于时，再以偏重中国时事的政论文字赢得“支那通”的盛誉。1907 年 10 月四十一岁担任京都大学东洋史学讲座，专力于汉学教学与研究。他研究过黑格尔，对西方哲学和社会科学有相当深度的了解。他又注意发掘传统资源，例如，在考据上颇受富永仲基（1715—1746 年）的影响；治中国学问钦佩杜佑、钱大昕、章学诚；了解中国实际则获益于中国先辈顾炎武（亭林）、黄宗羲（黎洲）、曾国藩（涤生）、胡林翼（润之）、李鸿章（少筌）、冯桂芬（景廷）的著述。[108] 内藤一生是政论家的实践和后半生教学研究的“互相错综”。知识结构的更新加上他的功底和才识，使他的微观研究邃密精深，综合判断具有宏观气概。这成就了内藤日本汉学界和东洋史学界祭酒的事业，京都学派开派的要角。从内藤的高足、哲嗣乃至再传弟子们所整理的内藤的著述看，内藤至今仍然影响深远。

内藤生当日本盛世，事业浏亮，展示了豪迈用世的气概。“内藤史学”称得上波澜壮阔，他着力的内容与王国维的研究有部分的重合，但是，历史认识论、中国文化论、中国中古文化和中世过渡理论、清史、中国近世论和共和制度论、满蒙史等，则是王国维注意所不及者。

就具体知识而言，韦伯对中国历史和文化的详细情节说不上有精确的把握。然而，作为近代重要的社会学家之一，他从比较宗教伦理学、支配社会学的视角厘定出来一套理解的（verstehende）方法，用以考察传统、价值观、伦理、利益的理路来理解行动的主观意义（subjective meaningfulness），这一方法对于研究中国的宗法制度、早熟的官僚体制、中国士大夫的理念、伦

108 《支那论 · 自叙》，《内藤湖南全集》第五卷，第 297 页。

理规范的参照作用,值得中国学者认真对待。而专制制度下的官僚体制,正统和异端,责任伦理等等方面,恰恰是王国维完全意识不到的领域。

这些不同的比较,当是专文论述的课题。

(原载《中国学术》第十六辑)

欧洲 Feudalism 的反思及其对中国古史分期的意义*

李峰(美国哥伦比亚大学)

一、前言

2001 年 3 月,笔者曾在芝加哥举行的美国亚洲学会第五十三次年会上口头发表过一篇题为"对西周 Feudalism 的一些新看法"("Some New Thoughts about Western Zhou Feudalism";Feudalism 一词长期以来被译为封建或封建主义)的论文,对学术界流行的以中国西周时期与欧洲中世纪相比较的研究方法进行了重新探讨。此文后经过重新修改,于 2003 年 6 月在《哈佛亚洲研究学刊》(*Harvard Journal of Asiatic Studies*)上以"Feudalism 和西周时期的中国:一种批判"("Feudalism and Western Zhou China:A Criticism")为题发表。[1]写作这篇文章的时候,我认为这主要是西方汉学界的问题,因为我这里所批判的 Feudalism 和中国学者(主要是马克思主义学者)所讲的属于五种社会形态之一的"封建主义"完全是两回事,与中国学者所谓的"西周封建论"当然也不相同。由于文章写作的对象主要是西方读者,对于马克思主义学者所讲的"封建主义"和"西周封建论"文中虽曾提及,但并未作为探讨的对象。

这篇文章发表之后,我读到中国社会科学院近代史研究所黄敏兰写的

---

* 此文曾于 2004 年 1 月在上海大学主办的《中国上古史:历史编撰学理论与实践》国际学术研讨会上首次口头发表。笔者在此感谢与会学者提出的宝贵意见。

1 Li Feng,"'Feudalism' and Western Zhou China:A Criticism," *Harvard Journal of Asiatic Studies* 63,No. 1(June 2003):115—144.

《近年来学术界对"封建"及"封建制度"问题的反思》一文,对中国学术界近年来有关封建制度的讨论有了一个新认识。[2]从黄文可知,很多学者对于基于苏联马克思主义学说所建立起来的"封建社会"这一概念已经产生怀疑,认为中国历史上并不存在一个与欧洲中世纪相同的"封建社会"或"封建制度"。[3]有的学者指出,中国学术界通行的"封建"一词实际上是欧洲中世纪 Feudalism 的误译,它与中国历史上实际存在过的描述西周政治制度的"封建"一词并不相同。[4]有的学者还进一步指出,即使在欧洲中世纪封建制度也并非统一一切的一种制度,因为在封建制度之外其实还有非封建性制度与之并行。[5]

这些新论述对澄清长期以来有关"封建"问题的误解当然非常有益,而对于中国史学界现行的古史分期体系,不管"西周封建论"、"战国封建论"还是"魏晋封建论",都有一种震撼作用。这些新的论述事实上已经把中国以往有关"封建社会"的争论推向了一个更深的层次:我们这里的问题不再仅仅是马克思主义理论中 Feudalism 一词的定义是否准确,或者说 Feudalism 一词是否可以译为"封建主义",更不是所谓的"封建社会"究竟应该在哪里划界,而是中国古代社会与欧洲中世纪究竟有没有相似性,或者说是否有过相似的制度。再进一步讲,那就是:Feudalism 到底是一种什么样的制度,这种制度在历史上究竟有没有普遍性? 近年来有几篇文章试图从中国与欧洲中世纪的比较中来解决这一问题。[6]如果解决这一问题的途径在于比较研

2 黄敏兰:《近年来学术界对"封建"及"封建制度"问题的反思》,《史学月刊》2002年第2期,第123—128页。

3 周东启:《中国有封建社会吗?》,《求是学刊》1993年第5期,第95—98页;方兢:《走出史学研究的樊篱——论中国历史上没有封建社会》,《文化中国》第5卷第2期,1998年,第45—56页。

4 日知:《"封建主义"问题——论 Feudalism 百年来的误译》,《世界历史》1991年第6期,第30—41页。

5 黄敏兰:《论欧洲中世纪的封建制与非封建性制度》,《西北大学学报》1999年第3期,第121—127页。

6 关于从这个角度的研究,参看方兢:《走出史学研究的樊篱——论中国历史上没有封建社会》,第45—56页;黄敏兰:《论欧洲中世纪的封建制与非封建性制度》,第121—127页。

究的话，那么中国史学界的这一大问题与西方史学界特别是中世纪学界(Medieval Studies)近年来对于Feudalism这一“经典”的批判和反思就不是没有关系。进而，这一问题与西方汉学界所谓“中国封建论”(Chinese feudalism)特别是“西周封建论”(Western Zhou feudalism)的研究也不是没有关系。[7]但是，笔者也发现中国史学界对于“封建”问题的反思几乎完全是在与西方史学界相隔绝的情况下进行的，特别是对西方这几十年来对所谓Feudalism的新认识几乎全然不知。而有关的论述也大多是在马克思主义的学术范畴中，或者甚至是以马克思主义的概念为出发点所进行的逻辑思辨。这对于问题的深入讨论自然有很大的影响和限制，对于最终澄清“封建”到底是一种什么制度也无疑具有一种桎梏作用。

在这篇短文中，笔者打算谈一谈自己对这一问题的一些学习体会。同时，以对Feudalism问题的新认识为基点，笔者也想谈一谈对中国古代历史分期问题的一些看法。当然，不管是中西历史比较的问题，还是中国古史分期的问题，都不是可以在这一篇短文中说清楚的。这些问题需要分时期、按专题逐一进行讨论。本文拟先讨论Feudalism的问题。

二、欧洲中世纪学界对Feudalism的反思

我写《Feudalism和西周时期的中国：一种批判》一文时的主要动机是鉴于受到欧洲中世纪史学界对Feudalism的批判的冲击，感到这些批判势必会动摇西方汉学界“中国封建论”特别是“西周封建论”的基础(当然，并不是每个西方汉学家都知道这些批判或者说都意识到了这个问题的严重性)。既然这一制度来源于欧洲中世纪，那么我们还是应该首先听一听研究欧洲中世纪的学者到底怎样讲。

在西方首先对Feudalism进行系统批判的是现在乔治城大学美国中世纪学院(Medieval Academy of America，Georgetown University)的伊丽莎白·布

7 这里必须指出，西方汉学界所称的“西周封建论”与中国史学界的“西周封建论”是两回事；见下论。

朗(Elizabeth A. R. Brown);当时她在纽约市立大学的布鲁克林学院(Brooklyn College, City University of New York)。她的《一个概念的暴政:Feudalism和欧洲中世纪史学家》("The Tyranny of a Construct: Feudalism and Historians of Medieval Europe")于1974年发表后已经成为现代西方中世纪学界的经典之作。[8]布朗指出:Feudalism一词源于法语的*feu*,*feud*,或*feudum*,意即"领地",指欧洲中世纪特有的一种土地占有方式。十七世纪法国和英国的一些律师们首先使用了Feudal这一形容词态来描述这种土地占有方式。十九世纪初Feudal System开始出现,到十九世纪中叶Feudalism一词才开始被使用,并从此以后成为统治中世纪研究的一个基本概念。换言之,Feudalism一词并非欧洲中世纪的语汇,而是一个晚出的创造,被用在一个早已灭亡了的社会之上。

不仅如此,Feudalism到底是一个什么样的概念?西方学者之间从来没有一个一致的认识。欧洲中世纪Feudalism的经典作家马克·布洛赫(Marc Bloch)(而不是约瑟夫·斯大林;他在《辩证唯物主义和历史唯物主义》中的论述成为中国史学界探讨"封建主义"的理论基础)曾经把Feudalism看作一种社会形态,具有以下六大特征:一个被统治的农民阶层;土地租赁制度而不是奴隶制度的广泛使用;一个专业化的武士阶层的至高权利;在武士阶层内部将人和人联结在一起的臣服与保护的纽带;不可避免地引起混乱的权力破碎化;以及在这所有当中其他协作形式如家庭和国家的残存。[9]布洛赫的这一论述虽然有名,但很多学者对之并不满意,认为它包罗万象,其实并不能成为一个"定义",反而更像一个复杂的描述。在这一点上,另一位经典作家F. L. 赣绍夫(F. L. Ganshof)的定义为大家提供了另一种选择:Feudalism是"创造和规范一个自由人(封臣Vassal)对另一个自由人(领主Lord)之间进行臣服和服务(主要是军事服务)之义务,以及其领主对封臣进行保护

---

8 Elizabeth A. R. Brown, "The Tyanny of a Consruct: Feudalism and Historians of Medieval Europe," *The American Historical Review* 79, No. 4(1974):1063—1088.

9 See Marc Bloch, *Feudal Society*. L. A. Manyon trans., French edition, 1949; London: Routledge & Kegen Paul Ltd., 1961, p. 446. 关于斯大林理论对中国"封建主义"理论的影响,参看黄敏兰:《论欧洲中世纪的封建制与非封建性制度》,第122—123页。

和维持(Maintenance)之义务的制度之总和。这一维持的义务通常是以领主赏赐给其封臣一块称为Fief(领地)的不动财产为其结果的"。[10]在赣绍夫看来,Feudalism有两个中心要素,即臣属关系和领地。在其他有关Feudalism的定义中,比较重要的还有约瑟夫·斯卓耶(Joseph R. Strayer)和乔治·杜拜(George Duby)提出的两种。斯卓耶强调Feudalism是一种分配政治权利的政府形式和与之相伴随的军事制度,而杜拜则认为它代表了主权的瓦解加之附属关系的网路。[11]

尽管西方学界长期以来对于Feudalism并没有一致的认识,这一概念却一直被使用着,给人一种欧洲大一统的印象,而这种印象与实际情况是大相径庭的。欧洲中世纪的制度,在英国、法国、德国、意大利均不一样;在斯堪的纳维亚可能从来就没有过Feudalism。[12]因此,这一概念在欧洲中世纪研究中的实用性其实是很有限的,更不要说用到欧洲以外的地方。鉴于这种种原因,伊丽莎白·布朗在她的文章中强烈主张,对付Feudalism这一问题的最好办法就是干脆把它抛弃掉。布朗认为即使作为一个容易让学生了解欧洲中世纪的方便教学法,它的使用也是弊大于利。[13]

尽管有布朗的尖锐批判,Feudalism一词此后仍然被一些学者所使用,特别是在一些为大众教育所写的著作中。不过从八十年代起,大部分中世纪学者采取了一种比较慎重的态度,尽可能在他们的著作中避免使用这一词汇。另一些学者则是在他们的著作中一边批判这一概念,一边使用它。现在西方史学界似乎有一种比较普遍的态度,那就是尽管我们可能不必要完全抛弃这一概念,但是如果它一定要被使用的话,那只有在有Fief即领地

---

10 See F. L. Ganshof, *Feudalism*. Philip Grierson trans., 1st ed. 1950; New York: Harper & Row, 1964, p. xvi.

11 Joseph R. Strayer, "Feudalism in Western Europe," in Ruthton Coulborn ed., *Feudalism in History*. Princeton: Princeton Universit Press, 1956, p. 13; George Duby, *La société aux XI et XII siécles dans la region mâconnaise*. Paris: A. Colin, 1953, p. 643.

12 See Jacques Le Goff, *Medieval Civilization 400—1500*. Julia Barrow trans., Cambridge, MA: Basil Blackwell, 1988, p. 90.

13 Elizabeth Brown, "The Tyranny of Construct," p. 1088.

的情况下才可以使用。也就是说,要按照其词源对 Feudalism 进行严格的界定。

在这种普遍怀疑气氛中,苏珊·雷诺兹(Susan Reynolds)于 1994 年对 Feudalism 发出了她的重炮。她的巨著《领地和封臣:重新解释有关中世纪的证据》(*Fiefs and Vassals: The Medieval Evidence Reinterpreted*)几乎是全面地和重新地描绘了欧洲中世纪的历史,彻底动摇了 Feudalism 这一学说的基础。这本书重新检索了有关欧洲中世纪的大部分史料,系统地分析了"Fief"和"Vassal"这两个词的来源和其所代表的社会关系,特别是讨论了这种社会关系在欧洲不同地区逐渐形成并最终被制度化的具体过程。在整个这本书中雷诺兹拒绝使用 Feudalism 这一概念(这一词汇只以被批判的对象方式出现);相反地,她采用"领地-封臣制度"(Feudo-vassalic institution)或"领地-封臣关系"(Feudo-vassalic relation)这样的词汇来称呼欧洲中世纪存在过的这种以领地和封臣关系为中心的现象。而这本书的主要目的就是要揭示在欧洲不同的地方这种"领地-封臣关系"到底在多大程度上形成了一种制度,什么时候形成了一种制度。在不受 Feudalism 这一先入为主观念之影响的前提下,雷诺兹直接考察了中世纪史料中所反映的各种社会和政治关系,阐明了领地-封臣关系并不是欧洲中世纪人和人之间的唯一一种关系,而领地也只是中世纪诸多土地占有形式中的一种而已。更为重要的是,与以往大多数学者认为 Feudalism 即意味着政治上的分崩离析这一认识大相径庭,雷诺兹相反地认为"领地-封臣关系"其实是一种强化王权而不是削弱王权的中央集权的办法。在这一点上,与以往赣绍夫将 Feudalism 的开始定在卡洛林王朝(Carolingian Dynasty)开始当政的八世纪不同,雷诺兹认为领地-封臣关系到了十二世纪才真正形成了一种制度。[14]关于雷诺兹对领地-封臣制度的具体论述我们下文还要讲到,这里我们先来看她对 Feudalism 这一概念所下的结论:

从十六世纪以来 Feudalism 所做的并不是帮助我们来认识我们所

14 Ganshof, *Feudalism*, p. 15; Susan Reynolds, *Fiefs and Vassals: The Medieval Evidence Reinterpreted*. Oxford: Clarendon Press, 1994, pp. 84—86, pp. 117—119.

见到的中世纪“生物”，而是告诉我们所有的中世纪“生物”都是一样的，因此我们没有必要去研究它们。换言之，Feudalism提供了一种保护镜，从中我们可以非常小心地去看那些否则就会看到的让人头昏目眩的偶然现象和各种各样的中世纪“生物”。[15]

雷诺兹的书出版以后，有五位学者写了书评对它进行评论，他们的观点应该可以代表中世纪学界对这一问题的一般看法。[16]这些评论对雷诺兹的书都抱一种正面的和欢迎的态度，认为学界对这本书所取得的成果和其所提出的许多重要观点是需要很长时间来消化的。尽管有些学者抱怨她对七至十一世纪即“领地-封臣制度”出现以前的西欧王权和政府的具体形态，特别是从卡洛林到加佩王朝（Capetian）的转变交代不清，但至今并没有一个人写一篇反批判的文章来维护Feudalism的学术尊严。[17]这至少表明Feudalism确实是有一些问题的，而雷诺兹对它的批判从总体上来讲也是可以接受的。这里我们不妨来读一读保罗·海阿姆斯（Paul R. Hyams）的评论：

这是一本重要、勇敢和卓有成效的书；它预示了将来在研究方法和解说方面的剧烈变化。……我们最后的评价必须是祝贺性的。这本书在很大程度上废弃了所谓“领地-封臣”关系标志着西方中世纪的这一古老的神话。尽管这种理论还会继续以一种或他种方式存在，非历史学家——特别是社会科学家——无疑还会坚持他们的feudal概念和理想形态，但新一代的历史学家将一定会看透（文如其意）这一幻景。希

15 Reynolds, *Fiefs and Vassals*, p. 11.

16 See Paul R. Hyams, "The End of Feudalism?" *Journal of Interdisciplinary History* 27, No. 4 (1997): 655—662; D. J. A. Matthew, "Book Review: Fiefs and Vassals: The Medieval Evidence Reinterpreted," *English Historical Review* 110, No. 439 (1995): 1209—1212; Fredric L. Cheyette, "Book Review: Fiefs and Vassals: The Medieval Evidence Reinterpeted," *Speculum* 71, no. 3 (1996): 998—1006; Robert C. Stacey, "Law, Landholding, and 'the Feudal Time,'" *Journal of British Studies* 35, No. 4 (1996): 531—536; Roger Collins, "Book Review: Fiefs and Vassals: The Medieval Evidence Reinterpreted," *History* (UK) 81 (1996): 100.

17 Matthew, "Book Review: Fiefs and Vassals," p. 1209; Cheyette, "Book Review: Fiefs and Vassals," p. 1006.

望社会和政治学家至少能停止误用欧洲中世纪去验证他们的模式。雷诺兹对这一神话形成过程的剖析和她对怎样不靠它就可以生存的建议经常是有趣的和有说服力的。[18]

如果说西方学术界长期以来所讲的 Feudalism 是一个错误,即使是可以比较正确地称为"领地-封臣制度"的这种制度,在欧洲中世纪的将近一半时间内也并不存在,即使后来存在也不能涵盖欧洲社会的一切关系,那么由它发展出一种概括社会形态的模式,再把这一模式套用在其他社会特别是非西方的社会之上,这不能不说是一个错误的连锁性反应。这不仅是西方非马克思主义史学的一个问题,对同样源于欧洲十八世纪到十九世纪学术传统的马克思主义史学,这恐怕也不能不是一个严重问题。我们不禁要问:把这样的模式(不管是马克思主义的还是非马克思主义的)用在万里之外的古代中国之上,这到底有什么意义和必要?

三、对"西周封建论"的批判

这里所讲"西周封建论",指的是西方汉学界所谓的"Western Zhou Feudalism",而不是中国学者所谓五种社会形态之一的西周封建论。从上世纪三十年代起,西方学者即开始用 Feudalism 这一词汇来描述中国历史,当然这与三十年代中国有关传统社会到底是封建主义还是资本主义的社会史大论战不同。[19]到了五十年代,法国的汉学大家如马伯乐(Henri Maspero)和葛兰言(Marcel Granet)等人都有关于所谓周代的 Feudalism 的长篇大论。[20]

18 Hyams,"The End of Feudalism?" p. 662.

19 如 Marcel Granet, *Chinese Civilization*. Kathleem E. Inns and Mabel R. Brailsford trans. ,London: Kegan Paul, Trench, Trubner, 1930, pp. 70—91; C. P. Fitzgerald, *China: A Short Cultural History*. New York: D. Appleton-Century Company, 1938, pp. 55—73。两位学者用 feudal period 或 feudal age 来指从西周晚期直到公元前 221 年的这段时间。

20 Henri Maspero,"Le régime féodal et la propriété foncière dans la Chine antique," *Mélanges posthumes sur les religions et l' histoire de la Chine*, vol. III: *Études historiques*. Paris: Civilisations du Sud, S. A. E. P, 1950, pp. 111—146; Marcel Grenet, *La féodalité chinoise*. Paris: H. Aschehoug & Co. ,1952, pp. 1—32, pp. 187—196.

而所谓"Western Zhou Feudalism"这一理论在美国汉学界的流行，则主要得力于顾立雅（Herrlee G. Creel）、德克·保德（Derk Bodde）及许倬云（Cho-yun Hsu）等重要学者的大力推行，[21]特别是因为由他们撰写的西方仅有的两部西周历史通论都用了很大篇幅讨论所谓西周的 Feudalism，并以此作为解释西周时期政治和社会关系的主要理论框架。这一理论的采用严重影响了对西周国家构成及其政府机能的理解。当然，过去也有一些学者怀疑这种理论，并曾有文章对此进行评论，但是有力度的反论文章一直没有出现。[22]

笔者曾经对"Western Zhou Feudalism"主要进行过五个方面的批判。[23]由于此文是以英语发表，故此在这里略述其要点：

首先我们来探讨周王与诸侯之间的关系究竟是不是一种 Feudal 关系。由于西方中世纪学界研究的新进展，我们现在可以对中世纪的领主-封臣关系（Lord-vassal relationship 或 Vassalage）到底是一种什么样的关系有比较清楚的了解。简单地讲，所谓的 Vassalage 就是两个自由人之间的私人性质的契约关系，也就是两个男人之间的一种排他性的"婚姻"关系。这一点可以在缔结这一关系的称为 Homage 仪式中看得很清楚。在这一仪式中，封臣要跪在领主面前，将其双手放在领主手中。而领主则问他是否愿意成为他的封臣；当后者回答"是"以后，则以其手反扣封臣之手，并用自己的双唇亲吻封臣的双唇，用这种动作表示关系缔结成立、封臣变成他的"口手之人"（Man of mouth and hands）。领主-封臣关系的另一大特点是其平等性。当然这不是一种平等关系，因为封臣要服从领主，但在法律层次上却是一种平等关系。如果说领主被发现没有尽到他对封臣应尽的义务，封臣则

---

21 Herrlee Creel, *The Origins of Statecraft in China, vol. I: The Western Chou Empire*. Chicago: University of Chicago Press, 1970, pp. 317—387; Derk Bodde, "Feudalism in China," in *Essays on Chinese Civilization*. Princeton: Princeton University Press, 1981, pp. 85—131; Cho-yun Hsu and Katheryn Linduff, *Western Chou Civilization*. New Haven: Yale University Press, 1988, pp. 151—158.

22 Barry B. Blakeley, "On the 'Feudal' Interpretation of Chou China," *Early China* 2 (1976): 35—37.

23 Li Feng, "'Feudalism' and Western Zhou China," pp. 115—144.

有权利把领主告上法庭,并中断他们的关系。从这个意义上讲,领主-封臣关系实际上是一种建基于法理上之平等地位和相互责任的契约性不平等关系。

我认为在周王和他的诸侯之间并不存在这样一种私人性的亲密关系。在几篇周初分封的文献譬如《康诰》、《酒诰》、宜侯夨簋、克罍中我们看到的更多的是一种"公"的关系。特别是在《康诰》中,周公只在开篇时称康叔封为弟,而通篇所关心的是怎样治理国家和施行惩罚;其所要求的则是受封者对于象征西周国家的先王的忠诚。在宜侯夨簋和克罍中我们更清楚地看到分封的过程,只是祖先祭祀仪式的一部分,而时王则是那种源于先王的国家权力的代理人。所谓分封实际上是将周王和其亲属(譬如康叔封)之间的私人关系进行国家化之重建的一个仪式。[24]也就是说,受封者在受封之后将不再只是周王的亲属,而变成西周国家的一个官员或执行者,与周王之间建立起一种以国家意志为寄托的"公"的关系。有的学者提出西周中晚期常见的册命仪式造成了周王与被册命人之间的一种私人性契约关系。[25]我却认为册命仪式中反映的更是一种"公"的关系。我曾另文指出,册命仪式在西周中晚期已经完全被官僚化;而册命仪式中引导被册命人进入庭院的"右者"同被册命人之间的关系比之周王与被册命人之间的关系可能更为密切和常规化。[26]册命仪式实际只是周王实行其作为统治者的"公"权利的一种方式。

因此,周王与诸侯之间的关系并不是领主-封臣关系(Lord-vassal relationship),而是一种君主-属臣关系(Ruler-subject relationship)。这是一种绝对不平等的统治与被统治的关系;我们不可以想象西周时期的某国诸侯可以把周王告上法庭,或提出中断他对周王的臣属关系。当然它可以造反并推翻周王,但他必须得到其他所有诸侯的认可。只要周王的合法性被大多

---

24 Li Feng, "'Feudalism' and Western Zhou China," pp. 118—119.

25 Hsu and Linduff, *Western Chou Civilization*, pp. 177—179.

26 Li Feng, "'Offices' in Bronze Inscriptions and Western Zhou Government Administration," *Early China* 26—27 (2001—2002): 29—42.

数诸侯认可，他就必须在他的统治下生存，否则就不能生存。雷诺兹在她的新书中清楚地区分了这两种关系：领主-封臣关系（Lord-vassal relationship）以领主与封臣之间的私人契约为基础，以双方对其契约的忠诚为保证；君主-属臣关系（Ruler-subject relationship）以王国的统一和王权的合法性为基础，以传统（就欧洲中世纪而言）的政治道德和责任为保证。只要一个人是王国中的一员，他自然就是一个被统治的属臣，这种关系是不需要宣称的，也是不可能废弃的。这两种关系在欧洲中世纪始终并存；即使在领主封臣关系盛行的所谓 Feuda 兴盛期（High Feudal Age），君主-属臣关系仍然是一种最基本的社会关系。[27]

第二，我们要探讨西周诸侯国和欧洲中世纪领地（Fief）的区别。领地的性质到底是什么？它是一种特殊的土地使用权，是以附诸其上的特殊社会关系为特征的一片土地。根据中世纪学者的研究，领地有两个主要特征：第一，从根本上讲，它是一种以保证封臣对其领主进行服务之能力为目的的"生活补贴"（Stipend），严格地以"封臣"为其实产的受益者。封臣并不一定都领受领地，但领地的领受者必须是封臣，领地从来不会被给予不是封臣的人，这一点非常清楚。从这一点上讲，领地实际上是领主-封臣关系的副产品。授予领地的仪式称为 Investiture，它是在建立领主-封臣关系的称为 Homage 的仪式之外单独举行的。第二，根据雷诺兹的新界定，领地不是一种全产权的土地，而是领自领主、其权利在封臣与领主之间的契约中有具体规定的一块土地。由于领地从根本上讲是一种生活补贴，它是不带有司法权的。赣绍夫（Ganshof）曾明确指出，所谓的 Feudal 关系并不要求封臣在领受领地的同时也领受到在其上实行司法统治的权利；有时一块领地上的司法权既不属于封臣也不属于领主，而属于第三者。[28]雷诺兹更进一步指出，领地并不是中世纪的唯一一种土地占有或领有形式，在此外更普遍存在的还有一种叫做 Alod 的全产权世袭土地。另外还有一种叫做 Benefice 的土

27 Reynolds, *Fiefs and Vassals*, p. 20, pp. 33—35.

28 Ganshof, *Feudalism*, pp. 156—157.

地，这种土地是大臣们通过自己的官位领到并置于其管理之下的土地。[29]这两种形式的土地或领地均不相同。欧洲中世纪的土地占有和使用形式要比学者们以前想象的复杂得多；并不是从别人（通常是国王）那里领受到的土地就一定是领地。这一点非常重要。

我们知道，西周的诸侯国大多是在周公二次东征、平定武庚叛乱以后所建立起来的。尽管这些封国实际上也对西周诸侯提供了生活资源，分封他们的目的并不在此，而是首先考虑到对周王室有必要，以统治东方广袤的土地上的人口为目的。正是因为封国是西周国家权力的具体体现，诸侯们在领受土地时也同时领受到大量的人口，并领受到在这些土地上实行政治和司法统治的权利。从西周的制度讲，在封国中的司法权不仅是诸侯们的一种权利，更重要的是他们对西周国家的一种义务。每一个封国都是一个集民事、经济、司法和军事权力为一体的政治实体。西周的封国从其分封的目的到其享有的权力都与欧洲中世纪的领地（Fief）完全不同，这一点是非常清楚的。不过，我们知道西周时期除了东方的封国外，在陕西王畿地区还存在着大量的贵族采邑。这些采邑（特别是那些因册命官职而领受到的土地）与欧洲中世纪的领地是否类似呢？这个问题比较复杂；而我们对这些采邑的领受形式、附带权力、使用期限等一系列问题尚有进一步研究的必要。但是由于格伯簋、九年裘卫鼎和裘卫盉等铜器铭文明确记录了至少西周中期开始土地可以自由买卖或让渡，笔者倾向于认为这些土地更类似于欧洲中世纪的 Alods 即世袭产权，而不是领地（Fief）。[30]

第三，关于“五等爵”与欧洲中世纪的比较问题，笔者认为这并不是西周的制度。简而论之，笔者认为伯在西周时期只是一个宗族排行；伯在西周金文中的多见，只是因为排行为长者有着更多的机会进入政府服务，因而也就有更多的机会为自己铸造青铜器而已。侯（还有男）是东方诸侯的称谓，从不见于西周畿内贵族宗族所铸造的金文。子实际是周人分封系统以外南方部族首领在西周金文中的称法。只有公可能是一个爵位。这五种称谓在西

29 Reynolds, *Fiefs and Vassals*, pp. 92—93, pp. 134—140.

30 Li Feng, "'Feudalism' and Western Zhou China," pp. 130—131.

周的政治制度中各有特定的意义，并不属于同一个系统；把他们当成一个统一爵位体系实际上是东周时期的政治发明，其来源可能与“霸”的政治制度有密切的关系。关于“五等爵”的形成和演进及其被反加在西周之上的历史过程，笔者已著有专文讨论，这里不再赘述。[31]另一方面，就欧洲中世纪的制度而言，其自身的五种称谓也各有来源。Duke（通常被译为公）在拉丁语（*dux*）中本意为军事将领，在迈洛文（Merovingian）和卡洛林时代指控制一个罗马旧省份的将领。Count（或 Earl；通常译为伯）指控制几个罗马旧县（County）的将领。Marquis（通常译为侯）意为行军中的将领，专指边境地区县份的首长。这些称谓在领地-封臣制度出现以前早就存在，他们代表了迈洛文和卡洛林国家的基本政治体系，而并非所谓 Feudalism 的一部分。所以它们与“五等爵”之类似性并不能说明西周曾存在过所谓的 Feudalism。

第四，军事方面的比较更说明了西周与欧洲中世纪的差别。欧洲实行领地-封臣制度的一个主要作用就是减轻了领主装备他的战士的负担，但同时又可以保证他有一支可以使用的生力军。所以在领地-封臣制度实行起来以后，欧洲的国王一般是没有常备军的，而只有不超过几百人的家内骑士（Knights）。战时国王可以召唤他的封臣参战，而封臣则会带来他们自己的骑士。当然这并不是国王组织军队的唯一途径，他还可以用自己的君主身份（而不是领主身份）召唤一般的市民或自由农民入伍。这种情况在受到外族入侵时候并不少见，不过这样的军队并不是高质量的军队。封臣入伍以后，欧洲的定制是他们只服务四十天，这是由他们的契约规定的无偿服务。四十天以后他们可以随时离开，不管战事有多吃紧，领主是无权强迫他们为自己打仗的。领主如要他们继续服务，就必须发给骑士们工资，或者答应其他新的让步，比如授予其封臣更多的领地，而他的封臣则可以与其骑士进一步交涉。总之领主是无权要他们无偿超期服务的。对于西周时期的军事制度我们虽还有许多不明点，但是可以肯定周王手头是有一支庞大常规

31 Li Feng, "Transmitting Antiquity: The Origin and Paradigmization of the 'Five Ranks'," in *Perceptions of Antiquity in China's Civilization*. Dieter Kuhn ed., Monograph of Monumenta Serica, Germany, 待刊。

军的,这就是金文中常常讲到的西六师和成周八师。这是完全不同于领地-封臣制度的一套军事制度。我们虽然还不能肯定六师、八师中的战士是否是与一般民众隔离的职业军人,但是从《诗经》中的《东山》等诗来看,他们的服务应该是更长期的和无条件的。

最后,长期以来学术界有一种误解,认为 Feudalism 是一种政府的组织形态,而西周政府即是这样组织起来的。譬如说,顾立雅认为 Feudalism 是"一个由君主亲自将其一部分疆域上的有限主权进行分割并授予其封臣的政府系统"。[32]实际上在欧洲中世纪政府的组织在领地-封臣制度出现以前早就已经存在,不管这种组织的凝聚能力有多差。马克·布洛赫认为九世纪卡洛林帝国政治体系崩溃以后的混乱局面促成了所谓 Feudalism 的产生。雷诺兹同样认为领地-封臣制度是中央政权削弱(即传统的君主-属臣关系削弱)情况下的产物,但她把领地-封臣制度的出现定在十二世纪,认为这一制度的出现实际上对加佩王朝(Capetians)时期法兰克人政府的重建起到了促进作用。换言之,领地-封臣制度并不是政府组织形式,而是一个后起的附加于政府机体之上或之外的一套制度,或者说是一种通过在国王和其属臣之间建构新的私人关系(领主-封臣关系)的方式来保证政府正常运作的办法。这才是领地-封臣制度的真正本质。

不可否认,西周的政治体制与欧洲中世纪之间有很多相似之处,如王权的相对软弱,以地方为基础的相对独立的政治实体的存在,一个具有特权的军事贵族的存在,以及与此相随的政治权利的世袭继承等。但是领地-封臣制度(Feudo-vassalic institution,或误称为 Feudalism)并不是两者相似的地方,而是两者相区别的地方。雷诺兹将领地-封臣制度在欧洲中世纪出现的原因归结为日耳曼人社会中公共权力意识的缺乏(与拉丁民族相比)。[33]在这种情况下,其社会中旧有的武士对于首领的私人的依附关系被普遍化并按被征服的拉丁民族的传统法律化,从而成为欧洲社会在十世纪以后重新建立政治权力的一个基础。中国西周时期的历史和社会环境与此很不相

32 Creel, *The Origins of Statecraft in China*, pp. 319—321.

33 Reynolds, *Fiefs and Vassals*, pp. 84—88, pp. 117—119.

同。周人用来维系中央对地方权威的是血缘关系及姬姓宗族与非姬姓宗族的婚姻关系,而整个西周社会可以说是一张由血缘和婚姻纽带编织成的大网。周人没有必要,也没有传统来推行一种契约性个人纽带并将其引入政治关系。关于这种区别,中国国内已有学者做过类似的论述。[34]我们并不是说周人没有个人间的契约关系;从金文中知道他们当然是有的。但是把这样的一种个人间的契约关系引入政治关系从而形成政治权力的重新组合,这恐怕要到春秋时期的盟誓制度了。与欧洲历史的发展类似,这种政治性的盟誓制度的出现也是以中央权力的式微和传统的血缘宗族纽带的削弱为其社会背景的。

四、关于中国古史分期问题的看法

有关中国古史分期问题的讨论长期以来是在马克思主义史学的范畴中进行的,具体地讲就是怎样用所谓马克思主义的社会发展五阶段论对中国古代历史进行分段的问题。争论的焦点则是所谓的西周封建论、战国封建论和魏晋封建论的所谓三论的论争,可见封建问题的重要性。而马克思主义史学中所讲的封建即是 Feudalism 的直译。但是,长期以来马克思主义学者是在没有搞清封建究竟为何物的情况下来讨论中国有没有封建制度;再在没有搞清中国有没有封建制度的前提下来讨论中国封建社会究竟起于何时。结果是众说纷纭,莫衷一是,讨论了七十多年还没有共识。当然,这并不只是中国学者的问题;如上文所言,封建(Feudalism)也一直是困扰西方中世纪学者的一个难题。但是中国马克思主义学者的问题是局限于透过马克思的眼睛,或者说是透过经过苏联学者改造过的马克思主义来看欧洲中世纪的历史。上一节对西方汉学界中的西周封建论(Western Zhou Feudalism)进行批判的同时,也对欧洲中世纪所谓领地-封臣制度(Feudo-vassalic institution)形成的背景、性质及其作用进行了说明,在此基础上笔者想来谈谈对中国古史分期的看法。

---

34 方競:《走出史学研究的樊篱——论中国历史上没有封建社会》,第 47 页。

首先，笔者想对中国古史分期问题的讨论前提进行说明。正如一位年轻日本学者所指出，关于中国古史分期问题的讨论实际上是对西方十九世纪以来流行的东亚文明停滞论的一种反动。[35]不管中国学者还是日本学者，讨论中国古史分期的动机都是想说明中国文明并没有置身于世界文明的洪流之外，而是遵循了世界文明（或者说只是欧洲文明）发展的统一规律。同时，这种讨论的长期继续与中国国内的政治环境也不无关系。也正因此，中国古史的分期问题主要是在东方，而并没有在西方引起有规模的论争。[36]但是世界各国的文明到底有没有统一规律这本身就是一个需要论证的问题。实际上，马克思本人究竟有没有主张一个人类社会发展的通则，这是区分马克思主义者（Marxists）和马克思学者（Marxologists）之论点的分水岭。根据阿里夫·德里克（Arif Dirlik）的观点，马克思在其《政治经济学批判导言》（*A Contribution to the Critique of Political Economy*）中确实讲到了亚细亚的、古代的、封建的和现代资本主义的四种社会形态，有意表明这是一个连续性的而且普遍存在的发展阶段。[37]另一方面，马克思的其他著作中又有足够的证据表明他倾向一种多线条的历史发展方式，这一点在 1857 年到 1858 年马克思为准备《政治经济学批判》和《资本论》所写的手稿发表之后显得更清楚。[38]在这篇文章中，人们看到他讲到亚细亚的、奴隶制、封建

---

35 饭岛秀幸：《中国古代国家发生论のための前題》，《古代文化》第 48 卷，第 2 号，1996 年，第 16 页。关于日本学者对中国古代历史分期的概况，请参看谷川道雄：《中国史の时代区分问题をめぐって——现时点からの省察》，《史林》第 68 卷第 6 号，1985 年，第 966—979 页；译文：Tanigawa Michio，"Problems Concerning the Japanese Periodization of Chinese History，" *Journal of Asian History*（Wiesbadon，Germany）21，No. 2（1987）：150—168。

36 Chun-shu Chang，"The Periodization of Chinese History：A Survey of Major Schemes and Hypotheses，"《"中央研究院"历史语言研究所集刊》45，No. 1（1973）：174—178。

37 Karl Marx，*A Contribution to the Critique of Political Economy*. translation from the second German Edition by N. I. Stones，Chicago：Charles H. Kerr & Company，1904，pp. 11—13. 中译本见马克思：《政治经济学批判》，徐坚译，北京：人民出版社，1955 年，第 2—3 页。

38 这个手稿首先于 1939—1941 年发表于莫斯科，但是西方学界几乎不知。1953 年其德文原文于柏林发表后成为标准版本，并引起广泛重视。在 1965 年于纽约出版的英文节选本中，这篇文章被加上"Pre-Capitalist Economic Formations"的标题并有

制并不是一个单独系列中的不同阶段，而是人类社会步出原始社会的不同途径。更具体地讲，马克思清楚地写道，在人类社会步出游牧生活而进入定居生活以后发展出了三种不同的形态，或者说三种不同的个人与集团之间的关系，包括亚细亚的、古代的和日耳曼的（或中世纪的）。[39]马克思又清楚地总结说，古代的历史是以土地所有权和农业为基础的城市的历史，亚洲的历史是城乡不相区别的一种结合的历史，而中世纪的（日耳曼时代）的历史则自乡村开始，并且沿着城乡对立的方向发展的。[40]因此德里克认为，虽然马克思著作中（主要是《政治经济学批判导言》）的这种不明确性似可支持历史唯物主义的单线条历史发展模式，同样由于这种不明确性的存在，它并不要求一定这样。即使说马克思曾经主张欧洲社会经历了他所列举的四个发展阶段，这一发展也只能被看作是历史性的，也即不是必然性的。换言之，奴隶制度本身并没有要求发展成为封建制度的内在因素；欧洲之所以这样发展完全是由于欧洲特殊的历史环境，即罗马帝国以后有一个日耳曼人的社会，但这是偶然性的，在世界其他地方则并不必如此。[41]

值得庆幸的是，中国史学界近年来对此问题已经有了一定的认识，在年轻学者中似乎已形成了一种多数的意见，即五种社会形态的顺序发展并不是人类社会发展的普遍规律。[42]譬如说，正在编写的《中国大通史》明确提出不再套用斯大林的五种社会形态的单线演变模式来裁定中国历史分期。[43]

E. J. Hobsbawm 所作的一篇长序；见 Karl Marx, *Pre-Capitalist Economic Formations*. translation by Jack Cohen and introduction by E. J. Hobsbawm, New York: International Publishers, 1965, pp. 10—12. 笔者未找到其中译本。

39 Karl Marx, *Pre-Capitalist Economic Formations*, pp. 68—77. 这种从游牧向定居社会的转化现在看起来也是错的。现在大多学者认为定居农业社会的出现远早于游牧社会，而中国北方近几十年来的考古工作为此提供了很好的证据。

40 在论证顺序上，马克思这里将亚细亚排在了古代之后。Karl Marx, *Pre-Capitalist Economic Formations*, pp. 78—79。

41 Arif Dirlik, *Revolution and History: The Origins of Marxist Historiography in China, 1919—1937*. Berkeley, CA: University of California Press, 1978, pp. 232—244.

42 黄敏兰：《近年来学术界对"封建"即"封建社会"问题的反思》，第 123 页。

43 曹大卫：《关于新编〈中国大通史〉的几点理论思考》，《史学理论研究》1998 年第 3 期。

也有学者提出要废弃五种社会形态论，按照中国的情况重构中国古代史的体系。[44]但是也有学者马上出来澄清说，“不再套用斯大林的五种社会形态”的说法并不是史学界的共识，要求这种新思路一定要在马克思主义指导下进行完善和充实。[45]有的年长学者则要求正确看待马克思主义史学，认为在中国历史研究应该以马克思主义为指导。[46]当然也有学者虽然在其著作中强调奴隶制和封建制的存在，但在分期上却回避了过去那种划分五种社会形态的做法。[47]

这里当然有一个怎样看待马克思和马克思主义史学的问题。我们应该承认马克思主义对中国历史研究曾有过重大贡献。由于马克思主义的传入，中国历史的研究从一个单纯的政治史或者说权术史的研究发展成为了一种有血有肉的社会史研究，并且第一次把社会经济活动作为了历史研究的中心问题。马克思主义史学对于社会内部错综复杂的政治经济关系及其社会发展动力的研究更有贡献；对于提高中国史学者理论思辨能力也多有裨益。但是，只要我们承认马克思是一位学者而不是一位神，那么就应该承认他对欧洲社会和历史的认识也是受了他当时学术水平的限制的。如果我们认为一百年前的马克思比之当代西方专门研究欧洲中世纪的学者

44　叶文宪：《关于重构中国古代史体系的思考》，《史学月刊》2000 年第 2 期，第 5—7 页。

45　朱绍侯：《中国古史分期讨论与中国史研究》，《史学月刊》1998 年第 6 期，第 4 页。

46　邹兆辰、江湄：《正确看待马克思主义史学的历史发展——访林甘泉研究员》，《史学月刊》2000 年第 1 期，第 8 页。应该说明的是林甘泉先生也承认不能要求所有研究历史的人都以马克思主义为指导，并说明他也尊重非马克思主义学者的研究成果。但他并未说明为什么在中国研究历史应该以马克思主义为指导，而在其他地方不必这样。

47　如白寿彝先生主编的十二卷本《中国通史》有一节强调要用马克思主义的理论来对中国历史进行分期并同时照顾到中国各地区的不平衡发展，但全书的分期系统则是按照远古、上古、中古、近代的时间区间来划分。见白寿彝：《中国通史》，上海：上海人民出版社，1989 年，第 1 卷，第 81—89 页。另外，周一良等编的《中国历史通览》采取了以朝代名自然区分的办法，但在书中也讨论了西周的奴隶制度；对奴隶社会的问题书中则不置可否。见周一良等：《中国历史通览》，上海：东方出版中心，1994 年，第 1—12、5—6、91—92 页。

(Medievalists)还更了解欧洲中世纪,那就似乎要全盘否定西方这一百年来的学术进步了。而至于马克思对中国的看法,本来就是含糊其辞的,其基本轮廓都不一定准确;这当然也是受到一百年前西方汉学初创阶段学术研究水平的限制。我们今天如果还用马克思的眼光来看欧洲中世纪并以之来衡量中国历史的发展,那问题可能就更大了。

就 Feudalism 的问题而言,马克思当然没有看到现在由雷诺兹所揭示出来的欧洲中世纪的复杂性,而是把它当成欧洲中世纪涵盖一切的一种制度,从而用它来概括欧洲中世纪。到了斯大林那里,则是看到了欧洲中世纪的另一个侧面,从而把地主对农民的地租剥削方式当作了所谓 Feudalism 的主要特征(其实这种地租剥削形态在斯大林所讲的奴隶社会中也是普遍存在的);这实际上是对 Feudalism 一词(本来就有问题)的进一步曲解。其实,地租剥削方式在马克·布洛赫的描述中只是 Feudalism 六个特征中的一个。中国马克思主义学者则又从斯大林那里继承他的 Feudalism,并在半个多世纪以来为怎样把这一概念用在中国历史上而争论不休,没有结论。现在看来,不仅 Feudalism 一词本身属于晚出,其用在欧洲中世纪上的准确性值得怀疑,即使可以比较正确地称为“领地-封臣制度”(Feudo-vassalic institution)的这种制度,在中世纪的将近一半时间内也并不存在,即使后来流行起来,也只是规定领主和封臣间私人关系的一种方式,而不是涵盖中世纪一切的制度。由它发展出一种社会模式这本身就有问题,再把它套在别的社会上,就更有问题了,尚不用说其间还经过斯大林一番不知其所以然地再造。由此看来,中国史学界半个多世纪以来关于封建社会究竟在西周时期开始还是在战国时期开始的争论是多么没有必要。就西周而言,上文已经讲得很清楚,并没有存在过这样一种领地-封臣制度。即使存在这种制度,是否可以拿它作为分期标准也是应该怀疑的。

同样,用奴隶制度来涵盖欧洲古典时期也是有一定问题的;当然这是中国古史分期的另一个大问题,需要专文另行讨论。简单地讲,欧洲古典时期存在过奴隶制这是不容置疑的。譬如说现代西方古代社会史研究的巨擘摩西·芬利(Moses I. Finley)在他的名著《古代经济》(*The Ancient Economy*)中明确使用了奴隶社会(Slave societies)这种称法,指出在古典时期的雅典和其他城市从公元前六世纪起,罗马帝国的意大利从公元前三世纪起,奴隶(Slaves)有效地取代了其他形式的附庸劳力。[48]在他的其他著作中,芬利也曾使用了奴隶制经济(Slave economy)一词。[49]实际上,对于奴隶的强制性剥削是芬利所建立的被称为原始主义(Primitivist)古典经济史模式中强调的社会地位影响经济活动的主要途径之一。但是,芬利显然是把这种典型奴隶制的出现看成是历史性的,即使说是罗马帝国对外征服的结果。一方面他指出意大利的这种奴隶社会被其他类型的社会所包围,也就是说,在意大利以外罗马帝国的其他被征服的地方社会的主要生产方式并非奴隶制,而是使用附庸劳力。特别是在罗马帝国的东方,由于大量的自由农民和附庸劳力的同时存在,奴隶制从来就不是一个显著的现象。另一方面,即使在意大利,从公元四世纪起奴隶制也已经失去了它的意义。这主要是因为随着征服的结束,奴隶来源的枯竭和远程输送奴隶所造成的价格上涨。[50]在另一部研究西方古代社会经济史的重要著作中,彼得·嘎恩瑟(Peter Garnsey)和里查德·塞勒(Richard Saller)总结说:就整个罗马帝国看,那些不起眼的自由人实际上构成了农业劳动者的主体。[51]在前年为纪念芬利而出版的一本同名为《古代经济》的书中,多美尼加·卢斯本(Dominic Rathbone)更是明确地指出,就西方古代社会的整体而言,其农业生产者大众是处于介乎奴隶与自由民之间的一种位置。像雅典和意大利这样的社会其实是抛弃或背离了早已存在的以非自由性农民为基础的“正常”系统,而采取了一种特殊的生产方式,而像埃及这样以大量非自由农民为基础的社会则是正常的。[52]

---

48 M. I. Finley, *The Ancient Economy*, update and foreword by Ian Morris. Berkeley, CA: University of California Press, 1999, p. 69, p. 71, p. 79.

49 Ian Morris, "Foreword," in M. I. Finley, *The Ancient Economy*, xxii.

50 M. I. Finley, *The Ancient Economy*, pp. 85—86.

51 Peter Garnsey and Richard Saller, *The Roman Empire: Economy, Society and Culture*. Berkeley: University of California Press, 1987, p. 111.

52 Dominic Rathbone, "The Ancient Economy and Graeco-Roman Egypt," in *The*

如果说意大利的奴隶制是罗马帝国对外进行征服的结果，与罗马帝国的历史经历密切关联，那么其他没有这样的征服经验或只有被征服经验的社会当然就不会有这样的制度了。这一点是很好理解的。因此把奴隶社会作为人类社会所必经的阶段是很有问题的。中国的所谓奴隶社会曾被学者们强力主张过，但从来就没有被证实过。“文化大革命”时期中国学术界曾经用殷墟发掘出来的祭祀坑为材料来批判商代的所谓奴隶制，但却没有搞清楚祭祀坑中所埋葬的牺牲者究竟是战俘还是奴隶。至于甲骨文中所谓“众人协田”一类的资料所指的身份也并不清楚。这并不是说中国不存在奴隶制，问题在于奴隶制在多大的程度上形成了中国古代社会赖以生存的基础，并从而可以称之为奴隶社会。在最近的一项研究中，罗宾·叶茨(Robin D. S. Yates)详细探讨了中国秦汉时期奴隶的真正地位，认为奴隶的真正意义并不在于他们是别人的财产，而在于他们本身不能拥有财产；他们是一些从社会性上讲“死亡了”的人或者说是被排除在社会以外的人。叶茨认为这些奴隶的存在并不能证明中国有一个奴隶社会。[53]一个社会中即使存在奴隶制，也可以同时存在其他制度，譬如说地租制甚至资本主义制度。美国南部十八—十九世纪的奴隶制度即是其资本主义体系的一个组成部分。所以，中国的所谓奴隶社会只不过是一个没有被证实甚至是没有必要的设想。

五、结语

在中国历史的分期问题上，中国学者长期以来套用了马克思在欧洲古典时期和中世纪历史之上建立起来并经过苏联马克思主义者改造的一套模式，即所谓原始社会、奴隶社会、封建社会、资本主义社会和社会主义社会的

Ancient Economy. Water Scheidel and Sitta von Reden ed. , New York: Routledge, 2002, pp. 158—159.

53 Robin D. S. Yates, “Slavery in Early China: A Social-Cultural Approach,” *Journal of East Asian Archaeology* 3, No. 1—2(2001): 283—331.

五种社会形态的划分。其中对于我们先秦史研究关系至为密切的是奴隶社会和封建社会这两个模式。当这些模式被套在中国历史之上时,自然而然地发生了自相矛盾的所谓"三论五说"同时并存的混乱局面。这也可以说是中国史学界长期以来最为严重和最为根本的问题。

近年来中国国内的很多学者已经开始质疑将这五种社会形态套用在中国历史发展上的可行性和客观性,主张中国历史的分期应该按中国历史自身的发展规律来进行。本文所提出的问题不是五种形态分期的内在逻辑矛盾,也不完全是这种分期体系与中国历史的实际发展之间的矛盾;本文所提出的问题严格地讲是一个史学史的问题。那就是说,欧洲古典时期和中世纪的历史在经过了西方学者长期的研究之后,现在已经以与一百年前的有限认知非常不同的面貌出现在我们眼前。如果我们现在还恪守马克思于一百年前基于有关古典时期和中世纪的有限认识所建立起来的社会模式来研究中国古代社会,那岂不是一个根本的失误。研究中国古史的分期问题,必须以中国历史的实际发展为出发点,并参照而不是照搬世界其他文明的分期系统,这样才可以得出有效的结论。而在与其他文明的比较研究中,我们必须掌握这些文明的最新研究动态。

在两年前的一篇文章中,叶文宪曾经归纳了有关中国早期历史分期的几种新意见,譬如由考古学家严文明提出的古国、王国、帝国的区分,和由历史学家许倬云先生提出的复杂社会、初期国家、正式国家和帝国的划分。[54] 当然这里的每一个概念都需要经过详细论证并要符合中国各个时期的具体材料。笔者对这一问题有自己的看法,但是要说清这一问题则需要专文讨论。可以预见,关于中国古史的分期问题将有一个较长的研究过程才可取得最后结论。但是不管哪一种划分法,只要是从中国古史的客观发展出发,并参考其他文明的最新研究动态,相信都会比现行的五种社会形态的分期体系更为合理。

(原载《中国学术》第二十四辑)

54 叶文宪:《关于重构中国古代史的体系的思考》,第 5—11 页。

太极·元气·阴阳·腹

——中国传统文化与日本"腹诊"的形成

廖育群(中国科学院)

一、从"诊脉"到"诊腹"

"病家不必开口,便知病源何在。说得对,吃我的药;说得不对,分文不取!"

此乃舞台上医家亮相时常用的开场白,也可说是"江湖神医"展示技艺、获取患者信任的看家本领。如何才能做到"病家不必开口,便知病源何在",最主要的手段不外望色观形、闻声诊脉。即略去"望闻问切"四诊之中的"问",仅靠其他三法获取信息、做出诊断。然如此这般仍不足说明医家的技艺超群,必令其无由望色、观形、闻声,单靠诊脉做出诊断才算高明。于是便有汉和帝命郭玉隔幛诊手的故事[1],甚或悬丝诊脉之笑谈[2],以示脉诊之神奇。脉诊是否果真如此神奇,不是此处所要讨论的问题,唯从诸如"脉候幽微,苦其难别,意之所解,口莫能宣";[3]"持脉之道,非言可传,非图可

1 《后汉书·郭玉传》载:帝奇郭玉诊脉之神技,乃"令嬖臣美手腕者与女子杂处帷中,使玉各诊一手,问所疾苦。玉曰:'左阳右阴,脉有男女,状若异人。臣疑其故。'帝叹息称善。"

2 因男女授受不亲,医家诊脉亦在忌避之列,故诊妇人时乃系一丝于患者手腕,引出室外,而仅令医者诊其丝。故事云:一医行悬丝诊脉后,断为有孕。主人大怒,言:"毁坏我家小姐名节,该当何罪?"医言:"愿以项上之物作保!"主人乃引其入室,见丝系桌脚,问曰:"更复何言?"医乃索刀,劈开桌脚,见中有一虫,蠕蠕而动。

3 隋唐间人许胤宗语。见《旧唐书》卷一九一,北京:中华书局,1975 年点校本,第 5091 页。

状”;[4]“读书万卷,何如指下三分;谨守成规,岂过心灵一点?”[5]等历代医家的感慨可知,脉诊的确是一种需要心领神会与悟性的技艺。

然而不仅唯知诊察脉搏之“率”与“律”的近代西方医学,对于中国脉诊这种“只可意会,不可言传”的学问表示难于理解,甚至就连以中国传统医学为基础建立起“汉方”医学体系的日本医家亦觉脉诊过于虚幻、难以把握。因而江户以来的日本近世医家,力倡使用一种叫作“腹诊”的查病方法,以取代脉诊。所谓“腹诊”,简言之即通过触摸患者腹部,体察其皮肤与内部的变化以获取全身疾病信息的诊断方法。

由于在中国传统医学中看不到系统的腹诊内容,因而日本的汉方医学家与医学史家总是骄傲地强调:东方传统医学中的“腹诊法”,是生(发明)于东瀛、长(体系化)在扶桑,可以向全世界夸耀的日本独特的诊断方法之精华。[6]进而从中国人“长于穷理、短于格物”、日本人“注重技术与实用”的普遍观念出发,认为腹诊技术的产生,“是在江户时代初期,由针灸医与按摩师之流所开创,他们主张通过将各个脏腑与腹部适当地对应,即可诊断邪气的位置。”[7]

对此,一些中医界人士始终耿耿于怀,他们撰文写书,力图说明腹诊技术的“发明权”同样属于中国,只不过是在日本得到了更加充分的发挥与运用。[8]然而就中日两方有关腹诊的论说观之,似乎迄今尚未真正涉及从具体

---

4 南宋刘开《刘三点脉诀》自序。引自岗西为人:《宋以前医籍考》,北京:人民卫生出版社,1958 年,第 198 页。

5 清代王九峰语。见《武进阳湖县志》,光绪五年木刻本。引自《中华医史杂志》,1984(2):65。

6 参见《日本汉方腹诊丛书》第 1 卷(ォリェント出版社,1994 年)卷首所载松本一男的“解说”。

7 大塚敬节:《腹诊考(1)、(2)、(3)》,《日本东洋医学会志》第 11 卷第 1—3 号,1960 年;氏著:《腹诊书的分类》,《日本东洋医学会志》第 12 卷第 1 号,1961 年。

8 例如马伯英等《中外医学文化交流史》云:“三喜发扬仲景《伤寒论》腹诊之法,道三继承而著《五十腹图说》、《百腹图说》。”(上海:文汇出版社,1993 年,第 85 页);史世勤主编《中医传日史略》云:“腹诊之法,肇于我国《内经》、《难经》、发展于张仲景之《伤寒杂病论》;在日本的发展经过了一个漫长的过程。”(上海:华中师范大学出版社,1991 年,第 196 页)并可参见:唐朝霞:《中医腹诊简谈》,《铁道医学》,1979(6):373;骆竞洪:《对祖国

文献内容到思想层面的深入分析与研究。有鉴于此,本文试图通过对于日本早期腹诊著作的考察,说明腹诊技术的产生并非像日本医史学家所想象的那样:源于一些理论水平不高,但却“手技娴熟”的针灸按摩师之手,而是由某些对于中国古代哲学思想具有深刻了解者所创立。中国古代哲学思想的种种间接、但却又是内在的深刻影响,对于这一诊断技术的形成具有重要的意义。从人文、历史研究的角度而言,这无疑较腹诊“发明权”的论争更为有益与有趣。

二、早期的腹诊著作

现知的几种早期腹诊著作,基本上都是形成于十七世纪。在此基础上,虽不足以言充栋、但却也为数不少的腹诊著作在此后的二百年中,即江户时代的中后期相继问世。日本的医史学家习惯于按照这些著作中是注重中国古典医籍《难经》的“肾间动气”之说[9],还是具有类似《伤寒论》的腹症描述[10],而将其分为“《难经》系”、“《伤寒论》系”以及“折中系”等三个系统。这种分类方法无疑是秉承了有关日本近世医学发展总体格局的最常见的把握方法。即:自近世以来,首先出现了以田代三喜(1465—1537 或 1544 年)、曲直濑道三(1507—1594 年)为代表的“后世派”;[11]继而有贬斥宋明医学与《内经》、《难经》之说,独尊古圣张仲景《伤寒论》的“古方派”成立,并逐渐产

医学中“腹诊法”的探讨》,《成都中医学院学报》,1980(1):49;赵荣胜:《试谈张仲景的腹诊》,《安徽中医学院学报》,1985(2):9;周朝进:《〈内经〉腹诊初探》,《浙江中医杂志》,1986(2):81 等。

9 《难经》成书大约在东汉,其中谈到两肾之间有“动气”,为“元气之本”。又有附会五行之说而成的动气在上、在下、在左、在右、在中等论述。

10 《伤寒论》为东汉医家张仲景之作。在各种疾病的症状描述中,常见涉及“腹满”、“心下痞”等腹部症状。

11 “后世派”的形成虽然在先,但因在学术方面是以宋明医学为主体,故被称之为“后世派”。在理论与治疗方面,“后世派”对《黄帝内经》、《难经》等中国古典医籍,以及宋明医家所言“胃气即元气”,或“胃为后天之本、肾为先天之本”的论说,均持肯定与接受的态度。

生了“折中派”。

然而由于腹诊作为一种独具特色的诊断方法，在十八世纪初已然发展得相当成熟，故在考察这一技术产生的原委时，不妨将目光锁定在形成于十七世纪的早期腹诊著作上，这或许比囿于人为的学派划分更为妥当。另一方面还必须注意，在当时的社会中，由于传播途径与门派之风的制约，一种新的理论学说或实用技术，显然不可能像在当代社会这般迅速地传播并被广泛接受。尤其是腹诊之术，在该时代尚属仅传门人、而不对他人公开的家传秘技[12]，因此研究者绝不可将各书按照成立先后排定次序后，即简单地判定某书为滥觞之作，并主观地在相互之间附加启承关系。而是应结合上述时代背景，从各书之“异”追溯其相对独立产生的历史实情，并从其相“通”之处，窥时代思潮的普遍影响。基于这些想法，先来看看十七世纪时究竟出现了哪些腹诊著作。

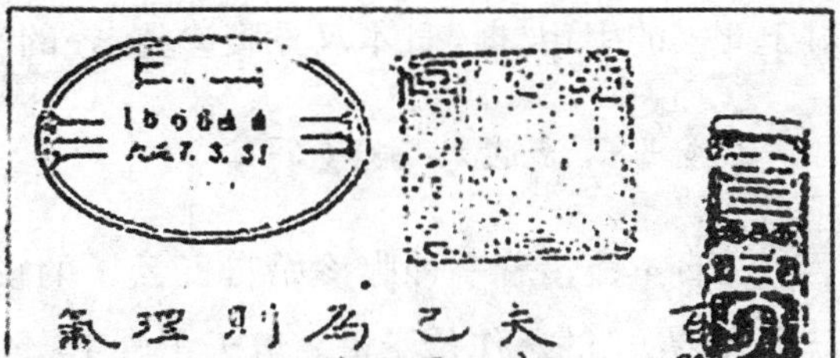
百腹圖說
一溪道三著
夫造化之樞水火而已人身之要氣血而已氣血本元氣而已在陽爲天爲火在陰爲地爲水陽以陰爲體陰以陽爲用無陽則陰無以生無陰則陽無以化此本然之理也故以胃爲陽以腎爲陰是謂先天之氣後天之氣也然而診之法有腹候故腹

图1 《百腹图说》书影

1.《百腹图说》（写本）

京都大学图书馆藏有两种《百腹图说》。其一，外题“百腹图说”，内题“众方规矩秘录百个条”，无图；其二，分乾、坤两卷，主要由图组成。

或许是为了区别这两种内容不同的《百腹图说》，京大

12　参见前引《日本汉方腹诊丛书》所载松本一男的“解说”；观大塚敬节：《腹诊考》、《腹诊书的分类》。

《和汉图书分类目录》与《日本汉方腹诊丛书》皆以“众方规矩秘录百个条”作为前者的书名。但这个“内题”之名,实际上是出现在序文之后的正文开始处,据此观之,其义当局限于是指百段(即“百个条”)文字的部分而言。复将这一百段文字与后者的“乾卷”相对照,文图正合。故不妨推测:后者的“乾卷”原本不过是前者的附图。又因后者的“坤卷”内题有“金疮产妇痘疮五十腹图”之名,故可视为原本是以此为名的独立著作。如此说来,《百腹图说》实际上只有一种。

此书的序文撰于“庆长七年”(1602 年),可谓现知最早的腹诊著作。对于此书的引用,据《日本汉方腹诊丛书》的影印本。[13]

2.《五云子腹诊法》(写本)

在日本流传着一种腹诊始自五云子的说法,这是因为有被称之为“五云子腹诊法”的著作传于世。五云子姓王,名宁,庆安(1648—1651 年)中归化日本,亡于 1660 年。[14]森立之、多纪元坚等著名医史文献学者对于五云子本人是否使用过腹诊技术表示怀疑,以为其书、其术乃是成于五云子的门徒森云仙等人之手。然而不管怎样,此书属于相当早期的腹诊著作是毫无问题的。《五云子腹诊法》附录于多纪元坚的《诊病奇侅》之后[15],引文据此。

3.《腹心传》(写本)

橘隆庵节,内题“宽文七年”(1667 年),无序跋。文字虽然只有七页,但正如越山义氏所指出的那样:“作为腹诊著作,属较早期的文本。对于了解

---

13 见前引《日本汉方腹诊丛书》第 6 卷,第 2—208 页。

14 郑彭年《日本中国文化摄取史》有关五云子的记述与日本文献不同,言:“王宁宇(号五云子),于庆安年间到达日本,因有起死回生之妙术,长崎人挽留他,终于入了日本籍,在长崎行医。后到江户,住在白金町,就医的人特别多。其后门人数辈大多列为医官,成为一大医派。在日本,药的包法称为‘五云子’或‘道三包’,这是由王宁宇传授的。”(杭州:杭州大学出版社,1999 年,第 230 页)就此请教日本医史学家真柳诚先生,答曰:“名王宁宇,为是;但未闻有药包法称‘五云子’之说。”

15 见《日本汉方腹诊丛书》第 1 卷,第 177—188 页。

腹诊的形成具有重要的意义。”[16] 收于《临床汉方诊断学丛书》[17]，引用据此。

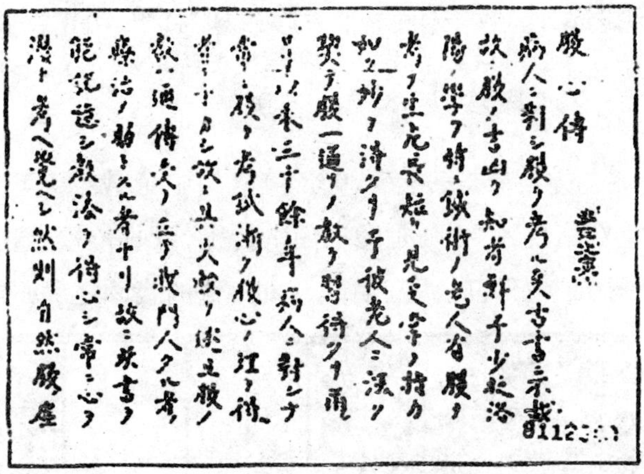

图2 《腹心传》书影

4. 松岡意斎·森中虚

一说松岡意斋最先发明腹诊法。意斋殁于元和二年(1616年)。据说森中虚在元禄九年(1696年)“以祖父仲和(得意斋亲炙与内传)之门人大槻泰庵所著草稿为基础,编次考订而为《意仲玄奥》”。此书为森立之旧藏,未曾得见。多纪元坚《诊病奇侅》[18] 采撷诸家,于森中虚项下可见:“其书无题名,门人之笔记也,卷末有享保十七年(1732年),中虚之祖父仲和,从松岡意斋受其诀”的记述。故可从该书所引中虚的论说,略窥松岡意斋、森中虚的腹诊方法。

5. 白竹子

《诊病奇侅》中大量引用了白竹子的论说。据大塚氏的考证,此白竹子实即多贺法印,是梦分斋的老师。因有“梦分斋遂授法印流针术于意斋”、“医祖梦分以禅意首开腹诊之术,且为打针之祖”[19] 的记述,故白竹子的论说亦应看作是早期的腹诊技术。

6.《针灸遡洄集·腹诊部分》(刊本)

高津敬节著,成于元禄七年(1694年),翌年刊行。抄本中唯见“诊腹总

16 越山义:《近世日本诊断学书解说·二》,《临床汉方诊断学丛书》第7册,ォリェント出版社,1994年,第41—42页。

17 《临床汉方诊断学丛书》第11册,第559—565页。

18 见《日本汉方腹诊丛书》第1卷,第31—175页。

19 有关此三人的情况,详见前引大塚敬节《腹诊考》。

论”部分。收于《日本汉方腹诊丛书》[20]，引用据此。

7.《腹诊传法》（写本）

成于宝永三年（1706 年）。书中记载：“延宝（1673—1680 年）初年，名草刈三悦者，称阿是岡三伯之传也，以收传授金白银二两而教之”。故知阿是岡三伯（即味岡三伯）、草刈三悦的腹诊之术亦形成较早。收于《日本汉方腹诊丛书》[21]，引用据此。

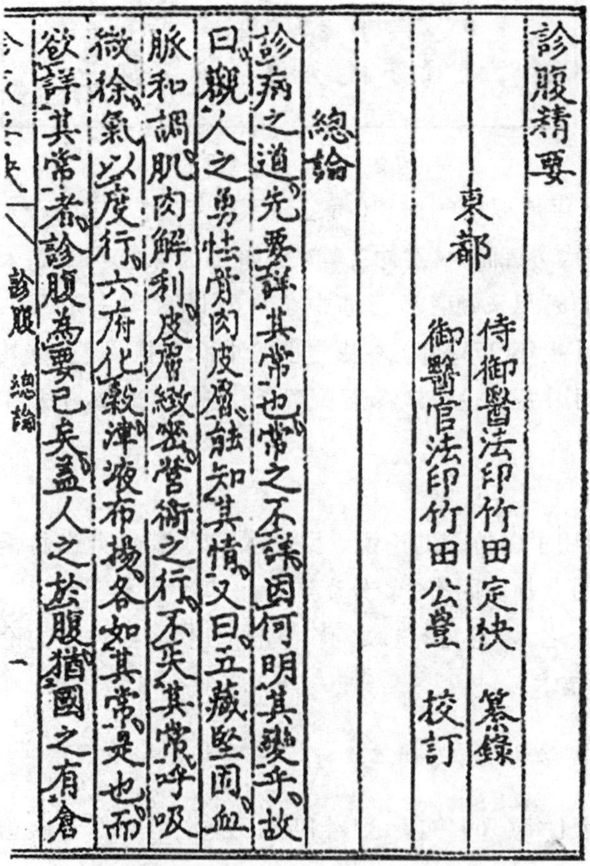
診腹精要
東都　侍御醫法印竹田定快　纂錄
御醫官法印竹田公豈　校訂
總論
診病之道先要詳其常也常之不詳因何明其變乎故
曰覩人之勇怯骨肉皮膚能知其情又曰五藏堅固血
脉和調肌肉解利皮膚緻密營衛之行不失其常呼吸
微徐氣以度行六府化穀津液布揚各如其常是也而
欲詳其常者診腹爲要已矣蓋人之於腹猶國之有倉
診腹　總論　一

图 3 《诊腹精要》书影

8.《诊腹精要》（刊本）

由于此书被浅田宗伯、富士川游误定为竹田定加（1573—1614 年）的著作，故有竹田定加为日本倡导腹诊之第一人的说法流传。实际上此书乃是竹田定快（定加的数代之后）偶然从某隐士处得到有关腹诊的“斯篇”，以此为基础编纂而成。这在定快宝永三年（1706 年）的序文中述之甚明，故应将此书视为十七世纪末期的腹诊方法。《日本汉方腹

20 《日本汉方腹诊丛书》第 2 卷，第 269—278 页。
21 同上，第 579—620 页。

诊丛书》所收为1793年的刊本[22],引用据此。

三、各书的构造与特征

要想看清早期腹诊著作的内在构造,则必须逐一检讨其内容。可以说迄今的研究,皆因未对此作细致的考察与分析,才形成了一些惑于似是而反失其真的结论。

1.《百腹图说》

在书名与序文之间,明确记有“一溪道三注”;序文的末尾署有“庆长七年”(1602年),即相当于道三殁后七年的年号。正文中又可见“先生三喜”的字样。可见此书的定本绝非出自道三之手,或成于其嫡传弟子田代三喜、甚至是三喜之子玄朔乃至其他门人。然而这些疑点并不重要,值得注意的是,在十七世纪初期——腹诊之术初现的时间坐标点上,在以曲直濑道三、田代三喜为代表的“后世派”大本营中,已然出现了腹诊专著这一事实。这部出自秉承宋明医学之宗旨的“后世派”医家之手的腹诊著作,虽然在时间上出现最早,但在篇幅上却远远超过本文所言及的所有其他腹诊著作,而且内容极为丰富。在此显然不可能全面介绍其具体内容,仅择要点略加说明。

(1)**理论学说**:本书序言的全文如下:

> 夫造化之机,水火而已。人身之要,气血而已。气血本元气而已。在阳为天,为火;在阴为地,为水。阳以阴为体,阴以阳为用。无阳则阴无以生,无阴则阳无以化。此本然之理也。故以胃为阳,以肾为阴,是谓先天之气、后天之气也。然而诊之法有腹候,故腹者有生之本,百病根于此,因著图说也。学者思诸。

对于中国古代医学发展脉络有所了解者自会发现,文中所述“天·阳·火·用·化·胃·后天之气”与“地·阴·水·体·肾·先天之气”的对应概念,

22 《日本汉方腹诊丛书》第2卷,第207—258页。

或者说以此为基础建立起来的理论框架，正是宋明以来中国传统医学在理论方面的新的生长点，甚至可以说是宋明理学形成后，浮现于中国文化层中的主导思潮。因而与其狭隘地说这篇序言是对腹诊原理的解说，毋宁高屋建瓴地将其看作是该时代对于生命现象之原理的概括说明与认识。就实际应用观之，这种究极的哲学理论在本书中，多少还是有些“穿鞋戴帽”之嫌——理论与技术的结合尚不可谓是水乳交融。例如从理论上讲，“虚里”[23]之动（左乳下的搏动）属“胃气·后天之气”的表征，但在实际诊察中却被作为了解“上焦”病变的信息来源——“桂枝汤之腹候第五”中云：“伤于风，邪在大表，上焦尤强，故此邪争虚里”云云；又“小陷胸汤小青龙汤腹候第十九”云：“客气随虚里而动，胸膈短气者，有水气”云云。并未言及虚里的搏动、变化与胃气有何关联，而仅仅是被视为上焦（胸部）的邪气之征。同样，在“平素之人腹候第二”中，虽然引用了《黄帝内经》有关“虚里·胃气”及《难经》有关“肾间动气”的论说，但并非是为了解决腹诊的具体问题，而仅仅是为了说明不论是后天之气也好，还是先天之气也罢，皆“一元气也，太极也”这一终极真理的需要。

总之，“太极·元气·阴阳”这种足以体现时代特征的哲学思想，不仅见之于本书，同样也是后述诸多腹诊著作的理论基础；在实际应用方面，甚至比本书贯彻得更加彻底。

（2）**广泛采用各种诊察手段**：纵观百条文字，可知在各种疾病的诊断过程中，实际上是广泛采用了腹诊、脉诊、舌诊等一切可以利用的诊察技艺。例如在“真寒腹候第五十四”中，详细论说了如何通过腹症、脉症、舌苔、体温、眼及泪的状态、脸的颜色与温度、唇的颜色与温度等等，来辨别疾病的性质究竟是属寒还是属热。就脉诊而言，不仅是诊察寸口（手腕桡侧动脉），还有对于神门（手腕尺侧动脉）、趺阳（足背动脉）的诊察。概言之，本书在腹诊方面的特点是：首先，由于在疾病的过程中，腹部也有症状表现，所以才需同时对腹部进行诊察。其二，比照脉诊中寸·关·尺与身体的上·中·下相

23 “虚里”一词，首见于《黄帝内经》，云左乳下的搏动名曰“虚里”，是“胃之大络”，是人的“宗气”。

对应，腹诊亦可按照上·中·下的部位划分而对位于上焦·中焦·下焦的疾病作出诊断。正是由于本书所关注的是利用腹诊，对于邪气、疾病存在的具体位置做出判断，而不是辨别抽象性的气之虚实，所以后来兴起的“古方派”亦接受并引用其图与说。

(3)**治疗方法**：本书中所见治疗方法，全是药物疗法。换言之，该书的主体思想是授人如何使用包括腹诊在内的一切诊断手段和如何选择适当的药方。可以说这恰恰就是内题“众方规矩”的基本含义。因而“腹诊最初由针灸按摩师等手技娴熟之流创造与使用”的说法，在此首先就遇到了无法逾越的障碍。

2.《五云子腹诊法》

本书虽然只有14段文字与12张图，可谓极短之书，但若详加检讨，仍可发现若干要点。

(1)**作者的问题**：本书起始处、书名之下见有“男云统笔记　森养春院法印传家秘本”之文字；正文第一段开始处有“五云子曰”字样(图4)；第十三段末尾可见“以上十二则，原本并冠‘家君曰’之字，家君者五云子”的双行小字注。因此不管是将此书完全视为五云子之作，还是因“唐土(中国)无其说”[24]，而以为全系门人森云仙、云统之作，皆未必适当。现以双行小字注为界，比较前后之文，则不难发现其间存在着明显的不同。是知即便是篇幅不长的早期腹诊著作，其内容也同样存在着源于不同之时、不同之人学说的可能。

(2)**理论上的构造**：从开始至第十三段的终了，即所谓五云子所述的部分中，“脾胃”与“肝气”被视为最重要的病因与疾病。[25]而诊腹与治疗亦如

24　在《诊病奇侅》所载《五云子腹诊法》的末尾，多纪元坚写有如下识语：“诊腹之法，唐山(土)久无其说。五云子之于此术，岂宿有独得，抑归化之后观我医之伎就有发明乎？兹编余获之于养春后人云悦，又获之于儿医人见元德。二本稍有异同，仍互参缮订，以附于《奇侅》之后。”

25　例如，第二段文字中说：“应知**食郁**之症，**脾胃**之食气升聚，必发痈毒。右之京门(穴位名称)隆胀，是思虑多，**心肝郁**故也。”

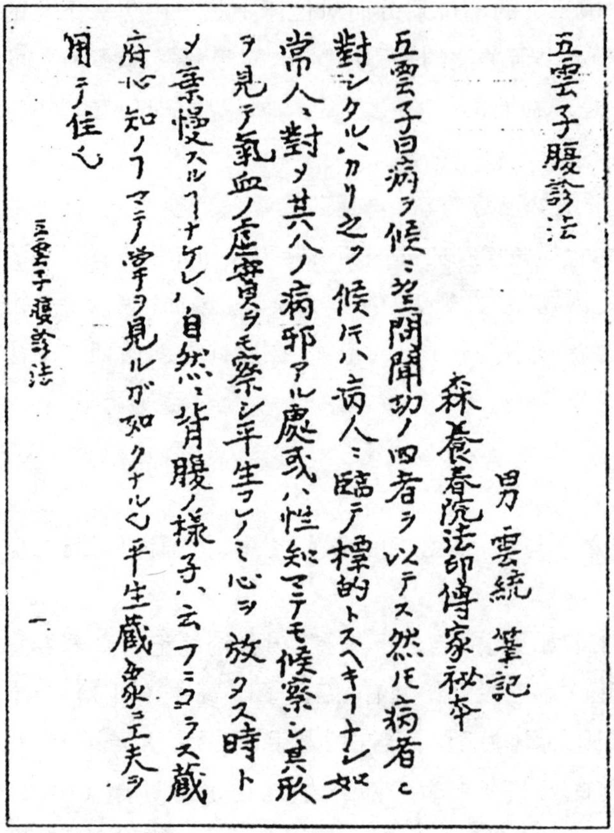

五雲子腹診法

男 雲統 筆記

森養春院法印傳家秘本

五雲子曰病ヲ候ニ望聞問切ノ四者ヲ以テス然レモ病者ニ
對シクルハカリ之ヲ候ニハ病人ニ臨テ標的トスヘキコトナシ如
常人ハ對シ其人ノ病邪アル處或ハ性知マテモ候察シ其形
ヲ見テ氣血ノ虚實ヲモ察シ平生コレノミ心ヲ放タス時ト
シ棄慢スルコトナケレハ自然ニ背腹ノ様子ハ云フニコラス臓
府心知ノコマテノ癖ヲ見ルガ如クナル也平生臓腑ノ工夫ヲ
用テノ佳也

五雲子腹診法

一

图 4 《五云子腹诊法》书影

后述,同样是以脾胃·肝气为中心。因此可以说五云子的腹诊完全是以此为理论基础与框架而建立起来的。与此相对应,第十四段,即双行小字注之后的文字,则可见“邪在表”、“邪在里”,特别是“肾虚”、“天之一元之气”、“按之”,以察有力无力,知生死也等。从理论方面的构造言之,前后可谓大不相同。

(3)**诊背与诊腹**:如第一段具有“总论”性质的文字中所论述,为要察“气血之虚实”,应在“背腹的状况”上“用功夫为佳”。即在五云子的诊断方法中,实际上包含着“诊背”与“诊腹”两方面。

第三段中说:“**饱酒**、**饱食**之际,便成病者也。”

第四段中说:“**饮食浊气**升,为痰,粘着筋骨,骨高也(中略)。应**节饮食**。”

第五段中说:“殚**心力**于军法等书籍,或**平生谋虑**,**劳心力**等,应知**心肝郁滞**之人如此。”

第六段中说:“有好**酒食厚味**,夜食荞麦面、刺身(生鱼片)等之人。”

第八段中说:“号二重腹之患者(中略)**脾胃虚**,大包(穴位名称)缓也。”

第九段中说:“**大食**而成如此也,为**伤食**也,成半身不遂也。一旦治之,若又**伤食**,成中风也,或成膈症,不治也。”

第十段中说:“**脾胃**之疡(伤),应知液燥。”

第二段文字介绍了具体的诊察方法，即：

先应视人背之模样。因肩之周围为骨之交会之所，故气血易滞，故肉亦厚也……，推右方……可知食郁之症，推左方……是思虑多、心肝郁故也。……视背之大抵，可知虚实。

古人云：抚肩决生死也。二六时中可放心用功夫。

另外在第四段文字中，也在诊腹中言及诊背之事。“诊背”后与“四诊”（望闻问切）、“诊腹”合称“六诊”。[26]但这只能说是诊断学在后世的发展，在早期的腹诊著作中，“诊背”与“诊腹”尚处于未分化的阶段。与此不同，第十四段文字虽然再度叙述了诊察的要点与一般方法，但却丝毫没有言及“诊背”。另外在第十四段文字中还能看到一节非常有趣的文字：“平手按乳下……病人之心弱者，虚也。”将乳下之动与“心”联系在一起，对于当今之人来说乃是常识，但对于古人而言却是在接收了西方医学之后才了解的重要知识。不论是古代的中国医学，还是日本汉方，皆将乳下之动称为“虚里”，视为“胃气”的外在表露[27]，由此可知这第十四段文字形成甚晚。而且即便是在西洋医学知识已然传入时，也仍然不是所有的医家都明白“虚里”与心脏跳动的关系。故在“心弱者”三字下可见“按，此义不明”的小字注释。

（4）**治疗方法**：腹诊被认为首先是在针灸医师间流传的诊察方法，但此书中全然没有见到针刺疗法的内容，而且“灸”法也仅仅是出现在与“诊背”有关的内容中：即第二段“视背之模样”时，因肩周气血易滞，故“宜灸”；若食郁“可灸右督俞、膈俞，左京门”；心肝郁“宜灸左督、膈俞，右京门”。其后论腹诊时，则仅仅可见药物疗法。[28]

26　见香川修庵：《一本堂行余医言》卷一“视背”。

27　本间枣轩《内科秘录》卷一“脉法”中言：“近来西洋医学大阐，人身究理亦明于世，然仍无心得于内景者亦不尠”；“心藏两肺之间，仅其尖尾露之，悸动筑筑应左胸者即尖尾，所谓虚里也。”另外可参廖育群：《中国古代医学对呼吸、循环机理认识之误》，《自然辩证法通讯》1994 年第 1 期，第 42 页。

28　例如，第六段中，“若痞向右，难治也，未坚之时，健脾丸可治。”

第十段中，“动气自右而动……不可用下痞之药，宜增减八珍汤，专事滋润。”

第十一段，“痞向左，宜参酌诸症，用厚朴、青皮、莪竹、香附（酒制）、黄连、三棱之类。”

前面曾谈到,本书中"诊背"、"诊腹"并用,两法尚未分化。但若结合治疗方法观之,其关系又变得十分复杂:一方面,"背"仅与"灸"相联,"腹"唯与"药"相关;另一方面,两者的理论框架又都是建立在"脾胃(右)·心肝气郁(左)"这一简单的基础之上。

3.《腹心传》

著者橘隆庵在书中自述其学问源流时说:"少时,学于洛阳[29]时,有针术之老人,考腹,得见生死长短,妙如掌指",故随老人而"得教习也。自尔以来三十余年,临病人,常考试其腹,渐得腹心之理。"此书的特点如下。

(1)**腹心之理**:所谓"腹心之理",是指"腹有太极、阴阳、五行之品"。但这些高深的道理,只能"口传,故略"。又说:"动气者,乃人类固有之物,人人有之,故无之则身形俱亡。……所谓动气、元气者,即阴阳之根本、太极之本体也。"橘隆庵想要通过太极·阴阳·动静·体用等概念,说明生命现象的究极性原理的目的,在于揭示:生命的根本——太极·元气,位于人体的腹部,所以"腹为人之第一重要"的道理。

由于书中见有"动气详义,存于《难经》"之语,故日本学者将此书的理论构造说成是"参照《脾胃论》[30],而陈述《难经》系统的腹诊方法"。[31]但实际上本书作者对于《难经》之说,采取的乃是批判态度。例如在论及"动气"时谈道:"动气有强按则愈强者,如是之人却得长寿也,可为心得";"动者,动则物生,即阳之动也,是太极之用所以行也"——即将动气看成是生命的原动力,而不是邪气或疾病。甚至可以见到对于《难经》核心理论直截了当的批判:"《难经·三十六难》以左为肾,右为命门,大误!"其理由在于,按照橘隆庵的看法,两肾皆属于水,而"两肾之间为命门。《易》曰:一阳陷于二阴之中是

第十二段,"中道痞者,宜视虚实,以香附、缩砂、山楂、神曲、麦芽(酒制)、芍药、当归(酒制)、青皮等药疗治之。"

29 京都的异名,而非中国之洛阳。

30 作者为"金元四大医家"之一的李杲。以注重补养脾胃而被称之为"补土派"的代表。

31 参见前引《日本汉方腹诊丛书》松本氏的"解说"。

也。”因此两肾仅仅持有“阴·静”的性质,“太极之体所以成也”。所谓元气、阳之象、动之用,以及生的功能,都是胃气。因而所有的疾病都是因胃气虚或滞引起的:“不拘何病,未见有腹中无滞者”;“脾胃之元气衰,克化饮食之运行之力弱,邪气自然滞”;“世间长病者,皆腹之恶故也”。

阴阳之说,也是“理”的一部分。将腹分为左右(左为阳、右为阴),疾病的性质亦因此而不同,乃是此书中所见阴阳之说的要点,即:“腹之痞所属,在左,吉也;在右,凶也。其故,左阳分、右阴分也。故阳分之左易治,阳主发也;阴分之右难疗,阴主闭也。”橘隆庵就是如此这般运用太极·元气·阴阳来解释“腹心之理”的。

(2)**死生判然之术**:在《腹心传》中,论“理”远远多于谈“术”。在涉及各种疾病时,往往是详细叙述病名、病因与症状。那么在这种情况下,腹诊的作用究竟是什么呢?用作者的话说,腹诊的用途在于“可见死生之判然”,即判定是属“死症”,还是属“胃气·元气未绝,故不死”。正是由于本书对于动气的看法,与《难经》根据腹部“动气”所在位置(上·下·左·右·中之五方)来言说五脏疾病不同,而是将其视为元气·胃气的表现,所以主张“考动气,判死生吉凶”。同样,察“痞”之疾存在于腹之左,还是在右,也不是作为诊断某种疾病的具体体征,而是作为判断吉凶的依据。由此可见,本书所提倡的腹诊方法及其作用,与各种疾病的具体诊断并无直接关系,而是在于判断虚实·死生。而且按照作者的说法,这样的腹诊技术还能对于疾病进行预测:“即便无病之人,考腹,顿知病之将发也”;“无病之人,考腹,自知病之所发、其人寿夭也”。在需要预测疾病的转归时,“虽病退,若其人腹恶,则须臾大病再发,而成重症也。”总之,作者的基本诊断思想是:“腹、脉、症三合而考之,则病之幽显、死生吉凶,了如指掌”。但“病多相似之症,脉又神妙莫测”,“本邦之医,疏者脉也,今世未见能诊者”,故成此书、此术,以代脉诊,欲使虚实死生的判断变得容易。

(3)**治疗方法**:就治疗而言,只能见到诸如:疝气“若用攻击,损伤脾胃,则为坏症,不治”;肿胀“不可以久年之积药急攻,若急欲下,则中气损伤而终至死症”;呕吐“其时或针,或用丸散之类”等寥寥数语,几乎没有涉及任何病症的具体治疗。然由此仍能看出本书的作者是一位以药物治疗为主的医家，而且尤其注重脾胃的保养与治疗。这与其将腹部动气视为胃气・元气之征的"腹心之理"，正相呼应。

若将《腹心传》与《百腹图说》略加对比，则不难看出，虽然两者皆是以太极・阴阳・动气・元气立论，来言说腹诊的原理，但可以说只有《腹心传》才是首尾一贯地从理论到诊察、从诊察到治疗，彻底贯穿着这一学说体系。

4. 松冈意斋・森中虚

在松井操汉译的《诊病奇侅》[32]中（刊于 1888 年），载有 13 段多纪元坚写本中未见的森中虚之说。现将两种《诊病奇侅》文本中所见森中虚之论归纳在一起进行讨论。

（1）**以动气为中心**：除去重复，两种《诊病奇侅》中共有 31 段森中虚的言论。其中有 18 段谈到动气。然而即便如此，也仍旧不能认为其腹诊法是沿袭《难经》而成，或是赞同《难经》所创的动气说。森中虚所采用的动气诊察之法，实际上与脉诊极为相似，主要是依据腹部动气的"强・弱・速・迟"来诊察元气・脾胃的虚实。[33]概言之，作者虽以腹诊取代了脉诊"察病之际，以动气为第一"，但其要点不过"察动气之太过、不及与平和，以定其难易"。尤其是从"诊几万人之腹，无动气在右者也；千万人中，有天性所生动气在右之人，莫若是与反关脉[34]相同者也"的解释观之，其腹诊方法不仅与《难经》无关，而且简直就可以说是在通过"实证"来批驳《难经》空中楼阁式的动气学说。

32　见前引《日本汉方腹诊丛书》第 1 卷，第 205—404 页。

33　例如：动气亦与平人之脉候相同，一息之间，四动五动为吉，一息之中二动，或二动半，至迟，此元阳之虚也。

虚人，动气不见者，其命不久，细数者亦危。若有力，则可治。

一息之间，动气五六动者，风邪也。七动者危。八动者难治。

稍知脉诊方法的读者一眼即可看出，这与中医所言"一息脉动五次为正常；少于此者（迟脉）为虚、为寒；多于此者（数脉）为热"等等完全一致。

34　脉诊中称天生手腕内侧无脉，而现于手背侧者为"反关脉"。

那么是否可以说森中虚的动气诊察,不过是以腹部动脉的诊察取代了寸口脉呢?两者间毕竟还存在着某些差别。例如"动气上脘"、"动气当鸠尾、中脘";"中脘、任脉所过之处,动气如春米"之类的症状,在腹诊以外的场合是看不到的。根据临床经验,可知这些症状大多出现在心脏病、肝硬化或极度羸瘦的危重患者身上。森中虚综合参考"胀满"等腹症,而断言为"必死"、"难治",是合情合理的。

然而不容忽视的是,除"必死"之外,如在其他情况下诊察到异常的动气,则全部是以"阳虚"、"元气虚脱"、"脾胃虚"、"相火散乱"这些"虚"的病因加以解释。尤其是从"动气数、脉静,虚也,宜地黄丸;动气静、脉数,实也,病在血分,宜刺荣分"这种腹诊与脉诊的对比中,可以看出构建于作者心中的理论框架,是将"腹"作为气的存在场所,"脉"作为血的存在场所。此时反观前述《腹心传》中所言"食滞、淤血,又不同也。淤血为血分之病,故不碍胃气",则可知这种将"腹与脉"分别想定为"气与血"的运动场所的思想,亦同样存在于该书之中。大致浏览了这些论说之后,自然不难理解在该时代的腹诊法中,腹·元气·胃气·动气是如何紧密联系为一体而被加以认识的。

(2)**治疗方法**:"元气虚脱,则动气出现"(此指上腹部之动);"虚人,动气不现"(此指脐左之动)——由于主要是从"虚"的角度来考虑疾病的性质,治疗方法自然是以"补"为主。因而对于脐左之动迟缓的诊断与治疗是:"此元阳之虚也,用附子、肉桂之处也";当动气"如春米,为脾胃之虚"时,认为"此症针刺有大害",力戒采用针刺疗法。又如,"脐下周围硬,乃肾虚;是肾气之涸。用八味丸之处也";"动气数、脉静,虚也。宜地黄丸";痢病,若"腹皮无力",为"虚证","宜以六君子汤等补之"等。可以说力倡补养脾胃与肾,是森中虚治疗方法的特征。反之,"针"作为泻法的工具,只有在"动气静、脉数,实也,病在血"的场合才适用。

5. 白竹子

《诊病奇侅》所载白竹子的论说有21段。其中不乏与森中虚相通之处,例如说动气在"左天枢"[35]为常;动气不足为最险;鸠尾之动为恶候,等等皆与森中虚一致。然而在"左右"的阴阳属性上却看法不同,说明各有来源。即无论是橘隆庵还是森中虚,都是以腹左为阳、右为阴;病在左易治、在右难医,但白竹子却是沿袭"左肾、右命门"之说,主张:"若动气绕右之天枢,右命门火旺,水尽归火之兆也";"应知左腹之痞,第一肾虚,疝气;右腹唯气郁无疑"。于此多少可见《难经》之影响。另外白竹子赞赏"外病知于脉,内病知于腹"的主张,倡导将腹的厚薄、虚实与上·中·下、浮·中·沉组合成"九候",依次进行详细的检查;显示出改造移植中医脉诊"三部九候"之法于腹诊的蛛丝马迹。

6.《针灸遡洄集·腹诊部分》

(1)**脏腑的诊察**:此书最显著的特点,在于有关脏腑的诊察。在上述五种著作中,脏腑诊察仅见于《百腹图说》。集腹诊法之大成的《诊病奇侅》,在诊肺、诊心、诊脾胃、诊肾、诊肝,即所谓诊察脏腑的各项下,皆是始于对《针灸遡洄集》的引用。因而在检讨腹诊法中诊察脏腑知识的形成时,自当注意本书的重要性。其内容基本上是源于《黄帝内经》、《难经》中所见有关脏腑位置与病症的论说。当然,这些"脏腑"既有与实际解剖相吻合者,亦有不同者。

(2)**虚里的诊察**:虚里之动,实即左乳下的心尖搏动,在腹诊中备受关注。然而尽管如此,恰如脏腑的诊察一样,在上述五种著作中,唯有《百腹图说》涉及虚里的诊察。换言之,没有谈到"虚里"问题的腹诊著作,其诊察部位基本上是局限在腹部;而因虚里之诊,医者的手也就从腹部扩展到了胸部——由此引出许多"道德"方面的问题,但这不是本文所欲关注的问题。

脏腑与虚里的诊察,虽已出现在最早的腹诊著作《百腹图说》之中,但反而不见于此后陆续形成的腹诊著作中。而且若将《百腹图说》与《针灸遡洄集》加以比较,则会发现后者并非前者的继续。在《百腹图说》中,五脏的腹候作为疾病的症状表现,在百条的"病·药"之中不过仅占5条。而就《针

35 穴位名称,位于脐旁。

灸遡洄集》而言，只要看一看其腹诊部分的子目，即可明白脏腑与虚里在其中的重要地位。其子目如下：

腹诊总论

诊肺·诊心·诊脾胃·诊肝·诊肾

虚里之动

动气三候

从《百腹图说》到《针灸遡洄集》，大约经历了百年，腹诊的内容已然发生了显著的变化。对此的分析，容待后述。

7.《腹诊传法》

在题为《意仲玄奥》的意斋流针术秘传书中，可以见到对于味岡三伯·草刈三悦腹诊法的批评："其后，医书讲读之师味岡三伯所传，不过腹诊之皮毛，全非意斋流之真传。"[36]然而如果跳出古人恪守门墙之见的藩篱，却不妨说：透过这种批评，在"非真传"的背后所隐藏的，恰是个人新的创见或新的综合与改造。

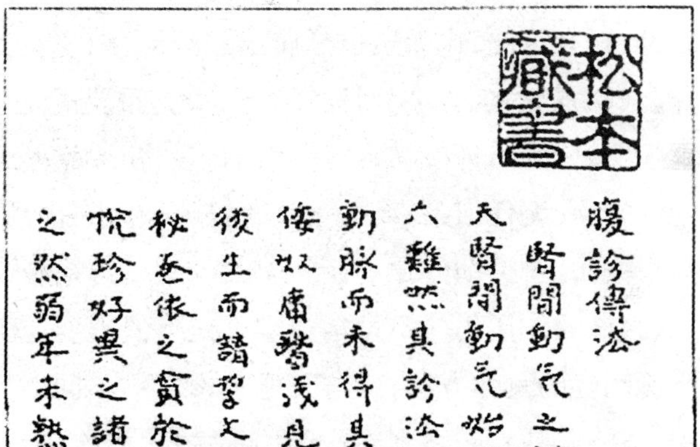
松本藏書

腹診傳法

腎間動氣之辨

夫腎間動氣始出於越人難經而見於八難及六十六難然其診法不詳是以或爲足部脉或爲腎經之動脉而未得其正熊宗立虞天民之輩猶未得之況倭以庸醫淺見之輩乎近來洛陽三伯武陽三悅欺後生而諸學之授於假名書之一卷號言腹診傳授秘卷依之貪於金銀得於賄賂以爲終世之營於是悅珍好異之諸生雷同而爭得其傳授予亦當時得之然弱年未熟之學未知其是非實思當急地矣漸

图 5 《腹诊传法》书影

36 据大塚的引用。参见前引大塚敬节：《腹诊考》。

(1)**先脉后腹的原则**:“先师数原法印之传曰:凡临病人先诊脉,然后必应诊腹。”这种“先脉后腹”的主张,确与前述将腹诊置于第一位的橘隆庵,以及专心腹诊的意斋·中虚的诊断方法不同。此书一半的内容是“纵然为门人弟子,非经盟血之誓,不可谩传者也”的“妊娠诊法”。然而这一部分须经严格程序方可传授的内容,却与腹诊毫无关系,主要是脉诊方法。除脉诊之外,还有占法,这无疑也是属于“秘传”的内容。

(2)**腹诊的作用**:行腹诊之际,最为重要的是根据“痛·痒”辨别疾病的虚·实。“大抵应知实痛、虚痒”,即:“若有痛处,可知证属病邪之实。押之手下酥痒,无任何条索,按之软而轻吟,为虚证,应知元气之不足也”。又以拇指按脐上,据动气之有无而判断死生,乃是腹诊的另一功能。一言以蔽之,腹诊的作用仍然不过是虚实·死生的辨别。但据痛痒别虚实、以拇指按脐诊动气的具体方法,确与其他腹诊之书不同。另外在论述“虚里”的部分中,虽将五脏六腑之胀满作为“腹”的重要疾病详加叙说,但实际内容却与腹诊无关,而是“记以《灵枢》胀篇”——仅仅记述了与望·闻·问三法有关的症状表现。至于说何以会在“虚里”项下记述五脏六腑之“胀满”,而且仅仅是记述这一内容,无疑是由于在当时人眼中,“虚里”乃是胃气,是推动脏腑运动的原动力。

(3)**“呼考堂一源”的动气诊法**:虽然一般认为《腹诊传法》系草刈三悦归纳整理其师味冈三伯之说而成,但现存的文本中近乎一半的篇幅,却是“呼考堂一源”批判味冈·草刈之说的内容。批判的核心在于“肾间动气之辨”。称之为“一源”者(文中亦见作“倘按”),引用明代医家滑寿、虞抟等的学说,不赞成在脐上诊候动气,而是主张应在脐下诊候。据一源之见,不论是《难经》中所述动气也好,还是明代医家的解释,都不是将脉的搏动作为动气加以诊察。动气的意思,乃是脐下的运动。同样,虚里也不是胸部之脉(心尖)的搏动,而是胸的运动。这种并非脉动的运动,无疑是指随呼吸而现的皮肤、肌肉之运动。此说是否符合古典之原义,可谓无关紧要。重要的是透过他的论说,可以更加深入的了解当时的医家是如何按照各自的理解来思考腹诊的原理,如何以各不相同的方法来实践腹诊之术的。

8.《诊腹精要》

竹田定快将得于某隐士的腹诊书加以删正,又据方技家之说补其缺漏,复用功夫于折中诸家之论,最终著成此书。因此,《诊腹精要》可谓是集该时代之大成的一部腹诊著作。与上述诸书比较而言,此书的特征在于要将腹诊技术加以体系化。

(1)**阴腹与阳腹:**此书始自"总论",其要点即"阴腹与阳腹"之说。"详明其诊之难为阴阳。阴阳者何也?人之腹状有二象",即腹的状态虽有肥瘦、润燥、强弱种种不同表现,但要约不过阴阳二象。竹田定快说,他曾经主张"医之要"在于"脉之理",但因为"脉理微妙也,难以神领,在意而不在象",故转而提倡采用直接诊察"象"的腹诊取代脉诊。由于他对以《黄帝内经》为代表的中国古典医籍早已熟悉,所以尽管诊察的手段发生了变化,但理论性的框架并未改变,可谓法异而理同也。

(2)**诊法要诀:**在解明腹诊大要、基础知识与具体方法的"总论"之后,继之为"诊诀举要"。在这一部分中,首先依次解释了脐、动气、虚里、腹之上·下、按之轻·重等通过诊察所获腹症的意义;然后自伤寒至痘疮,总计取15种病名,分别详述各病的腹症及其在诊断上的意义。这一将各种疾病详加条理的"诊诀",表现出欲将腹诊体系化的意图,然而在实际诊察中,到底还是与其他著作一样——不是依靠腹诊进行具体的诊断,依旧是聚焦在虚实·死生的辨别。

(3)**治疗方法:**书中有6处言及治疗原则[37],据此可知其治疗方法之大

37　即:筋现脐下时:"治方宜专用补阴之药,可以取滋补之效。"

与之相应,筋现脐上时:"治方宜专用救阴补阳之药,可以运化中焦。"

脚气之病:"其治若非汤药·艾灸并施,则殆少收功者。"

痢病之病:"按之有块者,不问病之新久,宜用消导渗利之剂攻之可也。按之无块者,不问病之新久,慎不可攻之。(中略)然如脾胃之泻证,务在补中焦,不可一概论之。"

膈噎之病:"非药力所能及。若于得病之始,若速灸譩譆穴,(中略)多奏再生之效。"

痨瘵之病:"于刺法,针已不可为。(中略)气血未虚,形肉未脱时,灸四花、患门,(中略)壮数不得过五十。(中略)但上焦火动者与脉已微数者,俱不可灸。(中略)药大抵宜淡薄平和之剂,慎勿用攻击、吐、下之药。"

概。首先,是以用药为主;其次是将"灸"作为一种温补之法,即扶助阳气的手段而广为利用。至于"针",则只有劝诫之语。

四、讨论

利用以上所述各种早期腹诊著作的构造与特征,无疑可以从许多方面展开讨论。但这自然又要牵涉到许许多多背景知识的介绍,因而只能局限在足以体现其总体性格的几个问题。

1. 治疗方法

通过以上枚举的各书所见治疗之例,足以看清早期腹症著作所涉及与采用的治疗方法,基本上都是药物疗法。因而对于最先由针灸按摩师倡导腹诊的"定论",必须加以适当的修正。再者,对于其中所见为数不多的针灸疗法,亦有分而论之的必要。如果从现代科学的角度观之,针与灸两种治疗方法不过都是对于人体施加某种物理刺激,因而往往会同时并用或互换使用。然而在当时医家的眼中,由于针与脉·血的直接关联,所以仅仅被看成是一种"泻血"的手段——在腹·气有病的场合乃是不适用的治疗方法。这就是何以在言及"针"时,几乎都是力戒其害之语的根本原因。另一方面,虽然只有极少几处提到灸法,但"灸"作为有助阳气运行的手段,却是一种在大多数场合都可使用的疗法。唯在《五云子腹诊法》中,"诊背"与"灸背"之间,似乎存在着某种特定的联系。然而有关"诊背"与"灸背",实在缺少可资进一步深入研究的资料,这或许是所有"民间疗法"的共同特征。

2. 理论的实在化

由于日本的汉方医学界始终极度推崇以吉益东洞(1702—1773 年)为代表的"古方派",认为这种注重实证、不尚阴阳五行等虚幻理论的医学流派最能体现汉方医学的特征,所以在"腹诊最先由针灸按摩师提倡"这一说法的背后,实际上隐藏着足以体现这一思想意识的潜台词:既然腹诊是由日本人所创造,那么理应在本质上与以阴阳五行学说为理论基础的中国医学有所区别;既然腹诊是一种以实证为特征的诊断技术,那么就应该是由一些在医学理论方面素养不高,但却手技娴熟者所创造。然而从上述有关剖析不难看出,所有的早期腹诊著作实际上都具有各自的理论框架。其间充满了从太极·元气之究极性本源,到阴阳·脾肾·先后天之体用的论说。如与当时注重理论的"后世派"的其他医学著作相比,早期的腹诊著作在理论方面不仅毫无逊色,而且毋宁说是更胜一筹。足以给人留下深刻印象的,恰恰就是其中游刃有余地运用太极·阴阳等抽象概念,而建立起腹诊的理论框架与诊察原则的具体过程。换言之,腹诊形成不就是将这些形如虚幻的究极真理,在"腹"上加以实在化的过程吗?

通过检讨各种早期形成的腹诊著作,已然知道它们在理论与技术的层面上都存在着明显的差异,显然并不存在直接、密切的内在联系——在这些著作间并无学术传承关系。另外,"腹诊之法历来多属家传秘诀,只传门人、禁止公开"[38]——严格禁止知识外传的社会环境,也决定了在这些不同流派的腹诊倡导者间不可能存在直接的学术传承关系。因此可以说在腹诊的发展过程中,存在着多元独立发生的现象。那么,又是什么原因可以造成这种现象的产生呢?在知识的传播方式中,存在着一种称之为"激发传播"(stimulus diffusion)的现象。[39]概言之,"激发传播"是指由于听说有关某种新技术与发明的消息,从而促成了独立再创造与再发明的欲望与实践,至于说听到的消息是真是假却并不重要。这些作者或许只是听说有"腹诊"这样一种诊断方法存在,从而激发了他们按照各自对动气、虚里、阴阳等的理解,去独立创造自己的腹诊理论与方法。

从最早的《百腹图说》到形成于十七世纪中期的若干腹诊著作,其间已然经过了几十年的时间。如果深究前后两方面之间是否存在着本质性的不

38 见前引大塚敬节:《腹诊考》。

39 这个概念最先由 A. L. Krueber 提出。其在科技知识传播中的作用,可参阅李约瑟《中国科学技术史》第1卷中的论说。

同,那么最值得注意的就是在最早的《百腹图说》中,尽管其篇幅最长,但实质上不过是包含有"腹候"的内容——这在此前的中日医学著作中皆非绝无仅有的内容,因此从某种意义上讲,《百腹图说》尚属一般综合性的诊断学著作。在这个时代,或这本著作中,腹诊还没有成长为一种完全独立的诊断方法,或者说其概念尚不十分清楚。而成于十七世纪中叶之后的腹诊著作中表现出的、欲使腹诊体系化的强烈倾向,则可以作为腹诊已然成为一种独立诊断方法的证明。

复将成于十七世纪中叶与该世纪末的腹诊著作加以比较,又会发现早期基本没有涉及"虚里"的诊察,而后期的著作皆格外注重虚里之诊,其诊察范围于是从腹扩展到了胸。这一变化的理由,或许可在日本近世医学发展的历程中找到答案。自室町时代以降,日本医学界首先接受的乃是中国金元(以至明代)的医学知识,其特征是有关脾胃或脾肾的论说占主导地位。其后,无论是儒学,还是医学,皆被复古倾向所统治,古典才渐渐受到格外的重视。因此,见之于《黄帝内经》中的"虚里"之说,也就自然融入腹诊。

宋明医学由田代三喜传入,因曲直濑道三的传播而植根日本,形成以三喜·道三为核心的"后世派"。这在日本医学史也是定说。但通过上述有关早期腹诊著作的考察中所一再强调的:各种建立在宋明医学理论基础之上的腹诊著作,与产生于后世派大本营的《百腹图说》并无直接关系,可知宋明医学及其主体思想的传入与流布远非如此单一,完全可以看作是超越某一"学派"的时代特征。

3. 中国的"诊腹"与日本的"腹诊"

使用"诊腹"与"腹诊"两种说法,不过是为了将"诊察中包括腹部症状"与"将腹部诊察作为一种特殊方法"加以区别。

为要说明两者的区别,不妨先举一个简单的例子。例如当手或脚出现病变时,无疑要像诊腹一样通过望闻问切等手段对疾病进行诊察,并做出性质的判断,但何以没有手诊、脚诊等术语存在呢?同样,当腹部出现病变时,不管是仅以腹部触诊，还是四诊并用对其疾病进行诊察，如果目的仅仅是为了对存在于腹部的疾病做出诊断，都不能称之为是一种独立的诊断方法。这也就是“诊腹”的意思。不论是见于中国传统医学的与“诊腹”有关的记载，还是《百腹图说》中的“腹候”，都是属于这一范畴的知识。

与此相反，成于十七世纪中叶之后的腹诊著作，对于“腹”的诊察已然不是为了诊察腹部的某种具体疾病，而是以总体状况——即虚实·死生的判断为目标。因而成为一种独立的诊断方法，或者说，腹诊的固有定义亦因此而成立。中国的医史研究者往往热衷于腹诊“发明权”的论争[40]，甚至举出甲骨文中有关“腹”的记载作为最早的腹诊之说。如果除去某些“感情”方面的因素，这种说法的最大问题即在于没有分清“诊腹”与“腹诊”的区别。

将腹诊与四诊并列，从分类方法的角度观之，由于划分的标准不同，所以也是不合理的。腹诊具有通过某一局部的表现，对整体的病变做出诊断的性质，而这样的诊断方法通常被视为是一种独立的诊断方法。例如由法国针灸医师最先发现的耳穴诊断法，即可称之为“耳诊”。

为要彻底理解日本腹诊的性质，不妨再以“眼诊”为例加以说明。以望闻问切等手段对眼的疾病进行诊察，固然不能叫作“眼诊”；中国传统医学中有按照五行、八卦将眼部区分为“五轮”、“八廓”的独特理论，也不能称之为“眼诊”，因为这到底还是仅仅为了诊断眼的疾患。然而在澳大利亚的土著医学中，流传着一种“角膜诊断法”——即通过观察角膜的变化诊断全身其他部位的疾病。这无疑可以像“耳诊”一样，被看成是一种独立的诊断方法，称其为“眼诊”。特别是据说在西藏医学中存在着将肠子与整个身体相对应，据此诊断全身各部位之疾病的方法，如果将此称为“腹诊”，或许更为恰

40 详见王琦：《中国腹诊》，北京：学苑出版社，1994 年。值得注意的一点是：在 1978 年以前的医史论著中，几乎没有涉及到“腹诊”的问题（据中国中医研究院医史文献研究所编《医学史论文资料索引 1903—1978》，及手中所有医史专著而言）；有关“中医腹诊”的研究，基本上可以说是出现在 1979 年之后。这一方面说明在中国传统医学体系中，以及在为研究这一体系而构建的“研究框架”中，原本都没有“腹诊”的位置。同时也显示出在“开放政策”带来学术交流开始活跃的环境下，中国学者始对“腹诊”有所了解，并试图将其解释成中国“古已有之”的心态。

当。因为这种诊断方法完全符合统称“局部诊断法”的基本特征——在某一局部或器官找出整体之“象”(缩影)。日本的腹诊,由于不仅仅是为了解决腹部疾病的诊断问题,而且能够对全身状况做出诊断,所以具有与“局部诊断法”相似或相通的一面;但严格地讲,它又没有从局部给出整体缩影的内涵,故并不具备“局部诊断法的”性质。这正是因日本腹诊乃是沿着将太极·元气·阴阳等究极性的理论在日本民族格外关注的“腹部”加以实在化,这样一条独特的轨迹发展而成,而并非是像其他局部诊断法那样以实践经验为基础所决定的。因而日本腹诊,既与中国的“诊腹”不同,也与“局部诊断法”异质,具有自身独特的性格。

(原载《中国学术》第六辑)

论中国的有翼神兽

李零(北京大学)

一、引言

有翼神兽在中国古代文物中是一种使用材料很广、流行时间很长的艺术主题。这一主题包括若干不同种类(如带翼的狮、虎、鹿、羊等),其中尤以天禄、辟邪最引人注目。在一般人的印象里,它主要流行于东汉以后,并以南朝陵墓的神道石刻最引人注目(形体巨大,雕刻精美)[1],因此其讨论多围绕于南朝的神道石刻。如三十年代出版的《六朝陵墓调查报告》(中央古物委员会,1935 年)就是这方面的代表作。在这部报告中,学者曾对天禄、辟邪做专门探讨,为后来的研究提供了基础。关于天禄、辟邪的起源,他们有两种观点:一种比较大胆,见于滕固《六朝陵墓石迹述略》(第 71—90 页);一种比较谨慎,见于朱希祖《天禄辟邪考》(第 183—199 页)。滕固的看法是,这类主题于六朝时期虽已"十足的中国化",但出现当更早(不但可以追溯到汉代,而且可以提早到战国)[2],渊源是古代亚述地区的艺术,类似主题也见于塞种和大夏,以及希腊和印度的艺术,西人或称 winged chimera。[3]这是受西

1 这类主题也见于同一时期的其他文物,如六朝时期的青瓷水注和虎子。

2 其"早至战国说"是据徐中舒对杕氏壶的考证。参看徐氏:《古代狩猎图象考》,收入《徐中舒历史论文先辑》,北京:中华书局,1998 年,上册,第 225—293 页(原载《"国立中央研究院"历史语言研究所集刊》外编《蔡元培先生六十五岁纪念论文集》下册)。但徐氏此文只说该器"上镌鸟兽奔腾与人持戈矛剑盾追逐刺击之形",并没有说该器有表现翼兽的花纹。当时,滕氏还没有找到真正的证据。

3 西人所说 chimera 有宽狭二义,狭义是指希腊神话中特有的一种神兽,宽义则指任何想象的和用不同动物拼凑而成的神兽。滕固说,西人尝称六朝陵墓上的有翼神兽为 winged chimera,但他在意大利曾亲见其物,前身是狮子,背脊的中部昂起一头山羊,其

方学者影响。[4]而朱希祖的看法则颇有保留。他引中国古书中的“如虎添翼”说，引《山海经》中讲带翼神怪的话，以为这类形象在中国非常古老，它们究竟“是吾国固有之遗风，抑外国传来之新范”，很难肯定。尽管“外来说”在当时的学术界还是一种“海外奇谈”，长期以来并没有被国人接受[5]，但笔者认为，这却是一个值得认真对待的想法。特别是七十年代，在白狄国家中山王墓的出土物中，人们再次见到这种神兽，它们是与不少带草原风格的器物共出，这一想法被再度激活。有些学者认为，我们应放开眼界，对习惯的想法做重新思考。[6]

现在因为整个讨论还不够深入和系统，国内学者对境外的材料很不熟悉，国外学者对境内的材料也了解不够，无论哪一种想法，片言孤证，都难以定论，故本文汇集有关材料，试就这一想法进行探讨，希望对问题的研究能有所推进。

二、出土发现的有翼神兽

有翼神兽在出土发现中材料很多，笔者眼界有限，难以搜罗齐全，下面仅就目前所知，以时(春秋到东汉)为经，以地(出土地和国别)为纬，把其中年代较早也比较典型的例子列举如下(汉以后的材料暂不讨论)：

尾为一长蛇，乘势折回而咬住山羊之角。审其体制，似和六朝实物无干，西伦云云，乃亦暂定之称谓(第85—86页)。按：滕固所说雕刻是佛罗伦萨考古博物馆的藏品，此器与中国的天禄、辟邪确实相差甚远，但西人以此为名，多取宽义，即其表示混合动物的含义，所谓 winged chimera，只是泛指“有翼神兽”。

4　滕固所据是法国学者格罗塞的说法，见 René Grousset, *The Civilization of the East (the Near and Middle East)*, New York 1931, pp. 80—86, 126—133。

5　如姚迁、古兵：《南朝陵墓石刻》，北京：文物出版社，1981年，第1—5页；管玉春：《试论南京六朝陵墓石刻艺术》，《文物》1981年8期，第61—64页；杨泓：《丹阳南朝陵墓石刻》，收入杨泓、孙机：《寻常的精致》，沈阳：辽宁教育出版社，1996年，第150—157页。

6　如李学勤：《比较考古学随笔》，香港：中华书局，1991年，第117—125页；李零：《入山与出塞》，《文物》2000年2期，第87—95页。

(一)春秋时期

主要有两个例子,都是属于青铜饰件:

1. 河南新郑李家楼郑国大墓出土的立鹤方壶(图一)。[7]原出为一对,一藏故宫博物院,一藏河南省博物馆。它们除有两兽耳,器腹四隅的下方还各饰爬兽。后者与一般方壶上的爬兽相似,但不同点是背树双翼,翼尖朝后。其造型比较简率,缺乏细部描写,它们究竟是偶然的艺术变形,不是外来的艺术主题,尚须进一步证明,但对问题的讨论还是不容忽视。从墓葬年代考虑,其制作时间约在春秋中期(公元前六世纪前后)。

2. 日本泉屋博古馆藏青铜器饰(图二:1—3)。[8]相传是1930年河南新乡附近的古墓出土,包括装配在一圈状物上的曾形饰四件,及散置的鸟形饰和兽形饰各两件。前者类似东周流行的兽纽器盖,后者类似东周流行的铺首衔环,因此梅原末治推测它们是一件硕大圆壶(从复原图推测,高度约70—80厘米)的器饰,并画了复原图(图三)。其所谓器盖上的兽形饰是作侧首蹲伏状。它们既有狮虎类的兽首,张口露齿,兽口两侧有翼,又在头上立一小鸟,口衔兽首的肉冠(瘤状突起),双翼平举;既有狮虎类的兽身,又背树双翼,略呈S形,翼尖朝后,作垂鳞状叠羽(两排);[9]四足也作鸟爪:前足是钩爪,后足是尖爪,腿后有距(类似鸟爪后面的突出物)。其纹饰,兽身为云纹,兽口为S纹,口侧的翼为简化羽纹(作篦齿状),铜圈为绳索纹。而所谓器腹上的神物,二兽有狮虎类的头和鸟类的双翼,二鸟(头上有隆起的肉冠)有相同的云纹在身,相同的羽纹(作篦齿状)在翼,衔环则饰重环纹,显然是前一种饰件的另一种表现形式,即同样是翼兽和神鸟的组合。其纹饰与侯马陶范中的纹饰相似。从纹饰判断,年代似可定为春秋晚期。战国时期的狮首翼兽或即由此发展而来,鸟首(由鹰首变形)翼兽也与此或有关联,因此它是最有代表性的一件。

7 《中国青铜器全集》,北京:文物出版社,1998年,第7卷,第22页;图版22。按:此条是承法国科学研究中心的杜德兰(Alain Thote)先生提示。

8 《泉屋清赏新编》,京都株或会社便利堂,1962年,第11—13页:图版12—15。

9 中国古代翼兽的羽毛有两排和一排之分,这种特点一直延续到汉魏时代。

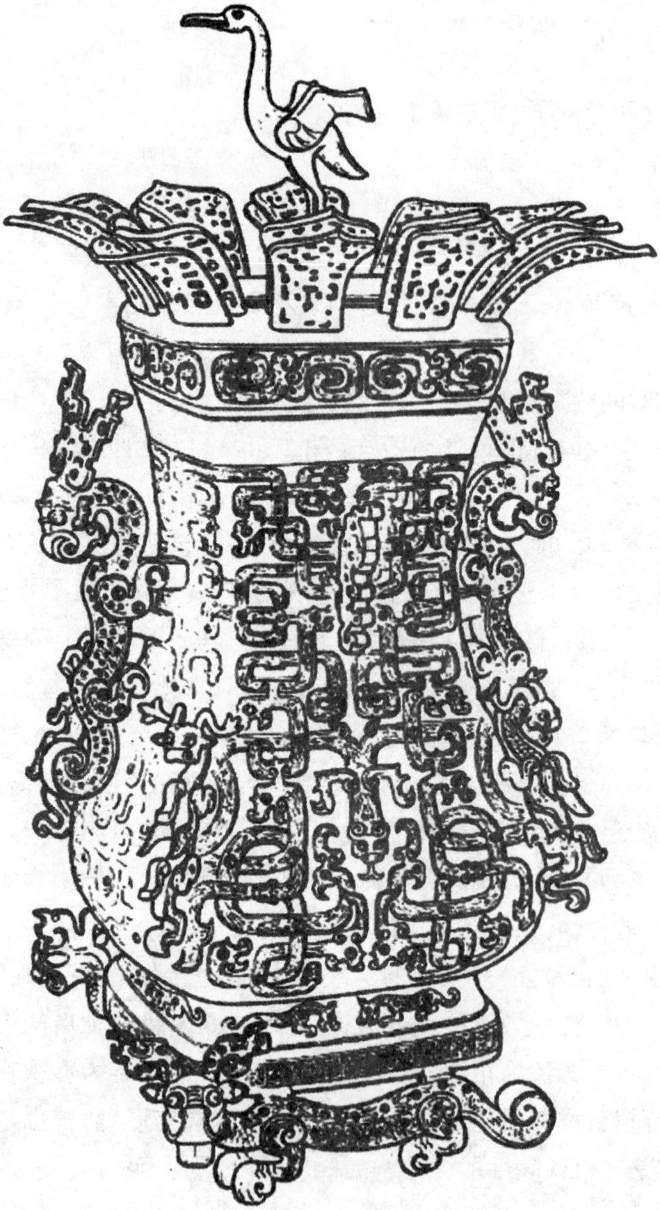

图一　有翼神兽装饰的立鹤方壶

（铜，新郑李家楼郑墓出土）

图二　泉屋博古馆藏青铜器饰：
1. 四兽铜圈；2. 兽形饰；3. 鸟形饰

图三　泉屋博古馆藏青铜器饰

（梅原末治的复原图）

图四　翼兽形提梁盉(铜):
上:甘肃泾川出土;下:上海博物馆藏

（二）战国时期

（甲）铜器。

1. 甘肃泾川出土的“翼兽形提梁盉”（图四：上）。[10]现藏甘肃省博物馆。其特点是以兽首为器流，兽身为器身，兽足为器足，并饰双翼于器腹。兽首，从发表照片看，不太清楚（未见原物）。双翼，是以突起的阳线（上面的细纹是阴线）表现翅脊，细密的阴线表示羽毛（从下故宫藏器看，阳线的前端是一钩喙的鸟头），翼尖朝后，四足作鸟爪，腿后有距。此器年代估计在战国早期，国别不详，但从下述器物看，应是三晋制造。

2. 故宫博物院、广东省博物馆和上海博物馆藏“翼兽形提梁盉”（图四：下）。[11]它们和上器的不同点是器流作鸟首，盖纽和提梁也不太一样，但明显属于同一类造型。故宫所藏（见于陈列），是1946年入藏，出土不详，其头部与上博所藏不尽相同，鸟嘴较尖，双目填金（疑是后做）。广博所藏，出土亦不详。上博所藏，原在伦敦戴迪野行（Deydier），据云是从山西太原金胜村盗出。[12]由这一线索判断，我们怀疑，上述各器都是三晋制造。

图五　台北故宫博物院藏“鸟首兽尊”（铜）

3. 台北故宫博物院藏“鸟首兽尊”（图五）。[13]这件器

10　《中国青铜器全集》，第7卷，第52页：图版50。

11　故宫博物院编：《故宫青铜器》，北京：紫禁城出版社，1999年，第288页：图版286；广东省博物馆：《广东省博物馆藏品选》，北京：文物出版社，1999年，第188页：图版17；李学勤、艾兰编：《欧洲所藏中国青铜器遗珠》，北京：文物出版社，1995年，图版135—A—B。

12　出土来源是承罗泰（Lothar von Falkenhausen）教授告。

13　台北故宫博物院联合管理处编：《故宫青铜器图录》，台北：中华丛书委员会，

图六　曾侯乙墓的有翼神兽(铜):
1. 承托磬虡的有翼神兽;2. 鹿角立鹤

物与2相似,也是属于鸟首类。其双翼在身侧,用阴线表示,作平面装饰,翼尖朝后,呈S形;足作鸟爪,爪侧有距。年代,估计为战国早期;国别,应属三晋系统。其鸟首的装饰与浑源李峪村出土的铜器相近,身上的S形纹则见于下述侯马铸铜遗址出土的“鸟形模”和“虎形模”(注意:此兽的双肩和双髋作涡纹装饰,与下文图四九巴泽雷克(Pazyryk)出土鞍鞯的图案有相似处,类似装饰也见于上2,下4等器,但多为浮雕)。

4. 湖北随县(今湖北随州市)曾侯乙墓出土编磬承托磬虡的有翼神兽(图六:1)。[14]两件,皆作兽首长颈(长颈是为了承托磬虡)。其身口各有双

1958年,图上壹壹陆上册上编,第79页;下册下编,第107页。按:李夏廷先生已指出这是一件格里芬式的铜器,见所著《关于图像纹铜器的几点认识》,《文物季刊》1992年4期,第45—54页;又,参看山西省考古研究所:《侯马陶范艺术》,新泽西:普林斯顿大学出版社,1996年,第一章“侯马陶范艺术概论”,第3—17页(李夏廷、梁子明撰)。

14　湖北省博物馆编:《曾侯乙墓》,北京:文物出版社,1989年,上册,第134—137页。图像见该书第136页:图六一;下册,彩版五和图版四一。

翼,可与泉屋博古馆所藏相比,有类似特点;四足作鸟爪,后足腿后有距。年代为战国早期。值得注意的是,河南淅川徐家岭楚墓出土过一件镶嵌绿松石的神兽器座(图七)[15],该器没有明显的翼,但从造型看,与曾侯乙墓所出颇为相似(特别是头、耳、口、舌)。[16]曾、楚二国,互为姻娅,器物、文字本来就相近,二者都是战国早期的国家,共同点多,自在情理之中。它使我们联想,从今山西到河南、湖北,可能存在一条从南到北的文化传播渠道。又,曾侯乙墓还出土过一件"鹿角立鹤"鼓座(图六:2)[17],也是鸟兽复合的器物。

5. 河北平山中山王墓出土的有翼神兽。分三种:(1)错银双翼神兽(图八:1)。[18]共四件,可能是镇物,其造型与泉屋博古馆的藏品相似,也有狮虎类张口露齿的兽首,背树双翼,翼尖朝后,羽毛作垂鳞状,足作鸟爪,前后足的掌外侧皆有距;(2)中山王方壶(图八:2)。[19]其四隅爬兽背树双翼,与上立鹤方壶相似,但头向相反;(3)错金银四龙四凤铜方案(图八:3)。[20]所谓"四龙"也是背树双翼(头生双角,长颈有鳞,四足为鸟爪,腿后有距)。中山是与三晋(特别是魏国和赵国)有关的白狄国家(类似十六国时期汉化的外族国家),出土物既有三晋特点,又有草原风格。如该墓出土的虎食鹿器座就有斯基泰风格,而该国遗址出土的虎形金饰也是草原地区所习见。

---

15 《中国青铜器全集》第10卷,第84页:图版84。按:这类器座(包括下文所说中山王墓出土的器座)在汉代有进一步发展,天禄、辟邪正是器座常用的造型。

16 汉代墓前使用的成对石狮,无翼者和有翼者一样是作"天禄"、"辟邪"(详下)。这件器物与曾侯乙墓所出是类似情况。

17 《曾侯乙墓》上册,第250页。图像见该书上册,第251页:图一四七;下册,图版八三。按:1991年江苏徐州后楼山西汉墓出土过一件玉枕,其四角神兽与此相似,但没有明显的翼,参看徐州博物馆:《徐州后楼山西汉墓发掘报告》,《文物》1993年4期,第29—45页。图像见该文第43—44页:图三三、三四。

18 河北省文物研究所:《礜墓——战国中山国国王之墓》,北京:文物出版社,1995年,上册,第139—141页。图像见该书第143页:图五一;下册,彩版一六,图版九四、九五。

19 同上,上册,第118—119页。图像见该书第119—120页:图三九(A)(B);下册,彩版七,图版七九、八〇。

20 同上,上册,第137—138页,图像见该书第139页:图四九:(A)(B)(C);下册,彩版一四,图版九一、九二。

图七　楚神兽器座

（铜，河南淅川徐家岭楚墓出土）

1

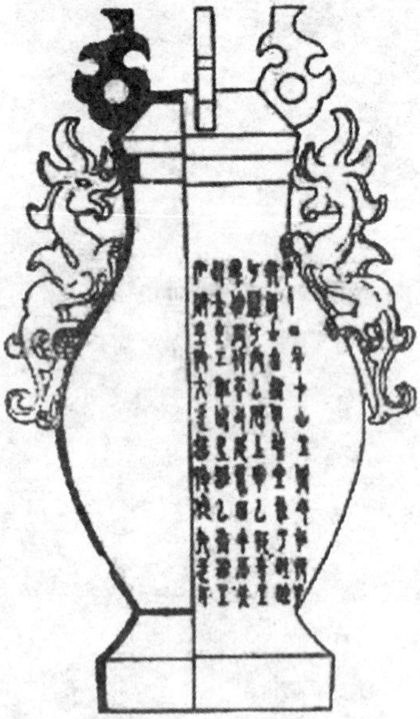

2

3

图八　中山王墓的有翼神兽(铜)：

1.错银双翼神兽；2.中山王方壶上的爬兽；

3.错金银四龙四凤铜方案

(乙)铜器陶范。

春秋战国时期,三晋境内多戎狄,北部(代地)与草原地区邻近,所出器物或杂草原风格,侯马铸铜遗址出土的陶范是其集中体现。如:

(I)1959—1964年的发掘品。[21]典型标本是:

Ⅱ号遗址出土的钟钮范(图九:1)。[22]编号:ⅡT13⑤:6,钟钮是由一对龙首翼兽组成。翼的表现极富写实感,三晋花纹多有之。

(Ⅱ)1992年的发掘品。[23]典型标本是:

1."鸟形模"(图九:2)。[24]编号:T9H79:17,头部残缺,报告称"鸟形模",大概是从其足作鸟爪来判断,其颈部花纹同下"虎形模",翼的装饰也与下"虎形模"有翼者相似,未必就是鸟形模。

2."兽擒蛇模"(图九:3)。[25]编号:T9H79:18,头部亦残缺,但有翼,从身上的花纹看,似是豹类。

3,"虎形模"(图九:4)。[26]编号:T9H79:19,两件,皆为半模:一件有翼,作垂鳞状叠羽;一件无羽。足为鸟爪,腿后有距。其虎纹作阴线S纹,是三晋铜器的特点。

(丙)铜器纹饰。

1.山西浑源李峪村出土铜壶上的麒麟纹(图一〇:左)。[27]此器是故宫博物院收藏。麒麟在汉代图像中极为常见(图一〇:右),形象多作带翼鹿,头戴一角,角端有肉(前端起节,如肉瘤状)。孙机先生指出,李峪村出土铜壶上的花纹与之相似,应是较早的实例。此器也是出自三晋系统。

---

21 山西省考古研究所:《侯马铸铜遗址》,北京:文物出版社,1993年,上册,第134页。图像见该书上册,第135页:图六七:1;下册,图版七二:3。

22 同上,上册,第134页。图像见该书第135页:图六七:1;下册,图版七二:3。

23 山西省考古研究所:《1992年侯马铸铜遗址发掘简报》,《文物》1995年2期,第29—53页。

24 同上。图像见该书第40页:图二一:1,第47页:图四二。

25 同上。图像见该书第37页:图一六:4,第46页:图三六。

26 同上。图像见该书第42页:图二六,第49页:图四八。

27 参看孙机:《几种汉代的图案纹饰》,《文物》1982年3期,第63—69页。图像见该文第65页:图二:1。

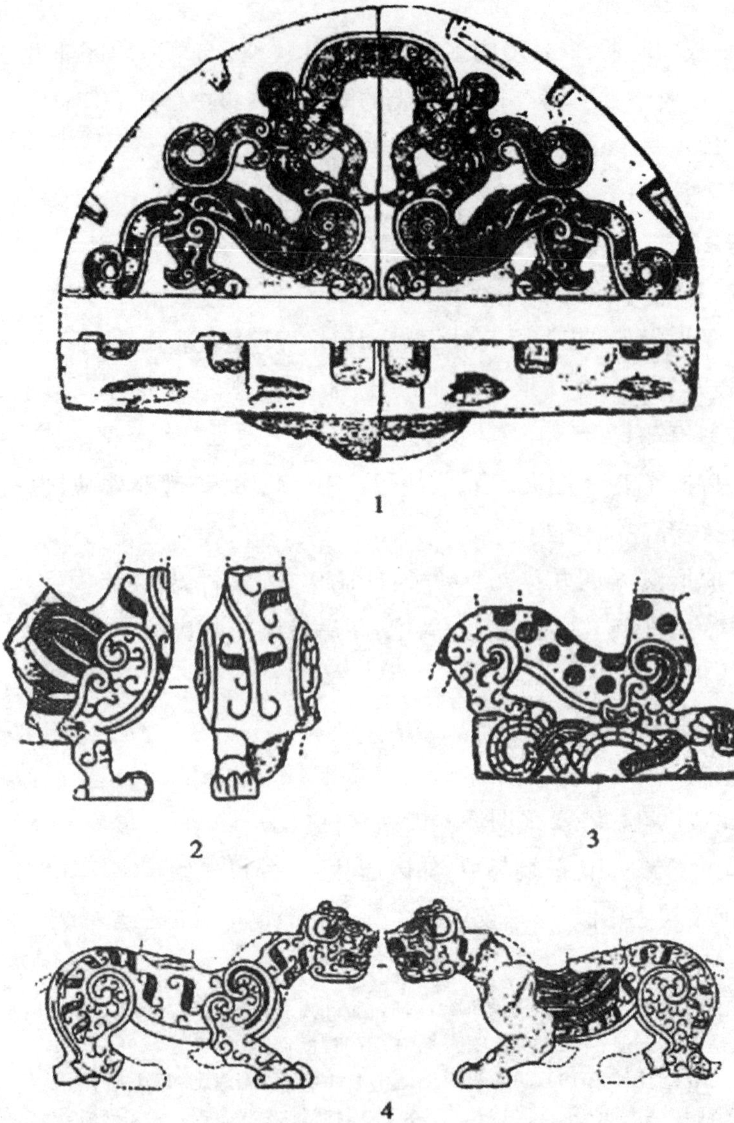

图九　侯马铸铜遗址陶范上的有翼神兽：

1. 钟钮范上的对兽；2. 鸟形模；

3. 兽擒蛇模；4. 虎形模

图一〇　麒麟纹：

左：浑源李峪村铜壶上的麒麟纹

（孙机《几种汉代的图案纹饰》插图）；

右：汉代的麒麟纹（同上）

图一一　三晋的鸟首翼兽纹：

上：侯马铸铜遗址出土陶范上的花纹；

下：河南辉县琉璃阁 M57 出土铜鉴上的花纹

1

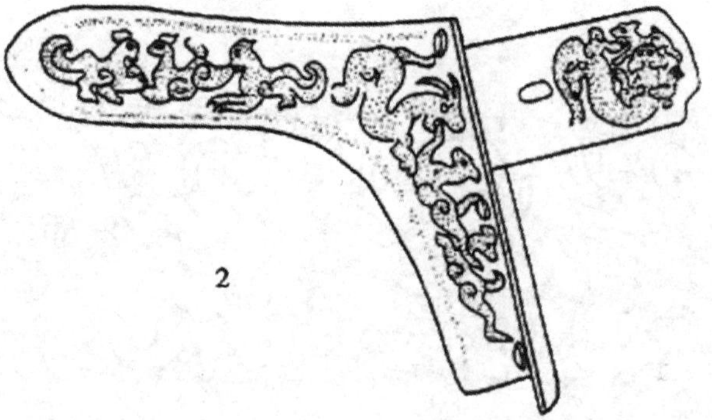

2

图一二　巴蜀兵器上的有翼神兽：

1. 巴蜀铜矛上的带翼虎；

2. 广元市文物管理所藏铜戈上的花纹

2. 山西侯马铸铜遗址出土陶范上的兽面纹(图一一:上)。[28]是由变形的鸟首翼兽组成。这类花纹在三晋铜器中极为常见,往往正视可见其耳,侧视可见其冠,而且有如同鹰翼的鸟羽和类似泉屋博古馆藏器的简化羽纹。

3. 河南辉县琉璃阁战国魏墓 M57 出土铜鉴上的动物纹(图一一:下)。[29]分上下两层,上层是鸟首翼兽和蛇,下层是马、鹿。其鸟首翼兽,皆长颈带冠,翼或上举,或下垂。[30]

4. 巴蜀兵器上的纹饰(图一二:1)。[31]巴蜀流行虎纹,虎纹多作带翼虎,用以装饰兵器。[32]这种纹饰虽有当地特点,但与其南的滇文化和其北的草原地区可能有渊源关系。如:(1)四川广元市文物管理所藏铜戈(六十年代在昭化宝轮院收集),器形属巴蜀式,但纹饰是鄂尔多斯式,上面不但有虎噬羊(或鹿)的场面,还有一兽很像是狮虎类的有翼神兽(图一二:2);[33](2)四川南部的石棺墓和云南滇文化的墓葬经常出土所谓"三叉格式铜剑",这种铜剑也流行于内蒙古、宁夏一带;(3)翼虎也见于云南晋宁石寨山7号墓出土的银带扣(详下)。这三点都暗示出,从内蒙古西部到云贵高原一直有一条贯穿南北的传播渠道。

(三)秦代

陕西西安北郊秦墓出土的翼兽器座(图一三)。[34]现藏西安市文物管理委员会。其特点是,兽首与猫科动物不类,而更像是骆驼或马,有尖耳和长

28 《侯马铸铜遗址》,上册,第140—141页间的插页:图七二。

29 郭宝钧:《山彪镇与琉璃阁》,北京:科学出版社,1959年,图版壹零零。

30 关于2、3两类纹饰,参看李夏廷:《关于图像纹铜器的几点认识》。

31 《四川考古报告集》,北京:文物出版社,1998年,第138页:图二五:4,第141页:图二八:3,第245页:图五〇:2—4,第247页:图五一:7、8。

32 其剑、矛上的纹饰比较明显。戈上的纹饰分两种:横置式,身首被阑隔断,看不清是否有翼;竖置式,在阑左,可以看出是背上有翼。

33 广元市文物管理所:《四川广元收藏的一件兽纹铜戈》,《文物》1992年7期,第86页。图像见第86页:图一、二。

34 傅天仇主编:《中国美术全集》,雕塑编2,北京:文物出版社,1985年,第34页:图三二。

图一三　秦代的翼兽器座
（铜，陕西西安北郊秦墓出土）

尾，背树双翼是分铸而配装。

（四）西汉

（甲）铜器。

1. 江苏徐州西汉宛朐侯刘埶墓出土的“兽形饰”（图一四）。[35] 其造型与上述秦代的翼兽相似，也是作驼、马类形象，但头上有向后弯曲的双角（作羊角式），并且双翼朝后。同出有类似动物形象的金带扣一组。其年代不晚于

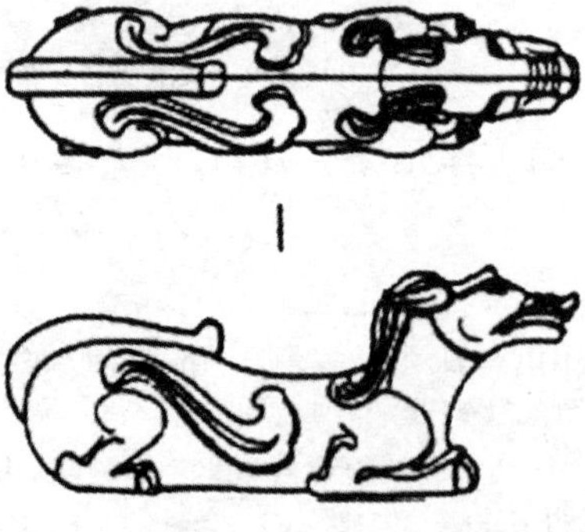

图一四　西汉早期的“兽形饰”
（铜，江苏徐州汉宛朐侯刘埶墓出土）

35　徐州博物馆：《徐州西汉宛朐侯刘埶墓》，《文物》1997 年 2 期，第 4—21 页。图像见 14 页：图二六：11，13 页：图二五。

公元前155年,属西汉早期。战国翼兽有不少是背树双翼,这种特点在汉器中比较少见。汉代翼兽的特点是,它们的翼多作长条形或叶片形,翼尖朝后,贴于身侧,羽毛则有两排和一排之分。

2. 江苏苏州虎丘农机厂出土的"辟邪形铜座"。[36]原物未见,器形不详,器底有铭文"尚方作河平元年五月甲子造"。此器是公元前28年的作品,属西汉晚期。翼兽形器座在两汉时期非常流行。

3. 日本泉屋博古馆藏鎏金镶嵌翼兽镇。[37]两件:(1)"蝦蟆式"翼兽(图一五:上)。狮首,独角,状如蝦蟆,器底有男根,浑身镶嵌红宝石、绿松石、蓝宝石和水晶,即采用所谓"青碧玫瑰式"装饰;[38](2)雌雄双兽(图一五:下)。作上下二兽,上兽为独角,下兽无角,身上亦镶嵌绿松石。这两件器物,日本学者均断为西汉之物,但它们也有可能是东汉的器物。

(乙)陶器。

1. 陕西西安龙首原西北医疗设备厂福利区92号西汉墓出土(图一六:上)和美国芝加哥艺术研究所博物馆收藏的翼兽器座(图一六:下)。[39]两件基本相同,皆彩绘,大嘴尖耳,双翼朝后,足三分,颈后有方形插孔。其头部造型也与驼、马有类似之处,并且双翼在侧。此器是西汉早期的器物。

2. 陕西西安十里铺西汉墓出土的翼兽器座(图一七)。[40]亦彩绘,颈后也有方形插孔,但不同点是作昂首挺胸的带翼狮。昂首挺胸也是后来天禄、

---

36 消息见管玉春:《试论南京六朝陵墓石刻艺术》,《文物》1981年8期,第61—64页。

37 泉屋博古馆:《仏教美术·金工品》,未印出版社和出版年月,第9、37、38页。又樋口隆康:《泉屋博古》,京都:株式会社便利堂,1994年,第44页:图67。

38 孙机:《先秦、汉、晋腰带用金银带扣》,《文物》1994年1期,第50—64页。

39 前者,见西安市文物保护考古所编:《西安龙首原汉墓》甲编,西安:西北大学出版社,1999年,第120—122页。图像见该书上册,第143页:图九四:7;下册,图版二和图版三八。后者,承美国芝加哥艺术研究所博物馆的潘思婷(Elinor Pearlstein)女士提供照片。该器是由Stanley Herzman女士捐献,Robert Hashimoto先生摄影,尺寸:22.2厘米×43.8厘米,编号:1997.337。

40 王九刚、孙敬毅:《西安北郊出土陶辟邪等汉代文物》,《考古与文物》1992年5期,第39—40页。图像见该文39页:图一:3。

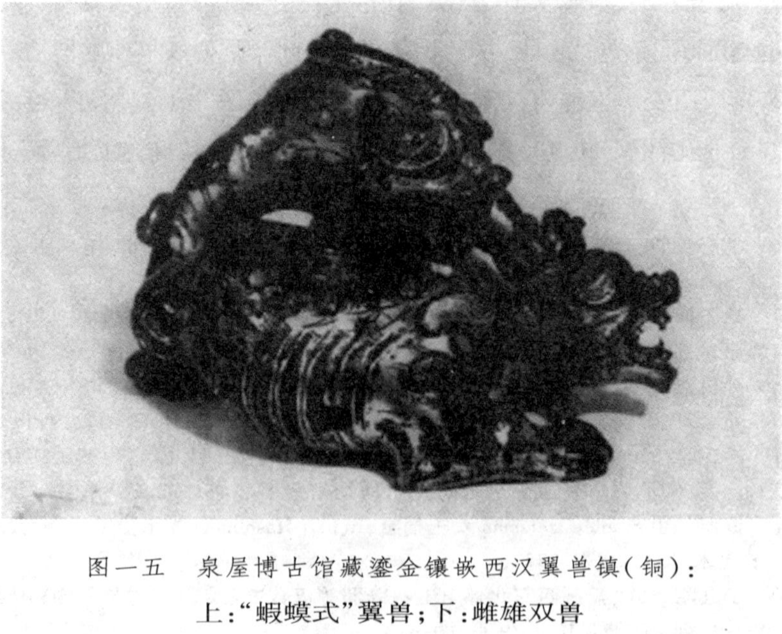

图一五　泉屋博古馆藏鎏金镶嵌西汉翼兽镇（铜）：
上："蝦蟆式"翼兽；下：雌雄双兽

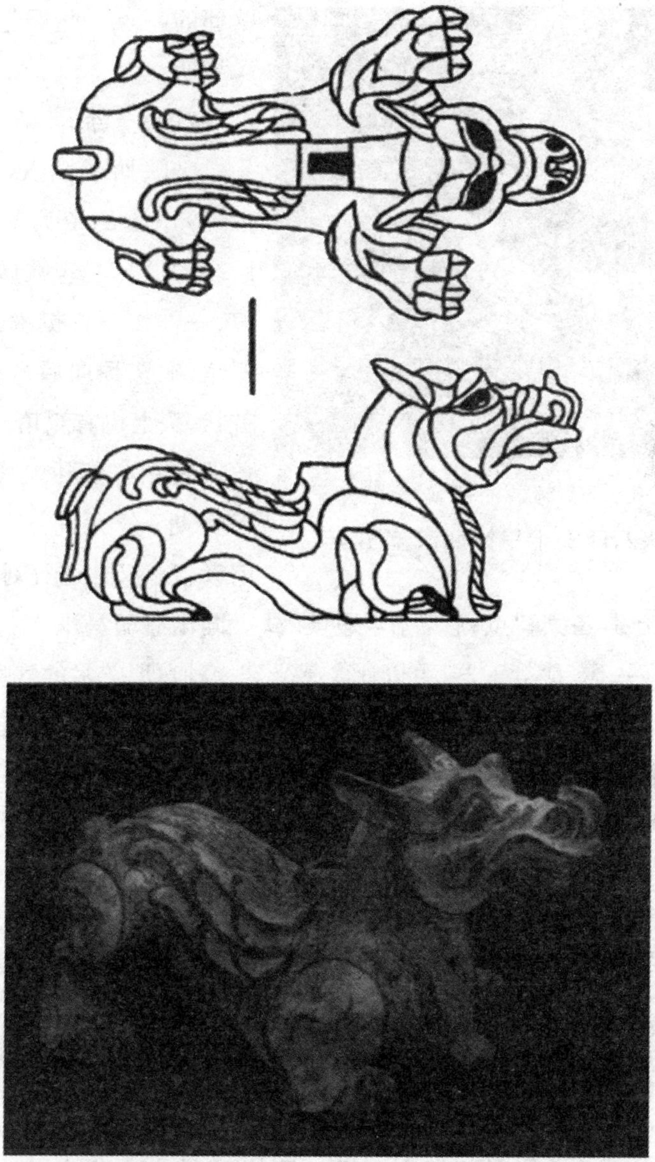

图一六　西汉早期的翼兽器座(陶):
上:陕西西安龙首原92号西汉墓出土;
下:美国芝加哥艺术研究所博物馆藏

图一七　西汉早期的翼兽器座
（陶，陕西西安十里铺西汉墓出土）

辟邪的特点。此器年代也在西汉早期。

（丙）玉器。

1. 陕西咸阳汉渭陵（汉元帝陵）出土的带翼狮（图一八：1、2）。[41]两件，现藏咸阳市博物馆，一件作昂首挺胸式，头上有双角，贴头顶向后弯；一件作俯首状，头上也有双角，双角并合，角端向左右分开。其年代在西汉晚期（公元前33年之前）。前者与东汉神道石刻中的天禄、辟邪相似，已具备其特点；后者作“蝦蟆”式。同出有骑马羽人（注意：马是有翼的天马）、鹰、熊等玉器，可以让人感受到一种草原艺术的气息。[42]

2. 故宫博物院藏带翼狮（图一九）。[43]清宫旧藏，与渭陵所出作“蝦蟆式”者大同小异，当是时间相近的作品。[44]

3. 美国华盛顿赛克勒美术馆藏带翼狮（图二〇）。[45]狮首似龙，亦昂首

41　张子波：《咸阳市新庄出土的四件汉代玉器》，《考古》1979年2期，第60页；李宏涛、王丕忠：《汉元帝渭陵调查记》，《考古与文物》1980年创刊号，第38—41页；李绥成、王晓谋：《咸阳出土珍品一览：西汉玉雕群》，《鉴赏家》，no. 5，第26—32页。图像见李绥成、王晓谋文，第29页。

42　故宫博物院有两件汉代的玉天马（皆清宫旧藏），也有双翼，见周南泉主编《故宫博物院藏文物珍品全集》40《玉器》（上），生活·读书·新知三联书店（北京）和商务印书馆（香港）有限公司1996年版，第235页：图版196，第236页：图版197。羽人是中国式的艺术主题（大洋洲商代墓葬已有玉羽人发现），但战国以来的神仙思想常与西王母的传说有关，羽人骑天马或羽人骑天禄辟邪，也不能排除是受外来影响。

43　《故宫博物院藏文物珍品全集》40《玉器》（上），第240页：图版201。

44　清宫旧藏还有几件玉辟邪，不知是西汉晚期还是东汉时期的器物，见《故宫博物院藏文物珍品全集》40《玉器》（上），第242页：图版202，第243页：图版203（有乾隆御款），第266页：图版222。

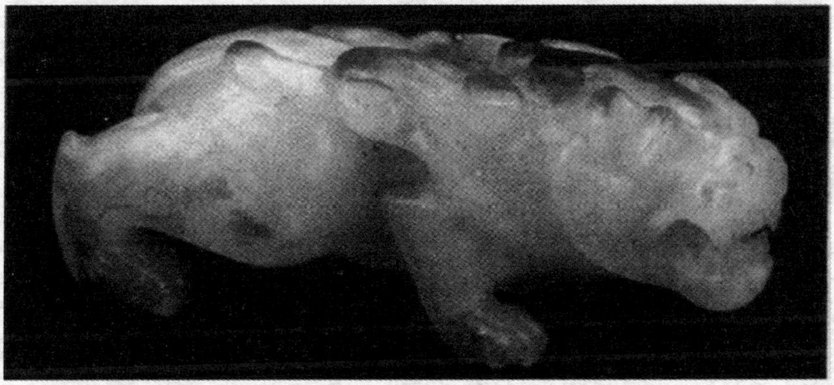

图一八　西汉晚期的带翼狮
（玉，陕西咸阳汉渭陵出土）：
上：昂首式；下：俯首式

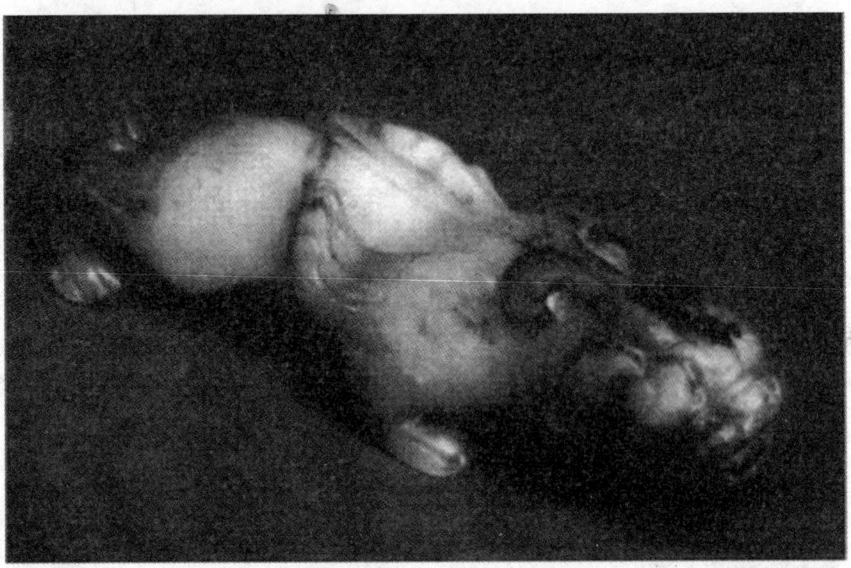

图一九　西汉晚期的带翼狮

（玉，故宫博物院藏）

图二〇　西汉的带翼狮

（玉，华盛顿赛克勒美术馆藏）

挺胸，头上有双角，背上有羽人为御，与上骑马羽人意匠同，可能也是时间相近的作品。

4. 汉长安城武库遗址出土浮雕饰件上的带翼山羊（图二一：上）。[46]作独角山羊。汉代艺术形象中的麒麟，多数是作带翼鹿，一角，角端有肉，这是中国风格的麒麟，但也有作这种形象，即与西亚风格更为接近。例如东汉以来的"五灵纹"，其中的"麒麟"，很多就是山羊式。[47]此器与广西西林普驮铜鼓墓出土铜牌饰（图二一：下）上的动物酷为相似，不同点只是后者没有翼。[48]前者是西汉遗址所出，后者是西汉墓葬所出，时代相近，但它们一出北方，一出南方，可以反映南北文化传播的广泛。

（丁）金银器。

云南晋宁石寨山7号墓出土的银带扣（图二二：上）。[49]主题是翼虎。其形式与朝鲜乐浪遗址出土的虎纹带扣相似（图二二：下），但后者没有明显的翼。我国早期带扣有些是草原地区的制品，也有些是模仿这类风格的汉地制品。二者的关系值得探讨。[50]在出土发现中，类似出土物很多，主题往往是龙，但石寨山所出和平壤所出却是虎纹。这样的虎纹，按当时理解，似可

45　这里的照片是承华盛顿弗利尔—赛克勒美术馆的苏芳淑博士提供。该器编号是S. 1987. 26 vw2。

46　中国社会科学院考古研究所汉城工作队：《汉长安城武库遗址发掘的初步收获》，《考古》1978年4期，第261—269页。图像见该文第265页：图六。

47　孙机：《几种汉代的图案纹饰》，《文物》1982年3期，第63—69页。

48　广西壮族自治区文物工作队：《广西西林县普驮铜鼓墓葬》，《文物》1978年9期，第43—51页。图像见该文第45页：图三。

49　云南省博物馆：《云南晋宁石寨山古墓发掘报告》，北京：文物出版社，1959年，图版107。

50　这件带扣的来源，学者有不同看法：（1）发掘者认为是从希腊传入，纹饰与"亚述式"翼兽相似，见《云南晋宁石寨山古墓发掘报告》；（2）张增祺先生认为是斯基泰在云南的移民所造，见所著《战国至西汉时期滇池区域发现的西亚文物》，《考古》1989年9期，第808—820页；（3）王仁湘先生认为是本土制造，见所著《带扣略论》，《考古》1986年1期，第65—75页；（4）孙机先生也认为是本土制造，见所著《先秦、汉、晋腰带用金银带扣》，《文物》1994年1期，第50—64页；（5）童恩正先生认为是印度传入，见所著《古代中国南方与印度交通的考古研究》，《考古》1999年4期，第79—87页。按：诸说似以本土说较为合理。

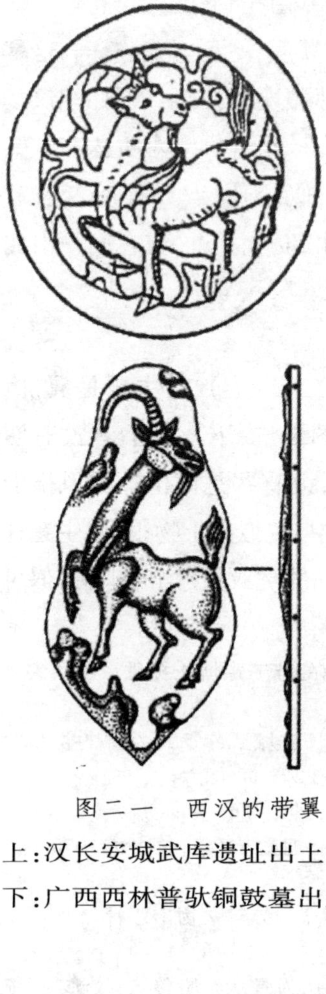

图二一　西汉的带翼山羊：

上：汉长安城武库遗址出土的玉器；

下：广西西林普驮铜鼓墓出土的铜牌饰

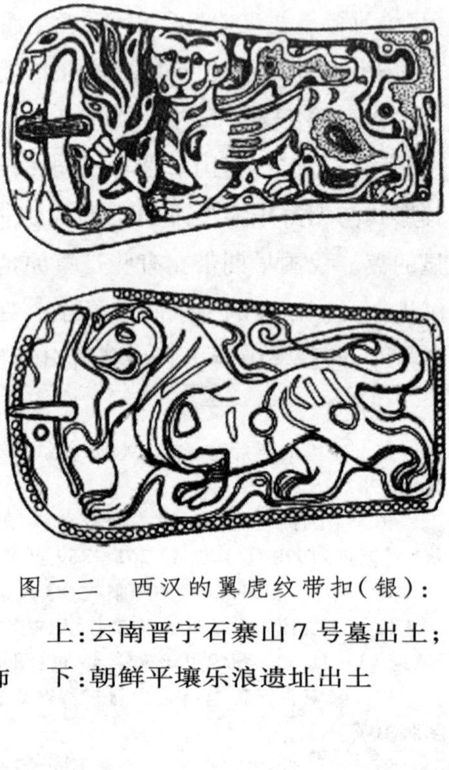

图二二　西汉的翼虎纹带扣（银）：

上：云南晋宁石寨山7号墓出土；

下：朝鲜平壤乐浪遗址出土

归入四灵系统的中国纹饰，但加翼却是受外来影响。现已出土的金银带扣，此种类型多见于汉地和与汉地邻近的地区（东见于朝鲜、日本，西见于新疆，南见于云南和广东），当然不能认为都是外来物，但它们的审美趣味还是受到外来影响。

（五）东汉

东汉时期，上述翼兽中的带翼狮开始定型，形成固定形象的天禄、辟邪（下文按惯例，称成对者为“天禄”、“辟邪”，单出者为“辟邪”）。因为发现太多，这里只能择要做简短介绍。

（甲）铜器。

1. 美国赛克勒美术馆藏辟邪式器物。[51]共三件：（1）弗利尔—赛克勒美术馆的藏品（F1961.3），背部开口，长 36.6 厘米、宽 13.7 厘米、高 19.3 厘米，双角存；（2）赛克勒基金会借存（MLS1779，图二三），器形与上器相似，但尺寸略小：长 24.2 厘米、宽 11.6 厘米、高 13.3 厘米，双角失；[52]（3）赛克勒基金会借存（MLS1778），器形与上面两器相似，但头部不同，背部有方、圆插孔（筒状）各一，规格介于上述二器：长 25.6 厘米、宽 15.3 厘米、

图二三　东汉的辟邪器物
（铜，赛克勒美术馆藏）

51　承苏芳淑博士寄赠照片（8 月 13 日）。

52　Jenny F. So, *Eastern Zhou Ritual Brouzes from the Arthur M. Sackler Collections*, Arthur M. Sackler Foundation 1995, p. 57, fig. 95.

图二四　东汉的辟邪砚盒

（铜，鎏金镶嵌，江苏徐州汉彭城王刘恭墓出土）

图二五　东汉鎏金辟邪镇

（泉屋博古馆藏）

高16.5厘米,双角存。此类辟邪往往是足掌上翻。[53]

2. 江苏徐州汉彭城王刘恭墓出土鎏金镶嵌辟邪式砚盒(图二四)。[54]这是典型的"蝦蟆式"翼兽,头上有双角。此器装饰豪华,器表鎏金,镶嵌红珊瑚、绿松石和青金石,亦属"青碧玫瑰式"装饰。其年代约在东汉明帝时(公元58—75年)。

3. 日本泉屋博古馆藏鎏金辟邪镇(图二五)。[55]造型与东汉常见的辟邪相似,身上有类似豹纹的花纹。

4. 铜镜(图二六)。[56]孙机先生提到,浙江出土的一面汉镜上有独角翼龙式花纹,旁注铭文"辟邪"。

图二六　东汉铜镜上的辟邪纹
(孙机《汉镇艺术》插图)

(乙)陶器。

1. 陕西咸阳市出土的翼兽器座(图二七)。[57]陕西省博物馆藏。兽首似驼、马类动物,与上西安北郊所出秦器座、龙首原所出西汉器座似为一系,而与东汉常见的辟邪器座不同。东汉的辟邪器座,多与下器相似。[58]

2. 美国洛杉矶县立艺术博物馆藏东汉彩绘辟邪(图二八)。[59]头上有双

53　又参看:*Gisèle Croës*, n. 30(13—21 March 1993), p. 18,42 所收的两件辟邪器座,及刘海超《阜阳博物馆藏品简介》(《文物天地》2000年1期,32—36页)介绍的一件器座。后者被作者定为西汉铜器。

54　夏鼐:《无产阶级文化大革命中的考古新发现》,《考古》1972年1期,第29—42页。图像见该文第33页:图六。

55　《仏教美术·金工品》,第19页。

56　见孙机:《汉镇艺术》,北京:《文物》1983年6期,第69—72页,图像见该文第71页:图二:1。又孙机:《汉代物质文化资料图说》,北京:文物出版社,1991年,第420页。

57　《中国美术全集》,雕塑编2,第132页:图版129。

58　上文所记战国秦汉时代的翼兽形器座,它们原来是干什么用,很多情况还并不清楚。但东汉时期的这类器座,特别是四川地区出土的陶器座,有些是所谓"摇钱树"的器座(除辟邪式,也有作带翼马或带翼羊式)。参看:Susan N. Erickson, "Money Trees of the Eastern Han Dynasty," *Bulletin of the Museum of Far Eastern Antiquities*, no. 66(1994), pp. 5—115。按:四川出土的带翼羊是绵羊。

59　此器照片是承洛杉矶县立艺术博物馆提供,编号:AC1997.1.1,名称:东汉辟邪25—220,制作:中国,尺寸:42.6厘米×39厘米×26厘米,捐献:Elly Nordskog and family in memory of BOb Nordskog,版权:Photograph © 2000 Museum Associates/LACMA。

图二七　东汉的翼兽器座

（陶，陕西咸阳出土）

图二八　东汉彩绘辟邪
（洛杉矶县立艺术博物馆藏）

图二九　东汉的辟邪器座

（玉，陕西宝鸡市北郊东汉墓出土）

角，前后足的上方皆有四条前端弯曲如钩状的羽翼。这件辟邪是东汉辟邪的典型式样，当时的陶器座很多都是采取这种形式。[60]

（丙）玉器。

陕西宝鸡市北郊东汉墓出土的辟邪式器座（图二九）。[61]头顶有一方形插孔，背部有一圆形插孔。[62]

（丁）金银器。

河北定县汉中山穆王刘畅墓出土的天禄、辟邪（图三〇）。[63]是用金丝掐制，一件作双角，一件作独角，皆有翼。同出还有掐丝金龙、掐丝金羊和各种金饰片多种。墓葬年代约在公元174年。

（戊）神道石刻。

头上或无角，或一角，或两角。东汉时期的标本，现在有十几对（但有些只剩一件），除四川地区的发现，似以河南，特别是帝都洛阳和豪族云集的南阳最集中。本世纪以来流散于各国博物馆的藏品，很多也是出自河南。

60　这类陶器在各地博物馆中多有收藏，如1997年参观济宁市博物馆就见到过一对。

61　《中国文物精华》编辑委员会编：《中国文物精华》1992，北京：文物出版社，1992年，图版78。

62　又台湾故宫博物院有一件玉辟邪，造型与下奈尔逊—阿特金斯艺术博物馆藏天禄、辟邪石刻相似，见《中华五千年文物集刊·玉器篇（汉代）》，台北：中华五千年文物集刊委员会，1991年，第46页：图79。原器有乾隆御款，苏芳淑博士认为是明清时代的仿古艺术品。

63　见定县博物馆：《河北定县43号墓发掘简报》，《文物》1973年11期，第8—20页。图像见该文图版叁：2。

图三〇　东汉的天禄、辟邪

（金，掐丝，河北定县汉中山穆王刘畅墓出土）

图三一　东汉神道石刻的天禄、辟邪

（原在河南南阳汉宗资墓前）

南阳所出，一角者铭刻“天禄”，两角者铭刻“辟邪”（皆刻于翼上）；四川所出，则没有铭文。以天禄、辟邪守护阙门和神道是东汉以来的风气，常例是以一角者居左，两角者居右（六朝则是以一角者居右，两角者居左）[64]，形体不算太大（一般在1—1.6米左右）。它们是魏晋南北朝这类石刻的前身（形体不如后来巨大，但基本特征相同）。魏晋时期，这类石刻未见；南北朝时期才重新流行（但南北朝以后衰落）。北朝所刻不精，制作精美者多是南朝的作品（集中于南京、丹徒一带）。它们的共同源头还是河南，雕刻工艺也是沿袭汉代，彼此非常相似。其实物有：

（Ⅰ）河南的标本。

1. 南阳宗资墓前的天禄、辟邪。据宋以来的金石著录[65]，河南出土的天禄、辟邪石刻是以南阳、宝丰二地最集中。南阳所出主要有汉宗资墓前的一对、汉宋均墓前的一对，以及麒麟岗汉墓前的一对。宝丰所出则有州辅墓前的一对。[66]这些石刻，现在只有宗资墓前的一对（或说只有一件属宗资墓，另一件不是）还在，现藏南阳汉画馆（图三一）。[67]

2. 河南洛阳涧西孙旗屯出土的天禄、辟邪（图三二）[68]一藏洛阳关林石刻艺术馆，一藏中国历史博物馆，其造型与上相似，下有方座，颈部有铭，曰“缑氏蒿聚成奴作”。

（Ⅱ）四川的标本。

1. 雅安汉高颐墓的天禄、辟邪（图三三）。[69]一对，造型粗犷，不如河南所出者精细。

---

64 朱希祖：《天禄辟邪考》，第198页引其子朱偰《六朝陵墓总说》。

65 见欧阳修《集古录跋尾》卷三、沈括《梦溪笔谈》卷二一、赵明诚《金石录》卷一五等书。

66 朱希祖：《天禄辟邪考》，第185—187、192—194页。州辅墓前的一对，朱氏认为是四对（第193页）。

67 《中国美术全集》，雕塑编2，第88—89页：图版八七。又上引Barry Till文，p. 271，fig. 9。

68 《中国美术全集》，雕塑编2，第96页：图版93。

69 徐文彬等编：《四川汉代石阙》，北京：文物出版社，1992年，第113页：图版一一七。

图三二　东汉神道石刻的天禄、辟邪

（河南洛阳涧西出土）

图三三　东汉神道石刻的天禄、辟邪

（四川雅安汉高颐墓前）

2. 芦山樊敏墓的天禄、辟邪。[70]一对。造型也比较粗犷。

(Ⅲ)散藏于西方博物馆中的藏品。[71]

1. 美国费城:宾州大学博物馆的藏品。一对,传出河南内丘县。

2. 法国巴黎:吉美博物馆的藏品。一对,传出河南内丘县。

3. 美国布法罗:阿尔布莱特—诺克斯美术馆的藏品。一件。

4. 瑞士苏黎世:莱特堡博物馆的藏品。一件。

5. 美国堪萨斯:奈尔逊—阿特金斯艺术博物馆的藏品(图三四)。一对。此器下有方座,与涧西所出同。

6. 美国旧金山:亚洲艺术博物馆的藏品。一件。

7. 瑞典斯德哥尔摩:远东古物博物馆的藏品。一件。

此外,应当指出的是,东汉时期的天禄、辟邪,有些无翼,学者或称"狮子",如:(1)四川芦山杨君墓前的一对[72];(2)山东嘉祥武氏祠前的一对[73],(3)1959 年陕西咸阳西郊出土的一对(图三五)[74],它们在墓地的位置和功能(看守阙门),它们的造型和姿态均与有翼者无别,其实仍应视为天禄、辟邪。

(己)画像石。

在东汉时期的画像石中,有翼神兽是常见主题。其中既有格里芬式的鸟首神兽和天禄、辟邪,也有翼虎、翼豹、翼马、翼鹿和人首(九头、三头和两头)兽身的带翼神物,例子极多,不胜枚举。这里可举两个例子:

---

70 徐文彬等编:《四川汉代石阙》,北京:文物出版社,1992 年,第 117 页:图版一三二、一三三。

71 Barry Till,"Some observations on stone winged chimeras at ancient Chinese tomb sites," *Artibus Asiae*, vol. 42, pp. 261—281. 按:作者把上述器物分为两大类,第一类是下述 1—4,第二类是下述 5—7。另外,该文还收有一件下落不明的私人藏品,照片见 p. 277, fig. 21。该器是盖特格雷氏(Mr. Gategory)于解放前获自洛阳,然后迁到北京,器形与旧金山亚洲艺术博物馆的藏品相似,作者怀疑是一对。

72 《中国美术全集》,雕塑编 2,第 92—93 页:图版九〇。

73 同上,第 94—95 页:图版九一。

74 同上,第 94—95 页:图版九二。

图三四　东汉神道石刻的天禄、辟邪
（奈尔逊—阿特金斯艺术博物馆藏）

图三五　东汉神道石刻的天禄、辟邪
（陕西咸阳西郊出土）

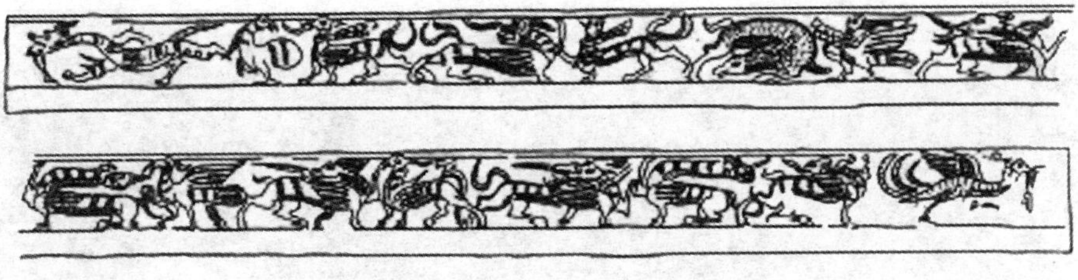

图三六　东汉画像石上的有翼神兽
（山东沂南出土）

1. 山东沂南画像石中的例子（图三六）。[75]

2. 山东嘉祥画像石中的例子（图三七）。[76]

（庚）其他石刻。

1. 四川雅安点将台汉墓出土的"辟邪插座"（图三八）。[77] 现藏四川省博物馆，颈后有圆形插孔。

2. 河南淮阳县北关纱厂汉墓（M1）出土的"石天禄承盘"（图三九）。[78] 也是比较小的石刻（长 22 厘米、高 46 厘米），同出有石俑、虎形座、狮形座、双兽座等其他石刻。

（辛）丝织品。

在新疆出土的汉地织锦中，我们经常可以见到一种鸟兽纹夹汉字的图案。其中的兽类，除狮、虎外，辟邪也是常见之物。如民丰县尼雅遗址出土的"五星出东方利中国"锦、"讨南羌"锦、"延年益寿长葆子孙"锦、"宜子孙"锦、"文大"锦、"安乐绣"锦（图四〇），上面就有这类图像。[79]

75　引自 Käte Finsterbusch, *Verzeichnis und Motivindex der Han-Darstellungen*, Wiesbaden: Otto Harrassowitz 1971, Abbildung 335, Tafel 99（原出曾昭燏《沂南古画像石墓发掘报告》，上海，1956 年）。

76　济宁地区文物组、嘉祥县文管所：《山东嘉祥宋山 1980 年出土的汉画像石》，《文物》1982 年 5 期，第 60—70 页。图像见该文第 68 页：图二三至二五，模糊不清。

77　《中国美术全集》，雕塑编 2，第 98 页：图版九五。

78　周口地区文物工作队、淮阳县博物馆：《河南淮阳北关一号汉墓发掘简报》，《文物》1991 年 4 期，第 34—46 页。图像见该文第 39 页：图九：1。

79　新疆文物考古研究所：《新疆民丰县尼雅遗址 95MN1 号墓地 M8 发掘简报》，《文物》2000 年 1 期，第 4—40 页。图像见该文第 28 页：图六〇，第 34 页：图七〇、七一。

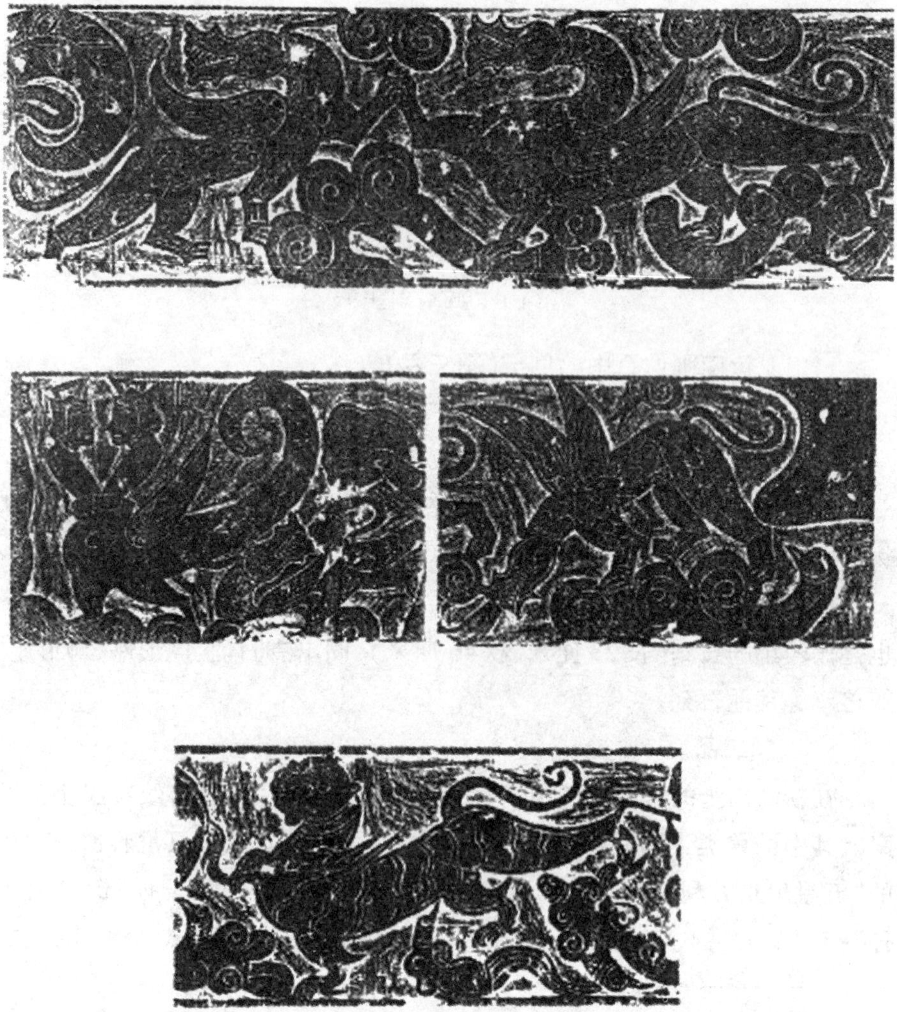

图三七　东汉画像石上的有翼神兽

（山东嘉祥出土）

图三八　东汉的辟邪插座

（石，四川雅安点将台汉墓出土）

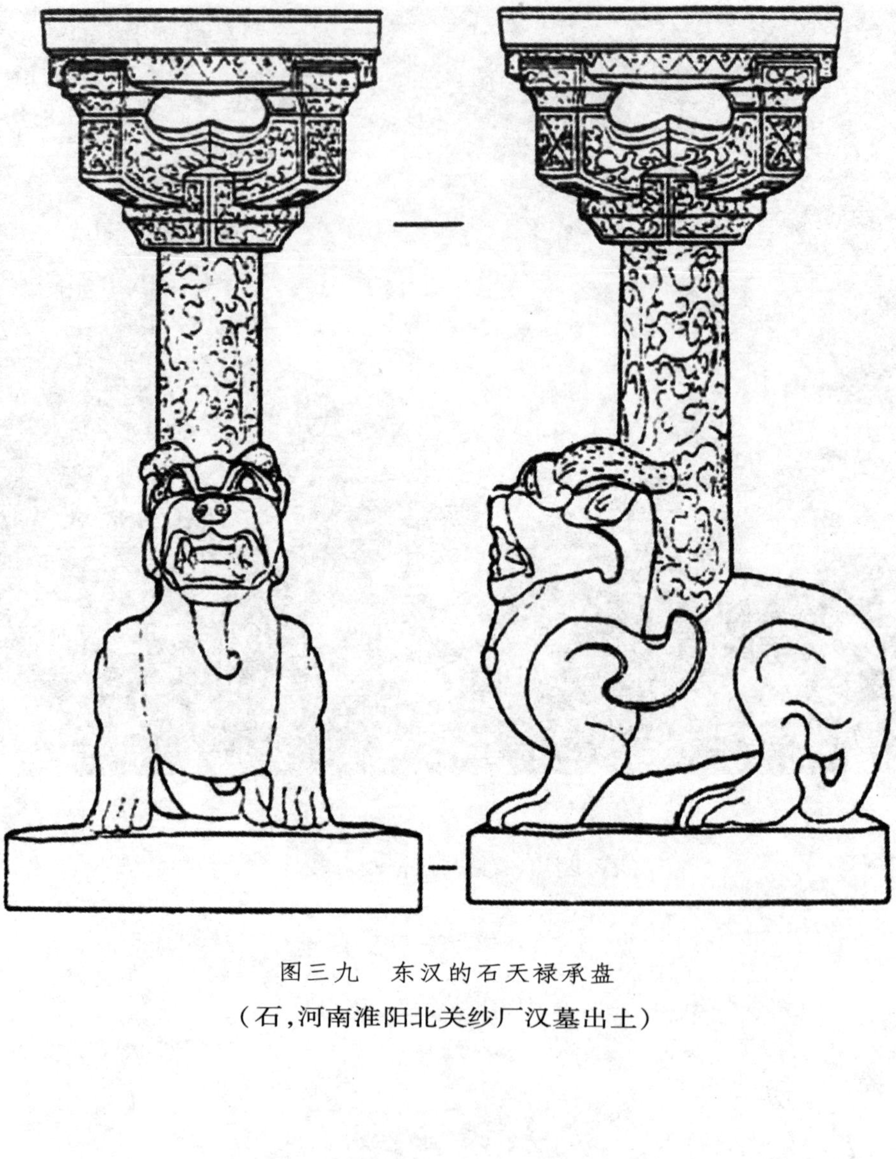

图三九　东汉的石天禄承盘

（石，河南淮阳北关纱厂汉墓出土）

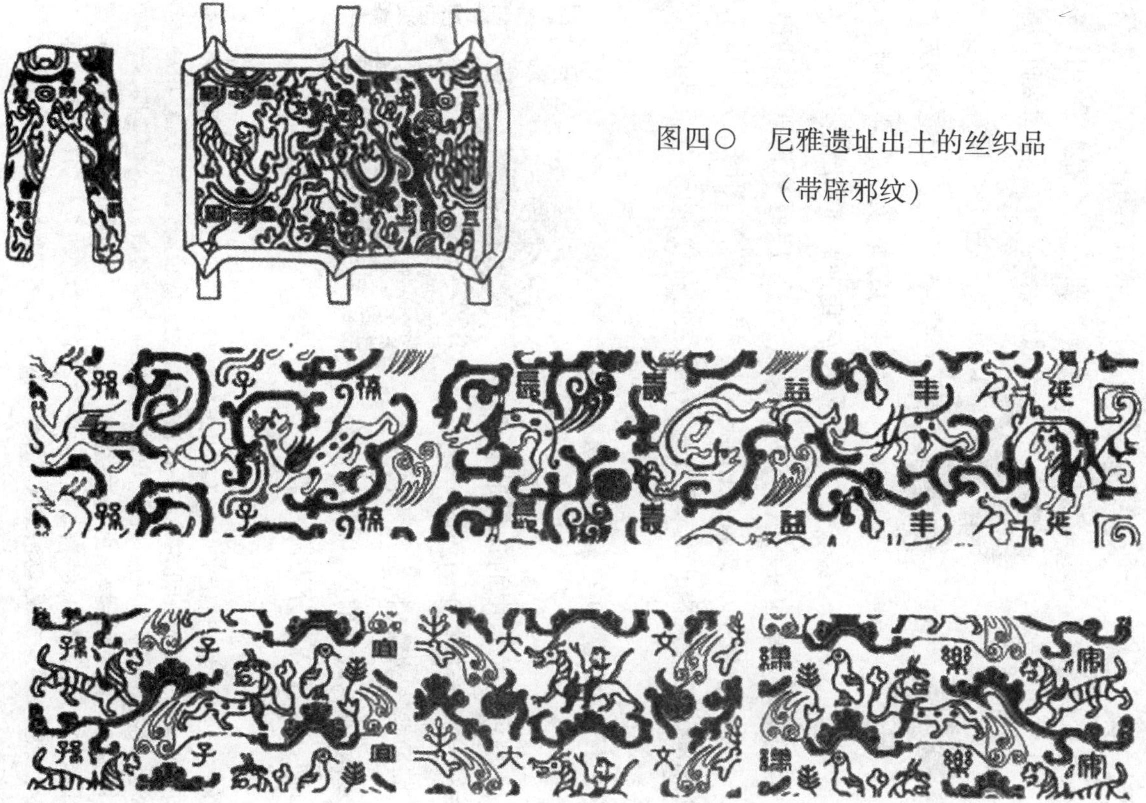

图四〇　尼雅遗址出土的丝织品
（带辟邪纹）

（六）其他

1. 汉墓出土的“系臂辟邪”。（图四一）。[80]是一种用琥珀、炭精、黄金、琉璃、骨头制作的无翼小狮，一般大小只有1厘米多长，主要流行于两汉和魏晋南北朝时期的墓葬，孙机先生推测，当是系臂用来辟邪的用品。

2. 广西合浦西汉墓出土的“辟邪镇”（图四二）。[81]辟邪镇作三兽环立，也没有明显的翼。[82]

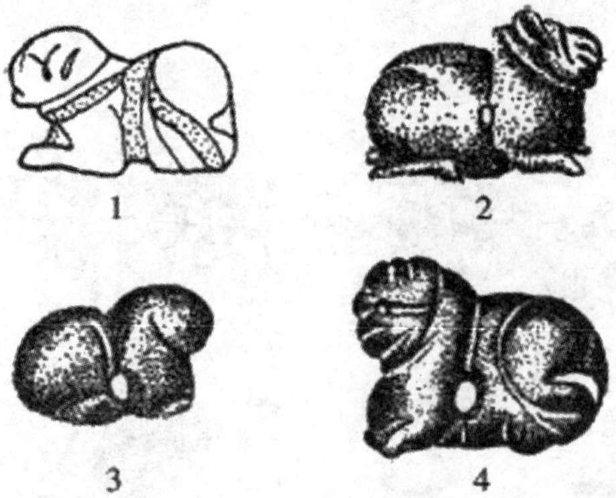

图四一　系臂辟邪：
1. 陕西咸阳马泉西汉墓出土（琥珀）；
2. 3. 贵州清镇平坝汉墓出土（骨）；
4. 四川昭化宝轮院南北朝墓出土（炭精）

三、传世文献中的有翼神兽

中国古代艺术中的动物形象可分两大类，一类是写实的动物，一类是用不同种类的动物（特别是飞禽和走兽）夸张变形、混合而成，即纯属想象的动物。后者又可分为随意想象不

图四二　辟邪镇（铜，广西合浦西汉墓出土，孙机《汉镇艺术》插图）

80　如：（1）贵州清镇平坝东汉墓出土（琉璃和骨制），见《考古学报》1959年1期，第101页：图十七；（2）河北定县汉中山穆王墓出土（琥珀制），见《文物》1973年11期，第12页：图五；（3）咸阳马泉西汉墓出土（琥珀制），见《考古》1979年2期，第130页：图六；（4）湖北宜都陆城东汉墓出土（黄金制），见《考古》1988年10期，图版陆：6。参看孙机《汉镇艺术》，《文物》1983年6期，第69—72页。按：孙机先生引《急就篇》卷三“系臂琅玕虎魄龙，璧碧珠玑玫瑰瓮，玉块环佩靡从容，射魃辟邪除群凶”，似以诸物皆可避邪，因称此物为“系臂辟邪”。

81　广西壮族自治区文物考古写作小组：《合浦西汉木椁墓》，《考古》1972年5期，图版陆：3。参看孙机：《汉镇艺术》。

82　还有一些材料可附记于此：（1）四川合川东汉墓出土辟邪石座，见《文物》1977

太著名的动物和经过长期筛选被人视为“祥禽瑞兽”的动物。这里为了讨论的方便,我们对“有翼神兽”的讨论仅限于最后一种,而并不包括前两种。如朱希祖提到的“如虎添翼”说,或《山海经》中的毛神杂怪,这里都不再讨论。

从文献记载看,中国最重要的“有翼神兽”是:

(一)麒麟。是以鹿类动物为依托的有翼神兽。中国早期的祥禽瑞兽是以“龙”、“凤”或“麒麟”、“凤凰”最出名。但值得注意的是,“龙”、“凤”虽是商周铭刻中早就出现的名称,但“麒麟”和“凤凰”却并不见于早期铭刻。《春秋》经传记鲁哀公十四年“西狩获麟”,《诗经·周南》有《麟之趾》,它们提到的都是“麟”而不是“麒麟”。“麒麟”作为瑞兽而与“凤凰”对举,似乎只是从战国文献才出现。[83]“麒麟”称“麟”,一般认为是省称,就像“凤凰”称“凤”也被认为是省称。但我们从词汇发展的顺序看,情况却毋宁相反。它们也许反而是“麟”、“凤”二字的扩展。据《尔雅》、《说文》等书,“麒”、“麟”和“凤”、“凰”都是同一种动物的雌雄二体。但我们怀疑,“麟”(亦作“麐”)在未被神化之前大概只是一种鹿类的动物。[84]这种动物被神化,是因为历史上的两个著名事件:(1)鲁哀公十四年(公元前481年)“西狩获麟”(注意:其获是在西方),它的被擒曾引起孔子的哀悯,传说孔子竟因此而绝笔《春秋》;(2)汉武帝于公元前122年西祠五畤,据说也曾猎获“白麟”(注意:其获也是在西方,所获之兽色白,正是西方的象征),因之改元元狩,为作麒麟阁。孔子见到的“麟”是什么样?《春秋》、《左传》没有讲,《公羊传》说是“非中国之兽”或“仁兽”,“麕而有角”(麕即獐,Chinese water deer, *Hydropotes inermis*,只分

年2期,第67页:图一九,第68页:图二二;(2)居延甲渠侯官遗址(EP)出土木版画上的带翼虎,见《文物》1978年1期,图版叁:1。

83　如《大戴礼·易本命》、《礼记·礼运》、《孟子·公孙丑上》、《管子·封禅》、《吕氏春秋·应同》、《楚辞》的《惜誓》和《九叹》。按:《札记·礼运》也把麟、凤、龟、龙称为“四灵”。

84　旧说麒麟即长颈鹿,孙机已正其误,见所著《麒麟和长颈鹿》,收入孙机、杨泓:《文物丛谈》,北京:文物出版社,1991年,第336—342页。又学者或说麒麟即狷羚(hartebeest, *Alcelaphus*),也不可信,见郭郛、李约瑟、成庆泰:《中国古代动物学史》,北京:科学出版社,1999年,第21、63、64、103、533页。

图四三　四灵纹和五灵纹

上：四灵纹（陕西咸阳马泉西汉墓出土铜酒尊上的花纹）；

中：四灵纹（青海西宁北朝墓出土角质印匣上的花纹）；

下：五灵纹（孙机《几种汉代的图案纹饰》插图）

布于中国和朝鲜）。[85]孔子见了这样的动物为什么会大哭？原因是他自己就是一位仁者，在他看来，这种仁兽的被擒正是其道不行的象征。武帝所获“白麟”，据说是“一角而五蹄”，在当时是作为汉征四夷、武功全盛的象征，特别是与他对匈奴的征服有关（《汉书·终军传》）。汉以来，学者多谓麒麟是一种麕身、牛尾、狼额、马蹄的神物，雄曰麒而无角，雌曰麟而一角，并且角端有肉。[86]但因为麒麟单称只叫“麟”，所以更多是以“一角”而为人所知。其出土形象，上文已说，是以一角而角端有肉者为多，但也有作山羊形象，头戴尖长角或两角并合者。西汉以后，“麟”还常常加入由青龙、朱雀、白虎、玄武代表四方的“四灵纹”（图四三：上、中），进一步构成四方加中央的“五灵纹”（图

85　《汉书·宣帝纪》说元康四年（公元前 62 年）“九真（在今越南）献奇兽”，据说也是“麟”，《论衡·讲瑞》说宣帝所获是“状如麞而两角”。

86　如《尔雅·释兽》、《广雅·释兽》、《左传》哀公十三年杜预注、《国语·鲁语》韦昭注、《汉书·武帝本纪》颜师古注等。

四三:下)。[87]可见"麟"是一种形象明确的主题。但这里值得注意的是,古人对"麒麟"和下面要讲的"桃拔"、"符拔"、"扶拔"或"天禄"、"辟邪"有时会混淆。如朱希祖就曾指出,古人往往把汉魏六朝陵墓前的天禄、辟邪称为"麒麟",并把此类陵墓呼为"麒麟冢"和以"麒麟"命名石刻所在的地点。[88]可见它们是形象相似(有翼),性质接近的神兽。"麒麟"的上古音,"麒"是群母之部字(giə),"麟"是来母真部字(lien)。我们怀疑,它也许是一种借助中国概念和中国词汇(麟)的外来译词(读音与下节所论 griffin 相近),引入中国的年代要相对早一点。[89]中国的有翼神兽最初就是在这一概念下发展起来。

(二)桃拔、符拔、扶拔。一般认为是与"天禄"、"辟邪"有关的一种外来动物的名称。它的出名要比麒麟晚,主要是汉通西域以来,并且明显是与古称西域的今中亚和西亚各国有关。其有关记载是:

(1)《汉书·西域传》:"乌弋山离国(在今阿富汗一带),王(按:下脱表示其首都的"治某某城")[90],去长安万二千二百里,……乌弋地暑热莽平,其草木、畜产、五谷、果菜、食饮、宫室、市列、钱货、兵器、金珠之属皆与罽宾同,而有桃拔、师子、犀牛。"孟康注曰:"桃拔一名符拔,似鹿,长尾,一角者或为天鹿,两角者或为辟邪。师子似虎,正黄有頿耏,尾端茸毛大如斗。"

(2)《后汉书·章帝纪》:"章和元年(公元 87 年),……是岁,西域长史班超击莎车,大破之。月氏国(在今新疆和新疆以西)遣使献扶拔、狮子。"注:"扶拔,似麟无角。拔音步末反。"

(3)《后汉书·和帝纪》:"章和二年(公元 88 年),……安息国(在今伊朗和伊拉克一带)遣使献狮子、扶拔。"注:"解在《章纪》。"

(4)《后汉书·班超传》:"初,月氏尝助汉击车师有功,是岁贡符拔、狮

---

87 孙机:《几种汉代的图案纹饰》。

88 朱希祖:《天禄辟邪考》。

89 何莫邪(Christoph Harbsmeier)教授怀疑,"凤凰"既与"麒麟"并称,也有可能是按同样方法创造的外来语。

90 林梅村先生说缺文当作"治乌弋山离城",见他的《天禄辟邪与古代中西文化交流》,收入所著《汉唐西域与中国文明》,北京:文物出版社,1998 年,第 96—101 页。但《汉书·西域传》和《后汉书·西域传》,它们的国名和首都也有不同名者。

子”。注:“《续汉书》曰:‘符拔,形似麟而无角。’”

在上述材料中,我们应当注意的是,“桃拔”、“符拔”和“扶拔”应是同一外来词汇的不同写法。它们的第一字,似是表示该词的辅音部分或靠前的音节,略如后世的反切上字。在中国的上古音中,“桃”是定母宵部字,“符”是並母侯部字,“扶”是並母鱼部字,第一字与后两字声母不同,显然有误。我们怀疑,“桃”字其实是“排”字之误(详下)。“排”是並母微部字。它们都是以 b 或 p 为声母。而“拔”是並母月部字,则以 at 为韵尾。

对上述材料,过去有两种理解,一种是以“桃拔”(或“符拔”、“扶拔”,下不再注)和“狮子”为两种动物,比如认为它是麒麟的别名或无角的麒麟(即麒)[91],或者猜测它是西亚或中亚的某种其他动物。[92]因为孟康对“桃拔”和“狮子”的解释是分开的,李贤也是但释“符拔”。这种解释似乎比较合理。但值得注意的是,在上引各句中,“桃拔”类的词汇和“狮子”虽偶尔倒置,但所有句例都是连在一起,它们也有可能是连读。例如朱希祖就是采用连读。

这里我们希望指出的是,尽管古书记载比较模糊,学者理解颇多分歧,但有两点可以肯定。第一,“桃拔”是与天禄、辟邪相同,或至少是有关(即天禄、辟邪的统称,或无角的天禄、辟邪);第二,天禄、辟邪,见于出土发现,一律都是以成对的带翼狮或狮子的形象出现,而与出土麒麟的形象有别。如果我们以“桃拔”指麒麟或其他动物,则与出土形象不合;如果我们以它们指狮子,又嫌语义重复。因此,上面的后一种读法也值得考虑。这里有两种可能:

第一种可能,“桃拔狮子”是指具有某种神力的狮子或以狮子为化身的某种神物。也就是说,“桃拔狮子”或“狮子桃拔”都是狮子的神秘说法。孟康说“符拔”似鹿,一角者或称“天鹿”,与麒麟相似,则此物可能是依托“麒麟”

91　如杨宽:《中国古代陵寝制度史研究》:上海:上海古籍出版社,1985 年,第 152 页。

92　如林梅村:《天禄辟邪与古代中西文化交流》以“桃拔”为误,“符拔”或“扶拔”为正,并把“符拔”或“扶拔”理解为“天禄”,按沙畹的考证,解释为西域叉角羚(antelope,古希腊文作 boubalis),把“辟邪”解释为犀牛。

的形象或概念来理解。它是以比较熟悉的东西来解释不太熟悉的东西(就像古人以肿背马解释骆驼,以短毛虎解释狮子,都是属于语言学家称为"catachresis"的现象)。如果这种理解是正确的话,那么它就可以解释朱希祖提出的问题,即古人为什么会用"麒麟"代指神道石刻的天禄、辟邪。在这个意义上,我们甚至可以说,"桃拔狮子"或"狮子桃拔"就是一种麒麟式的狮子或狮子式的麒麟。但这种可能似不如第二种可能更有说服力。

第二种可能,"桃拔狮子"是说"桃拔"出产的"狮子"。也就是说,"桃拔"是表示狮子的产地(但如果是这样,那么"狮子扶拔"就肯定是倒误)。比如说,我们可以考虑的是,它是不是与《汉书·西域传》所说出产狮子的乌弋山离国属于同一地区。据《汉书·西域传》,乌弋山离是汉通西域,在丝路南道的终点首先碰到的大国。《后汉书·西域传》说,东汉时乌弋山离改名叫"排特"。"排特",不但字形与"桃拔"相近,读音也与"符拔"、"扶拔"(pat)相近。其领土,东面是罽宾(在今克什米尔地区),北面是扑挑(即巴克特利亚(Bactria),在今兴都库什山和阿姆河上游之间),西通犁靬(埃及的亚历山大城)和条支(在今叙利亚),范围在今阿富汗境内。乌弋山离(古书多简称"乌弋"),古音与亚历山大(Alexandria)接近。其首都(《汉书·西域传》脱去其名)当是今阿富汗境内以亚历山大为名的很多城市中的一个。[93]我们怀疑,上文"桃拔"是"排拔"之误,实即乌弋山离的别名"排特"。

(三)天禄、辟邪。什么是"天禄"?什么是"辟邪"?学者争论很大。[94]但无论怎么看,有两点不能怀疑:(1)它们是从西域传入,是外来之物(从汉代文献看);(2)它们应与"狮子"有关(从出土实物看)。从上述理解出发,我们

93 乌弋山离究竟是哪一座亚历山大城,学界主要有四说:Herat、Kandahar、Farah、Ghazni。参看余太山:《塞种史研究》,北京:中国社会科学出版社,1992 年,第 168—181 页。按:"排拔"与第一和第三说读音稍近。

94 一说独角者为天禄,双角者为辟邪,无角者为符拔,见朱希祖《天禄辟邪考》;一说独角者为麒麟,双角者为天禄,无角者为符拔,见朱偰:《建康兰陵六朝陵墓图考》,上海:商务印书馆,1935 年;一说无论独角、双角都是麒麟,见杨宽:《中国古代陵寝制度史研究》,上海:上海古籍出版社,1985 年,第 152 页;一说独角者为辟邪,双角者为天禄,见孙机:《汉代物质文化资料图说》,第 420 页。

的看法是,"桃(排)拔狮子"乃"天禄"、"辟邪"的外来名称,"天禄"、"辟邪"乃"桃(排)拔狮子"的中国名称,两者是一回事。"桃(排)拔狮子"易名"天禄"、"辟邪",其实是一种"中国化"的改造:一是形象的必造,二是词汇的改造。下面不妨做一点解释。

第一,上面我们已经说过,这类神物的引入是参照"麒麟"的概念,它被说成成对的神物,这是模仿麒麟。"麟"而分称"麒"、"麟",据说是以有角无角而定:麒无角而麟一角。同样,"天禄"、"辟邪"也是按这样的方法来划分。它们的形象,验之出土发现,情况比较复杂:有时是单出,有时是双见;有时带角,有时不带角;有时一角,有时两角,最初并无严格区分。我们怀疑,"桃(排)拔狮子"的一分为二和以"天禄"、"辟邪"成对出现,这很可能是后起的说法。孟康说"一角者或为天禄,两角者或为辟邪",李贤说"扶拔,似麟无角",都可说明这并不是截然的划分。截然划分只是在成对出现类似麒麟的情况下。如果单出,大家都很难叫,根本无法按一角两角而定,更何况它们还往往无角。学者把单出者叫"辟邪"(比如上节提到的很多"辟邪"),其实只是一种习惯,并没有真实根据,我们把它称为"天禄"也无妨(比如下面考证的"天禄蝦蟆"就是两角)。

第二,"天禄"、"辟邪"是中国词汇。它们是中国人为了表示祥瑞的套话。"天禄",见《孟子·万章下》,本来是指上天所赐的福禄,但因为"麒麟"也叫"天鹿",正好谐音"天禄",所以也指类似麒麟的神兽,其实是一种吉语。同样,"辟邪"见《急就篇》卷三,是与"除群凶"连言,本来是祛除邪魅的意思,古人认为狮虎凶猛,可除凶祟(详第五节),所以用这种神兽来看守阙六和神道。在四川出土的汉代画像石上,我们曾见过一对老虎,作用类似天禄、辟邪(虎在当地很流行,上已提到),一件标"辟卯(邪)"("卯"是笔误),一件标"除凶"(图四四)[95],同样的词,既可用于成对的狮子,也可用于成对的

95 照片见 Cheng Te-K'un, *Archaeological Studies in Szechwan*, Cambridge University Press 1957, pl. 33(图画和文字都是用红色表示)。这里的摹本是据 Käte Finsterbusch, *Verzeichnis und Motivindex der Han-Darstellungen*, Wiesbaden: Otto Harrassowitz 1971, Abbildung 256, 257, Tafel 61。

老虎,可见是类似的吉语,使用并不严格。

与文献比较,我们认为,上述考古发现主要都是属于这一类。但种类却不限于此,除兽首类,还有鸟首类,兽首类中也有不同类别。特别是它们的年代,其中有不少是属于西汉以前,当时的狮子是叫狻猊。所以我们还不能以“桃(排)拔狮子”或“天禄”、“辟邪”来为所有发现命名,东汉以前,还是称为“有翼神兽”或“翼兽”。

图四四　标“辟卯(邪)”、“除凶”铭文的老虎
(四川出土的画像石)

汉代以瑞兽名殿,有天禄阁和麒麟殿,据说乃萧何所建(见《三辅黄图·未央宫》引《汉宫殿疏》),其中或即陈有这类神物的铜像或石像,可惜它们都已湮没无闻。

(四)天禄虾蟆。也是与天禄、辟邪有关的一种神物。关于这种神物,文献记载是:

(1)《后汉书·灵帝纪》:“中平三年(公元186年)二月,复修玉堂殿,铸铜人四,及天禄虾蟆。”注:“天禄,兽也。时使掖庭令毕岚铸铜人,列于仓龙玄武阙外,钟悬于玉堂及云台殿前,天禄虾蟆吐水于平门外,事具《宦者传》。”

(2)《后汉书·张让传》:“明年,遂使钩盾令宋典缮修南宫玉堂,又使掖庭令毕岚铸铜人四,列于仓龙、玄武阙。又铸四钟,皆受二千斛,县于玉堂及云台殿前。又铸天禄虾蟆,吐水于平门外桥东,转水入宫。又作翻车渴乌,施于桥西,用洒南北郊路,以省百姓洒道之费。……”

这两条文献是讲同一事情。其所谓“铜人”、“钟”、“天禄虾蟆”、“翻车渴鸟”都是殿宇陈设的豪华物品。类似之物也见于两汉魏晋南北朝的很多记载。如所谓“铜人”，实即翁仲，史凡六见，都是取自匈奴或仿自匈奴的殿宇装饰；“钟”往往就是以铜人承簴。“天禄”、“辟邪”、“麒麟”、“飞廉”之属也是这类东西。它们多是富有异国情调的作品。文中的“天禄蝦蟆”，过去一般都是分读。如果照此读法，则文中吐水者就不是同一物品，而是两种形象不同的东西。我们以为还是以连读为好。因为从考古发现看，上文所述两汉时期的翼兽，它们中的一种往往作青蛙匍匐状，或为镇物，或为砚盒，或为器座，我们怀疑就是“天禄蝦蟆”。如上节提到的汉彭城王刘恭墓所出就非常像是“蝦蟆”。[96]

（五）飞廉。见《楚辞·离骚》、《淮南子·俶真》等书，是一种能致风气的神物。《三辅黄图·观》说：“飞廉观在上林，武帝元封二年作。飞廉，神禽能致风气者，身似鹿，头如雀，有角而蛇尾，文如豹。武帝命以铜铸观上，因以为名。”[97]值得注意的是，古书说秦人的祖先有一位是叫“飞廉”，大约在商代，他曾住在今山西一带的北方，为商王养马。这似乎暗示，“飞廉”也可能是与北方民族有关的艺术主题（疑即下节所述“鹰首鹿”）。上文说曾侯乙墓曾出土一件“鹿角立鹤”，有学者认为就是古书中的飞廉。[98]情况是否如此，还要研究。[99]

四、西亚、中亚和欧亚草原的有翼神兽

上文是讲中国的有翼神兽，这里要谈的是它是否与外来影响有关。这个问题牵涉广泛，要靠比较才能解决，但笔者所见不广，缺乏深入研究，这里

96　它们与内蒙古阿鲁柴登出土的金“虎形饰片”姿态相似（同墓出土“鹰形冠饰”和“镶宝石饰牌”上也有类似的卧兽）。参看田广金、郭素新：《内蒙古阿鲁柴登发现的匈奴遗物》，《考古》1980年4期，第333—338转364页。图像见该文334页：图一和335页：图三：5、6、11。

97　武帝作飞廉观，又见《史记·封禅书》和《汉书·武帝纪》。

98　《曾侯乙墓》上册，第250页。

99　这种立鸟也可能是外来。如巴泽雷克出土过一件挂毯，就有这种形象，图案左边的神物是头戴鹿角的鸟，右边是头戴鹿角的人。

只能讲点粗糙的想法,抛砖引玉,请大家来讨论。

首先,我们都知道,有翼神兽在欧亚各地的艺术中有许多种类[100],其中与上述问题关系最大,恐怕要算格里芬(griffin)。[101]这种艺术主题起源很早,几乎和地中海地区的司芬克斯一样古老。早在公元前三千纪,它就已经出现于两河流域,并向世界各地广泛传播。[102]这类主题在北非、南欧、南亚、西亚、中亚和欧亚草原都有发现(前三个地区的格里芬,见图四五;后三个地区的格里芬,见图四六至五三),是古代世界最有国际性的艺术主题。但它们有很多变种,在早期宗教和神话中的含义并不是很清楚,在不同时期和不同地区有不同表现,彼此的文化关系非常复杂。

研究格里芬的传播,有三点值得注意:第一,它是以西亚为中心向四面传播:地中海和近东是南系,中亚和欧亚草原是北系,印度是介于两者之间,前者有狮无虎,后者有虎无狮,印度则两者都有,它们代表了动物生态分布的两个区域;[103]第二,西亚艺术向北和向东传播,它的进入黑海北岸、进入南西伯利亚和阿尔泰地区是以中亚为枢纽,进入新疆、蒙古草原和中国腹地也是以中亚为枢纽;第三,中国对格里芬的接受可能有不同渠道,既可能从新疆方向接受中亚和西亚的影响(大致沿所谓"丝路"的走向),也可能从内蒙古和东北接受来自欧亚草原的影响。[104]

---

100 如:(1)司芬克斯(sphinx,人面狮身),埃及有(公元前三千纪的埃及已有),希腊也有;(2)格里芬(griffin,鹰首狮、带翼狮等),起源于两河流域(公元前三千纪已有),传播极广;(3)齐美拉(chimera,是一种背生鹿头,尾为龙蛇的狮形怪物),希腊有;飞马(Pegasus,带翼马),希腊有;(4)飞龙(dragon,带翼龙),希腊有。此外,亚述/波斯还有拉马苏(lamassu,人首带翼兽)、森莫夫(senmurv,一种兽首的鸟形怪兽)和各种翼人、鸟人。

101 "格里芬"是闪语的词汇,并被所有欧洲语言共同使用。

102 L. Legrain, *Ur Excavations*, *Seal Cylinders X*, Publication of the Joint Expedition of the British Museum and the University Museum, University of Pennsylvania to Mesopotamia, London/Philadelphia 1951, pl. 42, nos. 805—806.

103 狮子的分布区是非洲大陆、两河流域、西亚和印度西北。欧洲有史时期没有狮子,但希腊可能有过。老虎的分布区是亚洲大陆:北到阿穆尔河,南到苏门答腊,西到格鲁吉亚,东到萨哈林群岛,很多地方都有。亚洲的老虎是以中国为中心:东北有东北虎,华南有华南虎(野外已灭绝),新疆有伊犁虎(三十年代后灭绝),西藏有与印度东北孟加拉虎同种的老虎。但中亚高原没有老虎。

104 除年代较早的亚述、巴比伦艺术,这些地区的艺术往往是相互影响(其中还包

图四五　北非、南欧、南亚的格里芬

1. 埃及的格里芬;2. 以色列的格里芬;3. 希腊的格里芬;4. 印度的格里芬

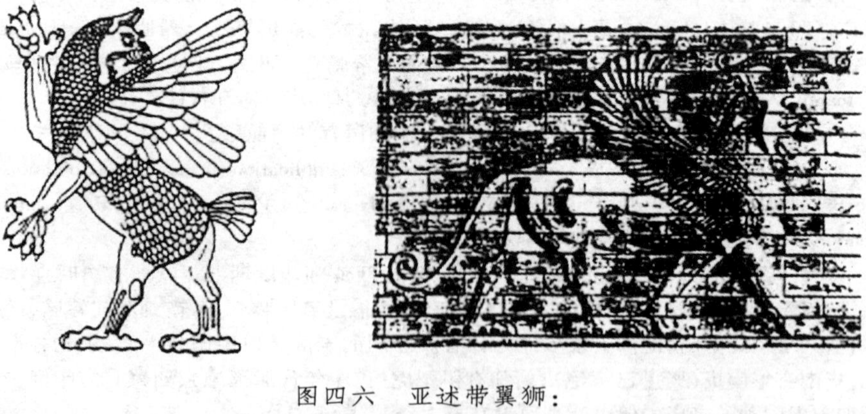

图四六　亚述带翼狮:

左:卡拉(Calah)宫墙上的装饰;右:苏萨(Susa)宫墙上的装饰

图四七　吉维耶胸饰上的有翼神兽

我们先谈亚述、波斯和中亚地区的格里芬，即公元前九至四世纪当地流行的这类主题。[105]它们可以分为三大类型：

括希腊艺术的影响），年代关系和风格关系极为复杂，学者对其年代早晚和传播关系有各种不同的猜测和分析，参看 S. J. Rudenko，"The Mythological eagle，the gryphon，the winged lion，and the wolf in the art of northern nomads，"*Artibus Asiae*，1958，vol. 21，pp. 101—122；Guitty Azarpay，"Some classical and Near Eastern motifs in the art of Pazyryk，"*Artibus Asiae*，vol. 22（1959），pp. 313—339；Michelle Chiu Wang，"Variations on a Wing：The Transmission of the Griffin Motif from the Ancient Near East to China，"*Art History* M262A，April 16，2000（未刊）。

105　亚述艺术是以亚述王阿舒尔那西尔帕二世（Assur-nasir-pal Ⅱ，公元前 883—前 859 年）在卡拉（Calah，今 Nimrud）所建宫殿的浮雕壁画为代表，波斯艺术是以波斯阿契美尼德王朝（Achaemenid Dynasty，公元前 559—330 年）在波斯波利斯（Persepolis）和苏萨

（一）鹰首格里芬或鸟首格里芬（eagle griffin 或 bird griffin，见图四七最上一排的左起第一种）。如图所示，它是以鹰首加狮身混合而成。这是本来意义上的格里芬或狭义的格里芬（世界各地的格里芬都是以这一种为主）。它对广义格里芬贡献最大的是它的翼（后两种的翼都是借自这一种），但它的身体却是借自下一种。这种格里芬一般都无角，但阿姆河宝藏（Oxus Treasure）的一件金手镯，它上面的格里芬却有双角，而且角端有结，作圆饼状（图四八），显然是与下述第三类的混合。

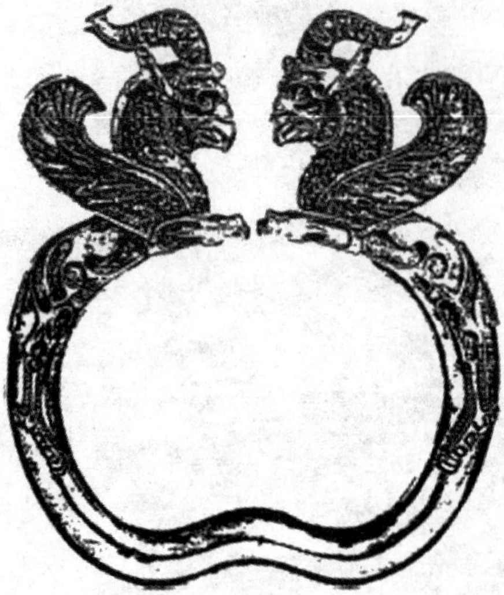

图四八　鹰首格里芬
阿姆河宝藏中的金手镯

（二）狮首格里芬或带翼狮（lion griffin 或 winged lion，见图四六：左、右和图四七每排中间的一种）。它是前一种格里芬的变种，与前者的区别是以狮首代替鹰首或鸟首。此类格里芬最初无角，加角是波斯、中亚、南西伯利亚和阿尔泰艺术的特点，亚述艺术未见，黑海地区的艺术也少见。它们主要是仿野山羊角，即借自下一种。野山羊的角有两种，一种是尖角，一种是末端上卷。

（三）羊首格里芬或带翼羊（ibex griffin 或 winged ibex，见图四七中间一排的左起第一种）。其形象是以西亚和中亚地医的亚洲野山羊（Asiatic ibex，*Capra sibirica*）为原型而添加翅膀。这种格里芬是偶蹄有角的格里芬：偶蹄可与狮身别，有角是自身特点。它的角，既有按真实形象作两角者，也有作

(Susa)的建筑和各种艺术品为代表。中亚，这里指阿富汗和土库曼斯坦、乌兹别克斯坦、吉尔吉斯斯坦、塔吉克斯坦、哈萨克斯坦一带，其艺术是以阿姆河宝藏（Oxus Treasure）为代表。此外，与亚述、波斯系统的艺术有关，而又带有草原地区的影响，还有吉维耶（Ziwiye）和洛雷斯坦（Luristan）的发现。

两角并合或一角者，形状一般是向后弯曲，但也有作其他形状者。上面两种格里芬本以无角为常，但与此种混合，也有加角的形象。

此外，我们应该注意的是，亚述、波斯系统和中亚系统的格里芬是以青铜装饰、石刻雕像、瓷砖壁画、金银首饰和滚筒印为主，在复杂的表现场面里，它们往往会与其他带翼神物（如司芬克斯、拉马苏，以及鸟人、羽人）一起出现（如图四七）。上述格里芬，因为往往是施于金石雕刻，所以对鹰首和鹰翼，狮首和狮身，羊首和羊角，特别是它们的肌肉，刻画得很细致，有强烈的写实感。特别是它们还有三个装饰特点：(1)双翼多上举，略呈S形，翼尖朝前（头的方向）；(2)兽足（鹰首格里芬和狮首格里芬的足）或作鸟爪，特别是后足，更往往是如此；(3)其臀部或有形状作"（"或"·"的装饰（所谓"apple and pear"或"bow and dot"），翼下的腹部有时还伸出一块条形的羽纹。这三个特点，也见于欧亚草原的出土物。

下面，我们再简单说说欧亚草原的格里芬。

通常所说的欧亚草原，是指(1)黑海北岸高加索以北的南俄草原（所谓"塞种"和"斯基泰艺术"，主要就是指这一地区的居民和他们的艺术）；(2)南西伯利亚和阿尔泰地区；(3)我国的新疆和蒙古草原。在这一范围内的古代部族十分复杂，既有希腊人叫Scythian或波斯人叫Saka的部族（即中国史籍所说的"塞种"），也有中国文献称为"月氏""匈奴"和"鲜卑""东胡"的部族。这些地区不但流行格里芬，而且有趣的是，照希腊古典时代的传说，在Scythian人的东面（似指阿尔泰地区）住着Arimaspi人，他们杀死了"看守黄金的格里芬"，夺走了黄金（阿尔泰山是欧亚草原最著名的黄金产地，其名称本身就是"金山"的意思）。

从考古材料看，公元前七至四世纪，南俄草原、南西伯利亚和阿尔泰地区曾流行所谓斯基泰艺术，是一种与波斯系统的艺术、中亚系统的艺术，以及希腊殖民地系统的艺术都有关系，而且相互影响的艺术。其出土物多为小件饰品，装饰于马具、毡毯、金银带扣和牌饰，以及用来文身。这种艺术是以丰富的动物纹饰和表现其搏斗场面为特点。在这些场面中，充当杀手的是鹰、虎、狼、熊，皆属食肉动物；而被杀者则是驼、马、羊、鹿，皆属食草动

图四九　神鹰

左:巴泽雷克出土的鞍鞯;

右:七兄弟石冢(Seven Brothers Kurgan)出土的银鹰头

物。它们虽兼有上述三种格里芬,但以角色互换的规律看,鹰首格里芬是代替鹰,狮首格里芬是代替虎(以及豹、熊和狼)。它们的鹰、虎写实性较强,但鹰首格里芬和带翼狮则完全是想象,即使在当地的艺术中也是一种"异国情调"。[106]

在这类艺术中,与我们的讨论有关的,主要有下面几种主题:[107]

(一)神鹰(mythological eagle,图四九)。特点是大耳、短额、钩喙,头戴肉冠,颈项和胸脯饰垂鳞纹。

(二)格里芬。又可分为:

1. 鹰首格里芬(图五〇)。它的特点是,其鹰首往往都是采用上述"神鹰"的形式,并且有S形的双翼,翼尖朝前(朝向头部)。这种翼形和中亚及波斯的格里芬是一样的,但值得注意的是,它还带有希腊艺术的特点。如它们的鹰首往往都是背上有鬣(mane),早期作锯齿状,晚期作鱼鳍状,这种特点就是受公元五世纪希腊艺术的影响(亚述和希腊有这种特点,波斯没有)。

106　参看:上注104引 Guitty Azarpay 文。

107　参看:上注104引 S. J. Rudenko、Guitty Azarpay 文。

图五〇　鹰首格里芬：

左：图克丁石冢(Tuktin Kurgan)出土的木雕；

右：巴泽雷克出土的铜牌饰

图五一　带翼狮

彼得大帝藏品中的金项圈

2. 狮首格里芬或带翼狮(图五一)。它和波斯和中亚的带翼狮在总体特点上是一样的,但也有一些不同,一是因为所用材料不同(如刻画于木材、皮革或毡毯),有些只是表现其轮廓,缺乏立体感和细部描写,写实性不如前者;二是有“虎化”的趋势,很多“带翼狮”被改造,去其雄狮之鬣,如同母狮,或者干脆和老虎一样,学者常以表示猫科动物的 feline 一词称之,并把此类和下一类混称为 feline griffin;三是多半有角(或一角,或两角),角端有结,或作圆纽状,或作圆饼状,同于中国文献描写麒麟所说的“角端有肉”。前者是从上面提到的卷角发展而来,后者则与上述阿姆河宝藏金手镯上格里芬的角是一样的。

图五二　带翼虎

图克丁石冢出土的木雕

3. 带翼虎(winged tiger,图五二)。是带翼狮的一种变形。欧亚草原是老虎活动的舞台,虎在当地艺术中占有中心地位,往往是搏斗场面的“第一杀手”。它与前者有相似角色,往往互相代替,但带翼虎的特点是有条形虎纹,并且没角。这是我们可以把它们勉强分开的标志。

4. 鹰首鹿(winged stag,图五三)。鹿嘴作钩喙,如同鹰首格里芬,但蹄是偶蹄。这是格里芬的又一变种。鹿在草原艺术中也是流行主题。特别是有些鹿(stag, *Cervus yarkandensis*),它们的角很大,分叉也很多,常常被夸张表现。它和西亚艺术流行的带翼羊(winged ibex)大体对应,但不同点是变羊为鹿,与鹰首格里芬混合,而且无翼。

最后,我们还应提到的是,公元前四至二世纪,在我国的新疆、宁夏和甘

图五三　鹰首鹿
帕西里克石冢二(second Pasirik Kurgan)
出土的文身图案

肃地区,蒙古草原和与蒙古草原邻近的我国东北地区,黄河流域的陕西、山西和河北的北部,很多北方民族的出土物,其中也有与斯基泰艺术有关的艺术表现形式,可作研究上述主题如何传入中国的背景参考。如:

(一)新疆地区

1.新疆新源县出土的翼兽铜圈(图五四)。[108]是以一对带翼狮为装饰,年代相当中原地区的战国时期。此器是西亚作风的

图五四　西亚风格的翼兽项圈
(铜,新疆新源出土)

108　新疆维吾尔自治区文物事业管理局等编:《新疆文物古迹大观》,乌鲁木齐:新疆美术摄影出版社,1999年,第371页,图1055。

器物。[109]

2. 新疆吐鲁番交河故城沟北1号台地1号墓出土的“鹰嘴怪兽搏虎金牌饰”(图五五:上)。[110]墓地是车师墓地,年代相当于中原地区的西汉早期。此器是表现“神鹰”(即上所说斯基泰式的“神鹰”)与老虎搏斗的场面。这类主题在草原地区极为常见,如俄国爱尔米塔什美术馆的彼得大帝藏品中有一件金带扣,上面有完全相似的场面(图五五:下)。

(二)匈奴系统

1. 内蒙古准格尔旗西沟畔匈奴墓出土的“怪兽纹”金饰片。[111]其所谓“怪兽”分两类,一类是钩喙大角鹿(图五六:1),一类是草原艺术流行的狼(图五七:上、中)。前者是以神鹰式的头部和鹿的身体混合而成,头上的角纠结缭绕,有如树冠(注意:其中作卧姿者,背上还有一神鹰式小头)。对比斯基泰艺术中的同类作品:如伊赛克(Issyk)王墓出土金带扣上的钩喙大角鹿(图五六:3)[112],我们不难看出,此类应属斯基泰艺术流行的鹰首鹿式的格里芬。后者则见于狼、虎搏斗的场面(注意:其中第一件有鹰首鹿见于画面上方)。俄国爱尔米塔什美术馆的彼得大帝藏品中有一件金带扣,上面也有同样的主题(图五七:下)。这些饰片的年代可能相当中原地区的战国晚期。

2. 陕西神木县纳林高兔匈奴墓出土的“鹿形怪兽”(图五六:2)。[113]与西沟畔所出的钩喙大角鹿相似,也是属于鹰首鹿式的格里芬。其鹿角和尾部都是由神鹰式的鸟首而变形。其年代可能相当中原地区的战国晚期。

3. 内蒙古赤峰市翁牛特旗牧民捐献的“虎鹰夺羊”铜牌饰(图五五:

---

109 参看:Michelle Chiu Wang, *Variations on a Wing: The Transmissin of the Griffin Motif from the Ancient Near East to China*。

110 新疆文物考古研究所:《吐鲁番交河故城沟北1号台地墓葬发掘报告》,《文物》1999年6期,第18—25页。图像见该期彩插。

111 伊克昭盟文物工作站、内蒙古文物工作队:《西沟畔匈奴墓》,《文物》1980年7期,第1—10页。图像见该文2页:图三:2—4、6,3页:图四:1、2、3,6页:图九:2。

112 孙机:《先秦、汉、晋腰带用金银带扣》。

113 戴应新:《陕西神木县出土匈奴文物》,《文物》1983年12期,第23—30页。图像见该期图版肆:1。

图五五　鹰虎搏斗：
上：新疆吐鲁番交河故城出土的金牌饰；
中：内蒙古赤峰翁牛特旗出土的铜牌饰；
下：彼得大帝藏品的金带扣

1

2

3

图五六　鹰首鹿：

1. 内蒙古准格尔西沟畔匈奴墓出土的金饰片；
2. 陕西神木纳林高兔匈奴墓出土的金饰物；
3. 伊塞克(Issyk)王墓出土的金带扣

(孙机《先秦、汉、晋腰带用金银带扣》)

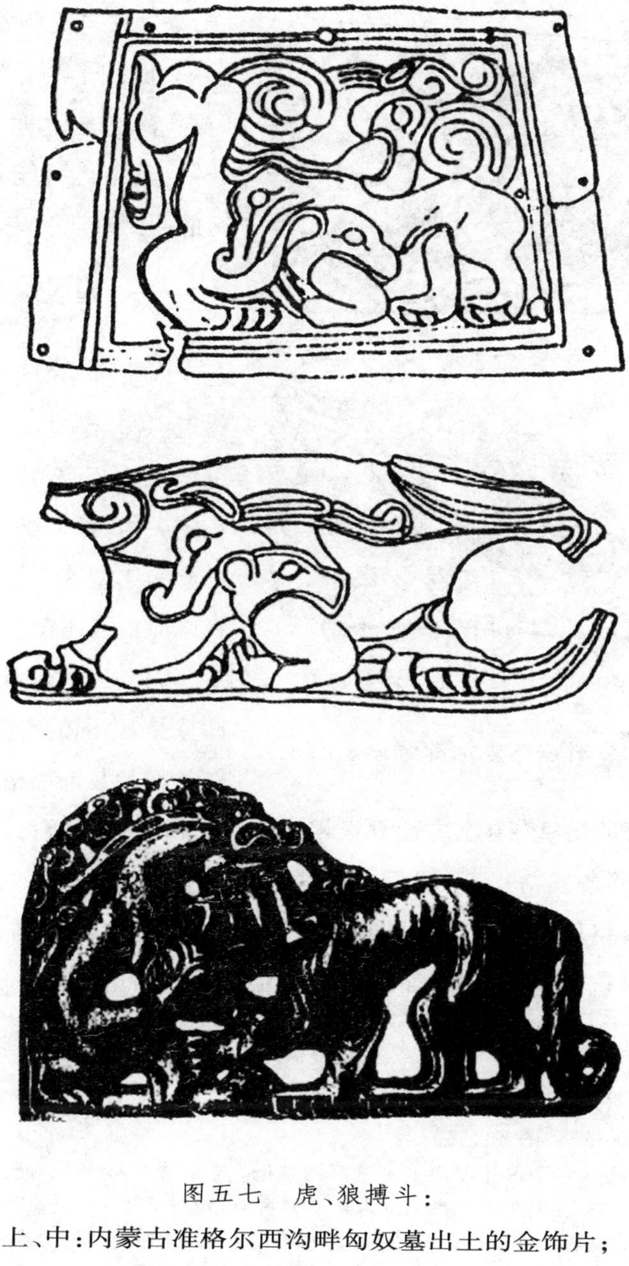

图五七　虎、狼搏斗：

上、中：内蒙古准格尔西沟畔匈奴墓出土的金饰片；

下：彼得大帝藏品中的金带扣

图五八　飞马纹牌饰
（铜，鎏金，吉林榆树老河深鲜卑墓出土）

中)。[114]它与交河故城出土的金牌饰为同类主题。其所谓"鹰"者也是上面所说的"神鹰"。其年代可能相当中原地区的两汉时期。

(三)鲜卑系统

内蒙古扎赉诺尔和吉林榆树老河深鲜卑墓出土的飞马纹铜牌饰(图五八)。[115]其形象是头戴尖角,背竖双翼,这是鲜卑民族的典型牌饰[116],类似形象在中原地区还没有发现。

同上述材料比较,我们的印象是,中国的有翼神兽,其主题类型和装饰风格与西亚和欧亚草原流行的格里芬在各方面都很相似。如:(1)他们有鹰首、狮首、虎首、羊首、鹿首等各式格里芬,我们也有类似的各类翼兽;(2)他们的鹰首格里芬或狮首格里芬,属西亚早期风格,羽毛比较写实,侯马铸铜遗址陶范上的鸟首翼兽,其羽毛也是如此;(3)他们的狮首格里芬,足爪或作鸟爪,

---

114　庞昊:《翁牛特旗发现两汉铜牌饰》,《文物》1998 年 7 期,第 42—43 转 78 页。图像见该文第 43 页:图五:7、8。

115　郑隆:《内蒙古扎赉诺尔古墓群调查记》,《文物》1961 年 9 期,第 16—19 页;内蒙古文物工作队《内蒙古扎赉诺尔古墓群发掘简报》,《考古》1961 年 12 期,第 673—680 页;吉林省文物工作队等《吉林榆树县老河深鲜卑墓群部分墓葬发掘简报》,《文物》1985 年 2 期,第 68—82 页。图像见该文 73 页:图七:1、2。

116　宿白先生把它与《魏书·帝纪·序纪》所说"其形似马"的"神兽"联系起来,见所著《盛乐、平城一带的拓跋鲜卑—北魏遗迹》,《文物》1977 年 11 期,第 38—46 页。

图五九　泉屋藏器与巴泽雷克项圈(金,古坟2出土)的比较

头上或有角,或无角,或一角,或两角,角端有结,我们的狮首翼兽也是如此(并且为了表示是鸟爪,我们还在腿上或掌侧加距);(4)他们的羊首格里芬或鹿首格里芬,头上有时作一角,有时作两角,我们的麒麟也是如此。[117] 此外,除了这些细节,它们在姿态和神态上也颇多相似。比如我们不妨拿泉屋博古馆所藏的青铜卧兽和巴泽雷克出土的项圈(图五九)做一对比,就不难发现二者的相似。这是它们相同或相似的地方。但另一方面,我们也要看到,中国的有翼神兽对外来影响并不是被动接受,而是既有吸收,也有改造,甚至还有输出(如三晋铜器向代地的输出,以及汉代牌饰和带扣在周边

117　麒麟应属格里芬,而与西方艺术中的unicorn(独角兽)不同,unicorn无翼,而麒麟则有翼,它们的角也不同,西人或以unicorn译之,不妥。

的流传)。此外,在艺术手法上,它也有自身的特点。如:(1)它的翼形,往往都是翼尖朝后,而不是朝前;(2)它的狮首,往往与龙、虎和麒麟有同化的趋势。

五、有关的动物主题

(一)鹰。是草原地区流行的艺术主题。它在中国艺术和与中国邻近的地区虽时有发现,如兴隆洼陶器纹饰上的鹰首,红山玉器中的玉鹰,楚幽王墓出土的铜鹰,汉渭陵出土的玉鹰,都是非常精美的艺术品,但真正与上述"神鹰"类似的形象还比较少见[118],除泉屋博古馆所藏可能是这类主题,其他发现主要是鹰首翼兽或鸟首翼兽。如上述"翼兽形提梁盉"和三晋铜器纹饰即属这一类。它们在战国时期曾一度流行,但战国以后逐渐衰微。

(二)狮。狮子本来是西亚地区的重要动物,因此在它们的艺术中占有重要地位,但草原地区没有狮子,中国也没有狮子,它们的进入,从一开始就带有神秘色彩和异国情调。狮子在中国艺术上的表现似乎可以分为三个时期:

1. 战国时期的狮子。

当时,中国人对狮子有两种叫法,一种是"狻猊",见《穆天子传》卷一和《尔雅·释兽》;一种是"豻貎",则是从新出楚简中获得的知识。前者可能是西域方言的一种叫法[119],后者则与希腊、罗马对狮子的叫法有关。[120]从材

118 有些类似形象可附记于此。如:(1)陕西宝鸡益门春秋墓出土的鹰形带钩,见《文物》1993年10期,第11页:图三:1;(2)安徽舒城秦家桥西汉墓出土玉佩上的神物,见《考古》1996年10期,第40页:图一二:3;(3)故宫博物院藏春秋玉双鸟纹嵌件(清宫旧藏),见《故宫博物院藏文物珍品全集·玉器(上)》,第138页:图版115;(4)故宫博物院藏战国玉龙鸟纹佩(清宫旧藏),同上,第185页:图版154(注意:其表现手法与西沟畔所出卧式大角鹿有相似处,也是背上起一钩喙鸟头)。按:本文图七的器座也是背上另起一小兽。

119 林梅村:《狮子与狻猊》,收入《汉唐西域与中国文明》,北京:文物出版社,1998年,第87—95页。

120 "豻貎",上字是来母字,此名与希腊、罗马表示狮子的词汇发音相近。狮子,希腊语作 leōn,拉丁语作 leo,今英语作 lion。

料对比,我们得到的印象是:(1)“狻猊”或“狻猊”就是汉代的狮子;(2)古人把狻猊的发现归之穆天子西游,这在汉通西域以前是重要记录(其所游所历不必实有其事,但所记所述必资辗转传说);(3)当时人对狮子的理解是借助老虎,他们把狮子说成是短毛虎(见《尔雅·释兽》),认为它比老虎还厉害,不但可以吃老虎,而且还以“狻猊食虎”为祥瑞。狮子在艺术上的表现是狮首翼兽,写实的狮子还未发现。这样的狮子都是“神化”的狮子或“虎化”的狮子。

2. 汉代和魏晋南北朝的狮子。

狮子的传入和被称为“狮子”是在汉代。它的传入地点很明确,全部都是在西亚或邻近的中亚地区。当时的狮子也是被视为神秘的瑞兽,而不是一般的动物。它的传入,最初是依托麒麟,取其有翼和有角,当作狮首格里芬的化身。两汉的狮子仍然是以神化的狮子即天禄、辟邪为主。东汉以来有写实性的狮子,但数量有限,而且无论天禄、辟邪,还是写实性的狮子,其形象都被“虎化”。

3. 隋唐以来的狮子。

趋势是上述两种狮子分化:天禄、辟邪式的狮子,其形象被固定,逐渐排除于狮子之外,不再作为狮子;而写实性的狮子则因佛教艺术的影响而获得普及,成为新的造型。这类狮子的特点是:(1)受印度和吐蕃影响,往往作卷发;(2)形象较为可爱,有“狗化”的趋势。后世所见狮子,无论是看门的狮子(从汉代守阙的狮子发展而来),还是由狮子舞表现的狮子,基本都是采用这类形象,由此才确立所谓“中国式的狮子”。[121]

(三)虎。上面说过,狮子是从西亚地区引入的艺术主题,但引入后被

121 很多中国人都认为狮子是我们自己的动物,舞狮子是我们自己的艺术。例如新盖的上海博物馆,它的门口有八个仿古狮子或天禄、辟邪,记者问过路行人“狮子象征什么”,他们说“象征中国精神”。但狮子不仅本身是外来,而且狮子舞也未必是我们创造。《汉书·礼乐志》孟康注“象人,若今戏虾鱼师子者也”是年代较早的舞狮记载,而出土实物则有新疆吐鲁番阿斯塔那古墓出土的舞狮俑,年代约当公元七至九世纪,参看穆舜英主编:《中国新疆古代艺术》,乌鲁木齐:新疆美术摄影出版社,1994 年,第 156 页:图版 403,我们怀疑,它很可能是从西域传入。

“虎化”。“狮子”被“虎化”,原因很简单,这是因为狮子本来是西亚、北非的动物,欧亚草原和中国没有狮子,只有老虎。老虎在欧亚草原和中国都有广泛分布,在艺术上是流行主题。草原地区有翼虎,中国也有翼虎。它们对狮子艺术形象的改变无疑有重大影响,但写实的翼虎无论在草原艺术还是中国艺术中都不是主流。

(四)鹿。也是草原地区的流行主题。它是麒麟、飞廉类的有翼神兽所依托,在中国艺术中也有一定的重要性。但中国的鹿多半是小型的鹿,麒麟所依托的,主要是梅花鹿(*Cervus nippon*)一类小型鹿,而不是草原地区流行的大角鹿(stag),鹰首鹿式的格里芬在中原地区的艺术品中还从未发现。

(五)羊。我们在上面说过,中国的麒麟有两种,一种是鹿首式,一种是羊首式。后者是以野山羊为原型。这两种风格,前者与草原艺术接近,后者与西亚艺术接近。但应当补充的是,中国艺术中的鹿不是草原流行的大角鹿,而是本地常见的鹿,真正有外来风格的反而是羊。

(六)龙。本来是中国艺术的典型主题,但汉代以来,却与狮首翼兽相互影响,同时改变着它们各自的形象:一方面是天禄、辟邪的“龙化”,一方面是“龙”的添加羽翼。这种相互影响的结果是,在东汉魏晋时期的艺术表现中,我们很容易把两者看混。如果要仔细分辨,往往要看它们的整体组合。比如在“四灵纹”和“五灵纹”中,我们就比较容易认出,但单独出现,就有点困难。

此外,应当指出的是,狼、熊在草原地区的艺术中虽很重要,但它们脱离西亚艺术的主流比较远,对草原地区的有翼神兽没有太大影响,中国的情况也一样。

六、结论

综上所述,我们对“中国的有翼神兽”有下述印象:

(一)中国的有翼神兽,无论就文献记载看(如《汉书·西域传》的记载),还是从文物形象看(如依托狮子的形象),都与西亚、中亚和欧亚草原的艺术有不解之缘。它在中国艺术中的出现似可上溯到春秋中期或至少是晚期,是从那时突然出现,逐渐发展为中国艺术的重要主题。其流行时期主要是从公元前六世纪到公元六世纪这一段。春秋中期到战国时期(公元前六-前三世纪),即与格里芬在波斯、中亚和欧亚草原的流行期大致同步而略晚,中国也有很多类似发现,他们是以铜器和铜器纹饰为主,即主要是小件青铜器或青铜器的装饰物。主题,最初是以典型的格里芬即鹰首类最突出(战国以后逐渐衰亡),但带翼鹿(麒麟)、带翼狮和带翼虎也已出现,主要类型都已齐全。它们的风格与西亚等地流行的格里芬在主体特征上是一致的,比后来更有外来特点。秦代和西汉前期(公元前221-前87年),这类主题曾被用于某些宫观的装饰手段以及某些小型器物,在形式特点上已经具备后来的许多要素。西汉晚期到东汉(公元前86年-公元220年),随着汉平匈奴和开通西域,这类主题十分活跃,它们被广泛用于各种材质,除铜器、陶器和石器,还包括贵重材料(金银和玉器),既用于精巧的装饰品(器座、砚盒和镇),也用于大型雕刻(神道石刻和画像石)。这一时期,鹰首类只是偶尔还见于画像石,已不再流行;鹿首类形成固定风格的麒麟;狮首类形成固定风格的天禄、辟邪。后者自东汉以来地位十分突出,不仅流行程度高,还被用于陵寝装饰,成为魏晋南北朝时期中国纪念艺术的重要组成部分。其泛称是"麒麟",专名是"桃(排)拔狮子"(前者可能是译自griffin,后者则是借用西域出产的一种狮子)。

(二)中国的有翼神兽,出土地点很多,但时代较早,似乎是集中于黄河流域,即与西域相通也与草原相邻的今甘、陕、晋、冀四省,特别是它们的北部,三晋地区的铜器是其代表。它的产品不仅与周、郑等地的铜器型式有关,也与陕北、晋北、冀北和内蒙古草原的南部,以及白狄中山国的铜器型式有关,既受草原地区影响,又向草原地区输出,是文化融合的典型。当时的有翼神兽主要是三晋系统的有翼神兽,楚、曾和中山的有翼神兽或即从其派生(春秋时代的晋楚交争可能是有翼神兽南传的背景)。此外,中国的有翼神兽不仅在北方流行,在长江流域和长江以南也有不少发现,东可及于江苏、浙江,南可及于两广、云南,西可至于四川。它们当中,有些年代还很早,可以早到战国早期,说明古代的传播与交流远比想象要发达。其传播路线,除与古代丝路有关的东西通道值得重视,还有很多南北通道也值得考虑。如:(1)从内蒙古东部、辽宁西部到河北北部,经山东,进入江、浙的路线;(2)从内蒙古草原中部,经山西到河南,走洛阳、南阳、淅川、襄樊到江汉平原的路线;(3)从内蒙古草原中西部,经宁夏、甘肃和陕西,入四川、云南的路线。汉代文化,是南北文化、中西文化大交流的结果。秦汉以来,有翼神兽逐渐成为普遍的主题。

(三)中国的有翼神兽是受外来影响,但它们与中国的艺术主题长期共存,又受后者影响,二者是互动关系。中国古代艺术,自商周以降,是以龙、凤为主。战国以来,并形成由青龙、白虎、朱雀、玄武构成的"四灵",后来麒麟加入其中,也叫"五灵",但天禄、辟邪不在其中。天禄、辟邪在中国艺术中的地位很微妙,它不仅是以外来的狮子作为依托,从一开始就与外来艺术有不解之缘,而且还经常与其他表现异国情调的动物一起构成中国古代的"纪念艺术"。中国古代的"纪念艺术"以秦汉、特别是汉代最辉煌(以疆域广大的统一帝国为背景),其典型表现有三,一是汉代的宫观,二是汉代的祠畤,三足汉代的陵墓。这些建筑往往都有大型的铜器和石刻作装饰。它们包括:翁仲、麒麟、天禄、辟邪,以及各种表示域外珍奇和大漠风情的动物(大象、鸵鸟、骆驼,等等)。天禄、辟邪主要就是属于这类主题。它对中国艺术的影响,不仅是各种动物的"翼化",而且对本土艺术中的龙和外来艺术中的狮子也有很大影响,使它们彼此的形象都得到很大改观。但最终,它并没有取代龙的地位,而是以一种虽经改造而仍留有神秘的色彩,长期地保留在我们的艺术之中。

2000 年 4 月 4 日—5 月 18 日写于奥斯陆挪威科学院,6 月 6 日—7 月 16 日改定于北京。

后记:本文写作过程中,曾得到挪威奥斯陆大学何莫邪(Christoph Harbsmeier)教授和美国加州大学洛杉矶分校罗泰(Lothar von Falkenhausen)教授的指点与帮助,并参考过 Michelle Chiu Wang 女士的新作(见上注 104 引,内容是讨论格里芬从西亚向欧亚草原和中国传播的途径与方式)。此外,日本泉屋博古馆、美国芝加哥艺术研究所博物馆、奈尔逊—阿特金斯艺术博物馆、华盛顿弗利尔—赛克勒美术馆和洛杉矶县立艺术博物馆也为本文提供了珍贵图片,均此致谢。

(原载《中国学术》第五辑)

仁之思也清，知之思也伥

夏含夷（美国芝加哥大学）

五年前，在美国亚洲学会年会上我以“从新出简帛看中国早期哲学”讨论专组的评议者的身份宣读了一篇无名短文，指出有某些西方汉学家的学术著作中对中国学者往往暗存某种偏见；不是在注解里不指明中国学者的研究成果，就是激烈地批评中国学者的爱国情绪。其后，此文由李零教授译成中文，题作“知之不如好之，好之不如乐之”。[1]我原来并没有想发表这篇讲稿，而特别没有想在中国发表，以为不过是西方学者对西方学者的内部批评而已。可是，文章在中国发表以后似乎多少引起了一点注意（恐怕比在西方学术界的更多），或许不无积极的影响。

去年访问中国时候，又听到不少人以为我本人对中国学者或学术界也有某种偏见的议论。这恐怕是因为《夏商周断代工程1996—2000年阶段成果报告：简本》出版以后，《纽约时报》在一篇介绍断代工程及所引起反应的文章里引用了我的两句话，说“（断代工程）反映了一种沙文主义的要求，要把历史记录推溯到公元前三千年，以便与埃及媲美”，又说它的“政治和民族的动机比学术的动机更为浓厚”。[2]我不否认我自己说过这两句话（也不愿意否认），但是至少应该说明其背景。《纽约时报》这篇文章发表的前一天，撰写该文的记者曾打电话与我谈了至少半个小时，我指出了《简本》里存在的许许多多的学术问题，而这些在第二天见诸报端的报告中却一点也没有得到反映。记者好像只对上面所引用的这种话感兴趣。其实，正如李学勤先生在许多报纸上指出，无论是在中国还是在国外，学术界经常利用政府提供

---

1 《中国学术》2000年第2辑，第286—290页。

2 《纽约时报》2000年11月10日，第A3页。

的资金作研究，这对所出的学术成果应当说一点也不会有影响。李先生也坦然地承认大多数的中国学者（而特别是攻中国史的学者）都有爱国的情感，这并不奇怪，也不是什么坏事。这些我都承认。然而，无论称作沙文主义也好，还是爱国主义也好，当这种态度反映在学术上之时，便常常会带来某些不客观的成分，有时候甚至是一种反外偏见。中国的国学界中的自我意识可能比西方汉学家的更为强烈。既然已经批评了西方学者的偏见，现在就不揣冒昧对中国同行提出同样的批评。下面举出的例子多半和我自己的研究有关。这是因为我的学术研究范围很窄，读的书也不多，是我偶尔遇到的例子而已。这些例子虽然不能代表中国国学界之一般，但恐怕相去亦不会太远。

上面既已提到《夏商周断代工程》，在此就以《断代工程》作为第一个例子。李润权教授在 2002 年第 3 期的《考古》上说，我在另外一次亚洲学会年会上曾批评《断代工程》，谈到关于公元前 899 年“天再旦于郑”的日食，虽然那次日食早在 1976 年已由韩国学者方善柱证实历史记录是与天文现象相符合的，并且方博士的文章是用中文发表的，可是《简本》根本没有提到他的名字，更不用说给予他应得的荣誉和承认。不但如此，1997 年新疆日食发生以后，中国国内报纸和电视都做了广泛的报道，一律说《断代工程》能有这样的成果反映了中国科学的进步，也都只字未提方博士的贡献。我作为讨论小组的主席向《断代工程》天文部分负责人张培瑜先生直率地、也许不够客气地问道：

> 一些海外学者觉得工程和《简报》（即《简本》）完全没有提到国外学术成果是缺乏一定的学术道德，能不能说明一下？

张先生对《断代工程》在这个问题上的看法作了一些说明，可是最后承认了没有给方博士以足够的注意。在该次亚洲学会年会的讨论小组上，李学勤先生也在场，并以《断代工程》最高负责人的身份接着张先生对《简本》第 83 页的一段作了解释、说明：

> 对 1997 年 3 月 9 日新疆北部的日全食进行观测，从理论和实践上证明黎明时的大食分日食会形成天再旦现象，并确认“懿王元年天再

旦”时间在公元前899年4月21日。

李先生强调说“确认”的意思(英文的confirm)是先有这个结论,中国学者只是再次印证了这个结论,所以不能说《简本》没有暗示方博士的贡献。李先生读书解字的能力远比我高明,可是这样“暗示”别人的研究成果实在玄之又玄,恐怕也不会有一个读者能高明得悟出其中之奥妙。

谈完日食,接下来要谈的是甲骨卜辞里五次月食记载。在1999年第7期《文物》上,张培瑜先生发表了《甲骨文日月食与商王武丁的年代》一文,提出武丁五次月食记录相当于公元前1189、1201、1181、1198和1192年的五次月食。在该文里,张先生利用列表来综述二十世纪的二十五种研究成果。细读这个表,就会发现有一栏与这个结论毫无差异,即“夏含夷(1990)”。在他的讨论中,张先生并没有提到这种结论前已有之,仅仅作了下述说明:

> 最近20年对殷虚卜辞的分期分类研究,特别是对宾组分类及其与历组关系的研究有了新的发展。李学勤、裘锡圭、林沄等学者都先后发表了有关论著。论著中具体涉及到宾组5次月食卜辞的分类及其时代位序的,至今有彭裕商、黄天树、范毓周、高岛谦一和夏含夷5位。他们有的仅指出其中某次月食最晚,有3位给出5次月食的先后次序。最近,李学勤、裘锡圭也研究了5次月食的分类位序。总的说来7家的位序基本一致,特别是李、裘、彭、黄4位都是分类研究的专家,他们得出的位序可谓完全相同。

我不敢说我是甲骨卜辞“分类研究的专家”(可是早在1982年我已经发表专文把李、裘、林三位先生的研究成果介绍给西方读者[3]),然而只要简单地读读“夏含夷(1990)”(原文题作“The Last Years of Shang King Wu Ding:An Experiment in Reconstructing the Chronology of Ancient China,”相关部分题作“Section One,Part Two:The Bin-Group Eclipse Records,”现在已有中文

3 Edward L.Shaughnessy,“Recent Approaches to Oracle-Bone Periodization,” *Early China* 8(1982—1983):1—13.

翻译，更便于中文读者参考[4]），即可知不但是所得位序与张文完全一样，并且卜辞分期分类方法也与张文完全一样。[5]张先生不多提这种明显的前例，若谓之“缺乏一定的学术道德”或许言之过重，可是确实是一种学术上的缺失。是否因为原文是用英文写的，且是在国外的学术研讨会上宣读的，所以在某种程度上不值得提及？

李学勤先生也曾论到这个例子，他的说法当然很有意思。在《中国古世寻证》里，他以甲骨卜辞五次月食来说明《断代工程》的特殊意义。

> 以前总认为隔行如隔山，人文科学和自然科学更是“鸡犬之声相闻，老死不相往来”。“夏商周断代工程”作为一个人文科学和自然科学互融互动的科研项目，是怎样实现多学科交叉配合的，我举商代后期甲骨文日月食的研究作为例子。
>
> 这个问题曾有海内外不少学者研究，我们的新工作是由古文字学家考定有关卜辞的释读，根据甲骨分期研究的最新成果排出各次日月食甲骨的顺序，同时对各次日月食用现代最新的天文学知识和手段进行推算，结果得出了顺序相同的惟一解，……这无疑是有很大意义的突破。有关问题，可参见南京紫金山天文台张培瑜研究员的详细报告。
>
> ……
>
> “夏商周断代工程”做的是前人没有做过的事，我们是在社会主义的条件下，把以前互不往来，缺乏共同语言的一批学科，包括自然科学和人文、社会科学，结合到一起来了。[6]

我不知道“社会主义的条件”与跨学科研究到底有什么关系，可是这种人文科学和自然科学互融互动的研究并不“是前人没有做过的事”；虽然是在中

---

4 《商王武丁的末期：中国上古年代学上的重构实验》，张德劭译，《中国文字研究》，2003 年 12 月。

5 也可以参见黄天树：《宾组月有食卜辞的分类及其时代位序》[《古文字研究》，22(2000 年)，第 29 页]，注 3 提到拙文，谓“对于宾组的分类与断代的新观点把宾组月食甲骨加以分类并排出时代位序”。

6 李学勤、郭志坤：《中国古世寻证》，上海：上海科技教育出版社，2002 年，第 362—363 页。

国境外做的，却还是做过的。

下一个例子再举李学勤先生《中国古世寻证》里与甲骨文有关的一段话。在论及甲骨文研究时，李先生说：

> 对甲骨文的丰富内容必须作进一步的探索。目前我们关于甲骨文的知识还很不够。许多甲骨文字仍未释出，文句不能读懂。至于所反映的制度，我们不了解的更多。如裘锡圭写的《关于殷虚卜辞的命辞是否问句考察》，便涉及几乎全部甲骨文如何理解的问题。[7]

我很高兴见到李先生这样承认甲骨卜辞的命辞是否问句是"涉及几乎全部甲骨文如何理解的问题"，可是李先生知道得很清楚，这个问题并不是裘锡圭教授首次提出的。其实，裘先生一定也不会否认，我们一批外国学者用了三年的时间才说服他。到裘先生写成《关于殷虚卜辞的命辞是否问句考察》一文的时候，这种说法在西方学术界可以说已经成了定论。裘先生的文章开宗明义，详细地论述了西方学者的相关研究成果。李先生自己也参加了裘先生论文英文译文的一次笔谈，[8]因此肯定知道这种论点的前因后果。其实，自从七十年代末中国实施开放政策以来，李先生在促进中西学术交流上一直起着非常积极的作用，他本人经常到国外参加学术活动，回国后也每次都向国内同行汇报外国学者的研究成果。正因如此，李先生把甲骨卜辞命辞不是问句的说法完全归功于裘先生一人，只字不提任何外国学者的贡献是很难令人理解的。是不是因为在谈及《夏商周断代工程》时，李先生的爱国情感油然而生，所以只是想到本国学者，而把外国学者全忘在九霄云外？[9]

除了李学勤先生以外，对促进中西学术交流的另外一个非常重要的人物是李零教授。李教授虽然在中国国内经常受到批评，说他太西方化（一个批评是他太喜爱吃冰淇淋），然而连他的著作中偶尔也会显现出某种民族偏见来。李教授最近发表了《三种不同含义的"书"》一文，在讨论中国最早的

---

7 《中国古世寻证》，第 355—356 页。

8 "The *Early China* Forum," *Early China* 14(1989):77—172，李先生的文章见第 148—150 页。

9 在《中国古世寻证》里，李先生开始说明《夏商周断代工程》的作用时就说："这样大大有利于提高中华民族的自尊自信、增强我们民族的凝聚力。"（第 341 页）

文件时，他说：

> 西方汉学家和我们不一样，他们相信商代的“史料”就是甲骨文，西周的“史料”就是金文。这是很多误解的根源。因为甲骨文是商代的占卜记录，它的内容离不开占卜和祭祀，从情理上讲，有占卜和祭祀，就会有神职人员，卜人是这样的人，王亲临卜问，也是这样的人，如果我们认为这就是当时的“历史”，那我们就得相信，当时的人，除了这些，什么也不干。况且西方学者以西方的经验想问题，以西亚、埃及、印度的情况推论，他们认为，中国不能太特殊，“僧”在“俗”上，也是没有问题。这些都是值得商榷的。西周金文也是如此，如果我们认为西周的史料是铸在铜器上，这也不得了。那册命的时候，旁边还得开炉点火，这怎么可能呢？[10]

这篇文章是李教授在北大讲课的讲稿，他讲课时可能会再补充一些材料，也未可知。但《中国典籍与文化》的读者却只能读到李教授所发表的文字。在这段文字里至少有两个问题值得讨论。第一，用“他们”和“我们”的这种总称来区分中外学者本来是不应该的。在李教授翻译的拙著《知之不如好之，好之不如乐之》小文中，我对西方汉学家非常清楚地指出，在中国学术界里，没有一个“他们”，“因为在早期中国的研究上，中国的学术界也不是铁板一块，中国学者不同意中国学者，其实比我们还厉害”。同样，在西方汉学界里也不存在一个“他们”。我可以很诚心地告诉大家，西方的“学术界也不是铁板一块”，西方学者之不同意西方学者，甚至可能“比你们还厉害”（我知道这似乎矛盾，可是有时候矛盾会存在）。

李教授的第二个问题是他没有清楚地指出这些“西方汉学家”到底是谁。从商代甲骨文与西周金文和“史料”的关系来推测，读者很自然会联想到吉德炜（David N. Keightley）和我，因为我们两个人分别是《商史史料》及《西周史史料》的著者。我不敢替吉教授说话，但是可以说我自己从来没有在任何场合讲过像李教授所暗示的这种观点。其实，恰恰相反，我在许多不同的论著里，一直都强调西周铜器铭文的册命都是根据写在竹简上的文

10　李零：《三种不同含义的“书”》，《中国典籍与文化》2003 年第 1 期，第 13 页。

件[11],铜器铭文不应该视为第一手史料。然而,这并不是说不应该利用铜器铭文作为史料。现在西方汉学界多以为铜器是为了家族的宗庙礼仪铸造的,所以铭文只具有宗教的意义,原来并不是当作历史史料而做的。[12]这个说法当然不无道理,可是对历史学家的做法似乎缺乏全面的了解。历史学家通常可以利用各种各样的资料作为史料,所用的文件并不只限于政治档案或者自觉地历史叙述。他们知道每一种史料都带有一定的主观成分。西周铜器铭文当然也不例外,有非常浓厚的主观成分,可是只要历史学家认清作者本来的主观目的,还是应该可以客观地加以利用。

李零教授在上一段谈到史料的主观性质的话里虽然没有明显地指我[13],可是在与该文直接相连的下一段话里确实提到我的名字。

> 再比如说,西周铜器中有不少讲战争的铭文,它们都是立了军功的人为家族荣誉做的纪念品。这种"报喜不报忧"的东西,当然不能反映全局。如果你拿它当"战争史",问题可就大了。比如夏含夷(Edward L. Shaughnessy)教授说,西周晚期,周王室江河日下,处于颓势,可你读当时的铭文,情况可正好相反,不管派谁出征,那都是旗开得胜,凯旋而归,这根本不可信,因为如果周王室真的这样战无不胜,为什么还会土崩瓦解,夹着尾巴逃跑呢?他说,西方有个谚言:市场里的雕像都是人猎狮子,如果狮子会雕刻,那森林里就会有另一种雕像。我觉得,他的说法也是值得商榷的。

我不明白李教授这段话前两句和最后一句的内在联系。他前面的论述似乎赞同我经常说的史学原则:我们不能简单地相信甲骨文或是铜器铭文文字

11　譬如,见我在《剑桥中国古代史》(剑桥大学出版社,1999 年)上做的"西周史"里第 299 页,根据颂簋铭文说铜器铭文不但不是第一手文件,其实应该视为第三手文件(第一手乃在朝廷的文件档案里,第二手则是受命者所受到的命册),更不用谈什么"旁边还得开炉点火"。

12　这个史学概念最早见于罗泰[Lothar von Falkenhausen,"Issues in Western Zhou Studies:A Review Article," *Early China* 18(1993):167—171]。

13　李零教授的文章发表以后,我和他通过信,他回答说文中批评的对象原来不是指我,可是我仍然觉得他的文章很容易引起一般读者的误解。

表面的意思反映商周史的全局。[14]然而，最后一句突然说这个“说法也是值得商榷的”。我的说法固然很有可能“是值得商榷的”，可是李教授在该文中一点也没有商榷，也没有说出与本人任何不同的史学原则[15]，所以我也无从置辩。或许因为这是“西方汉学家”的话，所以“我们”不能完全认同，多少要加以批驳以示自己无“媚外”之嫌？

最后再随便举一个例子，与李零教授这篇文章同样发表在《中国典籍与文化》2003 年第 1 期的，有葛兆光教授的《关于道教研究的历史和方法》一文（第 75—85 页）。像李教授的文章一样，这篇也是葛教授教书时候用的讲稿。他开始时说他“很希望治本国学问的最早是本国人，但这里我还是很遗憾地说，现代学术意义上的道教研究，是从外国开始的”（第 75 页）。文章的最后又发出同样的感喟，其文曰：

> 总之，从道教研究史上看来，在中国，道教研究是“问题很多，空间宽广”，需要进一步琢磨和思考，不能让日本和欧美的学者说，道教是中国的，道教研究是外国的，一开头我们说到柳存仁先生说过“治本国学问”的话，我希望道教的学术研究虽然不是本国学者最先，但是希望本国学者最好（第 85 页）。

这里笔者想问：有外国学者研究中国文化的某一方面，这究竟有什么可遗憾的？治学是不是应该是一种竞赛，本国学者和外国学者是不是应该互持一种敌对的态度？我觉得把外国学者视为异己、异类是一种相当幼稚的学术态度，可是恐怕这在中国国学界还相当普遍。其实，外国学者如对中国学问有所贡献，不但不应该是什么“遗憾”的事情，反而应该受到中国学者的欢迎并广为宣传，因为这正说明中国文化是全世界所重视的文化。可是，连这种态度也有点不对，因为它毕竟还是反映出一种“我们”和“他们”的分野。更好

---

14 李教授下面利用的例子是从拙作《温故知新录》（台北：稻禾出版社，1997 年，前言第 4—5 页）引用的。除了这个前言以外，同样的史学原则亦可见于拙作许多其他文章，诸如“早期商周关系及其对武丁以后王室势力范围的意义”、“西周之衰微”、“从驹父须盖铭文谈周王朝与南淮夷的关系”等等，于此不一一列举（上列几篇皆见拙作《海外中国学名家自选集：夏含夷卷》，上海：上海社会科学院出版社，待刊）。

15 这个句子是这段话的最后一个句子，下一段开始谈另外一个问题。

的态度是学问应该即是学问,汉学也就是汉学,中国学者治得,外国学者亦治得。

最后,简单地对本文自题的题目说上两句。五年前,《知之好之乐之》作为评议者的讲稿,原本没有题目,在讲话时引用了郭店楚简《五行》篇的几句话,后来李零教授将讲稿翻译成中文的时候,仍引用这几句的头两句作为标题,我觉得选得非常恰当。因为是该文的续篇,觉得应该仍用《五行》篇的话作为标题,乃选出关于仁和知的两句,即"仁之思也清"和"知之思也侲"。《五行》篇这两个句子的上下文如下:

> 仁之思也清,清则察,察则安,安则温,温则悦,悦则戚,戚则亲,亲则爱,爱则玉色,玉色则形,形则仁。
>
> 知之思也侲,侲则得,得则不亡,不亡则明,明则见贤人,见贤人则玉色,玉色则形,形则智。

知者和仁者虽然乐意不同,可是殊途同归。正如山水不同,却缺一不可。同样,没有一个外,也就不会单独存在一个中。希望此后中国汉学家和外国汉学家可以更好地携起手来,互相合作。

(原载《中国学术》第十九、二十合辑)

波斯与中国

——两种文化在唐朝的交融*

荣新江(北京大学)

一、引言

在他们为《唐朝的概观》(*Perspectives on the T'ang*)一书所写的引言中,杜希德(Denis Twitchett)和芮沃寿(Authur F. Wright)曾经总结了唐朝为什么具有如此巨大的生命力:一是它的折中主义(eclecticism),即把前此四百年混乱的历史中的各种文化统一起来;二是它的世界主义(cosmopolitanism),即对各种各样的外来影响兼容并蓄。虽然两位作者首先谈到唐朝极富国际号召力的特性,如周边民族对唐文化因子的吸收,整个亚洲不同类型的人纷纷入华,而长安更是一个大帝国的盛大国际都会,但他们认为要理解唐代文明的国际特性时,更主要的是要从它自身过去的历史遗产中去寻找。[1]因此,我们在这本概观唐朝的论文集中,主要读到的是一组有关唐代政治、制度、思想、宗教和文学方面的高水平论文,而没有特别涉及到唐朝与外部世界的关联问题。这和西方中古历史研究的总体走向是相一致的,因为史料的贫乏和缺少像伯希和(P. Pelliot)那样兼通多种语言的汉学家[2],使得

---

* 本文是作者提交2002年4月18—20日美国普林斯顿大学举办的"唐代的新概观"国际学术研讨会论文的中文稿。

1 D. Twitehett and A. F. Wright, "Introduction," *Perspectives on the T'ang*, ed. by A. F. Wright and D. Twitchett, New Haven and London: Yale University Press, 1973, p. 1.

2 Cf. D. Twitchett, "Introduction," *The Cambridge History of China*, vol. 3: Sui and T'ang China, 589—906, Part I, ed. by D. Twitchett, Cambridge: Cambridge University Press, 1979, p. 38, note 32; T. H. Barrett, "Review of D. D. Leslie and K. H. J. Gardiner: *The Roman Empire*

唐朝甚至整个汉唐时期的中外关系史的研究不再成为西方中国历史研究的主要课题。

然而,除了制度的基本框架而外,我们今天探讨唐朝的政治、思想、宗教、文学等方面的历史,都难以使唐朝和外部世界绝对区分开来,一个最基本的事实是,作为唐朝历史乃至中国历史分水岭的安禄山叛乱,就是由在华的胡人所发动的,安禄山和他的胡兵蕃将深深地影响了唐朝的政治史进程。而且,随着我们深入探讨唐朝社会的各个层面,即当我们研究动态的唐朝时,外来文明的影响更是难以排除的。

近年来,随着中国考古工作的进步和出版事业的发达,大量的文物和石刻史料被发掘出来或被刊布出来,为我们研究中古时期的外来文明提供了丰富的素材。最近两三年间发现的安伽墓和虞弘墓引起的对入华粟特人以及其他中亚胡人的热烈讨论,就是一个明显的例证。在本次会议上,张广达先生便就这个问题提供了最新的研究成果。[3]

我很高兴地看到,会议主持人把这次"唐代的新概观"(New Perspectives on the Tang)国际学术研讨会的第一场命名为"唐代中国与外部世界"(Tang China and the Outside World),我希望用入华波斯人在唐朝的活动,来说明波斯文化与中国文化在唐朝的相互影响与交融,其中最典型的材料,是近年才真正为学界所知的波斯人李素一家的事迹,他们作为波斯贵裔,入仕唐朝;他们保持自己的景教信仰,把波斯系统的占星学引入中国;他们接受中国文化,甚至中国礼仪;他们使用李唐姓氏,并最终融入中国社会。[4]

二、波斯与中国的交往及波斯人入华

萨珊波斯(224—651 年)和唐朝(618—907 年)是分别位于西亚和东亚

---

in Chinese Sources," *BSOAS*, 61. 1. 1998, pp. 184—185. 但有一个例外,就是 E. H. Schafer 的优秀著作 *The Golden Peaches of Samarkand: A Study of Tang Exotics*, Berkeley-Los Angeles-London: University of California Press, 1963, 其中涉及到我们讨论的一些问题和具体事件。

3 Zhang Guangda, "Sogdian Settlements and Tang Materical Culture".

4 关于李素墓志的录文和初步解说,见荣新江:《一个入仕唐朝的波斯景教家族》,《伊朗学在中国论文集》第 2 集,北京:北京大学出版社,1998 年,第 82—90 页。

的两大帝国。中国与萨珊波斯的交往史应当上溯到公元五世纪中叶。

在唐朝建立以前，具体说就是北魏文成帝太安元年（455 年），在直接的交往断绝了很长一段时间后，波斯与统一了中国北方的北魏王朝建立了直接的联系。从这时开始，直到 522 年，《魏书》本纪记载了十个波斯使团，前五次应当是到了北魏都城平城（今山西大同），后五次到达的则是 493 年迁都后的洛阳。1981 年大同西郊北魏正始元年（504 年）封和突墓出土的波斯银盘，1970 年大同北魏城址出土的银多曲长杯、银碗，1988 年大同北魏墓葬出土的银碗，都是典型的萨珊式波斯银器[5]，其中应当有波斯使者带来的波斯产品，当然也有可能是北魏得自西域的萨珊或中亚所产的波斯器皿。来到洛阳的波斯人，我们可以从《洛阳伽蓝记》卷三中了解他们的情况："永桥以南，圜丘以北，伊洛之间，夹御道，东有四夷馆，一曰金陵，二曰燕然，三曰扶桑，四曰崦嵫。道西有四夷里，一曰归正，二曰归德，三曰慕化，四曰慕义。……西夷来附者，处崦嵫馆，赐宅慕义里。自葱岭已西，至于大秦，百国千城，莫不款附；商胡贩客，日奔塞下，所谓尽天地之区已。乐中国土风因而宅者，不可胜数。是以附化之民，万有余家。"[6]这里所说的西夷归附者，应当也包括波斯人在内。他们先被处之于崦嵫馆，以后赐宅在慕义里。

波斯的使者也深入到南朝。中大通二年（530 年），波斯国遣使献佛牙。五年（533 年）八月，遣使献方物。大同元年（535 年）四月又献方物。[7]现存南京博物院的题为梁元帝萧绎的《职贡图》残卷，波斯国条题记引释道安《西域诸国志》残文，有"中大通二年遣中（使）经犍陀越奉表献佛牙"[8]，可知波斯之通使南朝，走的也是西域经吐谷浑境而南下益州（四川）再顺长江而下到建康（今南京）的道路。

---

5 参看夏鼐：《北魏封和突墓出土萨珊银盘考》，《文物》1983 年第 8 期；马雍：《北魏封和突墓及其出土的波斯银盘》，同上；齐东方：《唐代金银器研究》，北京：中国社会科学出版社，1999 年，第 255—258 页，后者认为是中亚产萨珊式银器。

6 周祖谟：《洛阳伽蓝记校释》，北京：中华书局，1963 年，第 130—132 页。

7 见《梁书》卷五四《西北诸戎传》，北京：中华书局标点本，1973 年，第 815 页；卷三《武帝本纪》，第 77、79 页。

8 《文物》1960 年第 7 期，第 2 页图版。

534 年北魏分裂为东、西魏后，西域形势也不安宁，柔然控制着西域往来的道路，波斯与西魏、东魏的往来一度中断。而就在大约 546 年时，柔然曾派遣年轻的虞弘出使波斯和吐谷浑，[9]表示与西域的交往通道都在柔然的控制之下。552 年，突厥大破柔然，柔然衰亡。西魏废帝二年（553 年），波斯使者到访西魏都城长安，[10]大概就是柔然破灭的结果。565 年，萨珊波斯与突厥汗国联合攻灭中亚游牧强国嚈哒，但不久突厥又通过粟特商人为首的使团与拜占庭结盟，夹攻萨珊波斯，波斯东来的道路仍不畅通。《周书》记北周天和二年（567 年）有安息国使献方物，[11]而此时安息早已不存在，是否是用古称来指波斯，还是粟特安国之误，不能确定。终南北朝之世，未见波斯再度遣使。

隋朝统一了南北中国，到隋炀帝即位（605 年）后，又开始与西域的交往。他曾派遣云骑尉李昱出使波斯，波斯也遣使随李昱入隋进贡方物。[12]虽然帮助隋炀帝联络西域的裴矩在所撰《西域图记》中，记载了通向波斯的丝绸之路中道，但大概很快受到隋末战乱的影响，双方的交往又停顿下来。

唐朝建立并稳定中国南北形势以后不久，伊嗣俟（Yazdgard Ⅲ）于 632 年即位为萨珊国王，随后受到来自阿拉伯半岛的大食人的大举进攻。波斯在 639、647、648 年连续遣使入唐，[13]显然是请求援助。不久，伊嗣俟被大食击败，651 年逃到吐火罗的木禄城（Merv），被人杀害。至此，萨珊波斯帝国实际已经灭亡。但伊嗣俟之子卑路斯（Peroz）避居吐火罗，654 年（永徽五年）遣使入唐告难并请兵救援。其时唐朝尚未平定西突厥阿史那贺鲁的叛乱，当然无力出兵葱岭以西。661 年（龙朔元年），卑路斯再次遣使唐朝，请兵救援。唐朝此时已击破西突厥汗国，葱岭东西原属西突厥的各个小国的宗主权转归

9　张庆捷：《虞弘墓志考释》，荣新江编：《唐研究》第 7 卷，北京：北京大学出版社，2001 年，第 153 页。

10　《周书》卷五〇《异域传》，北京：中华书局标点本，1971 年，第 920 页。

11　《周书》卷五《武帝纪》，第 74 页；卷五〇《异域传》，第 919 页。

12　《隋书》卷八三《西域传》，北京：中华书局标点本，1973 年，第 1857 页。

13　《册府元龟》卷九七〇，北京：中华书局标点本，1960 年，第 11399、11400、11401 页。

唐朝,唐朝设置羁縻州府来加以统治。于是在同一年(661 年),派遣王名远到吐火罗地区设置羁縻都督府州,同时以卑路斯所在的疾陵城设波斯都督府。663 年任命卑路斯为波斯都督府都督。[14]唐朝史料记载,667、671 年,波斯使者入贡于唐,[15]应当就是卑路斯所遣。674 年,在大食的侵逼下,卑路斯无法在西域立足,逃入长安,[16]最后客死中土。可以想见,波斯流亡首领逃入长安,必然有相当一批波斯贵族随之而来。

卑路斯去世后,唐朝于 678 年册立留在长安的其子泥涅师师(Narses)为波斯王。679 年,唐高宗任命裴行俭为"安抚大食使",发波斯道行军,以册送泥涅师师为名,实际是在途中袭击西突厥余部与吐蕃联合的军事力量。[17]当裴行俭率军在碎叶(Ak-Beshim)擒获西突厥余部首领,平定叛乱以后,随即立碑纪功而还。[18]据吐鲁番出土汉文文书,大概在 680 年,唐朝军队经护密到吐火罗,把泥涅师师护送到吐火罗地区。[19]然而,我们很难相信已经随卑路斯来到长安的波斯贵族,都会随泥涅师师回到吐火罗斯坦。

泥涅师师在吐火罗地区坚持与大食抗战二十余年,到 708 年又回到唐朝,被授予左威卫将军称号,不久后即病死于长安。在此期间,683、706 年都有波斯使者来到唐朝,或许是泥涅师师所遣,因为唐朝一直把卑路斯到泥涅师师看作是萨珊波斯的正统代表,直到泥涅师师去世后,唐朝才以为"其国遂灭"。

此后,萨珊波斯余部继续在吐火罗地区活动,而里海南岸的陀拨斯单

---

14 《旧唐书》卷一九八《西域传》,北京:中华书局标点本,1975 年,第 5313 页;《册府元龟》卷九九五、卷九六四,第 11686、11341 页。

15 《册府元龟》卷九七〇,第 11402 页。

16 《册府元龟》卷九九九,第 11718 页。

17 《旧唐书》卷八四《裴行俭传》,第 2802—2803 页。《新唐书》卷二二一《西域传》,北京:中华书局标点本,1975 年,第 6259 页。

18 周伟洲认为 Ak-Beshim 发现的残碑,就是裴行俭所立之碑,见所撰《吉尔吉斯斯坦阿克别希姆遗址出土残碑考》,收入作者《边疆民族历史与文物考论》,哈尔滨:黑龙江教育出版社,2000 年,第 307—313 页。

19 姜伯勤:《吐鲁番文书所见的"波斯军"》,《中国史研究》1919 年第 1 期,第 128—135 页;荣新江:《吐鲁番文书〈唐某人自书历官状〉所记西域史事钩沉》,《西北史地》1987 年第 4 期,第 54—55 页。

(Tabaristan)出自萨珊王室,也一直保持独立到765年,因此,唐朝史籍中仍不断有波斯贡使的记录,从719年(开元七年)到771年(大历六年),仅《册府元龟》所记,除掉重复,就有十七次之多,其中甚至还有波斯国王遣使的记载。[20]也有的研究者把这些使者看作是冒称使者的波斯商人,但这样多的记录,而且有些是明确记载为波斯国王的使者、首领、城主乃至王子,很难都把他们看作商人。而且,即使是商人冒称使者,他们一旦被唐朝政府视作使臣,则他们必然是按照使者来接待的,而不是商人。

以上是传统的中国史书告诉我们的波斯与中古中国交往的历史,我们可以从中看出:来华的波斯人主要是肩负外交和政治使命的使者,而不是严格意义上的商人。虽然不排除一些和南海国家一起来的波斯使者走的是海路,但绝大多数的使者是走陆路来中国的,甚至在南北朝时期,波斯与南朝的交往也走的是穿过中亚的陆路。

如果我们把上述人所共知的事实与粟特商人的活动放到一起来观察,或许可以看出为什么这一段时期来华的波斯人主要是使者,而不是商人。感谢敦煌吐鲁番文书和中亚地区各种语言文献,特别是粟特文献的发现和整理,以及近年来大量公布的粟特人墓志资料,使我们现在对粟特人的东迁及其在丝绸之路沿线建立的聚落有了较为深入的了解。[21]

粟特人的家乡位于中亚阿姆河和锡尔河之间,即古典作家所说的Sogdiana。他们较波斯人来说,更靠近中国,而他们作为一个商业民族,很早就开始向东方进行商贸活动。至迟在粟特文古信札(Sogdian Ancient Letter)写成的313年前后,粟特商人的足迹已经到达敦煌、肃州(酒泉)、姑臧(武威)、

---

20 《册府元龟》卷九七一、九七二、九七五、九九九,第11406—11415、11450—11454、11723页。

21 参看荣新江:《西域粟特移民考》,马大正等编:《西域考察与研究》,乌鲁木齐:新疆人民出版社,1994年,第157—172页;又《北朝隋唐粟特人之迁徙及其聚落》,《国学研究》第6卷,北京:北京大学出版社,1999年,第27—85页。后者有B. Doar的英文摘要翻译:"The Migrations and Settlements of the Sogdians in the Northern Dynasties, Sui and Tang," *China Archaeology and Art Digest*, IV. 1: Zoroastrianism in China, December 2000, pp. 117—163。

金城(兰州)以及洛阳。[22]而在此之前,还没有萨珊波斯遣使中国的任何记录。所以,伯希和认为汉文的"波斯"一名是转译自粟特文的说法,[23]是十分有道理的。粟特人的经商活动,是一种具有高度组织性的活动,他们组成队商,选举出队商首领——萨保(也写作萨簿、萨甫、萨宝),成群结队而行,进行大宗贵重商品的贩运。在粟特本土和中国东北的营州之间,他们在中原王朝和北方草原游牧汗国之间的夹缝地带,建立了一系列的殖民地,有些商人还深入到中原王朝的都城和草原帝国的汗庭所在地。可以说,从公元四世纪初,到公元八世纪上半叶,粟特人在中亚到中国北方的陆上丝绸之路沿线,已经建立了完善的商业贩运和贸易的网络。在这种情况下,萨珊波斯的商人就很难插足其间,来争夺中亚和中国本土的商业利益了。我们从吐鲁番留存的大量麹氏高昌国时期(501—640 年)和唐朝时期的文书,可以看到粟特商人在高昌地区从事商贸活动的真实写照,但却没有任何波斯商人的身影。[24]由此也可以认为,吐鲁番文书所记和丝绸之路沿线发现的大量萨珊波斯银币,应当是粟特商人带来的,而不是波斯商人。[25]

从另一方面来看,粟特商人的东方商贸活动是先后受到自己的宗主国 嚈哒(Hephthalite)和突厥(Turk)庇护的,当然他们也为宗主国带来贸易上的利益。波斯的东方贸易受到粟特人的阻拦,但是它也同样阻碍着粟特人和

---

22 N. Sims-Williams, "Sogdian Ancient Letter II," A. L. Juliano and J. A. Lerner (ed.), *Monks and Merchants, Silk Road Treasures from Northwest China, 4th—7th Centuries CE*, New York 2001, pp. 47—49.

23 伯希和撰,冯承钧译:《吐火罗语考》,北京:中华书局,1957 年,第 73 页。

24 参看荣新江:《高昌王国与中西交通》,余太山编:《欧亚学刊》第 2 辑,北京:中华书局,2000 年,第 73—83 页。

25 一些学者认为吐鲁番发现的波斯银币与四世纪五十年代萨珊波斯在东部的扩张有关,见夏鼐:《综述中国出土的波斯萨珊朝银币》,《考古学报》1974 年第 1 期,第 97 页;桑山正进:《东方におけるサーサーン式货币の再检讨》,《东方学报》(京都)第 54 册,1982 年,第 149—151 页;E. V. Zeimal, "Eastern (Chinese) Turkestan on the Silk Road——First Millennium A. D. Numismatic Evidence," *Silk Road Art and Archaeology*, 2, 1991/1992, pp. 166—167。姜伯勤在《敦煌吐鲁番文书与丝绸之路》(北京:文物出版社,1994 年)第 30—31 页引用了上述观点,并把这些钱币看作是波斯通往中国的"白银之路"的物证;同时又在第 198—202 页指出,敦煌、吐鲁番流行银币的原因是与以粟特人为大宗的西域商胡有关。

突厥人与波斯以西地中海国家，特别是拜占庭的贸易往来。在粟特人力图直接通过萨珊波斯与西方贸易的努力失败后，568 年由突厥汗庭出发的突厥粟特使团到达君士坦丁堡（Constantinople），从此建立了绕过伊朗地区而经高加索地区与拜占庭交往的通道。[26]一向与波斯人争夺陆上商贸道路控制权的粟特商人，既然在四世纪初叶以后已经牢固地掌握了东方的贸易网，那么五世纪中叶以来通过陆路而来的波斯人，就很少有成群结队的商人了，波斯的商业活动仅仅局限在波斯使臣的朝贡贸易的范围内。

波斯人在陆上的损失，大概从海上获得了部分的补偿。虽然史料记载长安东西市上也有识宝的波斯老胡，但文献上出现的波斯商人或他们所开设的店铺，更多地是在东南沿海一带。

从广州等沿海口岸经南海西行到波斯的海上交通道路，很早以来就已开通。1984 年广东省遂溪县边湾村发现的一批南朝窖藏金银器中带有粟特文的萨珊银器和 20 枚萨珊银币，被看作是五世纪波斯商舶来到南中国海沿岸的证据。[27]但波斯商船频繁来到中国东南沿海，应当是七世纪中叶以后的事情。671 年（咸亨二年），唐朝取经僧义净就是从广州搭波斯舶起程前往印度。[28]到开元时（713—741 年），广州“江中有婆罗门、波斯、昆仑等舶，不知其数，并载香药珍宝，积聚如山，舶深六七丈”。[29]我们不能同意波斯支持下的商人此时已经建立了通向东方的海上贸易网络的说法，但波斯舶确实是八世纪中叶活跃在印度洋和中国南海的重要船队，所以，唐朝笔记、小说中描写的处在社会下层的波斯商胡，大概主要是从海上来到中国的。[30]

---

26 Cf. J. A. Lerner, "The Merchant Empire of the Sogdians," *Monks and Merchants, Silk Road Treasures from Northwest China, 4th—7th Centuries CE*, p. 223.

27 遂溪县博物馆：《广东遂溪县发现南朝窖藏金银器》，《考古》1986 年第 3 期。参看姜伯勤：《广州与海上丝绸之路上的伊兰人——论遂溪的考古新发现》，《广州与海上丝绸之路》，广东省社会科学院，1991 年，第 21—33 页。

28 义净：《大唐西域求法高僧传校注》，王邦维校注，北京：中华书局，1988 年，第 152 页。

29 《唐大和上东征记》，汪向荣校注本，北京：中华书局，1979 年，第 68 页。

30 关于波斯与粟特分由海路和陆路与中国贸易的概述，见 W. Watson, "Iran and China," *Cambridge History of Iran*, III (2), Cambridge: Cambridge University Press, 1983, pp. 552—553。

这些从海上来的波斯商人人数不少,《旧唐书》记载,安史之乱后,刘展作乱,扬州长史、淮南节度邓景山引平卢副大使田神功率兵马讨贼,“至扬州,大掠百姓商人资产,郡内比屋发掘略遍,商胡波斯被杀者数千人。”[31]可见当时扬州波斯商胡人数之多。又,乾元元年(758 年)九月癸巳,“广州奏大食国、波斯国兵众攻城,刺史韦利见弃城而遁。”[32]这些所谓波斯国兵,应当是由波斯商人组成的。他们有能力进攻偌大的广州城,而且逼迫刺史弃城而逃,更说明人数之众。

三、在华波斯人

由上述波斯人入华的途径和史料所记入华波斯人的身份,我们可以把唐朝时期在华的波斯人大致分为王族首领使者与商人两类,以便分析他们在唐朝社会中所处的不同社会阶层,以及他们融入唐朝社会的情况。

第一类人,即萨珊波斯的王族、首领和使者,因为萨珊波斯的灭亡,大多数都留在唐朝,个别人如波斯王卑路斯,被优养起来,而其他人则入仕唐朝,为唐朝效力。因为波斯人留下名字、事迹的人物极少,这里就以目前所知三方波斯人墓志,来考察不同身份的波斯人入仕唐朝的情形。

其一,据洛阳早年出土的《阿罗憾墓铭》,阿罗憾原为波斯国人,显庆时(656—661 年),高宗以其“功绩可称,名闻□□(遐迩)”,所以“出使召来”,授予将军职衔,在宫城北门侍卫。据富安敦(A. Forte)极具说服力的考证,显庆三年(658 年)唐朝打败西突厥并占领西域后,以阿罗憾为“拂林国诸蕃招慰大使”,到中亚宣传唐朝声威,并且在拂林(指吐火罗地区的 Khulm)西界立碑而还。[33]武则天延载元年(694 年)八月,在洛阳皇城的端门外,建立天

---

31 《旧唐书》卷一二四《田神功传》,第 3533 页。《旧唐书》卷一一〇《邓景山传》作“商胡大食、波斯等商旅死者数千人”,第 3313 页。

32 《旧唐书》卷一〇《肃宗本纪》,第 253 页。

33 A. Forte, “On the So-called Abraham from Persia. A Case of Mistaken Identity,” Paul Pelliot, *L' inscription nestorienne de Si-ngan-fou*, edited with supplements by Antonino Forte, Kyoto and Paris 1996, pp. 375—428.

柩,阿罗憾又召集各国藩王,出资出力。此外还有其他诸军功,墓志没有一一列举。阿罗憾于景云元年(710年)四月一日,以九十五岁高龄卒于东都洛阳自己的宅第里,其最终结衔为"大唐波斯国大酋长、右屯卫将军、上柱国、金城郡开国公"。[34]富安敦推测他的原名很可能是 Vahram,与波斯王 Yazdgard Ⅲ之子同,但难以确定是同一人。[35]至少阿罗憾应当出自波斯王族,而且他是679—708年间泥涅师师被送到吐火罗斯坦时在华波斯人中的最高首领,他的一举一动,无疑为来华波斯贵族树立了榜样。阿罗憾为唐朝向西域的扩张,以及武则天的上台,都予以积极的支持。前者仍有抵抗大食的意义,后者则主要是为武则天"铭纪功德,黜唐颂周"的政治宣传服务。

在高宗与武则天的乾陵前藩王石像中,还有一位"波斯大首领南昧",他应当也是一位流亡到中国的萨珊波斯的高级官员,是高宗武则天时期的入华波斯人的大首领之一。[36]南昧和阿罗憾几乎同时在华为大首领和大酋长,说明波斯流亡人员中有不少高级贵族。南昧大概没有来得及入仕唐朝就已去世,所以他的结衔中没有唐朝给予的官称。

其二,1980年西安发现的《波斯人李素墓志》及其夫人《卑失氏墓志》,展示了另一个波斯家族入仕唐朝的完整画面。据志文,李素出身贵裔,而且是本国王的外甥,家族"荣贵相承,宠光照灼"。他的祖父李益,天宝中(742—756年)受君命而来通国好,作为质子,留在中国,宿卫京师。被授予

---

34 墓志原文见周绍良编:《唐代墓志汇编》上,上海:上海古籍出版社,1992年,第1116页。

35 A. Forte, "On the Identity of Aluohan (616—710年), a Persian Aristocrat at the Chinese Court," *La persia e l'Asia Centrale da Alessandro al X Secolo*, Roma 1996, pp. 187—197.

36 林梅村:《洛阳出土唐代犹太侨民阿罗憾墓志跋》,怀疑此人即阿罗憾,因为题名上无"故"字,说明神龙二年(706年)立像时还在世,并且提议把"南昧"读作"右屯卫"三字,见所著《西域文明》,北京:东方出版社,1995年,第107页。但南昧像前一人像,即高宗时已去世的波斯国王卑路斯像,也未书"故"字,故此用有无"故"字,难以确定立像时在世与否,而"南昧"二字清楚无误,见陈国灿:《唐乾陵石人像及其衔名的研究》,《突厥与回纥历史论文集》上,北京:中华书局,1987年,第399—400页。况且阿罗憾去世年份晚于乾陵立像的年份,故其说不可取。

银青光禄大夫、检校左散骑常侍、兼右武卫将军、赐紫金鱼袋的职衔,而且还特赐姓"李",封陇西郡,与李唐皇家相同,以后子孙即以此为姓。李素的父亲李志,出任朝散大夫、守广州别驾、上柱国。李素早年即随父在广州生长,大历中(766—779年)被召到京师长安,任职于司天台,前后共五十余年,经历了代、德、顺、宪四朝皇帝,最终以"行司天监兼晋州长史翰林待诏"的身份,于元和十二年(817年)去世。他的六个儿子,长子李景侁(一作李景位)先任河中府(今山西永济县西南蒲州镇)散兵马使,后任神策军散兵马使兼正将。次子李景伏(一作李景复)任晋州(今山西临汾市西南)防御押衙。三子李景亮先任翰林待诏襄州南漳县(今湖北南漳)尉,后以宣德郎起复,入京任守右威卫长史、翰林待诏、赐绯鱼袋。四子李景弘(一作李景直)宝应元年(762年)到贞元十二年(796年)间先任朝议郎、试韩王府司马,后转为威远军押衙。五子李景文先为太庙斋郎,后为乡贡明经。六子李景度先是顺宗丰陵的挽郎,后为太庙斋郎。[37]

李素一家作为波斯贵裔,其祖父来到中国后,先是和其他许多外国质子一样,作为京城宿卫的军官,以后两代分别出任地方官和中央政府司天台的技术官,李素诸子则逐渐从中央或地方低级武官,变成文职人员,以及皇家礼仪中的配角。

其三,1955年在西安城西土门村发现的汉文和波斯婆罗钵文合写的《苏谅妻马氏墓志》,苏谅和马氏是萨珊波斯的遗民,由于大食对波斯的进攻而来到东方。咸通十五年(874年)马氏去世时,苏谅任左神策军散兵马使,[38]和李素的长子李景侁的职位一样,大概都是贞元三年(787年)唐朝检

---

37 荣新江:《一个入仕唐朝的波斯景教家族》,《伊朗学在中国论文集》第2集,第82—90页。

38 夏鼐:《唐苏谅妻马氏墓志跋》,《考古》1964年第9期,第458—461页;伊藤义教:《西安出土汉婆合璧墓志婆文语言学的试释》,《考古学报》1964年第2期,第195—202页;W. Sundermann and Th. Thilo, "Zur mittelpersisch-chinesischen Grabinschrift aus Xi'an" *MIO*, 11.3, 1966, pp. 437—450; J. Harmatta, "The Middle Persian-Chinese Bilingual Inscription from Hsian and the Chinese-Sasanian Relation," *La Persia nel medioevo*, Roma 1971, pp. 363—376; H. Humbach and Wang Shiping, "Die Pahlavi-chinesische bilingue von Xi'an," *Acta Iranica*, 28, 1988, pp. 73—82;刘迎胜:《唐苏谅妻马氏汉巴列维

括西域胡客的结果。据《资治通鉴》卷二三二记载,贞元三年把原由鸿胪寺供给而已在长安有田宅者停止供给,使之分隶于神策两军,“王子、使者为散兵马使或押牙,余皆为卒”。[39]

可见,波斯王子、首领、贵族以及使者,大多进入唐朝各级官僚体系当中。他们有不少在唐朝皇家禁卫军中供职,也有的成为皇朝礼仪中的职员,这可能与他们的胡人外貌特征有关,而总体来说,这类波斯人逐渐与唐人没有什么区别了。

第二类人,即商人,他们原本在萨珊王朝时地位就低,到中国以后也似乎也没有提高。我们对这些波斯商人的了解,主要来自中晚唐的笔记小说,其中波斯商人的形象,可以举以下记载为例:[40]

唐末段安节著《乐府杂录》记:长安富家子康老子,不事生计,使家产荡尽。偶尔遇到一个老妪,持旧锦褥货卖,于是以半千文买下。随即被一波斯人看见,以为至宝,并以千万文买下。

《旧唐书》卷一七《敬宗本纪》记:长庆四年(824 年)九月,有波斯大商人李苏沙进沉香亭子材。[41]

元澄(玄宗时人)著《秦京杂记》,提到西市波斯客。[42]

牛僧孺(780—849 年)著《玄怪录》卷一有传奇:言周、隋间人杜子春,曾在长安西市波斯邸与一老人约会。[43]五代孙光宪《北梦琐言》卷十记:长安

文墓志再研究》,《考古学报》1990 年第 3 期,第 295—305 页;林梅村:《唐长安城所出汉文-婆罗钵文双语墓志跋》,《西域文明》,第 251—258 页。

39 《资治通鉴》,中华书局标点本,1956 年,第 7492—7493 页。

40 E. H. Schafer, “Iranian Merchants in Tang Dynasty Tales,” *Semitic and Oriental Studies. A Volume Pressented to William Popper on the Occasion of His Seventy-Fifth Birthday October 29, 1949*, ed. by W. J. Fischel, Berkeley and Los Angeles: University of California Press, 1951, pp. 403—422,几乎提示了以下所提到的所有史料,个别的还做了翻译。

41 E. H. Schafer, *The Golden Peaches of Samarkand*, p. 165.

42 《类说》卷四引元澄《秦京杂记》“压惊钱”条,《影印四库全书文渊阁本》第 873 册,第 58—59 页。

43 又见《太平广记》卷一六“杜子春”条,题出自《续玄怪录》,北京:中华书局,1961 年,第 109 页。Cf. Schafer, “Iranian Merchants in Tang Dynasty Tales,” p. 417。以下传奇的作者和成书年代,参看李剑国:《唐五代志怪传奇叙录》,天津:南开大学出版社,1993 年。

东市原有一低洼隙地，有人填平立店，提供给波斯商人作为交易之所。

戴孚作于大历、贞元年间的《广异记》有传奇：一波斯胡人至扶风逆旅，买方石得径寸宝珠，于是随船泛海而去。[44]

《广异记》又有传奇：有波斯胡人，在洪州（今江西南昌）一僧人处市一小瓶，大如合拳。后胡人至扬州，长史邓景山知其事，以问胡，胡云："瓶中是紫羖羯，人得之者，为鬼、神所护，入火不烧，涉水不溺。"[45]

卢肇（820？—879？年）著《逸史》中，提到扬州有波斯店、波斯商人。[46]

薛用弱长庆四年（824 年）成书的《集异记》有：开元初，李勉游扬州，遇波斯老胡要求搭乘船只，自称"我本王贵种也，商贩于此，已逾二十年"，其有传国宝珠，途中因病而死。李勉到达扬州之后，于旗亭处见群胡相随，其中有已故商胡之子。[47]

《广异记》记："近世有波斯常云，乘舶泛海，往天竺国者已六七度。"[48]

李伉咸通时（860—874 年）撰《独异志》卷下记，有李灌者，在洪州建昌县（今江西奉新县西）岸边，救助一位卧病的波斯人。波斯临卒前送其一珠，可径寸。[49]

徐铉（917—992 年）著《稽神录》卷五记：临川人岑氏尝游山，于溪水中得二白石，大如莲实，后至豫章（今江西南昌），有波斯胡人以三万市去。[50]

44　又见《太平广记》卷四〇二"径寸珠"条，第 3237 页。Cf. Schafer, "Iranian Merchants in T'ang Dynasty Tales," pp. 418—419; Schafer, *The Golden Peaches of Samarkand*, p. 243。

45　又见《太平广记》卷四〇三"紫羖羯"条，第 3251 页。Cf. Schafer, "Iranian Merchants in T'ang Dynasty Tales," p. 420。

46　《太平广记》卷一七"卢李二生"条，第 119 页。Cf. Schafer, "Iranian Merchants in T'ang Dynasty Tales," p. 417。

47　又见《太平广记》卷四〇二"李勉"条，第 3240 页。Cf. Schafer, "Iranian Merchants in T'ang Dynasty Tales," p. 419。

48　又见《太平广记》卷四六四"南海大蟹"条，第 3819 页。Cf. Schafer, "Iranian Merchants in T'ang Dynasty Tales," pp. 421—422。

49　又见《太平广记》卷四〇二"李灌"条，第 3240—3241 页。Cf. Schafer, "Iranian Merchants in T'ang Dynasty Tales," p. 419。

50　又见《太平广记》卷四〇四"岑氏"条，第 3261 页。Cf. Schafer, "Iranian Merchants in T'ang Dynasty Tales," p. 420; Schafer, *The Golden Peaches of Samarkand*, p. 223。

裴铏晚唐时所著《传奇》记：贞元中（785—805 年），崔炜于广州波斯邸鬻宝珠，有老胡人一见，遂匍匐礼手曰："郎君的入南越王赵佗墓中来；不然者，不合得斯宝。"[51]

《北梦琐言》记：乾宁初（894—895 年），秭归郡（今湖北秭归县）草圣僧怀浚为幼好药术的波斯人穆昭嗣书字画画。[52]

晚唐五代还有李珣，"其先波斯国人"，后入蜀中（四川），善诗词，预宾贡，著有《海药本草》，专记海外名香奇药。其弟李玹，字廷仪，以鬻香药为业，后任前蜀率府率。[53]李珣还有一妹，名舜弦，被前蜀王衍纳为昭仪，有诗存世。[54]

以上有正史、笔记中的记载，但更多的是唐人传奇小说中的人物。这些传奇中所描写的波斯商人形象，更可以代表唐人对波斯商人的看法，而他们活动的场所，也比较真实地反映了唐朝波斯商人活动的地域范围。如果我们把来华的波斯商人和来华的粟特商人加以对比，则可以看出一些有趣的现象。

从上面所收集的材料看，波斯商人主要活跃于唐代都城西京长安，距长安不远的扶风也有波斯人行迹，但东都洛阳却没有记载，说明武则天以后，洛阳对于胡商的吸引力减弱。更多的波斯胡人出现在扬州、洪州、广州等江南都市，以及湖北、四川等地，他们的分布十分零散。从时间上来看，波斯人主要活跃在安史之乱以后。与此不同的是，粟特商人更主要的是活跃在北方陆上交通道路的沿线，时代更集中在北朝到唐朝前期，虽然也有个别粟特人深入南方，甚至岭南，但主体显然是在高昌、敦煌、武威、长安、洛阳、营州等地。

---

51 《太平广记》卷三四"崔炜"条，第 216—220 页。Cf. Schafer, "Iranian Merchants in T'ang Dynasty Tales," p. 418; Schafer, *The Golden Peaches of Samarkand*, p. 239。

52 又见《太平广记》卷九八"怀浚"条，第 656 页。

53 《茅亭客话》卷二；《鉴诫录》卷四。参看罗香林：《系出波斯之李珣及其海药本草》，《香港大学五十周年纪念论文集》第 2 集，香港，1964 年，第 217—239 页。按，《海药本草》有尚志钧辑校本，北京：人民卫生出版社，1997 年。

54 《全唐诗》卷七九七，北京：中华书局，1960 年，第 8968—8969 页。

在唐人心目中,波斯人是善于经商,尤其精于识宝,往往不惜重金以求宝,最终均会得手,而且虽然老病垂死,也要把宝物留给后人。因此,唐人把波斯商人看作是怀有宝物的富人。民间流行有"不相称"语,其中的"穷波斯"与"先生不认识字"并列,[55]即是说波斯商人根本是不可能穷的。在经商的本领上,粟特人也同样是高手,唐人传奇中往往用"商胡"来指称伊朗种的商人,他们既指波斯,也指粟特。然而,我们从上面的康老子故事,似乎可以看出,在唐人眼中,粟特人在识宝方面还是较波斯人略逊一筹。

我们知道粟特商人主要是从陆路来到中国的,而上述史料更多地把波斯商人与"乘船泛海"联系在一起,我们从上一节所举广州、扬州大批波斯商人的情况也可以得出同样的结论。元稹《和乐天送客游岭南二十韵》一诗"舶主腰藏宝"句注称:"南方呼波斯为舶主。胡人异宝,多自怀藏,以避强丐。"[56]义净到广州后,也是"与波斯舶主期会南行"。[57]说明唐人把波斯看作是海上而来的商船"舶主"的代称了。粟特人主要是以陆上的队商形式东来的,他们有自己的队商首领,即"萨保"。

前人早已论述过,在广州等沿海城市里,由于外来蕃人较多,有专门居住蕃人的蕃坊。在广州、扬州等大都市里,波斯、大食商胡大概主要居住在蕃坊当中。但蕃坊设立的时间可能迟到文宗时期(826—840年),[58]而此前的情况是"蕃獠与华人错居,相婚嫁,多占田,营第舍"。[59]李素的父亲李志曾任"朝散大夫守广州别驾",即仅次于都督的地方长官,时间在肃宗或代宗时期(756—779年),[60]唐朝任命一位波斯人出任广州地方官,显然是为了管理当地人数众多的波斯等外来蕃人。或许其时还没有蕃坊的定职,所以

---

55 《义山杂纂》"不相称"条,《说郛三种》第6册,上海:上海古籍出版社,1988年,第3543页。Cf. Schafer, *The Golden Peaches of Samarkand*, p. 223。

56 《全唐诗》卷四〇七,第4533页。

57 义净:《大唐西域求法高僧传校注》,第152页。

58 刘健明:《从对外贸易看唐代岭南发展的特点》,《岭南文化新探究论文集》,香港:香港现代教育研究社,1996年,第243—244页。

59 《新唐书》卷一八二《卢钧传》,第5367页。

60 荣新江:《一个入仕唐朝的波斯景教家族》,第84页。

主要是由地方官来管理蕃人。我们从上述有关波斯商人的史料当中,除了一些大都市的波斯邸店外,看不出这些波斯商人始终固定在一个地点上,而是他们到处找宝的形象。粟特商人的经商活动往往是成群结队式的,吐鲁番文书所见到的一些粟特商人,如开元二十年(732年)来往于瓜州(今甘肃安西县)和西州(今新疆吐鲁番)的粟特人石染典,也是带着两个佣人和一个奴隶一起行动的。[61]这和江南波斯老胡的形象颇不相同。

四、波斯与中国:两种文化在唐代的交融

上面谈到波斯上层人士的入仕唐朝,其实已经接触到波斯人对于唐朝文化的逐步认同。李素一族从波斯质子,最后成为太庙斋郎,甚至乡贡明经,是一个最好的例证。波斯商胡在江南地区的广泛活动,也使得他们越来越融入中国社会。李珣兄弟原以卖香药为业,后来成为宾贡进士,以诗词名家,则是深入到中国南方腹地的波斯人迅速中国化的典型。来到中国的波斯人一旦进入这样一个富有深厚传统文化的社会当中,必然受到中国文化的影响,逐渐脱离本来文化的束缚,最后变成面貌虽异,而心态相同的中国人了。

然而,文化的交融问题不是这样简单的过程,入华波斯人在很长时间里都在力图保持本民族的文化,并致力于把波斯文化传入中国的各项事业。

宗教是一个民族传统文化中保持时间最久的文化因子之一。波斯人的正统宗教是琐罗亚斯德教(Zoroastrianism,中国称作祆教),相信来到中国的大多数波斯人所信奉的宗教是祆教。

在波斯人聚集的唐朝都城长安和洛阳城内,都有祆祠。目前所知,长安有五座祆祠,分别在布政、醴泉、普宁、崇化、静恭坊。洛阳有四座,分别在立德、修善、会节坊和南市。因为同样聚集在长安和洛阳的粟特移民,他们的正统宗教信仰也是祆教,所以我们目前不清楚这些祆祠,是波斯和粟特人共同建立、共同祭祀的场所,还是有波斯人的祆祠和粟特人的祆祠之分。事实上,波斯本土和粟特地区的琐罗亚斯德教虽然在基本的教义上是一致的,但

61 《吐鲁番出土文书》第9册,北京:文物出版社,1990年,第40—42页。

是在宗教仪式等方面又有所不同。因此,我推想长安和洛阳的祆祠,至少在开始时,应当是有波斯人的祆祠和粟特人的祆祠之分的,而以后则可能有相互利用的可能。

长安崇化坊的祆祠有明确记载:“唐贞观五年(631 年),有传法穆护何禄,将祆教诣阙闻奏,敕令长安崇化坊立祆寺。”[62]可见是粟特何国人何禄所建。而《长安志》称布政坊之祆寺,是武德四年(621 年)立,“祠内有萨宝府官,主祠祓(祆)神,亦以胡祝充其职。”[63]萨宝为粟特队商首领的称号,似乎这里的祆祠也是为粟特人的祭祀场所。

但我们相信,长安和洛阳的祆祠中,应当有属于波斯人的祆祠。韦述开元十年(722 年)著《两京新记》卷三记长安醴泉坊西门之南,有一所祆祠;[64]又记仪凤二年(677 年)波斯王卑路斯奏请于此坊建“波斯胡寺”,位于十字街南之东。[65]因为在天宝四载(745 年)以前,景教寺院都称作“波斯寺”[66],《两京新记》卷三记义宁坊景教寺院即作“波斯胡寺”,而称祆教寺院则作“祆祠”或“胡祆祠”。所以,按照其名称来看,醴泉坊这个波斯胡寺无疑是一所景教寺院[67],据考这是因为卑路斯王后的信仰而建立

62 姚宽:《西溪丛语》卷上,孔凡礼点校本,北京:中华书局,第 42 页。按,上段文字他处未见,可见宋人姚宽当有所本,但最后“祆寺”后,又有“号大秦寺,又名波斯寺”,并引玄宗天宝四年七月改波斯寺为大秦寺敕。显然姚宽这里把祆寺和波斯、大秦寺混淆在一起,实则波斯、大秦寺是景教寺院,与祆寺不同。Cf. Victor C. Xiong, *Sui-Tang Chang'an. A Study in the Urbon History of Medieval China*, Ann Arbor: Center for Chinese Studies, The University of Michigan, 2000, p. 237。

63 宋敏求:《长安志》卷一〇,平冈武夫编:《唐代的长安与洛阳 · 资料》,上海:上海古籍出版社,1989 年,第 116 页。又见徐松:《唐两京城坊考》卷四,方严点校,北京:中华书局,1985 年,第 104—105 页。

64 最早的记载见《两京新记》卷三,金泽文库存抄本,收入《唐代的长安与洛阳 · 资料》,第 189 页。

65 同上《两京新记》卷三,金泽文库存抄本,第 189 页。

66 《册府元龟》卷五一《帝王部 · 崇释氏》,第 575 页。

67 P. Y. Saeki, *The Nestorian Monument in China*, London 1916, p. 241; idem., *The Nestorian Documents and Relics in China*, Tokyo 1951, pp. 457—458;陈垣:《火祆教入中国考》,载北京大学《国学季刊》第 1 卷第 1 期,1923 年;此据作者 1934 年的校订本,载《陈垣学术论文集》第 1 集,北京:中华书局,1980 年,第 320—321 页;P. Pelliot, *L'inscrip-*

的。[68]过去人们总是把波斯王的正统祆教信仰与他要求建立的寺院联系起来,认为波斯王建的寺必定是祆祠。[69]但是,作为政治人物,特别是来到他国的亡国君主,卑路斯完全有可能应长安的波斯景教教团的要求而新建一所寺院。而卑路斯本人,也可能会把同在醴泉坊的祆祠,当作本人宗教信仰的祭祀中心。据《长安志》卷一〇,景龙年间(707—710年),因幸臣宗楚客筑宅侵入波斯胡寺,所以将此寺移至布政坊祆寺之西。这里同样是把波斯寺(景寺)与祆祠处于同一坊中,而这个祆祠中原有粟特萨保府的设施在内,此时卑路斯已逝,但泥涅师师却在708年回到唐朝首都,不排除这个祆祠成为泥涅师师祭祀祆神的地方,因为萨保府此时已经是名存实亡了。

由于有关卑路斯、泥涅师师、阿罗憾、南昧等波斯国王和大首领的宗教信仰的记录太少,我们无法深论。但有一条绝好的资料,即上述西安出土的《苏谅妻马氏墓志》证明,直到晚唐咸通十五年(874年),萨珊波斯遗民不仅保持着本民族的祆教信仰,而且还继续使用本民族的官方文字婆罗钵文。对照汉文和婆罗钵文墓志铭,才可以发现以"苏谅"来音译其萨珊王族的家族名字 Sūrēn,和用"马氏"来表示逝者的名字 Māsīš,都是十分的巧妙。[70]在此,我们看到了波斯文化在唐朝的顽强坚持,以及波斯文化与中国文化的巧妙融合。但是,不论是"苏",还是"马",特别是波斯人采用最多的"李"姓,实际上都是最容易把自己本来的出生地掩蔽起来的姓氏,不像唐朝时的康、安、米姓粟特人那样容易被人察觉出来。可以说,波斯人主要选用李

---

tion nestorienne de Si-ngan-fou, edited with supplements by Antonino Forte, p. 288, note 222; A. Forte, "The Edict of 638 Allowing the Diffusion of Christianity in China," *Ibid.*, p. 355。

68 D. D. Leslie, "Persian Temples in T'ang China," *Monumenta Serica*, 35, 1981—1983, p. 286.

69 青木和子:《唐代长安の祆教寺院について》,《龙谷大学佛教文化研究所纪要》第17号,1978年,第95页;林悟殊:《波斯拜火教与古代中国》,台北:新文丰出版公司,1995年,第139—150页;Xiong, *Sui-Tang Chang'an. A Study in the Urban History of Medieval China*, p. 237。

70 参看注38所引文献的相关对证。

唐皇家的“李”姓来作为自己的姓氏，是他们融化在中国社会中的一条重要的途径。

长安的景教在波斯人的维护下，绵延了长达两百年的历史。

498年以后，波斯成为基督教东方教会——聂斯脱利派（Nestorianism）的大本营，该派教士以波斯为根据地向东传教。唐太宗贞观九年（635年），波斯僧阿罗本将此教传入中国，中国称作景教。唐太宗于贞观十二年下诏，允许传教，于是在长安义宁坊立寺一所，因为是从波斯传入的宗教，所以寺院就名为“波斯寺”或“波斯胡寺”。[71]

以后，活跃在中国南北的景教僧侣，如开元二年（714年）与市舶使周庆立一起广造奇器异巧以进的波斯僧及烈，[72]开元二十年（732年）八月为波斯王所遣来朝的首领潘那蜜与大德僧及烈，[73]以及建立《景教碑》的景净和列名其上的许多景士，实际都是波斯人。[74]说明长安的景教一直是由波斯的教士在维持着。

我们有幸在《景教碑》侧叙利亚文和汉文对照书写的僧侣名单左侧第三栏，找到了上面提到的波斯人李素的字“文贞”，即“Luka/僧文贞”，联系到李素给他六个儿子取汉名时，都以景教的“景”字开头，而他对于《景教碑》中“教称景教；教会称景门；教堂称景寺；教主曰景尊，又曰景日；教规曰景法；其传播曰景风；其作用曰景力，曰景福，曰景命；教徒曰景众；教士曰景士；僧之命名者有景净、景福、景通等”，[75]不能没有清楚的认识。因此，我们相信

---

71 按，建中二年（781年）所立《大秦景教流行中国碑》称阿罗本为“大秦国”上德，这是天宝四载以后的称呼，而据《唐会要》卷四九“大秦寺”条所载贞观十二年七月诏书原文，阿罗本实是“波斯僧”。又依同书同卷下面所载天宝四载九月诏书，最初所建之寺的名称，一定是“波斯寺”，或如《两京新记》所说，叫“波斯胡寺”。

72 《宋本册府元龟》，中华书局影印本，1989年，第1490页；参看中华书局影印明本，第6547—6548页。

73 《宋本册府元龟》第4册，第3878页；明本第12册，第11454页。

74 景净之为波斯人见《贞元新定释教目录》卷十七《般若三藏续翻译经记》；其他人士见 P. Pelliot, *Recherches sur les Chretiens d'Asie centrale et d'Extreme-Orient*, II. I: La Stele de Si-Ngan-Fou (Paris 1984) 中有关叙利亚人名的波斯语还原。

75 朱谦之：《中国景教》，北京：东方出版社，1993年，第130页。

李素和他的家族是忠实的景教徒，而且，李素把他六个儿子的名字与景教联系起来，说明了他对于维护景教继续流传的愿望。这就给了我们认识长安波斯人维持自身宗教信仰的又一例证，即到李素儿子一辈，李素一家已经在华繁衍四辈，经过七十多年的漫长历程，而且已经成为唐朝中央或地方政府的官员，却仍然在宗教信仰上保持不变。而这种景教的信仰，并没有影响他们参与唐朝的政治运作，甚至礼仪活动。

相对来讲，波斯商人处在唐朝社会下层，而且具有变换灵活的性格，使得他们比较容易改变自己的宗教信仰。在上节引证的波斯商人材料中，看不出哪个人具有祆教徒或景教徒的特征。其中"李灌传奇"讲到波斯商人死后，亦如汉人一样，"买棺葬之，植木志墓"；[76]"李勉传奇"中波斯老胡的儿子，也是发其父的墓，才取走那件传国宝珠的；[77]说明这些波斯商胡死后，都已经按照汉式的方法，以棺椁埋入墓中。据日本入唐求法僧圆仁记载，开成四年(839年)正月，扬州大都督府长史李德裕为修开元寺瑞像阁募捐，有波斯国侨民捐钱一千贯。[78]一种可能是这些富有的波斯商胡为了讨好地方官，而不管所修佛像是否有悖于自己原本的宗教信仰；另一种可能是，唐朝中叶以后在南方活动的波斯人，已经逐渐接受当地流行的佛教，本身已经成为佛教徒了。在岭南韶州曹溪道场供奉的唐朝禅宗六祖大师慧能像旁，有一位"灵通侍者"，据说"本西域波斯人，乘海舶至广州，闻六祖大师，因随喜归依，愿为侍者，永充护法，卫安曹溪道场"。[79]这位来到岭南的波斯人的皈依佛法，代表了入华波斯人宗教信仰转换的一种趋向，尽管不是每个人都非要真的出家为僧，特别是那些识宝的波斯商胡，他们更大的兴趣是在经商，

76 《独异志》卷下；《太平广记》卷四〇二"李灌"条，第3240—3241页。

77 《太平广记》卷四〇二"李勉"条，第3240页。

78 小野胜年原著，白化文等修订：《入唐求法巡礼行记校注》卷一，石家庄：花山文艺出版社，1992年，第95页。

79 清康熙年间成书的《曹溪通志》卷三所收明代释德清《为灵通侍者戒酒文》。转引自王承文：《唐代岭南的波斯人与波斯文化》，《中山大学史学集刊》第1辑，广州：广东人民出版社，1992年，第68—69页。

这个特性终唐末也没有在唐人心目中有任何改变，甚至随着唐人传奇小说的不断重复和改写，[80]成为永远留存在中国人心目中的波斯文化符号。

五、结语

唐朝，特别是会昌灭法以前的唐朝，确实是富有世界主义（cosmopolitanism）精神的时代。安史之乱使得许多粟特人蒙受打击，他们纷纷向河北三镇转移，寻求新的生存之地。但唐人对"胡化"的反感，并没有影响波斯人在长安的继续存在，并保持他们原有的宗教信仰，也没有阻碍波斯商胡大量涌入中国南方，甚至深入到今江西、湖北、四川等地。

然而，安史之乱毕竟造成了华夷界限的划分，当粟特康姓傅会出自会稽，何氏自称望在庐江时，我们益觉得元和十四年（819 年）所撰《李素墓志》称其为"西国波斯人也"是何等的可贵。在大量胡人纷纷把自己改变成为地道的华人这一大的趋势下，《苏谅妻马氏墓志》所表现的对波斯文化的极力维护，只能是世纪末的挽歌。

随着会昌灭法断绝了祆教、景教、摩尼教在中原地区的流行，外来民族逐渐融入中国社会，中国也逐渐失去了唐朝前期以来所具有的世界主义精神。但我们仍然应当高度评价唐朝时期中国所具有的世界主义精神，唐朝的外来文化毕竟对中国社会生活和文学艺术的影响持续下来，世界主义的影响使得唐朝以后的中国再也不是唐朝以前的中国了。

（原载《中国学术》第十二辑）

80　例如明人凌濛初《拍案惊奇》第一卷即《转运汉遇巧洞庭红，波斯胡指破鼍龙壳》。

“回回祖国”与回族认同的历史变迁*

姚大力（复旦大学）

一

在中国历史上，回回人究竟是在什么时候才形成为今天被称为“民族”的这样一种人们共同体的？

对这个问题，我们先后有好几种不同的回答。较早对回族历史进行比较系统的考察的金吉堂认为，从元代到明中叶，“为回民在中国[的]同化时期。各色伊斯兰教人士，在中国境内起一大结合，构成一整个民族”。[1]中国共产党内最早认真地对这个问题从事讨论的“民族问题研究会”，在《回回民族问题》一书中没有明确断言回族究竟形成于何时，只是不失审慎地写道，回族的“发展史应该从元朝开始”。[2]基本完成于1963年的《回族简史》事实上遵循着上述思路。它写道，自南宋末叶至元亡，“是回回的初期活动时期。这时，形成回回民族的条件在萌芽、成长中，回回民族还没有形成”；而在“明代三百年中，回回已成为一个民族共同体”。[3]有明统治长达近三百年；那么，能否将回族的形成确定在其中某个更具体一点的时间段之内呢？

---

* 本文系根据提交给“多文化亚洲的种族性：理论和发现”国际讨论会（香港城市大学，2003年11月27至29日）的论文修改而成。在写作过程中，笔者曾得到上海师范大学哲学系王建平副教授的多方指教。兹向他和前述讨论会上给予本文诸多批评的各位学者，致以诚挚的感谢。惟文中未当之处，自然仍应当由笔者本人负责。

1 金吉堂：《中国回教史研究》，1935年成达师范刊印，据“民国丛书”（重印本），上海：上海书店，1989年，第133页。

2 民族问题研究会：《回回民族问题》（1941年），北京：民族出版社1980年重印本，第18页。

3 《回族简史》，银川：宁夏人民出版社，1978年，第1、13页。

王建平在他完成于瑞典的博士学位论文中认为,就云南而言,"一种区域性的回族认同形成于明代中叶以后;那时'回回'的名称已广泛流传,而一个松散的网络也已构成了。"[4]当代著名的回民历史学家杨志玖,则在他逝世前不久为自己最后的论文结集《元代回族史稿》所写的"绪言"中,将回回的民族形成提前到比明代更早。他说,这个过程,"大约在元代中后期"已臻于完成。[5]

与以上诸说相比较,还有一种差异度更大得多的见解,将回族的形成时间位置于1950年代中国政府正式对这一点予以确认以后。杜磊指出,尽管回回先前已经具有某种程度的种族意识,但在国家于1950年代正式承认它是一个民族之前,此种意识是相当地方化、并且缺乏充分条理化的。他说:"与各种的官方历史或少数民族地图所示相反,在1950年代获得政府确认之前,回民并不是现代意义上的民族。就像许多其他的人们群体一样,回族只是在中华帝国向民族国家转变的时期才开始出现。如今以回民著称的人们,是七至十四世纪定居中国的波斯、阿拉伯、蒙古和突厥等族的穆斯林商人、军人和官员们与当地非穆斯林妇女通婚而产生的后裔。因为绝大部分生活在相互隔绝的共同体中,如果说他们其中的部分人(肯定不是全部)还有那么一点共同性,那也就是对伊斯兰的信仰而已。"[6]李普曼也说,所谓"民族"的概念,"只是形成于十九世纪末、二十世纪初,并且仅在1949年以后才被有效能的中央政府作为一种政治工具持续有力地加以使用。但这样的'民族'论者却又坚持认为,在现代国家的各种技术的和社会的干预及能力使'民族'得以成立之前,这些实体作为具有自觉意识的统一的团聚体,已经存在了极长的时期"。因此,李普曼反对"把'民族'的范式应用于回民穆

---

4 王建平:《协和与冲突:回族共同体在云南社会》(Jianping Wang, *Concord and Conflict, The Hui Communitis of Yunnan Society*, Lund Studies in African and Asian Religions, Lund, 1996),第126页。据笔者于2003年11月9日与该书作者的个人通讯,后者并且以为,一个更大范围内的回族认同的形成,大体来说,应当也是在这个时期。

5 杨志玖:《元代回族史稿》,天津:南开大学出版社,2003年,第2页。

6 杜垒:《讲汉话的穆斯林:人民共和国的种族民族主义》(Dru C. Gladney *Muslim Chinese: Ethnic Nationalism in the People's Republic*. Cambridge, Massachussetts: Harvard University Press, 1911),第96—97页。

斯林(或者毋宁说是任何一个人们群体)的历史"。他赞成杜磊的看法,认为在1949年之前,"回回"的概念仅仅意味着穆斯林。[7]

学者们对回族形成的时间问题的看法之所以会有如此分歧,在很大程度上,乃是因为他们在怎样界定一个民族的存在这个问题上存有严重的不一致。仔细检视把回族的形成置于元明时代的上述诸种见解,不难发现,它们都把某些共同文化基质的产生、发育视为特定民族共同体确立的标志。不论持有此种见解的人们是否先验地假设,他们所发现的那些共同文化基质必定会或者已经在该共同体成员之间催发出一种主观归属感或认同意识,这种认同意识本身始终不曾成为他们郑重关注的对象。[8]另一方面,李奇于1954年发表的对高地缅甸克钦部落的研究表明,种族集团的形成又未必以共同文化的承载单元作为必要前提。恰恰相反,是"自我指属"(self-ascription)的意识,导致某个群体的人们选择并利用某几项文化特殊性作为自身之与众不同的标志。继李奇提出的"挑战"之后,巴特为1969年出版的《种族集团与划分界限》一书所写的"导论",在人类学领域内赋予种族性以"新的意义"。于是,从不同人群间互动关系中产生的"边界"意识,而不是由其文化基质的异同本身所直接引发的对自我与他者的区别意识,以及它在有关种族性的各种理论中的重要性,就在1960年代以往的人类学研究中被极明显地凸现出来。[9]事实上,到1980年代中国民族学研究重新起步的时候,不少国内学者对这一点曾有所意识。他们似乎是想把这种极其重要

7　李普曼:《熟悉的陌生人》(Jonathan N. Lipman, *Familiar Strangers*: *A History of Muslims in Northwest China*. Seattle: University of Washington Press, 1997),第215—217页。

8　《回族简史》只是用明代回回"党护族类"、"行赍居送,千里不持粮"两条举证,在不到三行的文字之内简单交待说:当时"回回的民族感情已经有了"。见该书第16页。

9　见契耶斯:《"亚洲的民族":泰国、中国和越南的种族集团划分中的科学与政治(离任主席讲演)》,《亚洲研究杂志》(Charles Keyes, Presidential Address, "'The Peoples Of Asia': Science and Politics in the Classification of Ethnic Groups in Thailand, China, and Vietnam," *JAS*, 61.4(2002, 11)),特别是第1170页。又见巴费尔德主编:《人类学词典》(Thomas Barfield edit., *The Dictionary of Anthropology*. Oxford, OX, UK; Blackwell Publishers Ltd, 1997),"种族集团 · 种族性"条(契耶斯撰)。

的主观认同意识纳入斯大林定义中所谓“表现于共同文化上的共同心理素质”的概念框架里去。[10]不幸的是，这样的处理，正好消解了新观念原本可以推动的再深入一步的思考与新的学术创获。

主张回族形成于1950年代中国的民族识别工作的研究者，高度强调现代国家的“制度化”运作对回族成员的身份自觉或种族认同意识的决定性作用。此种见解无疑是非常有价值的，因为它在极大程度上揭示出过去一向为中国学者所普遍忽视的那一个层面的现象。但是，如果像杜磊所指出的那样，在形成为一个“现代意义上的民族”之前，回回人的群体中实际上已经具有某种程度的种族意识，哪怕它还带有“相当地方化”的、“缺乏充分条理化”的特征，那我们就应当对出现在回民群体内部的这种自我归属意识的历史状况及其演变，作出进一步的考察和分析。人类学提出的这个问题，于是也就伸展到历史学的领域之内，并需要借助于历史学的方法来回答。尽管李普曼的著作所采用的基本上是历史学的方法，但他对回回群体内部认同意识的产生及其历史变迁，似乎仍未给予特别的关注。

因此，我们所面对的，不尽然是回族究竟在何时形成的问题。问题的实质似乎是，在当代中国政府将“民族”作为一种制度化范畴用以“识别”和划分国内的各种人们群体之前，中国历史上是否存在这样一个种类的人民群体，其特性与今天被称为“民族”或“种族群体”的人们共同体基本相近？更具体地说，今天的“回族”，是否存在着某种前现代的历史型态？[11]

本文拟从回回群体内认同意识产生与变化的这一历史层面，对有关的史料进行清理和尝试性的分析。

10　只要检阅一下1980年代和1990年代《民族研究》等杂志上发表的有关民族理论的诸多论文，便很容易了解这一点。具体论文篇目兹不赘举。

11　并不是所有的现代民族都必定具有其前现代的历史型态；同时也有很多具有“民族”的前现代型态的人们群体最终未演变成现代民族。为了与“现代意义上的民族”相区别，本文用“种族群体”或“种族”来称呼民族的前现代型态。这里的“种族”，与用来翻译racism的“种族主义”一词的意义无关。顺便说，后者其实应当译为“人种主义”才更准确。

二

汉语文献里的“回回”名称，如果不算沈括《梦溪笔谈》卷五“乐律一”所记“凯歌词”中的“银装背嵬打回回”一语，则最先是辽金之际的华北汉人用指喀剌汗朝乃至迤西诸地居民的名词。该词本身应当是派生于“回纥”、“回鹘”的又一汉语异写；对西北域外情形不甚了然的华北汉人，很自然地将辽远地方的人们看作是同属于这一方向上自己尚能有所知晓的最外缘人群。因此，在金宋汉人的观念中，“回回”与“回纥”、“回鹘”经常是同义语词。[12]

但这种情况在蒙元时期发生了变化。元初汉人用“回回”来对译蒙古语 Sarta'ul。后者派生自突厥语词 sart，原来译言“商人”，但它在十一世纪之后衍义为(与游牧人相区别的)“伊兰人”。[13]从《元朝秘史》来看，当该词以 Sarta'ul(<Sartaq)的形式进入蒙古语时，它似乎是用来指称西辽或花剌子模的地面及其人民的一个专用名词。[14]蒙古人很清楚地知道，Sarta'ul 的概念并未将回鹘(元代又称“畏吾儿”)包举在内。[15]这一区分，最终使得“回鹘”(或“畏吾儿”)与“回回”这两个名词，在大约十三、十四世纪之交被分离开来而各有所指。此后直到元末，“回回”不再包括畏吾儿，而成为畏吾儿以西中亚诸人群的集体称谓。当时，它的主要构成部分虽然是伊斯兰信徒，但它还不是“穆斯林”的等义词。元代有“术忽回回”(指犹太人)、“绿睛回回”(指信仰基督教的阿速部人)、“罗哩回回”(吉普赛人)等，便是明证。

---

12 参见田坂兴道：《中国回教的传入及其弘通》(田坂興道，中国における回教の伝来とその弘通，东京：东洋文库，1964 年)，上卷第 81—88 页。沈括“凯歌词”里的“回回”一词，语义不明，未必是对异族的称呼，因而可以将它排除在现在的讨论以外。

13 克劳森：《十三世纪前的突厥语辞源学词典》(Sir Gerard Clauson，*An Etymological Dictionary of Pre-thirteenth-century Turkish*. Oxford：the Clarendon Press，1972)，第 846 页。

14 例如，《元朝秘史》节 152 这样提及该地：“撒儿塔兀勒的地面[上]垂河[处]哈剌乞塔的古儿汗。”又见节 254、节 260、节 264 等。

15 《元朝秘史》节 198 谓：“乃曼的古出鲁克汗，经过委兀儿人[和]合儿鲁兀惕(即哈拉鲁)人，去与驻在撒儿塔兀勒地面垂河[处]的古儿汗相会。”类似证据不一而足，兹不赘。

汉语"回回"一词真正转义为伊斯兰或伊斯兰信仰者,似乎是在明初。在《华夷译语》中,"回回"分别被用来对译两个不同的语词。《鞑靼馆杂志》用"回回"对译"撒儿塔兀勒";我们在十三世纪文献里遇见的这个蒙古语词仍然存在于明清时候的蒙古语中;在此种场合,它的词义被固定为古代的地理-民族专名"哈剌契丹",即西辽。[16]《回回馆译语》则用"回回"移译"母苏里马恩",即阿拉伯语词"穆斯林"的波斯语形式 Musulmān 的译音(元代的汉语译音作"木速蛮"等)。随着明代汉地社会与蒙古人的隔绝,"回回"的前一种含义逐渐退出日常通用的汉语,"伊斯兰"、"伊斯兰信仰者"遂成为它最基本的词义。

从现在遗留下来的文献资料看,在明代前期和中期的近二百年里,"回回"的名称虽然流行于汉地社会,但是今天回族的先人们那时似乎并不把它当作他们的自我称谓。[17]在当时,他们用以自指的,很可能是今日仍可见于"经堂语"中的"穆民"(Mu' min,阿拉伯语,译言"信仰者",又异译作"摩民"、"母民"、"穆我民"等)、"母思里妈纳"(即"木速蛮"的异译)等称谓,而"教民"、"教门人"、"同教人"等词,也许就是它们的更汉语化的对译词。今天所能见到的回族先民自称"回回"的最早的证据,大概是写于万历四十一年(1613 年)的北京牛街礼拜寺"敕赐礼拜寺记"碑。[18]可以说,至晚是在明末

16　见乌兰:《〈蒙古源流〉研究》,沈阳:辽宁民族出版社,2000 年,第 162、163、231、278 页。科瓦列夫斯基:《蒙俄法词典》(J. E. Kowalewski, *Dictionaire Mongol-Russe-Francais*, Kazan 1844),第 1337 页。

17　呼和浩特清真寺内存有"洪武皇帝御制回辉教百字"碑。碑名中的"回辉"即"回回"异名。其碑名及碑文内容,与其他许多地方清真寺中的"洪武皇帝百字赞"碑都不相同。例如据 1930 年代的调查,成都鼓楼清真寺内有"奉天敕命太祖高皇帝御制百字圣号",年月署为"洪武捌年(广运之宝)伍月日";无论对该匾额所署年月作何解释,其题款中都没有"回辉"字样。呼市清真寺碑的碑名连同"回辉"这一异称,甚至包括碑文本身,恐怕都不是明初的制作。碑文见余振贵、雷晓静主编:《中国回族金石录》,银川:宁夏人民出版社,2001 年,第 200—201 页。成都"百字号"见虎世文:《成都回民现状》,李兴华、冯今源编:《中国伊斯兰教史参考资料选编》,下册(1911—1949 年),银川:宁夏人民出版社,1985 年,第 1667—1675 页。

18　碑文见《中国回族金石志》,第 3 页。按,同书第 48 页收录的弘治六年(1493 年)"杭郡重修礼拜寺记"也有"回辉氏"一语。从文末语气判断,该碑文作者本人并不是回回人。故与此处讨论无大关涉。

清初,“回回”一词已相当普遍地被回回人群接受为自我的称谓。王岱舆写作于崇祯年间的《正教真诠》,康熙时代马注的《清真指南》,康熙、乾隆时代的刘智附著于《天方至圣实录》中的《回回说》,都关注到对“回回”或“回辉”称谓的解释。[19]到了清代后期,回回中间已有人明确地把自己的这个群体称为“回族”。

“回族”作为一种他称,最早似出现在乾隆时代。据田坂兴道的征引,乾隆《重修肃州新志》卷三十“西陲纪略”叙述哈密人口向肃州地方的迁徙时写道:

> 哈密夷人于故明时徙居肃州卫东关乡居住者三族。曰维吾儿族,其人与汉俗微同;曰哈喇布族,其人与夷同;曰白面回回,则回族也。今皆男耕女织,为边氓矣。士商营伍,咸有其人。[20]

乾隆五十年(1785 年),福康安在关于镇压西北回民起义的奏折里,也不止一次使用“回族”的提法。[21]光绪十六年(1890 年)刊印的杨昌睿《甘肃忠义传》,在传文中亦多次出现“回族”、“回籍”的字样。[22]光绪后期的樊清心在《甘肃回匪肃清善后议》里,更将“回族”一名当作明确的分类范畴来使用。[23]恐怕正是在这样的背景下,“回族”也逐渐成为回回人的一种自称。同治六年(1880 年),云南人马开科为马复初的《大化总归》作序时说:“科生不辰,相见恨晚。虽隶籍回族,而非真回。”[24]马开科在这篇序言里几次提

19　可参见田坂兴道前揭书,上卷,第 111—115 页。

20　田坂兴道前揭书,下卷,第 1102 页。按,“哈喇布”应为“哈喇灰”之讹。因手边无书,姑依田坂氏引文移录于是。复按原文,尚待来日。又,明末茅瑞征《皇明象胥录》卷六“哈密”条,谓该地“部夷杂居,有回回、畏兀儿、哈喇灰三种”。它与前引肃州志所指之“回回”、“白面回回”、“回族”,均指当地归依了伊斯兰教、因而一度丧失了畏吾儿族群认同的“缠头回回”,而所谓“畏吾儿”,则指此时仍信仰佛教的畏吾儿人。关于“回族”内涵在清代的伸展,详下文。

21　《钦定石烽堡纪略》卷二十,“五十年正月十三日”。

22　《甘肃忠义录》卷十六,《回民列传》。“回籍”一词的出现,使人有理由推测,当时甘肃的户籍资料中,可能已有分辨回、汉族属的记录。同卷传文又有称回民为“回部”者,这是清人将回族和“回部”混为一谈的很少例证之一。关于这个问题,详下文。

23　《续甘肃通志稿》卷二一六,“文征”十六。见田坂兴道前揭书,下册,第 897 页。

24　《大化总归》卷首,马开科序。

及自己的族属。他更多地使用的是"回人"这个词；可是在上面引述的那一处，他确实明白地称呼自己是"回族"。由回民留下的涉及自身族属问题的文献实在是太少了。无论如何，这个例证不应当被看作只是措辞方面的一种偶然巧合。正如下文将要说到的，如果在民国前期，"回族"已成为一种相当普遍的自称，那么这一倾向在清末开始呈现，不是正在情理之中吗？

三

作为他称乃至自称的"回回"，在有明一代不仅含有伊斯兰信仰者的共同体的意思；而且还逐渐含有了这样一层意思，即用它来指认从距离中国极其遥远的共同"祖国"徙居中国的一个移民及其后裔的人们群体。

现在可以直接读到的有关这一观念的较早叙述，见于天顺五年（1461年）写定的《大明一统志》：

> 默德那国沿革：即回回祖国也。初，国王默罕蓦德生而神灵，有大德，臣服西域诸国。诸国尊号为别谙拔尔，犹华言天使云。其教专以事天为本，而无像设。其经有三十本，凡三千六百余卷。其书旁行，有篆、草、楷三法；今西洋诸国皆用之。又有阴阳、星历、医药、音乐之类。隋开皇中，国人撒哈八·撒阿的·斡葛思始传其教入中国。其地接天方国。本朝宣德中，其国使随天方国使臣来朝，并供方物。风俗：有城池、宫室、田畜、市列，与江淮风土不异。寒暑应候，民物繁庶。种五谷、葡萄诸果。俗重杀，非同类杀者不食。不食豕肉。斋戒拜天。[每岁斋戒一月。更衣沐浴。居必易常处。每日西向拜天。国人尊信其教，虽适殊域、传子孙，累世不敢易。]制造、织文、雕镂、器皿尤巧[以上俱《晋安郡志》]。[25]

这段材料，往往为此后明代各种著述如《吾学编》、《潜确居类书》、《七修类稿》、《皇明世法录》、《皇明四夷考》、《殊域周知录》诸书讨论同类的话题时

25　《大明一统志》卷九十，"默德那"条。方括号内文字，系小字注文。默德那，今译麦地那。

所采用。从“一统志”引文末尾的小注，我们知道它实出自《晋安郡志》。但《晋安郡志》还不是这段话的最终史源。正如田坂兴道业已指出过的，它的绝大部分文字，与元至正年间吴鉴撰写的著名的泉州“重修清净寺碑”极其相似。足见“郡志”记载中的主要内容系采自吴鉴碑记，要么就是它已全文收录了该碑记。以上引文中未见于吴鉴所撰碑记的，总共有四句话。除相连的三句，即从“隋开皇中”至“并供方物”云云，另外缺少的，恰恰就是“即回回祖国也”一语。[26]这是完全切合于历史实相的。处于元代政治和社会环境里的人们，对于回回人由来源于西域各国的五花八门的人群所构成这一事实，无疑是很清楚的。他们还不大会产生这样的误解，即回回人都来源于同一个具体的“祖国”(即祖宗所居之国)。此种观念，只有在入明之后，方才可能逐渐地形成。

关于《晋安郡志》的讯息，今天似已无从查考。田坂兴道推测，它或许就是明人陈鸣鹤的三卷本《晋安逸志》。[27]事实上，陈鸣鹤是万历时的人。[28]“一统志”不可能去抄这部比它晚出百年之久的书。《晋安郡志》必定是另一部书。它的写成，无疑是在被它所采用的吴鉴碑文之写作年代以后；因而这最早也得是至正十一年(1351 年)之后的事。[29]从上面已经提到过的理由去推想，它最可能写作于明朝前期。

要断定“回回祖国”的观念不可能早于明代，还必须对一件与此种看法相冲突的历史资料作出解释。这就是著名的至正八年(1348 年)中山府(今河北定县)“重建礼拜寺记”碑。碑记不但赫然声称：“考之舆图曰：默德纳国即回回祖国也”，而且自此句以下直至撒哈八传教中国的一段话，几乎与

26　田坂兴道前揭书，上卷第 159 页、下卷第 915—916 页。按，所谓引文中有四句未见于吴鉴者，系与《闽书》载录的吴碑相关段落比较而言。据今存于泉州通淮门清净寺内的碑记刻石，则碑文中又多出“隋开皇七年，有撒哈八·撒阿的·斡葛斯者，自大实航海至广东，建礼拜寺于广州，赐号‘怀圣’”一句。惟今存碑文似有若干可议之处尚待澄清。有关讨论，详见本文附录。

27　《晋安逸志》被著录于《明史》卷九七，《艺文志》；《千顷堂书目》卷七。

28　钱谦益《列朝诗集小传》“丁集下”谓鸣鹤字汝翔，闽人。从其游者有徐惟和，亦有传，乃万历时人。故知。

29　参见本文附录。

“一统志”所述字字相同。[30]是碑比泉州碑至少又早了三年。于是就发生了一个问题:在明代被广泛转引的有关伊斯兰教的那一段描述,最先究竟是出自吴鉴之手,还是出自被吴鉴照抄的中山府“重建礼拜寺记”?

带着这个问题再细读全文,即可发现碑记存在两方面的疑点。首先,碑阴所署诸“功德主”的军职,包括“奉诏统领卫兵守御中山府都督”[31]、“指挥”、“千户”、“百户”数项,所反映的是明朝、而不是元朝的军事建制。其理由如下。

第一,“指挥”一职确凿无疑地属于卫所制之下诸卫的长官名称;元朝拱卫京师的侍卫亲军中有“都指挥使”、“都指挥”,但没有“指挥”,也不存在将“指挥使”省文为“指挥”的体例或习俗。其二,前举第一个官称似与元明两代的兵制都不太相符;但从用词情况判断,它仍然包含着若干关涉明代兵制的语词“碎片”。元代兵制中,只有个别蒙古军及侍卫军的帅府称“都督府”、“大都督府”,即便如此,其长、次官亦惟称“大都督”、“佥都督”,从无“都督”之称;大多数驻防蒙古军的帅府及其长官都称“都万户府”、“都万户”,或“万户府”、“万户”。无论如何,“都督”不应是出于元人之口的军事官衔。而在明代兵制中,“都督”一名至少有三个含义。一指比统领卫所的都指挥使司更高一级的帅府即“都督府”的长官,二是自边外归附的羁縻卫所,其长官亦为都督。三是在有些地方,如据成化《金山卫志》,该卫的长官也称都督。[32]统领“中山府”(此处实应读作“定州”)一地驻军的将领,似不至于有都督这样高的地位;但“都督”的官称仍还是明代的。这个官名里的“守御”和“卫兵”两词也很耐人寻味。元代未见以“守御”两字入官名或作兵制术语的义例。明代则有“守御千户”之制。又《畿辅通志》记述明定州卫的建制沿革说:“定

30 此碑有缪荃孙“艺风堂”拓片,录文见孙贯文:《重建礼拜寺记碑跋》,《文物》1961年第8期。按,孙贯文其实已发现碑文有些段落与后来文献雷同的问题。他以为,这是此碑时代较早,“记述伊斯兰教诸问题也较详确”,因此“常为元明两代石刻和明清以来文献所引用”的缘故。我的看法,恰恰与之相反。

31 该官称中的“守”字,在前引“碑跋”录文中未能识读出来。惟经仔细辨认该文所附拓片图版,尤其是在辨认出它下面的那个字原来写作“禦”时,可以有把握断定,它确是“守”字。

32 此条知识,承王家范教授赐告。复按原文,容待来日。

州卫，由永乐初拨真定卫后千户所守御，因为千户所治，仍隶真定卫。永乐中调大同中护卫，遂改为定州卫。"[33]是为"守御"一词明确见用于定州驻军之例证。至于"卫兵"，则似乎是明代对卫所部勒之下常规军的通称。清前期人概括明代军制说："明初兵有三，后增其二。曰卫兵。卫所世籍之兵也。……曰弓兵。……曰机兵。……曰土兵。……曰奇兵。"[34]洪武后期，广西边民"啸聚劫夺"。明边帅以为，"比调卫兵收捕，即逃匿岩谷；兵退，复肆跳梁"。因此他建议在秋收时集中兵力，"列屯贼境，扼其要路，收其所种谷粟"；待其势穷，再行"禽戮"。[35]其三，"千户"和"百户"，虽是元明两朝都通行的中下级军官名称，但把它们配列在此前讨论的那些官名一起考虑，不能不认为这是指卫所制下的指挥军官而言。总而言之，这份功德主名单的枚举者，无疑在某种程度上拥有明代兵制的知识背景（尽管他的了解是粗略而不准确的），并且还把它们在不经意中从自己的笔端流露了出来。既然如此，他写下这份名单的时间就绝对不可能是在元朝了。

中山府碑记另一方面疑点，是文字的拖沓重复，这表明碑文中可能有后来羼入的文字。在"考之舆图曰"一段之前不到五十字，有"寺无像设，唯一空殿"之语。然后就出现了与"一统志"完全相同的那段话，其中包括"其教专以事天为本，而无像设"一句。紧接这段文字，我们再次读到"其曰以事天为本，而无像设"、"而殿则空焉"等语。在这样短小的篇幅里一再出现重复的语词，无论如何不能视为正常。另外，碑文在"事无像设，唯一空殿"之后，既交待此乃"祖天方国（即默伽）遗制"；而后又"考之舆图"，说"回回祖国"是默德那。这里的不一致，应是对不同来源的资料进行拼凑连缀而造成的结果。这些迹象，都使人怀疑"考之舆图曰"之后那段文字，其实是后来的人从"一统志"中间抄录出来硬塞进去的。确实，如果干脆把直至"其曰以事天为本，而无像设"为止的这一段整个删削，文气倒反而变得通顺起来，重复也没有了。

---

33 《畿辅通志》卷一一九，"经政"26，"兵志"1。

34 乾隆《福建通志》卷十六，"兵制"。

35 《明史》卷二一七，《广西土司传》，"平乐"条。

仅只根据以上的讨论，便遽然将中山府“重建礼拜寺碑记”断定为“伪碑”，或许失之过激。但似乎可以肯定，第一，即使该碑真的存在过，艺风堂拓片所据碑石，也肯定已不是元代的旧物，而是后人重新镌刻过的。[36]第二，此碑在重刻时，肯定羼入了后来的文辞。碑文中与“一统志”相同的那些话，无非是从“一统志”抄来的。当碑文增改者写下“考之舆图曰”五个字时，浮现在他心目中的“舆图”，很可能就是《大明一统志》。也就是说，以此碑作为元代已出现“回回祖国”观念的证据，是不能成立的。

当然，明人关于“回回祖国”究竟何属的问题，还有其他的说法。严从简写道：“按，回回祖国，[国]史正纲以为大食，‘一统志’以为默德那”；“或云：天方，回回祖国也”。[37]成书于晚明清初的《正字通》采用的，是回回为“大食国种”的说法。[38]这些见解的共同之处在于，它们都把回回的祖先追溯为同属某个特定国家的人类群体，尽管对这个特定国家的具体位置，他们都只有模糊而难以确定的印象而已。[39]

现在所知，最早记载“回回祖国”观念的，应当是那部今已佚失的《晋安

---

36 据孙贯文前引论文，1933年《定县志》卷二十，《金石篇·下》谓是碑“石、文并佚”。《中国回族金石录》在介绍是碑时也说：“原碑已佚，拓本现存定州清真寺北碑廊。”（第14页）但据刘致平在1985年出版的《中国伊斯兰教建筑》（乌鲁木齐：新疆人民出版社）一书，此碑依然存在于定州城内的清真寺里，“不过元碑显然是与明碑（按，此指正德“重修清真礼拜寺记”石碑）同时刻的。这可能是明代在重修清真寺时，旧元碑已剥蚀，[故]予以重刻”（见刘书第117—118页）。马生祥也肯定了“石文俱在”的事实，而且不同意刘致平的上述判断，认为现在的这块碑乃是元时旧物。见马氏：《定州清真寺〈重建礼拜寺记〉碑在中国伊斯兰教上的重要地位》，《文物春秋》2000年第3期。关于此碑的碑文，孙录与“金石录”所收文本互有小异。马生祥在《定州清真寺元明清三幢古碑之校点》（《回族研究》2002年第3期）中移录的该碑碑文，则与上述两种文本差异稍大。现存定州碑究竟是一向存在或乃后来又据艺风堂拓片重刻，这个问题，亦尚待日后复按。本文仅以孙贯文过录的艺风堂拓片文本作为讨论依据。

37 《殊域周知录》卷十一，“默德那”及“天方国”条。

38 转引自《回教考》，上海：上海城内穿心街清真寺重刊本，1911年。因手边缺书，容日后复按。

39 田坂兴道业已揭明，明代的汉人和回回人，对于作为“回回祖国”的默德那或者天方之位于“大食”国中的事实，差不多已经全然无知。见田坂氏前揭书，下册，第923页。

郡志》。因此我们已无法查考，这一观念最先到底是起源于回回人自己，还是将回回视为“他者”的汉人群体。将载录于“一统志”上的那段话作为对回回人宗教的权威的和标准化的叙述而辗转抄录在自己著述之中的明人，大都是汉人。那么，明代的回回人自己是否也接受了这个观念呢？

明代回回人留下的有关他们宗教生活的史料实在太少，要通过大量的直接举证来回答这个问题，几乎是不可能的。不过，从现存文献中透露出来的依稀可见的迹象，还是使我们有理由相信，至少是在晚明清初时，上述观念在回回人中间已经开始形成了。

这里需要重新提到定州的“重建礼拜寺碑记”。其碑文虽经后人增改重镌，但这种改动的时间至多不会晚于清初。[40]所以对于我们现在所要寻求的证据而言，此碑仍弥足珍贵。无论这名“杨受益”或碑文的改写者是否教门内人，此碑被树立于清真寺里，即表明采取了此种做法的回回人是认可碑文意思的。类似的表述，也可在其他明代碑记中发现。如嘉靖二年（1523年）的张家口“重修礼拜寺记”谓：“……穆德那国远在天方国之西，其先有名模额牟末德王，……其裔衍派日繁，编（遍）尽天下有之”。[41]前面已提到过的弘治六年“杭郡重修礼拜寺碑记”，有“回辉氏出自西域，来居中夏”之说。此处所谓“西域”，未可以泛指概念当之。据《大明一统志》，天方“旧名天堂，又名西域”。[42]这才应当是碑文中“西域”的真正含义。湖南《丁氏家谱》谓：“考之吾族，身宗教门，本默德国人也。肇自远祖汉沙公帅师由大食落籍金陵，助明太祖起兵”云云。[43]此处的“默德”，非默德那之讹称莫属；元末自大食来助朱元璋云，只能是传说而已。但此种传说显然不是到乾隆时期该家谱编撰时才存在的。将它看作是自晚明清初流传而来，必无大误。

---

40 该碑文字的增改者既无准确的历史知识，则其师心自用之所据，只能是当时人在追忆回回祖先历史时的流行看法。而在清初以后，对回回人的历史记忆越来越多地与“回纥”夹缠而一，关于“回回祖国”的默德那说则变为逐渐湮没的历史陈迹。从碑文增改者所采取的回回祖先传说的历史印记，可以大致推知他所生活的时代。

41 《中国回族金石录》，第 18 页。

42 《大明一统志》卷九十，“天方国”条。

43 马亮生主编：《湖南回族史料辑要》，长沙：湖南人民出版社，1995 年，第 31 页。

可见从河北、浙江到湖南,"回回祖国"的观念已内化于回回人对集体身份的认同意识中。

值得注意的是,宋元穆斯林移民的后裔们在追溯自己根源时对于"回回祖国"的想象,与他们对明清王朝的政治认同一直并行不悖。用他们自己的话说:"夫其教原本西域,国自为俗。流入华土,各仍其世而守之,用以无忘厥祖。原非故标一异织,庸以自别于齐民也。"[44]他们"生于中夏",所以要"讲君臣之意,使人共知率土皆臣";因为"不忘其所自出",所以"虽圣天子在上,普天偕从圣化,而本来面目,且万万不能改易也"。[45]在明清时代的清真寺碑刻文中,类似将"圣教昌明,皇图永固"相提并论的语词,可以说是屡见不鲜。[46]作为穆斯林"五功"之一的"念",被有的碑文阐释为"敬天、忠君、孝亲,务践其实"。[47]清真寺的功能除"仰拜造化万物者(此指真主)"之外,"颂祷天子万寿者,在是;称愿宗社人民安固如泰山者,亦在是"。[48]作为"留驻中华"的回回后裔,中国回回群体对自己的界定,显然也包含了这一层政治上的认同在内。[49]

在关于自身根源性的意识方面,晚明的回回群体内已开始形成"回回祖国"观念。这一事实表明,中国回回人的民族的或种族的认同,至少在明清之际,应当是已经生成了。

四

当代人类学和社会学都高度重视与他者之间的界限区分,以及群体成

---

44 《嘉兴府建真教碑记》(1602年),《中国回族金石录》,第50页。

45 语见《杭郡重修礼拜寺记》(1493年)、《重修碑记》(定州,1731年)、《清真寺碑序》(章丘,1906年),《中国回族金石录》,第49、21、88页。

46 《重修礼拜寺碑记有铭》(大同,1622年),《中国回族金石志》,第32页。

47 《重修礼拜寺记》(张家口,1523年);《中国回族金石录》,第19页。引文中的"敬天"一项,指祷念真主,这是"念"功的本意。

48 《礼拜寺重修记》(历城,1495年),《中国回族金石录》,第77页。

49 "留驻中华"之语,见《重修真教寺碑记》(杭州,1892年),《中国回族金石志》,第62页。

员内部的自觉心理联系，亦即认同意识对于民族或种族集团形成的关键作用。但是，人们可以同时属于许多个不同的共同体。在这种情形下，究竟具有何种特别性格的对共同体的归属感，才可以被认为是一种种族的认同感呢？

马克斯·韦伯曾经认为，种族性的意识根源于“一种对共同或共有血统的推想(a presumption of common or shared descent)”。这种看法，据说已经为现代人类学家所放弃。但是一直到最近为止，当他们需要具体地界定构成为种族的心理联系时，绝不在少数的人类学家，仍然不约而同地把“共同血统”的观念列为其特征之一。威廉·陴特森说：“民族(nation)是这样的一个人们群体(a people)，它既由出自于一个虚拟祖先的共同血统，也被共同地域、历史、语言、宗教及生活方式，互相联系在一起。”[50]麦克尔·班顿在分别论述前南斯拉夫、美国及欧洲其他地区中使用“种族的”一词(ethnic)来修饰的各类人们群体时，无不提到“共同血统”、“共有一种与他人不同的……血统”的意识，作为一种基本的界定指标。[51]斯蒂文·郝瑞写道：“对于究竟是什么构成了种族性或种族意识的问题，在人类学界一直是一个争论的题目。无论如何，归属于某个种族集团的那种意识，至少有两个特征：一、由于具有共同血统和可以作为种族标记的共同习俗，因而它把自身看作是浑然一体的；二、它能与其他那些祖先和习俗都不相同的人们群体区别开来。”[52]他的此种主张，并为李普曼所引述，用以代替他本人对种族性的定义。[53]霍罗维茨则写道：“种族性基于集体祖先的神话，此种集体的祖先总

50 《哈佛美国种族百科全书》(William Petersen, *Harvard Encyclaepadia of American Ethnic Grups*, Stephan Thernstrom ed., Belknap Press of Harvard University, 1980.)

51 《民族主义百科全书》(*Encyclopeadia of Nationalism*, New York: Transaction Publishers, 2001)，第68—69页，“种族上的少数集团”条(Ethnic Minorities)，麦克尔·班顿(Micheal Banton)撰。

52 斯蒂文·郝瑞主编：《中国种族边裔地区的文化遭遇》(Stevan Harrell, *Cultural Encounters on China's Ethnic Frontiers*, Seattle: University of Washington Press, 1995)，引文见“导论”(郝瑞撰)，第28页。

53 李普曼前揭书，“导论”第28页。

是带着若干被相信是天生的特征。"[54]一本讨论亚洲种族问题的教科书所采纳的观点,也将"对血统的共同神话"列为种族集团诸特征中的一项。[55]研究回族历史的迪伦说:"很难确凿地断言,究竟是哪些因素在种族认同形成中起了作用,不过它们一定涉及语言、宗教、服装、习俗,以及比这些都更重要的对一种共同血统(a common blood line)的感知(无论这种感知是如何错位)等因素。"[56]为杜垒引用的契耶斯的见解同样认为,一种"共有血统"(shared descent)的观念,"构成了种族集团认同的基础"。[57]同时,契耶斯又力图将这种共同血统的确立机制与通过世系谱而建立起与共同祖先联系的亲属集团内共同血统的确立机制区分开来。他指出,种族集团的祖先记忆,乃是通过对该人类群体的起源、迁徙,尤其是它所经历的苦难折磨的历史叙事而建立起来的。这些叙事表现在由父母、长者、领袖所进行和传承的民歌、民间故事,纪念历史事件的仪式、歌舞表演、艺术创作乃至书面历史记录等等中间。[58]

应当承认,远不是所有的学者都把共同血统观念列入种族性的诸主要特征之中。例如恩洛埃为著名的"小布郎比较政治丛书"所写的《种族冲突与政治发展》一书,虽然极其强调"种族性依赖于自我确认,而不依赖客观范畴的划分",甚至也指出了种族集团"在生物学意义上自我赓续"的特征,但他对种族性的界定却基本不涉及共同血统观念的问题。他写道,种族性"是指人们之间的一种特殊联系,这种联系使他们认为自己属于一个与他者相区别的群体。此种联系的内容是共有文化,即指区别正确和错误,确定

54 霍罗维茨:《冲突中的种族集团》(Donald L. Horowitz, *Ethnic Groups in Conflict*. Berkeley: University of California Press. 1985),第 52 页。

55 伊文斯:《亚洲的文化马赛克:人类学导论》(Grent Evans ed., *Asia's Cultural Mosaic: An Anthropological Introduction*. Singapore: Simon & Schuster Pte Ltd, 1993),第 244 页。

56 迪伦:《中国穆斯林中的回民共同体:迁徙,定居与教派》(Michael Dillon, *China's Muslim Hui Community: Migration, Settlement, and Sects*. Surrey: Curzon Press, 1999),第 3 页。

57 转引自杜垒前揭书,第 76 页。

58 《人类学词典》,巴费尔德主编,第 152—154 页,"种族集团 · 种族性"条。

互动的规则,设定优先关注的事项、期望和目标的一个基本信仰与价值的类型。”[59]

这显然是一种更为宽泛的种族概念。但是正如康诺尔指出过的,如果像“美国社会学家们”那样,把“种族集团”当作“一个大社会的亚群体”(a subgroup of a large society)来看待,所谓“种族集团”就会变作“少数人群体”的同义词;事实上,在美国社会学的著作中,它也已经被用于指称几乎所有可加以区别的少数人群体。其结果之一,便是不同形式的认同之间的重要区别,也就可能被完全地混淆了。[60]这方面最典型的例证,大概要算韩起澜关于上海苏北人的那本书了。作者力图重构一种历史过程,在其中,“人的出生地,而不是人种、宗教或民族,被用来界定中国背景下的种族,其确实性就如同在美国被看作种族性质的非洲裔美国人、墨西哥裔美国人、波兰人的认同一样”。在作者看来,“只有把苏北老乡理解为已构成了一个类似于非洲裔美国人或墨西哥裔美国人那样的种族集团,与出生籍贯联系在一起的种种不平等结构及其社会建构的过程,才能够得以呈现”[61]。但是,韩起澜自己也承认,“即使西方人类学家也很少将种族性延伸到地区认同[的范围]”。她所以要把乡土认同(此外还有浙江“堕民”、陕西和山西“乐户”、广东“船民”等人们群体)看作一种种族认同,是因为这种现象“在中国还没有专门的名称”。她认为,“关键问题不在于乡土认同在中国究竟是何时,甚或究竟是否通过了关于种族性的某种试纸检测,问题在于,如果我们可以认为它是种族属性的,那么我们便可以用一种新的方式来考察这一现象,它能够

59 恩洛埃:《种族冲突与政治发展》(Cynthia H. Enloe, *Ethnic Conflict and Political Develoment*. Boston: Little Brown And Company, 1973),第15—17页。

60 康诺尔:《民族·国家·种族集团及其他》,《种族与人种研究》(Walker Conner, “A nation is a nation, is an ethnic group is a …”, in *Ethnic and Racial Studies*, 1·4 [1978],特别是第386—388页。)

61 韩起澜:《制造中国人的籍贯认同:1850年至1980年间上海的苏北人》(Emily Honig, *Creating Chinese Identity: Subei People in Shanghai, 1850—1980*. New Haven: Yale University Press, 1993),第1、129页。又见吴大维(David Y. H. Wu)的书评,载于《亚洲研究杂志》(*JAS*) 52·3(1993)。

凸现出一系列从未被清楚认识过的社会关系和历史过程"。[62]在霍妮格看来并不关键的问题,在我看来恰恰是问题的关键所在。苏北人作为近代上海劳力市场上的"低等无产者",是一个备受歧视和残酷剥夺的群体。然而,无论是上海人或者上海苏北人自身,都不存在这样的感受,即把这个群体与他者的差异看作是种族的差异。很重要的一点似乎是,无论是对生活在上海的苏北人还是对上海人而言,苏北人的血统之所自,并不是与一个可以与其他人群清楚区别开来的单独人群。

在追求对种族性的界定过程中所面临的种种困难,早已迫使研究者们放弃下述信念,即把它看作是一种纯粹的外在物或客观的存在,可以通过确认一种或几种最关键的种族性"基质"来完全客观地或"科学地"加以界定。种族性只能在人们用以组织和划分自己的各种方式的连续系列中去予以理解和定位。与其他诸种认同类似,种族的认同"基本上是在对话中确定的,是变化的、复合多样的、有伸缩性的。确定某个群体或个人属于何种'种族的'身份,会随着说话者、作为受众的对方以及对话背景的不同而发生变化"。[63]当然不能认为,共同血统观念是界定种族的认同意识的绝对尺度;事实上,在部落、宗族等社会组织中也存在共同血统的观念。我们当然也不能说,种族的认同意识没有共同血统观念就不能成立。尽管如此,从上面引述的许多著名学者在述及种族认同的时候都免不了要提到共同血统的观念这一事实来看,说它是构成种族认同意识的重要因素之一,也许还不会离事实太远。

毫无疑问,所谓"共同血统"观念,并不必定以历史真实性作为支撑它的基础。相反,要证明任何"共同血统"都不可能绝对纯粹或者真实,倒是再容易不过的事情。但"共同血统"观念本身,仍然是一项无可置疑的"历史真实性"。正如康诺尔所说,"在分析各种社会政治状况时,最基本的问题未必是

62 韩起澜前揭书第 8 页。

63 泰珀尔:《伊朗边境的游牧人:沙赫色文人的政治及社会史》(Richard Tapper, *Frontier Nomads of Iran: A Political and Social History of the Shahsevan*. Cambridge: Cambridge University Press, 1997),第 316 页。

事实究竟如何,而是人们相信那事实是怎么样的"。[64]

"共同血统"观念似乎存在两种表达方式。一种是把全体民族或种族成员想象为同一祖先的后裔。哈萨克人的情形就是如此。巴肯曾经这样简明扼要地概括过此种情形:

> 虽然游牧营地事实上并不总是父系的家庭集合,但哈萨克社会组织的模式却仍然基于这样的假说。哈萨克人都相信他们自己全部来自同一祖先的男系传嗣。十九世纪考察家们收集的部族系谱在细节上出入极大,甚至对始祖名字的说法也有不同。但是,它们在下面这一点上却众口一词。即这位始祖有三个儿子。他们分成了三个单独的阿吾勒(ayl,最小规模的游牧单元),于是确立了哈萨克人的三个主要分支:大帐、中帐和小帐。根据部族世系,这三个儿子的儿子们又依次分立,分别成为诸帐之下各分支的始祖。而他们的儿子们也依次分立为更小的分支的先祖。这样一直分支下去,直到阿吾勒为止。其所有的男子和未出嫁的女人都出自一个共同祖先。于是,哈萨克民族和它的所有分支,全都被认为是一个扩大的家庭集团的各支系。[65]

中国撒拉人关于本族的起源传说,也体现了相同的共同血统观念。传说他们的祖先乃是相当于宋末元初时代在撒马儿干地方的六兄弟。在离乡背井之际,教长给他们一壶清水、一匣黄土,命他们东行至有同样水土之处定居。他们就这样来到青海循化,子孙日渐繁殖,形成今日的撒拉族。[66]

不过,并非所有种族都有这样的共同始祖传说。"共同血统"观念的另一种基本表达方式,则是将当今的特定人类群体,追溯为历史上某个拥有独特文化、并足以与同时代的他者相区别的既有人类共同体的后裔。对历史

---

64 康诺尔前揭文。

65 巴肯:《俄国统治下的中亚民族:文化变迁的研究》(Elizabeth E. Bacon, *Central Asians Under Russia Rule:A Study in Culture Change*, Ithaca 1968),第32页及以下。按,哈萨克人的种族认同自然不可以简单地由这样一个祖先传说来界定。此处只是把它作为共同血统的一种基本型态来举例而已。

66 顾颉刚:《撒拉回》,《中国伊斯兰教史参考资料选编》下,第1439—1443页。在《撒拉族简史》中,记载了这一传说的另一个版本。可与前者两相参阅。

学家或人类学家来说,无论此种独特文化还是那个"人类共同体"自身,其界限很可能都存在相当的模糊不清之处。但社会大众是不会提出"谁才是'华夏'"或者"谁是满洲人"这样的问题的。"华夏"或者"满洲人",对一般大众而言,都是非常明确的历史实在。他们也不会追问,在这个历史上的人们共同体成员之间,究竟有没有由一个共同始祖的传嗣而确立的血缘关系。当他们将自身集体地想象为这样一种独特人群单元的后裔时,观念层面上的"共同血统"就算是构成了。康诺尔猜想说,在汉民族中有"一种未曾言明的假想,即在某个朦胧、没有记载的时代,存在过一对汉族的亚当和夏娃"。[67]他似乎没有意识到,其实"共同血统"的观念不一定非要追溯到唯一始祖或始祖母,方才得以缔造的。汉民族的共同血统观念,根本地说,是以他们都是"华夏"后裔这样的方式来表达的。一般认为蒙古人以"苍狼白鹿"为祖先传说。其实中世纪的蒙古人已经分辨得很清楚,它讲述的只是关于"成吉思汗皇帝的根源"的故事。[68]蒙古人中间的共同血统观念,是通过将他们自己的来源追溯到成吉思汗时代的草原蒙古人共同体而建构起来的。

如果上面的讨论可以成立,那么"回回祖国"观念在移民中国的回回人群体中的确立,就应该看作是他们对于本群体出自共同血统的这样一种观念的表达。随着此种观念的定型,在中国的回回人群体作为一个民族也始而成型了。

五

回回人中的种族意识在晚明的形成,乃是他们久居汉地社会而逐渐土著化过程的历史产物。绝对不应当将这个土著化的过程简单地理解为就是"汉化"的过程。在与汉族的长时期密切接触中,回回人在行为方式的许多方面虽然发生了重要的变迁,但是这些变迁并不曾消解他们与汉族共同体

67 康诺尔前揭文,第380页。

68 《元朝秘史》第1节,汉文旁译。该节汉文总译作"元朝的人祖",此种表述很容易被汉语读者误认为是指全体蒙古人祖先而言。

之间的基本区别及其对此种区别的自觉意识。毋宁说,回回人在汉地社会中土著化的过程,既反映了他们被汉文化所涵化的那一层面,同时也清楚地显示出,他们对回-汉区别的意识自觉反而在不断增强。

主要是在元代进入汉地社会的回回人主体,在当时尚能对自己所自出的故土保持着一定程度的鲜活记忆;由于元代中国与东部穆斯林世界的频繁沟通,这些移民甚至还多少维持着与母国之间这样或那样的联系。直到明代前期,在西北中国,仍有大量来自西域的回回商人及其留住人口。《明史·西域传》"撒马尔罕"条曰:"其国中回回,又自驱马,抵凉州互市。帝(指明太祖)不许,令赴京鬻之。元时回回遍天下,及是居甘肃者尚多。诏守臣悉遣之。于是归撒马尔罕者千二百余人。"[69]投奔中国的西域伊斯兰教徒,在明代中叶之前也不断见于史载。这批陆续东来的回回人口数量既然不小,自然会把有关西域及彼方伊斯兰教的诸多信息带到中国。但是,此种状况大约在成化中叶(即1470年代)基本告一段落。在东南中国,由于明政府对海外贸易的消极态度和欧洲殖民者对南海贸易的垄断,东部伊斯兰世界与中国之间的经济与文化交流在此后不久也急剧衰退。[70]身处汉地社会的回回人于是真正陷入了与外部世界的隔绝状态。而明代的政治、经济和文化格局,与元代相比显然已大幅度地朝向中原体制靠拢。回回人的昔日优势也在无可避免地日渐失落。1470年代,明代文献中出现了有关回回流民的最早记载;[71]所有这些情况,都表明并且极有力地推进着内地回回人群土著化的历史进程。

明代后期在回回人中间土著化趋势之加强的显著征象之一,是这个时期的回回人普遍采用了汉式的姓氏。关于这一点,田坂兴道在进行了详细研究后总结说:

---

69 《明史》卷三三二,《西域传》。

70 参见田坂兴道前揭书,下册,第1085、1126页。

71 明《宪宗实录》卷一一五,"成化十二年三月丁卯"条;《孝宗实录》卷二三一,"弘治十七年五月甲寅"条。参见田坂兴道前揭书,下册,第1187—1189页。

> 回教徒改用汉姓从唐代已经开始。然而在唐、宋、元的时代,这样的例证是不多的。他们中的大多数即使在中国也依然使用原来的名字。但是,如果以上的考察幸而正中鹄的,则回教徒的改姓到明代可以说是全然普通的事情了。自明代以前就留居中国而经历了好几个世代的人们,在明初都纷纷改姓。明代来归的人们,即使最初的那一代不改姓(虽然来归者本身即改姓的事例亦不为少见),经历了二世或三世后,便大都将其姓名变成中国式的了。[72]

在回回人普遍采纳汉名称呼的背后,应当存在一种更广泛层面上值得注意的现象,即他们在政治、经济乃至日常生活的某些领域内,实际已经在相当程度上采用汉语作为社会沟通的语言媒介了。经、汉不通在明代后期的回回群体中乃是常情。[73]这时候所谓经汉不通,是指绝大部分回回人已不通经语而言。前引明万历三十年(1602 年)的"嘉兴府建真教寺碑记"谓,对于伊斯兰教的"真派","世鲜有通其说者;而习其说者,复不能自通,第以肤浅鄙俚之见文之"。[74]当然,碑文没有揭明,这些"肤浅鄙俚之见"究竟是用什么语言表达的。在这里,大约一个世纪之后的刘智的话,颇可以帮助我们解明这个问题。在比较一般经师与他本人"训文解字"的差别时,刘智写道:"经字汉文原相吻合。奈学者讲经训字,多用俚谈。……愚不惮繁,每训文解字,必摹对推敲,使两意恰合,然后下笔";因此,自己的这本书,"与经堂语气……不相合"。[75]毫无疑问,当日经师训文解字时的"俚谈",亦即上引明碑所谓"肤浅鄙俚之见",是用基本具备汉语形态的"经堂语"(或者它的前身)来表达的。训经之言成为"俚谈",因为不仅是作为听众的一般信徒,而且包括大部分经师本身,已经不能真正领会阿拉伯语、波斯语文本的经旨。

---

72 田坂兴道书,下册,第 1149 页。需要指出的是,在采用汉姓的同时,明代回回人应该与他们更晚近的后代一样,仍然保有在教门内的"经名"或"回回名"。详下述。

73 梁以浚《〈正教真诠〉序》谓:"字体各异,学问迥别。或精于此者不精于彼,习于彼者未习于此。著作虽弘,不能互阅"。见王岱舆:《正教真诠》卷首。是文写于崇祯壬午年(1642 年)。

74 《中国回族金石志》,第 50 页。

75 刘智:《天方典礼择要》卷首,"例言"。

中国的回回人于是陷入这样一种两难境地:“非用汉文,固不能启大众之省悟;纯用汉文,又难合正教之规矩。”[76]因而,他们只好在用原文诵经同时,以汉语来代代传授经典的意思了。顺治年间有人慨叹说,伊斯兰教的“兰台石室之藏,汗牛充栋,但俱国音。中幅之人,无一晓者”。[77]因此,“解天经,非中国之语(按此指汉语),安所宣传。势不得不参用之”。[78]要说此种形势至少在晚明时业已奠定,无论如何是不会过分的。

阿姆斯特隆指出过,宗教信仰很可能成为侨居他国的人们群体对自身身份认同的核心。他又说,在长时期定居他国以后,“异域居民的那些特别语言经常会被压缩为宗教认同的符号,因为这些群体的成员总是会转而适应所在地的外国语言”。[79]在回回大众的宗教语言演变为基本上属于汉语形态的“经堂语”前身之先,他们在宗教及与宗教相关方面之外的其他社会领域内,必定也已经采用汉语作为主要沟通媒介了。

姓氏、语言而外,内地回回人的服饰,也渐趋于和汉族无大分别;在与宗教无关的场合尤其如此。乾隆初年的一位回回学者,在答复对回回“异言异服”的指责时写道:

> 且于公私应酬行礼,所用衣冠早已从俗。惟于寺中礼拜时,冠系六棱,上锐下圆。五色皆有,而白者居多。……礼拜之服,系阔袖大领,仿古朝服。抑惟师长遇大节领拜时服之,非常服也。至冠婚丧祭之服,则仍从宜从俗而已。彼好戴白帽市井贸易者,则轻亵教典、无知之徒,何足道哉。[80]

对这样一个缓慢渐进、长时期延续的变迁过程而言,明代后期似乎特别

---

76 《教款捷要》前序,写于康熙年间。

77 何汉敬:《〈正教真诠〉叙》,载《正教真诠》卷首。该叙写作于顺治丁酉年(1657年)。又参见注73引语。

78 张中:《叙〈四篇要道译解〉缘起》,载《四篇要道精译》卷首,北京:北平清真书报社,1923年。原书未睹,张中叙文见白寿彝主编:《回族人物志》,“清代”,银川:宁夏人民出版社,1992年,第315页。又按,张中为明清之际人。

79 阿姆斯特隆:《民族主义之前的民族》(J. Alexander Armstrong, *Nations Before Nationalism*, The University of North Carolina Press, 1982),第212页。

80 金天柱:《清真释疑补辑》,卷上,“服色”。

值得我们留心。泉州有一位生于十六世纪初的回回人,按自己大半生的观察,分三个阶段来回忆家族风气的变化。据他说,其“稚年习见”,仍敦乎入上世风化。

> 如敛不重衣,殡不以木,葬不过三日,封若马鬣而浅。衰以木棉,祀不设主,祭不列品,为会期日西,相率西向以拜天。岁月一斋,晨昏见星而食,竟日则枵腹。荐神惟香花,不设酒果,不焚楮币。诵清经,仿所传夷音,不解文义,亦不求其晓,吉凶皆用之。牲杀必自其屠而后食。肉食不以豕。恒沐浴,不是不敢以交神明。衣崇木棉,不以帛。大率明洁为尚也。

接着,他叙述“厥后”的状况说:

> 殓加衣矣。殡用木矣。葬逾时矣。衰麻棉半矣。祀设主矣。封用圹矣。祭列品矣。牲务肥猪矣。天多不拜矣。斋则无矣。牲杀不必出其屠而自杀矣。衣以帛矣。酒果设矣。楮帛焚他神矣,祀先则未用也。香花之荐,犹故也。

至于他晚年所看到的习气,又更进了一步:

> 祀今有焚楮帛者。牲杀不必自杀与其屠者。衰皆以麻,无用棉者。葬有逾十余年者。吉凶有用黄冠浮屠者。食有以豕者。[81]

这虽是颇为极端的例证,还是有助于说明晚明回回群体中所发生的社会变化何等巨大而深刻。另一方面,从总体上说,此种变迁并没有导致回-汉之间界限的泯灭。这又是为什么呢?

对这个问题,早在清末时候,有些汉人其实已认识得相当透彻了。樊清心的前引奏议将十六国时期的“五胡”与内地回回移民的历史命运作过一番比较。他说,关键在于一则“无所谓其教,无所谓其俗,故相处而相忘”;一则“各教其教”,与汉人“礼俗互异”,所以其人“自甘居于异类”。[82]此公言词充满了大汉族沙文主义和对回回民族的敌视,这一点自然不足为训。但他的

---

81 丁衍夏:《祖教说》,载《丁氏谱牒》,收录于《泉州回族谱牒资料选编》,泉州市历史研究会编,1980年。

82 樊清心前揭文。

确看到了回回人之所以能始终保持着对自身共同体之强大归属感的三个关键点,即共同教门,由共同教门而产生的一系列特殊习俗,以及主要是由此类共同性所生发的对回-汉界限的自觉意识。

对入居内地的回回人来说,在来自域外的伊斯兰教资源已基本断绝的情形下,主要依赖两种途径来维持其宗教信仰乃至最低限度的关于伊斯兰的知识体系的传授。其一是将宗教以及与之相关的诸习俗当作"祖教"和"祖制",在家族内部世代相传不坠。[83]湖南一个回回家族,"身宗教门,不食猪肉。传世十六,历年四百,世守不异"。[84]有少数以传教或以伊斯兰学术为业的世家,或者"兢兢业业,日以阐明圣教为念"的虔诚的信徒家庭,可以"数十余世子孙相沿"[85],维持着对教义、教规的钻研、履行和传习授受。绝大部分的信教大众,则处于另一种境界:"虽遵用教典,斤斤勿逾;而日用民常,懵其宗旨"。"要皆习无不察。故服习其间者,只知我为教中人,至教之所以为教,究懵懵焉,而莫得其指归。即娴熟经典亦不过记述讽颂而已。"[86]马士章回忆自己的经历说:"缘以幼年失学,未谙经文。即行奉大略,不过人步亦步,人趋亦趋,仅相延于风俗者也。试询道之源而不知其从,执行之舛而不觉其非。"[87]尽管如此,这样的共有习性却极有韧性地维持着回回与汉人之间的界限区别,以及他们自身对这种界限的意识。

其二,信仰的维持还得力于超过家族范围的回回群体的生存方式。上

---

83 "祖教"一语见前文。又,清前期的徐倬为刘智《天方典礼》所作的序中说:"千百年来,流寓者众。虽居中国,犹执祖教。"文见《〈天方典礼〉择要》卷首。"祖制"见《清真释疑补辑》卷首,陈大韶序。

84 乾隆癸未《丁氏宗谱》,载马亮生主编:《湖南回族史料辑要》,长沙:湖南出版社,1995 年,第 63 页。

85 袁国祚:《〈天方至圣实录〉后跋》,《回族人物志》,"清代",第 227 页。此文撰于乾隆五十年(1785 年)。

86 胡汇源:《〈清真释疑辑补〉序》(乾隆十年,即 1745 年撰),见同书卷首。定隆成:《〈天方典礼〉跋》,《回族人物志》,"清代",第 368 页。是跋作于康熙四十九年(1710 年)。

87 马士章:《〈修真蒙引〉序》,《回族人物志》,"清代",第 328 页。

述生存方式与回回人的主体在元代通过驻军等途径奠定的聚居习性有关。有回回聚居区就会有礼拜寺,就有指导宗教生活的专职人员,就有"讲学堂"可以传授教旨教规。[88]如果说仅依赖家族来维持宗教信仰,其力量有时难免显得过于薄弱(上文所举证的泉州丁氏即属于此种情况),那么在更大范围的回回聚居区,信仰的赓续就会更加有保障了。

内地回回作为一种宗教共同体的特征,从元代直到明中叶本来就是一向存在的。在这个时期,除了出自同一宗教的归属感以外,回回群体内部的差异也是一个引人注目的事实。他们来自中亚的各个城邦、地区,说着不同的母语如波斯语、突厥语的各语支或各种方言、阿拉伯语等等,还属于不同的教派。

但是所有这些差异,在明代中叶以后,都随着对祖先的具体记忆的湮没而渐趋淡化。面对汉地社会的主体人口和主流文化,回回人对自身特殊性的意识自觉更进一步掩盖了正在急剧淡化下去的对自身内部差异的感知。回-汉之间的界限则随双方对他者意识的增强而愈益明朗。两种人类群体之间的沟壑转变为汉人对回回人的大众性的成见。伊斯莱利在他的研究里列举过若干个相当典型的例证,表明汉人中存在着的对回回人的普遍成见。[89]这些成见显然已有极长久的历史了。只要读一读金天柱列数的汉人对回回的"种种疑案",就可以知道它们在清代中叶即已存在:

> 遂有谓不遵正朔,私造宪书,以三百六十日为一年,而群相庆贺者;有谓异言异服,择拣饮食;甚者谓斋仍茹荤,白日何故不食?又谓礼拜不知所拜何神,而夜聚晓散,男女杂沓;更谓齐髭以毁父母之遗体,而庞貌为之异样者。[90]

这段话虽写于乾隆初,但汉人对回回的类似猜忌,还应当存在于比之更早的

88 明代礼拜寺内的"讲学堂",参见《济南府礼拜寺重修记》。载《中国回族金石志》,第76页。该碑记写于弘治八年(1495年)。

89 伊斯莱利:《穆斯林在中国:对不同文化碰撞的研究》(Raphael Isreali, *Muslims in China: A Study in Cultural Confrontation*. Surrey: Curzo Press, 1987),第21—23页。

90 金天柱:《〈清真释疑〉自序》,《回族人物志》,"清代",第375页。是序作于乾隆戊午年(1738年)。

年月里。类似舆论无疑也反过来强化着回回人的集体归属感。这种归属感是在每个回回人的家族或其特定聚居区里培育出来的,但它又绝对超越任何一个具体的家族或聚居区。内地回回忘记了有关他们来源的诸多具体情节,但对“祖教”、“祖制”和自身根源性的追寻意识仍使他们记得自己是来自域外移民集体的后裔中的一员。他们对自身居住地区之外的其他回回人或许所知不详,但他们知道属于同一移民集体的后裔广泛地分布在中国各地,而且事实上也早已建立起远超出自己居住地范围的地域性联系和更广泛的同类身份的认同。[91]明末的回回人很自信地声称:“其人相见,则以其语自通,蔼如一家,有无相济,适万里可无斋焉。”[92]“以其语自通”,所指虽然还是汉语,但那是一种大量采纳了来源于波斯、阿拉伯、突厥语词乃至诸多新创汉语词汇的经堂用语的汉语特殊形式,教外的汉人是不容易听懂的。它本身也成为回回人认同的有效标记。在民间流行的一句汉族民间俗话说:“回回的东西吃得,回回的话听不得”。此处“听不得”,按流传于汉人中的一种解释,是指回回人的话无信用、不可靠;[93]但按回回人自己的理解,这是汉人听不懂回回人之间的谈话的意思。回回人显然为这一点而感到某种满足。[94]内地回回变成了中国人的一个组成部分,但他们没有变成汉人。

因此我们看到,回回移民土著化的过程与其说消弭了回-汉之间的差

---

91 例如,王建平对清初云南回回社会的研究,就揭示出,在分散地位置于云南各地的各回回群体之间,便存在着“一个网络,一个松散地在内部相互关联的协作体”。参见王建平前揭书,尤其是第154—162页。

92 《嘉兴府建真教寺碑记》,《中国回族金石录》,第50页。碑文撰写于万历三十年(1602年)。

93 伊斯莱利前揭书,第23页。

94 一则题为“不要听回回讲话”的回族民间故事说,唐朝时候留住长安的回回使臣娶了汉人的妻子。婚后两人相亲相爱。当妻子回娘家探访时,父母问她对回回丈夫的感觉如何。他们的女儿回答:“回回人都很好,他们的食物好吃,但他们的话听不懂。”父母于是告诉她:“只要你丈夫对你好,只要你们两人和合始终,至于他们的话,你就不要去听它。”这就是俗语“回回的东西吃得,回回的话不消去听”的来源。见李树江、卢克尔特:《回族的神话与民间传说》(Shujiang Li & Karl W. Luckert, *Mytholoy and Folkore of The Hui, A Muslim CHinese People*. Albany: State University of New York Press, 1994),第249页。此则民间故事采自甘肃。又蒙王建平教示,云南的回族也将这句俗语的意思解释为汉人听不懂回回的谈话。

异，还不如说消弭了原来存在于回回共同体内部的诸种差异。用清末有的回回人自己的话说，这叫"绳绳继继，宗是教者相传，遂忘其国籍。回其教，且并回其民焉。"[95]阿姆斯特隆说："最重要的是，从讨论开始时就必须认识到：种族群体或曰早期民族的观念必须以排他方式予以界定，这个事实本身就已说明，实际上不存在某种纯粹的界定方式，可以将种族性与其他类型的认同区别开来。界限论方法表明，种族性是一束转变中的互动关系，而不是社会组织的一种核心成分。……必须承认，种族性现象是诸种社会集合体之连续统一体（其中特别要包括阶级和宗教实体）的一个部分。"[96]正是遵循着这样的逻辑，回回出自同一"祖国"的观念，被他们自己广泛接受。回回作为一个宗教的共同体，也就始而向着具有共同血统的种族共同体转换。

"回回祖国"和共同血统观念，具有极大程度的想象的性格。不过上述"想象"并不是完全缺乏社会和历史依据的痴心妄想。相反，"正是在经验以及由经验所产生的非自觉的习性（habitus）方面的共同性，给予一个种族群体的成员们以某种身为同类并且互相熟悉的意识。"而人们使用亲属或血统的观念来表达种族的归属性（这又使我们想起回族成员互称"教亲"的事例），也不是他们任意选择的结果。因为"身为真实的家庭内成员或世谱集团内成员的那种特殊情感，也反映了相同的对于共有习性的意识。而这种意识又恰恰成为以家庭化来实现种族凝聚的基础所在。"或者换个说法："由于种族认同派生于被人们视情景而定地共有的某个多层面习性的诸种因素（situationally shared elements of a multidimensional habitus），这就使得个人能够获得若干认同要素。它们分别与不同情景相联系，但都是很真实的，并且最终被提升为共同血统的形态。"[97]

---

95 黄振磐：《论回民》，载《醒回篇》（留东清真教育会，1908年出版），王希隆点校本，兰州：兰州大学出版社，1987年。按，所谓"忘其国籍"，黄氏原意是指回回完全忘记了自己是来自域外的移民。但这显然不是历史的实情。毋宁说，他们忘记的是各自祖先所从来的具体国度，但仍然记得自己作为一个移民集体与汉人之间的不同，因为正是这一点，才得以解释为什么他们会拥有一种与汉人迥异的宗教信仰。

96 《民族主义之前的民族》，第6页。

97 班特雷：《种族性与惯常行为方式》，《社会与历史的比较研究》（G. Carter Bent-

在晚明中国，内地回回群体内民族意识的形成，端倪于"回回祖国"观念的流行，而后又为明末清初中国伊斯兰教的经堂教育和以儒释教运动所促进。惟对本文所关注的课题而言，更重要的，乃是清代的内地回回怎样将唐代回纥纳入对自己历史和根源性的想象之中，从而导致其种族认同又发生重要变化的问题。因此以下讨论，拟着重围绕这个问题来展开。

六

明代晚期内地回回的种族认同，基本上围绕着回-汉差异而滋生发育起来。就区分回、汉而言，这条界限大体是明确的。在相当长一段时间里，由于内地回回被基本隔绝于域外伊斯兰世界之外，他们作为西域回回的后裔，与同时代的西域回回究竟是什么样的关系，实际上并不成其为一个事关切身、因而迫切需要解答的问题。

但是，这种形势很快便因穆斯林的政治-文化势力全面控制吐鲁番、哈密而发生变化。它导致了下述两项结果：其一，原先将西北中国内地隔离于东部穆斯林世界的佛教维吾尔人，终于全部归依伊斯兰教信仰，畏吾儿人始而成为现实中不再存在的一个历史名称。现实社会中的"回回"于是再度被看成是与历史上的畏吾儿具有渊源关系的人们群体。其二，继西域伊斯兰文化圈从陆上直达明王朝的边界，清政权又将伊斯兰化的"回疆"整个地纳入版图，这就使得内地回回必须面对自身与中国西域穆斯林的关系问题。

根据田坂兴道的研究，伊斯兰教的政权在吐鲁番的确立，大致是在明正统、景泰之间，也就是1450年代；而哈密由于和伊斯兰世界纽带关系的加强而最终脱离明政府的控制，则发生在大约1510年代。[98]塔里木盆地东端的古代畏吾儿人，在最后放弃佛教信仰而归依伊斯兰教的同时，也放弃了被各支突厥语的穆斯林居民用作"异教徒"代指的畏吾儿这一族称。此后大约

---

ley, "Ethnicity and Practice," *Comparative Study of Society and History*, 29 · 1[1987])尤其是第33—35页。

98 田坂兴道前揭书，下册，第944—946页。

三百多年中间,"畏吾儿"不再是一个在现实中存在的人们群体;它只是一个历史名称。在新疆,一直要到1930年代,"维吾尔"的名称方才确定地被重新与塔里木诸绿洲的主体居民联系在一起。[99]

在畏吾儿因整体伊斯兰化而融入西域回回之后,汉人社会开始把当日社会中的回回追溯为历史上的畏吾儿部后人。至晚是到明末清初,像顾炎武、杭世骏这样的大学者便主张,"今之回回"即与维吾尔之称的古代形式"回纥"或"回鹘"指属相同。于是在明末及以后的汉人著述里,"回回"和"回纥"又像元初及其之前那样被混淆起来了。一位清后期的作者这样追溯回回进入内地的历史:"回纥自唐平定安史之乱,留驻内地,种类蔓延四域,实肇始关辅"。[100]明末广州卫著名的"教门三忠",就被清人说成"本回纥种"。[101]清末的陶保廉谓,陕甘一带的"汉装回","大半回鹘之后"。[102]清人还将唐代对回纥的别称"花门",作为与自己同时代回回人的代指名词。[103]类似例证还有很多,兹不赘举。尽管在当时的汉族乃至回回学者中,确实也有人(包括钱大昕和刘智)颇欲辨明回回非唐代回纥,但这未能改变流行在一般人们中间的看法。[104]

汉人社会在事隔两个多世纪后将"回纥"与"回回"两个名称重新混淆,很快影响到内地回回人对自身来源的看法。这一层因素与新疆地区完全伊斯兰化的形势夹缠在一起,遂使清代回回人在不知不觉之间实现了对自我身份认同的一次重新构建。

反映清代回回人种族认同的最典型文献,应当是《回回原来》和《西来宗谱》两本书。传说《回回原来》最先由康熙帝在亲征噶尔丹,"自口外驾还"时赐予总兵马进良。后经马氏辗转传抄而流传天下。原书序言(康熙壬寅,即

---

99 杜垒前揭书,第301页。

100 《平回志》卷一,"志陕西"上。

101 《广东通志》卷二八五,"列传"18引羽凤骐墓碑,见上海古籍出版社缩印本(上海,1988年),册4,第4972页。

102 《辛卯侍行记》卷六,"汉装回"注文。

103 见田坂兴道前揭书,上册,第137—138页。

104 早在乾隆时,有人大概主要根据方望上的相关性,推测"吐鲁番缠头回子即唐时回纥遗种"。见常钧:《敦煌随笔》卷上,"回民五堡"条。

1662 年撰)说:

回回教人,原籍西域。隋唐时徙入中华。历唐宋元明,以致我国大清皇帝,一千有余年。教生繁衍愈众,教门亦愈大兴。然以年深代远,多有忘其来源者,诚堪痛恨。愚见及此,不揣学问愚陋、辞句俚俗,爰集是帙,使后世穆民,不至忘其根本焉。[105]

据张星烺转录的该书文本,唐贞观年间有"西域高僧噶心"来华报聘。天子欲留此人在东土传布伊斯兰教,遂"选唐兵三千,移至西域。换回兵三千,来至中国,以拌缠头。此三千回众,生育无穷,即今中国回教徒之祖先也。"[106]这个故事,以稍有出入的各种文本流传在陕甘、湖南、云南、山东、青海等全国各地。它的基本情节,至今被记录在西北回族的民间故事之中。[107]湖南隆回出身教门世家的老人所口述的《唐王谈道》谓:"唐皇有曰:'朕选三千唐兵,移至西域。替换三千回兵来中国。'生育无穷,中国则有回回矣。"至于唐王因梦见缠头而遣使所至的地方,是在"嘉裕关西哈密国回王"处;但使臣行走的路线,却是"往西南出嘉峪关,船行三个月,至古里国。又向西开船,抵天方国大码头"。[108]在隆回的清真寺碑记中,也记载了这个传说。碑谓:"贞观二年,哈辛诸人入贡。……帝心欣悦,留住长安。哈辛曰:'茕茕孤立,不敢久居。'帝因命请回民三千,住长安城仓门口,各配一汉女。随作礼拜大寺七座,准免差徭。"[109]

上述故事中借兵回回之说,无疑出于唐王朝向回纥及西域借兵镇压安

105　我所看到的《回回原来》,是民族文化宫图书馆复印的清光绪三十年(1904年)鲍闲廷抄本(北京,1981 年)。这个本子上的序言中,有些文句不易读通。兹据田坂氏日译文本回译如是。见田坂书,下册,第 1382 页。

106　见张星烺编注:《中西交通史料汇编》第二册,北京:中华书局,1977 年,第 184 页。按,"噶心"即阿拉伯语人名 Hakim 的译音。今多以"哈欣"写其音。

107　见李树江、卢克尔特前揭书第 237—249 页,"回族的起源"部分所载录的诸故事。

108　见《黄氏四修族谱》卷首,马亮生主编:《湖南回族史料辑要》,第 109 页及以下。

109　《山界清真南寺碑》,乾隆三十三年(1768 年)立。《中国回族金石志》第 218 页。按,碑称马欢撰文于景泰年间,是显系伪托。

史之乱的史实。事实上，有些地方的回回人也正是这样理解“回兵三千”之所以东来的缘故的。浙江回人马兆龙写道：“盖我可汉氏，特奉征檄，帅甲南趋。敌王所忾，佐定武功。……是留驻中华，□恩礼优渥。”[110]碑文里的“我可汉氏”显然是指回纥可汗；“敌王所忾”者，指助唐平安史乱军也。另一块立在青海西宁清真寺里的碑记写道：“及安史之乱，唐借回纥之力以复两京，自是回教益行。”[111]民国时期，青海回族仍有“回纥之裔”的传说。[112]而“甘肃回回认土儿其为祖国”，即是同一历史认识的更晚近表达形态。[113]20世纪30年代前期，京剧名演员郝守臣、高庆奎拟开演《郭子仪单骑退回纥》一剧。北平市回民公会闻讯，即以“唐之回纥，即今之回回。昔为敌国，今已一家”为由提起交涉，排演终而中止。[114]无论如何，由回纥所居地区远徙汉地社会而“聚族于唐”[115]，成为清代内地回回大众对自己祖先为何会迁居中国的主要历史解释。不赞成此种看法的回回知识人当然是有的。乾隆时候的金天柱肯定古代有回回国人入华而“悉入编氓”的事实，但他认为回回不是回纥，后者只是“随其教者”。“其实穆罕默德并非生于回鹘各国；即在中华之复入此教者，亦非新自回疆回纥而来。”[116]撰写于晚清的《回教考》，主张“天方祖国，即回回祖国也”，是指的“阿拉壁”，回纥乃由佛教改从回教者；所以“以回纥与回回同一国焉，误矣”。[117]清末一个主张“回以名教、非以名族”的回回读书人，也差不多同样地批评回回为域外移民群体论说：“唐代派之东土，只哈、马、答、沙、定五姓，其余皆随教（按，此指汉人归依伊斯兰教者）。又谓唐借三千回兵，使戍中国，且为择配。诚如是言，然已经千数百年后，以生以

---

110 《重建真教寺碑记》（杭州，1892年），《中国回族金石志》第62页。

111 《重建西宁大寺碑记》（1922年），《中国回族金石志》第193页。

112 张得善：《青海种族分布概况》，《中国西北文献丛书》第127册，第109页。

113 慕寿祺：《甘宁青史略》，别编卷3，“民族志”。《中国西北文献丛书》第97册，第417页。

114 《“单骑退回纥”一剧已搁置》，《月华》5:8（1932）。

115 《重修礼拜寺记》（济南，1810年），《中国回族金石志》第80页。

116 《清真释疑补辑》卷下，“释名”。按，金天柱将“回疆回纥”连书，似乎是在暗示，这二者存在某种历史的关系。不过他没有明确交待它们之间究竟是什么样的关系。

117 《回教考》，上海：上海城内穿心街清真寺，宣统三年（1911年）重刊本。

息,若置洪钧,熔巨炉,其早化为同种也久矣。”[118]他们都孜孜以回回来源回纥说作为主要批评对象,恰恰说明了此种说法在当时的流行面之广和影响力之大。

《回回原来》和由“改窜”《回回原来》而成的《西来宗谱》、《回回源流》[119],被一些穆斯林学者断为“稗官说部”,“不足为参考资料”。[120]张星烺则以为,“自昔或有此传说,而著者据之加以润色,成此可笑之书”。他虽说该书“可笑”,但仍然猜想回回人中“自昔确有此传说”。[121]这是很有见地的。“原来”的具体来源已不可考;谓其书始出于康熙所赐,或其作者为刘智之父“刘三杰”云云,都只能是伪托。但它们在内地回回人中的广泛流传,表明它们确已成为被回回普遍接受的关于他们自身的历史叙事。在此种意义上,它们实在是考察回族如何想象自身历史的极可珍贵的资料。

回纥助唐的历史本来被记载在汉文史料中。倡言今之回回即古之回纥之论调者,据现在所知,也始于汉人。由此可以推知,回回人在追溯一种明确地与汉人群体不同的独特根源性时,仍然不自觉地采纳了汉族用以想象对方的言说材料。

当清代回回人把“回纥”想象为自己祖先时,他们心目中的“回纥”,既不是八世纪下半叶驰骋漠北草原、并曾出兵南下助唐的那个真实的突厥语游牧部落,也不是自840年代后分布在塔里木河流域及旁近地区的、今天自称并被他称为“维吾尔”的那个特定民族群体(因为当时还不存在这样一个维吾尔族)。它是一个被泛化了的广袤地分布于西域地区的穆斯林共同体,亦即与最宽泛意义上的“回回”等义。两种祖先传说事实上被叠合成为一个

---

118 黄振磐前揭文。民国时期的回族中,又有人批评说:“中国回教徒,非尽为回纥人。概称回族,亦属不当。”由此也可以看出隐含在该批评中的一种流行见解,即把回族名称之来源归因于其主体“尽为回纥人”也。见《与袁君汉臣往来函件》,《中国回教学会月刊》1:5(1926,5),第46页。

119 《回回源流》被著录于莱斯利(D. D. Leslie):《伊斯兰汉籍考》,“汉文译著”第53种,见杨大业汉译本(北京,1994年),第50—51页。

120 赵斌:《校经室随笔》,《中国伊斯兰教史参考资料选编》,下册,第1113—1116页。引文见于第1114页。

121 说见《中西交通史料汇编》第二册,第186—188页。

整体。因此,以回纥为祖先的观念非但与早先的“回回祖国”说不相冲突,而且简直就是将“回回祖国”说进一步具象化的一段历史叙事。借兵回纥、借兵大食与“回回原来”现在变成了一回事。所以光绪前期察访“秦陇回务”的余澍畴写道:“旧传陕甘回民系郭汾阳(按即郭子仪)借大食兵克复两京后留居中土者,迄今千余年。陕则民七回三,甘则民三回七。明永乐中,徙实江淮。由是花门族类,几遍天下。”[122]此处所谓“旧传”,应当反映了西北民间社会中汉人和回回的一种共识。在其中,“花门”与大食已无法区分。前引《唐王谈道》里的使臣所赴之地,为“嘉裕关西哈密国回王”处,但他却一直走到“天方国大码头”。《回回原来》的另一种文本,则把“加峪关之西哈密国”位置于“至中国一千二百站程,每站七十里,共有八万四千里之遥”;而这个“缠头西域回回”的王城所在,又是“撒麻甘城池”(即撒马尔罕)。[123]地理概念的混乱,说明故事的叙述者并不清楚唐代回纥人或哈密“回王”的具体地理位置到底是在哪里。正因为这样,一方面,以“回纥”为祖先,没有改变清代回回人对自我的这样一种集体身份定位,即他们是从西域伊斯兰世界来到中国的移民群体的后裔。而另一方面,现在他们在对自己身份的确认方面,又增加了新的内容,即他们既有来自“回回祖国”的血统,同时也有来自汉族母亲方面的血统。具有这样一种根源性,使他们既区别于汉人群体,也区别于留居在“回回祖国”的先祖后裔们。

于是,对于“究竟谁属于‘回回’”这样一个问题,清代中国的不同民族群体就产生了不尽相同的理解。虽然我们对顾炎武、杭世骏如何界定所谓“今之回回”不是很清楚,但在稍后的汉人和满人概念里,回回和新疆及新疆之西的“回部”,已然是两个不相同的人类群体,或曰“种类”。在清人看来,回回和回部都信仰伊斯兰教,所以他们都是“回人”、“回众”,或者带有蔑称意义的“回子”。但“回人”又是由很多“种类”构成的。乾隆就曾下令,调查“河州、循化厅等处回众共有若干种类”。[124]他本人在讲到那里的撒

---

122 余澍畴:《秦陇回务纪略》卷一。

123 见《回回原来》,民族文化宫图书馆复印本,第一段和第二段。

124 乾隆四十六年(1781年)四月庚戌谕和珅、勒尔谨,《钦定兰州纪略》卷二。

拉回时，明确指出，他们“与内地回人戴白帽者，本另一种类”。[125]回人中的回回与回部，对清人来说明显是有区别的。他们很少会把回部称为“回回”。同时，他们更不会如同称呼回部那样地把回回叫作“番人”。清初四库馆臣写道：

回人散处中国。介在西北边者尤犷悍，然其教法则无异。刘智《天方典礼择要解》，即彼相沿之规制也。其祖国称默德那，其种类则居天山之南北。后准噶尔居有山北，乃悉避处于山南。今自哈密、吐鲁番以外，西暨和阗、叶尔羌，皆所居也。迨我皇上星弧遥指，月窟咸归，回部并隶版图，为我臣仆。中国回人，亦时时贸迁服贾，往来其间。奸黠之徒遂诡称传法于祖国，别立新教，与旧教构争，……乃驯至啸聚称戈。[126]

清人以为回部的“种类”与“中国回人”不同，从这段话里可以看得很清楚。以乾隆名义颁发的《御制阳关考》亦称：“《汉书·西域传》：西域三十六国，东则接汉，扼以玉门、阳关。考汉时三十六国，即今回部。回部东境，直安西府敦煌县，亦与《汉书》三十六国‘东扼阳关’之文吻合。”[127]“御制”把回部与汉三十六国相联系似属无稽，但它同样表明，在清人心目里，回部和内地回回不属同一群体。

清人当然读到了包括《明史·西域传》在内的过去文献中有关“回回祖国”的说法。值得注意的是，他们现在更倾向于从这一历史言说引申出所谓“回部祖国”的新概念。上面引述的“兰州纪略”提要，就把默德那称为“其种类则居天山南北”的回部“祖国”。《皇舆西域图志》亦谓：

回部祖国名墨克、默德那。在叶尔羌极西境。相传派噶木巴尔自祖国东迁，至今山南叶尔羌、和阗等处。回教始盛。故回部纪年自派噶木巴尔始，至今乾隆四十四年己亥，共一千一百九十三年矣。

作者在下文中进一步解释这段话说：

按山南回部自派噶木巴尔流传至今，纪年可考。与《明史》所载首先行教之吗哈木特，世次先后莫详。意派噶木巴尔自其祖国东来，今

125 《钦定兰州纪略》卷首，“天章”，“志事十韵”第一首小注。

126 《四库全书总目》卷四九，“钦定兰州纪略二十卷”提要。

127 《皇舆西域图志》卷八，“疆域”1。

为山南回部之祖；吗哈木特行教于天方祖国，又当在派噶木巴尔之前也。[128]

这段话中包含不少错误。但它反映出，清人的确认为回部与天方之间存在血统上的联系。另一方面，在汉人心目中，“中国回人”即内地回回与“回回祖国”的联系，则因回回源自回纥说的兴起而趋于淡化。在如此一张一弛之间，汉人自然要将回回和回部区别看待了。

回部自称突厥人，把汉人称为“黑泰”，此即突厥语中的中期蒙古语借词 Kitad 的音译；内地回回则被他们称作“东干”，或音译为“通光”。至于他们对内地回回的称呼，是否来源于用突厥语意译“回回”一词的读音，诸家看法不同，可存而不论。总之，他们明确地把自己与内地回回区别开来，看作是两个同样信仰伊斯兰教、但又互不相同的人们群体。

那么，清代的内地回回究竟如何看待自己与回部之间的关系？对这个问题，只有在作进一步的研究之后，才可能很充分地予以回答。现在我们只能说，他们（尤其是邻近回部的西北回回）显然是意识到了自己和西域回部之间的某些固有差异的。他们把回部叫作“西回”[129]，或袭用汉语中“缠回”的名称，称回部为“缠头回回”。[130]他们即使居住在回部地区，也建有自己单独的礼拜寺。[131]另一方面，在面对汉人群体的时候，回部很可能被内地回回，特别是对“回疆”的情形缺少具体了解的回回人，看作是同属于由“回回祖国”迁徙而来的同一共同体的构成部分。正像“缠头回回”的称呼所显示的，内地回回仍然把回部视为“回回”的一部分。前面引述过的《回教考》即使已对回回与回纥明确地予以区别，但还是将“布满十八行省”的“回民”和“咸隶版图”的“回部”或“回疆”，一起囊括在“回回”的概念之中。与过去相同，这时候内地回回的认同，在涉及与迤西回部的相互关系的那一方面，其

128 《皇舆西域图志》卷四九，“故事”。“派噶木巴尔”译言“使者”。

129 《回回民族问题》第 14 页。

130 见马六十口授，单化普笔录：《陕甘劫余录》，载白寿彝主编：《回民起义》，上海：神州国光社，1953 年再版，第 4 册，第 309 页。

131 “迪化甘回分二十四坊，如陕西坊、西宁坊。是所谓坊者，如汉人之会馆，即某地回民共建之清真寺也”。吴蔼宸：《新疆纪游》，下篇第 16 章。

界限仍然处于不确定的，甚而是半开放的状态之中。这一特征，也赋予民国时期回民的种族认同以重要的影响。

七

辛亥革命前后，中国民族主义思潮的高涨，把久已存在于回回人中间的种族认同提升到一个前所未有的政治意识的层面。本文的篇幅和作者的知识程度，都不允许我在这里充分地展开这个话题。现在可以做的，只是简略地指出回回的民族认同所表现出来的若干时代特征而已。

直到十九世纪之末，回回人的种族认同主要还是由回-汉差异来界定的。尽管回回人对此种差异的感性意识已相当固结而不易化解，但它只能被允许作为仅仅关乎私人生活领域的“祖制”、“祖教”而获得表达。雍正就要把“回民之自为教”，限制在“其先代相沿之土俗”的范围之内，“亦犹中国之大，五方风气不齐，习俗亦因之各异。”[132]清朝最忌讳的，就是在回回中形成群体意识，甚或形成自上而下有组织的势力。毕沅作为西北的一员方面大臣，是深深懂得清廷之忧虑所在的。所以他给乾隆的奏折，强调陕甘回民“各奉其教”的分散性。他说：“凡有回民处所，亦各有礼拜寺，并延访熟于经卷之人，教授回经。彼此管理，各不相会。”[133]在这样的情势下，回回的认同意识就不可能在政治层面上形成一种具有合法性的表达形态。他们的政治诉求或者最终被推入反叛的途径，或者就可能由于强调政治及文化上的归属性而渐至丧失独特的群体认同。“故有吾教一入宦途，必得出教者。……人鉴于此，多不望其后人读书成名，仅令识字而已。”“官到二品就反教”成为回回人中长久流行的俗语。作为对此种现象的抵制，下层回回人中只好把读汉书也视为“反教”行为。[134]

到了二十世纪之初，至少是在回回知识人中，开始以满蒙汉藏回苗的这

132　雍正八年（1730 年）五月初上谕。《正教真诠》卷首。

133　毕沅奏折，乾隆四十六年（1781 年）六月十四日。《正教真诠》卷首。

134　金天柱：《清真释疑补辑》卷下，“释名”。金吉堂：《中国回教史研究》第 153 页。

样一个多民族格局来思考自己的种族定位问题。其时代的背景，是在西方民族主义影响下，"时人论政，辄以汉、满、蒙、回、藏、苗相提并称，俨然以六大民族标榜之。"或曰："本朝合满汉蒙回苗而成中国的伟大民族。"[135]他们明确提出，"国家之分子，无论……其种族之或满、或汉、或回、或蒙、或藏，而其可以为组织国家之分子则一。"[136]这种心迹，与印在汉译伊斯兰经典卷首的"皇恩浩荡，恩纶叠沛"一类词语，与"效顺国威，奔走偕来，杂处中土，迭承列圣褒嘉，视同赤子"之类言说，以及选择"贒"这样一个虽经收录在《集韵》中、却很少被人使用的异体字来取代"贤"字的做法所体现的那种单纯王朝认同，显然是不大一样的。[137]

如果说上述思想倾向在辛亥革命前还只在很少数回回人中间存在，那么到标榜"五族共和"的中华民国建立后，它便很快在回回群体中赢得了越来越多的支持者。说民国时期是回回种族意识迅速政治化的阶段，应该是不会过分的：

意识到自己是构成"中华民族的一部分"、"重要成分"、"主要分子"，是中国"五大民族"之一[138]，中国的回回人开始注意自己的人口总数问题。因为没有确切的统计，所以只好进行笼统估测。在这方面，一个最流行的说法是五千万。1934 年，北京的一个记者提到全国回族人口在"一千五百万至二千万人"。转载该报道的一家回民杂志的"编者按"写道："中国伊斯兰教民族约有五千万众，上面的统计只有一千五百万至二千万人，希望各地教胞来努力调查一下。俾有确实统计耳！至盼。"[139]这个数字，按民政部发表的估计，为

135 黄镇磐前揭文。按，黄氏本人虽为回族，却反对回回民族论的立场。正因为如此，其所谓转述的"时人论政"见解，更可看作是当日一种社会舆情，而不是少数人的怪论而已。并见《清真铎报》新 17 期社论(1945,9,15)；马元礼：《抗战时需要回胞，胜利后便忘记他们吗?》，《清真铎报》新 18 期(1945,10)；李兆芝：《回教振兴策》，《醒回篇》。按，李氏为汉人。

136 保廷梁：《劝国人负兴教育之责任说》，《醒回篇》。

137 语见《正教真诠》卷首；《清真释疑补辑》卷首，尚贤序。

138 薛文波：《〈月华〉十年与回教世界》，《月华》11:31/33(1938)；穆建业：《回民教育促进会与其经费问题》，《突崛》1:2(1934)。

139 《论回民教育》(转载自《北平每日评论》)，《人道》1:5(1934)。

三千四百五十万；一说六千万；也有人说是七千余万；最高的估计到八千万。[140]按《回回民族问题》一书的估算，则只有三百七十二万五千人。从1964年全国人口普查所得回族总人口为四百四十七万来看，上述最保守的数字可能最接近实情。考虑到当日回回往往把今天的维吾尔等族都看成属于同一种族共同体（详下），因而在衡量他们对自身总人口的数量估计时还应计入四百万上下的维吾尔等族人口。但即便如此，回回对其人口总量的想象，仍与实际情况相去极远。被放大的人口数，多少反映出回回民族对自身重要性的迫切意识。

发生在各地的大小"侮教案"，也成为整个回族社会所关注的重大方面。这些"侮教文字"固然反映了汉族对回回人的偏见、误解，但它们同时也显示出回回的社群正在越来越引起大社会的注意，显示出回回对捍卫自己尊严的意识已极大地提高。《月华》等杂志利用其喉舌的功能和信息沟通的优势，了解情况，分析形势，"大侮大办，小侮小办，不值得的就不办"，在其中起到了非常重要的联络、组织和鼓动的作用。[141]

这时候，他们形成了属于特定时代的对自己历史的某种言说范式。回族中地位极高的白崇禧用以下十二个字概括回族在历代的基本状况："始于隋唐，盛于元明，衰于满清。"[142]清朝对回族的政策，在这时受到回回群体严厉的批评。马以愚以为，回回到中国"千三百余岁，受祸之烈，以清为甚。新疆、陕西、滇黔诸省，相继变作。盖由清室之歧视，而疆吏好大喜功、残民以逞之所致也"。[143]镇压西北回族起义的左宗棠，在汉族士人看来是在西北立下"勋业"的功臣，而在回族则以为："今后政府对边疆大吏的选择，如像作威作福的盛世才、剿抚兼施的左宗棠一流人物，已非所宜。"[144]

---

140 胡枋权：《回教统计》，《月华》5:16(1933)；《伊斯兰学友会抗日宣言》，《月华》3:35(1931)；俊荣：《一年来的〈突崛〉》，《突崛》2:1(1935)；马松亭：《中国回教的现状》，《月华》5:16。按，八千万之数最初似出于保廷梁的估计，见《宗教改良论》，《醒回篇》。

141 《编辑室谈话》，《月华》4:28/29/30(1932,10)。

142 白崇禧：《中国回教与世界回教》，《月华》14:11/12(1942)。

143 马以愚：《中国回教史鉴例言》(1948)。

144 《清真铎报》短评：《新疆问题已解决》，新19/20(1944)。

在过去长时间中形成的回回人“舍命不舍教”、“争教不争国”的传统，现在也受到回回民族自己的反省和调整。“争教不争国”较早地从民间俗语被录入文献，似见于1908年出版的《醒回篇》：“闻之父老，有所谓‘争教不争国’者，殆即回回入中国传教之宗旨也耶。”[145]这时候的回回知识人，曾从三方面检讨回回之所以会抱持“争教不争国”立场的原因。首先，“谁坐江山，向谁缴粮”，这本是“中国数千年来人民养成的习惯”；国内人民，无论汉回，“大都如此”。是不必“单单苛责回民也”。[146]其二，“伊斯兰人民信教诚虔”，已往确也存在“忽略国民责任”的一面。[147]第三，最重要的，是在清朝的残酷镇压下，回回“为图种族生存，不得不遏制其强大的民族性，不得不隐灭其狂热的革命性”。[148]薛文波把辛亥革命后回族改变“争教不争国”立场的过程，分为三个阶段来分析。[149]在这中间，抗日战争的发生，更极大地强化了回回民众作为中国人的国家意识。不仅如此，在1933年的国民参政会代表名额分配中，回回群体明确提出，要按照蒙古族、藏族的代表额度（各有六名）选举回族自己的代表。[150]1947年又发生国大代表名额之争。回族认为，回民的代表名额问题，是“国内各民族的政治权益问题”，也是“民主政治下，离不了‘民族平等’的问题”。[151]

回回群体中的上述心态和活动，最集中地反映在回回知识人的阶层中。但它们同时也在越来越深入地影响回回人的整个群体。很难否认，当时层出不穷的回民杂志、有系统的回民组织、到处兴办的新式回民小学、范围广泛的回民现状调查（调查内容包括家谱、清真寺、回民人口、口传历史、回民经济生活及宗教活动等），事实上构成了对全体回民社会相当持续和深入的动员。

145　黄振磐前揭文。

146　《唐副理事长（柯三）在贵阳回胞欢迎会上讲词》，《月华》14:1/2。

147　王蔚华：《国难期间伊斯兰人应有的呼声》，《月华》4:3（1932）。

148　述尧：《回教即回教民族在中国宗教上及民族上所占的地位及当局对于回教民族应有的认识》，《月华》4:28/29/30（1932，10）。

149　薛文波前揭文。

150　《中国回族青年会快电》，《月华》5:11（1933）。

151　《政府竟漠视回胞国大代表名额吗》，《清真铎报》23（1947）。

在考察民国时期的回族认同问题时,还有两项情况应当提出来略予讨论。一是从理论上说,国民党从来没有承认过内地回回是一个民族。“五族共和”口号里的“回”,仅指“缠回”而已。在回回上层及回回知识人内部,对于回回是否构成一个民族,也长时期地存在过争论。二是随着对内地回回历史的学术研究逐步深入,人们发现从前对回回来源的认识存在诸多误解或不确之处。那么,这些是否动摇了民国时期的回回作为一个民族存在的事实呢?

就像对任何一个其他重大问题的认识一样,对存在千年之久、人口多达数百上千万的回回群体,人们的看法自不可能绝对一致;人们对某个问题的抽象观念和他们在实际处理这个问题时的态度立场,也不必定是绝对一致的。基本估价只能从尽可能合理的综合中间获得。

反对回回为一民族的回人,有的本自独立的见解(如黄振磐),也有的是迎合或迫于国民政府意识形态的压力与限制。马鸿逵主张“宗教为宗教,民族为民族,不能相提并论。汉人加入回教者,仍为汉人,不应以为阿拉伯人后裔”。[152]他实际是把内地回回全都看作是“汉人加入回教者”。他在当时颇被激进的回族青年视为“讨蒋介石的好”。[153]白崇禧的情况又有点不一样。他的态度是:“人家(指二陈这一号人)不让说,我们就不要说了。”[154]但他在公布的谈话稿里,还是在不经意之中漏出了“回汉两族”之类的字眼。[155]从国民党政府的诸多行政行为来看,他们实际上也往往把内地回回与新疆的“缠回”一起作为“回族”来处理。[156]问题在于,中下层回回人世代承袭的与汉人不同族属的感性意识,一旦和回回社会中的民族主义思潮相

152　《马鸿逵谈西北回汉纠纷的原因》,《人道》1:5(1934,10)。

153　薛文波:《雪岭重泽》卷1,第101页,兰州,甘新出001字总1674号(99)135号。

154　《雪岭重泽》卷1,第102页。所谓“不让说”,是指不准说内地回回是一个民族。

155　白崇禧前揭文。

156　如民国二十五年(1936年)教育部推行的“蒙藏回苗教育计划”,就把在内地回回聚居区设立中小学的计划也包括在内。类似的例证不一而足,兹不赘举。

接触,实际上很容易地就会在相当大的人群中产生一种自觉的种族意识。相反,学术研究的某些结论却要经过若干复杂的环节才能影响大众态度。民国时期的学者解释西北回族的来源说:"自唐中宗时,回纥渡沙迹,徙居甘谅间。是为回纥入居甘肃之始。厥后,回纥为黠戛斯所破,散居甘肃。五代迄宋,分布益广。甘肃回部,由是特盛。"[157]他虽仍把内地回回看作回纥后裔,但他们与阿拉伯人的联系,是被大体排除了。另一个民国时人考证的结论是:"现今内地回回,大食回种少,多系回鹘、畏吾儿。"[158]但是,这些质疑以共同血统与"回回祖国"相联系的见解,很少在实际上对大众观念发生影响。正如保廷梁早已揭示过的,内地回回虽非纯然为一族,但"宗教之义,感人易深。入主出奴,遂忘所自。故其初本非一族,竟与真正回人有同出一源之慨矣"。[159]回族认同的这一特征,直到1950年代的"民族识别"之后才发生较大的变化。那是强大的国家机器及其意识形态把对于"民族"的"科学"观念内化为被"识别"与"划分"的人们群体自身意识的结果。共同血统观念既然业已缔结起种族认同的意识,在变化了的社会历史条件下,这种意识似乎不一定再继续需要以共同血统的支撑为存在的必要条件。当代人类学对中国各民族的考察研究中,很少发现共同血统观念对其民族意识的影响力,可能就有这一层的原因在。

民国时代内地回回的种族认同,仍如同它在清代的情况一样,是将新疆的"缠回"包括在"自我"的范围之内的。当时的回族学者这样说:"拿新疆说罢,整个的区域,差不多布满了回族,其次是陕甘宁回族,亦然占大多数。"[160]大量的例证,表明在他们的观念里,两者之间的区别,尚仍不足于将它们区分为两个不同的种族共同体。完全把这种见解看作是一种策略性的算计,即利用国民党政府对"回族"这一民族范畴的承认来争取本民族的合法地位,或者据此断定这时候的回回认同只具有宗教归属的性格,恐怕都

157 白眉:《甘肃省志》。

158 《甘宁青史略》副编卷3,"民族志"附录,邓隆:《回族考》。

159 保廷梁:《劝国人负兴教育之责任说》。

160 恒:《应积极促进回族教育》,《突崛》2:1(1935)。

是把问题过分简单化了。实际情况应当是,在坚持与汉族之间的最要紧的界限区别时,回回观念中由清代继承下来的与回部界限的半开放性格,仍然是民国时期回族认同的一个历史的特征。

对回回群体内部自我认同的历史考察,也许可以证明,尽管今日“回族”的共同体是在1950年代的民族划分中最终被界定和形成的,但一个具备“种族”共同体基本特征的“回回”群体,早在明清之际便开始形成。这时候,它对“共同血统”的记忆,已经有了比较巩固的感性意识。此种感性意识,至少在辛亥革命后就逐渐发展为相当充分的自觉认识。内地回回先后经历了在汉-回关系、在“五族共和”、在由抗日战争激发的“中国人”意识的提升过程中,来界定自我作为一个种族的身份认同。四十年代初期的一首回民诗歌,以“绿旗下的一群”作为自我认同的标识,极其生动地反映了这时候在回民中急剧崛起的种族意识:

> 我们有坚定的宗教信仰/又有与人不同的特殊习尚/我们具备着纯洁的血统/谁不晓得伊斯兰文化/在世界上至今有它万世不灭的光芒![161]

可以说,明末清初以来“回回”认同所经历的一系列变迁,构成为1950年代型态的“回族”所得以孕育产生的历史基础。在这个意义上,1950年代的“回族”不能算是一种完全任意的新创造,而是更早先历史型态的“回族”的转型。

附录　泉州今存石碑“重立清净寺碑记”镌刻于何时?

作为很少几通元代中国的伊斯兰教碑铭之一,现存于泉州通淮门街清净寺内的吴鉴“重修清净寺碑记”,而今可以说已经名闻遐迩。如同在正文里已经讨论过的,该碑既经镌刻之后,最先被载录于书面文献,恐怕是在写成于明前期的《晋安逸志》中。因为这部志乘早已佚失,所以即使上述推想属实,要想通过该书去检阅吴鉴碑记的原始文本,也已不再可能了。在此之

161　伊矛:《我们不是甘愿被宰割的羔羊》,《月华》12:22/7(1940,9)。

后,碑记的前半部分又因被万历年间的闽人何乔远收入他的《闽书》卷七"方域志",而得以稍广流传。张星烺在《中西交通史料汇编》第二册所录吴碑,即采自何乔远书。民国十五年(1926年),正在厦门大学教书的张氏与陈万里曾访问前述泉州清真寺,他们都在自己的游访录中提到院内墙边的两通磨泐严重的石碑(除吴碑外,另一块是万历三十七年[1609年]的"重修清净寺碑")。但两人都没有认出吴碑。两年之后,黄仲琴再访该寺,对这两通石碑进行了比较认真的识读工作。除若干磨泐之处外,她基本上完整地读出了明碑的文本。但对于吴碑,因为"文多磨灭",她只录得碑文自第十二行以下文字中的"可识者"。黄氏的考察和记录都极细密精致。她十分明确地记叙了吴碑文本的款式:"行书,共二十二行,行五十字";她还明确地在过录的碑文中标出各处缺字的数目。[162]该碑的末尾部分有一段元碑文本之外的补记文字。它说:"按,旧碑年久腐败□□录诸郡志全文,募□以□立石。"是知此碑已非原刻,而是后来人的制作。真是十分凑巧,因磨损太过而未能为黄氏识读的吴碑前十一行,恰恰相当于《闽书》所载录的那一部分文本。因此,将两部分拼合起来,我们今天还能大体完整地读到吴碑的全文。

奇怪的是,这块早在20世纪20年代业已有一半文字难以辨认的石碑,在20世纪50年代吴文良发表的《泉州宗教石刻》一书中,却变得似乎颇易识读。除一头一尾共缺二十个字外,中间部分所缺,总共不足十字。其他被黄仲琴作缺文处理的部分,现在基本上都被补齐了。"石刻"一书编者在有关吴碑的说明中也丝毫未提及在文字的识读方面有过什么困难。但是,细绎《泉州宗教石刻》载录的吴碑文本,我们或许有理由认为,该书所过录的,已不是黄仲

162　关于对吴碑的考察及识读经过,可参见前岛信次在《元末的泉州与回教徒》一文第二章"吴鉴和清净寺碑记"中的翔实介绍。该文载《史学》27:1(1962);并收入同氏:《东西文化交流的诸相》,东京:本书刊行会,1970年。前岛力图通过对黄氏和《闽书》的载录部分进行比勘、拼合,来复原吴碑的文本。他根本没有提及《泉州宗教石刻》里载录的吴碑。不知道这是因为他对后者心存怀疑,故而保持着礼貌的沉默,还是他没有见到"石刻"一书。张星烺、陈万里的有关叙述,分别见《泉州访古记》第50页、《闽南游记》第60页。黄仲琴的记述及两碑录文,见黄氏:《闽南之回教》,载《中山大学语言历史研究所周刊》9:101;又收录于《中国伊斯兰教史参考资料选编》下,第1597—1605页。

琴在1928年看到和记录过的最初那块翻刻碑石了。[163]其理由如次。

黄氏过录的碑文,共二十二行。惟其起首三行,分别是募众重立碑石的主持者、篆额者和书丹者的署名。因此正文(包括末尾的附记)便只能有十九行;按每行五十字计算,全文不得超过九百五十字。但是,《泉州宗教石刻》载录的碑文正文(含碑末题记)却长达一千零六十八字之多。可见黄仲琴和吴文良所先后识读的,显然不属于同一块石碑。

若将黄仲琴能够确切判读的那些段落与"石刻"文本进行比较,我们更可以有把握说,"石刻"文本中多出来的有些文字,绝对不可能刊刻在黄氏见到的那方碑上。如黄氏录文中有"(夏)不鲁罕丁者,博学有才能,精健如中年,命为摄思廉"一句;除开头的"夏"字不克辨识外,中间并没有缺文。但是"石刻"文本此句却作:"夏不鲁罕丁者,年一百二十岁,博学有才德,精健如中年人,命为摄思廉。"其中的"年一百二十岁"一句,是无论如何也无法安插在黄氏所据的那通碑文里的。"石刻"文本的原碑记结句为"时至正三年,三山吴鉴志"。而黄氏录文只有"三山吴鉴志"五个字。在它前面,并没有缺文空间可以补入"时至正三年"的语词。

更加耐人寻味的,是"石刻"文本对原碑前半段的一些改窜。虽然因为文字磨灭过多,黄仲琴没有留下这一部分碑文的记录,但我们还有《闽书》载录的文字可供比勘。经过对读,两种文本之间有如下几项差异值得注意。一是"石刻"文本增加了"至隋开皇七年有撒哈达·撒阿的·斡葛思者,自大实航海至广东,建礼拜寺于广州,赐号'怀圣'"一段。二是正文开首一句,《闽书》文本作"西出玉门万余里,有国曰大食";"石刻"文本将"大食"一语写作"大实"。三是关于大食及穆斯林的风俗,《闽书》文本有"城池宫室,园圃沟

---

163 见吴文良:《泉州宗教石刻》,北京:科学出版社,1957年,第22—24页。在此之后,关于这通今存石碑的碑文,我们至少又有两种文本,即《泉州伊斯兰教石刻》(福建省泉州海外交通史博物馆编,宁夏人民出版社、福建人民出版社出版,1984年)第9—10页录文,以及《中国回族金石志》第67页录文。后面这两种文本之间,以及它们与吴文良文本之间,都有一些不同。据此,则今存碑与吴文良录文所据者究竟是否同属一物,似乎也成了问题,需要进一步推敲。本文讨论,仅限于黄仲勤、吴文良所据石碑的异同问题;也就是说,本文所谓"今碑",系指吴文良录文依据的那块石碑而言。

渠,田畜市列,与江淮风土不异"、"俗重杀好善"等语。相应的语词,在"石刻"文本里则变作"不重杀生"、"与江淮风土迥异"。那么,在两组不同的语词中,哪一组更接近于原碑的文字呢?

两相比较,很容易发现"石刻"文本更带有明显的刻意改动的痕迹。"大食"是汉语历史文献对阿拉伯世界的传统称呼。"食"字属-k收声的"职"韵,正好用来译写Tazik一词中的第二音节-zik。元代的中原音韵中入声字的尾辅音收声也许已消失了;但它在吴鉴所操的闽方言中仍然存在着。改"大食"为"大实",也就是选用一个-t收声的汉字来写-zik的音,就洽声而言不如"大食"的译法好。也许改动者以为"大食"这个词的语义不雅,所以才会想到要改掉它。底下两条改动的寓意更明显。说大食"与江淮风土不异",本来是宋元间常见的说法。改动者或以为,所谓风土与江淮相类,未免有亵渎伊斯兰圣地的意思,所以才把它改为"与江淮风土迥异"。"俗重杀"的意思,本来应当是指穆斯林高度重视牲杀必自其屠方可食。但改动者一定是把它误解为这是在说穆斯林生性好杀,所以要改为"不重杀生"。由此我们甚至有理由进一步推测,改动碑文的当地伊斯兰教圈内人,对于在屠宰供食用的牲畜前必须先履行特定仪式这一教规,已经相当隔膜了。凡此种种,都表明"石刻"文本是对原有文字进行改动过之后才形成的。至于"石刻"本多出的"至隋开皇七年"云云三十六字,非但不存在于《闽书》文本中,也肯定不存在于经黄仲琴目验的那块石碑里被磨泐的文字之中。因为一经加入这三十多字后,黄仲琴一开始过录的"里人金阿里"等言,就绝不可能再如她所说,是在碑文的第十二行内了。[164]

与黄氏过录本与《闽书》本的比较,都证明"石刻"文本要比它们晚出。因此,我们的结论恐怕只能是,吴文良在1950年代所见的吴鉴"重修清净寺碑记"的石碑,是在1920年代黄仲琴考察通淮门清净寺以后的某个时间,重新镌刻的。

(原载《中国学术》第十七辑)

164 可参见前岛根据《闽书》与黄仲琴的记叙对吴碑所作的复原尝试。

美国中国研究中的边疆

安娜·坎大拉(美国圣克鲁兹加州大学)

Pamela Kyle Crossley. *Translucent Mirror: History and Identity in Qing Imperial Ideology*. Berkeley, CA: University of California Press, 1999. 403 pp. (柯娇燕:《半透明的棱镜:清帝国意识形态中的历史和身份》)

Pamela Kyle Crossley, Helen F. Siu, and Donald S. Sutton, Eds. *Empire at the Margins: Culture, Ethnicity, and Frontier in Early Modern China*. Berkeley, CA: University of California Press, 2006. 378 pp. (柯娇燕、萧凤霞、苏堂栋:《在边缘的帝国:早期现代中国的文化族群和边疆》)

Mark C. Elliott. *The Manchu Way: The Eight Banners and Ethnic Identity in Late Imperial China*. Stanford, CA: Stanford University Press, 2001. 580 pp. (欧立德:《满族方式:晚期中华帝国的八旗以及族群身份》)

Stevan Harrell, ed. *Cultural Encounters on China's Ethnic Frontiers*. Seattle, WA: University of Washington Press, 1995. 379 pp. (郝瑞:《中国民族边疆的文化遭遇》)

James A. Millward. *Beyond the Pass: Economy, Ethnicity and Empire in Qing Central Asia, 1759—1864*. Stanford, CA: Stanford University Press, 1998. 353 pp. (米华健:《关外:清中亚的经济、族群以及帝国,1759—1864年》)

Peter Perdue. *China Marches West: The Qing Conquest of Central Eurasia*. Cambridge, MA: Belknap Press of Harvard University Press, 2005. 725 pp. (濮德培:《中国西征:清对于中部欧亚大陆的征服》)

近来,中国边疆成为了社会、政治、学术关注的共同焦点。对于研究中国的美国学者来说，边疆研究也成为学者们知识考察的一个重要源泉。下面我要评论的这些著作出自于美国人类学家和历史学家之手，他们向我们展示了中国研究内部正在兴起的边疆范式。作为一个整体，这些著作反映了学者们的共同努力——通过清理"中国"这个概念的历史和理论边界，以及重新思考清政府与边疆的关系，他们力图挣脱由柯文所命名的"中国中心论"给中国研究带来的各种限制。不过，需要指出的是，学者们其实最终并没有完全摆脱"中国中心论"的桎梏。在这篇书评论文中，我会先对每本书做一个评论性的介绍，以便具体评价这些著作对中国研究做出的贡献，然后在结论部分，我会进一步指出这些新的学术研究在意识形态和学术上的潜在含义。

在我所评论的这些著作中，其中两本是关于民族史学(Ethnohistory)的论文汇编。人类学家郝瑞(Stevan Harrell)主编的《中国民族边疆的文化遭遇》收录了一位政治科学家、几位著名的人类学家以及他在华盛顿大学研究生的论文。这些论文致力于解构具有一体化倾向的(homogenizing)民族概念，特别是中国官方认可的"五十六个民族"这一概念。其中，有两篇论文是关于蒙古族和满族的研究，其他论文则都将讨论集中于中国南部和西南部边疆的少数民族(纳西、彝、苗、瑶和傣族)。作者们集中考察了在现代中国及其早期(early modern)，族群(ethnicity)是如何被历史性地建构起来的。

郝瑞将全书建构在"族群构成"(ethnogenesis)的分析之上。他认为，边疆族群的形成是文明开化方案的直接反映和结果，这套方案往往由经济或者政治中心发起，试图把自认为更发达的文化强加于边疆人群，以此来实现统治。郝瑞列举了三类具有文明开化性质的方案：一、这套方案建立在道德教育基础之上，试图将一个整体性的文化与社会秩序强加于边疆人群；二、基督教的传教方案则试图同时将基督教和现代性传播给边疆人群；三、马克思列宁主义的方案则试图将少数民族定义和捆绑在一个多民族的社会主义国家之下，从而显示出民族进化过程的单一性。郝瑞认为，上述三种方案，贯穿了整个中国现代史，是全书历史考察的起点。不过，在前言中，郝瑞却完全没有涉及民国时期带有民族主义倾向的开化方案。仅有孟澈理(Charles McKhann)、郝瑞、戴瑙玛(Norma Diamond)和 Ralph Litzinger 在他们的讨论中简略地涉及了这一时期。这一遗漏让我们回避了这样一个问题(当然也为后来的研究者留出了空间):当殖民现代性与民族国家建设纠缠在一起的时候,这一过程将会如何影响边疆人群。令人吃惊的是,作为人类学家的郝瑞居然忽略了这一重要时期。正是由于人类学与国家推行的殖民、文明开化的任务具有极为紧密的联系,作为一门刚刚建立的现代学科,人类学在民国时期尤其重要。

《文化遭遇》全书分为两部分。第一部分通过分析作为历史写作产物的族群概念,从而提出了两个重要的问题:一、意识形态如何形塑了历史叙述?二、族群身份的概念和范畴如何秉有不同时期开化方案所叠加的历史印迹和矛盾?孟澈理、郝瑞、戴瑙玛以及 Ralph Litzinger 的文章追述了诸如“纳西”、“彝”、“苗”、“瑶”这些族群范畴的历史,考察了这些概念如何出现在不同的历史叙述中。上述作者所引述的历史叙述包括地方史以及帝国史的编纂(一些族群概念甚至在汉朝就已经出现了),帝国的官方文件,地方志,现代西方和中国人类学家、历史学家和人种学家的著作以及中国大陆的马列主义学术研究。通过这四篇文章,郝瑞提出了一个总体性的观点:中国大陆采用的描述边疆人群的少数民族概念实质上并不满足斯大林的标准(共同的语言、地域、经济以及心理形态)。事实上,这些族群概念早就已经出现在过去的历史材料中了。只有在这些概念被中国官方正式采用后,中国知识分子才将不同的族群概念纳入到马克思列宁主义关于社会进化的历史叙述中,从而证明了马克思主义“民族”概念的正当性。第一部分的最后两篇文章对于学术史的问题关注较少,更多的谈论的是历史具体进程中族群身份的形成过程,这样,便与全书的第二部分进行了有益的衔接。

郝瑞在第二部分的主要关注点则是族群身份形成的特定历史过程,从而敞开了文明开化方案所具有的矛盾性。第二部分的论文集中揭示了边疆人群在族群进化过程中所发挥的积极历史作用。有趣的是,文明开化方案其本来用意在于文化同化,而事实上却定义了族群差别。换句话说,正是文明开化方案赋予了边疆人群更大的历史作用。他们借用这一文明开化方案来定义自身的族群界限，为自身获取了更多的身份空间，以此来反抗开化的中心。第二部分的论文进一步分析了文明开化过程的复杂性和多样性。比如，来自中心的政治议程是如何被贯彻实施的，地方是如何应对的，以此来解构文明开化方案所呈现出的总体性（totalizing）。张兆和关于苗族中的千禧基督教运动的研究非常引人注目，这是全书中唯一一篇文章描述了资本主义与文明开化方案的相互纠缠交织，把资本主义作为十九、二十世纪具有形塑能力的力量。谢世忠的文章则是全书中唯一一篇将边疆的重建与国家边界界定联系在一起的文章。谢认为，正是傣/傣仂国家的消亡，直接促使他们寻找自己的族群身份，傣/傣仂民族从而得以形成。不过，全书的局限正在于太过强调文明开化的方案以及文明开化的中心，从而忽略了其他起作用的因素。

我要评论的第二本书《在边缘的帝国：早期现代中国的文化族群和边疆》，则是一本会议论文集，讨论了现代早期（大约是十七到十九世纪）族群形成的历史。和我将要讨论的其他著作类似，这本论文集是人类学家和历史学家的一个合作项目，证明了中国研究领域中学科之间的深层交流。虽然本书涉及了许多相同的问题，讨论的少数民族与《文化遭遇》也基本类似，不过本书的分析更为细致一些。除此之外，本书的作者们对于族群的分析似乎更为辩证，对于他们来说，族群身份并不是先天具有的，而是在社会交往中历史地形成的。事实上，这正是边疆研究体现出的一个重要学术倾向：研究中国的历史学者已经吸收了人类学对于族群的研究方法，从而有趣地促成了对于本质性方法的抛弃，而青睐于用更为历史的眼光来理解中国和中国的过去。

《在边缘的帝国》的中心议题是国家在族群形成过程中的形塑作用。依照国家形塑和控制边疆族群的不同程度，全书划分为四个部分。全书的第一部分集中于分析那些已经被纳入国家中心，受到国家最大控制的边疆人群：满族人（Jonathan Lipman）、蒙古人（柯娇燕）以及旗人（欧立德）。欧立德所撰写的第一章向读者提供了一个重要的导论，指出在中国历史研究中族群(ethnicity)不断增长的重要性。在第二部分,Jonathan Lipman、米华健(James Millward)以及 Laura Newby 关于伊斯兰教的讨论以及 John Herman 关于土司官员的讨论,则重新探讨了历史叙述的问题,他们考察了西南、西北边疆的人群如何出现在清朝的官方文件中。最后两个部分主要是关于南部和西南部的边疆人群的,这些人群经历较少或甚至未曾受到官方的控制。由于国家通常处于不在场的状态,这样更易于他们形成自己的身份空间。这部分的讨论正是郝瑞书中所缺乏的。这两个部分的文章主要是关于瑶(科大卫(David Faure))、苗(苏堂栋)、黎(Anne Csete)、畲(Wing-hoi Chan)以及蛋(萧凤霞和刘志伟)。

和郝瑞相同,编者运用中心-边缘模式将全书的问题结构于国家以及国家在种族形成过程中的形塑作用。不过,此书的价值正在于不同的作者对这一模式的运用方式截然不同。萧凤霞(她自己也是编者之一)和刘志伟对于中心-边缘模式的运用最具新意。萧和刘证明了珠江三角洲的蛋人并不认为他们自己是边疆人群,相反,他们认为蛋人在帝国建立过程中发挥了积极的作用。通过创建蛋人的汉族谱系,蛋人挪用了清国家使用的正统文化符号,将自身放置在清帝国族群等级的顶端,以便与当地的原著居民区分开来,从而对地方族群的等级制度进行了重新配置。这样,处于边缘位置的地方对于来自中央的符号和制度的挪用和篡改,直接颠倒了中心与边缘的关系。萧凤霞和刘志伟的研究方法之所以不同于其他作者,正在于他们将处于边缘的蛋人作为帝国建立的积极行为人(agent)。正是在这一意义上,萧凤霞和刘志伟倒置了所谓的"中心"和"边缘"。当本书中的多数论文都假定中心是由国家定义的,萧凤霞和刘志伟则用一个特定的历史空间和人群——珠江三角洲的蛋人——定义了"中心"。

对于清国家如何在边疆区域形塑了族群,此书提出了另外两个重要问题。第一,地方历史情境在形塑族群进化中的重要性;第二,国家的性质如何反映在它与地方人群的关系中。此书的作者们对"中国化"(Sinicization)范式(在关于清帝国与边疆人群的学术研究中,这一范式曾经占据过主导地位)进行了激烈的批评,从而对清帝国以及帝国事业的性质进行了重新定义(reconceptualization)。其中,苏堂栋对于“中国化”范式的批评最为清晰。她将中国化分为三个截然不同的、可以向回追溯的历史过程:征服(subjection)、文化传入(acculturation)和文化同化(assimilation)。此外,此书中大部分的论文都强调了清政府为适应具体的地方情境所采取的适应性策略,分析了清政府对于各种地方统治形式的宽容(在很大程度上,多种多样的地方统治形式正是清地方政策的特点),这样,“中国化”的叙述得到了进一步的驳斥。不同于简单的同化论方法,本书中的作者们向我们展现了在清边疆存在的极为不同的族群身份,从而确证了清帝国相应复杂的地方政策。特别地,对于将清帝国作为中华(Chinese)帝国这一传统观点,米华健和 Laura Newby 提出了令人信服的批评。他们认为,我们更应该将清帝国看作是由多个政治文化圈所组成的混合体,在这个混合体中,不同的群体对于清皇帝的忠诚是叠加在他们各自“复杂的身份轴”之上的(complex filed of axes of identity)。

此书中不同作者对于清的边疆关系以及这一关系中所蕴藏的权力竞争的看法各为不同,表现出作者们在方法论上的差异,以及中国研究领域在学科上的新方向。研究中国的美国学者不仅要了解中国的过去,更重要的是要重新思考所谓“中国的/中华的”(Chinese)的含义到底是什么。因此,此书可以作为我们今后研究颇有价值的出发点。不过,此书却有一个致命的弱点:边疆和边界更多地被理解为清帝国的地理边界(Lipman 是一个例外),使得在清帝国内部新近形成的族群和身份并未得到应有的关注和考察。

余下的四本书均为历史专著,进一步考察了扩张中的清帝国的性质,以及清帝国对于中亚各民族的征服和吞并。四本专著代表了美国清史学者们的共同努力——解构“中华”帝国这一观念。其中的两本分析了清的中亚起源对于清帝国产生的形塑性影响。柯娇燕的《半透明的棱镜:清帝国意识形态中的历史和身份》考察了带有普遍主义倾向的清皇权所携带的象征主义和意识形态,分析了满族统治对于帝国和族群身份的形成所具有的影响。尽管柯娇燕的讨论并不十分深入,不过她对于清帝国统治进行了历史化的描述。清皇权形成于同处于欧亚大陆之上的其他大帝国、独裁政府、普遍治权在早期现代语境中的同步扩张之时。经由这一路径,《半透明的棱镜》对于"中国中心论"进行了直接的挑战,因为早期的"中国中心论"不过仅仅将清统治看作满族的中国化罢了。

柯娇燕认为,清帝国成功的源泉在于它建立了具有政治性功用的"附属类型"(categories of affiliation)。这些"附属类型"能够同时代表帝国内部的不同统治类型以及吸引帝国内部的不同成员。柯娇燕不仅没有将各种族群——诸如汉、满、蒙、藏以及回看作本质性的概念,相反,她将它们看作是历史的和意识形态的建构物。当清帝国扩大并且集中其权力的时候,清皇帝于是将上述非汉族人群纳入到可管理的范畴之内,彼时,上述人群其实并不十分明确他们各自的族群身份和文化。于是,在创造帝国内部这些不同成员的时候,清国家也就留下了一份与政治身份有关的历史遗产。作为中国民族和族群概念的前身,这些群族身份最终将在十九世纪和二十世纪上述概念形成时起到一定的作用。柯娇燕认为,这些概念和它们被创造的历史(invented histories)同时被现代中国和西方知识分子作为他们理解"中华"帝国历史的基础。

通过使用和分析清政府的满文和中文档案资料,柯娇燕证明了文化襄赞、历史重写和宗族谱系修订,是清政府用以统一身份、确保人民忠诚,以及传播意识形态的最主要方式。柯娇燕尤其认为,乾隆时代是清普遍主义得以成型的关键时期。与普遍的和正统的儒家统治方式结合起来,乾隆重新定义了清的普遍主义——作为国家意识形态中心的圣君,帝国内部的各种文化都是从这里发散出去的。因此,当清皇帝通过国家赞助的文化生产认定、资助、制度化各种不同的艺术和文学传统的时候,文化与宗族谱系变成了定义和管理这些群体的最主要方式。当然,其中最为重要的就是《四库全书》的编订,清帝国内部不同的文学传统最终得到了经典化。

柯娇燕将全书分为三部分,集中考察了在不同时期清普遍主义展开的特定历史。全书第一部分追溯了在努尔哈赤和皇太极领导下建州女真的兴起。这一时期,国家内部人民的政治身份是从主仆式的(对女真统治权的绝对服从)角度进行理解的。而在中亚或者那些更偏远的地带,建立在语言或者起源地之上的族群范畴则显得特别不确定。第二部分柯娇燕追溯了皇太极从可汗转变为皇帝这一过程中意识形态的转移。这部分的各章节分析了宗谱、制度、神话和血统的重新配置,这样,清不仅重建了与辽、金、元以及成吉思汗的谱系,而且确证了包括儒家和佛教在内的多种统治意识形态的合法性。此时,“蒙”、“满”、“汉”这些概念被用以确证新的政治从属关系,加之刚刚建立的统治机构——比如管理蒙古或者八旗事务的理藩院,或者新近发布的法令——比如清除满语中的中文影响,族群概念被进一步的标准化了。

在最后一章中,柯娇燕分析了在乾隆统治下清普遍主义意识形态的最后转变——乾隆将自己作为帝国内所有文化的赞助人。这一时期,主要针对以文化形式反映出来的对于满族统治的反抗,以意识形态传播为目的文化赞助已经取代了军事主义,成为了清帝国统治的基本模式。同时,在维持帝国内部成员之间区别的时候,宗族谱系的不同也变得越来越重要了。已经加入汉八旗的汉族士兵被重新划为汉人,这也是清维持宗族谱系差别的需要。在后记中,柯娇燕考察了清国家所建构的政治身份与十九世纪章炳麟和梁启超的“种族”概念之间的相互联系。总的来说,柯娇燕提出了对所有中国研究者来说都非常重要的问题——我们该如何重新定义(conceptualize)所谓“中国的”历史。

柯娇燕认为种族与族群是身份认同的不同类型,这些现代学术概念对于理解清朝历史显得非常乏力。从另外一个角度出发,欧立德则将清政府的成功归诸于清塑造以及保持其满族身份的能力。在《满族方式:晚期中华帝国的八旗以及族群身份》一书中,欧立德分析了八旗历史中满族身份的出现以及转变。欧立德试图回答这个“满族问题”(Manchu Question):在汉族占人口多数的中国,一个少数民族究竟何以维持其统治长达两个半世纪?欧立德认为,清成功地维持了满族统治者和被统治汉人之间身份的差别,同时,满人也成功地找到了避免汉族人敌意和反抗的诸种方法。通过实行一种欧立德所谓的“族群主权”(ethnic sovereignty),清朝皇帝们得以维持这一精巧的平衡。它既包括对于儒家正统文化和管理模式的适应,也包括寻找一系列的策略来维持那些建立在各种制度之上的族群分离(ethnic separation)。

虽然欧立德和柯娇燕处理族群的方法论截然不同,然而两人的著作其实并不互相抵触。如果说柯娇燕提出了一个关于身份制度化的社会动力学(social dynamics of identity institutionalization)的理论,那么欧立德则通过考察此动力学在帝国基层的运作形式,为柯娇燕的理论提供了一个个案研究。欧立德将全书分为三个部分。第一部分考察了建州女真的兴起、对明朝的征服以及清帝国的早期统治,这是满族身份形成的最早阶段。基于他对满文档案资料的阅读,欧立德认为,在对于其身份的早期表述中,满族人就已经表现出很强的族群认同。皇太极为满族人创造了一个共同起源的神话,他们都是金朝爱新觉罗统治家族的子孙,这样就把最早的汉旗人、朝鲜人、女真人、蒙古人一起纳入到了一个皇族大家庭中。在第二章和第三章中,欧立德分析了满人如何在原明朝城市的内部建立起新的满族内城,以及如何在帝国范围内建立起大量的军事要塞,这些都是清分隔满族人和其他清朝人群的基本方式。这些建筑模式,不仅制度化了族群之间的差别,也同时具有防止文化同化以及族群冲突的作用,从而得以强化满族旗人的族群身份。在正常的帝国行政管理系统之外,清国家又建立了一套只能由可信任的满族旗人使用的信息和行政管理网络,这样,族群的界限被进一步强化和制度化了。在这套精密的满族行政管理制度中间,旗人被一套忠诚的行为准则捆绑在一起,他们对满族皇帝绝对忠诚,同时,他们也有义务维持满族人共同的声誉。

第二部分的各章进一步考察了满族的“族群主权”和身份是如何在日常生活中被制度化的。分隔的居住区、截然不同的职业、较多的社会和法律特权以及不同的性别和文化行为,都显得满族人与被征服的汉人截然不同并且高高在上。但是,清国家对于这些族群差别的最终定形和制度化,事实上在很多方面却产生了自相矛盾的结果。当满人为了克服这些隔离政策所带来的疏离感而不断转向汉的文化和社会实践时,隔离政策实质上推动了文化同化。然而欧立德认为,即使在长时间的文化同化之后,满族人的特权制度仍然会在满人和汉人之间制造了一种潜在的紧张和不信任的暗流,这些紧张关系非但没有随着满人对于汉习俗的适应而消失,反而在保存"族群主权"方面一直起着潜在的作用。

全书的最后一章讨论了十八世纪以来的八旗危机以及清试图保持"满族方式"所做出的各种努力。到十八世纪中期,维持满族八旗制度所需要的巨大经济开销,已经使得清国家不堪重负,旗人也因为贫困而不得不废弃他们早已无法支付的军事训练。贫困将满族人进一步推向了文化同化。为了生存,满族人开始有了新的职业,他们用明显不同的满族方式来讲汉语,这些都成为了新满族文化的标志。一方面是满族人的经济危机,另一方面则是非满族人为了获取满族人的特权而买官,从而导致满族官员的急速膨胀,清朝廷保存满族文化和军事实践的努力便只能无功而返。最终,唯一能做的就是对次要旗人的重新清理,一套新的户口登记系统开始实行,只有证明自己与清入关前的旗人有直接的血缘关系才能获得旗人地位;但是,这并不能彻底解决危机。因此,清朝廷只能将汉旗人清理出去,他们被指认为是汉文化同化的同谋,现在只有那些有中亚血缘的人是真正的满人了。

且不论目前学术界关于族群和身份问题的理论争论(我将在后面讨论这些理论问题在激发边疆研究中起到的重要作用),我所评论的这些著作都不约而同地谈到了在清的征服、扩张以及巩固过程中不断加剧的社会重组。通过对于清征服和合并新疆的讨论,我要评论的后两本专著继续考察了这些问题。这两本书对于清帝国的结构性变化给以特别的关注,并且对清帝国主义(Qing imperialism)和其他西方帝国主义进行了区分。

在《关外:清中亚的经济、族群以及帝国,1759—1864 年》一书中,米华健的核心问题是清在新疆的帝国主义和殖民的性质。在分析了清在新疆的财政和族群政策之后,米华健认为,帝国主义和殖民主义的问题需要历史地加以看待,清帝国主义并不完全符合现代西方的帝国主义模式,后者是将殖民地作为扩充帝国财富的主要手段。通过细致分析清记载新疆问题的中文材料,米华健证明了清西北边疆政策的主要目的是消除游牧民族对于帝国边疆的威胁,清更多地是想把新疆维持为一个经济上能够自给自足的边疆区域。

从清扩张一开始,新疆就成了清帝国的一个财政负担,因为维持军事要塞的运转需要国家巨额的经济补贴。清官员不断争论着在新疆维持昂贵的军事要塞在财政上是否有效,加之十八世纪中期的经济危机,满族朝廷不得不鼓励一种创新性的财政政策。这些财政政策部分地模仿了准噶尔的税收政策以及当地的财政习惯,试图让地方自给自足。清采取一系列的政策以达到这一目的:制造专门在该地区流通的货币,控制汇率以保证更为有利的兑换利率,灵活的税收政策,为军事用途的农业开垦,鼓励军方参与地方商业。不过,这些政策(主要在第二、三章中进行了讨论)最终都失败了,原因是害怕这些政策会激发满、汉、穆斯林、东干之间的族群矛盾,清国家并不愿走得太远。正如米华健所说,稳定是最为重要的。

最终,正如米华健在第三章和第四章所讲的,那些随着军队来到边疆的汉族商人提供了解决方案。一方面,清国家需要依赖这些汉族商人对要塞进行军事供给,依赖他们的税收作为地方的收入来源;另一方面,汉人在边疆的出现则加剧了已经高度紧张的族群和宗教关系。因此,清朝廷为了减少和控制汉人对边疆社会的影响,一方面继续使用不同的清和穆斯林的管理和法律系统,另一方面则尽可能地将汉人的居住地置于清要塞或行政官衙之内或者周边。

然而,1830 年发生在喀什噶尔的冲突事件(当地人因为不满汉商人和满族人的腐败统治而起义反抗)使得清的边疆政策有了一个巨大的转向,这一转向对于“中国”这一概念有着极为重要的暗示。由于汉商人团练在事件中显示出镇压当地人、保护自身利益的能力,使得清朝廷改变了边疆政策,开始积极地推行汉族商人向新疆的移民和开垦。在第六章中,米华健讨论了清的这一政策转向所导致的汉族商人和农业定居人群的大量增长。汉族定居者的经济利益和清国家的地理政治利益自然地结合在了一起，这样，维持并且将边疆从政治和文化上纳入到帝国之内成为了清必要的策略。米华健认为，这一边疆政策的转移，显示出清帝国汉化进程（Hanization）的开始，因为其结果不仅是不断增长的汉民对边疆空间的填满，也是在全帝国范围内汉人对于满族官方统治的篡用、儒家正统文化的上升、汉的都市文化逐步向边疆的传入。

对于米华健来说，用“汉化”这一概念来描述一个可回溯的历史过程，不仅批评了“中国化”这一观念，而且也批评了对于殖民主义和帝国主义历史的抹杀。米华健认为，在十九世纪中期以前的清政府是满族人的，而不是“中国”的，因为清朝廷完全能够容忍并且实施地方化了的行政和财政实践，这些实践将清帝国内部不同成员维持为一个整体，且在很大程度上与儒家的行政管理方式相矛盾。

濮德培（Peter Perdue）的《中国西征：清对于中部欧亚大陆的征服》对清征服和对新疆的经济并入提供了另外一种阅读。不过，通过边疆和世界史方法论的运用，他同样致力于克服中国中心论和中国民族主义的历史叙述。濮德培认为，清王朝在中部欧亚大陆帝国主义式的军事成功是“建设性的杂交”（productive hybridity）的结果。这一杂交产生于满族统治阶级走向权力的过程中。通过把一个复杂的中部欧亚和中国的行政、统治、贸易和军事实践结合起来，满族统治得以克服早期中国政府的一些结构性弱点。以中部欧亚大陆作为其论述中心，濮德培把清政府对于新疆的征服置于三个扩张政治实体（俄国、准噶尔以及清）的历史语境中，它们在地理政治的“大竞赛”（great game）中相互角逐，试图夺取中部欧亚大陆的控制权。边疆方法论允许濮德培把多种因素纳入到他的考察当中，诸如各个政治实体之间的外交关系、边疆游牧民族对于地理政治结构性变化的反映以及国家与地方之间的动力学。而他所运用的世界史方法论则进一步将上述历史进程放置于一个更广阔的、现代化早期各欧亚帝国扩张的语境之中。虽然欧立德和柯娇燕宣称他们具有相同的主张，然而濮德培的研究则更让人信服,因为它对于建构现代早期欧亚大陆的诸种社会与经济力量给予了足够的重视,这些因素包括不断增加的白银流入、对于空间更大的经济性整合、对于领土权不断增长的关注、军事科技的进步以及行政机构的合理化和标准化。

在讨论边疆社会如何影响和形塑了内陆社会上,濮德培的论点远远超过了欧立德和柯娇燕。濮德培认为,清本身就是一个具有扩张性和征服性的边疆文化,清帝国也正是在中欧亚竞争性的国家建设和边界定型上形成的。因此,清的殖民活动,考虑更多的是如何防卫边界的敌人从而维持国家的安全,而并不是受到经济侵略的驱策,后者更多的是位于欧亚大陆西部的各个早期现代帝国的特点。为征服和维持新疆,清发展了一套复杂的和标准化的报告机制,以便进行有效的经济资源动员,从而使得朝廷可以更加紧密地监控地方的情况,最终将明的行政管理机构转化为一个高度有效的统治工具。因此,内部统治与边疆管理能力的同时提高,为帝国的中心带来了更大的稳定和安全。濮德培认为,清帝国的最终衰败以及其行政效率的下降与以下两个因素直接相关:边疆的封闭和清朝廷在边疆失去继续存在的理由。随着边疆的关闭以及帝国边界的安全得到保障,清帝国失去了继续维持一个高效的行政部门的动力,这样就为腐败敞开了大门,而政府监控地方的能力也随之下降。不断增长的内部动荡、具有离心作用的多种力量的激增以及在南部中国进行贸易的欧洲商人带来的新挑战,清帝国对这些都不能够作出有效的反应,于是开始每况愈下。

此书的第三部分细致地分析了清如何通过促进和管理贸易、行政测绘和族群调查、建立军事殖民地以及推动汉人移民,将新疆从经济上参与到帝国当中来。不过,这些并入的努力同时又在边疆社会中引入了容易诱发社会冲突的力量。第四章则分析了清在定义帝国新的边界方面所采取的具有象征意义的策略,诸如生产为满足宫廷和通俗消费需求的地图,编写官方历史,雕刻石刻铭文。不过,矛盾也随之植入到这些具有支配性的策略当中,从而培植了地方反抗的肥沃土壤。全书的最后一章则追溯了清征服在现代民族主义出现中起到的作用。

结论性评论

本文所评论的这些著作反映了美国正在变化当中的中国研究。美国的中国研究领域正在经历着重要的范式变迁，尽管以往的方法论和意识形态的遗产并未完全退场。总的来说，这些著作共同致力于将中国研究领域推向其时间和空间的边界之外。它们坚持将十八世纪作为现代族群形成的起源，这一主张认为，如果对十九世纪以前的历史进程不加讨论，就无法对现代中国进行考察。从边疆的角度来看待清朝历史同样敞开了清国家(以及紧随其后的国家)在殖民主义这一问题上的伪装，通过将帝国主义国家看作一个从中心对边缘进行文明开化的力量，也质疑了传统文化同化的概念。在动摇"中国中心论"的目标上，上述著作无疑是一致的。

上述著作对于中国研究领域的贡献以及它们各自的局限性是与过去几十年的社会、政治、学术发展紧密联系在一起的。这些发展已经激发人们将边疆研究的知识兴趣应用于一个更广的范围之中(当然不仅仅是在中国研究之中)。不无巧合的是，我所评论的六本书都是关于族群和身份问题的讨论。二十世纪七十年代"文革"的结束以及八十年代中国的开放，使得人类学作为学科重新在中国大学得到建立，并且西方人类学家也可以进入中国进行田野调查。后殖民和后现代对于殖民性(coloniality)的物理和抽象边界的知识批判，也让西方人类学家更加注意到在边疆区域内部的文化生产和社会形成的动力学。这些理论发展在清代历史研究(北京中国第一档案馆的开放使得关于清代历史的研究成为可能)中起到了重要的形塑作用。此外，对于具有支配性的、多元文化主义式的民族大团结话语(hegemonic multiculturalist discourse)的批判，以及政府行为在边疆和少数民族问题上的某些可商之处，也直接引起了对于中国族群和身份的重视。我所评论的这些作者们在将清王朝指认为"中国"时，表现得忐忑不安，他们将目光集中于"中国"文化、社会形成、政治动力的多样性，从而表现出他们解构霸权性宏大叙事的愿望。对于在帝国主义和殖民主义语境中的地方动力学和行为人理论(agency theory),他们也颇为关注,反映了他们想让"边缘人群"及其历史更为人们了解的愿望。他们的另外一个重要贡献,则是将国家建设——无论是作为帝国主义或是民族主义的形态——视作殖民性得以实现的一个过程。

学者们对于族群和身份的专注(preoccupation)也来源于他们对于不断变化的中国民族主义的关注。1980年以后,革命与社会主义已经从中国民族主义的讨论中隐去,资本主义发展成为了定义中国民族主义的主要内涵。这一转向激发了学者们在中国历史中(特别是在十八世纪)搜寻民族主义潮流的起源。本文所回顾的这些著作受到了一种潜在愿望的推动,它们试图解释边疆是如何被纳入清帝国版图的,以及边疆如何形塑了出现于十九世纪晚期和二十世纪早期的现代民族国家的政治和社会。通过在中国历史中搜寻现代性的独立起源,他们试图重新定义现代民族国家的内涵。在这些著作中,清帝国的地理边界以及族群构成、刚刚浮出水面的帝国主义、殖民主义和具有现代形式的统治样式一起定义了中国的现代性——虽然并不是所有的作者都对上述各点取得了一致意见。虽然这些著作对于清帝国统治的复杂性进行了有意义的、细致的考察,然而在很大程度上(仅有濮德培是例外),他们的分析仍然停留在自我指涉(self-referential)的阶段。他们将讨论仅仅局限于当代中国的地理版图,因此,从广义上来说仍然是中国中心主义的。而且,这些著作中潜藏的民族国家的目的论参与了对革命话语的抹杀,这已经成了后革命学术的主要特点。他们将现代中国民族国家的起源放置于十八世纪,而试图否认中国民族国家诞生于对资本主义和帝国主义的革命对抗中。更为重要的是,本文所评论的清代研究(濮德培除外),大都终止于十九世纪中期,对全球帝国主义为清帝国主义提供动力方面所起的作用只字不提。除了对于革命史的消除外,这些著作还潜藏着作者们对于中国转向资本主义及其未来意义的忧虑。近年来,西方政治科学家和经济学家,虽然并不明确中国在全球经济中的未来作用,却将中国的过去和历史表述为帝国主义的和具有掠夺性的。与此类似，在非革命的历史中追溯中国现代性的根源则进一步推动了这一趋势，从而替代了原有的用革命来解释中国历史发展的模式。

大多数的作者也试图通过将中国全球化来克服中国中心主义，特别将中国置于欧亚现代性展开的更广阔的语境当中。近年来全球化的高涨决定了这些将中国国际化的努力，也激发了对于世界史的新的兴趣。总的来说，这些著作都致力于将清看作一个高度扩张的帝国，并将其兴起置于现代早期的欧亚史之中。这一方法论假定，在现代早期，由于跨越欧亚大陆广阔空间中公开的信息、商业和技术交换，加之共同的朝圣和战争路线，这一时期欧亚大陆的国家都经历了相同的社会与经济发展。在十八世纪与十九世纪之交的英国工业革命之前，没有一个国家对其他国家占有绝对的竞争优势。然而，这些著作对于早期现代的比较仍然停留于表面，不过是想证明在欧洲存在的一定政治的、社会的和经济的要素同时也存在于中国。帝国主义、殖民主义、合理化/标准化、普遍主义以及族群，这些重要特征都定义了欧洲和中国的早期现代性，其潜在含义是在全球化现代性的展开中（至少对于欧亚大陆来说是全球的），中国与欧洲是平等的竞争者。按照他们的说法，现代性和全球性是一个环环相扣的过程，它自然地发生在欧亚大陆的不同地方。这样，学者们不仅解决了后殖民主义所关心的问题——避免宏大叙事，并且，通过证明中国具有欧洲的所有现代品质，学者们得以保存现代早期清帝国的中国性（Chineseness）。正因为他们缺少逃避欧洲中心主义的能力，在这些推理论证中的矛盾显示了学者们努力逃避“中国中心论”的局限性。

总的来说，学者们从边疆的视野来解构中国、消除中国中心主义的努力，只能说是部分成功的。在将中国视为一个殖民国家，分析清朝政府和边疆社会的辩证性互动上，以上著作作出了贡献。然而，他们仍然固执地将中国作为他们分析的中心，因此将中国中心主义（Sinocentrism）永远保存在中国/欧洲中心主义（Sino/Eurocentrism）的范式当中。通过分析中国社会与历史，从而将中国的历史发展与欧美相比较，中国/欧洲中心主义使得中国中心主义得以存留在其方法论和分析当中。中国/欧洲中心主义的学术研究是中国中心主义的,因为它继续从中国内部发现中国历史发展的源泉;但是,它又是欧洲中心主义的,因为它所认定值得分析的部分是建立在欧洲和美国历史发展的基础之上。中国研究学者对于欧洲和美国的不断指涉显示了中国研究领域对于欧洲和美国学术潮流发展的深度依赖。中国/欧洲中心主义将欧美的历史和社会范式、目的论和欧洲中心的价值深嵌入中国研究领域之内。

我的意思并不是要回到"从内部出发的中国历史",而是不仅要将中国放置到欧亚大陆甚至更广的历史语境中(比如十八世纪,甚至在明中期更早的时候,考察诸多力量如何冲击着清国家,包括延伸至欧洲和其美洲殖民地的海上压力),并且,我们需要对社会范式的历史性(historicity)给以更多的留意。虽然学者们发现了十八世纪清内部族群和民族意识的形成,但这并不意味着现代性会从中自发地生长出来。在这一时期,虽然族群意识或者民族意识已经在清政治中形成了一种意识形态力量,不过需要指出的是,这些族群意识或者民族意识仍然需要从早期的政治和文化身份的范式中获取灵感。相似的,欧亚视角也并不能保证刚刚萌生的现代性会在其他地方(也包括非洲)产生与欧洲相似的结果。

将现代性理解为跨欧亚大陆之间交流碰撞的产物,已经是对欧洲中心主义解释的一个进步。下一步我们要做的是质询为什么这些碰撞产生的差别,在欧洲确实导致了以资本主义为动力的殖民现代性(colonial modernity)的兴起,而在明和清帝国的结果却是对于海上交流的限制以及向中亚和西南区域扩张的一种防御性的帝国主义。

中国/欧洲中心主义也同时提出了一个政治问题。在清与欧洲现代性之间寻找相同性的推动力,也消除了欧洲和美国应当负有的历史责任,因为它们向全世界施加了殖民主义所携带的破坏力量。证明中国在十八、十九世纪时也是一个殖民势力,而对中国殖民主义与欧洲殖民主义之间性质的差别闭口不提(除了米华健之外),上述著作事实上制造了一个削平历史的舞台,它建立在对于社会与权力动力学的擦除之上。不理解这一动力学,我们就无法全面理解殖民主义在长时段之内的结构性变化。不过,为了证明在现代早期世界中欧洲和中国的平等,上述研究已经足够表明,两者都成为了殖民主义者。

（李冠南 译）

（原载《中国学术》第二十八辑）

明清更替

——十七世纪的危机抑或轴心突破

魏斐德(美国伯克利加州大学)

直到最近,满族人在1615年到1684年之间对中国的征服,才被置于更广泛的十七世纪危机——一场与全球气候周期性变化、国内人口变动和明(1368—1644年)王朝行政体系衰败相关的危机——的背景下。[1]尽管满清王朝(1644—1911年)引导中国从危机中恢复过来的速度比世界其他大部分地区更快,但传统史家仍认为,帝国的重建是以对明后期发展的破坏为代价的,而这种发展原本可能会帮助中国人在两个世纪后抵御西方和日本的入侵。[2]

这种人们熟悉的看法近来受到了挑战。一些历史学家强调,十七世纪中叶,当满洲八旗兵越过长城并建立起他们自己王朝的时候,明清之间更多地存在着连续性而非中断和停滞。这些学者发现,清朝考据学和“夭折的”经验主义的起源都可以追溯到北宋(960—1127年);同时,他们强调,清朝的哲学很自然地取代了明朝的哲学,十七世纪学术上的经世思想预示并演

1 魏斐德:《中国与十七世纪的危机》(Frederic Wakeman, Jr., "China and the Seventeenth-Century Crisis," *Late Imperical CHina* 7.1[1986]:1—26);艾维泗:《对中国和日本十七世纪危机的几点观察》(Willian S. Atwell, "Some Observations on the 'Seventeenth-Century Crisis' in China and Japan," *Journal of Asian Stuies* 45.2[1986]:223—244);阿谢德:《十七世纪中国的总危机》(S. A. M. Adshead, "The Seventeenth Century General Crisis in China," *Asian Profile* 1.2[1973]:271—280)。

2 魏斐德:《洪业:清朝开国史》(Frederic Wakeman, Jr., *The Great Enterprise: The Manchu Reconstrution of Imperical Order in Seventeenth-Century China*. Berkeley: University of California Press, 1985)。

变为十九世纪激进的今文经学。

对这种更替是否还有第三种看法呢？如果我们假设儒家理论在内在的和超验的、“仁”和“礼”之间存在持续的紧张，此外一种所谓的新儒学在直觉的一元论和理性的二元论之间也存在紧张，那么，十七世纪的中国，也许正处于一个再次符合此后的社会学知识的轴心突破点上（同时在认识论和本体论两方面）。[3]本篇论文的其余部分将力图通过明清之际两位著名思想家——顾炎武（1613—1682年）和黄宗羲（1610—1695年）——的几个重要概念，来考察这一论断。[4]

十七世纪的危机

危机的程度众所周知，因此只作如下纲要性的描述。

在最基本的层面上，以太阳黑子活动的减少为标志，十七世纪中叶全球气候变冷。在这个所谓的“蒙德极小期”（英国天文学家1890年对1645—1715年间的太阳黑子活动的不规则小期作出的研究——编者注），严寒较往常更早地降临温带地区，导致中国中心地带的河流和湖泊冻结，庄稼每年的生长和收获期明显缩短。饥荒随之而来，与此同时是瘟疫——特别是天花——的流行，这些使得中国北部地区的灾难尤为深重。谷物供应的缺乏也导

3　参见艾森斯塔德：《引言：中国和印度轴心时代的突破》，见艾森斯塔德编《轴心时代文明的起源和差异》（S. N. Eisenstadt, "Introduction: The Axial Age Breakthrough in China and India," in S. N. Eisenstadt, ed., *The Origins and Diversity of Axial Age Civilizations*. Albany: State University of New York Press, 1986），第291—324页。也见于伊懋可：《中国真有一个超越性的突破吗？》（Mark Elvin, "Was There a Transcendental Breakthrough in China?" in *Ibid.*），同上，第359页。

4　关于这点，参见狄百瑞：《中国的专制主义与儒家理想》，见费正清主编《中国的思想与制度》（Wm. Theodore de Bary, "Chinese Despotism and the Confucian Ideal," in John K. Fairbank, ed., *Chinese Thought and Institutions*. Chicago: University of Chicago Press, 1958），第163页。我省略了王夫之（1619—1692年），尽管他在这个假定的突破中与其他两位作出了同等的贡献。这在布莱克：《王夫之哲学思想中的人和自然》（Alison H. Black, *Man and Nature in the Philosophical Thought of Wang Fu-chih*. Seattle: University of Washington Press, 1989）中处处可见。

致东北地区的满族部落对朝鲜的侵袭不断扩张，并越过长城，寻求战利品、贡物和奴隶。

当时，明王朝越来越依赖于美洲的白银进口，将其作为商业化大崩溃的强心剂。这场商业化大崩溃开始于十六世纪晚期，它将长江下游稻米高产区的农民从生存农业（指收成仅够自身食用的耕作）吸引到现金的增值上，导致国家在十七世纪中叶极易发生货币贬值和粮食匮乏。[5]当财政方面的因素——如大量的逃税——使这些情况更加恶化时，明王朝的社会和经济基础结构便开始崩溃了。[6]越来越多的“自由”佃户沦为有土地的士绅的农奴，而这些士绅的土地则逃避赋税征收。灌溉系统淤泥充塞，运河无人疏浚，大河的堤堰废而不修。财政赤字不断增加，明王朝的皇亲贵戚也变得越来越寄生腐朽。

随着运往长城沿线及塞外卫所的粮食不断减少，国家传统的军事招募制度也动摇了。军队的登记簿是虚假的，地方将领组建向他们个人效忠的军队，前线的将领则向满族人投降。甚至半军事的政府的邮传制度也崩溃了，这使那些送递快信的信差被解放出来，成为了骑马的强盗和起义军，占领了明王朝北部和西部的大部分地区。

与此同时，明代士大夫精英之间也存在着分化。在哲学思想上，长期存

---

5 参见格兰恩：《财富之源：1000—1700 年中国的财富和货币政策》（Richard von Glahn, *Fountain of Fortune: Money and Monetary Policy in China, 1000—1700*. Berkeley: University of California Press, 1996），第 246—247 页；戈德斯通：《十七世纪的东西方：英国斯图亚特王朝、奥斯曼土耳其和明代中国的政治危机》（Jack A. Goldstone, “East, and West in the Seventeenth Century: Political Crises in Stuart England, Ottoman Turkey, and Ming China,” *Comparative Studies in Society and History* 30. 1 (1988): 103—142）；卡尔捷：《中国的金属货币的进口：论中国的情况》（Michel Cartier, “Les importations de métuax monétaires en Chine: Essai sur la Conjoncture chinoise,” *Annales: conomies, sociétés, civilisations* 36. 3 (1981): 454—466）。

6 弗林：《早期现代阶段的白银微观经济和东西方贸易》，见费切尔等主编：《1500—1914 年世界经济的形成》（Dennis O. Flynn, “The Microeconomics of Silver and East-West Trade in the Early Modern Period,” in Wolfram Fischer, et al., eds., *The Emergence of a World Economy, 1500—1914*. Wiesbaden: Franz Steiner Verlag, 1986, 1: 37—60）。

在着正统的程朱新儒家与王阳明心学直觉论者之间的分歧。前者,即理学,强调对"事物"(他们主要是指经典)的研究、严格的道德自我教化,以及高层次的精神追求和低层次的物质欲望,即一般所谓"存天理灭人欲"的二元划分。后者,即心学,则是一些信念的复杂整合,主要集中在自觉的重要性,自发的道德良心,以及思想与行为的统一。作为它最激进的形式,心学中的泰州学派宣扬一种道德普遍性,认为"满街都是圣人",而且每个人都可以获得教化。而宋代的二程兄弟和朱熹创造的更加正统的致知之学,则强调精英性和渐进性。一个人不可能仅靠反观自我来寻求天理,必须通过刻苦的自我道德教化以及多年的研习经典才能发现道义。

知识分子间的这种分化尽管并没有清晰地反映,但已对十七世纪早期的政治斗争产生了影响。在书院,士大夫按照不同的教义宣讲伦理道德和经典著作,在朝廷,他们通过党争以及将自己人经由科举考试安置在官位上,这些都是为了竞争政治上的影响。[7]其中一些这样的书院还卷入了大的政治派系(如东林党、复社)中,他们支持一个大臣,反对另一个,并与为自己寻求特殊利益的宦官联合。帝国政治的所有方面一度都受到了这种毁灭性的派系斗争的影响,甚至包括在对付满洲人的战略选择上,而后者的势力正在长城外继续壮大。

满族人的征服和对正统学说的利用

大多数当代学者认为满族人的征服,基本上是对明帝国行政管理的改造。但是改造的进程,却同时被清朝的民族分离政策所阻碍和促进:阻碍源于满族在个人服饰上采取强制性的象征一致性的政策,引发了中国南方人民的反抗;促进是因为采用了一种新的统治制度,这种制度具有君主一统的新形式和汉-满两种行政制度混合的外表。这些做法出奇的成功——事实

---

7 格兰恩:《晚明江南的地方改革和城市社会冲突》,(Richard von Glahn,"Mumicipal Reform and Urban Social Conflict in Late Ming Jiangnan," *Journal of Asian Studies* 50.2 (1991):280—307)。

上,他们是如此成功,以至于中国成为世界上第一个从十七世纪七十年代到八十年代早期的危机中恢复过来的主要君主国。

对二十世纪初的大汉族主义革命党人来说,这次恢复的代价是满族人不正当地利用了一种愚蠢的正统观念:重新抬出宋代的理学大师,如程颐、程颢和朱熹。在他们征服了中国北部之后,满族人很快重新制定了文官科举考试制度(起初,这给了他们一个机会,得以操纵名额的分配,使满族人和北方的汉族合作者比受教育程度高得多的南方人更从中受益)。与此同时,他们以同样快的速度控制了帝国的教育中心——特别是长江下游地区的学校——将其课程限制在为科举考试做准备的僵化内容中,同时明确禁止讨论那些超出经典的学习,涉及公众关心和帝国统治的政治和道德伦理问题。[8]

这些后来的革命批评家,调动自己的思想力量,在二十世纪初对清王朝展开攻击。他们认为,清政府实行的上述限制是与打击明代直觉哲学的"过火",特别是心学中泰州学派的激进主义同时进行的。尽管王阳明强有力的行为主义哲学在日本发展成"阳明学",并激励了明治维新时的志士,但在清代中国,它却完全不起眼,甚至被埋没。在曲阜的大成殿,褒扬王阳明的匾额被一些次要、但却更保险的名流的所替代,而这些人信奉理学而非心学。

现代的思想史家对清统治者——特别是康熙皇帝(1662—1722 年在位)——对明代直觉主义的思想上的妖魔化提出质疑。他们指出,撇开帝国的政策,早在明后期,王阳明(1472—1529 年)学说就已引起了严重的怀疑,是大多数士大夫自己将程朱理学置于王阳明心学之上。不管怎样,清王朝仍是与当时要求返归基本道德教义的呼声紧密一致的,它以明确坚定的态度摒弃明末不受社会道德约束的风气,压抑感情的自然流露,赞同对礼仪和责任施加更严格和苦行式的强调。在这方面毫无疑问,例如,在上层家庭里,妇女比以前更被限制在闺阁里;反对妇女具备文学修养;同性恋被

8 参见狄百瑞译《帝国的蓝图》(Willian Theodore de Bary, *Waiting for the Dawn: A Plan for the Prince*. New York: Columbia University Press, 1993)中黄宗羲对科举制度的毁灭性抨击,第 111—121 页。

视为一种离经叛道的社会混乱;男性的勇武性被提升到儒家单纯的书卷气之上。

然而儒学作为一种学术追求,在清代并未受到丝毫影响。因为,反满的革命者指出清政府对公民权利的第二项剥夺就是蓄意助长经院哲学风气,使本可以从事政治的士大夫将注意力转向了鸿篇巨制的辞典和类书编撰工程,并公开鼓励知识分子在文字考证、语言评价和历史语言学上下功夫。

智识主义的连续性

尽管被民族主义革命者归因于满族的设计,但一些当代学者如余英时等,则将清代对智识主义(Intellectualism)的推动追溯到宋代,认为从那时起,(智识主义)经过明代的平稳发展,到清代所谓汉学的经验主义时则达到顶峰。[9]通过智识主义,历史学家试图证明在新儒学哲学家中,为了指示和教导,有一种求助于文本的权威性——而不是道德良心或伦理启示——的倾向。与理学一致,帝国晚期的智识主义也批驳那种声称可以在自己身上发现良知的心学道德直觉论。这种更自发的、以自我为中心的唯心论是从王阳明学说中发展而来的,它将内在性与超验性调和为一种宇宙道德观,这种道德观的最极端的体现是,否定世俗的、等级制度的、学术的标准,而这些标准是被正统的礼仪和传统的学说所肯定的。"颓废"的社会风气似乎导致了明朝让人痛心的灭亡,一些学者将(清代)对唯心道德观的排斥与那种对"颓废"社会风气的反对联系起来,而余英时则倾向于作出一种较平和的解释,即将清代的学院学风与中断长达一个世纪的"拘泥于书本的学问"及考据学联系起来,而这种风气可上溯到朱熹和北宋的大师们。

对明、清思潮之间的连续性给予类似的重视,构成了艾尔曼研究中国思想史的方法的特征。不论是描述十八世纪时对语言学的重视,还是对十九世纪今文经学兴起的研究,艾尔曼都强调晚明哲学和清代经验主义研究之

9 在余英时《历史与思想》(台北:联经出版事业公司,1976 年)中处处可见。

间的联系，它伴随着从十七世纪中叶尽心国事的忠臣到乾隆晚期的《公羊传》注释者和随后十九世纪的今文经学复兴者这一段中国思想史的演进。[10]事实上，这种关系有时是微弱的，但却有足够的线索贯穿整个结构，使这个连续性的论点显得颇为合理。同时，通过消弭晚明和清前期的裂痕，余英时和艾尔曼的成果根本上消除了一个长期存在的重新评价，即轴心突破的观点。

顾　炎　武

如果我们刚读过顾炎武，我们将面对一个完全不同的境界。作为十七世纪一位真正的博学之士，顾炎武的学识几乎是难以匹敌的。他的《日知录》留下了一些深刻的见解，其价值远远超过简单的阅读笔记和原文摘抄。这些学术反思，加上他在明清之际撰写的其他一系列文章，使顾炎武成为十九世纪士人中要求变革治国之策的先驱。

出于我们的研究目的，我们将把注意力放在顾炎武著述的四个主要方面：他对经典神秘性的破除、他的复古主义、他对禁欲主义的强调，以及他想在从秦汉中央集权帝国建立伊始就已确立的"郡县制度"中恢复"封建制度"的愿望。

破除神秘性

顾炎武对儒家经典，特别是对最博大的经典文本——玄妙深奥的《易》的神秘性的破除，与他对儒学之诠释的历史化紧密相关。《易》此前被认为是源自圣人伏羲通过观察动物各种变化式样所进行的占卜模式的展示——这构成了《易》中的卦。顾炎武在解释卦的发现时，不是将伏羲假定为一个

10　艾尔曼：《从理学到朴学——中华帝国晚期思想与社会变化面面观》(Benjamin A. Elman, *From Philosophy to Philology: Intellectual and Social Aspects of Changes in Late Imperial China*. Cambridge, Mass.: Council on East Asian Studies, Harvard University Press, 1984)；同著者《经学、政治和宗族——中华帝国晚期常州今文学派研究》(*Classicism, Politics, and Kinship: the Ch'ang-chou School of New Text Confucianism in Late Imperial China*. Berkeley: University of California Press, 1990)。

超时代的圣人,而是将他视作他那个时代的历史人物。[11]

尽管顾炎武没有直接对占卜提出怀疑,但他却尽量使对《易》的探讨成为一种推理活动。他写道,《易》有两种可能的运用,一种是“按事物的本来面目确定过去(数往者顺)”,即观察轨迹的内在线索、人类行为的记录,这些都是顺应事物的一定模式的;另一种是“了解难以预测的未来(知来者逆)”(逆既指预测未来又指反叛)。顾炎武没有怀疑圣人“预示(筮)”将来的能力,但他认为这种预言是建立在圣人有洞察人类行为“印迹(迹)”能力基础上的。因此,他们的预见是由于掌握了变化的规律,而不仅仅是靠卜卦。顾炎武努力清除儒家学说中的文本混乱和神秘主义,通过发挥《易》鉴往的功能,使它为世人所用。[12]

也就是:“君子在考虑将要做什么、怎样做的时候,往往征询神灵的指示。他所得的答案,即他对命运的接受,犹如他的行为准则:这些答案告诉他该做什么、怎样做。生和死、财富和荣誉都是上天早已安排好的。但如果真是这样,那么什么事也不能做,什么事也不会真正实现。因此,人们根本无需询问神灵,即使询问,也不会有任何解答。《易》展现的是人们以前的活动,而并非是人们预测未来的途径。寻求了解未来之事非圣人之道。”[13]

在同样的经世致用、破除神秘的精神下,顾炎武还宣称,他深信只有当人们对世间的统治和社会的礼俗感到失望时,才会去求助于神灵和参加宗派活动。在描述他自己时代的情形时,他写道:“当国家处于混乱和无政府状态时,平民百姓痛苦而无法寻求公平。因为无缘无故地遭受压迫,他们不得不向神灵祈求。于是导致了诅咒盟誓之类事件的发生……如今[道教]宣讲的地狱说和[佛教]关于善恶报应的书,都是那些利用残酷惩罚去控制别人的诅咒盟誓之人的行为余孽。当光明和美德不再是社会的准则,寡妇和

11 顾炎武:《日知录》,1,1:1—2。

12 同上,1.1:23—24。

13 同上,1.1:29。原文为:“君子将有为也,将有行也,问焉而以言,其受命也如向。告其为也,告其行也,死生有命,富贵在天。若是,则无可为也,无可行也。不当问,问亦不告也。《易》以前民用也,非以为人前知也。求前知,非圣人之道也。”

儿童无人照顾时，那么就必须在上层实行王政，这样百姓才不会在底层再去求助于神灵。因此俗话说，天下有道，鬼就不会被当作神灵。所谓绝地天通（天地之间的联系被切断），如此而已。"[14]

历　史　化

在这方面，《易》因其自相矛盾而被剥去了神圣的外衣：它只是它那个时代许多占卜书中的一种。通过追溯此后对《易经》注释的历史，顾炎武清晰地证明了这种经典的不可靠：即体现在"经"里的到底有多少准确无误的东西？同时，顾炎武也常常担心经典原始内容的遗失。以《周易》为例，顾炎武反对将所有的经书混在一起，并互相进行解释的方式。他坚决主张，对待一部独立的经典，应根据它本身的内容，而不是作为混合经典的一部分。"有人用其他经书来证明这部经书的主题，有人则用其他经书来隐藏这部经书的主题。于是，经书成为反复无常的随意文本，而经书本身不复存在了。"[15]

在明代，由于洪武帝（1368—1398 年在位）和其子永乐帝（1403—1424 年在位）的提倡，正统经典是与朱熹的注释并行的。但是，尽管有帝王的认可，人们却一直对注释持困惑态度，认为"一个人不可能完全了解博大精深的《易》"。这种对文本的长期困惑——它将历史上的偶然变成了普遍的晦涩玄奥——阻碍了君子接近一种完全被揭示的真理。将经典固定在某一种正统学说中，也使道德类型成为一套非常刻板的等级制度。譬如关于卦的形式，正如顾炎武写到的："二必然指臣下，五必然指君主。阴卦必定指小人，阳卦必定指君子。于是经书变得无所不包，但《易》（的本意）因此也丧失

14　同 11，1.1:57—58。原文为："国乱无政，小民有情而不得申，有冤而不见理，于是不得不诉之于神，而诅盟之事起矣。……今日所传地狱之说，感应之书，皆苗民诅盟之余习也。'明明棐常，鳏寡无盖'，则王政行于上，而人自不复有求于神。故曰：有道之世，其鬼不神。所谓绝地天通者，如此而已矣。"

15　同上，1.1:5。原文为："有以彼经证此经之题，有用彼经而隐此经之题，于是此一经者为射覆之书，而《春秋》亡矣。"

了……（解释经的）传成为主体，而经本身反居于客位”。[16]

难道卦位都与社会地位相对应，高的指统治者，低的指他的臣民吗？“如果谈论[本体意义上]卦的实质（“体”），我们必定将它们都视为位，这样，六种位置[即卦的六种线条]就形成了，或者说，《易》的六位构成了一个整体。因此，组成卦的线条的确是各有其位的，**但这些形状并非来源于人的社会地位**。”[17]顾炎武并没有否定社会等级的存在，而是通过动摇其本体论的支柱，驳斥了人类的等级制度与宇宙关系存在相似性的理论。程朱理学家们用这些支柱来维护既存的儒家的家国同构的社会和政治制度，也即《易》中表述的上、下地位永恒不变的社会和政治制度。

思想的警觉

顾炎武对正统权威的部分谨慎评论，反映了他想把学术思想建成评判事务最佳标准的想法。既然《易》告诉士人何时行动，它就给了士大夫一个有力的武器，使他们知道果断采取行动的时机。在经典强加的限制之内，即使让帝王之龙高飞在我们下面这些人之上，顾炎武仍设想在学习经典的有识之士中，选择天才的权威（开国圣君）并替代惯例的世袭制度（例行的继任君主）。对于顾炎武来说，《易》不是一本寻求启示的经典，而是一本最好以尽可能多的历史和文献学知识来阅读的书，从而理解其作为行动指南的意义。

在此方面，领悟《易》中每卦的基本含义是对致知的一种“实践性”的履行。正如顾炎武首先举孔子所言的“我只传述而不创作（述而不作）”，“一个人不学习古人而希望从上天得到答案，与[一个农夫]不耕作却企图有所收获，不是一样的吗？”[18]然而这决不是毫无意义的实践，它与时代精神相吻

---

16 同11，1.1:5。原文为：“二必臣，五必君，阴卦必云小人，阳卦必云君子。于是此一经者为拾沈之书，而《易》亡矣。……传为主，经为客。”

17 同上，1.1:7—8。重点另加。原文为：“若以一卦之体言之，则皆谓之位，故曰六位时成，曰《易》六位而成章，是则卦爻之位非取象于人之位矣。”

18 同上，1.1:51。原文为：“不学古而欲稽天，岂非不耕而求获乎？”

合,它在一种现世禁欲的审慎的状态下实行,并为顾炎武同时代的刘宗周、黄宗羲所赞成。“虽然[圣人的]影响十分深远,但我们已长期习于放肆。只有不惮其烦地不断反省,才能避免失败。”[19]

坚持这样的自律是一项艰巨的任务,要求持续的真正的努力,既非流于形式,也不能仅仅是迂腐的。士人的奉献必须超过官吏和学者常规的责任。“如果他致力于政教,那么他既不能真正得到训导也不能付诸实践。因为为了接近天子的光芒,他的实际责任只是掌管祭祀的仪式。如果他从事于治学,那么他既无法掌握[知识的]各种门类也不能完全洞察事物。因为为了接近伟大学者的道路,他实际所学的只不过是陈旧的文辞。”[20]代表这种持续努力(“其利益是无穷的”[21])的基本图形是《易》八种图形中的第七种,即“艮”。这种《论语》中的士人不先入为主,不作武断的假定,不固执,不以自我为中心(“毋意、毋必、毋固、毋我”)。这是一位保持沉静的守望者,观察事件发展到转折点时,准备去完成前面的斗争。“他背靠山崖,完全不顾及个人安危。财富和官职无法诱惑他,贫穷和低贱不能改变他,武力的威胁也不能使他屈服。”[22]

封建的精神

对于顾炎武来说,他对粗略的自治的态度是与他所向往的“封建”的精神相一致的,他希望能将“封建制度”重新引入秦统一后即在中国广泛推行的郡县制中。[23]顾炎武所热衷的“封建”,并非是我们所想象的那种中世纪

---

19 同11,1.1:10。原文为:“虽其渐染之深,放肆之久,而惕然自省,犹可以不至于败亡。”

20 同上。原文为:“其在政教则不能是训是行,以近天子之光,而所司者笾豆之事;其在学术则不能知类通达,以几大学之道,而所学者佔习之文。”

21 同上,1.1:10—11。原文为:“利有攸往也”。

22 同上,1.1:15。原文为:“艮其背,不获其身也。富贵不能淫,贫贱不能移,威武不能屈。”有关奋斗和坚忍不拔的重要性,参见1.1:22。

23 杨联陞:《明代的地方行政》,见贺凯主编:《有关明代政府研究的七篇论文》(Lien-sheng Yang, “Ming Local Administration,” in Charles O. Hucker, ed. , *Chinese Government in Ming Times: Seven Studies*. New York: Columbia University Press, 1962)。

的全套模式。对于他来说,封建的秩序是反等级制度的,甚至是反贵族政治的。与被谄媚的大臣所助长的华而不实之风(“文”)相反,它对应的是一种纯粹简朴(“质”)的理想。

“夏朝以前,[帝国名称和规则的]特质都很单纯,因此帝王有名无号。商代以后,名称渐趋华美,因此既有名也有号。行为[的标准]开始增多,甚至用死后的谥号来赞美统治者。周公削减谥号,但谥号使用的范围仍在扩展,从天子到贵族、从善行到恶行都有。而[原先作为君主名称的]十干之号则不复存在了。这样,[文王之父]王季以前的人,按照商人的礼法没有被授予谥号。这种文饰的过程归功于[所谓的]臣子之义。哎呀,这难道可以被认为是圣人[之作]吗?”[24]

但封建主义不仅仅是一种仪式上的言论或衣着。人们不可能再返回或恢复很久以前的那种纯粹的封建制度,郡县和中央集权的行政制度也不可能用法令来废除。真正需要的是对这样的郡县制用一剂封建主义的良药。应该鼓励地方精英自行管理,而不是强迫士绅在原籍以外的地区供职。关心公共利益(“公”)值得称赞,但合理的个人利益(“私”)同样应被认可和鼓励。应指望谁将管理工作做得更好:是只任职一两年的外来的郡县地方官,还是有责任使他们的亲戚邻里获得最大利益的当地士绅?朝廷应该废弃禁止士大夫在原籍供职的回避制度。应该承认士绅管理家乡的合法性,承认地方精英关照他们自己的学校体系,并处理他们自己的事务的合法性。当然,一些爱管闲事和贪婪的下层士绅——县级的生员或低级的地主——可能会试图参与打官司或征收税款;但精英中真正受人尊敬的成员,如高级的地主,则会很好地照顾自己、承担自己的职责而不过分干涉分外之事。[25]

顾炎武主张将“封建的”自我利益作为一种公认的社会现实的推动力

24 顾炎武:《日知录》,1.1:30。原文为:“自夏以前,纯乎质,故帝王有名而无号。自商以下,浸乎文,故有名有号。而德之盛者,有谥以美之,于是周公因而制谥。自天子达于卿大夫,美恶皆有谥,而十干之号不立。然王季以上不追谥,犹用商人之礼焉,此文质之中,而臣子之义也。呜呼!此其所以为圣人也欤?”

25 顾炎武:《亭林文集》“封建论”,第1—9页。

量,以自己的方式,代表了中国思想史上的一种"马基雅维里运动"。顾炎武的合理私利的观念,以及对后来被认成是"清议"的士大夫自治的提倡,成为十九世纪经世致用学派地方自治和实践改革计划的基础。当时,这在与顾炎武同为明代忠臣的黄宗羲的政治理论中迅速引起了共鸣。

黄宗羲的帝国改革主张

1677年,顾炎武致信黄宗羲,称赞他的名著——《明夷待访录》。[26]"我反复捧读并认识到,天下并非没有能人,一百个帝王造成的灾难可以被消除,三代的盛世也可以再现……古时的君子为后世著书立说,这样当后来有圣明的君主出现时,可以从中获得启示……对此我颇有信心。我将自己的一些看法撰成《日知录》。而现在我感到欣慰的是,其中十分之六七的观点是与您的《明夷待访录》相同的。"[27]

与顾炎武相似,黄宗羲呼吁更广泛的地方自治。他倡导的这种士绅自治的主要地点是在郡县的学校系统,还可以在规模上大大扩展,将佛教和道教的庙宇、寺院、庵堂转变为儒家的学校,学校的管理者从地方上有声望的经师中选择,而不是由朝廷任命。这种学校可以发挥政治论坛的作用,代表地方儒家精英的利益对郡县官员采取一些控制措施。"每月的初一和十五,各郡县的地方精英、士人和学员将举行盛大的集会,由学校负责人主持。郡

---

26 "明夷"有多种含义。一般说来,"夷"表示"和平和秩序",因此,"明夷"从字面上暗示此书的主题为"优秀政府的(政策)述评"。但是"明夷"也指"光明被遮掩"或"才智被压抑",是儒家经典——《易》中第36卦的名称。《易》原为占卜之书,后来引发了很多玄妙的和宇宙论的探究。"明夷"卦被认为代表了宇宙周期的一个阶段,黑暗的势力占了上风,但正直的人仍坚持他们的美德,满怀希望地等待着邪恶力量的衰退,因此是等待黎明。狄百瑞译:《帝国的蓝图:为君主而写的计划》,第5—6页。

27 顾炎武给黄宗羲的信,其中谈到《明夷待访录》。见狄百瑞译:《帝国的蓝图》,第171页。原文为:"读之再三,于是知天下之未尝无人,百王之敝可以复起,而三代之盛可以徐还也……古之君子所以著书待后,有王者起,得而师之……圣人复起不易吾言,可预信于今日也。炎武以管见为《日知录》一书,窃自幸其中所论,同于先生者十之六七。"

县的官吏应和学生坐在一起……师生提出问题并相互讨论……如果郡县在政事上出现小的失误,应由学校来纠正。"[28]

黄宗羲也希望恢复在宋代常见的做法,即让一个地区的居民——主要是士——在正规的地方官员下轮流担任下级官吏。同时,他建议在每个郡县建立相当于中央政府各职能部门的机构,这些官吏的职位由"当地学校中有资格的人充任"。[29]

黄宗羲对地方学校和精英参与政治的倡导,与顾炎武希望在郡县制中恢复封建精神相比,显然更是(专制统治的)对立者。[30]当时人普遍认为史前处于一种良好的自然状态,如同《礼记》中的田园式描述,以此为依据,《明夷待访录》中包含了大量对专制统治自私自利的抨击。"在人类的最初阶段,每个人都为己而活,只关心自己的利益。没有人去促成对公众有利的事情,也没有人去消除对公众有害的东西。"圣君的统治使天下人获利,但这些神话般的君主最终被一些贪婪的统治者所接替,他们"使天下没有人敢为己而活并顾及自己的利益。这样,君主个人最大的私利取代了天下人公共的利益……他将天下看成是一个巨大的产业,将之传给他的子孙,供他们长久地享受快乐和财富……这只能解释为:古时以天下人为主人,君主只是一个佃客,毕生为天下人劳作;如今君主为主人,天下人都成为他的佃客。"[31]

---

28 见黄宗羲著,狄百瑞译:《帝国的蓝图》,第106—107页。原文为:"郡县朔望,大会一邑之缙绅、士子、学官讲学,郡县官就弟子列……师弟子各以疑义相质难……郡县官政事缺失,小则纠绳。"

29 同上,第163页。原文为"提学试弟子员之高等者分置之"。有关南宋的下级官僚机构,参见麦卡耐特:《南宋的乡村和官僚机构》(Brain E. McKnight, *Village and Bureaucracy in Southern Sung China*. Chicago: University of Chicago Press, 1972)。

30 "书院……有所是也,则朝廷必以为非而辱之。"黄宗羲举了东汉(25—220年,3万学生在太学抗议示威)和北宋(960—1127年,学生伏阙请愿,要求重新起用一位被罢黜的大臣)学生抗议的例子。见黄宗羲著,狄百瑞译:《帝国的蓝图》,第105页。

31 同上,第92页。原文为:"有生之初,人各自私也,人各自利也。天下有公利而莫或兴之,有公害而莫或除之。"……"使天下之人不敢自私、不敢自利,以我之大私为天下之大公……视天下为莫大之产业,传之子孙,受享无穷……此无他:古者以天下为主,君为客。凡君之所毕世而经营者,为天下也。今也以君为主,天下为客。"

因此，黄宗羲的思想遗产成为一种持不同政见的传统，为十九世纪后期以学生会社和社团形式出现的改革运动赋予了新的面貌，激发了二十世纪三十年代蒋介石政权下知识分子英勇的政治行为，并显而易见地唤起了二十世纪六十年代“文化大革命”前夕对毛泽东专政持有异议的人。毫无疑问，从那时起，儒家的神权政治不能再闭目塞听，而政党国家的专制独裁也从根本上受到了挑战。这部分地是由于十七世纪思想家的努力，他们通过割断超验的宇宙中的等级与现世政治体制之间的联系，使帝国的统治失去了神圣的光彩，并将经典中主张的那种古代的“封建”重新调整，以此代替传统的统治四方的中央权威。

但在十七世纪六十年代和二十世纪六十年代间究竟发生了什么？黄宗羲的革新方案到底是为哪位帝王而写？几十年来，中国的思想史学家一直为这个问题感到苦恼。难道黄宗羲——不愿损害自己作为明代忠臣的忠诚，但却想从清王朝那里为两个儿子谋取政治恩惠——正是为推翻了他的中国君主的满族人准备了这篇政治建议吗？换句话说，难道他是在等待野蛮人的政治黎明？占优势的意见认为，黄宗羲最初在十七世纪六十年代写《明夷待访录》时，是期望明王朝的复兴；而到了十七世纪八十年代，他已经完全准备好让清代的康熙皇帝（1662—1722 年在位）采纳他的建议了。因此，简而言之，正是由于十七世纪的危机，天子仍是中国的帝王：政治机构的唯一独裁者和天下的专制统治者。

由于同样的原因，顾炎武重兴“封建之意”的计划也不可能在真正的封建秩序中运作，因为那样需要有多个君主供“士大夫”仔细挑选。帝国晚期只有一个可效忠的政治权威，而他的机构——世界上最复杂的官僚机构之一——可以轻而易举地禁止地方精英要求在政府中发挥更大作用的呼声，特别是当地方士绅自己渴望参与统治他们自身的行政机构时。到十七世纪七十年代，顾炎武——尽管他个人忠于明王朝——鼓励他的外甥参加清朝的会试。而他关于士人异议的遗产，也只在十九世纪中叶以圣地社团的形式在仪式上复兴过。在北京冬季的月光下，社团的成员一面在夜晚饮酒赋诗，一面等待着他们被任命为帝国某个边远地区地方官的消息。[32]

如果说在明清更替之际真的存在一个轴心突破的话，那么它在十七世纪的这个爆发很快就又被融入了新生帝国的秩序中。这并不是说它在理论上的推动力——即对现实的政治权威的重新界定和对谋求私利的地方精英手中的统治权威的重新定位——被完全削弱；而是指这个爆发太微弱，以至于无法推动事物的发展达到一个根本不同的结果。人们不得不说，这个结果，只有等待在西方猛烈进攻下对整个体系的上层产生的巨大冲击。不管是否喜欢，这证明了那种多少世纪以来，如此富有弹性、如此持久的大秩序的失败，以至于最终使得裂缝不断扩大而崩溃。或者，用更具建设性的表述，如同顾炎武在1677年给黄宗羲的信中的说法："岁月流逝，我探索着古今的奥秘。只有这样，我才了解'先有河流，后成海洋'，要堆成一座山需要许多筐的土。"[33]

（颜军/路育松 译）

（原载《中国学术》第十一辑）

32 波拿切克：《内部的鸦片战争》，（James J. Polachek, *The Inner Opium War*. Cambridge, Mass: Council on East Asian Studies, Harvard University Press, 1992）。

33 原文为："积以岁月，穷探古今，然后知'后海先河'，为山覆篑。"

明初中国与亚洲中西部地区交往的外交语言问题

刘迎胜(南京大学)

一、问题的提起

人类区别于动物的最重要特征之一是具有语言。学界主流认为,人类曾两次走出非洲。现代人类与旧石器时代欧亚大陆上的直立人是不同的种属,而前者取代了后者。现代人类语言的产生,大致在现代人散居世界各地之后。因为地理的隔绝,散居各地的人类集团之间起初几乎没有什么联系。世代的遗传和种群之间的隔离使不同种族与语言得以形成。在远古时代,由于各地人类集团之间相距很远,相互很少接触。不同种族的人们即便偶然相遇,在语言上也多半不能互通。随着历史的推移、自然条件的变迁和种群的繁衍,散居世界各地的人群的活动范围都在不断扩大与变化,使得不同种群人类的地理覆盖区之间出现重叠。种群分布重叠区的存在使不同种群的人类之间的接触不但成为可能,并逐渐频繁起来。

不同文明的人类之间相遇时,不可避免地会产生相互了解、交往与交流的需要,这时不同语言之间的翻译就是不可避免的。周代就将从事东南西北四方语言翻译的译员分别称为"寄"、"象"、"狄鞮"和"译"。这四个称谓可能与译员所通之语言有关。其中之"狄鞮"有可能是突厥语 tilçi("舌人"、"通事"、"译员")的音译。[1]

世界各民族大小不一,有强有弱,文明发展程度有异,文化影响更不相

1 热扎克·买提尼牙孜主编,马维汉等撰:《西域翻译史》,乌鲁木齐:新疆大学出版社,1994 年,第 11—12 页。如此说成立,则说明操突厥语的民族当时已与华夏为邻。

同。因此不同的民族的语言在文明与民族间交往中的作用也不相同。强势民族的语言往往得到更多的运用,弱势民族的语言则较少有机会在族际交往中使用。自然选择的结果,使某些民族的语言超出本民族活动的范围,成为某一地区的各族交往时所自动选择的族际交流语言,即所谓之 lingua franca,有如英语在当今世界上的地位。

明初是中世纪亚非外交活动最为频繁的时代。明成祖派遣郑和率舰队七下西洋的活动,不仅是古代中国航海事业的顶峰,也是古代中国最大规模的外交活动。同时,明成祖还不断派使团沿陆路向中亚、西亚出使,并接待外番的来访。外交活动既是不同国家之间的官方交往,又是具有不同语言和文化背景的民族间的人们的交流。不管是官方的外交活动还是民间交往都离不开语言的交流。本文所要关注的,是这一时期明朝出使外番时所使用的外交语言问题。

二、锡兰山碑

郑和等率船队第二次出洋路过锡兰山(今斯里兰卡)时,曾对当地佛寺布施,并立有碑记。郑和立碑石之事,虽不见《明实录》提及,但明人严从简记载:"永乐七年(1409 年),中使郑和偕行人泛海至其国,赍金银供器,彩妆、织金宝幡,布施于其寺",[2] 虽未明确提及立碑之事,但足见明人知郑和布施之事。

郑和及其船队在十五世纪上半叶横行西太平洋-北印度洋海域几达三十年,但至今遗留海外直接事关其航行的文物却不多。今东南亚各国所有者无非一些纪念性建筑或与后人传说有关之物。据文献记载,郑和在远航途中曾于海外他处立碑,但今多数不知所终,存者仅有锡兰山碑。故此碑成为研究郑和海外活动最重要的史料之一。

按国外学术界的说法,锡兰山碑乃由工程师托马林(H. F. Tomalin)于

2 严从简:《殊域周咨录》,余思黎点校,北京:中华书局,1993 年,第 9 卷,"锡兰山"条,第 312 页。

1911 年发现于斯里兰卡南部港口伽勒(Galle)[3]的一个靠近克里帕路(Cripps Road)的一条管路(culvert)之中。[4]在今日伽勒尚有一个市政行政区(Municipal ward)和一全次级邮政所(sub-post office),在僧伽罗语(Sinhal)中被称为 Cheena Koratuwa,其意为"中国码头"。[5]

但实际上,在工程师托马林之前,此碑似已有中国人提及。据清王韬《漫游随录》记载,在他游历锡兰时,借当地土人导游,入一小寺,寺中有卧佛,并说"明永乐年间,太临监郑和曾赉法器、宝幡,布施寺中。……华人来此者,当以郑和为能副其职,俾国威远施于域外。嗣后华人亦几绝迹矣"。[6]王韬虽未直接提及此碑,但他在描述自己参观当地一所卧佛寺时突然提到郑和布施之事,证明他曾亲见此碑。他还提到,在郑和以后,曾不断有华人来此地参观,瞻仰郑和遗迹。这说明此碑历数百年,一直未为人遗忘,当地人不但知道,且不断引领来访华人参观。清黄遵宪在其《人境庐诗草》中一首《锡兰岛卧佛》诗,亦在诗中提及郑和。[7]足见直至他出洋至锡兰时,尚知郑和当时就在此寺中或此寺附近立碑。

二十世纪上半叶向达在伦敦搜求资料时,见此碑拓片。[8]冯承钧在校注

3 伽勒位于今斯里兰卡南部之南方省(Southern Province),距该国最南端城市马塔拉(Matara)不远,位于该城以东约 45 公里处。从伽勒沿斯里兰卡西南海岸向北行约 116 公里,便达该国首都科伦坡(Colombo)。

4 此碑发现经过刊于《皇家亚洲学会华北分会学刊》第 1914 年号(*Journal of North China Branch of the R. A. S.*)。据伯希和:《郑和及其旅行补考》("Notes Additionnelles sur Tcheng Houo et sures Voyages,"《通报》1935 年第 3、4 期),此碑文由 Perera 首次刊在 Spolia Zeilanca 上。沙畹(E. Chavannes)在 1915 年的《通报》上著文介绍此碑。见陈得芝:《关于郑和下西洋年代的一些问题》,《郑和与海洋》,北京:中国农业出版社,1998 年,第 207 页。

5 参见索玛斯里·戴文德拉:《有关斯里兰卡的一些阿拉伯字记录的新资料》(Somasiri Devendra, "New Light on Some Arabic Lithic Records in Sri Lanka," in *Sri Lanka and the Silk Rood of the Sea*, ed. by Sendake Bandaranyake, Lorna Dewaraja, K. D. G. Wimalaratne, The Sri Lanka National Commission for UESCO and the Central Cultural Fund, Colombo, 1990),第 217—219 页。

6 《小方壶斋舆地丛钞》,第 11 轶;郑鹤声、郑一钧编《郑和下西洋资料汇编》(济南:齐鲁书社,1989 年)已引述,见下册第 88—89 页。

7 见上引郑鹤声、郑一钧编《郑和下西洋资料汇编》,下册,第 89 页。

8 《文哲季刊》第 4 卷所收王古鲁译《郑和西征考》录有此碑汉字碑文。兹据金云铭

《星槎胜览》时曾提及其文。1959 年向达在中华书局出版其校注之《西洋番国志》时,“第一次根据拓本著录”锡兰山碑汉文铭文。因未能有机会获其拓片,暂录向达刊布的碑文如下:

“大明皇帝遣太监郑和、王贵通等昭告于佛世尊曰:仰惟慈尊,圆明广大,道臻玄妙,法济群伦。历劫河沙,悉归弘化,能仁慧力,妙应无方。惟锡兰山介乎海南,言言梵刹,灵感翕遵彰。比者遣使诏谕诸番,海道之开,深赖慈佑,人舟安利,来往无虞,永惟大德,礼用报施。谨以金银、[9]织金纻丝宝幡、香炉、花瓶、织金表里、灯烛等物,布施佛寺,以充供养。惟世尊鉴之。总计布施锡兰山立佛等寺供养:金壹仟钱、银伍仟钱,各色纻丝伍拾疋、各色绢伍拾疋、织金纻丝宝幡肆对:内红贰对、黄壹对、青壹对,古铜香炉伍对、戗金座全古铜花瓶伍对、戗金座全黄铜烛台伍对、戗金座全黄铜灯盏伍个、戗金座全硃红漆戗金香盒伍个、金莲花陆对、香油贰仟伍佰觔、蜡烛壹拾对、檀香壹拾炷。时永乐七年岁次己丑二月甲戌朔日谨施。”[10]

向达刊布上述铭文后,国内学者首次了解郑和此次在锡兰出使时的活动细节。但向未严格按原碑逐行刊布碑文,且未提及此碑乃以汉、波斯与泰米尔(Tamil)三种文字刻成,是为憾事。此碑现存斯里兰卡科伦坡国立博物馆。笔者参加联合国“海上丝绸之路”考察时,曾于 1990 年冬造访该博物馆,并亲见此碑。当时虽然拍照存留,但未能制作拓片,无法直接使用。此后国内多人曾访问该馆,国内各种出版社中亦数度刊出此碑照片,惜均未附有拓片。故国内学界至今未能见碑文全貌。

按帕拉纳维塔纳(S. Paranavitana)1933 年发表的论文描述[11],此石碑长 144.78cm(4 英尺 9 英寸),宽 76.2cm(2 英尺 6 英寸),厚 12.7cm(5 英寸)。其顶部雕有两龙,互相对视。汉文铭文所占幅面长 106.68cm(3 英尺 8 英

《郑和七次下西洋年月考证》(原载《福建文化》第 5 卷第 26 期,1937 年 11 月;此文收于《郑和研究资料选编》,北京:人民交通出版社,1985 年,第 153 页,注 17)。

9 向达所刊布的标点文本此处金银与织金之间不点断。按下文再次提到“织金纻丝宝幡”,并在此前提及金钱及银钱,可见金银与织金之间应当点断。

10 (明)巩珍:《西洋番国志》,向达校注,北京:中华书局,1982 年,第 50 页。

11 帕拉纳维塔纳:《伽勒三种文字石板上的泰米尔文铭文》(S. Paranavitana,“The

寸),宽25.4cm(10英寸);泰米尔文幅面为长53.34cm(1英尺9英寸),宽39.37cm(1英尺3英寸半);波斯文所占幅面为长48.26cm(1英尺7英寸),宽38.4cm(1英尺4英寸)。铭文四周饰有花纹。

按此铭文,此碑于永乐七年(1409年)春在中国刻成,两年后立于伽勒。其波斯文铭文虽损坏严重,但在提及所赠礼品的部分仍然依稀可辨,言明布施是"为了伊斯兰之光"(to the light of Islam)。泰米尔文碑文也遵循同样的格式,而布施的受益人是Tenavarai nayanar神。帕拉纳维塔纳(Paranavitana)认为就是印度教的Devundra Deviyo。

其波斯文与泰米尔文铭文,笔者在斯兰里卡时未能对原文作拓片,拉丁字转写字文本亦未见,且不识泰米尔文。幸手头的资料中有逐行记录的波斯文与泰米尔文部分的英译,故目前只能暂时重译为汉文。其波斯文碑文之研究,留待将来有机会得见拓片时再论。

波斯文部分(铭文共22行)可识部分由海德拉巴德的尼咱木领地的和卓·穆罕默德·艾哈迈德[12]解读,其逐行内容如下:[13]

1.……

2.伟大的国君……通过皇命……明(按,应对应汉文碑文之"大明皇帝遣太监郑和、王贵通等"语[14])

3.……已被派出以表示敬意……(按,应对应汉文碑文之"昭告于佛世尊曰"语)

4.……寻求帮助及……(按,应对应汉文碑文之"仰惟慈尊,圆明广大,道臻玄妙,法济群伦"语)

5.……

Tamil Inscription on the Galle trilingual Slab," in *Epigraphia Zeylanica*, vol. 3, No. 36 [1933]:331—341)兹据上引索玛斯里·戴文德拉著《有关斯里兰卡的一些阿拉伯字记录的新资料》,第217—219页。

12 Mr. Kwaja Muhammed Ahmed of H. E. H. the Nizam's dominisions, Hyderabad.

13 上引索玛斯里·戴文德拉论文《有关斯里兰卡的一些阿拉伯字记录的新资料》,第211、217页。

14 郑和所立碑的汉文铭文据上引巩珍《西洋番国志》向达校注本附录二,第50页;以下同。

6. ……已知……

7. ……为了……

8. 且这些奇迹……

9. ……已被派出……

10. ……已知……致敬(按,以上诸行应对应汉文碑文之“历劫河沙,悉归弘化,能仁慧力,妙应无方。惟锡兰山介乎海南,言言梵刹,灵感翕遵彰。比者遣使诏谕诸番,海道之开,深赖慈佑,人舟安利,来往无虞,永惟大德,礼用报施”等语)

11. ……绣花布、香炉、花篮……及灯油(按,应对应汉文碑文之“谨以金银、织金纻丝宝幡、香炉、花瓶、织金表里、灯烛等物”语)

12. ……为了仁慈的恩意已经送出了这些礼品,以至于(按,应对应汉文碑文之“布施佛寺,以充供养”语)

13. ……伊斯兰之光。(按,应对应于汉文碑文中之“惟世尊鉴之”语)

14. ……礼品详见以下(按,应对应汉文碑文“总计布施锡兰山立佛等寺供养”语)

15. 1 千 misqal 黄金、5 千 misqal 白银……为数 50 件装饰的物品(按,应对应汉文碑文“金壹仟钱、银伍仟钱,各色纻丝伍拾疋”语)

16. ……为数 50 件……装饰的物品 4……共计 2 对(按,应对应汉文碑文“各色绢伍拾疋、织金纻丝宝旛肆对:内红贰对”语)

17. 1 对黄色的……1 对……黄铜香炉为数 5 件(按,应对应汉文碑文“黄壹对、青壹对,古铜香炉伍对”语)

18. 黄铜烛台(Stand)为数 5 件……5 对……饰金红色的(按,应对应汉文碑文“戗金座全古铜花瓶伍对、戗金座全黄铜烛台伍对”语)

19. 古灯座为数 5 件,饰金红烛台为数 5 件……饰金木制为数 5 件(按,应对应汉文碑文“戗金座全黄铜灯盏伍个、戗金座全硃红漆戗金香盒伍个”语)

20. ……灯油……(按,应对应汉文碑文“金莲花陆对、香油贰仟伍佰觔”语)

21. ……日期……(按,应对应汉文碑文“时永乐”语)

22. ……七……月初一(按,应对应汉文碑文“七年岁次己丑二月甲戌朔日谨施”语)

而泰米尔文碑文则曰:

第1—6行:“暴风……中国之伟大国君,凌驾所有国王之上之君主,光彩壮丽中之满月,因闻知贵君主之名声,将献品交付使臣郑和(Cinbo)与王贵通(Uvincuvin)手中,作为兰卡国(in the kingdom if Ilanga)[15]君主Tenavarai-nayandar的牺牲。”

第6—13行:“且使此话被听到。‘此世间所存在一所有生物,都在幸福之中而受此君主仁慈之庇佑。人们无论从何处来,往何处去,都有依赖Tenavarai君主的仁慈神力才能免除之障碍。’因此下列是提交给tenavarai君主,给智慧的献物;金银、丝(tulukki),绸,檀木施礼之油。”

第13—22行:“各种献品的详情为:

一千kalancus[16]黄金,五千kalancus白银,50块不同颜色的丝(tulukki,按,应对应汉文碑文“金壹仟钱、银伍仟钱,各色纻丝伍拾疋”语),4对镶有金丝线和饰有[宝石]的旗(按,应对应汉文碑文“各色绢伍拾疋、织金纻丝宝幡肆对”语,此前缺与汉文“各色绢伍拾疋”对应之内容),两块同样的旗,颜色是红的(按,应对应汉文碑文“内红贰对”语),5件古黄铜的香盆(按,应对应汉文碑文“古铜香炉伍对”语,此前缺与汉文“黄壹对、青壹对”对应之内容),5件黑烛台,10件盛花的花瓶(按,汉文碑文此处对应内容为“戗金座全古铜花瓶伍对”语,无5件黑烛台与10件花瓶之语,疑此处泰米尔文释读有误),5件黄铜灯座(按,汉文碑文此处对应内容为“戗金座全黄铜烛台伍对”语),5件黑烛台(按,应对应汉文碑文“戗金座全黄铜灯盏伍个、戗金座全硃红漆戗金香盒伍个”语,疑此处泰米尔文释读有误),6对镀金木制莲花(按,应对应汉文碑文“金莲花陆对”语),5件镀金的用以盛香的盒子(按,应对应汉文碑文“戗金座全硃红漆戗金香盒伍个”语),10对蜡烛(按,应对应汉文

15 Ilanga即斯里兰卡。兹据上引索玛斯里·戴文德拉著《有关斯里兰卡的一些阿拉伯字记录的新资料》。

16 Kalancus为一种重量单位,约相当六分之一盎司。兹据上引索玛斯里·戴文德拉著《有关斯里兰卡的一些阿拉伯字记录的新资料》。

碑文"蜡烛壹拾对"语),两千五百 katti 油(按,应对应汉文碑文"香油贰仟伍佰觔"语)及 10 件檀木(按,应对应汉文碑文"檀香壹拾炷"语。最后几件礼品泰米尔文铭文顺序与汉文有异)。"

第 22—24 行:"这些,包括上面所列举的,是进献给君主 Tenavarai nayandar 的牺牲。

永乐七年(1409 年)第二月(按,应对应汉文碑文"时永乐七年岁次已丑二月"语)。"

锡兰山的三种文字碑铭并非在当地制成。据上引严从简记载,向锡兰山寺院布施之事乃是出航前已决定之事。而据上引向达所录锡兰山碑汉文碑文可知,锡兰山碑是明成祖御制之碑。由于择石,镌刻铭文与纹饰(包括碑顶之双龙相对雕像)需较长时间,不可能在郑和停泊锡兰山期间完成,而只能是郑和出航前已经依照明成祖旨意制碑。故此三种文字合璧碑也是出航之前已经准备好了的,并在出航前装船,然后运至锡兰山立石。制碑与装船的地点应当就在当时明朝的首都南京。今南京东郊汤山附近遗有朱棣为明太祖所制巨型石碑的未完成品,可见那里是一处官办采石场。如能有机会检测锡兰山碑的材质,将之与汤山或南京附近其他山石进行对比,或许能使本案获得满意的结论。

有些学者根据汉文碑文所提到的永乐七年(1409 年)二月,认为此时郑和尚在锡兰山,并依此为据来推算郑和第二次与第三次航行的行期,足见确认锡兰山碑乃出航前已经备好一事,有重要意义,亦即此碑之日期并非郑和立碑之时,而是明成祖颁旨的日期。[17] 在自然动力航海时代,中国海舶出洋下番只能在每年西北风起的深秋至冬季。据《星槎胜览》,郑和于永乐七年九月从太仓启程,十月抵福建长乐,十二月才从五虎门出航。按通常从华南

17　法国伯希和与日本学者山本达郎早已指出这一点(陈得芝:《关于郑和下西洋年代的一些问题》,第 210 页,注 1),但有些中国学者并不接受,反而坚持此碑日期乃为郑和在锡兰山的时间之误说,见上引金云铭《郑和七次下西洋年月考证》,《郑和研究资料选编》,第 140—141 页。误解此碑日期的学者还有束世澂,见其著《郑和南征记》(出版于 1941 年 3 月);此书之节录标题为《郑和下西洋记事》,收于《郑和研究资料选编》,第 160 页。持此说者为数甚多,兹不再引。

至锡兰山或南印度需航行三个月计，船队抵达锡兰山时已为永乐八年(1410年)春末。

与此碑直接相关之重要事项为郑和所统海军的锡兰山之役。锡兰山之役《明实录》、《国榷》等书系于永乐九年(1411年)，其他史料则记为永乐七年。学者们的解说也各不一。实际与郑和立碑应为同一次出洋。[18]综合锡兰山碑之汉文碑文、明嘉兴藏本《大唐西域记》卷十一“僧伽罗国”条[19]及严从简《殊域周咨录》的记载，可似构锡兰山之役的先后过程为：

永乐三年(1405年)郑和首航，次年初抵锡兰山。当地国王欲加害中国船队，中国船队避去。

永乐七年(1409年)，郑和准备第三次远航。预计船队在锡兰山会遭遇困难，时成祖打算以向该国佛寺布施的办法留下“买路钱”。在出航前事先备好御制碑与财物，并装运上船。

次年年初，船队抵锡兰山，郑和船队打算布施立碑，但双方对明政府布施财物谈判破裂。锡兰方面谋袭船队，为郑和识破。明军遂进行先发制人的打击，出奇兵制胜。布施之事也许就此中止。

永乐九年(1411年)，被俘锡兰国王携至北京。[20]

三、郑和船队的外交语言

回到锡兰山碑本身。根据上引索玛斯里·戴文德拉论文现存于斯里兰卡的阿拉伯字碑铭有：

1)亚历山大·庄士敦爵士之碑(Alexander Johnstone's inscription)，立于回历337年。阿拉伯文。

2)科伦坡博物馆(Colombo Museum)No. 24. 57. 140. 20碑，阿拉伯文，无日期。学者根据其语言及库法体(Kūfi)书法，断为十一世纪。

3)上述锡兰山汉、波斯、泰米尔三种文字碑。

18　陈得芝：《关于郑和下西洋年代的一些问题》，第211页。

19　兹据郑鹤声、郑一钧编《郑和下西洋资料汇编》，中(下)，第1579页。

20　受篇幅限制，此事留待将来撰文讨论。

4)普立阳提乌碑(Puliyantivu inscription),科伦坡博物馆(Colombo Museum)编号 No. 24. 57. 138. 20,阿拉伯文。根据其巴格达库法体书法,有学者确定其为回历三世纪至四世纪(公历九世纪遗物),亦有学者断为十二世纪。

5)巴伽瓦-连那铭文(Bhagava-lana inscription),乃位于斯里·帕达(Sri Pada)山峰以下 100 英尺处之巴伽瓦-连那洞穴(Bhagava-lana case)的摩崖石刻。阿拉伯文,学者们断为公历 1187—1196 年之间。

6)亭可马里船坞(Dockyard, Trincomalee)三墓石。

其第一块,现藏科伦坡博物馆,登记号 No. 24. 63. 1. 56,被确定立于回历 808 年 Safar 月 19 日,周六,即公历 1405 年 8 月 16 日。阿拉伯文,书法为库法体与那斯黑体(Naskh)。

第二块,现藏亭可马里博物馆考古部(Archaeological Dept. Museum at Trincomalee)。其题署日期为回历 729 年(或 929 年)Dhu'l-Qa'da 月 17 日,即公历 1323 年 9 月 12 日(或 1523 年 9 月 27 日)。阿拉伯文,那斯黑体。

第三块,亦藏亭可马里博物馆考古部。字迹漫不可读。

7)萨米尔先生(Mr. Sameer)从 1906 年 10 月 15 日《锡兰时代报》(*Times of Ceylon*)第 5 版第 4 栏中注意到,在别鲁维拉(Beruwela)的一处老墓地中,发现过一块拱形阿拉伯字墓碑,可读部分有 Hejri(回历)阿拉伯字样,但其年份 331 年为泰米尔文。当伊本·拔都塔(Ibn Batuta)曾至锡兰之别鲁维拉,提到时在位泰米尔国王为阿里亚·恰克拉瓦提(Arya Chakkravarti)。他见到过一块阿拉伯碑,敬献给夏·奥斯曼(Sheikh Othman),标注时间为回历 331 年。关于此碑,还有其他说法。萨米尔曾试图找到这块碑,但未成功。

8)萨米尔先生曾提到过 1965 年之前不久出土过两块墓石,铭文内容均不详。

其中一块发现于阿努拉答普拉-普塔拉姆(Anuradhapura-Puttalam)公路不远的丛林中。其铭文为库法体,特别接近于摩洛哥,时代为公元九世纪至十世纪。

另一块发现于普塔拉姆-库鲁奈伽拉(Puttalam-Kurunegala)公路。其铭文为萨贝安(Sabean)体,其上复刻有较晚期的泰米尔文。

9)伽勒(Galle)的卡拉匹提亚(Karapitiya)曾出土许多阿拉伯字墓石。别鲁维拉的贾米亚·纳里米亚学院(Jamiah Nallemia Institute)的舒克里博士(Dr. Shukri)曾收集了15块,并进行研究,大部分断为十六世纪。但迄今尚未有论文面世。[21]

由此可见,在斯里兰卡发现的穆斯林文字碑铭中,绝大多数的铭文为阿拉伯文,而波斯文的仅有锡兰山碑一块。据此推测,中古时代斯里兰卡与伊斯兰世界交往的语言是阿拉伯语。斯里兰卡并非伊斯兰国家,亦非波斯语区,锡兰山碑是罕见之物不仅仅因为它来自遥远的中国,还因为此碑铭文中除了汉文以外,还使用波斯文与泰米尔文。它显示波斯语与泰米尔语是郑和船队在海外时所使用的主要的外交语言。本文将集中于波斯文。[22]

除了上节中提到的锡兰山碑之外,尚有其他史料证明郑和在海外活动时,波斯语是其主要外交语言。同样,当查询与郑和远航有关资料时,特别是有关郑和在阿拉伯地区的记载时,也可见到明使臣即使在阿拉伯地区,仍然使用波斯语的有关记载。例如:当明使团描述"蓦底纳城",即مدينه(Medina,今之麦地纳)时,说城东穆罕默德墓之后"有泉,其名'阿必糁糁'"。此名当为波斯文آب زمزم(Ab-i Zimzim)之音译。在明四夷馆所编《回回馆译语》中,收有"水"这个词,如"地理门"总序[23]第47词"آب(āb),阿卜,水";[24]"会同馆本"《回回译语》"地理门"总序第1056词"水,阿卜"即此;此字作为复合词组成部分见于四夷馆本"地理门"总序第84词

---

21 索玛斯里·戴文德拉:《有关斯里兰卡的一些阿拉伯字记录的新资料》,第213、215页。

22 中古时代信奉印度教(湿婆教)的南印度番商曾活跃于华南与印度之间,今福建泉州曾是他们的聚居地。二十世纪三十年代以来,在泉州曾出土过许多湿婆教文物。1956年吴文良曾在泉州豆芽巷发现过带有域外文字铭文的刻石(见《泉州宗教石刻》,补图1—2),后经印度学者与日本学者辨读,认为是泰米尔文。

23 已故日本学者本田实信教授为四夷馆本与会同馆本的《回回馆杂字》的每一个词都编了号。为查检方便,本文在提及《杂字》所收字汇时,均标明本田氏编号。本田实信文见后。以下同。

24 《回回馆译语》,北京图书馆古籍珍本丛刊,北京:书目文献出版社,卷六,第520页;《回回馆杂字》,北京图书馆古籍珍本丛刊,北京:书目文献出版社,卷六,第468页。

“پاياب（pāy-āb），浅，（立巴）呀卜”；[25]“身体门”序号第346词“آب ديده（āb-i dīda），泪，阿卜. 底得”；[26]“花木门”总序第466词“گلاب（gul-āb），蔷薇，古剌卜”；[27]“会同馆本”“珍宝门”总序第1563词“水晶，阿卜儿捏”，即آبگينه（āb-gīna）；总序第1566词“水银，洗妈卜”，[28]即سيماب（sīm-āb）等。

《海国广记》在记天方物产时提到当地的一种动物“草上飞，番名昔雅锅失，形如大犬，浑身玳瑁斑，两耳尖黑，如猫，性复驯善，若狮象等猛兽见之，即伏不动，乃兽之王也”。这里提到这种“草上飞”的番名“昔雅锅失”，当为波斯语سياه گوش（Siyāh Gūsh）“大山猫”的汉字音译。“昔雅锅失”，在波斯语中为复合词，由سياه（siyāh）“黑色的”，加上گوش（gūsh）“耳”构成，直译为“黑耳”，实际指“大山猫”。سياه（siyāh）“黑色的”见于四夷馆本《回回馆译语》“声色门”：中之“گوش，黑，洗牙黑”；[29]并见会同馆本《回回译语》“声色门”之“黑，洗丫诡”。[30]而گوش（gūsh）“耳”见之于四夷馆本《回回馆译语》“身体门”中之“گوش（gūsh），耳，锅石”；[31]并见会同馆本《回回译语》“声色门”之“耳，锅失”。[32]这些资料足以说明，郑和派往天方访问的七位回回通事所操的是波斯语，而非阿拉伯语。即便在阿拉伯之地，他们也使用波斯语交流。

其实，以波斯语为外交语言并非始于郑和时代，明初已有之。《永乐大典》中保留了这样两条记载，其一为“园水门关，密斯儿之地，有清水江一道，名卢的泥勒，江源之上，有园水关一座，上有亮光。四边有门悬于虚空，每立春时，其门自开，水从东门中来，往四十日方闭关门，既闭，水常从门槛下细

25 《回回馆译语》，第522页；《回回馆杂字》，第470页。
26 同上，第540页；《回回馆杂字》，第487页。
27 同上，第549页；《回回馆杂字》，第495页。
28 同上，第611页。
29 同上，第559页；《回回馆杂字》，第504页。
30 同上，第611页。
31 同上，第538页；《回回馆杂字》，第485页。
32 同上，第610页。

流而出”。[33]又曰“密斯儿麦,国朝遣使至密斯儿之地,云:其国有清水江一道,江岸间,古人种植,今但有杂果木,其所遗小麦种,大如黄豆,常自发生”。[34]

这里提到的“密斯儿”为阿拉伯语 مصر(Misr)的汉字音译,乃指埃及,又写为“米昔而”等,即《诸蕃志》中之“蜜徐篱”[35],及《岭外人答》中之“勿斯离”。[36]文中“国朝遣使至密斯儿之地”一句中,“国朝”二字抬格写,当指明朝。永乐年所谓之“国初”显然指洪武年。由此可见明初曾遣使赴埃及。笔者试查其他史料,包括《明实录》,未见这两段史料者提到明洪武年出使埃及之事。此次出使事尚有待于进一步研究。

上述两段史料中提到“密斯儿”国之“清水江”,一望可知是今尼罗河(Nile)。“清水江”的概念在中国流传已久,《诸蕃志》就已经提到,勿斯里国“有江,水极清甘,莫知水源所出,岁旱诸葛亮国江水皆消,惟此水如常,田畴充足,农民藉以耕种,岁率如此”。[37]特别值得注意的是,上引《永乐大典》的史文中给出了这条大河的名称,即“卢的泥勒”。这个“卢的泥勒”显然是尼罗河(Nile)的波斯文名称رود نيل(Rūd Nīl)的汉字音译。“卢的”乃波斯语رود(rūd)的音译,意为河。明四夷馆本《回回馆译语》“地理门”有“رود(rūd),江,鲁得”;[38]会同馆本《回回译语》“地理门”有“湖,鲁的”[39],即此。“泥勒”为尼罗河的阿拉伯/波斯语名称 نيل(Nīl)的音译。从以波斯语名称

33 《永乐大典》卷三五二六,九真·门。

34 《永东大典》卷二二一八二,八陌·麦。本文写成时,笔者曾注明“此条系马明达先生检出”。见《“米昔刀”小考》,收于马明达著《说剑丛稿》,兰州:兰州大学出版社,2000年,第263—266页。此书承马明达先生赠送,谨此志谢。承蒙审稿人指出笔者“以为《永乐大典》中有关‘密昔儿’的两条记载是马明达‘检出’,不确。最初注意这两条记载的是王仲荦,见他的《渤澥一勺》(《中华文史论丛》第4辑,1963年)”。

35 (宋)赵汝适:《〈诸蕃志〉校释》,杨传文校释,北京:中华书局,1996年,第89页。

36 (宋)周去非:《〈岭外代答〉校注》,杨武泉校注,北京:中华书局,1999年,第101页;并见上引《〈诸蕃志〉校释》,第120页。

37 《〈诸蕃志〉校释》,第120页。

38 《回回馆译语》,第520页;《回回馆杂字》,第468页。

39 同上,第607页。

“卢的泥勒”رود نيل(Rūd Nīl)来称呼尼罗河这一点看,直至明初,中国使臣访问埃及时,所依靠的乃是波斯语通事,而非阿拉伯语译员。

尽管上述两条资料证明早在明洪武年间,明朝使臣出使埃及时,所依赖的是波斯语翻译,而非阿拉伯语翻译。但我们并不能就此认为,中国使臣以波斯语作为外交语言始于明初,其实元代已有之。这一点可从今存于梵蒂冈教廷中保存的元定宗贵由的国书的波斯文本得到证实。

以波斯语作为使臣的外交语言并非元、明两朝中国人的创造,而是由于波斯语在亚洲的特殊地位使然。换而言之,波斯语言在亚洲的地位是客观形成的。故而朱元璋取得天下后,波斯语在对外交往中的地位并未随着元朝的灭亡、回回人社会地位的失落而衰败。

郑和出使之前,在招募人员时,已注意有意征召波斯语人才,以为通事。据马敬《瀛涯胜览·序》称,“奉命”随郑和“而往者,吾不知几千万人,而尽厥事称旨者,舍吾山阴宗道马公其谁乎?公以才干优裕,首膺斯选,三入海洋,遍历番国”。“山阴宗道马公”即马欢。他“首膺斯选”是因为“才干优裕”。什么才干呢,按马欢自己在《瀛涯胜览·序》的说法,明成祖遣“太监郑和统领宝船往西洋诸番国开读赏赐,余以通译番书,亦被使末。随其所至,鲸波浩渺,不知其几千万里”。与马欢一起入选的另一位通事是郭崇礼。明人古朴在其《瀛涯胜览·后序》中提到,“崇礼乃杭之仁和人,宗道(按,马欢)乃越之会稽人,皆西域天方教,实奇迈之士也。昔太宗皇帝敕令太监郑和,统领宝船往西洋诸番,开读赏赐,而二君善通番语,遂膺是选。”可见,他们入选下番的原因就是因为他们是回回人,会译语,即波斯语。

据另一位随郑和远航的巩珍记载,他所著《西洋番国志》中“凡所纪各国之事迹,或目及耳闻,或在处询访,汉言番语,番凭通事转译而得,记录无遗。中有往古流俗,希诧变态,诡怪异端而或疑,或传译舛而未的者,莫能详究”。[40]船队中其他不会番语的人,在海外一切沟通皆仰赖通事。马欢在其书“天方国”条中还提到,宣德五年(1430年),郑和分舯至古里时,内官洪姓太监见古里派使臣赴天方,遂先派通事等七人,“赍带麝香、磁器等物”,附古

40 (明)巩珍:《西洋番国志》,向达校注,《〈西洋番国志〉自序》,第6—7页。

里船前往天方,"往回一年,买到各色奇货异宝、麒麟、狮子、驼鸡等物,并画天堂图真本回京。其默伽国王亦差使臣将方物,跟同原去通事七人,献赉于朝廷。"可见马欢等译人在郑和航海中所起作用之大。回回人居华日久,马欢辈虽然乃通波斯文,但毕竟离西域数代,对异域风俗物语必定间有不达之处,以致翻译困难,使巩珍一类的听者也不明其意。

马欢为会稽人,郭崇礼为杭州人,其家乡与郑和组织远航之南京与太仓均不远。但郑和船队规模庞大,通事译员需求很大。现存西安之《重修西安羊市大清净寺记》提到,"永乐十一年(1413 年)四月,太监郑和奉敕差往西域天方国,道出陕西,求所以通译国语,可佐信使者,乃得本寺掌教哈三焉。"[41]可见郑和征求通波斯语人才时,是面向全国的。

至于郑和本人被选为远航船队的最高首长,除了他忠于明成祖之外,他的回回人背景也是重要原因。众所周知,按郑和父亲墓志的记载,郑和父祖两代在元代均带有"哈只"称号,即他们都曾去天方朝过圣。郑和自幼所受教育中的波斯文化因素必定为明成祖所了解,这应当是郑和被选为出使船队最高负责人的主要原因之一。

四、下西洋的平行外交活动——陆路出使

与郑和远航大致同时,明朝还沿陆路向西域扩大影响。与元朝瓦解大约同时,在察合台汗国的废墟上兴起了帖木儿汗国。明沿陆路与西域交往的主要对象就是帖木儿王朝。洪武与永乐朝是明与西域关系最为密切的时代,双方使团往来于途,络绎不绝。

十五世纪时帖木儿汗国史臣奥都·剌札黑·撒麻儿罕地('Abd al-Razzaq Samarqandī)为帖木儿后王作传,名曰《两颗福星之升起》(Matla'al-Sa'adīn),其中收录有关明朝与沙哈鲁国王往来的资料。此书上世纪就引起欧洲学者的注意,先后研究其中有关记载的有迦特梅尔(E. Quartmère)、

41 笔者 2003 年在西安时,曾亲见此碑。兹据郑鹤声、郑一钧编《郑和下西洋资料汇编》,上册,第 173 页。

张伯斯(W. Chambers)、布莱特施耐德(E. Bretschneider)等。二十世纪初法国蒙古史学家布洛晒(E. Blochet)在其《蒙古史导论》(*Introduction à des Mongols*)中将剌札黑·撒麻儿罕地书中有关段落的原文摘要刊出,并部分译为法文。在诠释撒麻儿罕地的记载时,布洛晒使用了一些汉文史料,较前人有所前进。抗战之前,三十年代已故北京大学教授邵循正在其论文《有明初叶与帖木儿帝国之关系》中,发现《明史·哈烈传》保留了一段明成祖派都指挥白阿儿忻台出使帖木儿汗国时携带的一封明成祖致沙哈鲁国王的国书:

> 天生民而立之君,俾各遂其生。朕统御天下,一视同仁,无间遐迩。屡尝遣使谕尔。尔能虔修职贡,抚辑人民,安于西徼,朕甚嘉之。比闻尔与从子哈里构兵相仇,朕为恻然。一家之亲,恩爱相厚,足制外侮。亲者尚尔乖戾,疏者安得协和。自今宜休兵息民,保癸骨肉,共享太平之福。

哈烈为明代对沙哈鲁的都城 Heart(位于今阿富汗西部)的汉文音译。

而在布洛晒刊录的撒麻儿罕地(Samarqandī)的记载中,亦有一份明朝皇帝致沙哈鲁国王国书的波斯文本。两相对照,他发现撒麻儿罕地所录者就是《明史·哈烈传》中国书的波斯文翻译。所不同者仅是波斯文篇幅长、内容多,当是明成祖国书的全文翻译,而《哈烈传》中所保存的这份国书长不过 107 字,前无抬头,后无署名,显然是一个节录本。[42]

前述布洛晒所引撒麻儿罕地的明成祖致沙哈鲁国王的国书的波斯文原文收于沙哈鲁时代帖木儿朝史家哈肥子·阿卜鲁的《史选》中,[43] 撒麻儿罕地不过是录其原文而已。此国书由明朝使臣白阿儿忻台携呈沙鲁鲁国王。为便于在邵循正的基础上进一步研究,兹按下列顺序从哈肥子书中过录其波斯文原文:

1. 录写时按哈肥子书原文自然行分行,波斯文自右向左书写。

---

42 原刊于清华大学《社会科学》第 2 卷第 1 期,1936 年 10 月;收于《邵循正历史论文集》,北京:北京大学出版社,1985 年,第 86—98 页。

43 Hāfiz Abru, Zubdat al-Tawārīkh, *introduction*, editing & annotation by Sayyed H. S. Kamal Haj Hayyed Javadi, Teheran, 1992, pp. 461—462;哈肥子·阿卜鲁逝于伊斯兰太阴历 833 年(1429 年)。

2. 每行波斯文原文之下加拉丁字转写。转写以斯坦因·嘎斯《波斯字典》注音体系为依据。波斯文原文有误与需出注之处，均在相应的拉丁转写字上标出。拉丁字转写之下为汉字对译。与拉丁字相同自左向右书写。

3. 邵循正汉译。

4. 笔者之译文与意见。为照顾汉文语句通顺与正确理解，译文可能窜行。

سواد مکتوب پادشاه خطای

savād-i miktūb-i pādishāh[44]-i khatāi[45]

副本　信　皇帝　中国

دای منگ پادشاه معظم نامه ارسال می فرماید به دیار سمرقند مر شلهرخ

拉丁字转写与逐字对译：

dāi-ming[46] pādishāh-i mu'zzam nāma irsāl[47] mī-farmā-īd ba-samarqand dīyār shāhrukh

大明　皇帝　尊贵的　信件　寄出　下旨　对　撒麻儿罕　国　沙哈鲁

邵译：大明皇帝诏谕撒麻儿罕国沙哈鲁把都儿。

刘译：尊贵大明皇帝下敕诏谕撒麻儿罕国沙哈鲁把都儿。

بهادر را ما فکر می کنیم خداوند تعالی جمیع خلایق بیافرید آنچه در میان آسمان

拉丁字转写与逐字对译：

bahādur-rā mā[48] fikr mī-kun-īm[49] khudāvand-i ta'ālī jamī' khalā'iq

把都儿(宾)朕　认为　至高之神　一切　宇宙、万物

44　四夷馆本《回回馆杂字》"人物门"编号总第138词"پادشاه(pādishāh)，君，(立巴)得沙黑"，即此。

45　意为"中国皇帝信件之副本"。

46　此字为"大明"的汉字音译，在《回回馆来文》中多次出现。

47　会同馆本《回回馆杂字》"文史门"总序第1578词"来文，亦儿撒力那默"。其波斯文原文应为ارسال نامه(irsāl nāma)，恰为上述两字之倒置，直译为"寄出书信"。

48　ما(mā)通常译言"我们"，第一人称复数。君主亦用以自称，相当于汉文"朕"。

bi-yāfarīd āncha dar mīyān-i āsimān

创造　即　在　与……之间　天

邵译：皇天生万物，使凡在天之下，地之上，

刘译：朕以为皇天创造天地间万物一切（按波斯文，邵译中“在天之下，地之上”一语的对应之波斯文原文为“万物”之定语，即修饰语）。

و زمین است تا هر یکی به راهت و رفاهیت باشند ما به تایید امر خداوند تعامی

拉丁字转写与逐字对译：

wa zamīn ast tā har īkī ba-rāhat wa rifāhīyat bāshand mā ba-tā ’ īd-i

与地　是使每一　舒适　与安逸　生存　朕　承　护佑

amr-i khudāvand-i ta ’ ālī

命令　至高之神

邵译：莫不熙然宁处，朕以皇天之灵，

刘译：使各熙然宁处，朕承天命之护佑（以上诸句对应于《明史》中“天生民而立之君，俾各遂其生”）。

خداوند ممالک روی گشتهزمین یما به متابعت حکم اهلی جهانداری می کنیم سبب

拉丁字转写与逐字对译：

khudāvand-i mamālik rūy zamīn gashta-īm ba-mutābi'at hukm-i ilhī-yi

上天　国家　地之上　朕成为了　以顺从　命令　属于神

jahāndārī mī-kun-īm sabab-i

的　统御世界……的原因

邵译：为天下万物主，寅遵天命，临御黎庶。

刘译：已成为大地之上诸国之主，遵天命统御世界（此处对应于《明史》中“朕统御天下”一句）。

این میان دور و نزدیک سرقف نمی کمیم هه را یر ابر و یکسان نگاه می داریم پیش

拉丁字转写与逐字对译：

49　主语“朕”相当于第一人称复数，动词亦为现在进行时第一人称复数形式。

īn mīyān-i dūr wa nazdīk farq na-mī-kun-īm hama-rā barābar wa īksān

此在……之间远 与 近 区别(朕)不作 全体(宾)一起 与 同样

nigāh mī-dār-īm pīsh

看待 (朕)作 前

邵译：无有遐迩，一视同仁，期咸能安居乐业。

刘译：不分远近，概无区别，对所有人一视同仁（此处对应于《明史》中“一视同仁，无间遐迩”）。

از این شنیدیم که تو نیک عاقل و کاملی و از همکنان بلندتری به امر خداوند تعالی

拉丁字转写与逐字对译：

az īn shinīd-īm ka tu nīk ʻāqil wa kāmilī az hamginān buland-tar-ī ba

此 (朕)闻 你 好聪明 与 完美 比 所有人 (你)更高

amr-i khudāvand-i ta'ālī

承……之命 皇天

邵译：前闻尔仁智过人，能遵天命，

刘译：此前朕闻尔乃仁智过人，能承天命（此处对应于《明史》中“屡尝遣使谕尔。尔能虔修职贡，抚辑人民，安于西徼”一段）。

اطاعت می بینما رعایا و عساکر را پرورش داده در باره همگنان احسان و نیگویی

拉丁字转写与逐字对译：

itā'at mī-nimā-ī ra'āyā wa asākir-rā parvarish dāda darbāray hamginān

服从(你)表现 庶民 与 军队(宾)照料 给予 有关 所有的人

ahsān wa nīkū-yi

善行 好事

邵译：关怀民瘼，慎治甲兵，恩辑其属，

刘译：善抚军民，施仁政于庶黎。

رسانیده سبب آن نیک شاد گشتیم علی الخصوص ایلچی فرستادیم تا کمخا و

拉丁字转写与逐字对译：

rasānīda sabab-i ān nīk shād gasht-īm ‘ alī al-khusūs īlchī firistād-īm tā

送达　　因为　那　善行愉快(朕)变得尤其是　使臣(朕)曾派出目的

kimkhā[50] wa

金花　　及

邵译：朕甚嘉之，故遣使锡尔织金文绮

刘译：因此善行朕甚满意。特别是朕曾遣使携赠以彩缎(金花)及

ترقو خلعت رسانید چون که ایلچی آنجا رسید تو نیک تعظیم امر ما نموده و

拉丁字转写与逐字对译：

turqu[51] khil’at risānīda chūn ka īlchī ānjā risīd tu nīk ta’zīm-ī amr-i

绢　　赐袍　送达　当……时 使臣彼处抵达你好　敬意　命令

mā-rā nimūda wa

朕(宾) 表现 且

邵译：红绫、诸服，以表朕意。使至尔处尔受命甚恭谨，

刘译：绢、赐袍。使臣抵彼处时，尔恭遵朕命 且

مرحمت ما را نیک ظاهر گردانیده همه خرد و بزرگ شاد گشته ندا فی الحال ایمچی

拉丁字转写与逐字对译：

marhamat-i mā-rā nīk zāhir gardānīda hama khurd wa buzurg shād

---

50 کمخا(kimkhā)，哈肥子书点校者赛义德·贾瓦迪(Sayyed H. S. Kamal Haj Sayyed Javadi)博士据《德胡达大辞典》与其他字典注释如下："کمخا(kimkhā)：(字母 khā 为开口符或齐齿符——作者按，即读为 kimkhaā 或 kimkhiā)，缩略读为 kimkhā。据称为以不同之色彩制成之绣花衣。"见第 460 页，注 1。据此解释，کمخا(kimkhā)指一种衣服。

查明会同馆本《回回馆杂字》"衣服门"(总序第 1513)词为："采段，顷花"，即此字。کمخا(kimkhā)为波斯语中的汉语借词，源自"金花"。指彩缎，并非指绣花衣。

51 ترقو(turqū)，赛义德·贾瓦迪博士据《包尔汉辞典》注释如下："ترقو(turghū)：又作ترقو(turqū)，一种丝织物，色红"，见哈肥子：《史选》，第 460 页，脚注 2。

四夷馆本《回回馆杂字》"衣服门"总序第 526 词写作تورقو(tūrqū)，释为"绢"，汉字音译为"土儿孤"。会同馆本《回回馆杂字》"衣服门"译音同此。此字为突厥语。

恩惠　　朕(宾)好　清楚的 使成为　一切　小　　与　　大 愉快
gashta-and fī al-hāl īlchī
成为　　　立即使臣

邵译:遵事朕躬,大小人民,莫不欣跃,即遣使来朝,

刘译:清楚明白朕恩,老少咸乐。尔即遣使臣,

فرستادی تا خدمت تحفه اسبان و متاعهای آن دیار رسانید به جد صدق نمودن ترا

拉丁字转写与逐字对译:

firistād-ī tā khidmat wa tuhfa-yi asb-ān wa matā'-hā-yī ān dīyār risānīd
(你派出)以效命　及 礼品　　马(复)和 货物(复)彼 国　使送
ba jidd sidq-i nimūdan-i tū－rā
以 努力 真诚 表现　　你(宾)

邵译:贡马匹方物,以明尔之诚。

刘译:以效命于朕,且以努力贡马匹及彼国之方物。

دیدیم که شایسته ستایش و نوازش باشی پیشتر دور مغول به آخر رسید پدر تو

拉丁字转写与逐字对译:

dīd-īm ka shāyasta-yi sitāyash wa navāzish bash-ī pish-tar dūr mughūl
(朕)见　值得的、胜任的 称赞与喜爱　　(你)是 很久以前　蒙古人
ba-ākhar risīd pidar-i tū
朝 完结 到达 父　　你

邵译:嘉锡殊宠尔实应得无愧。前者元社既屋,尔之先人

刘译:殊荣嘉赐朕以为尔当之无愧。昔元祚既灭,尔父

تمور فوما به امر خدای تعالی اطاعت آورده تای زو پادشاه اعلای ما را خدمت

拉丁字转写与逐字对译:

timūr fūmā ba-amr-i khudā-yī ta'ālī ' itā ' at āwarda tāy zū pādishāh-i
帖木儿驸马以命令　真主　　至高 服从　　携来　太祖　　皇帝

‘alā-yi[52] mā-rā khidmat

至高的　朕(宾)效命

邵译:帖木儿驸马能识天命,归藩太祖高皇帝,

刘译:帖木儿驸马遵皇天之命,向朕之太祖高皇帝效命。

نموده و تحافه ایلچیان منقطع نگردانیده سبب این مردمان آن دیار را] به سعادت

拉丁字转写与逐字对译:

nimūda wa tuhfa-y īlchī-yān munqata’ na-gardānīda sabab-i īn mar

表现　且　礼品　使臣们　中断　不曾　原由　此　人民

dum-ān-i ān dīyār-rā ba sa’ādat-i

(复)　彼　国　以　幸福

邵译:贡献不绝,以故朝廷加恩于尔遐僻之国,使得艾宁无事,人民亦皆得安谧。

刘译:使臣贡献不绝,因此使彼国之人民得幸福安宁。

امان رسانیده اکنون پدر تو وفات یافت تو به علم و یاستک لایق و شایسته آن مراتب

拉丁字转写与逐字对译:

aman risānīda aknūn pidar-i tū wafāt yāft tū ba‘ ilm wa kīyāst lāyiq

平安　使达　现　父　你　去世　你　以知识与机智　有才能

wa shāyasta-yi ān murātib

的及胜任的　那　官位

邵译:(此句邵未译)

刘译:现尔父既逝,尔以睿智才能及资望,[登]彼位并予彼国人民以宁谧,

و منازل مردمان آن دیار را] امان داده و همگنان را دولتمند گردانیده یدیم که تو

52　پادشاه اعلای (pādishāh-i ‘alā),直译“至高无上的君主”。帖木儿曾向明太祖遣使通好。此处“至高无上的君主”即指明太祖。朱元璋为朱棣之父,故称“高皇帝”。邵循正先生解释得十分精当。

拉丁字转写与逐字对译：

wa munāzil mardum-ān ān dīyār-rā amān dāda wa hamgin-ān-rā
及 地点 人民(复) 彼国(宾) 平安 给 且 所有人(宾)
doulatmand gardānīda dīd-īm ka tū
幸福的 成为 (朕)见 你

邵译：(此句邵未译)

刘译：国人皆安居幸福

به همت و روش پدر نیک متابعت بینموده اکنون دو جیحون بای از کسان و زاره

拉丁字转写与逐字对译：

ba himat wa ravish-i pidar nīk mutābi'at nimūda-yī aknūn dū
以抱负、雄心及方针 父 好 服从 (你)施行 今 都
jihūn[53] bāī az kisān[54] wa hizāra
指挥 白 阿儿忻台 及 千户

邵译：朕闻尔能继先人遗志，恪守旧章，今遣都指挥白阿儿忻台，千户，

刘译：(朕)知尔秉承父志励行。今遣都指挥白阿儿忻台及千户，

سوجو و وانگ چنگ صده سون قویجی با جمعهم فرستادیم با تهنیت و خلعت

拉丁字转写与逐字对译：

sūjū[55] wa vāng ching[56] sada sūn qūījī[57] bā jam'-ham firistād-īm bā
锁住及 唐征 百户(人名译音) 一同 (朕)派出携祝

---

53 دو جیحون(dū jihūn)这个词尾辅音字母ن(n)应为长元音字母 (ī)之误写，此两字母字形相近。因此词为专门名词(中国官名)，波斯人无从判断拼写正误，极易误写。邵先生已指出دو جیحون(dū jihūn)应写为دوجیجوی(dūjihūī)，即汉字"都指挥"之音译。

54 بای از کسان(bāī az kisān)乃人名，其中之辅音ز(z)应为辅音ر(r)之误，这两个字母仅为一字音误之差，极易讹写；而倒数第三个字母س(s)，应为ینت(īnt)之误写；而词末之尾辅音字母ن(n)应为长元音字母ی(ī)之误写，此两字母字形相近。因此词为专门名词(中国官名)，波斯人无从判断拼写正误，极易误写。邵先生已经指出，此名بای از کسان(bāī az kisān)应为بای ارکینتای(bāī ar kīntāī)，即汉字"白阿儿忻台"之音译。

55 此名当为《明实录》中提到的锁住，详见后。

tahnīyat wa khil'at-i

贺及……的赐袍

邵译:某、百户某,及随从若干人,赉敕赐尔织金文绮,

刘译:锁住及唐征,百户某人一起,携贺信及多件彩缎赐袍

کمخاها و ترغوها و غیرها تا صدق ما ظاهر گردد بعد از این کسان فرستیم تا

拉丁字转写与逐字对译:

kimkhā-hā wa turghū-hā wa gheir-hā tā sidq-i mā zāhir garda-d ba'ad

金花(复) 及 绢(复) 及 其他 为了诚意朕表露出来的 此后

az īn kisān firistād-īm tā

(朕)还派出些人 为了

邵译:红绫诸服及他色,示朕眷遇之意,其此后信使往来,

刘译:及绢和其他诸物,以表诚意。此后朕又遣使往来,

آیورو کنند تا راه منقطع نشود تا تجارت و کسب به مراد خویش کنند خلیل سالطان

拉丁字转写与逐字对译:

āy-wa-rū kunand tā rāh munqt'a na-shavad tā tijārat wa kasb ba

往来(他们) 做使道路中断 不出现 使商业 及 买卖以

marād-i khūīsh kunand khalīl sultān

目的 自己 (他们)做 哈里 算端

邵译:朝聘不绝,商旅安然互市,各遂其欲。尔从子哈里锁鲁檀,

刘译:以使道路不致中断,商旅各遂其愿。哈里锁鲁檀(按,"哈里锁鲁檀"以前数句《明史》中无,当系节录时略去)

---

56 وانگ چنگ(vāng ching),这个词第一部分的起首辅音字母و(v)可能为另一辅音长元音字母(d)之误写,此两字母字形相近。因此词为专门名词(中国官名),波斯人无从判断拼写正误,极易误写。故وانگ چنگ(vāng ching)或许可订正为وانگ چنگ(dāng ching),即《明实录》中提到的唐征。详见后。

57 关于此名的考证,详见后。

بدادر زاده تست می باید که وی را نیکو ترتیب نمابب تا حق زادگی خویش به

拉丁字转写与逐字对译：

barādar-zāda-st mī-bāyad ka vaī-rā nīkū tartīb nimā-yī tā haq-i zādigī

兄弟　后裔是　应当　他(宾)善　对待　(你)作 以权力 与

khūīsh ba

邵译：实尔懿亲，当务敦睦，

刘译：乃尔之侄，当善待之，以遂宗亲与生俱有之权力（按，此处与《明史》中“比闻尔与从子哈里构兵相仇，朕为恻然”内容相当）。

جای آورده باشی تو می باید که به صدق و رای ما متابعت نمایی این است که اعلام

拉丁字转写与逐字对译：

jāy āvarda bāsh-ī tū mī-bāyad ka sidq wa rā-yī mā mutābi'at nimā-yī

处所 安置　你 宜　诚 及 意见 朕 服从　(你)行

īn ast ka a'alām

此 是 通知

邵译：宜信朕言，恪遵所命勿替。

刘译：尔宜信朕之诚意，遵从朕意（按，此处与《明史》中“一家之亲，恩爱相厚，足制外侮。亲者尚尔乖戾，疏者安得协和。自今宜休兵息民，保癸骨肉，共享太平之福”相当）。

گردانیده می شود

拉丁字转写与逐字对译：

gardānīda mī-shavad

使成为　被

邵译：钦此。

刘译：此谕。

五、回回人的波斯文

仔细研究哈肥子·阿卜鲁所收录的这份明成祖使臣白阿儿忻台所携国书的波斯文译本，可以发现其中出现许多波斯文音译的汉语词汇和术语，与域外十四世纪以前的波斯文文献有明显区别，如：دایمنگ（Dāyming，大明），کمخا（Kimkhā，金花），فوما（Fūmā，驸马），تای زو（tāi zū，太祖），دوجیحوی（Dūchīhūy，都指挥），بای رکینتای（Bāy Arkintāy，白阿儿忻台），سوجو（Sūjū，锁住）等。[58]其中“大明”、“太祖”、“都指挥”、“金花”等汉语词汇，在明以前的波斯文文献中从未出现过。特别是国书中使用了فوما“驸马”（Fūmā）这个音译汉语词汇，而非突厥/蒙古人所习用的گورکان gürgän（女婿）这个词。据德国哥廷根大学教授德福（Gerhard Doerfer）研究，“驸马”（Fūmā）这个词在波斯文只在十三世纪六十年代志费尼撰写《世界征服者传》（Tārīkh-ii Jahāgushā）时在描述西辽而提到西辽驸马时用过一次，以后在其余波斯文文献中从未再使用过，至哈肥子·阿卜鲁时代已经一个半世纪以上。足见它是明代重新进入波斯语的。

因此可以说，上述明成祖国书的波斯文本只能出自有强烈明代汉文化背景的人之手，换而言之，上述明成祖国书的波斯文本，应与锡兰山碑一样，是在中国境内译成，然后携至沙哈鲁的国都的。其翻译者应当是明境内的回回人，甚至有可能就出自于海答儿、阿答兀丁、马沙亦黑和马黑麻或其同僚们笔下。

这一时期回回人写作的波斯文作品保留至今的非常少，笔者目前仅发现此译文及锡兰山碑两份。它们证明在明政府充任通事之职的回回人的波斯文仍非常纯熟。致沙哈鲁国王国书还说明，明初回回人的双语状况不仅表现在他们通汉语，而且因为在中国世代居住的关系，在其书写的波斯文中

58　参见刘迎胜：《白阿儿忻台及其出使》，刊于叶奕良编《伊朗学在中国论文集》，第二集，北京：北京大学出版社，1998年，第71—72页。这些音译汉语词汇中，“白阿儿忻台”、“锁住”为人名。

有关中国的一些词汇也已转为使用汉语音译词,这一点与波斯本土的波斯语有明显差别。

入华回回人的波斯语使用许多汉语词汇的特点,还有许多证据。与前述明成祖致沙哈鲁国书的波斯文本中出现的汉语词汇对应的,是明四夷馆所编《回回馆杂字》中源于汉语的词汇,据笔者初步统计,其中源于汉语词汇有:

"地理门"总序第 95 词,"كنجانفو(kinjānfū)陕西,钦张夫"。其中之"钦张夫"即汉语"京兆府"的音译。

"衣服门"总序第 524 词"لاى(lāy),罗,剌衣"。其中之"剌衣"即汉字"罗"之音译,乃一种丝织品。

"饮食门"总序第 554 词"چا(chā),茶,本音"。这里的"本音"即指此字在波斯语中读汉字之原音。

"文史门"总序第 616 词"بكة(buka),墨,百克"。[59]此处汉字注音之"百克"源自"黑"这个汉字的中古读音 mək。

此外,在明四夷馆《增续回回馆译语》中,源于汉语的词汇有:

"人物门"总序第 806 词"وان(vān),王,本音"。同前此处之"本音"即此字在波斯语中按汉语原字"王"发音。

"通用门"总序第 986 词"چين(Chīn),中国,赤尹",源于汉语"秦"。[60]

除了四夷馆之外,明会同馆亦编有《译语》,其中《回回馆杂字》所收字汇中源于汉语的除了"地理门"总序第 1087 词为"中国,凝音",与前述"秦"相同外,还有总序第 1089 词"南京,喃台",其波斯文原字当拼为نمتـــاى(Namtāī),源于元代对驻于江南的"南御史台"的简称"南台"。[61]

回回人把今南京称为"喃台"尚有其他证据。在明四夷馆所编《百夷馆译语》(又作《百译馆译语》)中,"地理门"收有地名"南京",其注音亦为"喃

59 《回回馆杂字》,第 523、554、556 页。

60 本田实信:《回回馆译语に就いて》,札幌:北海道大学文学部,1963 年,第 189、194 页;胡振华、胡军编《回回馆译语》,中央民族大学东干学研究所,无出版年代。

61 《回回馆译语》,第 607 页。

台”。[62]对比其前面的一词“北京”之注音“歹都”，即元代名称“大都”之遗留。可见南京回回人称谓“喃台”亦是元代旧称。元初赛典赤治滇时，不少回回人随蒙古军来到云南。故百夷译语中的对后来明代“南京”的称谓“喃台”，当来自定居于此的回回人。

回历823年（明永乐十九年，即1421年）三月，沙哈鲁国王之子拜姓忽儿的使臣盖亦速丁适在北京。他提到，当明成祖出猎时，一位皇子从Tamnai来。[63]译者何高济在翻译时因不知此地名如何译，颇为难，出注曰：“Tamnai，原波斯文如此，无适当对音。按《明实录》，永乐帝在北京新宫建成前已把皇太子朱高炽（仁宗）从南京召到北京，理应由太子监国，因此Tamnai可能为南京错讹。”[64]何高济译本乃据英译本重译。1970年哥伦比亚大学名誉教授卡林顿·古德里奇（L. Carrington Goodrich）将英译者梅特拉（K. M. Maitra）的英译与波斯文原文合璧重新刊出。[65]据此书第11页所对应之波斯文，Tamnai之波斯文原文拼作تمنایی。稍具波斯文拼音知识的人一眼可以看出，此字当拼为نمتایی（Namtāī）。其Tamnai拼法的起首辅音ت（t）当为另一辅音字母ن（n）音点误写所致，而其倒数第三个字母ن（n）当为ت（t）缺失一个音点所致。今查梅特拉所过录之哈肥子书，此段波斯文原文中这个地名清楚地拼写为نمتایی（Namtāī），[66]即所谓“南台”。

明代还有一部记中国事的波斯文书，成于萨法维叶王朝时期，题为خطای نامه（Khatāy Nāma），译言《中国纪行》，作者为阿里·阿克巴尔。国内有张

62 《百夷馆译语》，北京图书馆古籍珍本丛刊，卷六，北京：书目文献出版社，第620页。

63 （波斯）火者·盖耶速丁：《沙哈鲁遣使中国记》，何高济译，北京：中华书局，1981年，第130页。

64 同上。

65 *A Persian Embassy to China, being an extract from Zubdatu't Tawarikh of Hafiz Abru*, tr. By K. M. Maitra, M. A., Prof. of Persian, Dyal Singh College, Lahore, with a new introduction by L. Carrington Goodrich, Dean Lung Prof. Emeritus of Chinese, Columbia University, Paragon Book Reprint Corp., New York, 1970.

66 哈肥子：《史选》，第856页。

至善的汉译本。[67]是书在列数中国的省份时说，第二省名蛮子地（Mansiastan），其有名之大城为 Namtai。[68]汉译者已经指出，这个 Namtai 的对音应为"南台"，但将它误解为"南京的误写"。阿里·阿克巴尔的记载证明，"南台"这个地名在回回人中直至入明以后，仍然沿用保存了很长时间。

在蒙元时代，波斯文曾经既是蒙元王朝的官方语言之一，也是回回人内部的共同交际语，同时又是当时欧亚大陆上各国各民族间主要的外交语言之一。元亡后，波斯语在中国的官方语言的地位不复存在，但其作为外交语言和与回族汉语共存的回族共同语的地位仍然保持了一段时期。前述明成祖致沙哈鲁国王的国书的波斯文本和锡兰山碑足以证明，明初时无论是沿陆路出使西域，还是沿海路下西洋的明朝使臣，均以波斯语作为外交语言，而掌握这种外交语言的是蒙元时代入华的回回人的后裔。

（原载《中国学术》第二十三辑）

67 《中国纪行》，北京：三联书店，1988 年。其所据之德文原本见此书之版权页。

68 张至善汉译本，第 96 页。

转变中的帝国

——中华帝国末期的法律、社会、商业化和国家形成

彭慕兰(美国尔湾加州大学)

马考莉:《社会权力和法制文化:中华帝国晚期的讼师》

Melissa Macauley, *Social Power and Legal Culture: Litigation Masters in Late Imperial China*. Stanford. CA: Stanford University Press, 1998, pp. xvii + 416, $55.00.

步瓯叶:《杀戮,市场和道义经济:18世纪中国关于财产权的暴力争端》

Thomas M. Buoye, *Manslaughter, Markets, and Moral Economy: Violent Disputes over Property Rights in Eighteenth-century China*. Cambridge: Cambridge University Press, 2000, pp. xvi + 283, $65.00.

李得:《爪牙:清代县衙的书吏和差役》

Bradly W. Reed, *Talons and Teeth: County Clerks and Runners in the Qing Dynasty*. Stanford, CA: Stanford University Press, 2000, pp. xxiii + 318, $55.00.

苏默:《中华帝国晚期的性、法律和社会》

Matthew H. Sommer, *Sex, Law and Society in Late Imperial China*. Stanford, CA: Stanford University Press, 2000, pp. xvii + 413, $55.00.

导言:清代法制史研究近况

二十世纪八十年代末,一批美国学者和研究生开始利用新接触到的档案资料研究清代(1644—1912年)法律。由此诞生的最初一批博士论文现已

出版成书。他们的著作给日本学者(最引人注目的是滋贺秀三和他的学生)与中国学者(如梁治平过去十年的研究)的中国法制研究注入了全新的内容。同时对于欧洲学者(如布贡[Jerome Bourgon]等)正在进行的新探索也是有益的补充。

同其他对鸦片战争前中国的修正一样,这些研究推翻了长期以来深入人心的一些所谓“真理”。在清代儒生和现代西方学者的共同推动下,这些观点强调中华帝国的稳定和停滞不前,可是近来学者们为我们描绘的却是一个更为复杂和生动的社会。萧公权和瞿同祖关于中国地方政府的经典之作(还有后来约翰·瓦特(John Watt)讨论地方官的著作),开卷便提到帝国后期的县所辖范围很大,而县令也由于回避原则从没有融入到其治下的地方社会中去。这些学者都认为县以下的管理很大程度上只能用“缺乏”二字说明。之所以说缺乏管理,是因为政府与乡村之间的“空隙”,或是政府“无法”如现代政权一般渗入到基层。虽然他们也提出经纪人和中间人可以充当沟通之桥,但却从未充分关注过正式的法律程序或是平民与清代法律的直接对话。况且各位学者对经纪人和中间人的看法也是见仁见智,不尽相同。尽管包括讨论“资本主义萌芽”的中国学者、主张“近代早期”中国的日本学者和许多试图摆脱“鸦片战争前的中国停滞不前”这一观点的西方学者在内的世界各国的诸多学者都注意到帝国晚期契约越来越流行,可人们对这些契约和民间其他的协议(例如婚约)如何得到规范却知之甚少。大多数学者认为国家——也就是正式意义上的“法律”——并未深涉其中。以西方语言写就的关于中华帝国后期平民与法律的著作(卜德(Derk Bodde)、莫里斯(Clarence Morris)、奥科(Jonathan Ocko)、科恩(Joanna Waley-Cohen)和其他学者)大都将注意力放在对罪犯的处罚上,可这些犯人跟法律接触主要是被迫的。

黄宗智是一位资历更深的美国学者,他同上述作者差不多同时开始研究清代的民法。他们之间的相互影响是显而易见的:黄引用了其他著者的博士论文,而这些著者除了援引黄1996年出版的《民事审判与民间调解:在清代的体现和实践》(*Civil Justice in China*:*Representation and Practice in the Qing*)一书外,也引用了许多同样的资料(苏默曾经是黄的研究生)。黄与上述作者一样,都强调清代官方的司法体制并不像以往著作描述的那样难以贴近、武断和不易为平民所用。不过从许多方面而言,上述著作出自于比黄走得更远的一代学者。黄试图建构起中华帝国晚期民事司法体制的一般模型,并使之与九十年代初关于中国"市民社会"和"公共领域"的大讨论相联系。而上述学者则关注司法体制的某一特定部分,如某一特定形式的讼案或某些特定的人物,并对其进行深入探讨(实际上,梁治平就曾认为,黄对清代民事司法体制的概括太过宽泛,以至他的描述甚至可以适用于许多美国当代的法律[1])。

此外,黄对因时代变迁而发生的变化也重视不够。虽然他注意到清法典中的衍生法条随着岁月流逝变化不小,且它们在理解某一案件如何裁决时常常比正规法条更为有用(第104—107页),但他最关心的却不是具体案件是如何处理的;而是他所认为的最基本、最持久的事实:清代司法体制是高度道义化的,常常是惩罚性的。但其操作较为灵活(第3、15页),有些理论上不容许的权力却在实践中得到保护。在这一笼统的层面上,黄很少看到什么变化,他还常常通过汇总从清初直到民国的史料来支持其对上述司法体制的描述。他在结论中认为,清代法律的许多基本特征也表现了"中国王朝统治者(第231页)"制定法律的一般特点(第229—232页),甚至到了中华人民共和国时期也是如此(第226—227页)。黄当然熟悉清代发生的社会变迁,他也常常提到商业化给清司法体制带来的崭新压力(第18、111、169—170页),但他对这一体制在二十世纪以前发生的变化却重视不够。

相比之下,本文涉及的几位作者都认为清代法律和司法程序尽管不一定能赶上社会变迁的脚步,但却是不断演化的。苏默尤其强调,清政府并不仅仅是消极地对社会经济变化做出反应,而是积极采取措施重新划定社会团体,以加强对其某些活动的规范(第3页)。黄看待法律的大视角多年来

1 梁治平:《清代习惯法:社会与国家》,北京:中国政法大学出版社,1996年,第11—15页。

变化极少,上述几位作者对此倒也不一定持有异议,不过我不能肯定这一说法是否与李得和马考莉指出的司法程序中的变动相悖;他们只是将研究的重点放在了更为具体的层次之上,这样就引导着我们走向新的和在我看来更有意思的讨论。

从这些学者所属的时代,和他们对管理日常生活特定领域(婚姻、继承、财产争端等)的司法制度和司法程序演化的关注,及其对老百姓如何利用变动之法律制度的重视,可以看出他们与中国法学家梁治平更为相近。例如,梁在1996年出版了一本论清代习惯法的重要著作。此书直接讨论了苏默和步瓯叶尤为关注的问题;他举了不少婚姻方面的例子(像如何使婚姻合法化),有关买卖、借贷和土地租赁方面的契约就更多了。不过此处评述的著作并未讨论梁书,因为他们的基本目标不尽相同。所以,详尽探讨梁的作品需要另辟专文,但却超出了本文关心的范围;不过将他和这里评论的几位美国学者分别关心的问题作一简要比较,或也不无裨益。

梁书论述的框架是关于中国习惯法作为法律的本质和发展。例如,他认为习惯法源自老百姓处理实际问题时的日常行为和态度(第28、42、152、166页),这一观点令人信服。尽管常常基于相似的价值观念,但习惯法并不是官方法律的翻版;前者通常用来解决后者忽视的问题,或是为国家不愿认可的行为(像寡妇再嫁,或转让国家不愿转移的土地)提供实用的解决办法。另外,尽管有时地方官确实执行了习惯法,或是遣返诉讼双方交由调解人依据习惯法调停争端,他们还是经常忽视、简化乡规土俗,甚至与之背道而驰(第129、131—133、138—139、152页)。也许最重要的是,梁声称习惯法规范日常行为的力量并不在于人们对官员执行这一法律的信任(第152页);相反它源于乡村生活中基本的社会文化元素以及中国人关于社会关系如何运作的基本观念(第159—160页)。梁的结论是,尽管官方法律一定会影响——有时会加强习惯法(反之亦然)——但习惯法的真正力量和发展轨迹却来自社会内部;正因为如此,虽然毛时代试图根除习惯法(第182页),但它随后重现,并对建立有中国特色的现代司法制度非常重要。

由于梁一直关心这些问题,他研究清代的方法就与本文评论的著作大不相同。他认为,因为此时荒地大量开垦、商业化发展、人口激增以及其他重要的社会变迁(第167—168页),也由于二十世纪试图限制甚至根除习惯法的政权建设项目还未出台,清代习惯法的发展到达巅峰。这一时期激增的契约、解决争端的记录以及相对丰富的档案史料,都成为支持梁诸多看法的例证。梁对法律的人类学兴趣促使他把这些实例与当时社会生活的其他方面联系起来。不过,他主要关心的还是法律传统的发展(及其今天可能发挥的作用),清代不过是这一演进过程中的一个阶段。而我们这里讨论的其他作者都专注于清史。对他们而言,研究法律本身不是目的,而只是理解帝国晚期的一种尝试。另外,梁对清代国家的兴趣只是第二位的,这既是由于(像他所强调的那样)绝大多数的民事争端并无国家直接插手便得到了调停或解决,又是因为习惯法深刻地反映了广泛接受的社会规范,而正是在习惯法中梁看到了仍然举足轻重且生机盎然的法律传统。另一方面,本文评述的几位作者其着眼点之所以置于普通百姓与官方司法体制的接触上,既是因为档案研究(以及以此为基础的论文)在美国历史研究机构中所占的独特地位,又是因为太多关于清史的争论都聚集在国家的态度、行为和活力(或无能)之上。这也就使得他们的注意力离开了梁所重视的问题和史料。后面我们还将提及梁对于特定制度的某些看法,不过现在让我们暂且将目光转向本文所要评述的几部历史著作。

一、法律活动增加的时代

有足够证据说明清代县令案头的讼状越堆越高,其中包括许多今天称为“民事案件”而非“刑事案件”的讼状,不过大清律并未对两者加以区分。所以这些著作首先打破的传统观念就是:中国老百姓非常害怕跟官府打交道,十分重视和睦,非到万不得已不会对簿公堂(黄、滋贺和梁都曾以不同的方式对此观点提出过质疑,可它却迟迟未能消除)。马考莉告诉我们,官员们需要处理的诉讼不可胜数,积压的状纸是各级官员常常讨论的话题。

讼师帮助打官司的人上堂对质,这样的做法其实不合法。政府公文和精英的著述中对讼师多有贬斥之词。但在大众媒体——像地方戏曲中——他们的形象却往往一派光明正大。而步瓯叶和苏默尤为关注的是,十八世纪迅猛发展的商业化和令人应接不暇的社会变迁,打乱了传统的社会等级,也让习惯法和成文法望尘莫及,以致健讼之风一时甚嚣尘上(步瓯叶认为,到十八世纪末,产权法的改革已经赶上了在商业化驱动之下风俗变化的步伐,由是则当时的社会情势又相对稳定下来。苏默强调的则是正在发生的社会危机,而不是向新平衡的任何转变)。虽然官府厌讼,但也不能没人打官司,如李得所说,要不是从诉讼两造那里搜刮规费,就没法养活那几十万的非正式吏役。1500名左右的县令管理着一个3亿人(1800年)的大帝国,依赖的就是这帮编外人员。其实到了十九世纪的时候,这批编外人员也正规化了,他们所收的规费也正式得到了承认。

二、性、法律、地位和商业化

尽管苏默仔细描述了影响各种各样性问题(强奸、通奸、卖淫、同性恋)的法律变化,他最关心的倒不是政府或法律本身,而是社会变迁及其所反映的态度。他也和前人一样将十八世纪看作中国几个世纪以来商业化发展的极致,其结果是几乎废除了所有人身依附的劳动关系和正式律法中的不平等。他认为性不再被视作地位的象征——即不同阶层的人,性的特征和表现形式也不同,因此不能用普适的法律来规范它。同时他还从中看到一种社会和法律标准都趋于平民化的过程。比如明朝有世袭的、法律地位特殊的艺人阶层,她们的服务往往与性有关:开始可能是强迫的(经常是一种惩罚),不过人们逐渐就将她们卑下的地位与其本质相联系。这样的女人被认为是不贞节的,而强奸是对女人贞操的损害(它是其父亲或丈夫的财产),所以若说这些妇女遭到了性强暴,从法律上讲是不能成立的。另一方面,因为这些女人并无贞操可言,所以将其固有的性滥交商业化并非犯罪。与这一等级的女人行淫或给她们拉皮条在明代和清代初期并不获罪。后来清朝取消了平民地位以下的阶层，几乎每个人都受到同样保护也接受同样的法条约束。女仆就是一例，她们能得到某些保护以防被主人凌辱，甚至可以指望最后有机会安安心心找个婆家。同时，那些不符合正统观念的行为，像同性恋、丈夫为了钱财甘愿戴绿帽子，风流寡妇，常会使人获罪。苏默说的大众观念与法制发展同向，令人信服。做不做好人，以往对平民百姓来说是地位问题，而现在要看个人愿不愿意。判断一个人得看他是否遵循了所谓的普适例规。

大家对什么人可能会成为性侵犯者、何人会遭害的看法也在改变。苏默尤其强调，人们害怕穷光棍会猥亵良家妇女和正经人家的男童。他认为，单身汉之所以越来越多，是由于人口膨胀和经济内卷化（第12—14页），不过在我看来，这一论断未必站得住脚。流浪汉往往被视为不安定因素，他们人数增加，也许就是因为商业活动增多，或由于那些守土的人们被授予平民地位，流浪汉就显得格外显眼。另外，苏默观察到，“许多法律档案提到弃妇和因丈夫伤残无人供养的妇人，她们卖淫、通奸或再婚”（第318页）。这就很好地解释了为什么许多妇女不得不以卖淫为生，而无须盲目推断这是身强体壮的人家家道中落的缘故（梁治平注意到二十世纪初关于习惯法的一项调查发现好几个地方允许两个男人供养一个妻子，不过这种行为主要是在女人的第一任丈夫残疾之后[2]）。

苏默的部分论断早已有人提出——也许最突出的就是写到品行民主化的伊懋可（Mark Elvin）和研究中国“漫长十八世纪”中的妇女[3]的曼素恩（Susan Mann）。其实，苏默要能进一步比较自家观点和这些看法的异同就更好了。伊懋可和曼素恩都认为，清代废除各种身份世袭，其渊源由来已

2　梁治平：《清代习惯法：社会与国家》第70页，援引《民商事习惯调查报告录》（台北：进学书局，1969年）重印发表于1930年的二十世纪二十年代的调查资料。梁在第45—46页对这份材料作了简短说明。

3　伊懋可：《中国的妇德与国家》（Mark Elvin，“Female Virtue and the State in China，”*Past and Present* 104［1984］），第111—152页。曼素恩：《宝卷：中国漫长十八世纪中的妇女》（Susan Mann，*Precious Records：Women in China's Long Eighteenth Century*. Stanford，CA：Stanford University Press，1997）。

久,长期的社会经济变化早就动摇了这些地位。苏默认为两人的观点值得借鉴,可他却担心上述看法会蒙蔽我们的视线,以至无法了解十八世纪法律的目标和效果,甚至忽略某些很难归入所谓“进步”范畴(第3页)的具体法令,比如给卖淫定罪。不过苏默眼中的“进步”似乎是兰金(Mary Rankin)、罗威廉(William Rowe)和其他研究中国“市民社会”和“公共领域”(第5、345—346页,尾注5)的著作中提到的,而不是伊懋可、曼素恩或罗威廉关于品行和性的著作中所涉及的。苏默与前人的重要区别在于,他想将清代的“法制和朝廷行为”(第2页)视为变化的主导力量(第305—306页),而不是反映更深刻、更抽象过程的某些东西:它贯穿帝国后期的全过程,影响到品行除性以外的其他方面[4],而且可以一直追溯到中国社会逐步的商业化。至于法律本身究竟在何种程度上领导了或是追随了态度的变化,这当然是法制史研究中一个重要的新兴领域,但这显然只是量的问题而不是非此即彼的选择问题。不过要是苏默能更深入地阐述强调朝廷主导作用(尤其是雍正朝)所带来的好处将很有帮助。

苏默的过人之处,不在于用理论来统帅种种发展的趋势,而在于为性领域的变化所作的假说提供经验性的依据。他不仅在这一点上超越前人,而且还将性的不同领域的演化联系起来,此举也十分可嘉。苏默对资料的来源深思熟虑,他讨论的首先就是中央和地方档案的差异,不同判决受到何种程度的审查,以及这种审查如何影响到我们在史料中所看到的判决结果(第17—22页)。他精心筛选了大量的原始材料,摒弃了那些关于性和法律的简陋之见——这些看法依据的只是少数精英的情况,至今还盘踞史坛,挥之不去。另外,传统观点认为明王朝是性泛滥的时代,而严苛的清廷扑灭了这团自由之火。可苏默认为事情并非如此简单,他指出上述的陈词滥调在百姓的日常生活中行不通。苏默的著作不可多得,他对中华帝国晚期有关性问题的研究站在比前人更坚实的基础之上。

---

4 参见如伊懋可:《中国的妇德与国家》,第123、128页;曼素恩:《宝卷:中国漫长十八世纪中的妇女》,第76—120、143—177页,这些著作更多地从性的角度而不是从法律的角度探讨妇德的演变。

三、规范土地交易和社会冲突

步瓯叶关心的不只是法制史本身,更是法律案件可以揭示的社会图景。同时,他还注重长时段人口增长与商业化的互动。他尤其希望了解人们的地产观念如何因时变化,清政府又是怎样应对随之产生的冲突。他选择了十八世纪的广东省作为个案研究。搜集关于民间地产争端的充足史料不太容易:许多冲突私下解决,并无任何记录,地方官府摆平的官司记录也很有限(基层的档案总体上就不多)。至于清代的契约,尽管当时已经开始大量出现[5],可从中很难看出,如果一方不能履约,或是企图违约或改约的后果如何;契约可能规定担保人出面调停,但极少会提到依据何种原则。所以,单凭这些契约文书,很难看出那些签约的人在多大程度上相信文书规定的交易不会引起争议。契约更少告诉我们第三方在何种程度上接受土地是纯商品的概念。例如,一份出卖土地的契据可能会提到,卖主的亲戚可以先于外人购买土地,可这并未告诉我们这条要求是否真的算数还是(常常像在二十世纪那样)徒有形式。我们更不知道那些亲戚(或其他没有被咨询者)的感受如何。契约也不见得会提到售出土地上的佃户及其遭遇(尽管有时文书中会规定保护佃户)。凡此种种,不一而足。如果契约之外还能辅以梁治平用于二十世纪初研究的《报告录》之类的材料就好了。因为它具体记录了地方上对契约中没有明确规定的许多问题的理解,遗憾的是这样的调查材料十八世纪并不存在。

于是,步瓯叶就把眼光投向那些导致暴力冲突的少数事件,它们在帝国档案中一般都有记载,甚至还相当详尽。可是,只研究这些并无代表性的案例必然会使眼界狭隘。可以想见,要是县令知道他处理土地争端时有上司看着(因为这类官司常常牵扯人命,需要北京高官批复),他就会更多依仗官方法律,而较少依据地方习惯;争端可能在闹到官府之前就得到调解,也可

5 许多这样的契约都收录在杨国桢的《明清土地条约文书研究》(北京:人民出版社,1988 年)里,不过自从该书出版以来,人们又搜集到了更多的契约。

能会被县令遣返给非官方的调解人办理,可如果官府必须得作出仲裁,那结果与前两种情况也许就不同了。[6]不过,步瓯叶认真考虑过这些问题,也很好地向我们说明了这些有限的案例实际能够告诉我们什么。加之他主要关心的是历时性变化,没有理由相信,利用向北京报告的案例会使我们对1730年和1790年的看法有何不同。

步瓯叶告诉我们,土地曾被看作世袭的财产——如有可能,应当在家族内部尽可能代代相传。所以要是哪家哪代人在哪年因为经济拮据(或是投机)把土地给当了或者卖了,他们应该在永远失去之前,还有机会将它赎回来。无力如数缴租的佃户也应该很难(尽管不是不可能)被辞退。凡此种种,不一而足。后来土地成了一种商品,可以依据正式的契约转让。国家只是在必要时才会插手,以保障契约的执行。上述两种土地观念之间的过渡是漫长的,其中还夹杂着两派既得利益集团之间的纷争。

尽管上述的观念转变是众所周知的,但其发生的具体时间却颇有争议:有些学者甚至强调,即便是民国的土地市场也并未摆脱习惯性的限制。但是步瓯叶着重指出,在珠江三角洲,早在乾隆(1736—1795年)时期"现代"产权就被广泛接受了,之后因产权导致的暴力冲突也大为减少。且大多数矛盾都发生在同一阶层内部——比如被辞退的佃农跟后来的替代者之间——而非不同阶层之间(第227页)。

在广州的第二大核心区——潮州和惠州,上述转变贯穿了整个十八世

---

6 这一差别究竟多大,人们对此争论良多。例如,黄坚持认为,当县令不得不正式做出裁决时,他会恪守大清律,而对习惯法不予考虑(《民事审判与民间调解》,第12、77—87页)。滋贺秀三恰恰相反,他认为县令扮演的角色常常与地方调解人一样。梁治平(《清代习惯法》,第129—139页)采取了折中立场,不过他的观点更接近滋贺秀三,他声称(我认为很具说服力),县令相当重视习惯法,但是(尤其是当发生暴力犯罪时)他们倾向于简化地方习惯法,且不接受习惯法所做的种种细微区分。这里值得一提的是,仅仅如黄那样说明县令在断案时引用大清律并不能表明他们完全仰仗的就是大清律;他们常常(就像在多数司法体制中法官们做的那样)会为不同的裁决选用不同的法条作为依据,他们选择的理由可能是多样的。步瓯叶的观点(第192、214页)在我看来与梁的最为贴近,尽管由于他认为官方法律和习惯法随着时代变迁日趋类似,而对此问题关注较少。同时请参照上文提到的苏默对这一问题的探讨(第17—22页),会有助于我们理解。

纪。市场迅速发展,人口激增,土地对劳动力的价值也随之升高,于是有产者开始不遗余力地进一步划分,扩大地界和保护自家的产权。这些做法导致短期内冲突增加。国家起初还想涉足调停,至少是维护一些限制市场影响的习惯做法。可正如步瓯叶表明的,到十八世纪末,习惯做法本身也在变,国家也基本认可了那些变化,并且制定新律法来限制赎回已售土地的权力。同时,地主更容易辞退(甚至惩罚)不按期按量缴租的佃户(第92页)。1750年之后,广东全省因产权问题导致的暴力争端显著减少,人均冲突数及与其他原因导致的暴力相比都是如此(第149—152页)。但十八世纪末,其他形式的暴力有所增加,尤其是像兄弟会、宗教教派、士绅武装和其他组织的集体暴力,这反映的问题又有所不同(第228—229页)。由于社会流动性增强,社区的凝聚力确实随之式微,国家维持农业社会秩序的能力也同样衰落——这些都促使五花八门的非官方组织建立,以维护各自集团的利益——相比而言,产权争端已不再那么显眼。反对新秩序的人大都很孤立(参与争端者不过4人左右(第119、126页)),他们只是在捍卫旧习惯而已。

在人口快速增长,社会冲突不断加剧,国家力量日陵月替的情况下,产权争端居然并未增多,真让人百思不得其解。看来只能接受步瓯叶的解释,那就是因为一个新的产权框架逐渐为人们所普遍接受了。不过,我们应当记住,这个结论终究是缺乏直接证据的——如前所述,十八世纪没有与《报告录》相对应的资料,我们也并无像收录在《中国惯行调查报告》中的二十世纪华北访谈录之类的资料。[7]在这些访谈中,村民们自己讨论财产交易应如何进行。因此在我看来,步瓯叶的假说尽管可行,但还不足以排除其他的可能性,例如像宗族这样的机构解决争端能力的加强。

那么如何解释产权的这种变化呢?步瓯叶借鉴了诺贝尔经济学奖获得者道格拉斯·诺斯(Douglass North)的成果。诺斯认为,无论是在更富人情味的、非市场驱动的经济中,还是在个人色彩不那么浓、市场角色举足轻重

7　我这里指日本南满铁道株式会社根据对6个华北村庄的调查编辑的六卷本《中国惯行调查报告》(*Chūgoku Nōson Kanko Chōsa*, Tokyo: Iwanami Shoten, 1953—1958),而不是陈翰笙使用类似题目所作的研究。

的经济中，人们从经济学的角度来讲都是同样“理性的”：差异只是在于环境的不同。诺斯还提出，当多数交换都发生在较小的范围之内时，人际关系可以承担调节交易的责任。当大家相互都很熟悉，一再跟同样的人打交道时，个人信誉是特别重要的，如果不按当地的乡规土俗行事，苦心经营的声望就难以保住了。于是，正式的规则和执行机制就显得不太必要，而且它们的代价昂贵，不值得建立和维护。不过随着人口增长、交通改善以及其他变化的发生，市场参与者不断增多，人们也逐渐感到，只要能确信陌生（或者几乎是陌生）的交易对象会公平行事，他们就可以从许多潜在的生意中获益。然而在这样一个更为匿名的世界里，单凭个人声誉显然难以保证交易公平。越来越多的商业机会需要有更多客观的、可行的保障。由社会自发产生的个人和组织至少从某种程度上满足了这一要求：商人的行会组织、乡村或宗族的长辈、牙行，还有其他受雇的中间人、会馆，以及手握现金的人等。不过，这些权宜之计仰仗的群体，也是凭借自身其他方面的力量（可以排除那些不合作的个人）来执行这些办法的，所以从长远来看，一旦交易的数量及其复杂程度增加了，这些角色就很可能由专业规范者和执行人来扮演。这些人像县令、讼师一样按章行事（参见步瓯叶书中所作的总结，第 25—28 页）。由于此过渡并不一定平稳及时——政府可能因为多种原因未能在必要时提供可靠的保障或对违规者加以惩处——通常的情况就是某些专门机构开始出现以因应经济需求。不论好坏，从“道义经济”向“市场经济”的转变不需要从外部强加给某个群体。步瓯叶很好地证明了这一论断至少符合帝国晚期广东省财产交易规则变化的情况。

步瓯叶的研究表明，国家是根据地产权的变化作出调整，而不是主导这种变化。尽管大清律是全国通行的法律，其变化所反映的社会变迁却可能在广东早已发生，但在甘肃甚至河南尚属一项变革性创举。如此一来，观察几个省份的实际情况，看看暴力财产争端的发展态势是否像我们预测的那样大相径庭，肯定会很有意思。例如，1740 年到 1756 年的法律变化反映了在广东已经普及的做法，但它们在商业化程度较低的省份并未传开（第 96—97 页）。那么，应该有理由预料暴力冲突在广东减少的同时，在其他省份应有所增加。如果真有这样的例子,我们还可以看看商业化程度较低地区的县令是否并不严格照章办事,因为他们可能会认为某些法律不合理。这样我们就能更清楚地看出清代法制的特点。当然,这些假说尚需大量的研究加以证明。步瓯叶在其书中已经做出了不小的贡献,如果要求他一力承担如此艰巨的任务,未免太过严苛。

步瓯叶确实利用了从其他省份搜集来的资料。他以山东和四川的案例,支持自己关于“由财产权导致的命案是过渡现象”(第192页)的论断。他的基本观点是,山东人口稠密,与跨地区市场关系密切(鲁西与沿大运河南下地区之间的贸易往来,鲁东沿海贸易日益频繁,尤其是出口大豆到江南),该省土地商品化的观念转变早于广东。而四川经历了明清交替的芟夷乱世,十八世纪乡民还在陆续地返回,重建家园。当地的商业化程度较低,较之劳动力价格,地价也便宜得多,所以人们对划清地界、明晰产权的要求也不那么强烈。因此,山东乾隆年间由财产权导致的暴力冲突就不多见(第158页)。而在四川,此类争端到乾隆末年才刚刚开始增加,当时的土地/人口比率开始变得不那么令人舒服了。

步瓯叶的结论也许没错。可在我看来,作者此处所举的材料并不足以支撑其论点,当然,这种情况在书中很少出现。一方面,认为十八世纪山东全省的商业化程度都很高,这一说法未免牵强。山东的某些地区确实很早就卷入了跨地区的市场,但全省农业产量在当时的华北并不突出。[8]所以,关于山东在潮州等地之前就已将土地变为“普通”商品的论断可能站不住脚。如果作者能像研究广东那样也将鲁川两省按地区划分开来(这需要更多的资料),其观点就能得到更全面的检验。另外,步瓯叶的所有材料可以证明的是,山东乾隆年间由财产权导致的暴力争端不多。至于当它从世袭

8 对山东农业商业化的调查,参见许檀:《明清时期山东商业经济的发展》,北京:中国社会科学出版社,1998年,尤其是第29—82页。对谷物市场的定量分析,参见李明珠:《华北谷物市场的整合与崩解,1738—1911》(Lillian Li,“Integration and Disintegration of North China's Grain Markets,1738—1911,”*Journal of Economic HIstory* 60:3(2000)),第665—699页,尤其是第683—685页。作者所依据的材料大多来自直隶,但对山东应当也适用。

土地制转向土地商品化时暴力冲突一定增加的观点,纯属臆测。其实山东也许从来就没有许多这样的暴力争端,否则我们就需要一套不同的阐释框架。另一方面是关于四川。乾隆前半期,土地法确实发生了变化。但依步瓯叶和诺斯之见,这是在四川"需要"这些变化之前,因此不可能准确判断:后期的暴乱增加所反映的究竟是步瓯叶所说的人口压力呢,还是地方上很难适应他们认为并无必要的新规则。如果后者是实情,四川的暴力反映的可能更像是一个怀疑外部强加的商业化的群体在捍卫传统的财产关系和"道义经济"——这种情况跟卡尔·普兰尼(Karl Polanyi)等理论家设想的一模一样,而诺斯对此则不以为然,步瓯叶也坚信广东的情况并非如此(下面还会看到更多这样针锋相对的假说)。这不是说步瓯叶对山东和四川的分析有误,在一本大部分内容都言之有据的书里有一章富于推论并不为过,只是作者原本可以更详细地论述这其中不太确定的内容。

还应注意的是,步瓯叶认为土地商品化的观念早在十八世纪末就被广泛接受,这与其他两种传统观念大相径庭。(这是他的著作格外受人瞩目的一个原因。)其一是二十世纪中国革命者的观念,他们通常认为二十世纪初叶(广义上讲也包括清代)中国的土地使用制度仍是"封建的"。其二是历史学家的观念,他们一般不认可革命派的观点,即"前资本主义"的土地制度都是强加在农民和中国生产力发展之上的枷锁。不过他们在以下两个重要观点上与革命派不谋而合:1. 土地制度并未随着市场关系的增加而得到彻底的革新;2. 农民并不一定承认缺少"人情味"的市场之合法性。这些学者眼中的斗争持续不断,从帝国晚期的地方冲突到二十世纪的革命浪潮。在这些斗争中,农民寻求保护以重建推崇互惠、集体和安全的"道义经济",以此来约束有产的精英分子。因为这些上层人士日益忽视"道义经济"的原则,不顾一切地从日益扩展的市场中攫取最大利益。[9]

9　了解道义经济观点在广东适用的情况,参阅 Robert Marks:《华南农村革命:海丰县农民和历史 1570—1930》(*Rural Revolution in South China: Peasants and the Making of History in Haifeng County, 1570—1930*. Madison: University of Wisconsin Press, 1984)。步瓯叶在第 21—22 页对这部作品作了非常简短的介绍。采用这一视角的经典之作是 Karl Polanyi 所著《伟大的转变》(*The Creat Transformation*. New York: Farrar and Rinehart,

一方面步毗叶声称十八世纪末新的产权形式已被接受,另一方面也有证据说明二十世纪这种产权受到敌视,我们该如何解释这个矛盾呢?一种可行的方法就是将目光集中于地理位置上,用步毗叶研究的相对“发达”地区与江西高地、延安、鲁豫交界地区以及其他特困地区(共产党在此获得的农民支持最多)进行比较。不过这样并不能解释所有的问题,因为有些资料谈到,“封建”土地关系的迟迟不去,甚至二十世纪某些对“道义经济”的怀念,都出现在相对发达的地区。还有一种引人入胜的解释,就是十九世纪出现的大量危机实际上抵消了步毗叶所关注的十八世纪部分社会文化的发展。商业化在十九世纪继续深入,这一点毋庸置疑。可经济生活中的不安定因素和边缘化人口的日益增多,使得市场看起来(尤其是对失意者来说)不那么理想,不像相对稳定与繁荣的十九世纪时那样尽如人意。于是人们又逐渐对式微的“道义经济”产生了兴趣。同时,十九世纪和二十世纪初社会秩序的崩溃也可能促使权势人物在跟佃户和债务人打交道时重新采用强制性的市场外关系,这些关系在清代繁荣时期已渐渐抛弃。如果这些假设正确,我们就会看到无论是在农村权力结构的顶端还是底层,都存在与接受土地商品化制度相偏离的现象;不同层面出现的情况还会遥相呼应。

然而我们也要注意到,步毗叶推论说“农村居民逐渐接受了新的经济秩序(第152页)”,这一结论还有很大的余地可供发挥。人们也许真的认为自由订立的契约应当不加修改地履行;也可能只是勉强接受契约会执行的事实,所以不再为此发生口角;人们还可以采纳折中的态度,像只要市场允许,与陌生人怎么打交道都行,但如果对方是同村人甚至近亲,就不能这样随便了;此种态度很符合即便是在革命之后仍深入人心的儒家思想。[10]就是在

1944);James Scott 所著的《农民的道义经济:东南亚的起义和生存》(*The Moral Economy of the Peasant:Rebellion and Subsistence in Southeast Asia*. New Haven:Yale University Press, 1976),以及 E. P. Thompson 写的《18 世纪英国的道义型经济》(“*The Moral Economy of the English Crowd in the Eighteenth Century*,”*Past and Present* 50(1971)),第76—136页。

10　要查看二十世纪六十至八十年代广东村庄的一些例子,参阅 Anita Chan. Richard Madsen 与 Joanthan Unger:《毛邓时代的陈村》(*Chen Village Under Mao and Deng*. Berkeley:University of California Press,1992)。

当代最完善的资本主义社会里，人们也大多认为，在极端不平等的情况下，坚持彻底履行“自愿的”协定应当有限度：例如，如果有人不得不在逃避迫害时低价处理不动产，而他返回之后又要反悔，大概很少有人会认为这样做不对。而对那些成本不高却很急需的药索取天价，此种做法可能没几个人会支持。

因为关于十八世纪人们心态的史料不足，所以不可能知道步瓯叶的案例在多大程度上反映了对传统的“合作和互惠原则（第227页）”的抛弃。比如，那些出卖土地后又索要追加款的人似乎的确是因为走投无路才出此下策（第186、190页）。这种情况可能就说明，多数人都有遵约的观念，只有那些被排斥于主流之外，或是极其困窘、根本不用担心失去什么的人，才会提出非分的要求，违背大家认为适当的规则；这看上去就是步瓯叶如何解读手中证据的。但是，那些人提出的要求也许反映了一种更为普遍的情感，那就是对处境极其艰难的人在履约时应当放宽条件，可这样又会诱使他们违背契约。同样为解决争端，大家继续借助中间人而不是像今天人们常做的那样事无巨细地订立契约，对所有可能发生的违约行为规定解决办法。这无疑表明下述事实：签约双方多数情况下相互认识，国家对乡村的渗透也很有限，在这样的社会中，仰仗地方上有头有脸的人是履行契约的最廉价、最有效的方式，这一点正是步瓯叶和诺斯所强调的。不过，我们并不能排除下面的可能性，就是此现象也说明，在极端情况出现的时候，大家更愿意倚仗一位德高望重的人士，凭借他对合理人际关系的谙熟，来对契约的履行作出修正。正如梁治平所说（第161页），从人际关系到契约的转变并非一蹴而就（第161页）；它也不必是一次性的、彻底的转变。看来一个不以人际关系为基础的土地市场，以及其他一般的市场，很可能已赢得了人们的信赖，大家大体上可以依赖履行的契约，因此就推动了经济的增长，而我们也能用客观的市场概念分析经济活动。同时，人们仍然遵循一些其他的社会规则，这从政治上讲非常重要，尤其是当年景不好、社会动荡使得“极端”艰难也变得不那么极端时，艰难的处境也就不能完全归咎于个人的失败了。

步瓯叶书中的末章关注的是法律制度本身。与近来的一些学者所见略同,他认为大多数清朝县令都能准确及时地照章办事,既保证契约的执行,又考虑到当地的乡约土俗(第192页)。这些学者都认为此时的司法制度并不像大家通常所想的和过去研究所说的那样臭名远扬,其实它还是比较高效、公正和节约的。可县官并没有多少可靠的手段来执行判决:于是他们最多只能找到一条地方上协助执行的解决办法(第214页)。由于国家执行判决不力,百姓自然就懒得去官府告状,从而更容易诉诸武力。步瓯叶强调,在命案发生之前,官府很少干预——只有在不到15%的案例中,官府曾经插手(第194—195页)。不过,我对此稍有不同见解。在命案发生前,争端持续30天以上、一年以下的案例中,官府曾予涉足的占1/4。而那些拖拖拉拉一年多的争端,几乎一半的案例中都有官府插手(第194—195页)。如果考虑到官府辖区范围之大,层层交织的宗族关系网又提供了其他解决争端的方式,还有报官涉及到的费用和风险,上述比例已经不算低了,就犯不着用对判决执行机制没信心来找理由了。引人注意的是,命案发生前官府干预过的,以划分地界的争端为多(持续30天到一年的24例中的10例,持续一年以上的16例中的12例),而像佃户欠租、辞退佃户和赎买土地之类的争端,官府较少插手。我们因此会觉得,卷进划界争端的人比陷入其他冲突的更富裕一些(要知道佃户欠租和辞退佃户导致的争端所牵涉到的大都是佃户及其替代者,而不是佃户和地主),虽然讼费[11]昂贵,但还没到让这些人望而却步的程度。要想全面了解农村争端如何解决(不管是通过国家还是别的手段),尚需更多的研究。不过跟他关于产权问题的讨论一样,步瓯叶这里的工作为后来者开辟了道路。

---

11 黄宗智:《民事审判和民间调解:清代的表达与实践》(*Civil Justice in China: Representation and Practice in the Qing*. Stanford: Stanford University Press, 1966),第184页。步瓯叶书中援引《杀戮,市场和道义经济:18世纪中国财产权的暴力争端》(*Manslaughter, Markets, and Moral Economy: Violent Disputes over Property Rights in Eighteenth-century China*. Cambridge: Cambridge University Press, 2000),第195页。

四、编外人员和正式的法律机器(I):书吏和差役

较之苏默和步瓯叶,李得更加关注政府自身的运作,尤其是步瓯叶书中引发我们思考的法律执行机制的问题。李得的书是第一本真正系统研究维持中国地方政府运转的书吏与差役的著作。他们的工作在清代以前(至少在理论上)是一种强迫性的短期差役。而在清代,这份工作则是全职的,且供人自由选择,尽管大多数人既没有清政府的正式认可,又拿不到国家给付的钱粮。只在辖区内服役几年的外来县令们发现这帮备受时人和现代学者指责的(指责他们背着统治中国的儒生大夫,私下里做些见不得人的勾当)属僚们很难控制。不过李得表明,书吏和差役在很大程度上懂得自我约束。他们有一套行为准则和执行判决的手段,可以限制其敲诈勒索。这使得他们变得比人们以前认为的更像是经制吏役。李得指出,实际上这些吏役在清代已变得日益职业化了。他们以自己的工作为荣,因为这需要长期的训练和专门的技巧,所以应当有稳定的经济收入作为回报。他们还会制定新规则来安排工作,这些尝试往往会被援为先例,以资借鉴。

长期以来,书吏和差役不是被认为穷困潦倒,就是被说得一钱不值,他们贪污受贿,搜刮钱财。同样值得注意的是——尤其是在清代取消了许多"卑下"的阶层(这些阶层在步瓯叶和苏默的著作中很突出)之后——在整个帝国后期,差役(但不包括书吏)的法律地位都低于其他平民(第149—151页)。其实大多书吏的出身都不错(像小商人、科举失意的书生等(第51—58页))。就连许多差役的家里也还有些经济资源。李得认为,至少到十九世纪(这是他研究的重点),"法律地位卑下的耻辱"不再与职业选择相关(第155页)。书吏和差役的收入虽没多少,但一般足够糊口。而领头的吏役还可能相当富裕。书吏和差役都讲究重要技艺的传承。至少用他们自己的话来说,其工作与儒家理想中的仁治政府浑然一体。

李得开篇展示给读者的就是吏役创造出来的一套精密系统,它用以分配工作,并解决由雇佣和提拔所导致的争端。尤其令人吃惊的是,这些规则

不被法律承认,甚至有许多相关的办事程序(比如,提取规费)明显违法,可到了县令来解决官府内部的争端时,常会引用这些规条(书面引用)。然而因为它们不具备最终的法律效力,自然就不能单靠这些法规来保障衙门的秩序和安全:还需要各种各样以宗族、朋党等为基础的关系网作为补充。李得正确地认为,不应把这些人际关系都视为失败的或不完善的官僚体制的标志。那样想的错误在于假设清代官府的主要人物希望尽量将地方政府推上一条韦伯式的发展道路,可实际上,这些人所想的完全是另外一回事。这种想法还忽视了以下事实:在很多情况下,小集团主义和正式的规则可以通过多种途径互相补充,而并非水火不容(李得甚至可以进一步指出,无论表面上说得如何天花乱坠,任何官僚体系内部都存在着裙带关系)。李得最引人入胜和至少对我来说最新颖的发现就是到十九世纪中叶,一些县开始出现由士绅主持的机构,用于管理吏役收取规费的数额和用途。由此一来案件的解决就可能与规费脱钩,人们也普遍认为此做法是必要的(第228—234页)。以往的研究者总说,官府对贪污之风姑息纵容,中国的国家机器僵化停滞,官府底层的卑微走卒同享有社会声誉、但没有正式官职的地方士绅之间势同冰炭。但现在借李得之眼所看到的情景则迥然不同。李得表明,以往的帝国晚期地方政治模式强调士绅与衙门走卒之间的不断较量,其实常常反映了一种不合理的观念,即国家与社会必如近代西方那样泾渭分明(第248页)。其实我们应当追溯到中国与西方极为不同的立国观:政府必须融入道德与和谐之中,而不是冷酷无情的功利主义统治工具(第264—265页)。

作为结论,李得提出了一些假说,用来解释当传统官僚体制无法满足人口增长和迅速商业化带来的新需求时,传统政府观念如何束缚了清廷的手脚。作者首先提醒我们的是,在帝国后期的大部分时间里,尽管人口膨胀,流动性增大,商业发展以及政府正式编制规模的不断缩水,但一些由地方士绅或衙门走卒(有时是双方相互协调)制定的非正式的规则,仍然保证了行政系统的正常运转——督催课税、惩处暴力犯罪、镇压小型起义。其次,由于政府主要被看作是维持或者重建秩序的道德和自然进程的一部分——也只不过是这一进程的一部分——所以,“社会政治规则和理想就应是浑然一体的:同样的道德标准要求人们同样顺从皇帝及其代表和社会精英。”(第264页)如此看来,地方士绅的权利与国家权力的来源相同,只要旧的地方政治体制在完成维持社会秩序等既定目标方面做得不错,那么即便别的体系对中央能更加灵活应对,政府官员也不太可能赞成取而代之。国家将很难找到理由加强对基层社会的渗透,因为这是地方精英及其仆从都无法完全信服的。因此,县令治下的官府各种势力相互妥协,“人情味”浓厚,但这并不意味着实现韦伯式道路的失败。这一道路对许多有雄心的国家来说是自然的(当然清政府在许多方面也雄心勃勃)。相反它表明了一种不同的政府观念。即便社会的剧烈变化使得这一观念变得不切实际,精英阶层大都仍然执着于它。

所以李得认为,不应把衙门里的吏役视为国家豢养的一帮不务正业之徒,他们并没有如清代官员讲的那样损害父母官的形象,也没有像当代西方学者常说的,“妨害国家权力向地方的渗透和帝国晚期国家与社会的和谐关系。”其实我们应该将衙门视为协商沟通之所,它既不只属于国家也不单属于社会。李得实际上走得更远,他说衙门的这种情况并未背离常规,因为其本身就成为了规范(第258页)。老百姓同政府打交道,大都是通过衙门走卒,他们对国家的看法也大都由此产生。

这一常识性的判断实际上包含了无论从内容上还是方法上讲都具有挑战性和争议性的主张。此观点认为,尽管国家和士大夫几个世纪以来一直在倡导儒家的治国观念,而且这些观念也确实通过多种途径——宣读圣谕、民间戏剧情节、政府主办的仪式等等——进入了大众文化,可它们却无法抵消百姓与政府实际接触所留下的负面印象。当人们跟官府打交道时,这些不良印象会促使他们设想应该会遇到什么情况,而不是实际会遇到何种情况。因此,作为学者,我们应当将儒家的教条仅仅视为社会的一个方面,而不要把它们当成整个社会的行为规范——如果仅凭这一标准,许多衙门的表现都应被视为“失败”和/或“腐败”了(第256页)。我不知道自己会不会像李走得那么远,因为就是吏役在解释自己的行为和见解时,也明显受到了儒家思想的影响。李自己在上面也提到了政府如何作为道德与和谐的一部分,而不只是功利主义的工具。不过正如李得建议的,应当循着他指出的方向进行一些修正。一旦作出这样的调整,在国家与社会的相互渗透方面,有关双方种种交织关系的画面就更清晰了。在我们和清朝官员看来,这些关系有些是起作用的,有些则没什么用。于是我们就更能得到合理的观念,以助于理解帝国晚期的社会和国家发展之轨迹。

五、正式法律程序中的编外人员(II):讼师

这就是马考莉雄心勃勃著作的开卷之题。此书的出发点是清政府的规模太小,根本不足以管理那样一个越来越大(虽有所节制)、日益复杂的社会,尽管十八世纪大多数时候政府的预算有节余,可以供养更多(或者收入更高)的官吏。作者将帝国后期比作一块块的殖民地,各地都想方设法尽量降低统治成本,仰仗地方精英执行习惯法,以解决多数争端(当然她也注意到这一类比在很多方面并不合适)。实际上,县衙常常不受理状词,而是让告状者去找乡保、功名在身的人,或是地方显贵调解纠纷。不过,许多人都担心在这些非正式的地方场合得不到公正待遇,所以就很想找人代写呈词,以求县令受理。马考莉多从办事人员着眼,观察非正式与正式司法程序之间的区别——也就是说,关系面稍窄的诉讼人可能会觉得自己在地方显贵所主导的非正式场合难以受到公平对待。还有一种可能上文也不断提到,那就是县令可能更多地仰仗国家法律而不是乡约土俗:由于老百姓了解这一点,即便是非正式调解人完全可以依据习惯法公正地解决,官司中一方仍可能坚持让县令收取讼状。马考莉强调,不管出于何种考虑,讼师的首要任务是让县令受理讼状。

因此,多数代写呈词者的惯用伎俩是危言耸听,以求衙门受理(状词以后可以修改)。这其中自然免不了捏造被告暴力的行为。明代法律中规定讼师不得夸大其词。到了清代,则不仅不允许捏造案情,连讼师本身也被视为非法:告状人理论上应当亲自呈词,除非是需要自己的亲族代为办理。

官员和士绅阶层的道德家对讼师总是微词不断，喝骂之烈颇似今天美国的一些老顽固。不过，在马考莉找到的案例里，讼师经常站在弱者一方（第119—121、146—183页）：这些人担心地方显贵的调解会对自己不利，而这种顾虑不是没理由的。从作者引用的好些案例中，我们都发现，地方上势力强大的宗族不仅掌控着乡里的统治权，而且还支配着衙门的吏役（第180—181页），所以那些跟地方精英发生纠纷的百姓在向天子律法寻求公道时，自然需要帮助（这里讲的是，在商业较发达的地区更好找代写状纸的人，于是官司也随之增加。而黄（《民事审判与民间调解》，第169—170页）在比较两地的档案之后提出，随着商业化发展，那些有"一定手段或地位"的原告数目在增加，而普通农民却越来越少。不过我们现在搜集到的资料还很有限，担心这种种论断能否调和还为时尚早）。

提供这种帮助的讼师看起来是名人，需要帮助时很容易找到他们，但他们往往能避过地方官的耳目：这不啻说明民间保护他们不让官府知道（第41、123—124、131页）。即便案子被驳回到乡里调解，讼师通常也责无旁贷地参与其中——这表明他们一般在地方上声名不错，可以拿出或是执行一套非正式的解决方法（至少在马考莉找到的一张名单中，被逮捕的讼师近半数是生员或监生（第56页），这些人虽然在士人阶层日益被边缘化，但他们毕竟还是士人）。前面已经说过，他们常常是地方戏曲里的英雄。不过也有一些不守规则、只思报复的自由讼师，他们也会被视为危险的、不受控制的力量。

马考莉的书有一章十分精彩，用来介绍这些被看作是具备"另一种男子汉气概"的英雄典型。此章非常复杂，很难在此作出总结。人们提到讼师时，说他们武艺高强，还常常将其比作著名的军师诸葛亮（第302页）。他们尤其常常扮演保护寡妇的角色，这样的女性特别需要男性的保护（第319页）。讼师不像那些"手无缚鸡之力的书生"——他们原本应当创造条件保护贞洁的女子，却因为怯懦或者腐败，无法践诺。尽管如此，即便是在比较正面的描述中，讼师有时也被指责为道德品质不明确的保护者，他们可能徇私枉法，捏造牵连，不可全信，只是在必要时才不得不求助于他们；他们也并非正义和公平的最佳化身：保护寡妇虽是仗义，可是一个不相干的男人经常同寡妇接触本身就有问题；在对一位讼师尤为正面的描述中提到这位讼师收养寡妇为女，如此一来寡妇依赖他便合情合理了，不会招致非议（第319页）。只要还存在良好的士绅统治层，人们还是更愿意仰仗他们惩恶扬善。

在商业化程度最高的地区，像长江三角洲，讼师最为常见。同样高度商业化的福建给我们提供了另一个很好的例子。如马考莉所述，在福建，尽管商业化迅速发展，但当地的习惯仍然是将土地看作世袭财产，很难让渡（例如，许多人几十年后还出钱买回从前"出售"的土地，甚至是宣布从前的"出售"行为无效）。显然，两者之间极不协调（第229—237页），这与步瓯叶书中讲述的情况也不谋而合。由此而产生的纠纷甚至武装殴斗此起彼伏。所以在这种情况下，遵循习惯法反倒不利于官府节省开支，政府遂转而寻求一种更像是买者对地产有绝对处理权的产权制度（第237—249页）。（就像步瓯叶对广东的研究一样，如果什么时候能探讨福建的产权纠纷及其如何因时变化，肯定不无裨益。我们将会看到讼事增多是否表明关于财产权的争端加剧——包括抵拒与乡规土俗相悖的新型法律制度，抑或它是否说明新制定的法律同变化了的风俗习惯之间重新调整，并最终减少了暴力冲突的发生。）不过即便在这种情形下，国家还是不愿意扩大政府规模以取代那些乡规土俗，遂使局势难以稳定，这就是朝廷的失败之处（第11、229—230页）。

马考莉此处给我们的提醒跟李得对我们的警告很相近，即不应将中国国家形成的轨迹看作是西欧韦伯式道路之失败的翻版。马考莉的统计数据表明，十八世纪福建的人均命案数是其他省份的2到5倍（第274—275页）。同时作者还提供了不少证据说明宗族力量往往能阻挠国家控制或至少惩处暴力犯罪的企图（第266—276页）。另一方面，动荡不安的福建报告的命案比率与1987年的日本持平——日本可不是个无法无天的地方，还不到同期美国的1/6。[12]就算瞒报很多，这也不是仅凭"成功"和"失败"的标准

12　参见 David H. Bayley《维持秩序的力量：日本现代司法实践》（*Forces of Order: Policing Modern Japan*. Berkeley: University of California Press, 1991）第5页，其中列出日本与美国的数据。

就可以说清楚了。国家当然乐意(甚至迫切希望)许多争端自己不卷入其中就能烟消云散,这也是因为中国的国家-社会关系模式使得国家无法像十九世纪的欧洲国家那样想方设法扩展其基层活动的范围。但是,很难说后来的许多局限与马考莉所谓清代鼎盛时对国家发展的“心不在焉”联系有多密切,也不清楚到底是朝廷的分心导致没能利用“法律动力获得国家建设……的成果”(第11页),还是它代表了一种不同的国家形成模式。随着十九世纪工业化、大众媒体和其他发展的出现,国家直接深入到下民的日常生活,并使这一过程的代价和收益发生戏剧般的变化。但在这一切发生之前,中国的国家形成并不一定效率更低。

如果此处马考莉没有用外国的模式去套中国的现实(通常她对此十分谨慎),那么她所作的比较是很巧妙和发人深思的。与李得一样,她试图说明其研究的对象逐渐职业化——这是最近帝国后期研究中的一个重要课题。(杜万达(Randall Dodgen)近来就提出过关于水利工程专家的类似观点。[13])不过,作者同时也表明,中国法律行业的职业化肯定与西方的情况不尽相同,因为国家不会承认这一行业合法。至少欧洲近代早期的一些国家曾经不断试图扩大法庭的管辖范围。因此,虽然律师经常为人所不屑(跟中国的讼师不受欢迎的原因差不多),但是一个自我管理的专家集团还是持续不断地扩展,他们帮助人们走上法庭,代作法庭辩论。国家也不得不勉强地加以承认。我很难说马考莉所作的殖民地之类比对理解中国的现实有何帮助。前文中讨论过的李得的一些见解,以及王国斌的国家分形说(fractal state)[14],可能对我的帮助更大。不过,她注意到中国的国家形成与近代早期欧洲的不同,国家并未绞尽脑汁跟社会争夺控制权,这一点无疑是正确的。由于不存在包揽重要司法权力的贵族和教会,较之欧洲诸国,中国更无理由将讼师引向政府法庭以作为自身权力合法化的重要途径(第248页)。中国和欧洲的

13 杜万达:《降伏巨龙:中华帝国晚期的儒家工程师与黄河》(Randall Dodgen, *Controlling the Dragon: Confucian Engineers and the Yellow River in Late Imperial China*. Honolulu: University of Hawaii Press, 2001),第24—25、42、57—61、158—159页。

14 王国斌:《转变的中国:历史变迁与欧洲经验的局限》(Ithaca: Cornell University Press, 1997),第105—126页,尤其是第121页。

经济背景近似,而政治背景却相去甚远,讼师行业的发展与律师行业则辙异途殊。马考莉并未落入俗套,大谈什么中国文化鄙视法律辩论,她向我们生动地描绘了国家与社会的交叉重叠。马考莉与前三位作者一样,她精妙的见解将指导下一轮对中国法制史和社会史的研究。

后记:法制史和转变中的帝国

以上评论的几部著作,都给我们提供了不少探索和理解帝国后期法制史的新视角。明、清时期,商业化迅速发展,人口和社会流动性增强,人口膨胀,"自然资源"逐渐商品化并引发激烈的争夺,泱泱大国的管理越来越困难,两朝政府又是如何应对这些挑战的呢?在书中,各位作者从比较的角度开拓了读者的视野。尤其令人惊异的是,虽然上述著作中屡屡提到商业化给社会控制带来的新挑战,而且中国十八世纪市场活动的规模可以和当时世界上任何同样广大地区的市场相媲美[15],但是国家权力本身并未像主要的伊斯兰帝国(莫卧儿、奥托曼、沙法维)[16]和一些欧洲国家那样沦为可以交换的商品:在中国包税制极少,几乎不存在官职买卖(不包括买卖官方头衔),官方许可的垄断行业相对较少,没有对公共债务的投机等等。虽然具体地点的具体职务不断进行着再分工(比如,将长江流域的水利工程设施交由地方精英管理),而且国家至少勉强认可了某些集团扮演准行政职能的角色(如李得提到的书吏和差役,或是十九世纪士绅武装),但这些都没有成为官方承认的具有法人资格的集团正式讨论的话题。不过,国家的运转直到十九世纪中叶仍然是比较正常的,当时虽然灾难不断,清政府还是缓过神来,既没有完全丧失领土主权(像多数伊斯兰国家),也没有像北美、明治日

15 彭慕兰:《大分流:中国、欧洲与现代世界经济的发展》(Kenneth Pomeranz, *The Great Divergence: Europe, China, and the Making of the Modern World Economy*. Princeton: Princeton University Press, 2000),第69—107页。

16 Christopher Bayly:《帝国的巅峰:大不列颠帝国与世界 1780—1830》(*Imperial Meridian: The British Empire and the World, 1780—1830*. London: Longman's Puhlishing, 1989),第16—74页。

本和其他一些地区那样转变为与过去截然不同的民族国家(有一个相对分离的市民社会)。由此看来,令人惊叹的当是中华帝国制度基本形式的顽强生命力。尽管它经历了巨大的变化,但直到清末仍跟清初几乎是同一套系统。同时,无论政府内外,人们都身怀一套可供选择的新型管理技巧。虽然新问题不断涌现,但不管是延用的成法还是(尤其是)长远的目标,其中心地位从未动摇过。我们可以追溯许多社会、经济和行政的重大转折,但它们可能并未使帝国的治国能力、国家-社会关系,以及平息和应付争端的手段迅速过时,一直到十九世纪末外国的压力铺天盖地袭来,这一情况才完全改变。因此我们应该从中国自身的现实来思考国家发展的轨迹,而不是用西方转型模式的缺失来考察它——现在很少人还会说,我们看到的连贯性是因为缺乏变迁的动力,相反旧秩序的调适能力倒成为了大家关注的焦点。

(姚斌 译)

(原载《中国学术》第十五辑)

堕胎、避孕与绝育

——宋元明清时期江浙地区的节育方法及其运用与传播

李伯重(清华大学)

马尔萨斯认为:近代以前中国的人口行为,是一种“自然”的生理行为。作为这种“自然”生理行为的结果,近代以前中国的人口变化,就是一个不断增长的过程;只有“积极制衡”(即战争、瘟疫、饥荒等)所导致的死亡率上升,才能制止这种增加。马氏的这一观点,为中外学者广泛接受,成为研究近代以前中国人口问题的默认前提之一。[1]但是近年来中国人口史研究的新进展,已证实此观点并不符合中国的历史实际,只不过是一种“神话”而已。[2]

1　马尔萨斯本人把中国视为缺乏“预防性制衡”机制的主要非西方社会之一,在这种社会中,“积极制衡”机制是阻止人口增长的唯一手段。参阅李中清与王丰的新著 *Malthustan Mythology and Chinese Reality: The Population History of One Quarter of Humanity, 1700—2000*(《马尔萨斯的神话与中国的实际:人类四分之一的人口史,1700—2000年》),Cambridge:Harvard University Press,1999,第2、4、6章。

这一观点为近代中外学者广泛采纳。例如秦佩珩认为:过去中国人口的变化,“完全决定于出生与死亡两种力量的对比”。由于社会生产的发展和医药的进步,死亡率下降,因而“从长期来看,(人口)增长率自然提高”。他并且具体地指出:在清代初期的江南,由于“是个鱼米之乡,生活条件优越,人口自然跟着大增”(见秦佩珩:《明清社会经济史论稿》,郑州:中州古籍出版社,1984年,第244—245页)。黄宗智也持相似的观点,认为近代以前中国普遍结婚和早婚,人口变化主要取决于死亡率的变化(Philip Huang(黄宗智):*The Peasant Family and Rural Development in the Yangzi Delta, 1350—1988*(《长江三角洲的农民家庭与乡村发展,1350—1988》),Stanford:Stanford University Press,1990,p. 329)。

2　参阅前引李中清与王丰书;千里:《李中清谈美国新的中国人口史研究》,《中国李中清和王丰在其破除马尔萨斯神话、再现中国历史真相的最新研究成果中,揭示了一个出乎常人意料的重要事实:清代中国妇女的生育率,大大低于中世纪后期乃至近代早期西欧妇女的生育率。[3]由此就引出了一个问题:为什么中国妇女的生育率会比较低?合理的解释是:她们采取了某些方法来控制生育,从而有效地降低了生育率。随之而来的是第二个问题:她们究竟采取了些什么方法来减少生育次数?鉴于此问题对于中国人口史研究具有重大意义,而以往学界的研究又尚不多,因此有必要在此作一专题考察。

节制生育并非近代独有的现象。在近代以前很久,许多地方的人民就已采取各种手段来控制生育了。但不容否认的是:一般而言,大多数近代以前的节育手段的效果颇为有限。例如在西欧,早在希腊罗马时代,就已有使用节育方法的记载。但是一直到了近代早期,节育方法仍然相当落后。以十七、十八世纪的英国为例,堕胎仍是最主要的生育控制手段,最常使用的仍是那些已行用多年的传统方法,例如让孕妇洗热水澡、服强泻药、跳桌子、骑奔马等。当时也有一些节育的药物(主要是将某种桧属植物 savin 的枝端烤干作药服用)与按摩方法(主要是以强力挤揉孕妇腹部),不过使用非常局限,而且效果也很差。在避孕方面,真正有效的方法,只有延长哺乳期和性交时体外排精两种,而这两种方法在实际运用中颇多障碍。[4]在此时期,也出现了两种对后世有重大影响的避孕方法——避孕套和阴道放置海绵术。

经济史研究》1995 年第 4 期;以及李伯重:《控制增长,以保富裕——清代前中期江南的人口行为》,台北:《新史学》第 5 卷第 3 期,1994 年。

3　在近代以前的西方,一个已婚妇女平均生育 10 个孩子,而中国妇女仅生育 6 个孩子。更仔细地看,1700—1840 年间清朝宗室一夫一妻家庭,平均每个父亲只生育 4—5.5 个孩子。在实行多妻制的家庭中,每个父亲平均也只生育 6—10 个孩子。与此相对照,西方的一夫一妻家庭每个父亲平均生育 6—10 个孩子,而实行多妻制的家庭中,每个父亲平均生育的孩子竟多达 15—25 个。参阅前引李中清与王丰书稿,第 1、6 章。

4　见 E. Eyben(埃本):*Family Planning in Greco-Roman Antiquity*(《希腊罗马时代的家庭计划》),in *Ancient Society*(载于《古代社会》),Vol. 11,No. 2,1980;Lawrence Stone(劳伦斯·斯通):*The Family,Sex and Marriage in England 1500—1800*(《英格兰的家庭、性和婚姻,1500—1800 年》),London:The Penguin Group. 1979,p. 52、262、263、266、305、325。

不过在当时,这两种方法的运用,主要是为了防止染上性病,并非避孕,而且运用范围非常有限。[5]因此,就西欧的情况而言,近代以前所使用的生育控制手段尚处于落后阶段。正因如此,无怪乎当时西欧妇女生育率会非常之高。

生育控制在中国出现也很早,不过从一些关于生育控制的主要事例来看,在宋代以前,生育控制手段的使用主要限于上层社会和大都市[6],很少涉及广大的普通民众。大体而言,到了宋元明清时代,生育控制才在中国一些地方逐渐普及,成为这些地方人口行为的重要特征之一。而在这些地方中,江浙地区又具有特别重要的地位。我过去对江南人口变化的研究表明:正是在南宋后期至清代中期这五个世纪内,该地区人口变化方式由先前的高速增长,转变为此时期的低速成长。[7]将这两个现象联系起来,我们可以发现:在生育控制的普及和人口变化方式的转变二者之间,存在着密切的关系。不过,我过去关于江南地区人口控制问题的研究,时间仅限于清代前中

5 前者最早出现于十七世纪后期,其运用在十八世纪初期的伦敦上层社会人士中已得到一定程度的普及;后者也差不多同时出现,但主要流行于娼妓中。见上引 Stone 书,pp. 305—306。

6 例如,据《资治通鉴》卷三三哀帝建平元年解光奏,西汉成帝朝,昭仪赵合德专宠,其他嫔妃宫人怀孕后,被赵氏逼令"饮药伤堕者无数"。又如《旧唐书》玄宗元献杨后传载:玄宗为太子时,太平公主忌之。"后方娠,太子密谓张说曰:'用事者不欲吾多息胤,恐祸及此妇人,其如之何?'密令说怀去胎药而入"。大都市(特别是京城)庶民用堕胎药的情况也有,例如据宋代医家张杲《医说》所收《名医录》遗文,"(唐代)京师有一妇人姓白,有美容,京人皆称白牡丹,货下胎药为生"。因此可见,宋代以前医学知识及医疗服务似乎主要局限于上层社会和大都市。就江浙而言,尽管《小品方》中已记录了一些节育药方,但普通民众(特别是农民)依然采取溺婴方法来控制人口。这是不足为怪的。

7 江浙地区的人口,在唐代和北宋时期呈现出高速增长之势,但自南宋至清代中期,则增速明显下降。例如,清代江南苏、松等八府一州地域范围内的人口,七世纪中叶约有 10.3 万户,十二世纪末叶则有 102.1 万户,即 5 个世纪内增加了 9 倍(李伯重:《唐代江南农业的发展》,北京:农业出版社,1990 年,第 69 页表 2—3;斯波义信:《宋代江南经济史の研究》,东京:东京大学东洋文化研究所,1988 年,第 144 页表 3)。而十三世纪初江南人口约有 800 万,到十九世纪中叶则为 3600 万,即 6 个世纪中只增加 3 倍(李伯重:《宋末至明初江南人口与耕地的变化》,《中国农史》1997 年第 3 期;李伯重:《清代前中期江南人口的低速增长及其原因》,《清史研究》1996 年第 2 期)。

期，地域也只是清代的苏、松、常、镇、宁、杭、嘉、湖和太仓八府一州之地，而所曾谈到的人口控制手段，也包括了生育控制之外的方法。[8]在本文中，我将集中探讨堕胎、避孕与绝育这三种生育控制方法及其运用情况和传播途径的问题，而且讨论所涉及的时空范围，也将扩大到南宋到清中期的江浙地区。

为方便论述，我们在本文中将根据使用药物与否，把所要讨论的生育控制方法分为两类，即药物节育和非药物节育，依次论述之。

一、药物节育方法及其运用

江浙人民使用药物控制生育，已有长久的历史。早在南朝时代的医书《小品方》中，就已有堕胎和断产的药方。[9]这表明早在宋代以前很久，江浙医学家就已认识到有一些中药能够影响生育功能，并且从经验中总结出了一些配方。不过南朝时代人口控制主要手段是溺婴[10]，而且当时的节育方药效果究竟如何，也难以得知。[11]因此之故，药物节育的运用，可能颇为局限。隋唐时期最重要的几部医籍（如德贞常的《产经》、孙思邈的《千金要方》与《千金翼方》、王焘的《外台秘要》），都收录了一些"断产方"、"疗妊娠欲去之并断产方"、"妊娠欲去胎方"，以及适用于"胎动安不得须下"、"羸人欲去胎"、"因得病去胎"等情况的配方。[12]这些配方适用于不同的情况（例如有的

8　见李伯重：《节制生育，控制增长：清代前中期江南人口问题探讨》，《人口与计划生育》1996年第3期。

9　参阅马大正：《中国妇产科发展史》，太原：山西科学教育出版社，1991年，第62页。马氏认为《小品方》是晋人作品，但据任旭《〈小品方〉简介》和廖育群《陈延之与〈小品方〉研究的新进展》（《中华医史杂志》第17卷第2号，1987年），应为南朝刘宋时代的作品，兹从之。

又，本文下面在谈到中医妇产科的进步时，还参阅了马氏书第54、116、131、137、146、185、208、221、253页，兹一并标明出处，不一一列出。

10　参阅李伯重：《唐代江南农业的发展》，第67页。

11　前引马大正书，第116页。

12　参阅刘静贞：《从损子坏胎的报应传说看宋代妇女的生育问题》，台北：《大陆杂志》第90卷第1期，1995年。

堕胎方适用于孕妇体弱不能安全生产,有的则适用于难产),所追求的目的也有差异(例如有的想要流产,有的则想要绝育),但主要都是从保全孕妇出发,并非着眼于减少出生。同时,这些配方是否在江浙一带已得到运用(或广泛运用),因文献阙如,尚不得而知。

到了南宋时代,情况有颇大变化。当时的妇科权威、建康府医学教授陈自明在其《妇女大全良方》卷十三"妊娠胎动安不得却须下方论第三"中说:"夫妊娠羸瘦,或挟疾病,脏腑虚损,气血枯竭,既不能养胎,致胎动安不得,终不能安者,则可下之,免害妊妇也"。这仍然是将堕胎作为保全孕妇而不得不使用的手段,并非新见。但值得注意的是,在同书同卷"断产方论第六"中,他明确地提出:"欲断产者,不易之事。虽曰天地大德曰生,然亦有临产艰难,或生育不已,或不正之属,为尼为娼,不欲受孕,而欲断之者。故录验方以备其用。"这就把药物节育的运用范围,扩展到了那些过去不为社会认可的节育要求(如因生育过多或非婚姻怀孕而需堕胎或绝育等),并且为各种节育提供了医药帮助。此后,这种看法逐渐为越来越多的医药界人士接受,以致成为一种医家共识。到了明末,一个专事打胎的江湖医生公然宣称:"有女眷们为儿女多了要绝孕的,又有因产育艰难不愿保全的,也有那大小妨忌暗行损害的,还有偷情有孕打胎灭迹的",所以医生以药物为人"堕胎、绝孕"是理所当然的。[13]这种看法的出现与普及标志着:在江浙地区,药物节育的必要性,已逐渐得到医学界的认可。这种认可,对药物节育方法的进步具有十分重要的意义,并使得药物节育不再是一种由非专业医药人士所把持的行当。到了清代中期,药物节育知识在江浙一带民间已非常普及,因此当时著名的江苏人口学者汪士铎,才会在其《汪悔翁乙丙日记》中,提出将"广施不生育之方药"和各种"断胎冷药",作为控制人口增长的主要

---

13 见《禅真后史》第十八回"全伯通巧处生情,郁院君梦中显圣"。此书作者方汝浩,从日本晃山慈眼堂藏本本序后署名来看,可能是洛阳人,但书中行文,不见北方俗语而不时可见到江浙俗语。又,该书于崇祯初年写成后,很快就在浙江刊出。由此推断,作者可能是原籍北方、但生活在江浙的文人,该书所反映者,虽托言唐代湖南,实则应系明末江浙一带情况。

手段之一。

南宋以来江浙人民所使用的节育(即堕胎、避孕和绝育)药物,主要是哪些?其药理机制是什么?应当怎样使用?临床使用效果如何?有何副作用?下面,我们依据各方面的史料,来看看这些药物的主要种类、配方及其使用情况。

(一)堕胎方药及其使用

堕胎,在传统的中医文献中称为打胎或下胎,现称人工流产。根据怀孕时间的长短不同,堕胎也分为两种。在怀孕前中期堕胎,一般称为引产;而在怀孕后期堕胎,则多称为下死胎。其所以称为“下死胎”,是因为此时所堕之胎,通常是已死在母亲腹中的胎儿。从堕胎者的主观目的来说,下死胎与引产并不相同,因为前者意在打下已死之胎,以保全孕妇生命,与节育无关;而后者的目的则是打下活着的胎儿,从而避免生育。这里将下死胎和引产一并谈论,主要是因为二者所使用的药物大体相同,只是在用药量方面有所不同而已。而在宋元明清医书中,关于前者的记载要比后者更多。

1、主要的堕胎方药

有一些中药会导致孕妇流产,宋代医家已知之甚详。北宋末年出版的《经史证类大观本草》中已列出会导致流产的药物 55 种,而在差不多同时出版的《太平惠民和剂局方》收录了儒医周鼎所集的孕妇产前药忌歌诀,更包括了能致堕胎的药物六十余种。[14]此歌诀也被陈自明《妇人大全良方》卷十一“孕妇药忌歌第十一”收录,可见关于这些药物的知识,在南宋江浙流传已颇广。在这些药物中,有一些(如牛膝、三棱、干漆、大戟、巴豆、芒硝、牵牛子、芫花、桃仁等),经现代药理实验证实,或为子宫平滑肌兴奋药,或为具有刺激性的强泻药,或为催吐药,孕妇服用后确实可以导致流产。[15]不过有一些(如鸡、鸡子、驴马肉、姜、蒜等),则未必会有堕胎之效。到了明代,李时珍

---

14 见前引刘静贞文。

15 严世芸主编:《宋代医家学术思想研究》,上海:上海中医学院出版社,1993 年,第 104 页。

在《本草纲目》中对当时所知的"下死胎"药物进行筛选，将其数量减少到34种。明代浙江名医张景岳（介宾）的《景岳全书》"妇人规"和清代江苏名医陈勿庵的《胎产金针》中列出的"妊娠药禁"和"胎前禁药"，也都与李氏所言相近，均仅有36种（二书所列出之药物种类略有不同）。清代光绪初年刊出的《验方新编》（作者不详）卷五"论孕后宜忌药材"中，又对前人所列出的"下死胎"药物进行进一步的筛选，从最常见的中药中，特别挑选出28种，特别告诫说："此系妇人胎前忌，常须记念在心胸。"[16]从现代药理学的角度来看，该书所开列的28种药物（特别是巴豆、大黄、红花、附子、麝香等），大多药性猛烈、大寒大热、攻遂祛下之力强，具有破血、和血的功效，确有诱发或导致流产的作用。不仅如此，该书还指出：在过去医籍中所列出的"下死胎"和"孕妇不宜"的药物中，有一些（如斑毛、水蛭、蛇脱、蜈蚣、水银、信砒等），毒性较大，不宜使用；另外一些（如大豆、姜、蒜、鸡卵等），则未必会引起流产。与此相较，陈自明在《妇人大全良方》卷十三"断产方论第六"中虽也指出当时所用的堕胎方药中，"多有用水银、虻虫、水蛭之类，孕不复怀，难免受病"，但所列举的种类较少，而且未谈到不能有效堕胎的药物。因此，上述对妊娠忌药的筛选过程，也表明医学家们对堕胎药物药性的认识，又比过去进了一步。

单独服用上述药物中的某一种，固然可以堕胎；但是如将若干药物配伍使用，效果会更好。因此，以这些药物为基础，宋元明清医生总结前代的和当时的经验，得出了若干以堕胎为目的的配方，即当时医书所收录的各种"打胎方"。根据目的的不同，这些打胎方也分为两类，即引产方和下死胎方。因此，在使用这些配方来堕胎时，医生可以根据孕妇妊娠期的长短和其他情况，选择某种最合适的配方。例如，在怀孕前中期，可以使用引产方药；而到了怀孕后期，则可使用下死胎方药。

宋代以前文献中保存下来的打胎药方，刘静贞从方书中搜寻的结果是：

16　这28种药物是乌头、附子、天雄、牛黄、巴豆、桃仁、芒硝、大黄、牡丹桂、牛膝、藜芦、茅茜根、槐角、红花、皂角、三棱、莪术、薏苡仁、干漆、闾茹、瞿麦穗、半夏、南星、通草、干姜、大蒜、马刀豆、延胡、常山和麝香。

南朝时代有 7 个,隋朝 1 个,唐朝 15 个。去其重复者,宋以前共有 10 个。宋代文献中堕胎药方(即“断产绝育”方剂),有黑神散、催生丹、琥珀黑散、大圣通真丸、二十四味万灵丸、当归川芎水煎方、半夏散、附子汤、桂心汤、地黄汤、牛膝汤、瞿麦穗汤、姜汁酒、佛手散及另外四个下死胎方,共计 18 个。[17]但是这些方剂多袭自前代,而且都只是胎死腹中后的处置方剂(即下死胎方)[18],尚非真正意义上的堕胎(引产)专方。

元明清医书中所收录的下死胎方,不仅为数更多,而且配伍比过去亦颇有改进。例如《吾知斋集方》收录的“专治死胎方”,其配伍为“斑毛十三个(云米炒),红娘十三个,附子半个,肉桂二两,归尾一两,赤芍一两,丹皮一两,桃仁一岁一粒,元寸一钱,共为细末,面粉为丸,用白酒蒸土牛膝四两送下”。此方虽然仍然使用了斑毛(斑蝥)这种毒性较大的药物,但从药物配伍来看,该方比宋代以斑蝥(虻虫)为主药的相应的配方,已有相当的改进。以牛膝为主药的堕胎配方,宋代医书《太平圣惠方》和《妇人大全良方》中收录有五个[19],但或者不安全,或者功效差,都不理想。其一为牛膝汤,配方为:以水煮牛膝,去渣滓得汁,以蜜和水银、朱砂研如膏,二者并服。由于使用了水银、朱砂,毒性太大,服用当然很不安全。其二是将牛膝细捣,以无灰酒煎服。此法作为“医者(堕胎)验方”,一直用到后代。但清代嘉兴医家萧壎在其《女科经纶》卷五“胎前证”下“妊娠死胎用牛膝”条中引用《证治要诀》,指出此法不很灵验,而且颇具危险性。至于其他三个配方,从其配伍药物来看,下胎效果颇为有限。相比之下,清代中期浙江归安人江涵暾编著的《笔花医镜》中记录的“脱花煎”方就好多了。该方是当时颇为有名的下死胎方,也使用牛膝。据该方,用“当归八钱,肉桂二钱,川芎、牛膝各二钱,车前子二钱五分,红花一钱,加朴硝三钱,(胎)即下”。如配合以针灸,效果更佳。这显然比宋代使用牛膝的配方要更好。《女科经纶》卷五“胎前证”下“妊娠作喘属毒

---

17 见前引刘静贞文。唐代尚有一个用牛膝引产的方子,但应归入手术堕胎,故在此未计入。

18 因此这些方书往往强调其药只会下死胎并安生胎。见前引刘静贞文。

19 见前引刘静贞文。

药伤胎”条还引用吕沧州所言，用大剂（川）芎（当）归汤加催生药下死胎，其效果肯定也比宋代的相应配方要更好。[20]当然，经时间检验效果较好的前代配方，也沿用了下来。例如，“佛手散”，萧壎就因其可以“顺其自然”，“因其势，遂下之”，所以在其《女科经纶》中予以保留。除了正式的医书中的配方外，明清江浙民间还有一些十分简便的验方，如《本草述钩元》所收录的下死胎方，仅用葱白一味药：“胎动，下血痛极抢心，葱白煮浓汁饮之，（胎）未死即安，已死即出”。对于这样的验方，医家也努力去探讨、阐明其机理。例如对于前一配方，《本草述钩元》认为其之所以有效，是因为“葱白虽通阴分阳，其极轻捷，使邪遂出”。这种努力，表现了医学界对民间节育药物的重视。以上这些都表明：在下死胎方的改进方面，明清时期确实取得了明显的成就。

对下死胎方稍加调整，便可用来催产引产。例如上述“脱花煎”，如不加朴硝，即可用于催产。因此下死胎方的改进，也就是堕胎方的改进。不过，在宋以后，除了有更多更好的下死胎—引产两用堕胎方外，江浙还出现了许多专门的引产方，标志着药物堕胎的进一步专门化。

元代有关引产方的记载不多。从孔齐的《至正直记》卷四“堕胎当谨”条，我们可知元末江浙民间常用的一个引产方是“桂姜行血之剂”，不过具体的药物配伍不很清楚。到了明代，出现了不少新的引产方。例如万历时宋林皋的《四明宋氏女科秘书》“产后门”后，即收有专为“多子多怨者”开的“疏胎绝产”方 5 种，其中如四物汤加云苔子、加味升麻葛根汤、棕榈子散，以及用小青萍、水银、虎须、天花粉、地骨皮、归尾合成的药丸，都未见于以前方书。[21]明清江浙较为常见的引产方，有些也相当简单，例如《杂病经验方》所收的“打胎方”，配伍为：“百草霜三两，白芷二两，巴豆二粒。共为末，好酒送下，即时下来，神效。”前引明末小说《禅真后史》第十七回“问肚仙半夜有余，荐医士一字不识”和第十八回“全伯通巧处生情，郁院君梦中显圣”中，提到一种被称为“百发百中”的“秘传通经绝孕堕胎的圣药”，应当也是一个当

20　宋代的相应配方系将川芎、粉（甘）草、人参、干姜、生姜、肉桂（桂心）、黄芩、蟹爪煎服。见前引刘静贞文。

21　见前引刘静贞文。

时广泛使用的堕胎方,所使用的是当归尾、黑牵牛、穿山甲、青皮、枳壳、麝香、马兜铃、雪里青、车前草九味药。而我们知道,这九味药中的大多数确实具有引产堕胎之效。这个方子据说十分厉害,"却似一把泼风刀","吃下去立刻见效"。

此外,中医医籍中的通经方药,也可作为堕胎方使用,因为通经方药旨在"下淤血,通经脉"。倘若施之于孕妇,就会引起流产。[22]如果有意识地让孕妇服用这类药物,使之流产,那就是药物堕胎。明清江浙中医医籍中通经方,种类颇多,其中较为常用的"通经散"。从后文引述的故事可知,用"通经散"堕胎之法在明末松江府华亭县民间已广泛运用。依照沈金鳌《妇科玉尺》,"通经散"主要用的是大黄、川乌等泻下之药。其堕胎机理,是驱逐攻下,破血和血,作为堕胎方药使用具有一定的危险性。

除了口服方药之外,明清江浙还有用外敷方药堕胎的。例如《续广达生篇》说:若死胎不下,十分危急之时,可用巴豆 16 枚,蓖麻子 49 枚,均去壳,与麝香二钱,合捣如泥,摊于绢帛之上,贴于肚脐上,一时即见效。见效之后取去药并洗净脐部即可。[23]麝香对于堕胎有奇效,早在南宋,人们就已注意到堕胎妇女中,有"因挂麝香而偶至堕者"。[24]巴豆、蓖麻子均是性猛的泻下之药。三者配合使用,效果自然十分显著。此外,将药物直接置入产道来引产的方法,首见于唐代《(开元)广济方》。其法为:"取牛膝六七茎,绵缠捶头令碎,深内子宫头",从而引起流产。马大正认为:牛膝引血下行,"绵缠"可保证一定的清洁度和避免插入阴道时造成的损伤,而"捶头令碎"是为了使药液渗出,"深内子宫头"则是手术实施的深度,因此此方效果很好。[25]但在元代以前,未见有使用的记载。而据《至正直记》卷四"堕胎当谨"条,此种方法在元末江浙运用已颇为普遍:"今人或以村妇法,用牛膝等草带于产户",

22 《红楼梦》第六九回《弄小巧用借剑杀人,觉大限吞生金自逝》中,就讲述了一个庸医胡君荣错误判断病情,擅用这种下淤通经的"虎狼之剂",致使尤二姐流产的故事。

23 参阅陈和亮:《中国古今性医学大观》,北京:中国中医药出版社,1994 年,第 150、172 页。本文后面谈到的一些有关配方问题时,亦参阅同书第 171—173 页。

24 《太上感应篇》卷二七,第五,"损子堕胎"。

25 前引马大正书,第 116 页。

以求下胎。

这里我们也要指出：宋元明清时期江浙人民使用的许多堕胎方药，在可靠性和安全性方面均较差。从一些记载来看，南宋时代的堕胎方药普遍副作用很大，往往致使服用者丧生；即使生命得保全，也常令服用者蒙受巨大的痛苦。有人服药后，“（胎）不能下，痛苦万状，谓为死矣，迫而视之，则又活。如此凡七日，竟不能产而卒”。也有人服药后，“血遂洞下，扶枕者六年，苦痛可谓切矣”[26]。到了明清时期，尽管取得颇大的进步，一些堕胎方药仍不理想。清代前期江苏泰州人徐述夔编纂的短篇小说集《八洞天》卷四《续在原——男分娩恶骗收生妇，鬼产儿幼继本家宗》里，就说讲了一个私下堕胎的故事，由于“不想药味太猛厉了，胎却堕不成，倒送了性命”[27]。元末江浙运用的用牛膝引产的方法，危险性更大，被施术者“不致于殒绝者鲜矣”[28]。因此之故，药物堕胎仍是一件具有风险之事。难怪孔齐虽让其妻常服堕胎之药，但也一再强调“堕胎不可不谨”。萧壎在《女科经纶》卷五“胎前证”下中谈到堕胎时，也说：“妊娠胎伤宜下，下法最谨，不可轻议，……慎之慎之！”因此，要普及药物堕胎，就必须增加药物堕胎的安全性；而要增加药物堕胎的安全性，又必须采取其他一些相关的措施。在堕胎前的验胎与堕胎后的调养两方面，宋元明清江浙医学界也取得了颇大的进步。

2、药物验胎与堕胎后的药物调养

在堕胎方药不断改进的同时，江浙人民对于与堕胎相关的其他问题的认识也有很大进步。首先，及早确定妊娠，是安全堕胎的关键之一。江浙人民对此的认识，也日愈明确。元末孔齐已认识到：“（服用堕胎之药）在三月之间，前两月之间服犹可，若过此则成形难动，动必有伤母之患。”[29]清代江浙民间也知道“堕胎药最厉害，……怀孕过了两月，急切难堕”[30]。因此对想

26　李昌龄：《乐善录》卷四、九。

27　此故事虽托言为五代后周时归德府发生之事，但实际上反映的应当是清代前期江浙的情况。

28　《至正直记》卷四“堕胎当谨”。

29　同上。

30　见前引《八洞天》卷八。

要堕胎的孕妇来说，一旦确定怀孕之后，堕胎愈早，效果愈好。而在南宋江浙，就已发明了妊娠诊断的方法。《妇人大全良方》“胎教门”中收录的“验胎法”为：“如人经脉不行，已经三月，欲验有胎，川芎为末，空心浓煎，艾汤调下二钱，腹内微动则有胎。”严世芸认为：这种方法，与现代运用刺激受孕子宫的药物使之收缩增强以测验胎动的方法，颇有相似之处。[31]这个发明，对药物堕胎具有重大意义。其次，为保堕胎安全，堕胎之后的药物调养是必不可少的。而在宋元明清时期，关于堕胎之后调养方面的知识，也逐渐普遍。例如前引《禅真后史》第十八回中的江湖堕胎医生，给求药者打胎药时也嘱咐说：“这药吃下去立刻见效，单胞胎初落之时，即煎人参荆蕙汤与彼吃，以免血崩眩晕之患，不然血崩不止，母子两命皆倾。”到了清代中期，萧壎在《女科经纶》卷五“胎前证”下和卷六“产后证”上里，将前人有关堕胎的原因、时间、药物、堕胎前后孕妇的保养、治疗等方面的论述作了系统的归纳并根据自己的经验进行评述。这个总结，标志着江浙医学关于药物堕胎知识已颇为完备。

3、药物堕胎的运用

药物堕胎在民间实际运用的情况到底如何？中医文献中的记载不多，因此我们尚须从宋元明清江浙其他文献中寻找踪迹。

从南宋时期有关损子坏胎的报应传说来看，当时使用“下胎方”堕胎已是相当普遍的现象。在《太上感应篇》卷二七第五“损子堕胎”中，“孕两三月而自毒其胎者”更被列为时人损子堕胎所用各种方法之首。从现存的一些记载中，也可发现一些民间堕胎的实例。例如度宗生母黄氏，湖州德清人，原系同县李姓人家之婢女，作为主家女儿的陪嫁来到山阴赵与芮家后，怀上了与芮的孩子（即度宗）。黄氏自觉在赵家地位低下，怕孩子生出来后受歧视，遂决意服药堕胎。岂知药力不够，未将胎打下，反致使胎孕受损，造成孩子出生后先天发育不良。[32]由此可见，药物堕胎已在南宋江浙民间使用。不

31 前引严世芸书，第105页。

32 赵与芮系宋室疏属，该支早已没落。其父希瓐嘉泰年间任山阴县尉，与土著全氏联姻，遂定居山阴，“乃为越人”（《宋季三朝政要》卷三）。希瓐所娶全氏出于乡下平民之

过，由于当时堕胎药物的安全性较小，想来会对药物堕胎的普及带来相当大的负面影响。

到了元代，江浙士人家庭使用堕胎药物，已成为常事。具体的事例如孔齐夫妇，因苦于多产，又在客中不便，“常服堕胎之药”，其亲友李汉杰亦然。不过堕胎的效果看来不很理想。[33]到了明清时期，药物堕胎更加普及，这从本文第三节所引的明清小说中，可见其一斑。正因为已十分普遍，所以清代江苏名医徐大椿在其《女科医案》中，收录了不少民间妇女因为各种原因服用药物堕胎的案例。又，清代《格言联璧》附《焚毁淫书十法》更说道：“堕胎之恶，全由药术。每见郡邑乡镇，辄有匪人于通衢狭巷，遍布招贴，煽惑男女，服之者无不伤胎，兼且害母。且奸民恃此私奔苟合，愈长淫风。”由此可见，江浙民间药物堕胎的运用，到明清时确实已十分普遍。

（二）避孕与绝育方药及其使用

按照中医的理论，子宫寒冷、痰湿阻塞胞宫、子宫内有致病之邪等，都会导致不孕。因此，有意识地选用能够造成这些状况的药物，就可以达到避孕的目的。传统的避孕方药，用药时间一般都在月经后或生产后，因此可能是通过抑制排卵而导致不孕。[34]

“大凡堕胎、绝孕，事虽一体，用药对络不可雷同，……葫芦提下药，岂不误人性命？”[35]此虽明末江湖医生之言，道理却不错。药物避孕，其药理机制远比药物堕胎复杂。因此之故，在明代以前，从中医典籍中所见避孕方药不

家，其兄曾任地方上的保长（《宋史》余天锡传）。与芮妻李氏及陪嫁黄氏均系德清人。因此之故，黄氏堕胎之举，当受江浙民间堕胎风习之影响。参阅胡昭曦与蔡东洲《宋帝列传——宋理宗、宋度宗》，长春：吉林文史出版社，1996年，第209页。

33　见《至正直记》卷四“堕胎当谨”条。又，孔齐本山东曲阜人，其父任建康书吏，齐随父迁居溧阳，因家焉。元末战乱，齐又避地四明（宁波），《至正直记》即作于此时。因此该书所反映者，应为当日江浙士大夫阶层的情况。

34　见王旭东编著：《中国传统性医学》，南京：江苏科学技术出版社，1992年，附录一。

35　前引《禅真后史》第十八回。

多。到了明清,则明显增加。王旭东《中国传统性医学》附录一收录了10种中医避孕方药,但未标明各方出处,故难知其详。在明清医籍所收的避孕方中,有些非常简单,例如《本草纲目》卷四所记避孕单方为:"凤仙子,产后吞服二钱,即不受胎。"有些则比较复杂,如《妇人良方》、《景岳全书》、《妇科玉尺》等书收录了用四物汤加芸苔子的配方,即用全当归、生地、熟地、大川芎、炒白芍,各等分,加芸苔子一撮(《景岳全书》加红花),煎水,令妇人月经干净后空腹温服,即可达到避孕的目的。这些药方的效果到底如何,尚有待专家借助现代医学的手段进行验证。从目前的认识水平出发来看,效果可能不是很明显,甚至没有多少效果。除了医书中所收配方外,明清江浙民间还流行着一些避孕验方。据《震川先生集》"先妣事略",归有光之母结婚之后,每年生育,自言"为多子苦"。于是有老妇"以杯水盛二螺进曰:'饮此后妊不数矣'"。归母饮后成了哑巴,一年多以后就死了,年仅25岁。但在此一年多中,也未再生育。这个例子表明:在明清江浙,民间确实在使用某些药物避孕。不过,在这些药物中,有的副作用很大。

最有意思的是,在明代,已有人尝试制作与女性服用的避孕方药相配合的解除避孕方药,使得避孕妇女在希望生育时恢复生育能力,从而使得妇女可更放心地使用避孕药物。在此方面,赵献可《邯郸遗稿》中记载的"九龙丹"就是一个典型例子。据该书称,"凡妇人生理不顺怕产者,宜服九龙丹,则不娠。其故何也?此药能令脂膜生满子室,不受孕矣。如以后要嗣而受孕者,以车前子为末,温酒服一钱,数服仍可受孕,极善之法也"。不过,这种药物尚出于试制阶段,所起作用看来不会有多大。

以药物来消除生育能力,就是药物绝育。中医对药物绝育的探讨,很早就已出现,因此在《小品方》中已有妇人服后"终身不产"的"断产方"。隋唐以来的许多医书中,都有绝育之方,从王旭东《中国传统性医学》附录一收集的七个绝育方(无出处),可以略窥中医绝育方药的大概。大体而言,明代以前的方药,可靠性较差。例如《千金要方》、《千金翼方》、《外台秘要》、《太平圣惠方》、《妇人大全良方》等书,都收录有一个用蚕故纸(即春天孵化幼蚕的空壳纸)来绝育的单方。该方为:将蚕故纸烧成灰,用酒调服，即可终身不孕。这些方书中还记载了其他几种“断子方”，这些方子并为明代名医武之望收录入其《济阴纲目》。其一为：“用白面一升，无灰酒五升，打作糊，煮二升半，用绢帛滤去渣，作三服，候月经将来日，晚下吃一服，天明吃一服，月经即行，终身绝子。”其二为：“用油煎水银，一日方息，空心服枣核一丸，永断孕，不伤人。”不过这些配方是否有效，颇为可疑，而其中最后一种，显然有害于人体健康。明清医家提出了一些较为安全、可能也相对可靠的绝育配方。例如，用零陵香绝育的方法，见于《本草纲目》“百病主治药”，其方为：“零陵香，酒服二钱，尽一两，绝孕。”同书卷十“零陵香”条为对此方的药理机制作了解释，说：“盖血闻香即散也。”零陵香是有阻止生育的作用，因此此法可能有一定效果。另一种以零陵香为主药的绝育方，是将零陵香1.5两，配车前子2两、莲须2两、带子花椒0.5钱，寒水石9钱，共研为末，妇人月经干净后服之，据说也可以收绝育之功。《济阴纲目》则记录了“四物汤五钱，加芸苔子二钱，于经行后空心温服”的绝育药方。清代浙江药学家赵学敏在其《本草纲目拾遗》卷六收录的另一民间验方是：将苦丁茶与十大功劳“和匀同炒，焙成茶，货与尼庵，转售富家妇女。云妇人服之，终身不孕，为断产第一妙药也”。这些方药的实际使用情况，史无明文。但据《清皮鹿门先生锡瑞年谱》，在清代湖南，民间确实使用药物绝育，尽管结果很不理想（例如皮锡瑞的母亲，服药后绝育未成，反而损害了健康）。由此推断，明清江浙人也在尝试使用药物绝育，但是所用方药似乎还不能收到良好效果。

总之，在宋元明清江浙，借助药物来避孕和绝育看来还处于尝试阶段，因此尚未得到普遍而有效的使用。至于堕胎药物，则已逐渐变得比较成熟，因此运用亦较广。

二、非药物节育方法及其运用

非药物节育方法，主要有手术法和非手术法两种。下面主要谈论的是后一种方法。前一种方法虽然在宋元明清江浙运用不广，但鉴于前人对此注意太少，因此我们在此还是作一简略介绍。

(一)手术节育法

所谓手术节育法,就是通过外科手术进行堕胎,或者通过外科手术破坏男女的生殖机能以达到绝育的目的。

有关手术堕胎的记载,始见于清代。清代江苏医家王孟英在其对《沈氏女科辑要》所作的案语说:"今有狡黠稳婆,故为恫吓,要取重价,脔而去之,索谢而去。"他自己的《王氏医存》也说:"稳婆见妇痛减,诳曰早系死胎,乃用钩达儿手足,零割而下,居功索谢。"清代浙江医家王上达在《济生集》中也指出了"稳婆害"。尽管时人对许多稳婆为了赚钱而滥施毁胎术颇多批评[36],但是这些批评也反映了这种原始的堕胎手术——毁胎术,不仅已运用于临床,而且运用颇为普遍的事实。

以手术破坏生殖机能的方法在中国出现很早,施于男子者通常称为阉割,施于女子者则称为幽闭。民间私阉自宫是违法的,因此这种办法的使用在民间并不多见,但也并非没有其例。清初墨憨斋主人新编小说《十二笑》第三笑《忧愁婿偏成快活》中讲了一个发生在苏州府洞庭山的故事:一对夫妇感情不谐,妻子盛怒之下,与其母商议阉割丈夫。其母赞同之,说:"山上新来一个外科,叫做辛割猪。他原是割猪的出身,在北京学了阉割太监的手段,传得几个禁方,如今到外边来走方卖药。"于是遂请之来施行阉割之术,"辛割猪走方之人,只顾银子,便肯下手,哪管他是非曲直"。其法为:先以蒙汗药将被施手术者灌醉,然后阉割之。由此可见,私阉在明清江浙民间依然有之。所谓幽闭,依照明人徐树丕《识小录》的解释,"乃是剔去其筋,如制马豕极度之类,使欲心消灭"。清代褚人获《坚瓠续集》卷四则解释为:"用木槌击妇人胸腹,即有一物坠而掩其牝户,止能便溺,而人道永废矣,是幽闭之说也。"用今天的话来说,就是用外力人为地造成子宫脱垂,从而绝育。一般而言,这些绝育的方法危险性很大,徐树丕也很明白地说:"国初(明初)常用此,而女往往多死,故不可行也。"但是江浙大户人家的主

36　例如《女科秘要》说稳婆"生采活剥,甚至逼死胎儿在腹,以至母则受伤,子则惨死,祸不可言"。

妇对婢妾采用某种方法，使之不能与主人发生性行为并为之生育后代的情况，则一直存在。例如，据张明弼《萤芝全集》卷四“削鼻班记”所载，在明末江苏金坛县的奴变中，造反的奴仆在声讨其主人罪行的檄文中，就说道：“主妇妒，则有锻椓阴私，薙毛缝皮，丑痛之声，流闻于外。”到了清代，据褚人获《坚瓠续集》卷四说，仍有官绅人家中的妒妇，以类似方法虐待婢女，“捣蒜纳婢阴中，而以绳缝之”，或“以锥钻其阴而锁之，弃其钥匙于井”。他并且也提供了一个顺治时常州官宦人家使用这种方法的具体例子。但是这种方法的使用并不限于明清之际，也不限于官绅之家。例如道光时湖州归安人朱翊清在其《埋忧集》卷五“锁阴”中，就记述了一个湖州竹墩乡下无赖沈某，对其妻采用这种方法的故事。不过总的来说，这些做法因为过于残忍野蛮，容易激起社会舆论的反对，因此在江浙运用也很有限。

（二）非手术节育法

宋元明清时期人们所普遍知道的非药物节育方法，大体来说，主要是使用针灸来堕胎与绝育，以及通过食用某些食物来避孕。此外，通过调节房事的日期和方式，或延长哺乳的时期，也可收到节育的效果。后一种方法，宋元明清江浙人也可能已经知道并使用。

1、针灸与推拿

通过针灸进行堕胎，从今日医学的立场来看是完全可行的，而且据一些临床统计来看效果也还不错。马王堆出土的《胎产书》，已警告孕妇在妊娠的某月不可针某穴，说明早在先秦时代医家已经知道针某些穴位可能导致流产。到了南朝时代，有记载表明当时的医生已经掌握针灸下死胎的方法，例如据《针灸大成》，“（徐）文伯见一妇人临产症危，视之，乃子死在腹中，刺足三阴交二穴，又泻足太冲二穴，其子随手而下”。唐代《千金翼方》则说：“明云怀胎必不针开元，若针而落胎，胎多不出，针外昆仑立出。”但是尽管如此，在明代以前，针灸堕胎的具体情况仍不很清楚。到了明清，有关堕胎的处方颇见于针灸学著作。例如在针灸下死胎方面，《医宗金鉴》说：“胎不出，子死腹中，宜刺子户。”《杨敬斋针灸全书》说：“死胎不出，取中极、合谷、昆仑(穴)。"《续广达生篇》则载:"凡子死腹中,……宜灸独阴穴,凡三次即下。独阴穴在二指节第一节宛中。"事实上,只要作出一些手法的调整,这种方法也可用于引产,因为二者常用处方都以合谷、三阴交为主穴。这种针灸流产术自宋代以后一直有人使用,据今人刘喆的报道,在使用此法的200余例临床手术的结果来看,成功率约在三分之二左右[37],应当说相当的不错。

此外,在绝育方面,早在明清以前很久,《针灸甲乙经》、《千金要方》就已谈到针灸石门穴会导致妇女绝育。宋代《针灸资生经》又引《千金方》、《千金翼方》重申:"妇人欲断产,灸踝上一寸三壮,即断","石门忌灸,铜云针之绝子。……阴交灸多绝孕。又云石门、开元,相去一寸,针开元治妇人无子,针石门则终身绝嗣,其道幽隐,岂可轻侮哉!"可见宋人对此知悉已详。这些知识反复为后代医书引用。明代《普济方》卷四二四说:"治妇人欲断产,右踝上一寸,灸三壮即断","石门忌灸,绝孕,针之绝子。"《针灸大成》说:"石门……妇人禁针禁灸,犯者绝子"。《医学入门》也说:"妇人针灸石门,终身孕不成。"清代《针灸集成》在讨论针灸禁忌时,仍然告诫人们:"石门针灸应须忌,女子终身孕不成。"可见,使用针灸石门穴的方法来绝育,是宋以来的针灸绝育的主要手段。此法是否真有效?近代针灸专家承淡安在其所著《中国针灸学》中予以肯定的回答:"石门,妇人禁针灸,因能使卵巢受伤而不孕。凡子女过多而有绝育要求者,可针灸石门,但行针时应按准穴位。针石门的同时也可针中极、关元、三阴交、合谷,和右足内踝上一寸,均针后加灸,确可绝孕。"[38]此外,据《针灸大成》,亦可用灸法绝育:"欲断产,灸右足内踝上一寸,合谷。又一法:灸脐下二寸二分,三壮,肩并。"但是,这些方法在宋元明清江浙究竟运用情况到底如何?现尚不清楚,因此还有待从史籍中去发掘证据。

---

37 参阅刘喆:《古今妇科针灸妙法大成》,北京:中国中医药出版社,1993年,第212页。关于针灸流产问题,一向有争论。一些学者认为针灸只能起扩宫、开大宫口的作用,有助于分娩时顺产,并不能使早、中期妊娠中止。但经现代检测,针刺确实能够中止早期妊娠,而且胎儿月龄越小,妊娠胎次越多,成功率也越高。见刘喆书,第209—214页。

38 参阅傅维康:《针灸推拿学史》,上海:上海古籍出版社,1991年,第198页;以及前引陈和亮书,第173页。

此外，使用中医的按摩推拿之法也可堕胎。这一点，宋人可能已知之。南宋时按摩术颇为流行，而且也运用于妇产科治疗。据《夷坚志》，当时名医庞安常即用按摩术为难产孕妇助产，“令家人以汤温其腰腹间，安常以手上下推摩之，孕妇觉肠胃微痛，呻吟间生一男子，母子皆无恙。”[39]这种助产按摩术，倘若施于怀孕早期的孕妇并用力较大，即可造成流产。推拿堕胎的方法在清代江南民间使用很普遍。例如朱翊清《埋忧集》卷四“堕胎”说：嘉庆时湖州归安县农村的收生妇，“能堕胎，以此渔利”，每次为人堕胎，收费“番钱五枚”。其法为：“以沸汤渍草鞋”，取而用力按摩孕妇之腹，俾胎堕下。不过从这则记述所讲情况来看，这种方法具有相当的危险性。

2、食物避孕

某些食物对人的生育机能会发生一定影响。这一点，宋元明清人知之甚多，所以医书和其他文献中每每有“食疗”之法。不过，这些“食疗”方法，大都是“食补”法，着眼于改善男女的生育机能，以增加受孕概率。至于在避孕方面，宋元明清人已知道忌食肉食和葱、蒜、韭菜等食品可抑制性欲（从而减少受孕机会）。但从我们所见的史料来看，对江浙人民的避孕有直接影响的食物，只有棉籽油一种。然而，正是这种避孕食物，对江浙人民的生育情况起到了重要韵作用。

棉籽油，即从棉花种子（棉籽）榨出来的油。经现代科学检测，棉籽油中所含的棉酚，具有抑制男子生育功能的作用。棉酚在高温强碱条件下会分解消失，但用旧法榨油，不能彻底清除棉酚。因此长期食用旧法榨制的棉籽油，会造成不育。我国现在还有一些农村的居民，因一直食用棉籽油而造成多年不育的。但是如果停止食用，过一段时间后，生育能力仍有可能恢复。因此之故，有人称棉籽油为“安全可靠”的“强力避孕药”。[40]

棉籽油可食用，但迄今我们尚未发现有明代江浙有将棉籽油作为食用油的记载，故推测当时食用棉籽油尚未普遍。到了清代，棉籽油的食用在江

---

39 参阅前引傅维康书，第95—96页。

40 参阅石午：《白话养生回春内经》，郑州：中州古籍出版社，1993年，第38页；伊钦恒：《群芳谱诠释》（增补订正本），北京：农业出版社，1985年，第159页。

浙已经很普遍，以至在不产棉花的湖州，棉籽油（被称为“青油”）也被地方志列为当地主要食用油之一，而且“市肆每以掺入菜油”出售。[41]为什么要将棉籽油掺入菜油出售？主要是因为棉籽油价格较菜油低廉，商家借掺假以牟利之故。因此，褚华《木棉谱》说：“木棉子……榨为油，……色紫而浑，以之注灯则不明，以之和蔬则味酵，但其值颇贱，市肆间私买之，以为菜油、豆油之兰亭赝本。”杨光辅《淞南乐府》也说：“棉花核榨油，用以照夜，若煮食不及菜、豆油，故价值亦贱。”郑光祖《醒世一斑录·杂录》卷六“棉花价”条则说：“棉籽为油，（价）不足计。”可见确实是一种最廉价的食用油。因此，尽管清代江浙人民可能尚未明确认识到棉籽油的避孕作用，但是由于他们经常食用之，所以实际上可以说已经在不自觉地服用这种“强力避孕药”了。当然，由于棉籽油在清代江浙食用油结构中所占比重不高（更多食用的是菜油和豆油），人们一年内食用棉籽油的总量不会太高，而且如上所述，棉籽油常常是掺在菜油中食用，每次摄取数量有限，因此它抑制生育的效果，可能不像在那些长期主要食用棉籽油的地方那么明显。不过，由于经常食用，肯定对男性生育能力会有一定的抑制。由于棉籽油味道不佳，而且价格便宜，食用者自然主要是贫苦民众，这使得这些民众在无意中也采用了一种最廉价的节育手段。这一点十分重要，因为与比较富裕和受过教育的阶层相比，贫苦民众对于节育的愿望比较微弱，而可采用的手段也比较欠缺。[42]

3、调节房事和延长哺乳

江浙医家对房事与生育之间关系的了解，随着时间的推移而日渐深入。陈自明在《妇人大全良方》卷九《求嗣门·褚尚书求男论第二》中，归纳前人所论，提出了“交会禁忌”和“男子受胎时日法”，认为避开禁忌，遵循正确日子，就容易受孕得子。反之则否。到了明清时代，江浙医家对房事与生

41 见咸丰《南浔镇志》卷二四物产，同治《湖州府志》卷三三物产下，同治《双林镇志》卷十六物产，等等。

42 参阅李中清：《帝国晚期中国的历史人口学：新近的研究成果及意义》：收于李中清与郭松义主编《清朝皇室人口行为与社会环境》，北京：北京大学出版社，1994 年。又，近代早期英国的情况也与此相类，见前引 Stone 书，第 263 页。

育之间关系的一些方面,已有正确的认识。例如,《万病回春》卷四说:房事之后,倘若女方排小便,易使精液流出,从而减少受孕的机会,因此若要增加受孕的机会,就应当"交合毕,令女人稳睡不动,……顿饮时节,不可动身"。又,张介宾在《景岳全书》卷三九《子嗣类·人事部·十机篇》中,指出妇女怀孕早期,倘若丈夫不节制房事,就会导致"暗产"。《仁寿镜》"宜男集"解释"暗产"说:"大抵一月之胎即坠,人皆不知有胎。人但知纵欲,岂料其已受胎而坠也,此名暗产。"《金丹秘诀》则说得更为明白:"妇人觉有孕,男即不宜与接。若不忌,生半产。盖女与男接,欲动情胜,亦必有所输泄;而子宫又开,故多致半产。"很明显,上述医书都告诫人们不应如何如何,否则会引起受孕困难或流产。但是倘若人们意在节育,他们自然也可以自觉地逆之而行。科学知识本来就是一把双刃的剑,既可顺其道而行之,以收正面之效,亦可反其道而行之,以求相反结果。关键在于使用者是抱着何目的来使用这些知识的。

有趣的是,江浙医家对于房事与生育关系的一个错误看法,对生育控制也起到了积极的影响。我们知道,妇女只有在每个月的排卵期内才会受孕。妇女的排卵期是在什么日子呢?以往的医家认为在妇女月经刚净之日,这当然不正确。但是一直到明清时代,江浙的医学家们仍然坚持错误的旧说,认为妇女最佳受孕时间是在月经干净后三数日内。即使是著名医家如洪基,在其《摄生总要秘剖》"种子方"中,也认为"宜种子之时"是在"妇人行经过后凡六日"。这个错误,使得许多虔心求子的夫妇,在医生的指导下去追求最佳受孕时间,结果反而错过了真正的最佳时间,从而难以受孕。这对于节制生育来说,不能不说是"因祸得福"。此外,自宋以来江浙医家对人们的性生活提出了许多禁忌,也使得男女交合受到很大的限制,从而减少了妇女受孕的机会。典型的例子如南宋周守忠的《养生类纂》卷下《人事部·交合》中关于男女交合的禁忌。这些禁忌无所不有,使得男女交合非常受限制。他还说:"凡月二、三日、五日、九日、二十日,此生日也,交会令人无疾病。"据此,一个月中仅有5日是适合交合的日子。如再除去各种禁忌所认为不宜的情况,那么夫妇间就几乎没有什么合适的日子进行性生活了。

这些禁忌，大多无科学根据。明代浙江钱塘医家高濂在其《遵生八笺》卷十《色欲当知所戒论》中引用了孙思邈关于行房避忌的论述之后，指出这些禁忌的“立教之意”实际上是“戒人节欲，借时日以惧之耳”。房事减少，受孕机会自然也随之降低。

掌握妇女生理特点而采用的另一种非药物避孕方法，是延长母亲为婴儿哺乳的时期。现代科学证明：这是一种有效、安全、低成本的节育良法[43]。这种方法在江浙的使用情况如何，因史料阙如，难以具知。不过，延长哺乳在江浙相当普遍，尽管人们运用此法往往是出于别的目的。明初医书《普济方》卷三六〇“婴孩”从健康育儿的角度出发指出：“所谓哺乳二周三岁，则益其体”，并批评“今人未周夺其乳，入月恣肥甘，岂不致疾?”而更多的则是从亲情的角度出发要求延长哺乳。元末孔齐就已提出：“凡生子以自乳最好，所以母子有相爱之情。……或无乳而用乳母，必不得已而后可也。”[44]他提倡自乳的出发点是母子感情，但此外更重要的一个因素却是儒家的孝道。中国自古就有哺乳三年的礼俗，并把哺乳三年视为为父母服丧三年的礼俗依据[45]。在礼教盛行的时代（特别是明清），这应当是很普遍的，所以清代江南劝善书《几希录》“父母”条载陈成卿文引时谚说：“十月怀胎娘辛苦，三年哺乳母勤劳”。由此可知此法在宋元明清江浙运用亦很广。

43　1995 年 12 月，世界卫生组织和其他国际科研组织的 24 位科学家和计划生育专家，对一项为期七年、调查范围涉及中国和世界六大洲许多国家数千名妇女的协作研究的结果，进行了分析，所得出的结论是：如果妇女在分娩后六个月内不来月经，并且完全或基本上用母乳喂养婴儿，那么喂奶母亲的避孕成功率在 98% 以上。这些科学家和计划生育专家把这种方法称为“哺乳闭经避孕法（LAM）”，认为这种方法不仅避孕率高，而且成本低，有助于使妇女保持适当的怀孕间隔，同时还能改善妇女的健康和提高婴儿的成活率，是一种很好的节育方法，值得大力推广。见马来西亚《新海峡时报》1995 年 12 月 25 日文章《母亲给婴儿喂奶可以避孕》。

44　《至正直记》卷一“生子自乳”条。

45　《礼记》“内则”说：“食子者三年而出。”刘向《说苑》卷一则说：“子生三年，然后免于父母之怀。故制丧三年，所以报父母恩也。”

三、堕胎、避孕与绝育方法的传播途径

从以上所述可见,宋元明清江浙人民所知道和使用的堕胎、避孕和绝育方法,是相当多样化的。这种多样化,使得他们有可能根据各自的具体条件,来选择适合自己情况的节育方法。这里我们要谈的是:宋元明清江浙民众是如何获得这些方法的?很明显,如果不能获得这些方法,他们也就不会去运用这些方法去进行节育。因此,了解他们获取这些方法的途径,对于判断这些方法的使用到底有多普遍,是非常必要的。

李中清的研究表明:在清代中国,各个社会阶层对于节制生育的态度颇有差别。社会地位和经济地位较高的阶层,不仅节制生育的愿望较为强烈,而且可采取的方法也较为充分。斯通(Lawrence Stone)的研究则证明十六—十八世纪英国的情况也是如此。[46]因此这看来是具有普遍性的现象。本文所谈到的大多数节育方法,为宋元明清江浙社会地位和经济地位较高的阶层采用的可能性较大,因为他们大多受过教育,可以从医书中获得有关信息,同时由于经济条件较佳,也能够享受较好的医疗服务。与此相反,大多数普通民众,因识字不多或根本不识字,加上家境贫寒,因此较少可能从医书中获得有关的节育知识或求助于医生。此外,在宋元明清时期,由于儒家礼教盛行,这类与性有关的生育知识,往往被道学人士斥为下流,其传播往往也受到官方的限制或禁止。这就出现了一个问题:既然下层民众较少直接从医书中获得节育知识,又很难从社会"正规"的信息传播渠道得到有关资讯,那么,这些知识是怎样在他们当中传播的呢?此外,他们又是如何获得必要的节育药物和服务的呢?

我们认为:节育知识最主要的传播渠道,是当时民间俗文化的传播网络。在宋元明清时期的江浙,随着社会、经济、文化的发展,民间俗文化与高度发达的商业贸易网络相结合,就形成了一个非常有效的民间俗文化传播网络,

---

46 见 Lawrence Stone:*The Family, Sex and Marriage in England 1500—1800*。

即使是不识字的下层民众，也无不通过这个网络受到俗文化的熏陶或获取有关知识。我们在上文中说到的那些节育知识，大多也属于当时民间俗文化的一个重要组成部分。因此有关生育的知识很容易通过这个网络传布，特别是通过由母女、姊妹、亲友、街坊，以及所谓"三姑六婆"者流所组成的女性信息传播网络，达到众所周知。这里我们要强调的是：那些"三姑六婆"在这些知识的传播方面起了主要的作用。

三姑六婆，按照田艺蘅《留青日札》卷二的解释，即尼姑、道姑、卦姑和牙婆、媒婆、师婆、虔婆、药婆、稳婆，此外还有绣花娘、插带婆、瞎先生等。她们是当日中国社会中最活跃的女性，见多识广，神通广大。由于职业的需要，她们社会联系面很广。用《鼓掌绝尘》第二五回《闹街头媒婆争娶，捱鬼病小姐相思》和《喻世明言》卷一《蒋兴哥重会珍珠衫》中形容媒婆、卖婆的语言来说，就是"走千家，踏万户"，"能言快语，况且逐日串街走巷，哪一家不认得?"而《古今小说》卷二五《李秀卿义结黄贞女》中更引用明代江南民谚说媒婆"东家走，西家走，两脚奔波气常吼；牵三带四有商量，走进人家不怕狗。前街某，后街某，家家户户皆朋友；相逢先把笑颜开，惯报新闻不待扣。说也有，话也有，指常话短舒开手；一家有事百家知，何曾留下隔宿口。要驱茶，要吃酒，脸皮三寸三分厚；若还羡他说作高，拌干涎沫七八斗"。所以她们在传播信息和知识方面，能力非常之大，堪称女性信息传播网络的中坚。有关性、生育(包括节育)的知识，在很大程度上就是通过她们来传布的。

在"三姑六婆"中，稳婆、医婆和药婆，实际上就是民间的专业妇产科医生。其中稳婆(即接生婆)最为常见。即使是上层社会，也离不开她们所提供的专业服务。据蒋一葵《长安客话》卷二，明代宫廷里的稳婆，就是从民间挑选的。她们除了接生之外，还在宫廷选奶妈和选嫔妃时负责体检，看被检对象是否健康以及是否宜子。可见她们对于妇女生理与生育特点的了解颇为全面。从清代前期江苏泰州人徐述夔编纂的短篇小说集《八洞天》卷八《醒败类——两决疑假儿再反真，三诚相真金亦是假》中的故事来看，民间稳婆的技能是母女相传的，可谓相当的专业化。明代宫廷还有医婆，也选自民间。医婆对于性与生育亦具有相当广泛的专业知识，故常常要为嫔妃宫女治疗各种不可告人的隐疾，帮助她们压抑或激发性欲，为她们打胎，等等。[47]药婆在明清江浙也被称为“女医”，在李渔笔下，她们往往身背药箱（或有一女伴当相随为之背药箱），往来各家为妇女治病。[48]褚人获《坚瓠六集》卷四中，也谈到有药婆“卖安胎、堕胎药”，并记述了妇人为人堕胎渔利的故事。

稳婆、医婆和药婆之外的“三姑六婆”，也大多懂得一些有关生育的知识。有的如《水浒传》中的王婆，兼营接生（即“收小的”）等业务[49]，可称“非专业的民间妇产科医生”。从前引赵学敏《本草纲目拾遗》关于药物绝育验方的文字可见，甚至尼姑也在销售绝育药物，因而我们不妨称之为“非专业的节育药物及其使用知识推销员”。还有一些“三姑六婆”中的迷信职业者，本人未必具有节育方面的知识，但为牟利起见，她们常常与江湖医生相勾结，利用人们的迷信心理，诱导和帮助妇女堕胎。在前引明末小说《禅真后史》第十七回中，有一段精彩的描写：巫婆徐妈，对来求教的妇女说：“你们一心要除那祸胎，必须神药之力。……神是神道，药是药饵，二者并用，庶可收功。我们敝道中产育司有两个神道，一名催生娘娘，极是良善的，人家有孕，许了愿心，必然降福，管取临盆有庆；一名堕胎使者，极是凶恶的，人家不愿孕育，或是暗行妒害的，许了良愿，准拟降祸，稳取喜事成空。”求神许愿，其实就是要钱：“堕胎爷爷的盔甲、袍靴、帐幔并那福礼、香烛、灯油等费，共用纹银三两。待事妥帖之后，谢仪任凭尊赐”。及至求教者许了神愿之后，她即她们推荐堕胎医生，说：“有一位医士与老身极是相知，只消一帖药唾手成功。”该医生明知这是家产争夺战中的一方“用计堕胎，总为着那谋财肥己”，是“十分损天理的勾当”，但敲诈了一笔钱之后，依然“开箱撮药”。其实，该医生的发迹，本来就是与迷信职业者相互勾结的结果。此

47　参阅刘达临：《中国古代性文化》，银川：宁夏人民出版社，1993 年，第 727 页。

48　李渔：《合锦回文传》卷五。

49　典型例子如百回本《水浒传》第二四回“王婆贪贿说风情，郓哥不忿闹茶肆”中的王婆，虽然其主要职业是开茶馆卖茶，但实际上也“专一靠些杂趁养口”，既会“做媒，又会做牙婆，也会抱腰，也会收小的，也会说风情，也会做马泊六”，可谓多面手。

人“原靠卖老鼠药度日”,穷愁潦倒,巫婆徐妈教他挂牌自称“神医堕胎通经”,同时“办些礼物,到那占卦的詹师长、卜龟的吴先生、城隍庙孙道士、观音庵洪长老四处吹嘘”。于是“一二年之间行起时来,好比生意茂盛哩!”可见,三姑六婆以及其他迷信职业者同江湖游医相互结合,使得有关堕胎的服务变得十分容易获得。由于这些人无处不有,无处不在(以至田艺蘅称“三姑六婆之害,处处有之”),所以她们在堕胎药物及其使用知识的传播方面,确实起了重大的作用。[50]

因此,我们可以说,在宋元明清的江浙,节育知识通过民间俗文化传播网络(特别是“三姑六婆”之流),可以深入到社会的每一个角落,使得这些知识差不多家喻户晓。即使未受到过教育的下层社会妇女,也知道应当使用药物堕胎或避孕。[51]不仅如此,她们对堕胎药物的了解也是相当普遍和全面的。[52]由于这些知识的广泛传播,如果节育药物不难获得的话,那么实行药物节育当然也就不是一件难事。而恰好就是在宋元明清时期的江浙,商业化有了长足的发展,使得节育药物乃至服务随处可得。

早在南宋,据吴自牧《梦粱录》,行在临安(杭州)已有专门的“郭医产药铺”。虽然所售“产药”的具体内容不详,但堕胎药物一向被列在产科药物中,从此可推知在江浙(至少是在大城市中),此类药物的商业销售可能已达到相当的程度。不过,从南宋医人张杲的《医说》和李昌龄为《太上感应

50　在近代以前的社会中,生育知识往往是通过那些社会地位低下但在社会中特别活跃的妇女而传播的。例如雅克·罗西奥指出:在欧洲中世纪,避孕知识的传播与娼妓颇有关系。见 Jacques Rossiaud:*Medietval Prostitution*(《中世纪的卖淫》),Blackwell,1991,pp. 124—125。

51　典型的例子是《贪欢报》第一回故事中的主人翁花二娘,情况尤为典型。她自幼父母双亡,“无娘教训”,寄人篱下长大,因此肯定不能通过阅读医书来获取节育知识。但当邻居少女张氏因通奸怀孕、亟欲暗中堕胎之时,花二娘无须请教医生或他人,就知道可以使用“通经散”为之打胎。她所具有的生育方面的知识,只能是通过民间俗文化传播网络,由口耳相传而获得。

52　例如,前引《八洞天》卷八中,毕思复之妻说:“堕胎药最厉害,我闻怀孕过了两月,急切难堕,倘药猛了些,送了她的命,不是要处。……(即使)就堕了胎,万一服过冷药,下次不服(当为复字之误。——引者)受胎,岂不误事?”由此故事可见,当时妇女对堕胎药物的了解是相当普遍和全面的。

篇》作传引用的《真武灵应纂记》中关于货卖打胎药物会受报应的故事来看[53]，当时人民对出售此类药物的行为，在心理上仍然是有所顾忌的。因此之故，堕胎药物的商业化程度看来不会很高。到了元代，堕胎药物进一步商业化，已引起政府的焦虑，因此《元典章》特制专文以禁贩卖堕胎药物。虽然这条法令并非特指江浙，但是参诸孔齐所说江浙士人家庭使用堕胎药物普遍的情况，我们可以认为江浙是此条禁令所针对的重要对象之一。在明代，堕胎药物的商业化又有更大的发展。据《妙一斋医学正印种子编》自序载："杭城中有标榜通衢，鬻打胎绝产之方为业者。"到了清代，从前引《格言联璧》附《焚毁淫书十法》所说情况来看，堕胎药物的销售更深入到了城乡各地。为方便运销，商人还将堕胎药物大量制成丸药。例如明代昆山进士方范家发明并制作出催生良药"回春丸"，用治难产。子死母腹中，服一丸，死胎立下，是一种十分有效的下死胎方药。入清之后，此方广泛传布。康熙时，苏州人马禹深依方炮制六百余丸贩卖[54]，可见已进入较大规模的商业化制作阶段。徐大椿的《女科医案》中，也谈到一种堕胎成药"煎红丸"。此种丸药十分有效，五个月的胎孕可立打而下，不过孕妇也往往因此而重伤脾胃。这里还要补充一句：宋元明清（特别是明清）江浙中医所使用的主要节育药物，大多数都是常见中药，价格也不甚昂贵。这更使得节育药物的获得成为一件相对容易的事。此外，由于商业化的发展和医学界对节育看法的改变，以谋利为目的的堕胎医生或业余堕胎医生，也随处可见，因此一般民众要获得有关服务，也是颇为容易的。[55]

节育知识的普及和节育药物及服务的商业化，导致了一个意义深远的结果：一旦有需要，人们就会去求助于节育药物和服务（特别是前者）。因

53 见前引刘静贞文。

54 参阅俞志高：《吴中医学》，石琪主编《吴文化与苏州》，上海：同济大学出版社，1992 年。

55 例如前引朱翊清《埋忧集》卷四"堕胎"所记嘉庆时湖州乡下收生婆，只要给钱，就为人堕胎，其服务已十分商业化。又如前引《禅真后史》第十七、十八回中所描写的江湖医生全伯通为人打胎，一味只为钱财。

此之故，在宋代文献中，妇女通奸怀孕，多数是产后私自溺婴[56]；而到了明清时期，她们却大多私下到药店买药服用打胎。这类故事，颇见于当时江浙地区的小说。例如，明末嘉兴烟水散人编次的小说《合浦珠》说：苏州钱兰生，私通婢女秋兰有孕，另一婢绣琴诬称秋兰通家奴得孕，兰生母大怒，"买堕胎药三剂"，令服之。冯梦龙编辑的《警世通言》卷三五《况太守断死孩儿》，则讲宣德年间扬州府仪真县，寡妇邵氏与家仆得贵通奸怀孕，"恐人知觉不便，将银与得贵，教他悄悄地赎帖坠胎的药来，打下私胎，免得日后出丑。"另外一部明代后期的短篇小说集《贪欢报》第一回《花二嫂巧智认情郎》，也讲了一个类似的故事：在明末松江府华亭县八团川沙地方，有一个未嫁女子张氏通奸怀孕，本人及其母亲均十分焦急。当地一小户人家主妇花二娘得知此事后对丈夫花二说："（张氏身孕）想不过是三四个月的光景，何不赎一服'通经散'，下了此胎？……若是妥当，那（谢金）十两银子都是你的。"花二大以为然，"竟往生药铺中，赎了一服下药"，送至张家。张氏"把药服了，一时间，一阵肚痛，骨碌碌滚将下来，都是血块，后来落下一阵东西，在马桶内了"。明代艳情小说《欢喜缘》第八回写侨居苏州的杭州富户公子崔隆，荒淫无度，与多人淫乱取乐。"公子恐怕生养，致误玩要，遂买了防免作胎之药，命依依、可儿、姑娘三人各都服用。"[57]前引清代小说《八洞天》卷八《醒败类——两决疑假儿再反真，三诚相真金亦是假》中，也讲有一男子毕思复，本欲娶妾生子，及至买到一妾，发现其已有身孕，对毕妻说："若要留她，须赎些堕胎药来与她吃了，出空肚子，方好重新受胎。"这些例子表明了一点：在节育知识十分普及和节育药物十分商业化的明清江浙，普通民众在节药物育方面，已走了多远。

当然，我们也要指出：虽然明清江浙人民拥有多种生育控制手段，但是在具体手段的选择上，则依各人所处社会、经济地位的差异而有明显的不同。大致来说，属于较高社会阶层的人们和城镇居民，由于有较强的经济力量和可获得较多资讯和服务，可选择的范围相对较广。他们所使用最多的

56　其例见前引刘静贞文。

57　该故事虽托南朝时事，但其实与南朝无关，所谈的各种细节都是明清时事。

方法,看来是药物堕胎、针灸堕胎等方法。而属于较低社会阶层的人们和农村居民,则选择范围会窄一些。像延长哺乳期、用民间相传的草药堕胎和按摩堕胎等方法,可能是他们使用的主要方法。而调节房事、性生活禁忌、食用棉籽油等不自觉的避孕方法在运用上,可能也有社会的和地域的差异。从近代的农村调查来看,占农村居民主体的农民家庭是自觉地实行生育控制的,而通常使用方法是溺婴、堕胎和延长哺乳。[58]这些都不是近代才出现的新现象,因此那种认为近代以前的江浙人民的人口行为只是一种"自然"的生理行为的设想,肯定是不符历史真实的。

最后,我们对本文所论作一简要总结:在宋元明清时期,江浙人民在生育控制的多样性和有效性等方面,确实取得了重大的进步。作为这个进步的结果,清代江浙人民在堕胎、避孕和绝育方法的使用方面所达到的水平,显然大大超过了近代以前乃至近代早期的西欧。把这一情况与李中清和王丰所发现的清代中国妇女生育率明显低于西欧妇女生育率的事实联系起来,我们可以认为:这些传统的生育控制方法,对于近代以前中国的人口变化,起到了一种十分重要的作用。

(原载《中国学术》第一辑)

58　费孝通:《江村经济——中国农民的生活》,南京:江苏人民出版社,1986年,第25、27页。

上海的政治党派与大众抗议（1919—1927）

——社会网络、集体认同与关系

裴宜理（美国哈佛大学）

社会关系网是集体行动的基石。研究斗争政治的学者大都认为大规模抗议活动的动员需要利用当时的社会关系网络。[1]能不能组织好大规模的抗议活动，取决于组织者凭借现存的社会关系网鼓动人们参与的能力。社会学家罗杰·古尔德（Roger Gould）解释说："要想让人们齐心协力地做一件事，此事所涉及的集体身份（collective identity）必须合情合理地按照现存的社会关系网对人们加以分类。"[2]无论运动组织者借来的是阶级、民族、宗教还是其他任何可能的概念范畴，他们所针对的对象"必须能够将自身的社会关系视为符合某种意识形态所隐含的抽象模型的具体个案；而且，他们还必须以同样眼光来看待同时代人的社会关系。"[3]这一论断的核心，是关系网络理论家所谓的"结构对等"，亦即，个人之间的群体关联之建立，其方式被认为是与其他群体相类似的，而不论这些个体之间有

1　古尔德：《集体行动和关系网络结构》（Roger V. Gould, "Collective Action and Network Structure," *American Sociological Review*. Vol. 59（1993）：182—196）；戴安尼、麦克亚当编：《社会运动和关系网络：集体行动的关系理论》（Mario Diani and Doug McAdam, eds., *Social Movements and Networks：Relational Approaches to Collective Action*. New York：Oxford University Press, 2003）。

2　古尔德：《起义者的身份：从1848年革命到巴黎公社期间巴黎的阶级、社区和抗议》（Roger V. Gould, *Insurgent Identities：Class, Community and Protest in Paris from 1848 to the Commune*. Chicago：University of Chicago Press, 1995），第18页。

3　古尔德：《起义者的身份》，第18页。

没有直接的关系。[4]

在从1848年革命到1871年的巴黎公社的一路追溯中,古尔德发现社会关系网络以及参与者的身份在此期间发生了根本性转变。他认为参加1848年革命的巴黎人是作为工人阶级的一分子争取劳动权利的,而1871年的公社社员却是为城市自治而战斗的公民。“起义者身份”(insurgent identity)的基础从阶级扩大到公社,这反映了十九世纪中期巴黎社会关系网络的变化。照古尔德的说法,这一转变在很大程度上是豪斯曼男爵(Baron Haussmann)在1852—1868年间所倡导的大规模城市革新计划的结果。公爵的计划将工人从城市中心迁移到新近并入的地区。在城市的外围,居住地(或“社区”)对社会关系网的建构产生了比职业(或“阶级”)更为重要的影响。而那些造成“动员规模迅速扩大”的正式组织的出现,也促进了集体身份(collective identity)的扩展。

本文所要探讨的,是中国历史上城市抗议最活跃的时期(1919—1927年),在中国最充满活力的城市上海,社会关系网和集体身份不断变化的角色。这段时期发生的变化理应被视为与豪斯曼时代的巴黎所发生的变化同样深刻,并具有同样重要的政治影响。然而两者的起源和结果却大不一样。上海的关系网和身份发生改变,不是因为城市革新计划以及随之而来的人口分布的调整[5],而是由于那些寻求民主立宪的现代政治组织——尤其是政党——的出现。尽管这些新出现的组织带来了公民集体身份的扩大,但它们也受到了既有社会关系的限制。政治追求与社会现实相互冲突的结果发人深省,我们必须以中国的经验为参照系来重新审视关系网络理论中的一些经典结论。

---

4 瓦士曼、浮士德:《社会关系网络分析:方法与应用》(Stanley Wasserman and Katherine Faust, *Social Network Analysis: Methods and Applications*. Cambridge: Cambridge University Press,1994)。

5 与巴黎不同,上海的人口在我们考察的这段时期居住地更为集中。1915年,上海的人口总数是2006573人,而1927年则增加到2641220人。不过,人口增长最多的地方不是华人聚居区(由1173653人增加到1503922人),而是公共租界(由683920人增加到840226人)及法租界(由149000人跃升到297072人)。邹依仁:《旧上海人口变迁的研究》,上海:上海人民出版社,1980年,第90页。

五 四 运 动

1919 年的五四运动的发生，在中国共产党成立之前两年，又在致力于群众动员的国民党（按照布尔什维克的纲领）根本性的重组之前五年。因此，“五四”可以被看作是一条衡量之后渐渐明朗的政治局势发展的基准线。

五四运动与其后的运动形成鲜明对比的是它并未受到任何政党的明显操控。约瑟夫·陈（Joseph Chen）写道：“孙（逸仙）和国民党对五四运动的政治影响微乎其微，甚至可以忽略不计。”[6] 虽然五四运动发生时，孙在上海，可他只是个旁观者而非组织者。有些国民党党员（如邵力子）在运动中扮演了积极的角色，可他们是作为个人而非党员加入运动的。

不过，这并不是说上海的五四运动毫无组织。实际上，运动的迅速发展就反映了一个令人惊叹的动员网络的存在——这一网络的一部分在五四之前就存在，而另外一部分则是在运动过程当中出现的。从动员那些可能置身事外的人参与运动的角度看，当时最强大的网络依凭的就是那些有着长期城市政治活动传统的组织，尤其是同乡会和秘密会社。在 1911 年革命年代的上海，这些组织扮演了关键角色，组织领导人多显示出对新共和国的政治局势发展的持续关注。

由于五四运动前就明显存在着社会关系网，所以我们不妨先来了解一点历史背景。推翻清朝统治的 1911 年革命，在上海得到精英阶层高度一致的推动。精英阶层的团结一致在革命前就在政治上有所表现，此即伊懋可（Mark Elvin）所说的“中国第一个正式的民主政治机构”——1905 年上海华人聚居区建立的市议会。[7] 市议会继承了行会、义庄和公共活动的传统，其

---

6 陈：《五四运动在上海：现代中国社会运动史话》（Joseph T. Chen. *The May Fourth Movement in Shanghai: The Making of a Social Movement in Modern China*. Leiden: Brill, 1971），第 23 页。

7 伊懋可：《中国上海的士绅民主，1905—1914》（Mark Elvin, “The Gentry Democracy in Chinese Shanghai, 1905—14,” Jack Gray, ed., *Modern China's Search for a Political Form*. Oxford: Oxford University Press, 1969），第 41—43 页。

目标在于实现“有限的福利国家”,那里不存在贪污腐败,人们可以在公共集会上公开论战,一切决定皆由投票多数通过。[8]

在辛亥革命中,市议会及其所属的商团武装(共约3000人)一致支持革命事业。[9]商团武装在清廷地方政府垮台过程中发挥了关键作用,所以市议会的领导者自然而然地接手了清朝官员空出来的位置。当革命领袖之一陈其美1912年辞职时,市议会的要员控制了新的军事政府。[10]例如,商团武装领导人李平书当上了民政部长。[11]

上海精英阶层之间的友好合作关系在当时蔚然成风。上海的精英有些来自士绅家庭,但大多数是商人,他们之间的关系多是缘于同乡、同行或秘密会社的关系。这些关系网不仅在经济事务当中生发了亲密与信任,而且也促进了政治方面的齐心。1911年革命前后上海活跃着八十多个政党;尽管他们都鼓吹公务,可多数党派都是以同省人的小团体为基础的。[12]1911年,同盟会会员陈其美(同时也是青帮头目)与其同乡浙江商人之间的关系是上海革命行动的基础。上海商人虞洽卿和王一亭——均为浙江人——都是陈其美的亲密伙伴。[13]

上海同乡组织的集体抗议活动可以追溯到十九世纪同法国的租界争

---

8 伊懋可:《中国上海的士绅民主,1905—1914》,第52—54页;伊懋可:《上海的政府,1905—1914》(Mark Elvin, "The Administration of Shanghai, 1905—1914.") Elvin and G. William Skinner. eds. ,*The Chinese City Between Two Worlds*. (Stanford: Stanford University Press, 1974),第239—262页。

9 伊懋可:《中国上海的士绅民主,1905—1914》,第45、58页;伊懋可:《上海的政府,1905—1914》,第255页。

10 伊懋可:《上海的政府,1905—1914》,第255页;伊懋可:《中国上海的士绅民主,1905—1914》,第58页。

11 福史密斯:《中华民国的政党、国家和地方精英:上海的商人组织及政治,1890—1930》(Joseph Fewsmith, *Party, State, and Local Elites in Republican China: Merchant Organizations and Politics in Shanghai, 1890—1930*. Honolulu: University of Hawaii Press, 1985),第44页。

12 邱钱牧:《中国政党史》,太原:山西人民出版社,1991年,第197—354页。

13 樊崧甫:《上海帮会内幕》,《文史资料选辑》,1980年3月号,第150—159页;白吉尔:《中国资产阶级的黄金年代,1911—1937》(Marie-Claire Bergère, *The Colden Age of the Chinese Bourgeoisie, 1911—1937*. New York: Cambridge Universitv Press, 1989),第195页。

端。[14]1905 年,同乡组织发起了一场抵制美货运动,抗议美国对待中国之不公。十年之后,它们又因不满中日二十一条而组织了抵制日货运动。因此五四运动期间这些组织再一次承担了主要的动员工作,这便不足为奇了。就像布瑞纳·古德曼(Bryna Goodman)所说:"上海的五四运动中,同乡组织明显扮演了民族主义意识形态的组织者、表达者和传播者的角色。如果不是它们,当时那种有效的社会动员是很难想象的。"[15]古德曼解释,"本省人的关系网"为人们通常认为组织了五四运动的、名声更为显赫的"现代"组织——例如,学生联合会和商会——提供了"构成要素"。[16]这一关系网络对分散的工人、学生和商人团体之间的合作与协调至关重要,而且各团体之间的合作与协调正是运动的根本特征。

上文的意思并不是说五四运动——通常被看作中国"现代"政治的开端——仅仅是固定不变的"传统"组织形式的产物。实际上当时同乡组织自身也在经历着重大的变化,"现代"同乡会开始代替旧式的会馆。新的组织越来越看重政治行动和社会动员,其结果在几年之后也即 1925 年的五卅运动中将突显出来。[17]

另外一股影响当时重大转型的力量是上海青帮。由于青帮吸纳的对象是新到城市的移民,所以会受到人口变化和同乡组织变化的深刻影响。另外,1919 年正是据说蒋介石开始追随青帮"教父"黄金荣的那一年,蒋是由上海商人虞洽卿介绍给黄的。[18]这种关系预示了青帮将扮演更为重要的政

---

14 曼素恩:《上海的宁波帮及其金融势力》(Susan Mann Jones,"The Ningpo *Pang* and Financial Power at Shanghai," Elvin and Skinner eds., 1974),第 73—96 页;裴宜理:《上海罢工:中国工人政治研究》(Elizaheth J. Perry, *Shanghai on Strike: The Politics of Chinese Labor*. Stanford: Stanford Universitv Press, 1993),第 22—24 页;古德曼:《家乡、城市和国家:上海的同乡关系网络与身份,1853—1937》(Bryna Goodman, *Native Place, City, and Nation: Regional Networks and Identities in Shanghai, 1853—1937*. Berkeley: University of California Press, 1995),第 158—169 页。

15 古德曼:《家乡、城市和国家》,第 270—271 页。

16 同上,第 261 页。

17 同上,第 272 页。

18 马丁:《上海青帮:政治与有组织犯罪,1919—1937》(Brian G. Martin. *The*

治角色,尤其是在八年后的四一二政变中。

五四运动前后同乡组织和秘密会社发生的变化说明,晚清延续至1911年辛亥革命的上海精英阶层之间的团结逐渐瓦解了。革命期间及稍后,一小撮关系密切的地方要人控制了行会、商会、商团武装和市政府。1914年,集中体现精英阶层团结一致的市议会被袁世凯勒令解散,大大削弱了精英阶层的凝聚力。1913年,袁解散国会,并宣布国民党非法;第二年他又废除作为晚清改革措施而建立的地方和省议会(包括上海市议会)。[19]袁这样做使得上海精英阶层与之疏离,他们将在几年之后爆发的群众抗议中推波助澜。[20]

精英阶层凝聚力的削弱伴随着代际的、意识形态的和组织上的冲突。在资产阶级阵营中,少数"激进的少壮派创新型企业家"在五四运动前夕已然开始积聚力量。[21]因为被上海商会拒之门外,这些"少壮派(Young Turks)"于1919年3月组建了上海商业联合会,要求民主政治改革。这一个代表了53个商人团体、置身企业组织之外的联合会,将在五四运动、五卅大罢工和国民政府在上海确立统治地位等事件中发挥重大作用。[22]

换句话说,五四运动发生在更为普遍的政治躁动的背景中,新的人物和组织的影响力在不断壮大。报业的发达是其中的关键因素。曾经互不相关的各省如今却找到了对于同一国家共同体的归属感。[23]尽管如此,正像社会关系网络理论所预示的那样,政治竞技场中的新人在挑战现状时很大程度上依靠的是已有的关系网。白吉尔(Marie-Claire Bergère)指出,五四时代

Shanghai Green Gang: Politics and Organized Crime. 1919—1937. Berkeley: University of California Press, 1996),第81页。

19 汤普生:《立宪改革时代中国的地方议会》(Roger R. Thompson, *China's Local Councils in the Age of Constitutional Reform*. Cambridge: Harvard University Press, 1995)。

20 白吉尔:《中国资产阶级的黄金年代,1911—1937》,第203—207页。

21 同上书,第213页。

22 同上书,第214页。

23 关于报业的日益兴盛,参见加吉:《印刷与政治:"时报"与晚清中国的改革文化》(Joan Judge, *Print and Politics: "Shibao" and the Culture of Reform in Late Qing China*. Stanford: Stanford University Press, 1996)。

的激进分子所产生的影响并非仅仅来源于当时流行的大众民族主义,而是更多地由于他们同晚清改良派精英之间的紧密联系。[24]同乡组织和秘密会社中的关系是不同团体和阶级共同参与爱国事业的基础。很大比例的上海学生来自商人家庭,这一事实更进一步地巩固了上述团体之间的联系。[25]

这种联系的结果,如约瑟夫·陈所总结的那样,是“中国历史上第一次全盘性的群众运动”——学生、商人、工人和普通公民并肩作战,矛头直指盛气凌人的帝国主义。[26]同乡团体召集会议、发送抗议电报而且充当学术界、商界和实业界之间传递信息的桥梁。[27]这种关系网不仅包括受教育的、富裕的精英阶层,同时也纳入了无产阶级和流氓无产阶级。技工、行会和同乡组织是动员的关键工具。而对于那些不懂技术的工人,工头——许多是流氓头目,他们从家乡招募工人——是重要的中间人。由于接到帮派的命令,就连乞丐、扒手和妓女在五四总罢工期间都停止了工作。[28]

同乡关系和帮派关系虽然重要,但却不是五四激进分子关系网的全部。杰弗里·瓦瑟斯特洛姆(Jeffrey Wasserstrom)发现许多学生领袖,特别是大量的复旦大学的学生,“他们互相认识,而且曾经在重大活动中有过合作”。[29]复旦学生在市郊农村开展了改善道德和卫生状况的演讲活动。参与最近某次演讲,是许多学生领袖的共同经历。[30]

当然,五四运动也并非简单依靠已有的关系网;它还产生了自己的动员团体。瓦瑟斯特洛姆写道,学生建立了“完整的组织等级制度,各组织都在协调青年抗议活动中发挥各自作用”。[31]学生仿效商人创立十人团,团员集

---

24 白吉尔:《中国资产阶级的黄金年代,1911—1937》,第215页。

25 陈:《五四运动在上海》,第115页。

26 同上,第111页。

27 古德曼:《家乡、城市和国家》,第265—266页。

28 裴宜理:《上海罢工》,第70—71页。

29 瓦瑟斯特洛姆:《二十世纪中国的学生抗议:以上海为例》(Jeffrey N. Wasserstrom, *Student Protests in Twentieth-Century China: The View from Shanghai*. Stanford: Stanford University Press, 1991),第58页。

30 瓦瑟斯特洛姆:《二十世纪中国的学生抗议》,第59页。

31 同上,第60页。

体发誓抵制日货,并保证团员忠心耿耿。所有团员都保证劝说更多人参与运动。理论上说,每一位团员都应动员九人参与运动,并就此产生新的十人团。[32]这些非正式的安排随着运动的结束而偃旗息鼓,不过许多正式组织(从学生联合会到商业联合会)倒是延续了下来,进而成为此后各次运动动员的重要基础。

整体看来,五四时代的组织活动向政府控制提出了严峻的挑战。瓦瑟斯特洛姆强调学生试图模仿和攫夺政府官员的职位,结果导致了"几乎完全由学生操控的抗议活动官僚机构"的产生。[33]当时在沪的外国人感到了这些团体的威胁,纷纷试图瓦解他们的群众权威(popular authority)。6月8日,上海市议会发布文告,禁止普通公民"身着制服或任何代表某一组织、协会和团体的衣服、徽章或头巾,在大街上或任何公共场合露面"。[34]官方色彩的着装衣饰为国际租界官员的特权。上海的中国地方政府尤其担心五四运动参与者们范围的广泛和相互之间关系的交织,于是采取措施防止学生与商人的合议合谋。[35]尽管外国和中国官员都试图压制激进派,可激进派还是能够组织起和维持一个强大的"三罢"运动,包括罢市、罢课和罢工。

"集体身份"是如何使这些不同团体联合参与共同斗争的呢?虽然不同团体的利益也不同,但他们都为亡国的危险而心痛,因此才会携起手来,异口同声地要求国家主权和取缔《凡尔赛条约》的中国条款。五四运动常被认为是中国民族主义的开端,可是"亡国"一词的历史更为悠久,至少可以回溯到战国时代(公元前五—前三世纪),并因为十三和十七世纪的蒙古和满洲入侵而得到凸显。[36]亡国这一主题在五四时代的体现是号召所有"国民"参与救国救民斗争。上海学生联合会的成立宣言正表达了该会的宗旨:"唤醒国民之爱国心,用切实方法,挽救危亡。"[37]

---

32 瓦瑟斯特洛姆:《二十世纪中国的学生抗议》,第66页。

33 同上,第60页。

34 引自陈:《五四运动在上海》,第145页。

35 陈:《五四运动在上海》,第112页。

36 同上,第29页。

37 冯小敏:《中国共产党在上海八十年》,上海:上海人民出版社,2001年,第6页。

五四运动的参与者们所利用的抗议手法也体现了新旧结合。在参加完6月29日的一次旨在谴责《凡尔赛条约》的国民大会后，数千人的游行队伍浩浩荡荡地涌向军政府请愿。当手持刺刀的士兵试图阻止抗议者时，抗议者就势在泥泞的街道上跪下磕头。多年的传统办法显然奏效了："（士兵们）羞愧难当，收回了手里的步枪。"[38]

五四运动利用熟悉的社会关系网、政治概念和抗议行为来动员各不相同的团体。结果引发了一场持续近两个月的强大运动，而且成功地达到了抵制巴黎和约的中心目标。虽然激进主义的力量在这次运动中展露无遗，可是它却并非代表了上海公民之间新近产生的凝聚力。例如，在6月1日的一次由8万到10万人参加的国民大会上，各团体都"根据其职业或地位被分配位置"。[39]尽管上海的运动——与北京不同——卷入了所有的社会阶层，他们的参与方式却是分散的。尽管学生和商人构成了运动的中坚力量，但他们的联合却只是暂时的和有条件的："他们组织联合会，但只是暂时的。两团体之间既无实质性的、持久的政治团结和稳定，也缺乏任何保证运动后继续维持联系的根本的共同利益。"[40]

五 卅 运 动

如果说五四运动未受到党派的操控，那么五卅运动就完全不同了。国民党和共产党都在1925年5月的事件中发挥了突出作用。五卅运动显然比之前的各种运动更具有政治意味。1919年的抗议者的矛头指向主要是《凡尔赛条约》的中国条款，而6年后抗议者们则将全面要求结束帝国主义和军阀统治，并实行彻底的政治改革。所有同胞都被号召为争取自由而斗争。

五卅运动所体现的不仅是意识形态力量的加强，而且是动员能力，尤其是动员工人能力的增强。参与五四大罢工的工人大概6万人，而参与五卅运

38　陈：《五四运动在上海》，第188页。

39　同上，第189—191页。

40　同上，第195页。

动的工人则激增到20万人。同时,动员的速度也大大加快:1919年,组织城市总罢工花了一个月的时间,而1925年从五卅事件发生到总罢工开始中间不到一周时间。[41]

五卅运动的主要领导机构是一个叫做工商学联合会的团体。该团体6月4日组建,其宗旨就是指导抗议活动。与五四运动期间名称相似的组织不同,五卅联合会从一开始就是高度派性的——也是高效的——团体。正如中共领导人瞿秋白指出的,联合会在未来的两个月间,将在上海"代行地方政府之职"。[42]虽然商会拒绝加入,其他主要的行业组织(像上海各马路商界总联合会、全国学生联合会、上海学生联合会、上海总工会)却都积极参加了进来。联合会中占主导地位的声音无疑是中国共产党,其发言人是总工会及其精力充沛的会长李立三。不过,该联合会并不仅仅是共产党的喉舌;在事态发展过程中,种种问题被争论,问题的性质也发生了变化。[43]

因为五卅事件中有中国学生被英国警察打死,国民党和共产党都试图抓住机会,利用五卅事件所激起的民愤,而共产党比国民党更为成功地达到目的。瓦瑟斯特洛姆认为,甚至可以说是五卅运动"造就"了中国共产党,因为共产党灵活而娴熟地把握了南京路上对抗所提供的机会。[44]运动伊始,共产党只有约900名党员;而到了1925年底,党员人数增加到一万人左右。[45]

共产党的相对成功原因是多方面的。首先,当时共产党的高层领袖大多身在上海,而国民党的根据地则是广州;其次,国民党为党内分裂所困扰。国民党左派与右派为如何有效推进特定形式的大众选举而争论不休。[46]国民

41 裴宜理:《上海罢工》。

42 克利福德:《上海,1925:城市民族主义和维护外国特权》(Nicholas B. Clifford, *Shanghai, 1925: Urban Nationalism and the Defense of Foreign Privilege*. Ann Arbor: University of Michigan Center for Chinese Studies. 1979),第23页。

43 同上。

44 瓦瑟斯特洛姆:《二十世纪中国的学生抗议》,第119页。

45 江怡:《中国共产党在上海》,上海:上海人民出版社,1991年,第65页。甚至一年后国民党还只有八千党员。参阅冯小敏:《中国共产党在上海八十年》,第34页。

46 郭绪印:《国民党派系斗争史》,上海:上海人民出版社,1992年,第2—10页;山

党在上海的主要组织者马超俊，作为右派代表，仅仅是最近才被广州方面派遣来上海。他的任务是通过在上海青年人中间创立保守的孙文主义学会以抵消共产党日益扩大的影响。[47]虽然马后来在回忆录中写到自己在五卅运动中扮演了领袖的角色，但历史学家理查德·利格比（Richard Rigby）却令人信服地推论说，马的作用“肯定相当微弱”。[48]

不过，我们也不应将这一时期国民党与共产党的目标截然分开。由于前一年统一战线形成，两党正式保证实行合作政策。这一合作关系允许共产党员以个人身份加入国民党和建立（隶属国民党的）保护组织来督导工人、商人、农民、妇女和青年的联合动员工作。实际上，1924年2月成立的国民党上海执行部的第一秘书不是别人，正是毛泽东。[49]上海大学的校园其实反映了国共两党的合作事业，上海工人运动的许多最能干的组织者都是从这里走出来的，尤其是浙江籍的学生（这一点正说明同乡关系的延续）。[50]

尽管两党的意识形态和行为存在着重大差异，却都致力于建立更广泛、更强大、能够维持规模更大、影响力更深远的政治组织和认同。正如尼科拉斯·克利福德（Nicholas Clifford）总结的那样，1925年的国民党和共产党是急切盼望创建“超越省界和区域界限的崭新机构，为中国提供五四运动中极度缺乏的有纪律、有组织的领导”的“新民族主义者”。[51]两党都号召同胞参与这场圣战。

五卅运动动员的速度和规模证明了这些由政党所倡导的行动在组织上

田辰雄：《国民党左派研究》（Yamada Tatsuo, *Chugoku kokuminto saha no kenkyu*. Tokyo: Keio Tsushin, 1980），第71—131页。

47 利格比：《五卅运动：事件与主题》（Richard W. Righy, *The May 30 Movement: Events and Themes*. Canberra: Australian National University Press, 1980），第31页。

48 同上。

49 江怡：《中国共产党在上海》，第41页。

50 王家贵、蔡锡瑶编：《上海大学》，上海：上海社会科学院出版社，1986年，第1—22页；叶文心：《异化的学院：中华民国的文化与政治》（Wen-hsin Yeh, *The Alienated Academy: Culture and Politics in Republican China, 1919—1937*. Camhridge: Harvard University Press, 1990）。

51 克利福德：《上海，1925》，第xiii页。

的成功。古尔德发现正式组织,包括政党和它们的附属组织,可以对潜在的参与者在何种程度上接受集体身份产生重大影响。古尔德说,与以非正式的社会关系网络为基础所缔造的社会关系相比,正式组织所缔造的社会关系能够在更广泛的层次上促进公共意识的产生。这些新团体通过建立超越日常生活界限之上的关系网络大幅度地扩展规模,从而扩大集体认同的范围,吸引更多抗议者。[52]全面指导五卅运动的上海工商学联合会正是古尔德观点的明证。这一新组织正式将劳工界、商界和教育界联系起来,共同要求实行彻底的政治变革,使中国从帝国主义和军阀混战的渊薮中解脱出来。[53]

尽管正式的组织对五卅运动的发展很关键,但它们并不能取代已有的关系网。秘密会社的关系网络很重要,因为青帮跟国共两党都有来往。虽然像布莱恩·马丁(Brian Martin)所强调的那样,这种联合在“本质上是实用主义的”[54],但它却为政党提供了接近上海社会中本来难以进入的领地的机会。为了推动工人运动,共产党在成立几周之内就组织了对帮派网络的渗透。[55]不久之后,青帮强人杜月笙开始跟陈立夫和其他国民党要人接触。五卅运动中,青帮所扮演的角色是复杂而矛盾的:一方面,共产党的工运领袖李立三与帮派头目达成了总罢工动员的协议,而另一方面,杜月笙又跟国民党在上海的代表紧密合作,努力压制日益高涨的运动浪潮。[56]

当正式的组织鼓动范围广泛的动员时,这些组织内部的关系和组织间的关系都受到关键人物及他们的关系网和个人能力的影响。5 月 30 日当夜,马超俊和其他国民党领导人回到上海总部,讨论如何处理当天发生的惨案。杜月笙也在座,共产党员恽代英同样出席。恽当时是上海国民党青年部秘书。会议一结束,恽就直接赶往张国焘处,在那里中共中央高层领导人

---

52 古尔德:《起义者的身份》,第 21—22 页。

53 联合会提出 17 项正式要求,从要求军阀撤军到取缔治外法权。冯小敏:《中国共产党在上海八十年》,第 65—67 页。

54 马丁:《上海青帮》,第 81 页。

55 裴宜理:《上海罢工》,第 74 页。

56 马丁:《上海青帮》,第 81、86 页。

(包括陈独秀、李立三、刘少奇与蔡和森)已等候多时。恽向大家通报了国民党号召“三罢”的消息——共产党迅速对“三罢”表示支持。[57]

政党在五卅运动中发挥了关键作用,尤其是在运动之始,不过随着运动的发展,特殊人物所产生的决定性影响逐渐变得明显。最重要的一位人物就是商人虞洽卿,他当时并未加入任何党派。虞从1898年宁波行会与法国当局对抗时起就积极参与爱国斗争,是上海滩“不可或缺的经纪人”。[58]虽然五卅事件发生时,虞不在上海,但他一回来就发挥了关键的作用。虞洽卿在上海商界的显赫地位的根源是他的宁波人身份,但他(贫寒起家)的发迹史却体现了精英领导权的新基础,个人成就与籍贯关系同样重要。[59]

与上海商界精英阶层中更为保守的分子不同,虞洽卿跟杜月笙及青帮关系密切。虞仗着陈其美的保护进入政界,他很赞赏秘密会社对广泛的政治事业的支持。他还是1911年革命中打先锋的商团武装的创始人,所以对于武装斗争毫不陌生。五卅运动期间他回到上海,利用青帮将抗议引向他所需要的方向。虽然虞知道共产党领导下的激进工人运动正在发展,但他认为,这或许有利于迫使公共租界方面考虑中方代表参加上海市议会和联合法庭交回中方控制的问题——这些都是他深切关注的问题。然而,虞既没得到共产党,也没得到外国当局的信任,他只能利用政治让步来寻求折中的办法。[60]

虞洽卿在商会内部创建了一个专门管理五卅运动用款的部门,他对整个运动施加了相当大的财政方面的影响。用以维持千千万万绝食抗议者的钱粮从世界各地涌来,而这时虞的手里掌握着抗议活动的生命线。[61]商界

---

57 利格比:《五卅运动》,第36—37页。

58 福史密斯:《中华民国的政党、国家和地方精英》,第67页。

59 曼素恩:《上海的宁波帮及其金融势力》,第86—87页。想了解虞的生平,参阅南伯庸:《上海大亨虞洽卿》,海口:海南出版社,1996年。

60 克利福德:《帝国的宠儿:1920年代上海的两方人与中国革命》(Nicholas R. Clifford, *Spoilt Children of Empire: Westerners in Shanghai and the Chinese Revolution of the 1920s*. Hanover: Middlebury College Press, 1991),第135页。

61 利格比:《五卅运动》,第52—53页。

内外,他无不扮演着关键角色,协调着商会中保守分子与商业团体联合会和上海各马路商界总联合会中激进商人之间的关系。当他觉得群众动员的危险超过了政治改革的前景时,他就要杜月笙阻止大罢工。[62]一旦虞不再支持罢工,共产党、国民党、帮派、工人、商人和学生之间脆弱的联盟很快就涣散了。

五卅运动与五四运动的显著不同就是政党的突出作用,以及要求政治改革的更高呼声。由于新近在上海出现的正式组织——许多都隶属于国民党和/或共产党——的大量参与,动员不但迅速而且全面。尤其是因为共产党和新建的总工会的努力,工人比在6年前发挥了更为关键的作用。不过历史的延续性也很明显。首先,许多新的发展都是先前五四运动的直接产物。正是对五四运动未能带来彻底政治变革的失望,才激发了1920年代的许多活动。其次,以同乡关系和帮派关系为基础的熟人网络是许多新组织赖以维持的黏合剂。最后,个人声望和影响力——尤其是虞洽卿身上体现出来的——在决定运动结果时比新组织更有力。

上海工人的三次武装起义

1926—1927年间的武装起义赶走了盘踞上海的军阀,将上海交给了国民革命军。这几次武装起义通常被认为是共产党领导的工人运动的高潮。大约80万人参加了第三次也是成功的那一次大罢工。起义是国共第一次统一战线的最充分的——也是最终的——标志。在这次国共合作的保护下,一股建立联盟的浪潮在三次起义期间席卷了上海。[63]第三次起义后几天就召开了市民大会,来自1000个不同组织的50万名代表参加了此次大会。[64]

62　马丁:《上海青帮》,第86页。

63　徐小群:《中国职业技工与共和国家:上海职业联合会的兴起,1912—1937》(*Chinese Professionals and the Republican State: The Rise of Professional Associations in Shanghai, 1912—1937*. New York: Cambridge University Press, 2001),第95页。

64　周尚文与贺世友:《上海工人三次武装起义史》,上海:上海人民出版社,1987年,第204—205页。

不同阶层的政党和正式组织在当时的动员活动中发挥了明显的、关键的作用。与五四运动或五卅运动相比,三次武装起义的政治要求更为具体,反映了政党和职业组织政治上的日益成熟。国共两党的干部与商界领袖和其他有关的市民一起开过无数的会,为的是替一个新的“上海市民革命政府”制定详细的规划蓝图。不过,最后的结局是血腥的。蒋介石授意的“四一二”大屠杀,与其说是制度的或意识形态的因素使然,倒不如说是依靠着持久社会关系网络来推动特定事业的重要个人的决定。

中共在共产国际的建议和帮助下,毫无疑问是武装起义的主要发起者。为了用崭新的政治秩序取代军阀统治,共产党人号召所有市民加入进来。为了吸引这些人,共产党人跟各种各样的权力经纪人(power brokers)通力合作——尤其是国民党、商业联合会和青帮。不过,最终当然是这些团体的头目因为在共产党创立之前久已有之的个人关系而背叛了共产党。

1926 年 10 月第一次起义的筹备工作集中在商界,这时中共正倡导通过“资产阶级革命”推翻军阀政府,建立崭新的、更加民主的制度。第一次起义的混乱使得中共领导人确信应当依赖工人,而不是商人,作为斗争的主要力量。可是,尽管共产党对总工会的控制为其提供了工人组织方面的优势,但进行总罢工还需要市内重要精英分子的合作。共产党的工运领导人赵世炎、汪寿华和罗亦农,多次同国民党代表纽永建、青帮强人杜月笙,以及商界要人虞洽卿和王晓籁会晤,以便为自己的事业争取尽可能多的支持。[65]

纽永建于 1926 年奉国民党中间派之命,悄然来到上海,为北伐做准备。纽是上海人,他在 1911 年和 1913 年的革命中结识了陈其美,而且与上海的精英阶层也有广泛接触。[66]纽的任务是利用这些关系网协助国民党和平占领上海。在这次使命中,他发现跟致力于武装起义的共产党人分歧越来越大。[67]

随着纽永建对共产党的意图越来越关注,他对秘密会社和商人联合会

65 周尚文与贺世友:《上海工人三次武装起义史》,第 77—92 页。

66 马丁:《上海青帮》,第 88 页;克利福德:《帝国的宠儿》,第 212—213 页。

67 克利福德:《帝国的宠儿》,第 213 页。

的兴趣也日益浓厚。纽与它们最初的接触始于他所推动的上海市民公会的创立。市民公会的目标是保护上海不受内战的威胁。[68]纽重新激活多年以来的关系网,并牵线搭桥让上海地方上的权势人物与他的老板蒋介石挂上钩。我们已经看到,蒋本人在1911年革命期间曾是陈其美的助手,而在五四运动前后又曾追随上海青帮"教父"黄金荣。介绍蒋给黄,这显然是虞洽卿安排的,因为他在蒋暂居上海市时曾执掌过上海股票交易所。[69]1926年11月,蒋介石在中断联系七年之后又恢复了同他的青帮师傅的接触。此时,上海青帮刚刚经过一场重大的重组,加强了团结也在政治上发挥更大的影响力,所以它对于各党派的意义都变得更为关键。接下来的四个月是国民党中间派与青帮的多次磋商,双方讨论的是如何在没有共产党的上海实现各自的利益。根据布莱恩·马丁的说法,到1927年2月底,青帮——其头目被指派为蒋介石驻上海的特别代表——完全效忠于国民党。青帮头目既担心共产党工人运动的发展,又考虑到孙传芳的军阀政府已经危如累卵,所以他们把政治前途的赌注押在国民党一方。马丁认为,时局的这一转变可以解释,为何1927年2月下旬共产党领导的第二次武装起义期间的总罢工会突然失败。[70]

马丁强调青帮和国民党之间日益加深的联系肯定是正确的。但是,至少从共产党的角度来看,在他们准备下月的第三次武装起义时,仍然非常确信能够得到秘密会社和国民党的帮助。在流产的第二次起义和成功的第三次起义之间的许多场合,中共的密探都报告过同杜月笙的会晤,而且杜一直表示会保护他们的工人组织活动。[71]如果青帮头子坚决反对,伴随着第三次武装起义的80万人大罢工是不可能出现的。

不过,在共产党领导的起义推翻了上海的军阀统治之后,青帮就迅速与国民党站在了一起,共谋其利。第三次起义后不久,蒋介石抵达上海,而第

68 马丁:《上海青帮》,第88—89页。

69 福史密斯:《中华民国的政党、国家和地方精英》,第115—116页。

70 马丁:《上海青帮》,第87—93页。

71 上海市档案馆编:《上海工人三次武装起义》,上海:上海市档案馆出版社,1983年,第220—221、262、273页。

一个给他打电话的正是黄金荣。[72]此后不久,由虞洽卿(以及王一亭和其他亲蒋介石的商界要人)领导的上海工商联合会代表团向蒋提供了300万美元的贷款,助其摧毁共产党的工会力量。[73]就在青帮也准备好为此举出力之时,命令下达了。1927年4月12日凌晨,数百名流氓冲向共产党的阵营,解除了工人的武装。随后而来的"白色恐怖"迫使共产党人撤离,由无产阶级运动转向农民革命。1920年代的上海,精英网络——虽然随着时代政局发展而改变——一直太过灵活,致使共产党无法取得控制权。

结　　论

对民国早期上海大众抗议的研究表明,社会关系网络在推动群众动员中起着关键作用。正如关系网络理论家所期待的,已有的人际关系是参与运动的基石。虽然新建的正式组织拓展了人际关系的范围,可归根到底这些组织自身就是由更为密切和持久的人际互动构建的,而且受到这种人际互动的制约。

同时,上海的例子也说明了有些关系网络理论很少关注的某些问题的重要性。上海的罢工反映了关系网络不仅可用于动员,也可用于相反的目的。这一点是关系网络理论家和社会运动研究者基本没有探讨的话题。他们通常只满足于将一种运动走下坡路的原因归结为"国家镇压"或参与者的"运动疲劳"。由于受到理性选择观念的影响,研究者通常极少注意解散动员(demobilization)这一挑战性的问题。理性选择观念认为集体行动是一种不同寻常的现象,要解释它便须特别注意"不随集体行动者"(free rider)的问题是如何解决,而动员又是如何实现的。

上海的例子说明,关系网络还可能在解散动员的过程中扮演关键角色。五四运动、五卅运动或是最激烈的三次武装起义的涣散都无法用国家镇压(受到多个政权并立和军阀统治的制约)或运动疲劳(那是民族主义热

72　福史密斯:《中华民国的政党、国家和地方精英》,第117页。

73　白吉尔:《中国资产阶级的黄金年代》,第238页。

情激荡的时代)来解释。我们看到,历次动员解散都是在关系网络中的关键人物作出决定之后(例如,虞洽卿、杜月笙、蒋介石)。他们的决定都是为了重新获取部下的效忠,但他们所采取的方式则摧毁了正在进行的运动。抗议偃旗息鼓看来不仅是由于政府的无情镇压或参与者的软弱,而且是因为原先各方在动员战线中选择了新的位置。关系网络不仅可以支持运动,也有摧毁它们的潜力。

上海罢工所表明的第二点,可能就是我们需要对"起义者的身份"和动员规模之间的关系作更为深入的分析。古尔德所做的开创性工作说明,更为全面的参与号召(例如,打着公民而非阶级的旗号)同更为广泛的动员效果(巴黎公社较之1848年革命)之间存在着天然的联系。可是,当我们考察二十世纪初上海罢工的基础时,却惊奇地发现了另外一种现象。虽然这段时间集体行动的规模急剧扩大,可是招募参与者的号召的基础却似乎缩小了。

从1911年革命开始直到三次武装起义,上海的运动参与者一直响应"公民"这一号召。不过,英语中的"citizenship"一词在汉语里可能对应着许多词。[74]这许多各不相同的汉语词汇,又标志着人们效忠的不同政治实体。1911年革命时期,无所不包的"公民"一词是政治动员中最常用的。当时,在上海的华人聚居区,公民会纷纷涌现。1913年,全民公民会出现在上海,结果第二年就被袁世凯取缔所有地方委员会和议会的地毯式禁令所禁止。[75]我们不知道这些团体的精确规模或构成,但据历史学者徐小群估计,它们一定主要是由当地商人组成的,因为维护秩序和管理地方事务对这些人最是重要。我们已经看到商人在上海1911年革命中扮演了领导者的角色。

公民一词(借自日本翻译citizen的新造词),在晚清改良派康有为于

---

74 古德曼和裴宜理编:《现代中国公民意义的变化》(Merle Coldman and Elizabeth J. Perry. eds., *Changing Meanings of Citizenship in Modern China*. Cambridge: Harvard University Press, 2002),绪论。

75 徐小群:《中国职业技工与共和国家》,第88—89,91页:上海社会科学院编:《辛亥革命在上海史料选辑》,上海:上海社会科学院出版社,1981年,第853页。

1902—1903 年间发表的论公民自治的系列文章中就已使用。康当时鼓吹以日本明治维新为榜样,进行政治改革。有些中国人将康有为提出的模式看作是地方自治的先导,也有人将之视为倡导集权制度。[76]魏斐德曾解释说,康自己对于地方自治并不热心,但却非常重视立宪政府,因为它比"单纯独裁的自私更为公"("more kung [gong],more public,than the selfishness of pure autocracy.")。[77]无论如何,尽管公民一词的含义广泛,可被号召参与的仍然限于受过教育的、富裕的城市精英。

五四运动期间,一个意义稍微狭窄的词——"国民",开始流行起来。[78]这时,各政治实体所动员的"citizens"就不再属于范围广泛的"公",而是属于特定的"国"。作为中华民国的国民,爱国者们对他们新近建立的立宪政体效忠。上海的商界和教育界领袖为他们在五四期间创建的地方委员会取名为国民大会。[79]

1925 年的五卅运动中出现了一个词义更为狭窄,且带有种族意味的"同胞"。由于这一词语表明只在血脉相连的人们之间才存在的亲密关系,所以常与其他表达亲属关系的词连用。五卅运动时期共产党发表的宣言所针对的正是"同胞兄弟姐妹们"。[80]于是用来动员参与者的不再是抽象的政治概念,而是延伸的家庭观念。

三次武装起义的动员似乎建立在更为狭窄的身份概念之上。现在人们不再是为了公众、民族国家或宗族而参与运动,而只是作为市民参与进来。也就是说,既不是作为世界公民,也不是作为中国国民,而是作为上海的市民被动员起来。正如在第一份与起义有关的宣言中写道:"上海是上海市民

76 汤普生:《立宪改革时代中国的地方议会》,第 9—10 页。

77 魏斐德:《历史与意志》(Frederic Wakeman, Jr., *History and Will*. Berkeley: University of California Press, 1973),第 140 页。

78 上海社会科学院编:《五四运动在上海史料选辑》,上海:上海社会科学院,1980 年。国民一词早在 1911 年革命期间就已使用,但在那时似乎不如用来表示新的政治身份的公民一词时髦。参阅上海社会科学院编:《辛亥革命在上海》,第 812,859,887 页。

79 冯小敏:《中国共产党在上海八十年》。

80 上海社会科学院编:《五卅运动史料》,上海:上海人民出版社,1981 年,第 314,317 页。

自己的!"[81]这个意义最狭窄的用词却最吸引人。与五四运动的6万人和五卅运动的20万人不同,第二次和第三次起义分别动员了35万人和80万人走上街头罢工示威。[82]

如果我关于集体身份范围不断缩小的观察是正确的话(不过在找到证据证明参与者确实是因为称谓的变化而加入运动之前,这最多只是合理的假设),那么这对于关系网络理论意味着什么?也许并不是在最广泛的,而是在最狭窄的集体身份观念中,蕴藏着动员不同的社会网络为实现政治抱负而采取统一行动的最大潜力。

民国时期政党在上海的出现确实导致了更为意识形态化的政治纲领,这一点反映在组织者对结束军阀统治和帝国主义统治的要求中。可是群众热情似乎更多地是被保卫亲属和当地居民的号召,而非保卫公众或国家的理想所激发。在武装起义期间,共产党干部认识到将全国性政党同地方关心的问题结合起来的重要性。他们在一封致上海市民的公开信中写道:

> 你们不知中国共产党在何处,不知中国共产党党员是何人吗?诚然,中国共产党现在尚是秘密的,不宜于公开其组织,但中国共产党的组织已遍于全国。中国共产党的党员时时在你们中间,为你们奋斗到底!
>
> 中国共产党上海区,便是本党在上海的组织,其责任便是为上海民众的利益作各种奋斗,自"五卅"惨案以来已证明克尽其职责。你们不要只感觉在开市民大会时才有共产党的活动,你们应当晓得在你们中间,本党党员有不断的经常的革命奋斗。七月十四日,本党区敬告上海市民在目前应有下列十六项的要求:
>
> 租界内的居民应都有平等的参加市政权;
>
> 无条件的完全收回审公解……
>
> 制定上海市的劳动护法……
>
> 切实抑平米价……
>
> 反对宅地税;

81 上海市档案馆编:《上海工人三次武装起义》,第4页。

82 裴宜理:《上海罢工》。

反对户口捐；

反对卷烟特税……

把这些要求作到了，才能把“亡国的上海”变为“革命的上海”……而建立“上海人民自治的上海”！[83]

像这样一些特别的要求，一般针对的都是上海的居民、劳工、消费者和纳税人。它们激起了许多不同关系网络成员的共鸣，因为毕竟这些网络内部的联系都是建立在庸常的人际互动之上的。

不过，最终影响力极大的要人还是能够很快瓦解像三次武装起义期间所出现的大规模运动。民国时期上海的关系网络具有两面性，能迅速动员群众和解散群众，这与人们对中国社会关系的本质的更一般的看法相一致。不少人类学家都曾指出，中国文化倾向于将重点放在人际关系上，而不是抽象的事业或意识形态上。[84]杨美慧在对当代中国社会“关系”的研究中解释说：“关系是隐含地（而不是明显地）建立在互利互惠的双向联系基础上的。”[85]由于这种“个人关系的首要地位及其约束力量”[86]，个人可能会因为关系网中的重要人物指示怎样做才合适而迅速转换他们效忠的对象。各种关系网的政治含义难以预料，因为如白鲁恂（Lucian Pye）所强调的：“关系的特定基础自身并不为预测关系将会被用作何种目的提供清晰的线索。例如，人们可能因为是同乡而相互交往，可这几乎从不意味着他们因此会为了本地的利益携手合作。”[87]

---

83 上海市档案馆编：《上海工人三次武装起义》，第6—7页。

84 特别请参阅福瑞德：《中国社会的结构》（Morton H. Fried. *The Fabric of Chinese Society*. New York：Praeger，1953）。

85 杨美慧：《礼物、恩惠与宴会：中国社会关系的艺术》（Mayfair Yang，*Gifts，Favors and Banquets：The Art of Social Relationships in China*. Ithaca：Cornell University Press，1994），第1—2页。

86 同上，第6页。

87 白鲁恂：《“关系”的派别和政治》（Lucian W. Pye，“Factions and the Politics of *Guanxi*：Paradoxes in Chinese Administrative and Political Behaviour，”Jonathan Unger，ed.，*The Nature of Chinese Politics：From Mao to Jiang*. Armonk：M. E. Sharpe，2002），第47页。

关系的实践,也即使得社会联系个人化,同理论家们通常定义的社会关系网络的特点有所不同。编织细密的、独特的"关系"网挑战着"结构对等"——认为某一特定序列的关系是更一般的模式的一部分。关系似乎是马可·格拉诺维特(Mark Granovetter)著名的"弱势联系(weak ties)的力量"假说的一个例外。这一假说认为弱势关系(也即需要较少时间和人际互动的关系)可能比强势联系(strong ties)更可作为信息和影响力传播的渠道。[88]同样,古尔德所持的正式组织的建立会带来"规模的急剧扩大"的观点也给了较疏远的、不那么亲密的联系更为强大的动员力量。可是,社会学家边燕杰认为,在中国的语境中,亲密关系(以相当多的相互了解和信任或"关系"为基础)通常是施加影响力的典型渠道。[89]阿密·豪瑟(Amy Hauser)总结了两者的差异:"对比'关系'的概念……与联系的强度概念会带来两点启示:其一,关系概念与格拉诺维特的联系强度概念有所不同。关系中包含较之简单的'社会联系'一词更多的相互性、信任和义务。其二,社会联系可能而且确实在不同语境中发挥不同的作用。"[90]

二十世纪初期的上海是个高度动荡的地方,人口的、政治的和社会的变化十分显著。这样一种流动的语境中所包含的危险和不确定性直接导致了同乡关系和社会关系网的中心地位。这些团体的力量既在于招收和维持新成员的亲密的一对一关系,又在于关系网提供保护、保证工作、介绍就业,以及开展其他重要服务的功能。

当国共两党都努力在民国时期上海的险风恶浪中找到航行的方向时,

---

88 格拉诺维特:《疏远关系的力量》(Mark Granovetter. "The Strength of Weak Ties," *American Journal of Sociology*, No. 78. 1973),第1360—1380页。

89 边燕杰:《重新利用亲密关系:中国的间接联系、关系网络和找工作》("Bringing Strong Ties Back In: Indirect Ties, Network Bridges and Job Searches in China," *American Sociological Review*. No. 62. 1997),第366—385页。

90 豪瑟:《中国城市的待业青年:在变化中的劳动力市场上利用社会关系》(Amy Hauser, "Youth Job Searches in Urban China: The Use of Social Connections in a Changing Labor Market," Thomas Gold, Doug Guthrie, and David Wank, eds., *Social Connections in China: Institutions, Culture and the Changing Nature of Guanxi*. New York: cambridge University Press, 2002),第142页。

他们自然而然地寻求这些影响力大的团体的协助。但是现代政党——其建立的目标就是为了明确表达和争取符合特定的、抽象的意识形态设想的利益——的运作规则与关系网大不一样。上海1920年代的政治史在很大程度上是两党如何顺应现实的过程。缩小参与身份以便更好地反映普通上海居民的生活经验,这正是这一坎坷历程的一个表现。

国共之争并非在公平的场地上展开。尽管中共在意识形态上的灵活性与日俱增,而且愿意同任何潜在的合作者打交道,但此时的共产党人缺乏国民党领导人可以仰仗的个人关系。有些关系可以回溯到20年前的晚清,它们将蒋介石、黄金荣、杜月笙、虞洽卿和纽永建等人通过互利互惠的纽带联系起来。这种纽带证明比群众民族主义的狂热更加强大,更不用说共产主义的抽象号召了。所以这场竞技的第一回合,国民党获胜——或者更准确地说,是(由蒋介石领导的)国民党内尤其善于将关系转化为政治资本的那一派获胜。中国共产党还将需要20年的时间才能建立起必需的关系网络,并给国民党以更为有力的还击。

(姚斌 译)

(原载《中国学术》第十八辑)

民国在对外文化政策上的早期尝试

巴斯蒂(法国法兰西学院)

对外文化政策是一个政府有组织地向外输出和普及本国文化的行为,它是较晚出现的民族国家时代的一个特征。通常认为,法国在十九世纪后半叶开始这一活动,这是它长期以来保护东方的圣地和那里的罗马天主教徒的结果。法国是为此目的在外交部设立专门机构的第一个国家,该机构就是 1919 年建立的法国对外慈善工作部(Service des Oeuvres françaises à l'étranger)。这一特殊机构已存在多年,就像 1883 年建立的法语联盟(Alliance française)一样。法语联盟后来或多或少被英国文化协会(British Council)还有歌德学院所仿效。

实际上,在第一次世界大战期间,协约国为赢得国外广大公众的理解、同情和支持,曾做过宣传工作,这一文化活动在一战中起到了决定性的鼓舞作用。法国对外慈善工作部是由战时外交部的一个宣传局演变来的。中国首次利用对外文化政策以提高其国际地位的尝试,也是在一战之后,其关注点是欧洲大陆。

清中叶时,朝廷出于安全上的考虑,明令禁止出口中国书籍和向外国人售卖图书,因为害怕这会为侵略者提供情报。这条禁令和其他许多法规一样,经常被违反。虽然如此,这一禁令还是构成了障碍,所以 1844 年的中美《望厦条约》坚决要求购买中国书籍和聘用中国教师的全权。依照最惠国待遇,其他国家很快得到了同样的权益。

然而晚清政府在对外展示中国优秀文化方面,并未显示出多少热情。法国教育部曾向设在北京的外语学校同文馆赠送过法文图书。1872 年,中国政府回赠了 11 种计 902 册的中国书籍,包括《康熙字典》、《十三经》、《十三经注疏》、《圣谕》、《唐诗》、《文选》和习字用的《唐宋书法》。总之,那些赠书反映了一个标准的参加中国科举考试所必备的书籍。法国教育部将图书送给了东方语言学院(Ecole des langues orientales)的图书馆。[1]

总理衙门在通过参加世界博览会以提升外国对中国的认识方面所做甚少。[2]中国首次受邀参加博览会是1869年在法国举办的那次,但中国拒绝了。它第一次参加是1876年在美国费城举行的世界博览会,可它却委任总税务司的西方雇员全权办理。后来也出现过类似的状况。只是在1900年的巴黎博览会上才派遣了中国官员参加,但仅有一名中国人。

五年一次向世界展示中国伟大形象的努力,几乎是君主政府向西方推行中国文化的唯一步骤,而且还是在外国的敦促下才进行的。然而值得注意的是,在十九世纪八十年代初,张之洞总督在海外华侨当中采取了措施,以帮助他们保持母语和文化,甚至还给予他们参加科举考试的权利。就文化交流而言,晚清政府仅仅对翻译外文书和送学生出洋留学感兴趣。中华民国初期的政府仍是萧规曹随;一战爆发导致博览会停止举办以后,就更是如此。但在徐世昌担任总统后,中国的态度有所改变。

徐世昌(1855—1939),出身清末翰林,因为其旧学根底而颇受尊敬。而且,他乐于利用其文人的名声和翰林的头衔。这是安福国会在1918年9月选举其为中华民国大总统的部分原因。

凡尔赛和会前夕,中国各政治派别为选派赴和会的代表而激烈争吵。[3]北京政府提出一个五人名单,为首的是外交总长陆征祥。此名单最终获得通过。但是,各派别怀疑北京政府首脑段祺瑞的能力、诚意及其所委派人员在抵抗日本要求方面的作为,遂额外向巴黎增派了代表和观察员,以期在会下做游说工作。其中就有梁启超(1873—1929)和叶恭绰(1881—1968)。梁

1　1872年11月2日,法国驻华公使热福理(Geofroy)致法国外交部长雷穆萨(Rémusat)电,北京:法国外交部档案(以下简称AE),《政治通信,中国》,第72卷,第274—276页。

2　关于这方面的研究,请参看台北"中央研究院"近代史研究所王正华的成果。

3　关于此问题,可参看李新、李宗一著:《中华民国史》第二编《北洋政府统治时期》第二卷(1916—1920),北京:中华书局,1987年,第389—395页。

于1919年2月19日抵达巴黎，叶也在一个月后到达。二人都得到了徐世昌总统及其身边顾问的帮助。

究竟是梁启超在徐世昌眼中的何种能力令其被派往巴黎，以及徐对他寄予多大希望，我们并不十分清楚。《泰晤士报》记者、中国政府政治顾问莫理循（G. E. Morrison）曾在1918年12月9日拜访过徐世昌。他曾极力推荐了一批代表，其中包括梁启超。因为他认为“应当选派现在能够聘到的最优秀人物充当代表”，他们将为和会“增添光彩”。[4]然而，莫理循还强调，谈判中的技术工作应当由精通外交和法律的人去办。看来，徐世昌多少是同意这一观点的。由于已无法在政府代表团中增加名额，所以徐世昌决定单独派梁启超前往。主要是向世界表明，中国有第一流的现代知识分子，他们可以与西方的大人物平起平坐，可以严正地表明其国家的立场。梁将向公众和领导层发表公开的演说，但并不要求他加入谈判事宜。

根据中文资料可知，梁本人渴望被派到巴黎，但主张“全以私人资格，不负直接责任”[5]。他的大部分旅费实际上由政府承担。[6]然而，法国驻北京公使馆并未接到他到达法国的官方文件。只是在梁启超快到巴黎之前，陆征祥和中国驻法国使馆通知了法国外交部。[7]他们似乎仅仅提到梁之赴法是为了撰写一本有关战争的书籍，说前交通部次长叶恭绰将随他一同前来。叶并被授权调查中国与欧洲财政和实业方面继续合作的问题。与梁不同的是，法国驻北京公使馆收到叶所负财政与实业使命的正式通知。[8]但两位临到巴黎时，前驻华公使康悌（Conty）在其为法国外交部所写的内部函件中，

---

4 骆惠敏编：《莫理循通信集》（*The Correspondence of G. E. Morrison*），剑桥：剑桥大学出版社，1978年，第720页。

5 丁文江、赵丰田：《梁启超年谱长编》，上海：上海人民出版社，1983年，第873页。

6 同上书。中国政府提供6万元，梁的朋友资助4万元。

7 康悌：《梁启超赴法记录》，巴黎，1919年2月5日。AE，《政治通信，1918—1944》第五辑（以下简称E），中国（以下简称C）第二卷第3—4页。当时，康悌是法国驻丹麦大使，正巧在巴黎。

8 1918年12月19日，法国驻北京公使柏卜（Boppe）致法国外交部，北京，见AE，EC/2，第1—2页。

强调梁在中国知识界的威望和他对中国加入协约国所起的重要作用。康悌认为,梁是中国公众舆论强有力的制造者,法国政府应给予"最盛情甚至是最热烈的欢迎"。康悌的建议很快得到批准,制订出了全部访问、宴请和活动的日程,并准备由两名军官随行。[9]

梁启超与康悌在北京时已经熟稔,因而梁抵巴黎后即往访康悌,并递交了一份他想拜会的高层政界、军界名单,包括法国总统、克里孟梭(Clémenceau)和福煦(Foch)将军。他还表示,希望把交往范围扩大到政论家、作家、哲学家和新闻界。[10]他的要求很快得到满足。安排了晋见普恩加莱(Poincaré)总统,国家图书馆和卢浮宫博物馆的馆长也赶到格兰旅馆接待显赫的来访者。由于政府机构不那么容易向新闻界下命令,国会议员帮忙说服报业总会的会长敬请梁光临午宴。[11]康悌甚至设法使麦纳德-多利安(Ménard-Dorian)夫人邀请梁。麦纳德-多利安夫人组织了一个沙龙,是当时巴黎最著名的政治沙龙之一,左派杰出的作家、科学家、艺术家和政治家,如法朗士(Anatole France)、班乐卫(Painlevé)、奥拉尔(Aulard)等人,经常出入那里。[12]但康悌很快察觉出,梁是以一种新眼光造访巴黎,而不仅仅是要撰写一部可能影响远东的书。因此,他认为应引起法国官方的注意。康悌在致外交部秘书长菲里普·贝特洛(Philippe Berthelot)的私人信函中说,他在梁的要求下,安排了一次非正式会议,梁在会上自由谈论日本对中国的威胁以及他对国家向欧美开放的计划。他强调,梁是这些重大事务的负责人。"梁值得我们关注,"他写道,"依照中国人的习惯,除了仪式性的陆征祥为首的代表团,还有一个致力于实际事务的梁的代表团。"[13]

---

9 见注7所引康悌记录的批注和法国外交部致其他各部函、致铁制品委员会函、致法国亚洲协会函。AE,EC/2,第5—8页。

10 1919年2月20日,康悌亲笔信,AE,EC/2,第9—10页。

11 1919年2月20—27日,康悌和亚洲司致共和国总统的内阁会议、国家图书馆、卢浮宫、议会议员阿拉果(Arago)、报业集团总裁杜佩(Dupuy)的多封信函。AE,EC/20—27。

12 1919年2月28日,徐新六(名振飞,是梁启超的翻译)致康悌函。AE,EC/25—26。

13 1919年3月2日,康悌致贝特洛(Berthelot)函,巴黎。AE,EC/,27—29。

梁启超在头两个月拜访了很多人,参观了许多地方。叶恭绰于 1919 年 3 月 12 日到巴黎。除了一些私人会见,叶通常都与梁为伴。叶是徐世昌的私人顾问,也是交通系的重要成员。当时,为使中国铁路国有化和标准化,他正在设法实施一项计划。梁不停地对战争的受害者表示同情,并且申明中国的立场。[14]然而,从他抵达欧洲直到 1920 年 1 月 23 日起程回沪期间,无论是在法国,还是在其他国家(他曾在赴法后前往欧洲其他国家访问),他的作为更像是一位政治家,而不是中国文化的代言人。

1919 年 4 月 30 日,凡尔赛和会上的“四人会议”决定,将德国在中国山东的权益移交给日本。梁启超原来一直忙于会见重要人物,向各界精英发表演说,现在则与在巴黎其他的中国代表出席一些集会,有不少外国听众前来参加。5 月 8 日,他们在巴黎法院一个大厅里集会,梁启超是主讲人,他的演说题目是“中国之主要问题”。[15]他带去一些用法文刊印的宣传册(也许是中国人写的,因为里面有一些语法错误),宣传词把他比作托克维尔,说他是崇高的共和主义者和协约国事业的拥护者。[16]他向各处散发这些宣传品。但是,在说服法国公众支持中国方面,梁启超并未做多少事情。6 月 6 日,他离开法国前往英国,在那里逗留了一个月,然后访问了比利时、荷兰、瑞士和意大利,但仅以游客身份游览这些国家,参观一些著名景点。他确实也见到一些政界人物(大部分是在英国见的),可是作为中国文化的代表和推动者,他在宣传中国文化方面所做甚少。只是在中英协会欢迎会上发表了“中国国民特性”的演说,在英国文学会上发表了“中国之文艺复兴”的演说。[17]到 10 月,他返回法国并住了两个月。但这次他不再是政府的贵宾了。

---

14 例如,梁启超在报业集团的午宴上发表的打印好的演说词“在巴黎新闻界欢迎梁启超宴会上的演说”。巴黎,保罗·杜邦印刷厂,1919 年。此件可在法国国家档案(以下简称 AN)班乐卫文件(313 AP)第 203 盒中见到。在同一档案中有梁启超发表的另一演说“中国与世界和平”。

15 在 1919 年 5 月 8 日法国社会与政治研究委员会的大会上所做的发言。AE,EC/2,第 47 页。

16 梁启超先生生平介绍,巴黎,克拉克印刷厂,1919 年 5 月。AE,EC/2,第 43—45 页。

17 丁文江、赵丰田:《梁启超年谱长编》,第 885 页。

他和他的中国同伴们在巴黎一个僻静的郊区租住了一所房子,过了一段几乎是隐居的生活。[18]1919年12月,他赴德国一游,许多官员和学者随同前往。他希望向德国派送留学生,但并没有宣传中国文化。他于1920年1月23日离开欧洲回国。

实施中国对外文化政策的真正大使应当是叶恭绰。叶是在梁士诒(1869—1933)的支持下被派到巴黎的。梁士诒与叶恭绰是广东同乡,对袁世凯忠心耿耿,负责财政与对外贷款事宜。一战期间,他组织并领导了向法国派遣华工的工作。叶恭绰是科举制下产生的士大夫,早在1906年已经在邮传部总务股担任负责人,1913年任中国铁路总局局长,1915年任交通部次长。从1916年至1918年,他继续担任次长一职。他是几个国外贷款委员会的委员,致力于建立北京股票交易所的工作,并积极推行铁路国有化和统一铁路系统的计划。[19]这一计划得到英美资本的支持,但法国和比利时反对,他们害怕这一计划会损害他们与中国所签合同中的优惠条件,进而会影响其本国向中国供应机器设备。

交通系希望凡尔赛和会能够解决这些问题。叶还负责其他几项工作,如:说服外国为中国实业贷款并签订合同,修订海关税则,取消庚子赔款,但是由于中国政府决意不在和平条约上签字,上述所有问题只能在中国针对山东问题再次提出谈判之前,通过双边协议加以解决。因此,赢得几个主要列强支持中国是非常重要的。当时,中国外交代表团正在华盛顿积极地进行游说活动。在法国也如是,但采用的是新型的、特别的、巧妙的对外文化政策。

1919年5月21日,叶恭绰给科学院(Science Academy)院士、巴黎大学教授班乐卫(Paul Painlevè)发了一封信。班乐卫是世界知名的数学家,当时是法国议会中左翼共和党最杰出的领袖,属于共和社会党。自1908年以来,他就被选为社会党巴黎代表,多次被任命为部长,其中主要的有陆军部长和1917年的国务总理。在德雷福斯事件中,他积极支持德雷福斯,认为他无

18　丁文江、赵丰田:《梁启超年谱长编》,第890、895页。

19　1918年12月19日,柏卜致外交部长函,北京。AE,EC/2,第1—2页。

罪。他是人权同盟的一名早期成员。大约在1910年,经两位年轻的朋友介绍,他与居留在巴黎的中国革命党人交上了朋友。那两位朋友是社会党的马留斯·穆岱(Marius Moutet)和激进党的爱德华·赫里欧(Édouard Herriot)。1911年12月,他们在巴黎组成了一个华法联合会(Union sino-française),以支持正在进行中的中国革命。班乐卫担任联合会的主席。1912年3月14日,班氏主持了一个盛大的宴会庆祝中华民国的建立。法兰西共和国所有的大人物都出席了,包括作家法朗士、历史学家奥拉尔等人。班乐卫与李煜瀛(李石曾)、蔡元培和与袁世凯对立的中国革命党人关系密切,为他们在法国的教育、商业活动提供保护、物质支持和许多其他的帮助。

叶恭绰在信中邀请班乐卫做中国交通部的“高等专门顾问”,帮助中国统一铁路管理。[20]第二天,叶在第二封信中详述了班乐卫的责任以及中国给予他的物质待遇:每月薪金1万法郎,为时一年;赴华旅费8000法郎以及所有在华费用。[21]待遇如此丰厚,正派清白的科学家甚至没有打听一下叶恭绰的实际资格,马上就接受了邀请。[22]应当指出的是,当时巴黎的大学教授年薪最高1万到1.5万法郎,议会议员的月薪也刚刚升到2250法郎。新议会将在1919年11月展开竞选活动,班乐卫急需资金。

引诱班乐卫的主意似乎是一个名叫韩汝甲的年轻人想出来的。由于班乐卫的声望以及他先前对中国的友好态度,这实在是很好的选择。韩汝甲

---

20 1919年5月21日,中华民国交通部官方代表叶恭绰班乐卫函。AN,313AP,第203盒。

21 同上,1919年5月22日叶恭绰致班乐卫函。

22 班乐卫就叶于1919年5月21日所写的第一封信在5月22日回函的初稿。AN,313AP,第203盒。

与此同时,叶正与一些法国银行家和商人联系。他们正在进一步向法国外交部问叶恭绰的可靠性。叶曾与他们联系:1919年6月2日,全国经济发展协会的杜培拉致外交部亚洲司司长古特,巴黎,AE,《政治通信,1918—1944》第五辑概论(以下简称EC)第2卷第55页;古特(Gout)致杜培拉(Dupeyrat),巴黎,1919年6月4日,AE,EC,第56页。叶致班乐卫只在印有抬头“中国实业使团赴欧洲”的信笺上附有一个地址,但既无中国在巴黎公使馆的所在地,也没有中国代表团参加和会的地址。

和叶恭绰一样是广东人。他在布鲁塞尔上学,后在巴黎生活了四年,期间他成为孙中山的信徒之一。1912 年庆祝中华民国成立的时候,他已经和班乐卫有过联系。后来又与李煜瀛的活动有些关系。他取得卡内基基金会的资助后,从 1916 年到 1918 年年初,在日本研究日本的社会状况问题。之后他赴美帮助美国国会创建了对交通系和孙中山都有利的"中国小组"(China Group)。当时,交通系和孙中山正在团结起来反对他们认为太靠近日本的北方军阀。[23]孙中山拒绝做凡尔赛和会官方代表团的成员,以避免卷入注定要失败的外交活动中。他拒绝的另一个原因是他正在南方忙于重组军政府。[24]但是他设法在和会秘密安插了情报人员。韩汝甲即其中之一。

韩汝甲紧接叶恭绰之后到达巴黎,为其同乡率领的中国实业使团做"志愿总干事"。[25]北京并没有指示叶邀请班乐卫,很可能是韩汝甲向叶提出的。叶于 1919 年 6 月 22 日离开巴黎到欧洲其他国家游历,之后于 1919 年 9 月启程返华,把邀请班乐卫的事交给韩汝甲全权办理。[26]韩汝甲与徐世昌总统的扈从有私交,遂直接向徐询问。由于交通系可以支付班乐卫的薪水,徐世昌满口应允。交通系除了为法国政府招募华工而获得高额利润外,还从法国陆军部得到 60 万法郎,那是法国对一部分没有完成的合同所做的补偿。[27]

在寻求总统支持的同时,韩汝甲还建议采取新的步骤,使班乐卫进一步落入中国政府彀中,并且赢得法国的精英们对中国的支持。他请徐世昌向法兰西科学院(Institut de France)赠送一份礼物,并致函该院,希望在中法学者之间"恢复密切而永久的友好关系"。礼物是绘有徐世昌肖像的中国古

23　见乔伊斯·吉尔奈(Joyce Kilner)在 1918 年 9 月 10 日《纽约时报》杂志上发表的关于韩汝甲的文章。AN,313AP,第 203 盒。中国的人物词典上没有韩汝甲的词条。

24　《孙中山年谱》,北京:中华书局,1980 年,第 233 页。

25　班乐卫密件,见《班乐卫使团》,1920 年 5 月 16 日。AE,EC/3,第 8—18 页。

26　中华民国实业使团致法国外交部函,巴黎,1919 年 6 月 12 日:AE,EC/2,第 60 页。韩汝甲致班乐卫,巴黎,1919 年 9 月 30 日:AN,313AP,第 203 盒。

27　柏卜致外交部,北京,1918 年 12 月 11 日,电报 748 号,AE,EC/42,第 152—153 页。

式瓷瓶和一只现代的中国瓷瓶。叶恭绰向班乐卫解释说,徐世昌总统是一位翰林,请班乐卫向法兰西科学院转交他的礼物,并向班乐卫的同事们致意。班乐卫将礼物和信函如实上交院长,院长请叶恭绰转达他对徐世昌的谢意。[28]

除了送交礼物,叶恭绰还请班乐卫说服其同事共同来支持一个大型文化项目。他认为日本政府在巴黎-索邦大学设立了日本学的教授职位,中国也应有相同的职位。中国建议开设一所中国学院,向欧洲人教授中国的文学、历史和文化,地点应在法国颇负盛名的研究机构中选择,最好是在法兰西科学院、法兰西公学院(Collège de France)或巴黎-索邦大学(la Sorbonne)中任选其一。中国将向中国学院捐赠一部著名的《四库全书》。现在全国仅存三部,其中一部在沈阳,但已无法在中国安全地保存下去了,因而中国欲将此部书捐给中国学院。到 9 月,班乐卫列出了一份学院筹备委员会成员的名单,他自任委员会会长。韩汝甲向北京发去了这个消息。中国参议院议决为学院提供一年的补助经费 2 万法郎。参议院希望法国方面能出同样的数目,并建立一座中文图书馆以及足够的讲堂。中国政府及时通知了中国使馆,但将全权交与韩汝甲。[29]

在法国方面,班乐卫的工作进行得比较艰难。他需要对付汉学家们不留情面的反对意见。他们认为建院的结果将使他们隶属于中国政府的独裁势力。伯希和严词拒绝将学院设在法兰西公学院,也不同意任何计划。法兰西科学院不会接受一个教育机构。只剩下巴黎-索邦大学了。幸运的是,保罗·阿贝尔(Paul Appell)校长是班乐卫的密友,他还拥有所有理学院教授的热诚支持。由于科学家们投票赞同,中国学院(Institute des Hautes etudes chinoises)于 1920 年 3 月 24 日被大学委员会通过并建立起来。当时的文学院院长腓迪南·布鲁诺(Ferdinand Brunot)发表了讲话,担心有汉学家不参

---

28 班乐卫致法兰西学院院长吉纳德(Guignard),巴黎,1919 年 7 月 20 日;班乐卫致叶恭绰,巴黎,1919 年 8 月 2 日:AN,313AP,第 203 盒。

29 韩汝甲致班乐卫,巴黎,1919 年 9 月 30 日:AN,313AP,第 203 盒。韩汝甲就中国学院问题致中国的电报也在同一盒中保存。

加这一计划。但同一学院的另一位著名教授盖斯特卫·兰桑(Gustave Lanson)则以有声望的学者都支持这一计划为由,迅即反驳了他的说法。兰桑是高等师范学校的校长,与班乐卫是校友。[30]教育部高等教育司司长在使规章与董事会符合议事规程方面助了一臂之力,从而消除了学者们的敏感情绪。[31]中国学院以协会的形式在巴黎大学登记注册。班乐卫设法使外交部捐助了2万法郎,与中国提出的补贴数额相当。韩汝甲在从柏林到华沙、布拉格和维也纳穿梭旅行之后,找到了十来个年轻人,其中波兰一位,法国若干。他把他们送到巴黎学习中文。其中一位向他保证还将“与所谓的汉学家做斗争”。[32]决定由葛兰言(Marcel Granet)开设中国文明史讲座,勒露华(Louis Laloy,1874—1944)开设中国音乐讲座。[33]

1920年4月13日,中国学院在巴黎-索邦大学举行了庄严的建成典礼。院长班乐卫、教育部部长、巴黎大学校长、中国驻法国公使和文学院院长都讲了话。之后展览了中国风景与历史遗迹的图片,葛兰言做解说。最后,演奏了几首中国乐曲,勒露华做解说。[34]然而没有见到《四库全书》。与此同时,中国人也已知晓此事,学者们反对把国家的文化遗产拱手送给外国人。韩汝甲建议用“借”的方式,但也没有结果。《四库全书》终究没有被送到法国。班乐卫对其大学同仁们的行为极表愤怒。运送《四库全书》的箱子已经在天津港口等候装船。他认为如果他们快一点做出决定,这些书籍可能早已安然驶向法国了。[35]

中国学院董事会有15人,7名中国人,8名法国人,其中4位是特邀人

---

30 巴黎大学于1920年3月24日召开理事会的会议记录:AE,EG/13,第34—36页。

31 高等教育司司长高维叶(Coville)致班乐卫,1920年4月12日:AN,313AP,第203盒。

32 韩汝甲致班乐卫,柏林,1920年1月7日,AN,313AP,第2032盒。

33 见1920年4月13日在黎世留大会堂召开法国中国学院建院大会的请柬,AN,313AP,第203盒。

34 见学院的请柬和建院仪式的计划:AN,313AP,第203盒。

35 班乐卫笔记,见《班乐卫使团》,巴黎,1920年5月16日,AE,EC/13,第11—12页。

员。中方是北京大学校长蔡元培、中国政府代表韩汝甲；法方是法兰西科学院院长和巴黎大学校长保罗·阿贝尔。两名法方人员由巴黎大学委员会成员选举产生，一位是法学教授，另一位是医学教授。另外四名法方人员由大学教授大会选出，他们是班乐卫、腓迪南·布鲁诺、巴黎文学院院长和法兰西公学院的一位语言学教授。五位中方人员也由大学教授大会选出，他们是前教育总长、翰林严修，叶恭绰，汪精卫，朱启钤（徐世昌的私人顾问，韩汝甲通过他与北京联系），褚民谊（李煜瀛的亲密助手，后来在二战期间做了汪精卫伪政府的外交部长）。执行董事会由班乐卫任主席，有四位副主席：腓迪南·布鲁诺、法兰西公学院古代文学教授莫里斯·古哈赛（Maurice Croiset）、严修和韩汝甲。配有两名秘书，是褚民谊和法兰西公学院的语言学教授安托万·梅耶（Antoine Meillet）。班乐卫请一位富裕的商人爱米·杜什·德·拉穆德（Émile Deutsch de la Meurthe）担任司库。

正如中国学院的章程中所说，学院的目的是通过常设和临时的讲座、展览以及其他文化活动，促进欧洲对中国古代和现代文化的认识与理解，加强欧洲与中国学者的联系和彼此之间的交流。它将成为学习与交流的中心，可以帮助高等教育机构如工艺专科学校或高等师范学校，向那里的学生介绍中国文化和文明。不久，中国学院将在欧洲其他国家开办中国学院的分院。该院还准备帮助中国建立“一个中国科学院，与其原有学院的学科相匹配，在中国开展西方科学的研究”。[36]

葛兰言和勒露华很快开设了常设讲座。有时也请来特邀演讲者。如1920年6月请过《时代日报》记者安德鲁·杜伯斯克（André Duboscq）就当代中国政治与经济的问题做过演讲。[37]

但是，新建立的中国学院很快陷入困境，虽然其不久之未来好像是光明的。从1920年6月22日至9月11日，班乐卫应邀到中国访问了约三个

---

36 巴黎中国学院章程，1920年4月，AN，313AP，第203盒。

37 杜伯斯克于1920年6月9、11、14日，在巴黎-索邦大学中国学院主办的讲座上做了三场报告，题目是“中国的改革与革命”、“中国的政治（包括今天的山东问题、南北冲突）”和“中国的制度、经济的未来及远东问题”；AE，EC/6，第166页。

月。他有一些庞大的文化项目，希望确保中国学院的资金来源；想在中国建立巴黎大学的分校，法国的理工科教授可以来中国教授常设课程；学生们在分校学习之后，可以到法国继续完成他们的学业。他还要告诉徐世昌，巴黎大学已经决定授予他一个荣誉学位，这是巴黎大学首次颁给中国人的荣誉。但三个星期后，班乐卫发现自己陷入了安福系的纷争之中。中国内阁整个改组。李煜瀛坚决反对巴黎大学在北京或是中国其他地方设立分校，因为他认为，那将妨碍他控制的中法大学的工作。班乐卫接受了北京大学授予的荣誉学位，可以说是对没有实现他的计划的一种补偿。北大第一次举行这种活动，蔡元培组织并主持了授予仪式。班乐卫见到了新任教育总长范源廉，二人互通信函。范源廉应允，如果法国政府每年给中国学院 10 万法郎津贴，他也将补贴同样的数目。如果法国放弃庚子赔款，他将补贴得更多。[38]他对班氏提出的法国教授来华讲课计划表示了极大的兴趣。但中国的津贴并未寄到法国。后来，班乐卫向段祺瑞吁请也未成功。[39]中国政府已然破产，无法支付其实施对外文化政策所需的费用。

中国学院之所以能够生存下去，应归功于班乐卫的执著和左派共和党在 1925 年赢得了大选。班乐卫被选为众议院议长。几个月后又成为总理。因此，他设法将庚子赔款中的一部分常设款项专门拨给中国学院。[40]之后，葛兰言成为中国学院院长，并且可以实施非常有效的计划。直到今天，该院仍然是欧洲汉学领域中的一个重要机构。值得注意的是，在徐世昌总统任内，中国学院并非是中国对外文化政策的唯一尝试。1921 年，法国放映了一部名为《残忍者李航》(*Li Hang the Cruel*)的影片。中国驻法国使馆迅即向法国外交部提出抗议，认为有损中国人和中国的形象。法国政府遂采取措

38　班乐卫致范源廉，北京，1920 年 8 月 29 日，范的回信，1920 年 8 月 31 日，班乐卫致范源廉，上海，1920 年 9 月 10 日。AN，313AP，第 203 盒。班乐卫就巴黎大学在北京设立分校的计划致范源廉，北京，1920 年 8 月 27 日，范源廉的回信，北京，1920 年 8 月 30 日：AN，313AP，第 204 盒。

39　班乐卫致段祺瑞，请求段履行其过去的允诺，1925 年 2 月 26 日，包括徐世昌的信件：AN，313AP，第 204 盒。

40　葛兰言，法国巴黎中国学院，巴黎，1926 年。

施禁演了那部影片。这是中国官方就媒体中(至少是在法国)涉及中国形象首次的抗议举动。[41]大约在同一时间,朱启钤被派往法国接受巴黎大学授予徐世昌的荣誉学位。这意味着昙花一现的中国对外文化政策的结束。而对科学家的培训实际没有实行。

从更广阔的视角来看,在巴黎建立的中国学院,可以看作是“国学”运动的一部分,桑兵已在其研究中做了精彩论述。[42]这似乎是这一运动在海外的一个成果。徐世昌、叶恭绰、蔡元培和范源廉资助并支持了这个学院,他们与“国学”均有密切关系,并尊重这一学术成就的代表人物。但是,尽管徐世昌希望通过中国文化影响国际社会,并敏锐地意识到学术交往的重要性,但中国学院的设想出自韩汝甲,而非徐世昌。韩汝甲如何以及为什么提出这一计划,我们知之甚少。他本人不是“国学”学者,正如他在致班乐卫的一封信函中直率地指出的:“在中法双方,[他在]哪一边也算不了什么。”[43]他是一个具有强烈的民族主义意识的年轻人。[44]他在海外生活多年,说一口流利的法语,却没有地位。李煜瀛通过各种教育事业确立了他在巴黎的地位。现在李正在里昂创建一所中法大学海外分校教授中国学生。韩汝甲希望以不同的方式做同样的事情,即通过教授法国人而非中国人来传播中国文明。他也许是受到日本政府在法国建立日本学教职的激励,这一做法曾被中国新闻界大加宣扬。或许他也受到美国宣传的影响。他受益于卡内基基金,刚刚访问了美国。关于中国学院也要为理工科学服务这一段,也许还应加上班乐卫的建议。班乐卫可能还记得先前他与李煜瀛、蔡元培的谈话,而这种对科学家的培训实际没有施行。送《四库全书》的想法是徐世昌在北京的私人顾问们提出来的。

41　中国公使馆照会法国外交部,1921 年 4 月 25 日,AE,EC/498,第 30 页。

42　桑兵:《国学与汉学》,杭州:浙江人民出版社,1999 年。但作者认为(第 126 页),中国学院是由于伯希和的倡议才建立起来,这是错误的。

43　韩汝甲致班乐卫,柏林,1920 年 1 月 7 日,AN,313AP,第 202 盒。

44　法国驻华公使馆就韩汝甲在中国新闻界猛烈抨击外国帝国主义和法国在华利益的言论,多次警告法国外交部和班乐卫本人。在班乐卫访华期间,韩汝甲在北京站当着欢送班乐卫的法国侨民的面,竟当众辱骂负责陇海铁路的法国总工程师,酿成了大事件。

但无论如何,尚未受到应有重视的徐世昌政府通过短暂的文化外交的努力,至少成功地为欧洲汉学增添了一个长期存在的研究机构,并使中华民国进一步赢得了法国政治精英们的积极支持。

(窦坤 译)

(原载《中国学术》第二十一辑)

从前现代的格致学到现代的科学*

艾尔曼(美国普林斯顿高等学院)

从1550年开始,中国人和欧洲人就自然研究的意义问题相互交流,这种交流包含着某种竞争的性质。中国和印度的殖民地环境不同,在印度1700年以后英帝国的权力能够支配本地人与西方人之间有关社会、文化和政治术语的相互交流和影响:而在中华帝国晚期直到1900年,自然研究都是本土主义的帝国计划的一部分,用以掌握和控制那些揭示了什么算是合法的自然知识的西方观点。[1]双方都将相互竞争的调和计划看成是一种好东西,都将对方有关自然研究的形式转换为可以接受的地方性的知识习惯。并非没有争议的一点是,到了1600年,欧洲在基本机器如钟表、螺丝、杠杆以及滑轮的生产方面已经领先,这些机器越来越多地应用于生产的机器化。但是欧洲人仍然在向中国人寻找丝绸、纺织、瓷器和茶叶生产的技术秘密。[2]反过来,中国儒士从西方人借得崭新的代数符号(起源于印度-阿拉

---

* 本文更早的版本,在过去两年中曾在加州大学伯克利分校(中国研究中心)、斯坦福大学(世界历史会议上)、加州大学洛杉矶分校(科学、医学和技术的文化中心)以及最近在普林斯顿的高等学院(中国研究项目)介绍过。感谢这些研讨班听众的评论和建议,使论文得以不断地修改。

1 关于印度,参见 Bernard Cohn(伯那德·科恩),*Colonialism and Its Form of Knowledge:The British in India*(《殖民主义及其知识形式:英国在印度》),Chicago:University of Chicago Press,1996,pp. 5—56。又参见 Gyan Prakrash(吉安·布拉卡拉希),*Another Reason:Science and the Imagination of Modern India*(《另一种理性:科学和现代印度的想象》),Princeton:Princeton University Press,1999,pp. 3—14,该书注意到英国在印度的"文明化传道"开始了现代科学在南亚的文化权威。布拉卡拉希补充说,本土主义者也认同南亚本土传统的主体与西方科学是一致的,但他关注的是殖民主义的话语而不是印度殖民前的自然研究传统。

2 Donald F. Lach(多纳德·F. 拉赫),*Asia in the Making of Europe*(《在塑造欧洲过程中的亚洲》),Volume II. *A Century of Wonder*. Book 3:*The Scholarly Disciplines*,

伯)、几何学、三角学和对数学。确实,现代西方科学的认识论前提直到二十世纪初才在中国获得胜利。直到1900年,中国人是用他们自己的术语来解释早期现代欧洲的转变的——从科学知识的新形式到工业力量的新模式。[3]

因此,低估中国人在十六、十七和十八世纪用他们自己的术语掌握耶稣会士的西方学术(称作西学或格致学)的努力,将会是一种历史编纂的错误。[4]儒家学者和政府中的皇家历法专家,根据本土主义的学术传统来解释现代西方早期在自然研究方面的成就,他们还用这种传统来评价和应用耶稣会士的特殊技巧。这一"地方性的"研究程序,既不代表着本土的现代化进程,也不意味着温和的科学革命的开端,至少用西方国家的标准来看是如此。[5]直至十九世纪末,晚期帝国的汉族人和满族人既不寻求西方式的现代性,也不是按纯粹的反西方意识形态的方式而行动。虽然有时北京的宫廷政治从中调停,而耶稣会士作为西方潮流的承载者,因其要在对"旧"学满意的当权者中产生"新"学而面临政治上的敌意。[6]

Chicago:University of Chicago Press,1977,pp. 397—400.

3 参见 Donald Mungello(多纳德·蒙格罗):*Curious Land:Jesuit Acrommodation and the Origins of Sinology*(《神奇的土地:耶稣会士的调和和汉学的起源》),Honolulu:University of Hawaii Press,1985,pp. 23—43,和 Lionel Jensen(里欧乃尔·詹森),*Manufacturing Confucianism:Chinese Traditions and Universal Civilization*(《制造儒教:中国传统和普世文明》),Durham. NC:Duke University Press,1997,pp. 34—75。但是,这种调和计划应该看成是并非只是想象中的由耶稣会士和中国文人共享的理性主义。参见 Qiong Zhang,"About God. Demons,and Miracles:The Jesuit Discourse on the Supernatural in Late Ming China,"(《关于上帝、魔鬼和奇迹:耶稣会士在明末中国关于超自然的话语》),*Early Science and Medicine*(《早期科学与医学》)4,1(February 1999):1—36。

4 参见徐光台:《儒学与科学:一个科学史观点的探讨》,《清华学报》,New Series. 26,4(December 1996):369—392。

5 参见 Nathan Sivin(席文):"Why the Scientific Revolution did not take place in China-or didn't it?"(《为什么科学革命没有在中国发生——或者真的没有发生吗?》),重印于 Sivin,*Science in Ancient China:Researches and Reflections*(《古代中国的科学:研究与反思》),Brookfield. VT:Variorium,1995,VII,45—66。

6 这里,我得益于和 Jorn Rüsen 教授最近在名为"历史思维中的转折点:一个比较与彼德·温奇的观点一致，我们必须首先承认，我们尚未拥有恰当的学术范畴与我们称之为“自然研究”和“自然史”的中国前现代的框架相类似。[7]此外，正如多纳德·F.拉赫所指出的那样，在现代学术框架中分析现代早期欧洲学术的秩序同样是有问题的。[8]要理解中国人自己有关自然世界的知识体系的前现代框架，正如理解有关早期现代欧洲的知识体系一样，我们应当首先尝试扩展我们自己的理解，为它们留出空间。下面正要做这种尝试。我们将通过在总体形式上重建解释共同体，把中国的自然研究置于其自身之内在和外在的语境中。[9]

简单地以我们现代西方人自己区分科学与非科学的眼光，来理解中国人有关自然世界的观点，与通常的叙述——西方在科学上“成功”，而中国人则遭受“失败”——相去并不远。以下有关中华帝国晚期在自然研究方面，与早期现代欧洲相比，所谓的“优势”或“劣势”是要加括号的，并不必然意味着价值判断。确实，有关欧洲从1700年开始（有人会错误地说自从1500年）即垄断现代科学的种族中心主义的前提，必须首先解构掉；我们才可以比较从1550到1800年之间在中华帝国晚期的精英（他们决不感到处于劣势）和现代早期的欧洲人（他们中的许多人承认博学的中国儒士拥有一个很强的心智传统）之间关于探索和测量自然世界的两种文化历史性的对话，并确定其语境。[10]

的视角”（“Turning Points in Historical Thinking: A Comparative Perspctive,” sponsored by the Chiang Chingkuo Foundation and organized at SUNY at Buffalo, August 19—21, 1999）会议上的讨论。

7 Peter Winch（彼德·温奇），“Understanding a Primitive Society”（《理解原始社会》），in Bryon Wilson, ed., *Rationality*, Oxford: Basil Blackwell, 1970, pp. 93—102.

8 Lach, *Asia in the Making of Europe, Volume II. A Century of Wonder, Book 3: The Scholarly Disciplines*, Chicago: University of Chicago Press, 1977, p. 395.

9 参看 Stanley J. Tambiah（斯坦利·J. 坦比亚），*Magic, Science, Religion, and the Scope of Rationality*（《巫术、科学、宗教以及理性的范围》），Cambridge: Cambridge University Press, 1990, p. 154。

10 Prakash, *Another Reason: Science and the Imagination of Modern India*, pp. 17—120，刻画了在殖民地的印度，科学如何是英国的一种垄断，自上向下地通过思想上

不幸的是,今天学者们就“科学”(=“自然研究”)在中华帝国晚期的角色所做出的一个最普遍的判断是,在1300年左右以后直到耶稣会传教士十六世纪到达中国之前,天文学和数学的研究持续衰落。[11]当利玛窦(1552—1610年)描述中国人在明朝(1368—1644年)末期的科学威力时,他注意到他们“不仅在道德哲学方面取得了相当的进步,而且在天文学和数学的许多分支也同样如此。他们一度在算术和几何学方面相当精通,但是在对这些学术分支的研究和教学方面却多少有些混乱。”利玛窦下结论说:“对数学和医学的研究不受尊重,因为他们不像哲学研究那样得到荣誉的支持,研究者受哲学的吸引是希望获得与之相联系的荣耀和奖赏”。[12]

按照这种观点,中国的数学和天文学,在宋代(960—1279年)和元代(1280—1368年)达到了成功的顶峰,但是从明代开始迅速衰落。[13]这一长期盛行的观点受到了最近研究的挑战:在耶稣会士到达中国之前,明代儒士非常关注数学和天文学的改革。[14]其他学者指出,耶稣会士在明末清初为了其宗

的翻译和物质上的传输传给印度的社会和政治精英。我感谢 Willard Peterson(威拉德·彼德森)建议在此问题上使用优势和劣势作为评价中国传统自然研究的概念框架。

11 Hashimoto Keizô(桥本敬造):*Hsu Kuang-ch' i and Astronomical Reform*(《徐光启和天文学改革》),Osaka:Kansai University Press,1988,p. 17.

12 *China in the Sixteenth Century:The Journals of Matteo Ricci:1583—1610*(《16世纪的中国:利玛窦的旅行日记:1583—1610》),translated into Latin by Father Nirhola Trigault and into English by Louis J. Gallagher, S. J. , N. Y. :Random House,1953, pp. 31—33.

13 关于保守派的观点,参见 Joseph Needham(李约瑟),*Science and Civilization in China*(《中国的科学与文明》),Vol. 3,Cambridge:Cambridge University Press,1959,pp. 173,209;Ho Peng Yoke(何丙郁),*Li,Qi,and Shu:An Introduction to Science and Civilization in China*(《理、气、数:〈中国的科学与文明〉导论》),Hong Kong:Hong Kong University Press,1985,p. 169。

14 参见 Roger Hart(罗吉尔·哈特),“Proof,Propaganda,and Patronage:A Cultural History of the Dissemination of Western Studies in Seventeenth-Century China”(《证据、宣传和资助:西方对十七世纪中国研究的传播的文化史》),UCLA Ph. D. dissertation in History,1996,passim;也参见 Willard Peterson(威拉德·彼德森),“Calendar Reform Prior to the Arrival of Missionaries at the Ming Court”(《传教士到达明朝之前的历法改革》),*Ming Studies* 21(1986):45—61,和 Thatcher Deane(萨切尔·帝纳),“The

教的目的，曲解了当时的欧洲天文学知识。这种自我服务的策略，使得关于欧洲天文学的新潮流产生了自相矛盾的信息，弱化了他们将欧洲科学传播给明末儒士所取得的成功。[15]从这一新的视角来看，明末学者并没有因为通过耶稣会士与欧洲天文学接触而摆脱其科学的“衰落”。相反，他们自己重新评价其天文学的传统及其目前的不足，成功地考虑由耶稣会士引进的欧洲科学的相关特点。[16]

有观点认为晚期帝国儒士，不同于宋明先贤，是严格的人文主义文明的参与者，这些精英参与者陷入了一种回避对自然世界之兴趣的文学理想中，这种观点从耶稣会士之后一直非常流行。[17]历史学家一般都将此归因于文官考试制度。例如利玛窦写道：“所有考试的裁判者和主考官，不管考试涉及的是军事学、数学、医学，尤其是哲学考试，都是从翰林院中挑选出来的，从来没有一位军事专家、数学家、或者一位医生加入其中。”[18]天主教学者意识到政治和社会机构在中国文化事务中扮演的角色；而耶稣会士意识到，按欧洲现代早期的标准来看，文官选拔制度使中国教育达到某种程度的标准

Chinese Imperial Astronomical Bureau: Form and Function of the Ming Dynasty ‘Qintianjian’ from 1365 to 1627”（《中华帝国的天文局：1365—1627 年间明代“钦天监”的形式与功能》），Seattle：Universitv of Washington Ph. D. dissertation in History，1989，以大量的纪录详尽地记载了耶稣会士之前中国从早期皇帝到明末的历法改革努力。

15 Sivin，“Copernicus in China”（《哥白尼在中国》），in *Colloquia Copernica ll：Etudes sur l’ audience de la théorie héliocentrique*，Warsaw：Union Internationale d’ Historie et philosophie des Sciences，1973，pp. 63—114.

16 Jacques Gernet（谢和耐），*China and the Christian Impact*（《中国和基督教的影响》），*Cambridge：Cambridge University Press，1982*，pp. 15—24. 又参见 Sivin，“Wang Hsi-shan（1628—1682）”（《“王锡阐”的生平》），*in Dictionary of Scientific Biography*，Vol. 14，N. Y.：Scribner’s Sons. 1970—1978，pp. 159—68. 和 Deane，“The Chinese Imperial Astronomical Bureau，”pp. 401—441。

17 参见 Michael Adas（米谢尔·阿达斯），*Machines as the Measure of Men：Science，Technology，and Ideologies of Western Dominance*（《作为人的尺度的机器：科学、技术和西方主导的意识形态》），Ithaca：Cornell University Press，1989，pp. 41—68，79—95。

18 *China in the Sixteenth Century：The Journals of Matteo Ricci：1588—1610*，p. 41.

化并具有空前的重要性。[19]

北宋时期，一段时间内考试的风气进入了医学、法律、财政政策和军事事务的领域。例如，沈括(1031—1095年)写道，在皇佑年间(1049—1053年)要求科举考试的候选人作赋(有韵律的散文)以评论天文仪器。(1679年康熙皇帝主持的博学宏同考试用到类似的赋。)关于浑天仪的答案非常混乱，主考官自己对此也一无所知，但是所有的考生却都以优异的成绩通过了考试。[20]除此之外，我们推测明代科举考试的经典科目已经使得精英们重新关注强调道德哲学和儒士价值的道学正统，并偏离了早先更加专门或技术性的研究。一般学者仍然主张，唐宋考试中常见的诸如法律、医学、数学等技术领域，在晚期帝国考试中没有重现。[21]

---

19 Donald F. Lach, *China in the Eyes of Europe: The Sixteenth Century*(《欧洲眼中的中国:十六世纪》), Chicago: Phoenix Books, 1968, pp. 780—783, 804. 参见 Yabuuti Kiyosi (薮内清), "Chinese Astronomy: Development and Limiting Fartors"(《中国天文学:发展和限制因素》), 收于 Shigeru Nakayama 和 Sivin 编辑的 *Chinese Science: Explorations of and Ancient Tradition*(《中国的科学:对古老传统的探索》), Cambridge: MIT Press, 1973, pp. 98—99。还参看 George H. Dunne, S. J. (乔治·H. 敦那), *Generation of Giants: The Story of the Jesuits in China in the Last Decades of the Ming Dynasty*(《巨人辈出:明末最后几十年中耶稣会士在中国的故事》), Notre Dame: University of Notre Dame Press, 1962, pp. 129—130, 和 Elman(艾尔曼)与 Alex Woodside(阿莱克斯·武德萨德)编, *Education and Society in Late Imperial China. 1600—1900*(《中华帝国末期的教育与社会, 1600—1900年》), Berkeley: University of California press, 1994, passim。

20 参见 Joseph Needham, *Science and Civilization in China*, Vol. 3. p. 192; 又参见 Robert Hartwell(罗伯特·哈特威尔), "Historical-Analogism, Public Policy, and Sorial Science in Eleventh-and Twelfth-Century China"(《十一世纪和十二世纪中国的历史类比、公共政策和社会科学》), *American Historical Review* 76, no. 3(June 1971): 690—727, 以及他的"Financial Expertise, Examinations, and the Formulation of Economic Policy in Northern Sung China"(《中国北宋的财政知识、考试以及经济政策的表达》), *Journal of Asian Studies* 30, 2(1971): 281—314。关于1679年的考试，参看我的 *A Cultural History of Civil Examinations in Late Imperial China*(《中华帝国晚期科举考试的文化史》), Berkeley: University of California Press, 2000, chapter nine。

21 参见张鸿声:《清代医官考试及题例》("Ch'ing dynasty examinations for medical officials with examples"),《中华医史杂志》25, 2(April 1995): 95—96, 关于根据明代的先例，清代考试选择有限的医官。又参见梁竣:《中国古代医政史略》, 呼和浩特:内蒙当面临外族统治者时（先是蒙古人，1240—1368 年，后来是满族人，1644—1911 年），相当数量的儒士（再加上通常数量的没有考取的考生），就会转向诸如医药等文官之外的职业。在十八世纪和十九世纪，当人口的压力意味着，即使通过乡试和会试的考生也未必能获得官员的任命时，许多儒士便转而把教书和学术研究作为替代性职业。[22]不仅如此，主考官通过有关自然事件或灾异的策论以反驳在应考者中广泛渗透的民间信仰和占卜方术，并把这种信念排除在政治之外。[23]

一、明代对自然研究的兴趣

从元代开始，"自然研究"在中国有时归属于格致（格物致知，即探究而扩展知识）的名目下。另外的时候，尤其是在中世纪，在元朝之后，这种兴趣被用"博物"（即"有关事物性质的广博的学问"）的名目表达。格致与博物作为宋明时期"自然研究"和"自然史"的两个替代性的非对称的概念范畴，分别未被完全勾画出来。而且，我们仍然不能肯定这两个术语各自是如何发展形成的。

古人民出版社，1995 年。在明代对申请进入钦天监考生的考试中，要求回答历法和宇宙论的问题。参见 Deane，"The Chinese Imperial Astronomical Bureau"，pp. 197—200。

22 Robert Hymes（罗伯特·黑莫斯），"Not Quite Gentlemen? Doctors in Sung and Yuan"（《不那么绅士？宋元的医生》），*Chinese Science* 7（1986）：11—85，Jonathan Spence（乔纳森·斯宾塞），*To Change China：Western Advisers in China，1620—1960*（《改变中国：西方谋士在中国，1620—1960 年》），Middlesex：Penguin Books，1980，和 Joseph Levenson（约瑟夫·里文森），"The Amateur Ideal in Ming and Early Ch'ing Society：Evidence from Painting"（《明代和清代初年社会中业余爱好者的理想：从绘画中得出证据》），in John Fairbank，ed.，*Chinese Thought & Institutions*. Chicago：University of Chicago Press，1957，pp. 320—341；又参见 Elman，*From Philosophy To Philology：Social and Intellectual Aspects of Change in Late Imperial China*（《从理学到朴学：中华帝国晚期的社会和思想变迁》），Cambridge：Harvard University Council on East Asian Studies，1984，pp. 67—137。

23 Elman，*A Cultural History of Civil Examinations in Late Imperial China*. chapter six.

除此之外，在古代和中世纪的图书分类中，其他术语如“术技”被用来区分我们今天指称为科学和技术的内容。在十八世纪晚期《四库全书》的学科框架中，医学和历法研究归入“子部”下的次级范畴中（见表1）。类似地，音乐的数学方面的研究归入“经部”，而年代学和地理学列入“史部”。因此，我们无法像徐光台所做的那样，简单地假定，在耶稣会士到来之前，中国存在一个叫做格致学的单一和统一的自然研究的传统领域。[24]

表1 《四库全书》的44个子目

经部	史部	子部	集部
易	正史	儒家	楚辞
书	编年	兵家	别集
诗	纪事本末	法家	总集
礼	别史	农家	诗文评
春秋	杂史	医家	词曲
孝经	诏令奏议	天文算法	
五经总义	传记	术数	
四书	史钞	艺术	
乐	载记	谱录	
小学	时令	杂家	
	地理	类书	
	职官	小说家	
	政书	释家	
	目录	道家	
	史评		

24　徐光台：《明末清初西方格致学的冲击与反应：以熊明遇格致草为例》，《世变，群体与个人》，台北：台湾大学，1996年，第236—258页。这篇有用的文章无批判地接受了格致学作为自然研究的传统命名。我要感谢Cary Liu在这个问题上的建议。

然而，我可以试下结论说，在宋朝及宋朝之后的儒士精英中，“格致”似乎是对知识自身积累的最普遍的认识论框架。另一方面，“博物”却伴随着更加普遍和通俗的“好奇心”[25]。例如，北宋初期由李昉(925—996年)编辑并由皇家赞助的《太平御览》，包括了过去专门涉及异常事件、奇异的对象/事情/鸟类/鬼神，以及灾异的文本，以提供一个当时有关古代和中世纪时文本用法的词典，这指出了在经典著作中“博物”的范围[26]。

另一方面，南宋(1127—1279年)哲学家朱熹(1130—1200年)——他成了晚期帝国经典的主要解释者——主张“格物致知”，假定万物皆有其理。因此朱熹下结论说：“一个人在十分之三或四的场合中应当去探索外部世界的原理”(“三四分去外面理会方可”)。但是，在大多数(十分之六七的)情况下，道德原则应当在内心寻求。此后，格物就成了通晓经史的儒士们打开知识大门的钥匙。[27]

由于朱熹卓越的学术成就，南宋以后，从《礼记》中“大学”篇借来的“格致”就成为了一种流行的“道学”术语，儒士们用它来讨论知识的形式和内容。然而，事实上，围绕朱熹为建立儒学的认识论边界而一心一意地优先推崇“大学”篇的“格致”章，存在着许多有关经典的争论。[28]余英时长期以来一直主张，儒士精英十七世纪在经典研究中向精确的朴学的转移，可以追溯到

25　参见 Robert F. Campany(罗伯特·F·康伯尼)，*Strange Writing: Anomaly Accounts in Early Medieval China*(《奇异的著述：中国中世纪早期的异常解释》)，Albany: SUNY Press, 1996, pp. 49—52；又参见 Qiong Zhang, “Nature, Supernature, and Natural Studies in Sixteenth-and Seventeenth-Century China”(《十六—十七世纪中国的自然、超自然和自然研究》)，paper presented at the Colloquium sponsored by the Center for the Cultural Studies of Science, Medicine, and Technology, UCLA History Department, Los Angeles, November 16, 1998.

26　《太平御览》，《四部丛刊》重印本，台北：中华书局，1960年，612.4a—10a。

27　参见《朱子语类》，1473年版，台北：中正书局重印本，18.14b—15a。感谢赵刚寻找这一重要段落。又参见山田庆儿，*Chu Hsi's natural studies*(《朱子的自然学》)，Tokyo: Iwanami, 1978, pp. 413—472。

28　Daniel Gardner(丹尼尔·加德纳)，*Chu Hsi and the Ta-hsueh: Neo-Confucian Reflection on the Confucian Canon*(《朱熹和大学：新儒家对儒家经典的反思》)，Cambridge: Harvard University Council on East Asian Studies, 1986, pp. 27—59.

十六世纪围绕“大学”古本的争论。[29]这里有必要介绍一下。

例如，王阳明（1472—1529年）更推崇较早的“大学”版本，以否定朱熹有关《四书》中“格物”的“外求”的观点。随后，明末出现了一个更为古老的“大学石本”——后来证明是赝品——使十六和十七世纪许多儒士重新认识到了王阳明的著名论断，即朱熹在宋代篡改了原初的文本中这一关键的段落，从而将其个人对“格物”的解释合法化并使之成为准则。王阳明尤其否定朱熹强调格致先于道德（“诚意”）的观点。王阳明认为，格物致知的基础是诚意。[30]

元末，格致作为一个道学的术语已经由医学作者朱震亨（1282—1358年）用于表达技术研究。在朱震亨最著名的著作《格致余论》（此书收录于十八世纪末的《四库全书》）中[31]，朱震亨反对宋代医学处方，但是他强烈呼吁元代儒士应当将医学纳入其“道学”范围中。他认为，医学研究是一个重要的研究领域，不仅补充“道学”的道德和理论的教诲，而且也是其实际应用的关键所在。四库全书的编纂者引用朱震亨的序言以论证医学是一个说明“格物致知”的具体领域（“格物致知之一事”）。[32]

29　王阳明对朱熹大学解释的批评，在十六世纪导致了一场文本危机，余英时将此与明末考据学兴起联系在一起。有关讨论，参见余英时，“Some Preliminary Observations on the Rise of Ch' ing Confucian Intellectualism”（《清代儒家理智主义兴起的一些初步观察》），*Tsing Hua Journal of Chinese Studies*（《清华学报》），New Series 11，1and 2（Decemher 1975）：125。有关明末“大学”新版本真实性的争论，参见林庆彰：《清初的群经辨伪学》（Study of forged classics in the early Ch' ing），台北：文津出版社，1990年，第369—386页。参见 Bruce Rusk（布鲁斯·拉斯克），“Chen Que（1604—1677）and the Critique of the Great Learning”（《陈确与大学考订》），A. B Graduating Essay，Department of History，University of British Columbia，1996，pp. 46—60。

30　参见 Wang Fan-shen（王汎森），“The ' Daring Fool' Feng Fang（1500—1570）and His Ink Rubbing of the Stone-inscribed Great Learning”（《“勇敢的傻瓜”丰坊及其石刻本大学的墨拓本》），*Ming Studies* 35（August 1995）：74—91。再参看王阳明：《传习录》，《王阳明全集》，台北：考证出版社，1973年，#129。

31　参见朱震亨：《格致余论》，《四库全书》影印本，台北：商务印书馆，1983—1986年，Vol. 746—638。

32　参见纪昀等编著的《四库全书总目》关于朱震亨的“提要”，台北：艺文出版社，

1200年以来，"格物"这一概念在儒学经典研究中成为认识论的核心，此外"格物"的概念也应用于对于文物的收集、研究和分类，如曹昭（鼎盛年1387—1399年）的《格古要论》。此书最早于1387/88年出版，包括对于陶器和漆器以及诸如书法、绘画、古琴、奇石、铜器和墨等传统器物的重要说明。1462年由王佐（1427年的进士）完成的版本进行了相当规模的扩充，并包括了由郑和（1371—1433年）所率领的从1405年到1433年明朝官方对东南亚和印度洋的航海探险所获得的发现。王佐还增加了皇家的印章、铁符、官服和宫殿建筑。[33]

在十七世纪明代儒士也将"格致"作为专门学问的一个本土范畴，与后来的现代早期欧洲的scientia对等。在晚清从1865年到1900年之间，中国改革派官员和学者重新改造了"格致学"以代表"现代科学"。随后，在二十世纪初，科学代替了"格致学"成为"science"在中国的对等物。这暗示了关于西方"science"的本土术语也是相互竞争的，在不同时期有不同的表述方式。[34]例如，早期耶稣会士将亚里士多德的《四元素理论》（译作"空际格致"，字面意思是"空间研究"，1633年）和阿格里科拉的《论金属》（译作"昆嵛格

1974年，第746—637页。又参见Charlotte Furth（夏洛特·富特），"The Physician As Philosopher: Zhu Zhenheng (Chu Chen-hen) and the Neo-Confucian Body"（《作为哲学家的医生：朱震亨以及新儒家的身体》），paper presented at the conference "Rethinking Confucianism in Asia", sponsored by the University of California Humanities Research and Pacific Rim Research Centers, and organized by the UCLA Center for Chinese Studies, May 29—June 1, 1999。

33 参见胡文焕（鼎盛年1596年左右）编辑的《格致丛书》收录的《格物要论》的节选本。又参见Sir David Percival（大卫·派尔西瓦爵士）翻译的，*Chinese Connoisseurship. The Ko Ku Yao Lun: The Essential Criteria of Antiquity*（《中国的艺术鉴赏，格物要论：文物的基本评判准则》），London: Faber, 1971。但是，从亚洲其他部分传来的新信息，对现存的明代知识框架并未提出挑战，这和早期现代欧洲16世纪海洋发现的广泛影响不同。参见Lach, *Asia in the Making of Europe*, Volume II. A Century of Wonder, Book 3: pp. 446—489。

34 为了讨论，参见Lydia Liu（刘禾），*Translingual Practice: Literature, National Culture, and Translated Modernity——China 1900—1937*（《跨语言的实践：文学、民族文化和转译的现代性——1900—1937年的中国》），Stanford: Stanford University Press, 1995, pp. 20—42。

致”,字面意思是“地球研究”,1640 年)翻译为古典中文,在其标题上就在拉丁文 scientia(十六世纪 scientia 翻译为中文时相当于“系统化的或专门化的知识”,或学问)的意义上使用了“格致”。[35]这样的标题向我们暗示早先关于耶稣会士到来之前的儒士思想生活的图景是片面的,道学教义跟自然研究,尤其是和医学与历法研究,并非是相互排斥的。[36]

瓦利德·彼德森在其关于方以智(1611—1671 年)的宝贵研究中,表明了明末关于“格物”的道学教义是如何从一种纯粹道德努力的形式,转向附加上对外在事物的关注的。方以智题名为《物理小识》的巨著,强调物质性探求以理解形成自然变迁模式的潜在力量。方以智大体上接受了由耶稣会士在十七世纪带入中国的西方对于自然现象的解释,诸如大地是球形的、有限的太阳中心论和人体的生理学;但是他批评他们越过物质研究而终结于未经证实的宗教立场。相反,方以智更喜欢有关自然世界的描述性知识,以一种崭新的知识积累的观点刻画道学对“格物”的解释,这既否定了王阳明对内省的关注也否定了朱熹对道德的关注。[37]

与之类似,明代杭州学者兼书商胡文焕(鼎盛年大约在 1596 年)编辑和出版了《格致丛书》,作为明末从古至今的经典、历史、制度、技术著作的总汇,它体现了在十七世纪一位儒家读者认为重要的一切领域中文本知识的一种累积性说明。根据诸桥辙次在《大和汉辞典》中过于理想化的说明,胡

---

35 参见 Pan Jixing(潘吉星),“The Spread of Georgius Agricola's De Re Metallica in Late Ming China”(《阿格里科拉的“昆嵛格致”在明末的传播》),*T'oung Pao* 57(1991):108—18,和 James Reardon-Anderson(詹姆斯·瑞阿顿-安德森),*The Study of Change: Chemistry in China, 1840—1949*(《变易之学:化学在中国 1840—1949》),Cambridge: Cambridge University Press, 1991, pp. 30—36, 82—88。关于在拉丁术语的中文词汇表中 scientia = 学问,我从与北京中国科学院韩琦的讨论中获益。

36 参见 Roger Hart(罗吉尔·哈特),“Local Knowledges, Local Contexts: Mathematics in Yuan and Ming China”(《本土知识、本土语境:元明时期中国的数学》),paper presented at the Song-Yuan-Ming Transitions Conference, Lake Arrowhead CA, June 5—11, 1997。

37 Peterson(彼德森),“Fang I-chih: Western Learning and the Investigation of Things”(《方以智:西学与格物》),in Wm. Theodore de Bary et al., *The Unfolding of Neo-Confucianism*, N. Y.: Columbia University Press, 1975, pp. 369—411.

文焕收集的全部著作共有346种。按《四库全书》编纂者的观点，到十八世纪末只有181种肯定尚存，其中部分是他本人撰写的，分为37类，如经典教义、文字学、音韵学、历史研究、礼仪、法律判例、地理学、山川、医药、道家、佛家、农学、星象、相面、诗文、绘画、书法等。例如，《格古要论》作为对明代初期文物的说明，也收入其中，但题名为《格古论要》。

总而言之，丛书强调博物学研究，它是37个类目之一，围绕着一种处于人文和制度的程序中的自然和文本的研究。在此丛书中，张华(232—300年)的《博物志》和李石的宋代续篇《续博物志》在这里归属于"格致"的总类之下。《格致丛书》中的其他著作包括高承大约在1078—1085年编辑的《事物纪原》，和王三聘明代编写的《古今事物考》。[38]

除了胡文焕明代的"格致研究"之外，董斯张完成了《广博物志》，这本书对"自然史"给予了更多的关注。这种作为"自然史"的"博物"著作说明"博物"作为术语在概念上与"格致"并非具有互相对应的关系。前者有时候包括在后者之中，有时则不包括。不论是在"格致"导向的还是"博物"框架的明代著作中，都尝试了将研究对象向人工制品、文物、艺术转移。从天地到鸟、兽、虫、鱼、花草、食物、建筑和工具，源自中国参考书目框架的"系统化知识"的清单体现了有关种类繁多的中国自然资源、艺术品和制造品的资料的系统收集。在与西方的 scientia 的相互影响的过程中，中国儒士将其自身研究自然的传统进行了适当程度的改变。[39]

二、明代科举考试中的自然之学

仔细检查明代的考试记录，就会发现科举考试也测试考生有关天文、历

38　参见胡文焕《格致丛书》明万历版，台北："国家图书馆"善本部，缩微胶卷，包括46部著作。又参见 Campany, *Strange Writing: Anomaly Accounts in Early Medieval China*, pp. 51—52。我现在正通读包含156部著作的国会图书馆版本的《格致丛书》。

39　《格致丛书》，随处可见。又参见 Ssu-yu Teng(邓嗣禹)和 Knight Biggerstaff(比格斯塔夫)，*An Annotated Bibliography of Selected Chinese Reference Works*(《中国参考书选集的注释书目》)，3rd edition, Cambridge: Harvard University Press, 1971, p. 105。

法和自然世界其他方面的知识,这被称为"自然之学"。[40]四书五经的地位在正统课程中未受质疑,但是明代乡试和会试的考生,和宋代考生不同,要求在历法、天文、灾异和乐律方面掌握许多技能。乐律是官方度量衡的基础。确实在唐、宋、元各朝,历法和天文的著作为了安全的原因是禁止出版的。虽然实际上一般印刷的历书到处都可以买到,但只有御用的专家在钦天监中从事历法研究时才可以获得这种知识。这种限制措施在明代科举考试范围之外一直延续。[41]

例如,明初永乐皇帝(1403—1424 年在位)将历法及其实用的研究变成了几乎是最值得士大夫研习的学问。他命令 1404 年会试(这次会试从 1000 多名考生中选拔 472 名担任高级官员)的主考官解缙(1369—1415 年),考题要包括测试考生"博学"("找博洽之士")的问题。解缙选择涉及天文、法律、医学、礼仪、音乐和制度的策论,而皇帝特别喜欢这一年的最高名次的对策。更重要的是,皇帝使得"自然之学"合法化。此后,这类策问在明代考试中经常出现。[42]

在明代,虽然经学和史学间长久的关系问题在儒士中仍是最受关注的,"自然之学"作为官方要求的"博学"的组成部分也得到了皇家的支持和重视。无论如何,经学研究的广博性和实学研究的专门性之间的界限并未发生问题。天文和历法研究,通过策问定期地在乡试和会试中考核,从而成功地渗透进入了明代的文官系统。

---

40 参见 Elman, *A Cultural History of Civil Examinations in Late Imperial*, chapter 9;参见 Nathan Sivin 的"Introduction"(《序言》),Sivin 编辑的 *Science & Technology in East Asia*(《东亚的科学与技术》),N. Y.: Science History Publications, 1977, pp. xi—xv。

41 参见 Lucille Chia(贾晋珠),"Mashaben: Commercial publishing in Jianyang, Song-Ming"(《麻沙本:宋明时期建阳的商业化印刷》),paper presented at the Song-Yuan-Ming Transitions Conference Lake Arrowhead, CA, June 5—11, 1997。又参见 Deane, "The Chinese Imperial Astronomical Bureau," pp. 259, 322—324, 399—400。

42 参见《皇明三元考》,张弘道和张凝道编纂,明末版,晚于 1618 年,2. 3b;和《状元策》焦竑和吴道南等人编纂,1733 年,怀德堂版,"总考",p. 15a。

表2　明代策问主题分类表:应天府,从1474年到1600年,230个问题,只选了排名前15位的。

排名	主题	总百分比(%)	选择概率(%)
1	养才/用人	9.6	43.4
2	道学	8.3	37.5
3	太祖,成祖	7.4	33.5
4	治国	7.0	31.6
5	理财	5.7	25.8
6	君臣	5.2	23.5
7	国防	4.3	19.4
7	经学	4.3	19.4
9	法/刑	3.5	15.8
9	兵事	3.5	15.8
11	文诗	3.0	13.6
11	自然	3.0	13.6
13	史学	2.6	11.8
13	农政	2.6	11.8
13	风俗	2.6	11.8

资料来源:《南国贤书》,张朝瑞编辑,1600年左右版本。

附注:每一个策问概率的统计是基于这样的假定,即五个选择中的每一个是在相互独立的基础上作出的。如果五个策问的选择是彼此关联的,那么每一种型式的概率将会高一点。上述和下述的大多数"主题"都按照中国实际的分类。我添加了一些,如"自然研究",它是诸如"星占"、"历法研究"、"乐律"等分类的结合。至于像"经学"和"小学"这些显然是彼此交叉重叠的领域,我将它们分开,以说明后者在清代越来越重要。(参见表2)

表2说明明代乡试的考生可以有理由期待有关天文和历法的策问。在任何一个三年期的乡试循环中,在全国范围内多达五万到七万五千的考生准备回答这些问题,虽然我们通常只有最好的答案。有趣的是,在清代这种策问的可能性微乎其微(见表3)。相反,考生得越来越多地回答有关在十八世纪晚期达到顶峰的考证研究所产生的文本问题。

表3　清代策问主题分类表：浙江省，从1646年到1859年，460个问题，只包括排名前15者。

排名	主题	占总数的百分比(%)	选择的概率(%)
1	经学	14.1	63.7
2	养才/用人	10.7	48.4
3	理财	9.6	43.4
4	治国	7.8	35.3
5	史学	7.4	33.4
6	道学	6.1	27.6
7	文诗	5.1	23.1
7	吏治	5.1	23.1
9	小学	4.2	18.9
10	国防	3.8	17.2
11	法/刑	3.1	14.0
11	士习	3.1	14.0
13	农政	2.7	12.2
13	兵事	2.7	12.2
15	民生	2.2	9.9

资料来源：《本朝浙闱三场全题备考》，1860年左右编辑。

然而，我们应当赶快补充说，处理星占、医学、历算和其他技术问题的能力是明末清初涌现的新型经学的基本手段。它只不过在1860年之前的清代科举考试的范围中没有被测试过而已。[43]例如，熊明遇（1579年诞生）受耶

43　参见 Yuan-ling Chao（赵元玲），“Medicine and Society in Late Imperial China：A Study of Physicians in Suzhou”（《中华帝国晚期的医学与社会：对苏州医生的研究》），加州大学洛杉矶分校1995年历史学博士论文，和 Chu Pingyi（祝平一），“Technical Knowledge，Cultural Practices and Social Boundaries：Wan-nan Scholars and the Recasting of Jesuit Astronomy，1600—1800”（《技术知识、文化实践和社会边界：皖南学者和耶稣会士天文学的重铸，1600—1800》），加州大学洛杉矶分校1994年历史学博士论文。参见 Elman，*From Philosophy to Philology*，pp. 61—64，79—85，180—184。

稣会士启发题名为《格致草》的著作就表明，使用欧洲确定世上万物的“所以然之理”的标准，“格物”的经典概念可以大大扩展。《格致草》于1648年出版，此时明朝已亡，满族人正在夺取中国的南部，此书代表了耶稣会士的自然哲学和神学与基于“格物”的儒学的经典宝库之间一种值得注意的融和。[44]

三、清初考试中自然之学的排除

有一种观点认为，道学中的道德哲学和格致学与技术性的研究之间是冲突的，而前面的讨论证明，用这样的观点来理解明代是错误的。科举考试中所要求的天文、历法、乐律方面的专门知识，使得士大夫与钦天监和音乐官署所聘用的专家在文化威望和社会地位之间存在差异。因为在经学正统中保证道德通才具有最高的社会、政治和文化威望，明代官员被要求知晓天文、数学、历法研究和乐律，这些是礼仪正统的组成部分。他们不会被准予成为“科学家”，但是他们也不会敌视对自然现象在统治活动中的作用的理解。

此外，儒士之所以长期存在是因其作为道德典范，他们通过考试获得功名，将其对经典的掌握与其在官僚体制中的位置联系起来。经典的治国思想总是假定经典研究与政治能力之间存在联系。这种能力并非由儒士作为自然研究的专家地位来衡量。然而，这种能力的一部分牵涉到使用其经典知识来理解历法和音乐在管理统治中的作用。在策问中，技术性研究并非问题的最高目标。相反，主考官期待考生能将技术性研究置于由圣王留下的关于世界秩序的经典叙述中。

因此，关于自然之学的策问限制在与官僚统治相关的领域中，要用基本经典来讨论，或者至少要用早期注疏来解读。其他领域诸如医学和炼丹术则被认为不适合于作考试科目。重要的是，天文学和数学在早期经典中讨

44　参见熊明遇《格致草》的“自序”，国会图书馆亚洲馆1648年版。为了讨论，参见徐光台：《明末清初西方格致学的冲击与反应：以熊明遇格致草为例》，第236—258页。

论过,而医学和炼丹术却没有。"五行"或"灾异",是对自然运行的宇宙论解释。在自然的范围内,政治统治依照皇家对经学的综合合理化。对这种策问的"错误"回答,表明考生未能抓住任何以向皇朝权力挑战的方式去观察天上或地下现象的努力所蕴涵的异端含义。

明代在考试范围内传递的策问及对策,作为一种公众事件,通过将"自然之学"置于科举考试科目中,使之成为正统体制的组成部分。通过促进技术知识,主考官成功地驯化了星占、乐律和历法研究。儒士通过这种方式为官场所选择,恰恰是因为他们知道,他们成功的道德术语,是以将专家知识附属于道学的文化知识为基础的,这种知识通过科举考试转化为官僚权力。

从文化科层制——它类似于社会和政治科层制——的角度来看,中国晚期皇朝的自然之学作为道德通才应适当关注的东西而具有合理性,正因此它可以被引入正统体制。专家,只要其附属于皇朝正统及其法律的代表,就是文化、政治和社会科层制的必要组成部分。在官僚机构中,士大夫与历法专家共处,但拥有更高的政治地位、文化优越感和社会威望。[45]因此,明代的科举考试并非由于其包括有关自然研究的策问而值得注意。它们值得注意,是因为其在一个政治、社会和文化再生产的体制中成功地包容了有关自然之学的策问,这种体制确保了皇朝、儒士和道学正统的主导地位。所以,儒士不会成为"科学家",但是他们确实学会了应该在什么范围内信赖专家。[46]

然而,我们有一些线索说明,为什么与明代相比,在清代这种关于自然研究的策问如此罕见。例如,在1660年代,山东乡试中出了一道有关星占的策问试题。一名考生对此一无所知,就以讨论地理问题来掩饰其回答。原以为已经落榜,他却大吃一惊地在考取的名单上看到自己的姓名,从而读懂了主考官对其回答的评价:"这个问题是有关星占方面的,而回答将其与地理

---

45 参见 Deane,"The Chinese Imperial Astronomical Bureau," pp. 353—390。

46 在这种意义上,明代文人与当代科学史家有某些共同之处,他们本身通常缺乏作为科学家的资格,但却能够在政府和社会中确定和批评科学在社会、政治和文化上的使用。

学的讨论结合在一起,考生应该作为一名博学和纯正的儒士受到表彰。"[47]地理和星占研究在更早的朝代是彼此交叉重叠的,但是正如下面所显示的那样,这一联系在清初被打破了,朝廷禁止有关历法和天象的策问。因此,地理学,尤其是区域地理学,作为乡试和会试策问的来源兴旺发达起来。[48]

根据我们目前关于耶稣会士如何用天文学占据了钦天监,以及满族早期皇帝对天文学兴趣的理解,我们本来可能期待这种影响会像明代一样对科举考试产生影响。这里可能因为我们假定自然研究应该是进步的,因此我们忽视了满族皇室可能会将这一具有反复无常的可能性的专门知识领域垄断在宫廷的范围内。例如,满族早期皇帝在1650年代到1660年代宣布进行科举考试,科举考试在1664年进行了重大改革,然后1667年又恢复原状。而当时在耶稣会士和士大夫之间就历法展开了辩论,在明清之际对元明的历法体系提出了挑战。这两者可能是有关联的,并使朝廷不敢让科举考试中表现可能造成历法分裂的策问。[49]

在1685年之前,明朝的覆灭和后继者清朝的异族统治为星占-天文学和乐律学专家们创造了这样一种可能性,即打破其附属性地位,并在新起的满族统治精英领导下挑战不受信任的明朝精英的政治权力。当新皇朝必须尽快以专门术语重新表达其在历法上、乐律上的存在理由时,天文学专业知

47 参见徐珂:《清稗类钞》,上海:商务印书馆,1920年,21.65。

48 参见沈新周:《地学》中的序,上海:扫叶山房石版,1910年。我感谢哈佛大学的Chu Ping-tzu(祝平次)提供这一来源。

49 参见Jonathan Spence(史景迁),*Emperor of China: Self-portrait of Kang-hsi*(《中国皇帝:康熙自画像》),N. Y.: Vintage Books, 1974, pp. xvii-xix, 15—16, 74—75, 和Catherine Jami(凯瑟琳·亚米),"Western Influence and Chinese Tradition in an Eighteenth Century Chinese Mathematical Work"(《18世纪中国数学著作中的西方影响和中国传统》),*Historia Mathematica* 15(1988):311—31。关于杨光先(1597—1669年)在康熙朝廷生活中反对耶稣会士的事件,参见Chu Pingyi(祝平一),"Scientific Dispute in the Imperial Court: The 1664 Calendar Case"(《朝廷中的科学争论:1664年历法案》),*Chinese Science* 14(1997),7—34。又参见Huang Yilong(黄一农),《清初天主教与回教天文家的争斗》,《九州学刊》5,3(1993):47—69。

识的文化重要性日益增长，它可能超越了——或者至少在一段时间内挑战了——由儒士通过掌握经学而积累的文化分野。宫廷学者诸如李光地（1642—1718 年）积极保护历算专家，并使乐律研究在官方资助的研究中拥有高度的优先权。[50]

直到 1680 年代，此时满族皇朝已经控制了其政治和文化上的敌人，清代早期几十年中知识分子的流动性开始消失，留下汉族儒士和满族精英在政治和文化科层制的高层维持一种不稳定的平衡（而历法专家仍然处于中层），这种局面一直延续到十九世纪。在此过程中，在乡试和会试第三阶段中的策问事实上已经不再包括自然之学。也许到了 1680 年代，宫廷激烈斗争的胜利者——道学，在一位精明满族皇帝的巧妙操纵下，在科举考试中排除了作为明朝考试标志的儒士与自然研究之间的成功协调。

我们所知道的是，到了 1715 年，康熙皇帝（1662—1722 年在位）在科举考试中成功地禁止了对天文预兆和历法研究的关注，因为这些内容与清朝的合法性有关。然而，他不可能限制在科举考试之外的儒士群体的这种兴趣。例如，这位皇帝在 1713 年颁布命令，要求此后所有被任命为乡试和会试的主考官不许出有关天文预兆、乐律或者计算方法的策问。（“朕常讲易及修定天文律吕算法注书，尔等考试官断不可以此注书出题。”）清代新出的自然研究著作，康熙皇帝雇佣耶稣会士专家所作的宫廷项目，都禁止主考官和考生涉及。对自然研究的禁令，是朝廷在一般公众讨论中制止讨论占卜术和吉凶预兆的总体努力的一部分。[51]

清朝禁止考生公开研究天文学、星占术和音乐，这一政策在沈新周 1712 年题名为《地学》一书的序言中就被注意到。沈新周指出，在康熙晚年所有关于天文预兆的讨论（言天文）都被禁止。在这一对清代政策的确认中，我们可以通过对照发现永乐皇帝在明朝初年所颁布的命令——他在

50 Arthur Hummel（亚瑟·胡梅尔）编，*Eminent Chinese of the Ch' ing Period*（《清代名人传略》），台北：成文出版社重印本，1972 年，第 473—475 页。

51 参见席裕福编纂：《皇朝政典类纂》，台北：神武出版社重印本，1969 年，191，7b—8a。参见 Elman，*From Philosophy to Philology*，pp. 79—80。

1404 年的考试中征求这种策问——在促进自然研究上的重要意义。同样，我们可以理解康熙皇帝的禁令在政府范围内对清代思想生活产生了怎样的影响。在科举考试科目中，明朝鼓励而清朝不鼓励自然研究，这看上去匪夷所思，却具有重要的历史意义。代替被禁止的自然之学，历史地理学作为清代学术一个可以接受考试的领域而特别发达，尽管绘制地图为皇家所保密。然而，雍正皇帝稍稍改变了一点康熙皇帝的政策，允许占星学专业的监生（天文生）进入朝廷的学校中。[52]皇帝及士大夫对科举考试科目的改变都有责任，皇帝通过个人的关注、而主考官通过其学术兴趣产生影响。

四、考证学与格致学

但是这种禁止，不管在科举考试中多么有效，在儒士学术活动中并不生效，那儿正在发生着经学研究的决定性的重大变化。显然，皇家的权力在政府之外是有限的。和他们的“道学”前辈不同，清代“考证学”学者强调精确研究、严格分析以及从古代人工制造品和历史文献与文本中收集客观可靠的证据。考据学者把证明当作他们所提倡的经验论的知识理论关注的核心，即“实事求是”。这一纲领涉及到将证据和证明置于对经典传统全面的和多维度的组织和分析中，现在它包括自然研究和数学。

小学研究在十八和十九世纪中得到了发展和进化，因为有关经典的印刷著作是动态的经典研究事业的组成部分，其目标不是“科学的”或“客观的”知识本身，而是与一种新型的文人事业联系在一起的，意在使用古代经典中的语言作为不偏不倚的手段，来重新掌握古代圣王的观念和意向。即使他们在其时代中学术上是反偶像崇拜的，他们在其社会信仰方面仍然是坚定的保守派。[53]

但是在十八世纪末，反映着乾隆时代（1736—1795 年）的学术潮流，科

52　参见沈新周：《地学》“序”。又参见《清朝通典》，《十通》，上海：商务印书馆，1936 年，18.2131。

53　参见 Elman, *From Philosophy To Philology*, 处处可见。

举考试的策问开始展现一种常见的主题五分法，通常按照下列次序：(1)经，(2)史，(3)文，(4)治国，(5)区域地理学。经学研究在策问中的首要性，应归结于汉学和考证学在儒士学者中的影响，这种影响首先是在长江三角洲，然后通过来自三角洲的江苏、浙江和安徽各省主考官在帝国范围内产生。促使科举考试中第一场赋诗考题以及后来第三场小学策问重新流行的原因，应归结于格律诗的韵脚规则跟音韵学紧密联系，而音韵学在乾隆时代已成为小学的皇后。音韵学在考证学中的作用，正在通过增长儒士关于经典的声音与韵脚的知识而凸显出来。[54]

正如滨口富士雄所指出的那样，清代考据学者如戴震(1724—1777年)心中有一种系统研究的程序，即以古字体学和音韵学为基础来重建汉字的意义("以音求意")。随后王念孙(1744—1832年)及其儿子王引之(1766—1834年)扩展了戴震的路线，并尝试以汉字的"意义"作为一种重建圣人——这些文字的远见卓识的作者——"意向"的方法。此外，技术性的音韵学应用于经典语言的历史研究时，产生了前所未有的准确性。为了达到这一目的，考据学者选择小学的各种手段，主要是应用音韵学、文字学、训诂学，来研究经典。[55]

这种小学潮流的一个副产品是充分认识到了诗歌尤其是格律诗对于通过音韵学、文字学和训诂学来重建古代的重要性。例如，梁章钜(1775—1849年)在十九世纪初汇集了一本题名为《制艺丛话》的书，这是对考试领域最早的文化研究之一；他还编辑了一部诗歌研究丛书《试律丛话》，其中他概括了诗歌研究和格律诗的规则。总而言之，梁章钜追溯了清代经学研究者最后如何破解了《诗经》的音韵体系。由此他们说明了格律诗的技术规则，并在音韵学研究上做出了巨大贡献。[56]

---

54 参见 Elman, *A Cultural History of Civil Examinations in Late Imperial China*, pp. 503—520, 546—562.

55 Hamaguchi Fujio(滨口富士雄), *Research on the intellectual history of Ching dynasty evidential studies*(《清代考据学的思想史研究》), Tokyo: Kokusho kankôkai, 1994.

56 Elman, *A Cultural History of Civil Examinations in Late Imperial China*, chapter ten.

像欧洲那样规模宏大的科学革命并未随之产生[57]，但是考证学者使天文学、数学和地理学在他们的研究纲领中占据了极其优先的地位，接着经学研究变迁的另一个副产品正在产生。受到要恢复精确科学中本土传统的卓越地位的想法——明代人未尝有过明确的类似目标，可他们在耶稣会士到来之前却关切着精确的自然学——的鼓舞，考据学者如戴震、钱大昕(1728—1804 年)和阮元(1764—1849 年)成功地将西方天文学和数学的技术方面引入经学研究的儒家框架中。钱大昕尤其肯定对儒学传统的这种拓展，他认为这是几个世纪以来对道德和哲学问题的关注焦点的逆转："自古未有不知数问之儒者。中法之绌于欧罗巴也，由于儒者之不知类也。"[58]

考据学的研究使考证学者注意到了十七世纪由耶稣会士首先引入的西方数学和天文学。这种兴趣建立在清代初期和中期梅文鼎(1633—1721 年)的发现上，当他在历算上的才能得到确认后，他得到了李光地和满族宫廷的资助。梅文鼎主张对物理世界的研究，可以使得学者认识作为实在基础的"原理"("理")。基本上，梅文鼎认为耶稣会士的学术是一种在数学方面推动有关道德和形而上学原理的道学观念的途径，[59]但是，与此同时，朝廷和梅文鼎提出了强调西方自然研究源于中国的原始解释。梅文鼎(及其在早期朝廷中身居高位的弟子李光地)力图恢复数学化科学中本土传统先前的荣耀，西学中源的观点使这种努力变得迫切、必要。在皇家的资助下，数学研究在康熙统治下从一种重要的技巧升格为一个补充经学研究的重要的儒家知识领域。[60]

---

57 参见 Nathan Sivin,"Why the Scientific Revolution did not take place in China—or didn't it?"(《为什么科学革命没有在中国发生——或者真的没有发生吗?》),pp. 45—46。

58 《潜言堂文集》,台北:商务印书馆,1968 年,3. 335(卷 23)。

59 参见 John Henderson(约翰·韩德森),"The Assimilation of the Exact Sciences into the Ching Confucian Tradition"(《清代儒家传统对精确科学的吸收》),*Journal of Asian Affairs* 5,1(Spring 1980):15—31。

60 Limin Bai,"Mathematical Study and Intellectual Transition in the Early and Mid-Qing"(《清代早期和中期的数学研究和思想变迁》),*Late Imperial China* 16,2(December

例如，陈元龙（1652—1736 年）的《格致镜原》出版于 1735 年，在 1780 年代被收入皇家图书馆。作为一个从大量资料来源中挑选出来的分为 30 种类目的详细信息库，《格致镜原》体现了一名在康熙和雍正朝廷中身居高位的学者在耶稣会士之后对实用知识的收集。它将胡文焕明末的《格致丛书》——其中许多已经佚失——的关注点集中到仅限于艺术品和自然研究。尤其关注碑帖拓本的源流、地理学、解剖学、植物和动物志、工具、交通工具、武器和文房四宝以及服饰和建筑。[61]

但是，十七世纪耶稣会士知识对中国的影响在十八世纪并非那么容易驯化。儒家学者们采取了不同的态度来关注自然研究。例如，一位私人学者江永（1681—1762 年），将对朱熹道学教义的忠诚和通过考据学所获得的西方耶稣会士的知识结合在一起。作为经学研究者江永是保守的，但在对汉学和梅文鼎在自然研究中处处标榜本土主义的古代研究进行批判时却相当激烈。江永承认西方天文学领先于本土传统，同时又继续推崇道学的道德观在文化上的优越性。虽然江永更喜欢西方学术对自然“原理”的理解，因为它们比本土传统更加精确和一致，但他在天文学方法和文化价值之间保持了清楚的界限。[62]

总体说来，阮元在从 1779—1799 年在杭州做浙江总督时编纂的《畴人传》（天文学家和数学家的传记，此书于 1849 年重印，后来又得到扩充），标

1995）:23—61；Catherine Jami（凯瑟琳·亚米），“Learning Mathematical Sciences During the Early and Mid-Ch’ing”（《在清代早期和中期学习数学化的科学》），in Elman and Woodside, eds, *Education and Society in Late Imperial China, 1600—1900*, Berkeley: University of California Press, 1994, pp. 223—256。关于“西学中源”说，参见 Ch’üan Han-sheng（全汉升），“The Late Ching Theory That the Origin of Western Studies Came from China”（《清末的西学源出中国说》），《岭南学报》4, 2（June 1935）:57—102。

61　参见陈元龙《格致镜原》，《四库全书》重印本，台北：商务印书馆，1983—1986 年，vols. 1031—1032。我也曾使用过国会图书馆中的 1735 年版。

62　Chu Pingyi，“Ch’eng-Chu Orthodoxy, Evidential Studies and Correlative Cosmology: Chiang Yung and Western Astronomy”（《程朱正统、考据学和通体相关的宇宙论：江永和西方天文学》），*Philosophy and the History of Science: A Taiwanese Journal* 4, 2（October 1995）:71—108。

志着从十七世纪末开始日益增长的自然研究在十八世纪长江三角洲的儒士世界中达到顶峰。这本书包括了280名畴人——其中有37名欧洲人——的传记和著作概要，该书在十九世纪中四次补订。白利民（音译）注意到在十八世纪末朝廷之外的儒士中各种数学化的科学的重要性开始不断增长。它们现在通过考据学与经学相联系。因为阮元是在省和朝廷官僚体制中身居高位的自然研究的资助者，他影响很大的《畴人传》就代表了考据学与数学化科学的结合。数学研究不再独立于经学研究。[63]

这些来自十八世纪的证据，否定了西方和中国学者所得出的常见结论，这些结论是从1793年马嘎尔尼使团的失败——其使命是为欧洲的科学和贸易打开中国——得出的。约纳·瓦莱-科恩重新评价了清朝十八世纪对世界发展的所谓"盲目性"，并揭示了这种错误评价是如何源自十九世纪工业革命后的西方技术优越性的，然后由后来的历史学家和外交家对1793年马嘎尔尼出使进行重新理解。瓦莱-科恩认为，西方对中国态度的这一错误估计，部分地归因于在乾隆皇帝统治下的清廷，在1793年派系纷争的宫廷政治斗争中需要重新声明"清朝官方对于外国人的优越感"，尽管与此同时（十八世纪末），皇帝在镇压帝国境内叛乱的军事战役中热切地聘用耶稣会士的军火专家。而且，清朝宫廷欢迎耶稣会士所提出的有关建造大炮和绘制全国地图方面的建议。[64]

早期的"现代化叙事"描绘了英帝国的扩张与持中国中心论而漠视科学知识的清朝相冲撞，这种描述应该修正。[65]此外，乾隆皇帝致乔治三世否定

---

63 Arthur Hummel, ed., *Eminent Chinese of the Ch' ing Period*, p. 402. 又参见 Limin Bai, "Mathematical Study and Intellectual Transition in the Early and Mid-Qing," pp. 23—30。

64 Waley-Cohen（瓦莱-科恩），"China and Western Technology in the Late Eighteenth Century"（《18世纪末中国和西方的技术》），*American Historical Review* 98, 5 (1993): 1525—44。

65 参见仍然是持"东方主义"观点的 Alain Peyrefitte（阿兰·佩雷菲特）的 *The Immobile Empire*（《停滞的帝国》），translated by Jon Rothschild, N. Y.: Knopf, 1992，此书由他的《停滞的帝国或世界的冲击》翻译而来（*L' Empire immobile ou Le Choc des mondes*. Paris: Fayard, 1989）。佩雷菲特注意到 Roger Darrobers（罗吉尔·达罗伯），Pierre-

西方奇技淫巧的著名书信，不应该作为满族皇帝对历史现实完全无知的论据来解读。正如科恩同样指出的那样，乾隆皇帝致英王的著名书信并非是对西方技术无条件拒绝，而这已成为了标准的解释。马嘎尔尼使团在工业革命之前到达中国，他们带到中国来的科学小饰品在宫廷中受到了质疑。

皇帝对马嘎尔尼使团的反应，可以理解为一种相互的误解，这种误解由于马嘎尔尼对他给皇帝（他不认为天象仪有什么神奇）所带来的工业革命之前的小摆设和礼物——例如太阳系的模型——过分吹嘘而增强。后来的皇帝们在1839年到1842年的鸦片战争及其以后的岁月中发现英国的军事火力无法抵抗，他们所面对的是一套不同的技术环境。[66]儒家学者已将数学研究吸收进入考据学研究中，并使得自然研究成为经学研究的一个组成部分，这是自从耶稣会士在十七世纪让人们感觉到他们的存在之后，有关自然研究和技术在中华帝国晚期命运的又一个难解之谜。

五、作为十九世纪"现代科学"的"格致学"

清代儒士学者诸如梅文鼎及其孙子梅瑴成（1763年去世）在评价早期现代欧洲人在历法天文学上的发现时，努力从经典中寻求证据以证明这种新型的知识可能基于中国古代知识，它们在古代被传到西方。在这种背景下，小学和自然研究就结成了联姻。例如，梅瑴成主张，宋元时期用文字表示代数方程的天元法，和耶稣会士后来传入的代数方程相当。这种更加精致的"中源"说，与康熙皇帝的"中源"说相比，使清代儒士重新产生的对科学的兴趣合法化，而小学成为了后来考据学者一种关键的实用工具。[67]

Henri Durand（皮艾-亨·度兰），和 Sylvie Pasquest（西尔威·帕斯奎斯）翻译了他从北京带回的未出版的满族宫廷文件。

66 参见 Hevia（何伟亚），*Cherishing Men From Afar: Qing Guest Ritual and the Macartney Embassy of 1793*（《怀柔远人：清朝接待外宾礼仪和马嘎尔尼1793年出使》），Durham and London: Duke University Press, 1995。

67 John Henderson（约翰·韩德森），"Ch'ing Scholars' Views of Western Astronomy"（《清代学者对西方天文学的观点》），*Harvard Journal of Asiatic Studies* 46, 1

与十八世纪考据学联系在一起的数学研究是算法数学,也即关注获得正确的结果,且不太关注证明方法和公式。例如,汪莱(1768—1813年)和焦循(1763—1820年)都尝试建立叫做“天元”的传统的中国代数方程,而不是仅仅简单接受耶稣会士和后来的清教徒来到中国时所教授的印度-阿拉伯形式的代数学。汪莱详细推导出,一个“天元”方程不止有一个正数根,这遵循了西方正负数根的观点,它与对于任何一个代数方程只关注单一的正数解的传统方法相比,产生了一些新的贡献。[68]

为北京观象台录用的汪莱,在他进行天元法计算的过程中使用自康熙统治以来钦天监所接受的西方方法。由于他和潜藏在观象台的法国耶稣会士“新学”之间的职业联系,他受到了那些醉心于传统数学的更加保守的考据学者的批评,被指责为在仿效西方方法上走得太远。李锐(1773—1817年)是一名在朝廷之外的儒士学者,并因此与长江三角洲学术共同体关系紧密,他发明了一种严格按照宋代天元数学术语的天元方程理论,得到了更多儒士的支持。许多儒士仍然尊敬杨光先(1597—1669年),因为他在1660年代控告在康熙宫廷中的耶稣会士。1850年之前,经学仍然优先于西方学术,而考据学者的好古之癖刺激他们研究本土数学的文本的历史,而不是像汪莱所做的那样,在西方数学发现的基础上进行研究。[69]

然而,在太平天国运动血腥失败的余波中,元气大伤的清朝及其士大夫开始面对一种崭新的文官教育要求——能够在一个日益充满了令人恐惧的工业化国家的世界上生存下去。鸦片战争(1839—1842年)并未产生任何要

(1986):121—48。胡明辉正在加州大学洛杉矶分校历史系研究这一问题作为其博士论文的一部分。

68 Horng Wann-sheng(洪万生),“Chinese Mathematics at the Turn of the 19th Century”(《十九世纪之交的中国数学》),in Lin Cheng-hung 和 Fu Daiwie(傅大为),eds.,*Philosophy & Conceptual History of Science in Taiwan*(《台湾的科学哲学史和概念史》),Dordrecht:Kluwer Academic Publishers,1993,pp. 167—208。又参见 Christopher Cullen(克利斯多夫·卡伦),“How can we do the comparative historv of mathematics”(〈我们如何撰写数学的比较史〉),*Philosophy & the History of Science*(《科学的哲学与历史》),Taiwan 4,1(1995):59—94。

69 黄一农:《清初天主教与回教天文家的争斗》,第47—69页。

在科举考试科目引入“西学”的重要呼吁,但是1865年太平天国运动覆灭后的情形迥然不同了。诸如徐寿(1812—1882年)和李善兰(1810—1882年)这样的儒士,于十九世纪中叶在工业革命之后的西方学术和传统中国科学之间架设了概念的桥梁。现在“西学”常常等同于“格致学”,例如,位于上海的江南制造局关于英国科学知识的译作题名为《西学启蒙》,也称作《格致学启蒙》。[70]在此过程中,工业革命后的西方科学,现在叫做“现代科学”,在19世纪中叶首先是作为相容于但不再附属于本土经学的学问而引入的。

无论是翰林院学士冯桂芬(1809—1874年),还是由于太平天国运动未能参加科举考试的薛福成(1838—1894年),都成为了清末许多主要大臣的管理专家和建议者(幕僚)。这些大臣包括太平天国运动后向西方学习(洋务运动)的领袖曾国藩(1811—1872年)和李鸿章(1823—1901年)。他们主张经学科目需要调整,使得更多的西方学术和科学学科能够生存。西方模式成为考虑和争论改革科举考试时一个合法目标。例如,1863年李鸿章按照冯桂芬的建议,在上海设立了一所西方语言和科学学校,1869年它并入江南制造局。1867年李鸿章还提议开设八科取士,其中包括作为单科的“算数格致”和“机器制”。“技术”一词成为“technology”的专业术语。[71]

例如,为了达到清朝儒士和官员在清朝最后几十年中梦寐以求的“富强”目标,当冯桂芬为逃避太平天国而住在通商口岸上海时,撰写了一篇题为“改科举议”的文章(1861年前后撰写),在文章中他尝试以未来的需要来权衡选拔程序。[72]冯桂芬意识到,他不得不将他建议的改革兜售给对手,他们会反对把西方学术引入考试科目的任何明显尝试。因此,冯桂芬改变了本土传统领域的内容。例如,冯桂芬所指的经学研究,包括考据学和小学这

---

70 参见《格致学启蒙》,Ai Yueh-se(艾约瑟)和J. Edkins(1823—1905年)等翻译,上海:江南制造局出版,1886年。

71 参见《洋务运动大事记》,徐泰来编:《洋务运动新论》,长沙:湖南人民出版社,1986年,第349—448页;*Eminent Chinese of the ch' ing Period*, pp. 240—243,331—333。

72 冯桂芬:《校邠庐抗议》,台北:文海出版社,1897年版重印本,B. 55a—56b。

些已经包括在乡试中的科目。此外,他将数学加入经学研究的领域中,而悄悄地将散文和诗赋丢弃给最后一场。[73]

冯桂芬还呼吁拓宽官员选拔程序,包括推荐和任用那些在上司面前显示了管理才能的职员。按照冯桂芬的观点,要这样做的一个办法是,将科举考试体制一分为二,其中一组要求能够掌握机器和物理学(制器尚象)。以这种改革为基础,"我们中华可以在世界上兴起"。否则的话,冯桂芬有先见之明地预测道,中国将会成为打着"自强"幌子的军阀的牺牲品。[74]

在1861年左右撰写的其他文章中,冯桂芬还呼吁官员中要加强知识的专业化,并对西方研究给予更多的注意。冯桂芬指出,世界变迁如此之快,源自古代的模式不再适合于今天的情形。他注意到,西方学术的力量之一是其对数学的掌握。冯桂芬确实想将其引入到科举考试中。冯桂芬主张,地理和历法研究——后者自从康熙时代以来在皇家学校和科举考试中被禁止——对于儒士也是必要的领域。然而,直到1887年,数学专科的考生才在特定的配额下被允许参加乡试,虽然他们同样要满足经学的要求。[75]

儒学在十九世纪发展了为精英对自然研究的兴趣提供合法性的修辞策略。在此过程中,通过基于十八世纪的经学研究——它已将一种修正版的传统数字研究吸收为考据学的一部分——在太平天国叛乱之后,儒士与汉学的结合为醉心于自然研究和数学的儒士创造了必要的思想空间。例如,李善兰1852年去上海,并在那里为伦敦传教会工作了八年之久,将西方科学著作翻译为古典中文。1864年李善兰被推荐到新设立的同文馆,但是直到1866年他才赴任。此时同文馆已升格为学院,并且增设了一个数学和天文学系。在那里,李善兰与丁韪良(1827—1916年)一起工作(丁韪良从1869

---

73 冯桂芬:《校邠庐抗议》,B. 56b—57a。郑观应(1842—1923年)也主张将西方论题纳入考试范围。参见 Sally Borthwick(萨利·博斯威克),*Education and Social Change: The Beginnings of the Modern Era*(《教育和社会的变迁:现代时期的开始》),Stanford: Hoover Institution Press, 1983, pp. 40—42。

74 冯桂芬:《校邠庐抗议》,B. 57a—64a, 72b—74b。

75 冯桂芬:《校邠庐抗议》,B. 66a—70a。又参见沈桐生编:《光绪政要》,上海:崇义堂,1909年,Vol. 10, 13, 18a—20a。

年到1882年担任学院的院长),教授数学并进行科学翻译。[76]

徐寿起先与傅雷雅(1839—1928年)在江南制造局合作将西方科学文献翻译成古典中文。它将由清教徒传教士带来以吸引中国人皈依的、狭窄并且以文本为基础的科学,和只适合于儒士的作为一种经学研究范围的、以格致观点曲解的科学结合了起来。徐寿和傅雷雅一样,实际上多数情况下仍然是一位科学的教育者而不是研究者。他们一起于1874年在上海创立了格致书院,有趣的是翻译为英文就是"上海综合工学院"。中国儒士和西方现代化者在"格致"一词中,从不同的角度看到了他们想要看到的,要么是本土的修辞要么是现代科学。学院拥有一个科学著作的阅览室和图书馆。徐寿和傅雷雅还在上海创办了中国第一份科学杂志,刊名为《格致汇编》,英文称作"中国科学杂志",从1862年到1883年在上海每周发行,其在各通商口岸的读者达到2000人左右。这种概念的折中基于保留耶稣会士之后的术语 scientia(=学问),但是此时使用格致学指的是现代科学,而不是现代早期科学。这样,数学和其他诸如化学等更加工业化的科学就变得可被接受了,如果仍然没有科举考试那么普遍的话。[77]

六、中国传统自然研究合法性的丧失

尽管在格致学这一红字标题下,从十七世纪到十九世纪末在中国儒士

76 参见 *Eminent Chinese of the Ch'ing Period*, p. 480。

77 David Reynolds(大卫·雷诺德),"Re-Drawing China's Intellectual Map: 19th Century Chinese Images of Science"(《重绘中国的知识分子地图:19世纪中国科学的形象》), *Late Imperial China* 12, 1(June 1991): 27—61。又参见 David Wright(大卫·赖特), "John Fryer and the Shanghai Polytechnic: making space for science in nineteenth-century China"(《约翰·傅雷雅与上海综合工学院:为十九世纪中国科学创造空间》), *British Journal of the History of Science* 29(1996): 1—16, 和 Wright(赖特), "Careers in Western Science in Nineteenth-Century China: Xu Shou and Xu Jianyin"(《十九世纪中国的西方科学生涯:徐寿和徐建寅》), *Journal of the Royal Asiatic Society*, third series, 5(1995): 49—90。参见 James Reardon-Anderson(詹姆斯·瑞阿顿-安德森), *The Study of Change*(《变易之学》), pp. 17—28, 45—48。

精英中,中国传统自然研究与西方科学一道发展,取得了一定的成功,但是这些精英很少注意到欧洲科学需要在实验室来重复试验,并通过这些实验来证实或否定过去的科学发现。对于天主教或新教传教士和儒士数学家而言,自然研究不过是一种文本练习而已,它需要翻译技术知识、掌握那些技术文本并通过对技术知识的记忆进行再生产。不仅如此,那些在太平天国叛乱之后在福州、上海和其他地方的新型造船厂从事学术工作的人,或者在同文馆担任翻译工作的人,往往是像李善兰和徐寿这样边缘化的儒士,他们在几次未能通过更有威望的科举考试之后,才将西方学术和科学看作是一条替代性的、但仍属次等的获取名声和财富的道路。严复(1854—1921 年)和鲁迅(1881—1936 年)也是这种科场失意者的疏离群体中的著名例证,那一群体原本在充当高水准教育者的人才库,以充填清末以格致学为导向的机构更受局限的天地。[78]

然而,最近的研究表明,通商口岸的各种造船厂、船坞和工厂是实验活动的重要技术集合点。这里除了生产武器、弹药、船队之外,第一次产生了儒士和工匠之间的科学知识与实验操作的结合。确实,清末中国的"技术-科学"是十九世纪末通商口岸中——大多数造船厂在这里设立——官办和私人工业兴起的一个重要基础。[79]例如,欧洲人和日本人都承认,直到 1880 年代,江南制造局和福州船坞比日本明治时期的竞争者——横须贺造船厂更加先进。因此,在科举考试及秀才、举人和进士(面对皇帝接受任命的儒士)的范围之外——在这里成千上万的人竞争官僚体制中的少数位置——有一个值得注意的医生、护士和医学助理群体在传教士学校中接受培训,还有另一个甚至更大的军事技师和技术专家群体在造船厂和船坞接受训练。[80]

---

78 David Wright(大卫·赖特),"The Great Desideratum:Chinese Chemical Nomenclature and the Transmission of Western Chemical Concepts"(《久旱甘霖:中国化学命名法和西方化学概念的传播》),*Chinese Science* 14(1997):35—70。

79 Bruno Latour(布鲁诺·拉图),*Science in Action:How to follow scientists and engineers through society*(《行动中的科学:如何跟随科学家和工程师穿过社会》),Cambridge:Harvard University Press,1987,说明了工业革命后区分"科学"和技术的困难。

80 参见 Meng Yue(孟悦),"The Jiangnan Arsenal and the Transformation of Scientific

直到1894年至1895年中日甲午海战,与横须贺技术相联的日本海军决定性地战胜了与福州和上海技术联系的中国海军,日本在军事技术上具有优势的假定,或者这样的解释,才变成了中国和日本爱国者的常识。尽管直到1880年代,大多数人认为江南制造局在科学和技术上领先于横须贺;但是在1895年之后,双方都将其在1895年不同的命运进行目的论的重新解读,在日本胜利的情形下,追溯到明治初期(后来甚至更追溯到兰学),在清朝失败的情形下,追溯到1865年后的自强运动(后来追溯到所有的经学研究)。

现在中国精英和大众观点的另一个巨大变化决定了,在1895年之后,中国格致学的透镜如何折射了西方科学和技术的问题,将会得到解释。激进文人如严复宣布中国路线与西方制度的调和已告失败。因此中日之战改变了中国和日本两国的参照系。中国科学"失败叙事"的开端,即"中国为什么没有产生科学",与清末政治衰落(为什么没有民主)以及经济衰败(为什么没有资本主义)的故事相类似。[81]

严复在科举考试中的可怜前景导致他于1866年进入福州船坞的海军学校。当他成为一名政论家并为1895年后涌现出来的改革派报纸撰写文章时,表达了对科举考试长期压抑的苦闷。从1885年开始,严复共有四次未能通过乡试。[82]许多人像严复一样,将清朝的衰弱归罪于科举考试所要求的经

Communities"(《江南制造局和科学共同体的变迁》), paper presented at the Association for Asian Studies Annual Meeting, Chicago, IL, March 16, 1997, published in *East Asian Science*(formerly *Chinese Science*) 16(1999):13—52;又参见 Takehiko Hashimoto, "The French Connection at the Yokosuka Dockyard,"(《横须贺造船厂中的法国关系》), paper presented at the Society for the History of Technology Annual Meeting, Pasadena, CA, October 17, 1997, published in *East Asian Science* 16(1999):53—72。

81 James Reardon-Anderson, *The Study of Change: Chemistry in China*, pp. 76—78. 又参见 Nathan Sivin(席文), "Max Weber, Joseph Needham, Benjamin Nelson: The Question of Chinese Science"(《马克斯·韦伯、李约瑟、本杰明·纳尔逊:中国科学问题》), in E. Victor Walter, ed, *Civilizations East and West: A Memorial Volume for Benjamin Nelson*, Atlantic Highlands. N. J.: Humanities Press, 1985。

82 《救亡决论》,《戊戌变法资料》,北京:神州国光社,1953年,3/60—71。又参见

典教育，据说它浪费了一代又一代的聪明才智。不仅如此，严复和其他改革派发言人将西方的力量与现代学校联系起来，学校里学生们在现代学科中接受科学和技术所需要的实际训练。[83]

对于严复和改革者来说，西方学校和西方化的日本教育是清朝应当效仿的榜样。在一个强调科学教程以及学生群体的同质性或平等化的标准化教室体系中扩大大众教育，似乎是摆脱皇家考试体制泥淖的一种希望，到了1890年代，后者的教育效率是令人怀疑的。毫无批判地将西方学校和日本教育作为成功故事来描述被广泛地接受了。[84]1898年戊戌变法运动的参加者主张，政治改革要求教育进行根本的变革，而教育的变革只有在改革科举考试后才有可能。

1898年改革对传统观念进行攻击的成果中，有一个经受住了慈禧太后的政变，那就是京师大学堂，它被设立为在同文馆基础上扩展的全国范围内的学校网络的顶峰。这所新式大学设计得像翻译学院，以培训有功名者（即儒士）学习适合于政府管理的西方学科。曾与李善兰合作过的丁韪良被选定担任西学系的主任。有意思的是，帝国大学的科学课程仍然称为"格致学"，设施包括由最新的物理学、几何学和化学仪器所装备的现代实验室。然而，好景不长，1900年夏季与"义和拳叛乱"相关的叛乱者粉碎了大学中所能见到的一切。[85]

Benjamin Schwartz（史华兹），*In Search of Wealth and Power: Yen Fu and the West*（《寻求富强：严复和西方》），N. Y.: Harper Torchbooks, 1969, pp. 22—41。

83 Marianne Bastid（马利安纳·巴斯蒂），*Educational Reform in Early 20th-Century China*（《二十世纪初中国的教育改革》），translated by Paul J. Bailey, Ann Arbor: University of Michigan China Center, 1988, pp. 12—13; Y. C Wang（汪一驹），*Chinese Intellectuals and the West, 1872—1949*（《中国知识分子与西方，1872—1949年》），Chapel Hill: University of North Carolina Press, 1966, pp. 52—59。

84 Paula Harrell（保拉·哈赖尔），*Sowing the Seeds of Change: Chinese Students, Japanese Teachers, 1895—1905*（《播撒变化的种子：中国学生、日本老师，1895—1905年》），Stanford: Stanford University Press, 1992, pp. 11—60。

85 参见 Renville Lund（任威勒·隆德），"The Imperial University of Peking"（《京师大学堂》），University of Washington Ph. D. dissertation, 1956, pp. 118—122; Reardon-Anderson, *The Study of Change: Chemistry in China*, p. 109。

经学研究合法性的(一度是完全的)丧失,最终产生了出乎朝廷和儒士意料的结果。[86]1900 年西方和日本军队占领了首都之后,设立重视现代科学的新式高等教育机构的竞赛加快了。义和拳叛乱及其西方力量和日本的反应打破了首都权力结构的平衡,以至于外国人有能力对各省和民族的领袖施加压力。外国人对改革和西方教育的支持,加强了反对义和拳的省级改革者诸如袁世凯(1859—1916 年)和张之洞(1837—1909 年)的政治地位。[87]

在中国,传统自然之学退位和现代科学兴起的故事,远比仅仅是经学研究退位和现代教育兴起(使经学臣服于科学)更加复杂。经学儒士的价值(自然研究的价值植根于其中)、皇朝的权力以及精英绅士的地位之间的社会、政治和文化联系被拆散了。[88]清朝到处都充满了对经学的贬黜以及相伴随的对格致学与现代科学的性质和范围的反思。通过第一次对经典的非经典化,十九世纪末儒士希望能使他们摆脱"考试生活"中对道德和经典的要求;但是他们也开始使自己远离有关自然研究、医学和技术的传统观点和

86 参见《大清德宗实录》,台北:华文书店重印本,1964 年,476. 4378—79(vol. 79)。又参见 Paul Bailey(保罗·贝里),*Reform the People:Changing Attitudes Towards Popular Education in Early Twentieth Century China*(《改造国民:二十世纪初中国对大众教育态度的改变》),Edinburgh:Edinburgh University Press,1990,pp. 26—27。他强调,义和拳叛乱是朝廷对改革态度改变的转折点。

87 参见 Stephen R. MacKinnon(斯帝文·R. 麦克金农),*Power and Politics in Late Imperial China:Yuan Shi-kai in Beijing and Tianjin,1901—1908*(《中华帝国晚期的权力和政治:袁世凯在北京和天津,1901—1908 年》),Berkeley:University of Calif. Press,1980,pp. 3—4,216—217,关于对湖南和湖北城市精英的影响,参见 Joseph W. Esherick(周锡瑞),*Reform and Revolution in China:The 1911 Revolution in Hunan and Hubei*(《中国的改革和革命:湖南和湖北的辛亥革命》),Berkeley:University of California Press,1976,pp. 40—52。关于浙江省,参见 Mary B. Rankin(玛莉·B. 兰金),*Elite Activism and Political Transformation in China:Zhejiang Province,1865—1911*(《精英激进主义和政治变迁在中国:浙江省,1865—1911 年》),Stanford:Stanford University Press,1986,pp. 172—188。

88 关于"文化联系"的概念,参见 Prasenjit Duara(杜赞奇),*Culture,Power,and the State:Rural North China,1900—1942*(《文化、权力和国家:华北农村,1900—1942 年》),pp. 5—6,38—41,247—248。

方法。[89]

但是,1900 年以后对经学研究的贬黜,一开始并未挑战到格致作为源自《四书》的、将现代科学翻译为古典中文的术语。例如,改革后的科举考试的第一场,要求考生回答五个涉及中国制度和政治的问题。第二场包括五个有关西方制度和政治的策问。最后一场要回答三个问题,两个引自《四书》,一个引自《五经》。理论上,三场考试在最终评定等级上应该是平等的;但实际上究竟如何尚不清楚。主考官是否会真正贬黜经学研究并将当代问题置于优先的位置呢?科学在此改革中扮演什么角色呢?

1901 年改革(1905 年废止)后晚清乡试的形式

场次	专题数量
一,1,中国政治史事论	5 篇文章
二,1,各国政治艺学策	5 篇文章
三,1,四书义	2 篇文章
2,五经义	1 篇文章

备注:1787 年对所有考生专门研究五经之一(专经)的要求取消了。此外,1900 年以后文章不必再遵循“八股”风格。

1902 年在河南省首府开封举行了自义和拳叛乱之后的改革颁行以来的第一次科举考试。由于顺天府的乡试考场(贡院)——北京的会试也在这里举行——被派去解除义和拳对使馆区包围的外国军队所焚毁,所以会试无法在北京举行。由于保守的主考官对经学的顽固坚持,1902 年的改革在

89 参见 Chuzo Ichiko,“The Role of the Gentry: An Hypothesis”(《绅士的作用:一个假设》),载于 Mary Wright(芮玛丽)编 *China In Revolution: The First Phase. 1900—1913*(《革命中的中国:第一阶段,1900—1913 年》),New Haven: Yale University Press, 1968, p. 299, Ernest P. Young(恩斯特·P. 杨),*The Presidency of Yuan Shih-k'ai: Liberalism and Dictatorship in Early Republican China*(《袁世凯的总统职位:民国初年的自由主义和独裁制》); Ann Arbor: University of Michigan Press, 1977, pp. 7—8; Helen R. Chauncey(海伦·R. 乔安赛),*Schoolhouse Politicians; Locality and State During the Chinese Republic*(《校舍政治家:中华民国的地方与国家》),Honolulu: University of Hawaii, 1992, pp. 10—11。

短期内失败了。即使如此,考试的整个范围决定性地变得更加关注制度并国际化了。1903 年编辑的改革后在考试中采用的策问目录,确认采用了 32 个类目:

1,治道	9,议院	17,算学	25,农政(上)
2,学术	10,政体	18,格致(上)	26,农政(下)
3,内政	11,公治	19,格致(下)	27,工政
4,外交	12,刑律	20,财政	28,商政
5,时事	13,教务	21,币制	29,路矿
6,科举	14,天学	22,军政(上)	30,舆地
7,学校	15,地学	23,军政(下)	31,史学
8. 官制	16,历学	24,防务	32,外史

虽然主考官对"中学"的偏见会渗透到这些领域的许多方面,西文科学对科举考试科目的影响还是相当明显的。例如八道自然研究(仍然称作"格致学")中的五道题表述如下:[90]

1,欧洲格致多源出中国,宜精研绝学以为富强基策。

2,格致之学中西异同,以中学驳西学策。

3,问西法悉本中国,能详彻其说否。

5,问西人格致之学多本于中国诸子之说,试详证之。

6,墨子经上及说上已启西人所言历学、光学、重学之理。其条举疏证以闻。[91]

这种观点说明了,在官方的术语中,中国传统的科学与西方科学间自十八世纪起生效的联姻,仍然有效。至少在公开场合中,清末朝廷官员坚持"西人格致之学多本于中国诸子之说"的虚构。[92]

但是,1905 年之后,当科举考试被废除时,越来越多的就读于日本、欧

90 参见《中外时务策问类编大成》,1903 年版,"目录",pp. 1a—28b。

91 同上书,pp. 13a—13b。

92 同上书,p. 13a。

洲和美国的中国留学生感觉到,在中国之外适合科学的语言包括了一套崭新的概念和术语,它取代了与格致相联系的自然研究的传统儒学观点。例如,日本学者在明治初期于1860年代,已经通过把德语的Wissenschaft称作“科学”(字面意思是“基于技术训练的分类学问”)[93],在新式科学与称为“穷理”(字面意思是“彻底探究事物的原理”)的自然研究之间划清界限。“穷理”一词从宋代开始长期以来与中国的道学联系在一起,十八世纪末在日本“穷理”一词在兰学传统的基础上被重新解释,当时对西方科学感兴趣的日本学者仍然使用源自汉学的术语来吸收欧洲自然研究和医学。[94]

中国留学生和学者首先采纳了日本人关于技术学问和自然研究之间的二分法。例如,严复在1900到1902年翻译约翰·斯图亚特·密尔的《逻辑体系》时,将“sciences”或者“science”翻译为“科学”,而将“natural philosophy”译为“格物”,或者“对事物的探究”。类似地,当1903年颁布现代学校条例时,“格致”一词被用来在总体上指称各种科学的集合,而单独的技术学科则被命名为“科学”。这种科学术语的双轨制一直持续到清朝灭亡,并延续到民国初年,此时从海外归国的留学生越来越认为有必要为西方科学发展单一的术语,从而超越早先将中国传统自然研究引入现代科学的做法。[95]

许多海外学生在政治和文化观点上同样激进,这蔓延到其科学上的反传统立场。传统的自然研究变成了传统中国向“现代”演变的“失败”史的组

---

93 Lydia Liu, *Translingual Practice*, pp. 33, 336,提出“科学”是日本人从中国经典借来用以翻译“science”的二手汉语。其来源是宋代文人陈亮(1134—1194年),陈亮使用“科学”作为“科举之学”的简称。十二世纪这一用法在宋代是唯一的,而且我在我使用过的明清考试档案中也没有看过任何类似的情况。在1860年代,正如Juliette Yueh-tsen Chung(钟月岑)最近完成的“Struggle for National Survival: A Comparative Study of Eugenics, 1890s—1945”(《救亡斗争:优生学的比较研究,1890—1945年》, University of Chicago, dissertation in History, 1999)所指出的那样,日本人从宋代用法中借来了术语“科学”。

94 Albert Craig(阿尔伯特·克雷格),“Science and Confucianism in Tokugawa Japan”(《科学和儒家在德川时代的日本》),载于Marius Jansen(玛瑞斯·詹森)编 *Changing Japanese Attitudes Toward Modernization*(《改变日本人对现代化的态度》), Princeton: Princeton University Press, 1965, pp. 139—142。

95 Reardon-Anderson, *The Study of Change: Chemistry in China*, pp. 82—87.

成部分，这种观点现在包括了中国从来没有任何科学的论断。西学中源说在1900年之前如此显赫，现在则被认为是“迷信”。以前所出现的是巫术和超自然的内容，而非科学。当中国的“现代主义者”和“社会主义者”都接受西方是一切科学的源泉时，前现代中国对自然和超自然的划界消失了。

许多激进者感觉需要一场类似于政治革命的科学革命，这影响了1911年之后所发生的变化。那些认为需要一场基于西方学问的知识革命的中国人，不仅对他们称为“孔教”的思想提出了挑战，而且也拆散了中国传统的科学、医学和经学研究紧密交织的形式，这长期以来被视为皇权正统性的意识形态的基础组成部分。[96]那些在如康乃尔大学等西方大学中接受海外教育的人，或者1914年以后受到洛克菲勒基金资助在美国学习医学的人，和在本地高质量的教会学校中接受培训的人一样，把modern science看成是“科学”，而非“格致学”；因为他们相信后一个术语源于不可靠的过去，并且不适合于现代科学。在与新文化运动有关的刊物上，越来越多地表述了这样的信念，即西方科学是对有关所有现代问题的科学方法和客观知识的革命性的应用。《科学》杂志，由刚创立不久的“中国科学社”出版并于1915年首次发行，宣称以科学为基础的教育体系是根治中国一切病症的灵丹妙药，因为其知识体系是优越的。到了1920年，由康乃尔大学中国留学生于1914年创立的科学社，在中国已有500名左右的会员，1930年增长到1000名。[97]

这种“科学主义”对部分在海外接受训练的（许多来自康乃尔大学）中国科学家的影响是，把中国传统的自然研究当作应当反对的偶像崇拜，它还影响了帝制推翻后的文人，如陈独秀（1879—1942年）在他于1915年协助创

---

96 Elman，“The Formation of‘Dao Learning’as Imperial Ideolozgy During the Early Ming Dynasty”（《明初作为帝国意识形态的道学形成》），载于T. Huters（胡志德）、R. Bin Wong（王国斌）等编辑的 *Culture and the State in Chinese History*（《中国历史上的文化和国家》），Stanford University Press，1997，pp. 58—82。

97 参见Peter Buck（彼德·巴克），*American Science & Modern China*（《美国科学与现代中国》），Cambridge：Cambridge University Press，1980，pp. 171—185；D. W. Y. Kwok（郭颖颐），*Scientism in Chinese Thought*，*1900—1950*（《中国思想中的科学主义，1900—1950》）. N. Y.：Biblo and Tannen，1971，passim。

办的杂志《新青年》上提出，科学和民主是现代中国的两大支柱，现代中国必须罢黜帝制的过去。在此过程中，后帝制时代的学者和小说家如巴金（例如在小说《家》中）开始把前现代的自然研究和医学当作迷信和落后的避风港来攻击。在民国初年，精英分子对民俗的观点同样也用现代主义的术语重新建构。这一潮流以徐珂的《清稗类钞》为顶点。例如，在徐珂的辑录中，民间传说被划分和重新分类为“方伎”（巫术和萨满）与“迷信”的类目。徐珂想要使他关于传说的辑录——出版于1917年——作为宋代《太平广记》与明代《宋稗类钞》的续编，但是新的文化语境决定了，只有在其被归为迷信时，这种民间传说才能在现代主义的文人中公开接受。[98]

中国传统医学，它在从清末向民国转变时期是中国科学最强有力的领域，也遭受了这种嘲笑。虽然它与中国传统的占星术、堪舆术和炼丹术——这些都被现代学者当作纯粹迷信的知识形式打发掉了——相比更成功地重新获得了其威望。[99]例如，当1929年2月国民党支持的卫生委员会提出要取缔中医时，中国传统医生们迅速作出反应，在上海于1929年3月17日召开一个全国会议，会议得到了全国范围内药房和诊所当天罢工的支持。抗议在迫使撤消取缔提议方面取得了成功，随后成立了国医馆。但是，它的目标之一就是按照西方人的路线改革传统中医。[100]

布利第·安德鲁记录了西方医学在民国初年惊人的历险过程。她注意到，西方医学的实践在中国被单个的中国医生以各种不同的方式所吸收。

---

98 《清稗类钞》，74.11，及全书各处。又参见 Zwia Lipkin（兹威亚·里普金），“Soothsayers, Clients and the State in Republican Canton”（《民国广州的占卜者、顾客和国家》），presented at the Craduate Student Conference on Modern Chinese History, University of California, San Diego, spring 1996，尽管存在着现代化倾向，中华帝国晚期的预言实践依旧存活下来。

99 Eugenia Lean（林郁沁），“The Modern Elixer: Medicine as a Consumer Item in the Early Twentieth-Century Press”（《现代金丹：药品在20世纪早期新闻出版中作为一种消费品》），M. A. degree paper, November 1996。

100 参见 Bridie Andrews（布利第·安德鲁），“Tuberculosis and the Assimilation of Germ Theory in China, 1895—1937”（《肺结核和细菌理论在中国的接受，1895—1937年》），*Journal of the History of Medicine and Allied Sciences* 52, 1(1997): 142—143。

有些人捍卫传统中医，但他们试图用西方的发现改进它。另一些人尝试将中国的实践和西方的知识等同起来，并平等看待其作为医学的地位。例如，张锡纯(1860—1933年)将西药中国化，此乃基于中国传统医学丰富的药典传统。另一个与中国医学会有关的有影响的群体，强调西医，批评中国传统医学理论是错误的，因为它们不是基于科学的。[101]

安德鲁还记录了，在这种文化冲突中，针灸这样的技巧是如何被像承澹盦(1899—1957年)这样的中国从业者现代化的。他对针灸的研究，使得其能够遵循日本的改革，使用西方解剖学来重新确定穴位的位置。承澹盦对针灸的重新定义，使得针灸从在他看来已经垂死的境地复活了。因为针灸在中国(当时)很少实践，即使使用，也主要是作为一种"原始的"放血程序。针灸的这一改革，包括将传统粗劣的针换成今天使用的丝状的金属针，确保了扎针的部位不再靠近大血管周围。相反，承澹盦将穴位与西方绘制的神经系统图结合起来。按照安德鲁的观点，由中国研究协会所支持的一种"科学的针灸"就这样产生了。[102]

那么，在从清末到中华民国转变的过程中，一种新的政治、制度和文化形式涌现了，它挑战帝国末期的教义体系，并且折射了后一种知识(如传统中医)的文化形式。正如皇帝、其官僚体制以及各种儒家文化形式迅速成为

---

101 Andrews. "Tuberculosis and the Assimilation of Germ Theory in China, 1895—1937," pp. 114—157, 和她的"Medical Lives and the Odyssey of Western Medicine in Early Twentieth-Century China"(《二十世纪初期中国的医生生活和西方医学的历险》), paper presented at the History of Science Society Annual Meeting, San Diego, CA, November 8, 1997。

102 Andrews, "Medical Lives and the Odyssey of Western Medicine in Early Twentieth-Century China," pp. 24—28. 关于其他领域，参见 Laurence Schneider(劳伦斯·施耐德), "Genetics in Republian China"(《遗传学在中华民国》), in J. Hess, N. Sivin, eds., *Science and Medicine in Twentieth-Century China: Research and Education*, pp. 3—29; Yang Tsui-hua(杨翠华), "The Development of Geology in Republican China, 1912—1937"(《中华民国地理学的发展,1912—1937年》), in Lin Cheng-hung 和 Fu Daiwie(傅大为)编辑的 *Philosophy & Conceptual History of Science in Taiwan*, Dordrecht: Kluwer Academic Publishers, 1993, pp. 221—244。

政治和思想落后的象征一样，关于自然世界的传统知识形式，也同样被不加批判地贴上了“迷信”的标签，而“现代科学”在其欧美形式中被新知识分子拥护为通往客观知识、启蒙和民族力量的道路。即使那些试图通过按照西方严格标准使中国传统医学现代化以保留它的人，也在对过去的医学实践的诽谤中扮演了一个角色。[103]

七、最后的评论

格致学和博物学的传统，和许多其他概念一道，从1370年到1905年之间使自然研究、自然史、医学与经学研究联系起来。对这种传统的解构，在新文化运动的文化和思想变迁中达到了顶点。[104]当1915年以后针对经学研究及其自然研究传统的反偶像崇拜达至顶点时，新文化运动的拥护者们希望以现代科学和医学取代格致学的皇权传统。格致学的衰落终结了精英们对儒学价值的千年信仰，终结了包含中国传统自然研究和本土技术在内的全国范围的五百年经学正统。摧毁那种文化与教义体系以及它所支持的人类经验的核心框架，其遗风不容低估。从1905年到1915年衰落的是以经学研究为基础的教育制度。从社会角度上看，经学的信任状不再能证实绅士的地位和技术才能了，所以绅士的儿子转向通往官场之外的学术和职业道路，尤其是科学、现代医学和工程。文人越来越多地去往上海、福州及其他通商口岸，在造船厂和船坞寻找他们的运气。作为新型的以绅士为基础的后帝制中国知识分子阶层的成员，他们将会是现代中国知识分子的种子。

从文化的角度看，在儒学研究和自然研究之间长期存在的亲和性到1905年到1915年之间被切断了。换言之，文化精英所把持的官方的、经典知识的语言霸权在社会和政治上不再那么有效了。当精英们转向西方研究

103　Peter Buck, *American Science & Modern China*, pp. 91—121.

104　参见 Min-chih Maynard Chou（周明之），“Science and Value in May Fourth China: The Case of Hu Shih”（《中国五四的科学与价值：胡适的案例》），University of Michigan Ph. D. dissertation in History, 1974, pp. 23—35。

和现代科学时，只有少数人仍然延续经学研究(汉学)、程朱的道德哲学(宋学)或者格致学的传统，这些在1900年之前一直是皇权正统性和文人地位的基础。此后，“传统的中国科学”、经典研究、“儒家”和“新儒家”在1905年之后教育部设立的公共学校中作为退化的学问存活下来，并从1911年开始作为以本土语言教授的备受争议的学术领域继续存在于大学之中。持续千年之久的文人学问的科层制，是以《四书》《五经》、朝代历史研究、对诗歌的掌握以及传统自然研究为基础的，它现在受到了破坏，从而支持了现代科学及其由达尔文主义对社会和历史研究所造成的影响。[105]

1911年后随之发生的是，在西方和中国学者中产生了惊人的思想共识，即认为中华帝国在西方影响之前未能发展出科学。连参加1923年“科学与人生观”论战的反对者，都接受西方是一切科学知识的储藏室，只是试图用道德和哲学目的来补充这种知识。[106]我们往往遗忘了李约瑟二十世纪著名的“丛书”《中国的科学与文明》在1950年代和1960年代最初所激发的怀疑论的程度。

这种共识是从西方科学兴起的英雄故事中提取的，这个故事是要说明中华帝国没有名副其实的科学。西方学者和西方化的中国学者与科学家把本质上如此欧洲化的自然研究当成一种普遍主义的理想，当讨论中国对于自然世界的研究，即中国中世纪有关炼丹术，或者耶稣会士到来之前的数学和天文学成就的丰富传统时，通常轻蔑地对待这些研究，并贴上“迷信的”、“前科学的”，或者“非理性的”标签，来与现代科学胜利的客观性和合理性相

105 参见 James R. Pusey(詹姆斯·R. 普赛)，*China and Charles Darwin*(《中国和查利·达尔文》)，Cambridge：Harvard University Press，1983，passim。

106 参见 Wang Hui(汪晖)，“From Debates on Culture to Debates on Knowledge：Zhang Junmai and Differentiations of Culture Modernity in 1920's China”(《从文化的争论到知识的争论：张君劢和1920年代中国文化现代性的分化》)，paper presented at the Workshop “Reinventions of Confucianism in the 20th Century”，sponsored by the UCLA Center for Chinese Studies under the auspices of the University California Pacific Rim Research Program，Los Angeles，January 31，1998。又参见 Charlotte Furth(夏洛特·富特)，*Ting Wen-chiang：Science & China's New Culture*(《丁文江：科学和中国的新文化》)，Cambridge：Harvard University Press，1970。

对照。许多学者确信,因为中国没有工业革命,也从来没有产生过资本主义,因此中国从来没有产生过科学。

由于1954年之后《中国的科学与文明》一本接一本不屈不挠地出版,有关自然研究的丰富传统的证据不断增长,将其完全否定为迷信或非理性或仅仅是一种朴素归纳法的运气变得越来越困难,虽然有人仍然尝试这么做。李约瑟无意中重新发现和重新修订的是,1900年以前认为"普世科学"是在中国"本土起源"的观点在经学研究者中非常突出。事实上,《中国的科学与文明》可以作为其晚期帝国的先驱者——《格致丛书》和《格致镜原》——的现代英文版(包括中文译本)来解读。[107]

除了改革版的传统中医生存下来,而且作为一种"整体"版的医学现在兴旺发达之外,中华帝国格致学的传统领域都被现代科学的影响所摧毁。在行将结束之际,让我强调一下在十九、二十世纪之交对传统中国自然研究非神秘化的更加正面的教训。有关自然研究的最多数量的前现代记录档案最有可能仍在中国。与其追问格致学或其他术语是否是"science"的中文对应物,我们莫如追问中国人用此术语意指什么,并且描绘其自己的范畴分类。通过更好地理解前现代中国人对自然、技术和医学以及作为这些基础的神秘主义的兴趣,我们能够更好地理解我们自己,更好地理解作为我们目前版本的现代科学之基础的神秘主义。

(蒋劲松 译/庞冠群 校)

(原载《中国学术》第二辑)

107　除了 Needham 的 *Science and Civilization in China* 丛书之外,又参见 Nathan Sivin, *Science in Ancient China: Researches and Reflections*(《古代中国的科学:研究和反思》, Brookfield, VT: Variorum, 1995)中收录的论文;Sivin, *Medicine, Philosophy, and Religion in Ancient China: Researches and Reflections*(《古代中国的医学、哲学和宗教:研究与反思》), Brookfield, VT: Variorum, 1995; Nathan Sivin, *Traditional Medicine and Contemporary China*(《现代中国的传统医学》), Ann Arbor: Center for Chinese Studies, University Of Michigan, 1987。

重新认识民国时期农业经济

——对中国学者近年著述的评论

陈意新(美国北卡罗来纳大学威尔明顿校区)[1]

长期以来,传统理论一直主导着中国学者对民国时期农业经济的研究。这一理论认为,在民国期间,封建的地主土地制度阻碍了农业的发展。在这种土地制度下,人数较少的地主占有较多的土地,支配着租佃关系,沉重地剥削着佃农。在获取了剩余价值后,地主们不是将其投资于农业的再生产,而是用于生活的享受与奢侈。另一方面,由于只占有小片土地或根本无地,小自耕农和佃农生活困难,无法积累起为改进生产所必需的资金。代表着地主阶级的国民党政权不但未去解决土地问题,反而增加田赋并强征硬索,加剧了贫苦农民生存的危机。[2]

西方学界的看法是,上述理论未能解释民国期间农业经济的增长。他们普遍认为,至少在 1937 年以前,中国农业经济是增长的,是由近代中国经济的商业化和国际化、集约使用劳力以及在部分地区采用良种、新肥料和机器所导致的。但也正如 1991 年马若孟与黄宗智的辩论所显示,在两个关键问题上,西方学者难达一致。第一,这一增长是真正的发展还是"内卷化"的发展?即农业生产的增长速度是超过了人口增长的速度,还是落后于它,靠高密度劳动力和递减的人均生产率所取得的?第二,谁是受益者?即这一增长是使农户普遍增加收入,还是仅使少数人受益并陷大多数人于更贫困、从而导致了乡村的社会分化?[3] 由于民国时期的农业经济资料不完整、不系

---

1 作者感谢中国农业展览馆的曹幸穗先生在资料方面所给予的帮助。

2 胡绳主编:《中国共产党的七十年》,北京:中央党史出版社,1991 年,第 88、94、214、232—234 页。

3 Ramon Myers, *How did the modern Chinese economy develop? Journal of Asian*

统、并且通常不准确,西方学者在数量估算上各行其是,离解决他们的辩论还很遥远。

近年来,中国学者在民国农业经济方面出版了一些优秀的研究著作,超越了传统理论的范围,并补充了西方的学术研究。本文将要重点讨论的四本书即属此列,它们分别是:由中国社科院近代史所的从翰香主编并与其四位同事分篇撰写,研究十九世纪末至1930年代华北农村社会结构、市镇、农业自然资源和粮食生产、手工业经济、田赋与徭役的《近代冀鲁豫乡村》(北京:中国社会科学出版社,1995年,540页);中国农业展览馆曹幸穗所著、探讨十九世纪末以来商业化对苏南农民经济影响的《旧中国苏南农家经济研究》(北京:中央编译出版社,1996年,241页);由曹幸穗于中国农科院农业遗产研究所任职时与其三位同事王利华、张家炎、瞿为民所编著,叙述民国时期农业概况及国民党农业政策的《民国时期的农业》(南京:江苏文史资料编辑部出版,1993年,302页);由农业遗产研究所郭文韬和曹隆恭主编,合该所十位学者之力,叙述十九世纪末至1949年近代农业科技在中国的引进与发展的《中国近代农业科技史》(北京:中国农业科技出版社,1989年,644页)。

这四本书的作者没有受限于土地问题,而将他们的研究伸展入农村市场、乡村工业、农业科技、国家政策等,证明了这些领域对认识民国期间的农业经济也很重要。同时他们还展示,至1937年之前中国的农业经济比传统理论估计的要好。由于使用了大量的清代与民国档案、县志、满铁调查报告、民国期间杂志,这些书充满了资料,对西方学者很有参考价值。作者们所研究的课题还填补了西方学界的一些空白,比如农村市镇与国家农业政策。他们的观点对西方学者也很有借鉴意义。

本文无意为这四本书逐一撰写书评,而是以它们为中心,在中国和西方已有的学术研究基础上,来评论中国学者为认识民国农业经济提出了哪些

Studies 50(3), August 1991, pp. 604—628; Philip Huang, *A Reply to Ramon Myers*, *Journal of Asian Studies* 50(3), August 1991, pp. 629—633。

有根本意义的新见解。基于此,本文认为这四本书的作者在研究农村市镇、地权与租佃关系、国家农业政策这三方面取得了很大成就。笔者也注意到了近年出版的其他一些著述,但无意对它们深入讨论,因其未曾根本性地加深我们对民国及整个中国近代农业经济的理解。比如,魏宏运主编的《二十世纪三四十年代冀东农村社会调查与研究》将八九十年代的实地调查与三四十年代的调查做了有意义的对比,资料翔实。但诚如魏所指出:该书“所提供的基本上还属于素材”。[4]

华北农村工商市镇。在西方国家,学者们主要通过研究农户对市场的积极态度,即通过农户们日渐增多的市场交易活动、日益商品化的农业生产、日趋扩大的家庭手工业和副业,来论证和理解近代中国农业经济“增速的”(accelerated)商业化。[5]尽管学者们也多以华北和江南为例,研究了农村市场制度中的结构、价格和交易量的变化,以及中国农村市场与国际市场的关系,但谁也没说清过他们所研究的区域在商业化过程中有多少个农村市场存在,何时且为何这些市场发展了起来。[6]而在中国,学者们受到“明清资本主义萌芽”这一命题的启发,自五十年代起就以很大的兴趣研究农村市场并加入关于“萌芽”的辩论。然而直至近几年,学者们的研究基本上集中在十九世纪以前的江南与华南。[7]故简言之,西方和中国的学者以前都没有对华

4 魏宏运主编:《二十世纪三四十年代冀东农村社会调查与研究》,天津:天津人民出版社,1996年,第6页。

5 Philip Huang, *The Peasant Economy and Social Change in North China*, Stanford: Stanford University Press, 1985, pp. 121—137。

6 西方关于近代中国农业经济商业化的主要著作,举例来说有:Ramon Myers, *The Chinese Peasant Economy: Agricultural Development in Hopei and Shantung, 1890—1940*, Cambridge: Harvard University Press, 1970; Plilip Huang, *The Peasant Economy*; Philip Huang, *The Peasant Family and Rural Development in the Yangzi Delta, 1350—1988*, Stanford: Stanford Univesity Press, 1990; Loren Brandt. *Commercialization and Agricultural Development: Central and Eastern China, 1870—1937*, Cambridge: Cambridge University Press, 1988。

7 中国学者包括台湾学者在内关于资本主义萌芽及研究农村市场的力作,举例来

北近代的农村市场做过细致的研究。

在《近代冀鲁豫乡村》中,从翰香论述三省农村市镇的97页的长篇论文,填补了中西学者留下的空白。更重要的是,从证明了在近代华北农村经历的迅速商业化,可能比西方学者已知的还要迅速得多。西方学者常以农业产量的年增长率(0.6%—2.1%)[8],和经常上下波动的农产品出口率,来衡量商业化的进程,而从则通过计算新兴市镇及对中心市镇作具体研究,展示了农村市场的显著成长,和远超过农业生产增长率的商业化发展。

从翰香的研究显示,在十九世纪初冀鲁豫三省共有359镇,其中36镇是商业性市镇,其他则是在历史上所形成的行政与军事中心。始于十九世纪末,农村市场迅速发展了起来。至1930年代中期,三省已有工商市镇2248个。按从的说法,工商市镇的定义是有商号与市街。基于51县的资料,从指出小规模工商市镇占总数的46.4%,通常有20家以下的商号;中等的占35.0%,有20—49家商号;大规模的占18.6%,有50—200家商号。在三省规模最大或地理位置最重要的50个中心市镇中,10个有200—2000家商号(考虑到镇居民规模,另外11个有15000—50000居民的,也应有几百家商号)。所有市镇都有定期集市,逐日、隔日,或每旬两集不等,而它们的商号则是日常营业。许多的市镇功能相当专业化,分别成为棉花、油料、谷物、烟草的交易中心,或酿酒、棉丝织物、陶瓷等农村手工业生产中心,或中转贸易的中心。从认为,如此多的市镇、商号和定期集市在40年之内勃兴起来,标志着农村经济的兴盛和商业化的长足发展。[9]从翰香没有提到镇以下的乡村集市,但慈鸿飞最近的论文指出,华北的这类集市也发展得非常迅速。如慈所示,在十九世纪末河北和山东共有3935个镇集(包括县城、镇和

说有:吴承明、许涤新编:《中国资本主义萌芽》,北京:人民出版社,1985年;刘石吉:《明清时代江南市镇研究》,北京:中国社会科学出版社,1981年;樊树志:《明清江南市镇探微》,上海:复旦大学出版社,1990年。

8　西方学者对近代中国农业产量的年增长率看法各异,但最低估计是0.6%,最高是2.1%。参见 Ramon Myers; *How did the modern Chinese economy develop*?

9　从翰香:"市镇的勃兴"。见从翰香主编:《近代冀鲁豫乡村》,北京:中国社会科学出版社,1996年,第117—214页。

村集)，但到了二十世纪三十年代，镇集已增长至 10338 个。[10]

限于资料，从翰香未能从统计角度给出一个工商城镇交易量的概况，但通过对 50 个中心市镇的具体研究，从认为许多市镇的贸易成长可能极其迅速。例如山东龙口，在 1914 年开埠设关后，迅速从一个小渔村上升为中心市镇。至 1920 年代中期，已有 8800 镇居人口、500 余商号、年交易量 1560 万元。河北石门，在十九世纪末是个 40 户左右的村落。自 1905 年被辟为平汉铁路的车站后，迅速发展为中心市镇。至 1930 年代早期，石门已有 63000 人和 2000 多家商号。[11]这一点也为南开大学的学者对冀东城镇与集市的调查所证明。[12]此外，从所展示的镇居人口的快速增长和非农业性人口比率的增加，也可以视为市镇的商业贸易成长的标志。

从翰香认为，铁路的修建是三省工商城镇发展的主要原因之一。这一点西方学者已有论及[13]，但不如从说得清楚。在 1896 至 1930 年之间，关内共修了 8800 公里铁路，其中 5000 余公里在冀鲁豫。通过计算市镇密度，从指出大部分新市镇坐落于穿越三省内的七条铁路附近，令人信服地证明了铁路与市镇勃兴的关系。[14]不过，从也需对公路的影响给予一定程度的考虑。在 1915 至 1937 年间，民国历届政府修建了 117296 公里的公路，冀鲁豫各有几千公里。这些公路对市镇的发展可能也起了积极作用。例如，在 1932 年河南有 5745 公里的公路，分为 22 条营运线路，在其上 282 辆商用汽车装载旅客与货物抵达不少于 30 个远离铁路的市镇。[15]

另一个主要原因是农业经济的发展，即农业生产和农村手工业的增

---

10 慈鸿飞：《二十世纪前期华北地区的农村商品市场与资本市场》，《中国社会科学》1998 年第 1 期，第 91—106 页。

11 从翰香：前引文。

12 魏宏运主编：前引文，第 268—364 页。

13 Ramon Myers, *The Chinese Peasant Economy*, pp. 195—196, 248—249。

14 从翰香：前引文。

15 中国公路交通史编委会：《中国公路运输史》，第 1 册，北京：人民交通出版社，1990 年，第 132—139 页；河南交通史志编委会：《河南公路运输史》，第 1 册，1991 年，第 128—143 页。

长。但从翰香的这一论点主要靠《近代冀鲁豫乡村》一书中其两位同事的分篇论文在细节上支持着。基于对谷物生产总产量与亩产量的研究，徐秀丽认为三省的农业生产于十九世纪中期经历了很大衰退之后，在1880—1890年间已经恢复，并在二十世纪前三十年得到了发展。虽然这五十年间谷物产量只上升到清代盛世水平，但农业生产的恢复和发展却是与市镇发展同步的。[16]史建云的论文以棉纺织业为中心来讨论手工业经济，展示出在这五十年间三省的手工业不仅经历了很大发展，并且开始了乡村的早期工业化。例如在晚清，河北全省棉布年输出量为1000万匹，而到了1928年，仅河北农村出产的棉布输出量就达1600匹。史认为这一增长是由于技术的进步和市场化的生产。从1910年代到1930年代中期，铁轮机在很多地方取代了传统的木机，且机纱的使用率远超过土纱；而在棉布生产的主要区域内，包买制度广泛建立了起来，将传统的农民织户转变成为商业化的生产者。[17]徐和史的研究支持了从的基本观点：农业生产的恢复和农村工业的发展为市镇的勃兴提供了坚实的物质基础；大量工商市镇的存在又反过来促进了农村人口的市场化生产活动。

从翰香的研究没有涉及一个重要问题：中国农村市场是否"竞争性"市场，即它能否自由运行，不受制于任何集团、个人、机构和制度。或者说，是否所有农户都能在市场自由竞争、不成为少数人谋利的受害者。尽管这一问题只在西方学者中激烈辩论，显然对中国学者也很有意义。从的研究没有论及商业制度和交易过程，因此未在这一问题上加深我们的理解。也许，华北的工商市镇是竞争性的市场。如慈鸿飞所指出：二十世纪前半期华北农村市场上的商品交换自由畅通，没有任何人去管理参与市场的农民。而农民们也完全是依据市场需求和自身消费需要来自主决策，自己决定具有市场取向的农业和副业生产。[18]

16　徐秀丽：《农业自然资源和粮食生产》，见从翰香主编：《近代冀鲁豫乡村》，第217—331页。

17　史建云：《手工业经济与乡村经济》，见从翰香主编：《近代冀鲁豫乡村》，第333—470页。

18　慈鸿飞：前引文。

苏南地权与租佃制度。西方学者一致认为,在长江三角洲区域,从明代至1930年代的商业化,鼓励了许多地主移居城镇,导致了永佃制的盛行。由于监督田事和收租变得日益不便,城居地主(或称"离乡地主"、"不在地主"、"不在乡地主")遂固定租率,将田产永久佃出去,让佃户决定土地的利用甚至转让租权。学者们所争辩的是:商业化如何影响地权的变化和永佃制如何影响佃农。

黄宗智认为,商业化导致了地权更高度的集中。因为长江三角洲的农作物单产很高,予农业生产以很大盈余,使土地投资很有吸引力,而商业化则让资本的积聚更方便可行。至于永佃制,黄认为它使许多小农半无产阶级化,降低了他们的生活水准。因为这些自耕小农成了佃农,得交租和出卖劳力,而租率的确立则常常有利于地主。[19]白洛伦(Loren Brandt)和白凯(Kathryn Bernhardt)则认为,地权反而更加分散,原因在于商业化在城市创造了许多新机会,而为了摄取这些机会,地主们需要出卖或典押地产以筹集资本。在白凯看来,永佃制使租佃关系非人际化,并导致了国家的介入,这通常有利于佃农。例如,民国期间国家的介入,便阻止了地主提升租率的行为,使得江南农民对共产党激进革命兴趣较小,因为这场革命要摧毁的正是他们在抵制地主敲诈时常常成功地获得帮助的国家政权。[20]

曹幸穗的《旧中国苏南农家经济研究》,是中国学者关于民国期间苏南或长江三角洲中心区域农民经济研究的开端之作。尽管曹很少提到西方的学术研究,但他的观点却很切入西方的学术辩论,也加深了我们对西方学者所争执问题以及民国期间江南农业经济的理解。

曹幸穗认为,从十九世纪末到1930年代苏南的地权同时经历了分散与集中两个过程。按曹的看法,直到十九世纪中期,苏南的土地主要掌握在大

19 Philip Huang, *The Peasant Family*, pp. 42, 74—76, 156—59。

20 Loren Brandt, *Commercialization and Agricultural Development*, pp. 138—48; Kathryn Bernhardt, *Rents, Taxes, and Peasant Resistance: The Lower Yangzi Region, 1840—1950*, Stanford: Stanford University Press, 1992, pp. 9—27。

地主手里。在农业经济为主的时代,商业化使种植经济作物收益丰厚,也使土地占有很吸引人。但曹强调,1890 年以来的商业化不同于以前的农业经济商业化,因为三角洲地带近代大城市如上海的崛起,和近代工业如纺织业的出现,创造了史无前例的、近代化的商机和投资的高回报率。按照曹的计算,在抗战前苏南农村的土地投资年纯利润率只有 8.7%,而工业投资则有 30.2%,商业投资则有 31.4%。为了城市的投资机会和高利润,许多大地主于 1910 至 1930 年代卖出了土地以筹得资金,从而导致了地权的分散。

另一方面,曹指出小农们通常又因婚嫁、丧葬、建房、治病和度荒而典押或出卖土地,且大多在典押后由于无力赎回而失去土地,从而导致了地权的集中。在 1930 年代,苏南三分之二的土地是由佃农耕种的,这是地权集中的明证。土地的买主是中小地主,他们通常拥有少于 50 亩的土地。在大地主离开农村后,他们几乎是唯一买得起土地的人,且多是小块小块地购买。地权的分散与集中这两个过程,都使土地落入中小地主之手。然而曹指出,中小地主的地产还是太小,即便典卖也不足以聚起为城市近代工商业机会所需要的资本。[21]

曹幸穗的研究结论与白洛伦和白凯的比较一致。西方学者没有研究过不同投资的利润率,而曹通过对三类投资利润率的计算,比西方学者更令人信服地解释了苏南地权分散的原因。吴柏均最近对近代无锡的区域经济研究所提到的地产分布状况,也证实了苏南地权的分散。1929 年无锡的地主平均占有土地 18.20 亩,而到了 1940 年代其占有面积则降为 13.42 亩。[22]虽然曹也同时指出了地权另有一个集中过程,却与黄宗智的论点鲜有相似。黄认为商业化和土地投资的高盈余导致了地权的集中,而曹的研究却显示小农需现金救急才是土地向中小地主集中的原因,与近代商业化没有必然联系。近代商业化使土地投资的利润回报率相对降低,从而促成了地

---

21 曹幸穗:《旧中国苏南农家经济研究》,北京:中央编译出版社,1996 年,第 20—52,224—226 页。

22 吴柏均:《中国经济发展的区域研究》,上海:远东出版社,1995 年,第 147—151 页。

权的分散而不是集中。[23]

实际上，曹幸穗认为，由于永佃制的盛行，地权变动的重要性已经降低。晚清以来，官方的收租机构取代了私人催租者并经管租佃契约，使得地主与佃户间已无见面和认识的必要。地权在实际上和律法上被分成了两部分，每部分各有权利与价值。地主有“田底”权或产权，从官方收租机构取得地租；佃农则有“田面”权或使用权，有权决定土地的利用，可转卖使用权或将田面转租出去做“二地主”。只要两种权利保持分离和租率保持固定，地权变动对佃农便无意义，同样，佃农的变动对地主也没什么意义。[24]

在曹幸穗看来，具有重要意义的事情是永佃制如何影响佃农和农业生产，因为苏南土地大部分是由永佃农耕种的。在1930年代，永佃占苏南全部租佃契约的75.8%，无限期租佃占14.9%。也即90.7%的苏南租佃契约是属于永佃制或永佃形式，或曰超过60%的苏南耕地为永佃农所耕种（比西方学者的估计至少高20个百分点[25]）。曹与白凯的观点一致，认为永佃制的盛行和国家的介入对佃农方面有利。曹的研究发现，民国期间官府不仅维持了固定租率，还常在灾荒或歉收年景时与地主协商，成功地让他们减租或

23　需要说明的是曹幸穗在他的书中也提到近代商业化与土地集中有关，但却没有举出相应的证据。曹通过对马克思主义经济学说的阐述，认为近代商业化在农民身上榨取了工业利润、商业利润、贷款利润等，使他们贫困化而失去土地。曹是以马克思《资本论》的利润学说来推论农民的贫困化。但在书中曹只研究了商业化对农民“收入结构”的影响，即农户副业收入比重的增加和对市场依赖性的增大，而不是对他们“收入量”的影响，因此未能说明他们的贫困化。吴柏均的研究指出：在1920年代末，无锡佃农的纯收入有2.3%—3.3%的结余，半自耕农有9.9%—13%的结余，自耕农有17.6%—22.8%的结余（吴柏均：前引书，第4、216页）。尽管吴没有将这一收入水平放在一个长时段中来考察，即没有说明农民的收入与从前相比是增加还是减少，但就可以有结余这一点来看，近代的商业化还没有把小农推到非得卖地不可的地步。曹在阐述地权集中和小农失去土地时，所给出的例据都与小农需要现金救急有关，而不是与商业化有关。

24　曹幸穗：前引书，第67—82页。

25　黄宗智根据华东军政委员会1952年的调查，认为在长江三角洲的县区租佃的土地占全部耕地的42%；白洛伦根据国民党全国土地委员会1937年发布的调查报告，认为在江苏永佃的土地占全部租佃地的41%。参见 Philip Huang, *The Peasant Family*, p. 42; Loren Brandt, *Commercialization and Agricultural Development*, p. 141。

免租。由于地租通常由官方的"赋租兼收局"催收,佃农不必受制于与地主的人际关系,无须向地主请客送礼和提供额外的应酬与劳务。

但曹比白凯更进一步,指出永佃制使佃农具有生产的积极性。由于有对土地使用权的完全控制,佃农有业主意识,愿意在土地上投入更多的劳动、管理好土地的利用与农作物、制订生产的长远规划。这一积极性也解释了为什么在1930年代佃农农作物的单产并不低于自耕农的单产水平。曹据此认为,没有理由相信租佃关系对农业生产力的发展起着阻碍作用。[26]确切地说,这种租佃关系应指永佃类型。史建云在最近的研究中指出,在民国期间的华北,短期租佃居主要地位,主佃关系变动频繁,不利于调动佃农改良土地的积极性。[27]

国民党政权与农业。西方学界尚无关于国民党政权农业经济政策的专著,不过,易劳逸在研究该政权时就此所做的论述却有很大的影响。易劳逸认为,尽管该政权制定了一些政策以发展农业和解决农民问题,却受制于内乱外侮而无力贯彻。更为根本的是:由于该政权没有任何社会基础、不代表任何社会阶级或集团、对谁的利益也不真正关心,因此从未认真执行过其农业政策。更糟糕的是:国民党政权为了自身的生存经常增加土地税和苛捐杂税,沉重地加剧了穷苦农民的负担。[28]其他学者的著作中,也论及过国民党政权与农村社会的关系,但基本的论题是国家的土地税和国家在乡村所进行的现代政权建设。[29]柯伟林最近对民国工业和外交的研究,使学者

---

26 曹幸穗:前引书,第66—85、226—229页。

27 史建云:《近代华北平原地租形态研究——近代华北平原地租关系探索之一》,《近代史研究》1997年第3期,第166—182页。

28 Lloyd Eastman, *The Abortive Revolution: China Under Nationalist Rule, 1927—1937*, Cambridge: Harvard University Press, 1974, pp. 181—243; Lloyd Eastman, *Seeds of Destruction: Nationalist China in War and Revolution, 1937—1949*, Stanford: Stanford University Press, 1984, pp. 1—8, 45—88。

29 Philip Huang, *The Peasant Economy*, pp. 274—291; Prasenjita Duara, *Culture, Power, and State: Rural North China, 1900—1942*, Stanford: Stanford University Press, 1988, pp. 58—85. 194—243。

们意识到国民党政权在这两方面所取得的成就，却并未改变易劳逸关于该政权之农业政策的标准解释。[30]

中国学界近年来也渐有一些关于国民党政权农业政策的论述，但多是关于某项政策的单篇论文，且大都没有超出传统理论。郭德宏和金德群关于国民党政权土地政策的研究指出，该政权代表着大地主大资产阶级的利益；姜枫关于抗战前国民党农村合作运动政策的研究认为，该政策没有把农民从高利贷盘剥中解救出来，也不可能解决土地问题；吴伟荣的研究尽管指出在该政权统治下抗战后方的农业取得了发展，对后方经济全局起了决定性作用，却还是认为该政权的努力没有触及封建的土地关系，造成土地问题日益严重，因而决定了后方农业艰难发展的命运。[31]

农业遗产研究所的学者所著的《民国期间的农业》和《中国近代农业科技史》两书，论述的范围比较完整，正如两书的序者及作者所说：它们填补了研究民国时期农业和近代农业科技两方面的空白。他们所处理的课题有所不同，却可以在一个主题下来读：国民党政权的农业政策。从中西方已有的研究基础上看，它们至少呈现了以下两点新见解。

第一，当时的官府在推进农业发展上所取得的成就，要比中西方学者已了解的更大。如这两本书所示，在1937年前，该政权至少已在六项主要政策上开展了工作：(1)农村社会经济调查；(2)建立现代农业金融机构和发展农村基层金融组织；(3)农业科技研究；(4)农业教育制度；(5)兴修水利；(6)农业推广。如果考虑到时间的局限这一因素，政府在这些政策上所取得

30 柯伟林(William Kirby)：《中国的国际化：民国时代的对外关系》，《二十一世纪》1997年12月号，第33—46页；William Kirby, *The Chinese War Economy*, in James Hsiung & Steve Levine ed., *China's Bitter Victory: The War with Japan, 1937—1945*, New York: M. E. Sharpe, 1992, pp. 185—212。

31 郭德宏：《中国近现代农民土地问题研究》，青岛：青岛出版社1993年，第244—266页；金德群：《抗战时期国民党的土地政策》，《民国档案》1988年第4期，第89—101页；姜枫：《抗战前国民党的农村合作运动》，《近代史研究》1990年第3期，第181—198页；吴伟荣：《论抗战期间后方农业的发展》，《近代史研究》1991年第1期，第221—243页。

的成绩不能算小。例如,在教育方面,政府创办或改建了至少17所公立的农学院和高等农业专门学校、更多的农业系科,和上百所农业职业学校。在国民党获取政权之前的1912年至1926年,中国共有1205名农业专科以上的毕业生,而1936年农业高等教育的在校生则为2590名,当年毕业了418名,此外还有万名以上的高级和初级农业职业学校在校生。抗战爆发后,政府在其农业政策上取得了更大的发展。比如,抗战前政府机构对水稻新良种的推广只是刚开始,推广的面积总共不会超过25万亩。而在1941至1943年间由于政府的推广,水稻新良种的种植面积三年内共达1152万亩,净增稻谷产量3.5亿公斤。农遗所的学者认为,这种对新良种的采用与推广有力地支援了抗战。[32]但这类发展以前几乎从未被中西学者注意过。

即便在被易劳逸认为于南京时代就极为失败的农业经济政策方面,抗战时期的成就也要更大。如黄立人最近的研究所显示,至1941年,政府在后方共建立了与农业贷款有关的银行分支机构429处,县级合作金库410处,农业合作社155647个,而它的农业金融中心机构——中国农民银行和农本局只是在1935和1936年才分别建立起来。黄立人认为,这些金融机构及其贷款,使得后方农村高利贷活动逐年减弱,成为战时粮食生产高于战前水平的一个原因。[33]面对农业科技、农业推广与农业金融的新资料,中西方学者似应修改他们的观点。

第二,当时的官府在农业现代化过程中的历史作用也很重要。农遗所的作者说得很清楚:中国现代农业教育、农业科技研究、农业推广的基础,乃在民国期间奠定;对中国的土壤、不同性质肥料的使用、植物病虫害的防治、良种培育技术的根本性理解,是由当时官方研究机构的研究人员所取得的。另外,当时也奠定了中国现代农业行政与农业金融机构的基础。

---

32 所引资料散见于曹幸穗、王利华、张家炎、瞿为民编著:《民国时期的农业》,南京:江苏文史资料编辑部出版,1993年;郭文韬、曹隆恭主编:《中国近代农业科技史》,北京:中国农业科技出版社,1989年。

33 黄立人:《论抗战时期国统区的农贷》,《近代史研究》1997年第6期,第103—136页。

当时的官府还以行政力量来启动现代农业的发展,诸如向农民介绍良种、教育保守的农民打消对化肥的疑虑、组织修建大型水利项目等。20世纪中国棉花种植史是对这方面的最好说明。清末民初,美国传教士将多种优秀美国棉种介绍给中国,但由于国家尚无机构对美棉进行试验驯化,农民又不懂如何防止良种的混杂,几年以后便已退化,又转而种植中国传统的亚洲棉,而后者纤维太短,不适合现代机器纺纱用。1933—1935年,民国政府的中央农业试验所进行了大规模的美棉区域种植试验,确认美国的"斯字棉"适合于黄河流域,"德字棉"适合于长江流域,并建立了农遗所学者称之为"划时代的"先繁殖、后推广、再保纯的棉种管理制度,从此这两系棉花在中国得到了较广泛种植。1940年代初,中农所再次从美国引进了纤维长、出纱率高的"岱字棉",经过试验后推广。结果在1950年代,"岱字棉"进而取代了"斯字棉"和"德字棉",成为中国栽培面积最广的棉花。[34]可以说,没有民国期间国家机构有意识地推动优质长纤维品种棉的种植并奠定种植的基础,当代中国的棉纺织工业可能就不会居于世界第一。

实际上,从农遗所作者的叙述中可以看到,1949年以后,共和国继承了民国在农业发展上的大量遗产,包括机构设置、基础设施、科研成果、训练有素的科学家和工作人员等。1950年代初,共和国的农业生产有了高速的增长。传统理论将其主要归结为土改的作用:土改使农民摆脱了封建枷锁,解放了生产力。[35]但与此同时,也应看到民国农业遗产所起的作用。陈廷煊最近的研究指出:1952年全国良种面积比1949年增加了11倍,达到了1.22亿亩[36],但他在面积方面仍有可能低估了。陈提到棉花良种的种植面积已占全部面积的50%以上,就此若按帕金斯对棉花种植的面积统计,则至少有4180万亩;[37]陈还提到,中农所抗战期间培育的"胜利籼"这一项良

34　郭文韬、曹隆恭主编:前引书第125—127,149—153,166—169页。

35　胡绳主编:前引书,第281页。

36　陈廷煊:《新中国国民经济恢复时期农业生产迅速恢复和发展及其原因的探析》,《当代农史研究》1996年第1期,第25—36页。

37　按帕金斯的统计,中国1952年的棉花种植为8364万亩。请参见德·希·帕金

种稻，已在长江中下游种植了 2000 万亩；而农遗所的学者则提到，抗战时期官府大力推广的小麦良种"中大(南大)2419"，到五十年代初已在长江流域种植了 7000 万亩。这三项的种植面积总计已超过 1.3 亿亩。此外，如农遗所的作者所示，至 1940 年代中期，推广种植的水稻良种就已达 130 余种，小麦良种也达 50 余种，杂粮良种亦不少于 10 种，而良种无疑有助于较大幅度地提高农作物产量。[38]如果学者们都能像近代中国著名农业专家沈宗瀚那样，懂得"欲得一新品种而推广非有八年以上之精确比较试验不可"[39]，然后还要加上对一村村农民的艰巨推广工作和繁复的种子保纯工作，就不难从断裂处找出历史的连续性了。

本文所论及的著述也留下或挑起了需进一步研究和理解的问题。第一，近代的商业化对民国期间的农民生活起到了何种影响？最主要是：农民的收入除战乱因素外究竟由此增长还是下降了？上述四本书没有对此讨论。其他中国学者近两年对收入问题开始了研究，但观点尚有分歧，论证也不够完善。例如慈鸿飞认为，华北的农民通过市场活动增长了收入；傅建成则通过二三十年代农家负债的研究指出，中国农民反而更为贫困了。[40]无论如何，慈通过河北三个村庄在 1936 年同一年内村民储蓄率增长来举证"市场活跃必然带来农民收入的增加"，不仅抽样范围太小，时期也嫌太短，何况 1936 年又是整个民国期间农业收成最好的一年。傅认为田赋增加太快、土地分配不均、人均占有地太少和灾荒太多，是农民负债增长和贫困化的原因，但至少在前两点上相反的证据大量存在。郑起东对冀鲁豫三省田赋的研究表明：1928 年国民党政权控制华北后，田赋及附加税都比北洋时代减轻而非增加了；白洛伦和姗柏拉(Barbara Sands)的计量研究则显示，民国时

斯：《中国农业的发展，1368—1968》，上海：上海译文出版社，1984 年，第 351 页。

38 曹幸穗、王利华、张家炎、瞿为民编著：前引书，第 159—161 页。

39 沈宗瀚：《改良品种以增进中国之粮食》，《中华农学会报》1931 年第 90 期，第 1—6 页。

40 慈鸿飞：前引文；傅建成《二三十年代农家负债问题分析》，《中国经济史研究》1997 年第 3 期，第 23—31 页。

期土地分配并没有变得比十九世纪更为不均[41],或者说,土地的分配不均在长期未变的状况下并不构成农家负债上升的直接原因。傅研究的是现金借贷,它也可以与农村中货币短缺有关。[42]

有的中国学者在与收入相关的问题上研究得很出色。例如郑起东指出,1908至1933年间,银元的价格比制钱的价格上涨了四倍,从而令人信服地说明了,即便政府不加税,农民的负担也实际加重了,因为农村使用的是制钱而民国政府征税是银元。[43]不过,负担加重并不表明在同一时期农民的收入没有增长。西方的学者已为近代中国农民的收入问题争辩了二十多年,中国学者可能也须对此进行更深入的研究,因为它实在是理解近代商业化和农业经济的关键。

第二,地权和租佃关系的变动对农村有何种社会经济影响?或者说,地主制度在商业发达的地区究竟如何存在?白凯基于对环太湖地区29县的研究认为,在二十世纪早期江南传统的地主制度已被明清以来的商业化摧毁,缘此民国的国家政权才能乘虚而入,填补地主士绅离开农村后所留下的地方权力真空;共产党政权才会先在1950年搞没有地主抵抗的"和平土地改革",后在1951年搞忆苦和斗地主的阶级斗争运动。[44]曹幸穗认为,封建地主制度仍在旧中国的苏南乡村占统治地位,且由于近代的商业化,封建的地主已不能从纯农业经济的角度来理解,因为他们经常是集地主、商人、高利贷者于一身。但曹论证得尚不够圆满。在曹研究的苏南5县11村中,已完全没有了在村地主。只有朱鼎新一户算得上采取富农式经营,有32亩地,雇

41 郑起东:《田赋与徭役》,见从翰香主编:《近代冀鲁豫乡村》,第471—540页;Loren Brandt and Barbara Sands, *Land Concentration and Income Distribution in Republican China*, in Thomas Rawski and Lillian Li ed., *Chinese History in Economic Perspective*. Berkeley: University of California Press, 1992, pp. 179—206。

42 陈争平、刘巍和刘丽伟最近的计量研究都说明1920至1930年代中国资金匮乏,货币供给量不足。请参见陈争平:《1895—1936年中国国际收支研究》,北京:中国社会科学出版社,1996年,第149—156页;刘巍、刘丽伟:《对1930—1936年中国货币需求的简单数量描述与分析》,《南开经济研究》1998年第1期,第68—74页。

43 郑起东:前引文。

44 Bernhardt, *Rents, Taxes, and Peasant Resisitance*, pp. 225—232。

了长短工,然而他家的人均收入却远比不上只有 4 亩地、经常利用农闲去上海跑买卖的邻居周福乡家。[45]在乡下已经没有地主、国家政权在租佃制上多偏袒佃农的情况下,封建的地主制度究竟如何统治农村?

在急速商业化的近代华北,地主制度的变化与江南的差别也已经不大。黄宗智所研究的河北与山东 33 个村庄,在 1930 年代已总共只剩 15 家在村地主。他们所出租的土地只占全部耕地的 3.4%,或全部出租地的 22.1%;而且商业化程度越高,地主的离村率就越大。[46]显然,地主离村是华北乡村统治阶层发生变化的重要原因之一。杜赞奇认为,1920 至 1930 年代国家在乡村的政权建设极大地加重了乡村领袖的行政负担,导致了有威望有地位的传统地主士绅退位,权力被土豪、无赖和恶棍所篡取。[47]但黄所研究的 33 个村中,有 25 村根本就没有在村地主。商业化看来能更好地解释乡村统治阶层权力的变化。研究商业化下的地主制度,对理解中国近代农村社会经济有着根本性的意义。至少,中国学者普遍认为在土改之前封建的地主制度在农村占据着统治地位,而西方学者的研究成果已对这一观念形成了挑战。

第三,民国期间农业经济到底有怎样的根本问题,且怎样才可以解决?西方学者在这一问题上曾有过"技术学派"与"分配学派"之争。从美国农业经济专家卜凯开始,技术学派就一直认为,近代中国农业经济的根本问题是人均土地太少与技术落后,而解决的主要途径是发展现代农业科技和市场经济。技术学派并未否认土地分配不均构成问题,也觉得国家应该使土地产权得到更公正的分配,但却不认为平均分配能解决根本问题。卜凯于 1920—1930 年代在中国做农业经济调查时曾认识到:中国的地权不均和租佃率状况远比英格兰要好。在英格兰,89% 的农业人口是佃农,但地权不均和高租佃率并未妨碍农业发展;此外,土地分配的着眼点应当是创造规模合适的农场以最有效地使农业发展,而平均分配只会导致所有中国农户均无维

45 曹幸穗:前引书,第 65—66 页。

46 Philip Huang, *The Peasant Economy*, pp. 64, 74—75.

47 Prasenjit Duara, *Culture, Power, and the State*, p. 251.

持生计所需的足够土地。[48]分配学派可以说是源于中国马克思主义学者陈翰笙在1920—1930年代对农村经济的调查研究。这一学派并不否认现代农业科技的重要性，却认为土地分配不均导致了占人口大多数的无地和少地农民的贫困，此乃中国农村经济的根本性问题；只有先以革命推翻旧土地制度并重新平均分配土地，现代农业科技才能发展。[49]

但两家学派各有自己的问题。如史澜导（Randall Stross）认为，卜凯及其追随者以美国农业经济学的技术观点来认识中国的农业经济，对土地分配不均在中国造成的社会政治问题视而不见，缺乏对中国农业经济真正的理解。马若孟则认为，陈翰笙与《中国农村》经济研究会的调查，视野局限在1928—1933年之间，其结论不足以说明整个近代中国的农业经济的根本问题；1928—1933年间农民的贫困毋宁是由国民革命战争与军阀战争、西北与华北的大旱灾、长江流域大水灾、世界经济大萧条所导致的。[50]虽然已很少有西方学者坚持分配学派的观点，但近年来技术学派与“内卷化”学派的辩论则表明，西方学者对近代中国农业经济问题的认识仍存在根本分歧。

农遗所作者们的著述显示，国民党政权是按技术学派的理论来理解和解决中国农业经济问题的。这当然与卜凯有关，他的研究对认识中国农业经济有巨大的影响，而且他本人就是民国政府的农业技术顾问。[51]尽管官府的农业政策在民国期间取得了成就，并且日后在台湾地区取得了成功，但技术学派的理论能否解决中国大陆农业经济问题，并没有得到证实。相反，共产党革命的胜利对技术学派理论始终是一巨大挑战，因为革命的胜利在很大程度上是靠土改政策动员起成千上万贫苦农民的支持而取得的。

---

48 Randall Stross, *The Stubborn Earth, American Agriculturalists on Chinese Soil, 1898—1937*, Berkeley: University of California Press, 1986, pp. 173, 186。

49 Ramon Myers, *The Chinese Peasant Economy*, pp. 15—17; Carl Riskin, *Surplus and Stagnation in Modern China*, in Dwight Perkins, ed., *China's Modern Economy in Historical Perspective*, Stanford: Stanford University Press, 1975, pp. 49—84。

50 Randall Stross, *The Stubborn Earth*, p. 187; Ramon Myers, *The Chinese Peasant Economy*, pp. 15—17。

51 Randall Stross, *The Stubborn Earth*, pp. 181—182。

另一方面，胜利并不表示分配学派理论的正确。凌志军关于农业集体化和人民公社历史的新作证明：解放后的农业政策导致了近三十年之久的制度失误，且“造成了历史上最大的悲剧”。然而正如薄一波的研究性回忆录所表明：农业集体化既是社会主义经济建设的既定方针，也是土改政策的必然归宿。土改后农村迅速出现了贫富分化，要杜绝这一分化便只有将贫富农民及其产权全部溶入一个集体。[52]

无论哪一个学派更正确些，对于中国学者来说，民国或近代中国的农业经济问题及其解决途径必须得到根本性的理解，因为它不只是一项历史研究。当代中国政府在1980年代对农业土地承包制实行15年不变，在1990年代末又承诺30年不变，这种承诺当然不失为一时的激励，却仍未反映出对农业经济问题的根本观念转变，否则又何须对一项重大国策设出变或不变的期限？[53]即便曹幸穗对永佃制的结论也足以证明：给予农民以土地的永久使用权，农民就有生产的积极性。当代中国农业经济除了土地产权名为公有外，实则仍然基于农户小规模的个体生产，仍在经历迅速的商业化，且面对着更大的人口压力。因此对农业经济的问题作出历史性和根本性的理解，对于国家农业政策的稳定性、中国农业现代化的道路、近十亿农业人口的生计，都将有重大的意义。

（原载《中国学术》第一辑）

---

52 凌志军：《历史不再徘徊：人民公社在中国的兴起和失败》，北京：人民出版社，1997年，第337—338页；薄一波：《若干重大决策与事件的回顾》，北京：中共中央党校出版社，1991年，上卷，第184—211页。

53 关于农业生产责任承包制或土地承包制的阐述，请参见江泽民：《全面推进农村改革，开创我国农业和农村工作的新局面——在安徽考察工作时的讲话》，《人民日报》1988年10月5日。

把社会、经济、政治放回二十世纪中国史

周锡瑞(美国加州大学圣地亚哥校区)

二十多年前曾在哈佛大学以“中共农村根据地(1922—1949 年)”为主题举办过一次著名的会议。那次会上,霍夫海因茨(Roy Hofheinz)尖锐地批评了对他的观点进行质疑的众多年轻学者。他遭到质疑的观点是“革命或反革命之成功的条件基本是人们行动的产物,而不是社会结构、经济或人口学的确定不移的事实。”(霍夫海因茨,1977 年著作,序言)。在此次会议的开幕式上,几种研究革命的社会史方法被提出来,但是霍氏在其发言中把这些方法作为“退步”而摒弃。当时,这场争论中“进步”的一方认为社会-经济结构才是重要的,且形成了革命运动的前提条件(或原因)。

我以这个例子启始是因为有必要告诉更年轻的同行们,曾经有过那么一个时代,为社会史进行辩护是一种进步的立场。虽然我不相信那时我们中的任何人会相信社会结构、经济或人口学是“确定不移的事实”,但我们深信社会和经济是重要的。我明白社会史现在已经从其原来的进步地位上挪开,但我还是执着地回忆其过去的角色,希望我现在对于那些时髦的文化研究的回应姿态,能被理解为对于一个进步过去的留恋,而不是一个正在经历人生中年危机的、渐入老境的社会历史学家的唠叨。

近年来社会史无疑已经失宠了——特别是在二十世纪中国史研究之中。这反映了在把中国革命从历史舞台中心移开的倾向,最近当我读到一篇由费约翰(John Fitzgerald)所写的引人争议的文章时——它刚刚登在新近改名为《二十世纪中国》(*Twentieth-Century China*)杂志的专号上,我才意识到这一过程已走得多远了。这篇文章探讨了研究二十世纪中国的几种新

思路，并讨论了许多令人激动的可能性，但其间仅仅一次顺带提及"革命"这个术语。我自己也认为我们应当摆脱那种简单地以革命为主题的中国近现代史研究（周锡瑞，1995）。但现在我怀疑我们是否走过了头。在使革命脱离中心的过程中，我们不应该根本忘掉它，或把它当作某个碰巧一起来祸害中国人民的外部事件。

因为革命已经被搬离中心舞台，历史研究的关注点就基本从农村转向了城市——并且特别转到了上海。关于中国城市的学术新成果与韩起澜（Emily Honig，1986）和贺萧（Gail Hershatter）所写的早期作品迥然不同。《姊妹与陌生人》（*Sisters and Strangers*）和《天津工人》（*The Workers of Tianjin*）都聚焦于工人阶级，并对阶级意识和工人阶级与中国革命的关系这样的问题保持着关注，是优秀的社会史著作。虽然我不能说城市社会史在1990年代被放弃了，但是毫无疑问向文化研究发展是一股强劲的趋势。如要举例，可以想一下近来出版的突出作品，如1995年杜赞奇（Prasenjit Duara）的《从国族中拯救历史》（*Rescuing History from the Nation*），1993年傅葆石（Poshek Fu）的《顺从、抗拒和合作》（*Passivity, Resistance and Collaboration*），瓦瑟施特伦（Jeffery Wasserstorm）的《二十世纪中国的学生运动》（*Student Protest in Twentieth-Century China*）和叶文心（Yeh Wen-hsin）的《分裂的学园》（*The Alienated Academy*）。也许这个趋势在1997年贺萧的第二部专著即关于上海色情业的《危险的愉悦》（*Dangerous Pleasures*）中，能看得更清楚。虽然我不会持有像亨利厄特（Christian Henriot）在《中国季刊》（*China Quarterly*）上所表达的那种敌对观点，但我不得不对这一情况感到惊诧甚至失望，贺萧全书精彩的研究中几乎不注意分析上海社会色情业的不断变化的形式和场所，而是津津乐道于导游手册、改革者的作品和小报，把它们当作中国人"关于现代性的对话"来讨论（第8页）。

即使革命史仍旧是关注的焦点时，文化研究的方法在其中也特别突出。在民国史方面，费约翰1996年的获奖作品《觉醒的中国》（*Awakening China*）是一个绝好的例子，但更加惊人地依赖文化研究方法和肯定话语权力的是阿普特（David Apter）和赛茨（Tony Saich）1994年的《毛的共和国的革命话语》(*Revolutionary Discourse in Mao's Republic*)。其主要的工作是证明“颠倒的(即革命的)话语怎样产生权力”(P. xiii)和把“延安时期的中国共产党”比作“其权力源于话语的宗教救赎运动”(第184页)。因聚焦于话语而产生的历史唯心主义在此处暴露无遗,而对于为什么毛的特殊的“颠倒”的话语比其他党内外的竞争对手的话语更具威力这一问题,却没有令人满意的答案。

如果比较了近期清史研究的某些成果,二十世纪中国研究中从社会史向文化史的转变就更加惊人。尽管很大程度上仍存在着棘手的史料问题,清史研究仍然有一大批社会史的著作。不过即使这些作品比起七十年代以来的同类作品也对文化倾注了更多的注意力,但仅仅这些书名如埃菲琳·罗斯基(Evelyn Rawski)的《最后的皇帝们:清帝国制度的社会史》(*The Last Emperos:A Social History of Qing Imperial Institutions*),1999年麦考莱(Melissa Macauley)的《社会权力和法律文化》(*Social Power and Legal Culture*),1998年的玛兹穆德(Sucheta Mazumdar)的《糖与中国社会》(*Sugar and Society in China*)就表明了社会史在清史领域中仍保持着活力。除了玛兹穆德的专著,王国斌(R. Bin Wong)1998年的《转变的中国》(*China Transformed*)和李伯重1998年的《江南农业的发展》(*Agricultural Development in Jiangnan*)显示了经济史依然在继续繁荣。在性别研究的领域中,文化研究的方法是理所当然的。但是即使在性别研究方面,我们也会在布雷(Francesca Bray)的《科技与性》(*Technology and Gender*)中不期然地找到比二十世纪中国史领域的绝大多数成果更接近唯物主义的文化研究方法。

如果我们反过来沿着纪年的顺序前进,进入二十世纪晚期,一个独立而类似的模式就显而易见了。中国开放田野调查使社会科学家从早期的对精英政治的关注,转到了非常成功地探索和解释当代中国社会的重要模式的田野调查工作上。这样的例子,特别是在近期发表的著作中,多得不胜枚举。但是如果仅限于最近几年农村社会与经济领域出现的重要著作,我们就可以举出阎云祥1996年的《礼物的流动》(*The Flow of Gifts*);景军(Jing Jun)的《记忆的圣殿:中国村庄中的历史、权力与道德》(*The Temple of Mem-*

ories:History,Power and Morality in a Chinese Village);鲁夫(Gregory Ruf)1998年的《干部与亲族》(*Cadres and Kin*);1997年茨威格(Dawid Zweig)的《解放中国农民》(*Freeing China's Farmers*);1997年金莱和格里芬(Kinley and Griffin)的《中国农村的财富分配》(*Distribution of Wealth in Rural China*)。

近年来已有很多文章谈到需要打破"1949年障碍",贺萧、黄宗智(Philip Huang)、裴宜理(Elizabeth Perry)和瓦瑟施特伦这些学者的著作已经证明跨越1949年障碍是有益的。但我们正处在一个奇怪的位置上,上述研究中华人民共和国的学者们非常关注当代农村社会,但是几乎无人研究民国时期这一领域的状况,因此无法找到共同语言。

假如我上文所论述的情形是真实的,有人会问它该如何解释,文化史研究的流行显然在很大意义上直接反映了历史学科内(实际上是所有的人文学科)的一个总体趋势,一个至少在上述的著作里和《美国历史评论》(*The American Historical Review*)的纸面上一样明显的趋势。中国革命在当代意识中的衰微无疑已在中国研究的领域增强了这一趋势。由于革命似乎对目前的中国已经不那么重要了,探求革命的社会起源对于那些想理解过去的人们仿佛也就不那么重要了。这一因素肯定要为民国时期中国农村研究事实上的消失负责。取而代之的是,有关城市、现代性和认同的研究——都是研究中国的青年学者们特别关心的有重要意义的问题——已经兴盛起来。

社会史在其更接近社会科学形态上的一个特点是关注塑造和限制人类行为的社会制度。无论是马克思主义者还是韦伯学说的信奉者,按照这种模式取得的最好成果都提出了有力的比较模型,其中社会经济和政治结构都被用来解释社会实践和集体行为。但这些模型倾向于否认行动者的力量,而我相信新的文化史的引人之处在于它给予了历史行动者以声音和主体性(尽管主要是那些能够留下文字记录的人),因此帮助他们成为历史过程的动因,不光是历史过程的人质。

文化史研究(特别是对更年轻的学者而言)的引人之处,是人生一个确凿的事实,是我这样的老顽固不得不去适应的。而我并不认为那种前景没有吸引力。实际上,几乎我所有的研究生都在进行文化史研究——从电影审查制度,到杭州的旅游业,老北京传统的再生,重构京剧成为国剧的过程,到运动和体育的作用。他们的工作已经极大地丰富了我对现代中国的认识。最使我着迷的是改变了现代中国的这些新的文化现象和当时社会、经济与政治进程之间的联系。相反地,近来某些成果使我担忧的是文化研究反映出舒德逊(Michael Schudson)已经在社会学中警告过的同样的问题。用舒德逊的话说:“从文化社会学转向文化研究常常包含着一个从强调现实由社会构成的观点到一个强调现实由文化或符号构成的观点(似乎这是一个发生在社会之外的过程)的下滑过程”(见舒德逊 1997 年书第 50 页)。

我对历史过程的肇因问题总是格外感兴趣(实际是着迷于它)。福柯(他的著作对近来绝大多数文化史研究是如此重要和富有影响力)坚决拒绝对他在现代性的话语和实践中揭示的根本断裂的原因作出任何分析。就福柯而言,他的观点来自他对马克思唯物主义的批判。但是在文化史的研究中福柯的观点导致了轻易把变革的力量归诸权威话语自身(如阿普特和赛茨)——或者是想象国家或资本主义企业中一些含混的“殖民地”的或现代主义的精英促进了权威话语并赋予其权力。但是这个过程怎样发生和为什么产生,以及为什么某些文化实践兴盛而其他的衰亡,他们却一直没有彻底讲清楚。借用斯佩伯(Dan Sperber)的术语说,我们需要“表征的传染病学(an epidemiology of representatons)”来解释“为什么某些表征比其他的更有吸引力”(有关斯佩伯的话引自舒德逊 1989 年著作,第 158 页)。

我认为仅仅文化史不能解答为什么现代中国会走她的一条独特历史道路这样的重要问题。除非历史学家对其原因作出解释,否则,我们将会逐渐地被愿意(甚至渴望)解答这些问题的社会科学家们排除在关于中国的公共话语之外。即使在对特殊文化现象进行严谨的经验调查时,我们也必须牢记蒂利(Charles Tilly)所说的“大结构,长过程,大比较”。我进一步认为,现在中华人民共和国公开的档案材料恰好提供了其他地方的社会历史学家一直赖以支持他们研究的那类数据(从国家各社会机构,工业、商业和金融企业,也许更重要的警察和审判系统的文件),相应地就有重要的理由和必要的手段来复兴二十世纪中国社会史的研究。

假如社会史研究在中国近代史领域中复兴,它肯定不会返回到从前所做的工作上去。我特别不希望招收众多的做共产党革命的社会背景的博士生。新的社会史将不得不与已完成的文化史成果相联系,并建立在后者的基础之上,并(很有希望)为它在经济与社会方面提供基础。(还是用建筑学上的比喻来说,新的研究就其论题而言将以文化史为基础,但从分析角度来看,它又为文化史在社会与经济方面提供了基础。)如果同意这一点,我愿意提出一些看法,谈谈新的社会史假如与我最了解的某些文化史领域如城市、大众娱乐(电影和戏剧)、体育、新的教育场所(博物馆、报告厅、图书馆)和色情业等相联系,它将呈现什么样的面貌。(请读者注意:随后的讨论并不涉及所有这些题目,但是我把这句话保留在此处以表明一个理想的(但未实现的)目标。)

新的现代中国的社会史应关注的课题之一是城市化。中国当然已经拥有一个绵延许多世纪的繁荣的都市传统,她中世纪的城市远远超过了世界其他任何地方。但是近现代的中国城市,特别在通商口岸,也包括沿江和东北地区,以及抗日战争期间的内地,在1890年至1950年之间经历了巨大的扩张阶段。上海的人口约增长了三倍,其他城市人口许多翻了一番。相对于城市化总体水平上的许多重要转变、如就城乡人口的比例(伊懋可,Mark Elvin 1974年著作,第8页)而言,城市化进程的重要变化更加在于,新居民加入城市人口的速度使得城市很难以旧的社会和居住模式吸纳他们,并使贫民窟数量增加,使城市居民的生活条件的差异变得更大(卢汉超,Lu Hanchao 1999)。[1]

在这些城市增长的同时,它们也经历了急剧的转变。墙被推倒了,街道被拉直,拓宽,铺设了路面,安装了照明设备;黄包车、公共汽车和有轨电车

1 在上海我们能从数字中得到移民规模的印象,尽管这几乎肯定是一个极端的例子。从1930年代起的数字显示每年大约有40万人移居上海,同时每年回到农村的人数也略微少一点(大约每年平均30万人)。(伊懋可,1974年著作,第11页)。

把原来自成一统的邻里联系起来。新的交通方式用闹市区、娱乐区、工业区、公园和火车站创造了一个新的城市形态。闹市区的企业和百货商场改变了消费模式;娱乐总汇、电影院、剧院、舞厅、咖啡屋和妓院为社会背景各异的观众提供了新的娱乐方式。公共设施提供水、电和电话服务,新的管理制度提升了公众健康和安全水平,而按全新方式组建的警察则使它们得到强化。公园、广场和运动场提供了新的公共空间,博物馆、图书馆和礼堂增强了新的国家和公民意识;充满活力的报章杂志把新闻和评论、流言和诽语、时尚和奇思妙想喂给了急切的城市公众读者们。铁路、银行和电信用国内城市交通网将主要城市连接起来,市政府第一次能够组成并把城市作为从农村腹地脱离出的社会和政治实体加以管理。

当我们研究这一城市变化过程时,至关重要的是我们不能仅仅关注具有明显的西方原型的制度和科技,如报纸、电影、有轨电车、银行。同样重要与需要研究的是"传统"制度的改革及其在现代的流行。这一点葛以嘉(Joshua Goldstein)在研究京剧时有上佳表现。他指出西式的、带有舞台灯光和统一座椅的剧场怎样帮助京剧提高了观赏性,大剧院和捧场的戏迷杂志的出版怎样改进了明星制度。城市固定的一周工作日程表使得旧日的全天表演在经济上变得不可行,剥夺了更年轻和次要的表演者在名角压轴戏之前的演出机会。一旦理解了京剧在二十世纪发生了多大的变化,就不可能再把它作为一个"传统"形式,而应作为中国混合的现代性的一个部分来对待。

另一个有启发性的例子是由邵勤(Qin Shao)发表在《亚洲研究》(*JAS*)上的关于南通茶馆的文章提供的。邵勤1998年的著作尽管有精彩的材料以及在总体上有说服力地分析了现代职业精英对茶馆文化的批评,我还是不能赞同她把茶馆看作中国的"一项传统的社交风俗"(第1009页),因为就在次页上她写道:"茶馆在南通广为流行主要是十九世纪末、二十世纪初的现象,与城市化过程和该地区的现代化有紧密的联系。"(第1010页)二十世纪的茶馆文化(和现代杂志上对它的诋毁)代表的是衰微的精英和社会中下阶层的文化,他们发现茶馆的公共空间比更为西方化的专业精英们所提倡的图书馆、阅览室、公园和博物馆更为舒适。后者的文化批评因此反映了城市社会一个重大的社会分化,这一分化的本质和意义尚需要更多的分析。

随着都市化和城市空间和制度的变迁而来的是一系列重要的社会变革。第一,久已商业化的城市经济逐渐被金钱用全新的方式所统治。现代银行发行钞票,增加了资金周转的速度,新式的信用润滑了商业的齿轮。银行家这一新职业,恰成为中国新的富有的现代性的象征。随着零售商业从地区商店和市场转向百货商场,定价代替了讨价还价,商品买卖中的人际因素去除了许多。一种新的非个人的交易方式从买卖日常生活用品扩展到戏票,到色情服务。这一过程并不顺利、平坦或彻底,但是金钱非个人化的统治和人情的淡薄却是全中国的城市都在体验和品评的。

第二,城市居民(其中许多最近才从农村搬来)流动性更强,与范围广大的亲缘集团的联系更少,更依靠他们自己的能力建立关系和组织以在城市的新环境中生存。工人们也许通过本乡的亲戚或熟人或在工厂里或在码头上或在妓院中找到工作,但他们独自掌握自己绝大部分的工资并设法提高自己的地位。我们无需看到城市、现代性和个人主义之间的联系就能认识到,这些中国城市居民赖以生存和发展的关系更多地属于他们自己的创造,而不是那些在乡村或前现代的城市里现存的人际关系(加林和加林,Gallin and Gallin 1974 年著作)。

第三,这些城市产生了一套精英生活方式,不断使他们与农村分开。杂志和电影院提供了一种小型家庭生活的样板,一种洁净健康和合理的生活习惯的榜样,一种自我意识到现代并和愚昧、迷信和落后的农民区别开的穿着和消费方式的范本。妇女们在教育、服务性行业和作为消费者的社会角色在迅速增强。新的城市的现代性的本质是众所周知的,但是如果只选取一个最令来自乡村的游客吃惊的方面(当然那也会让任何翻阅当时时髦杂志的人吃惊),那就是人体突然成为个人显眼的表征。新式的旗袍,无论是其作为校服的原型还是它演化成妓女、影星和上流妇女的服装后,都用自唐代以来公共场合未见的方式展现了女性的形体。更为大胆的是时髦女郎身着泳装的相片被印在学校的年历或报纸上。同时男人们在运动中以强身健体作为增强国力的明显贡献。但是在所有这些方面,身体比以前任何时候都更公开地成为自身的可见的表征,这反映出随着新的更大更亮的剧场、广为流行的电影以及甚至是相对而言不大引人注目的现代城市生活本身而来的、人们对于视觉形象的普遍偏爱。

但是在这个社会变迁的过程中存在着一个悖论。迅速的城市化导致了中国大城市人口的大部分(如果不是绝大部分)都由以前的农民,或至少是从农村和小镇移入的人所组成。城乡之间人的联系也许比以前任何时候都更紧密,因为工人们都是来自乡村,女工们经常要回家结婚。另外,城乡之间的经济联系几乎肯定比清末更为重要。乡村土布织工依赖工厂生产的棉线,产蚕丝的农家要把丝卖给城市里的工厂。越来越多的农民点煤油照明,用钟表计时,向城市市场出售商品粮挣钱。所有这些对紧邻大城市的农村的影响肯定比边远地区大,而我这里所说的一切与波默朗(Kenneth Pomeranz)描绘的农村腹地由于口岸城市的兴起而边缘化的图景并不矛盾。但是这意味着即使当城市和乡村在文化上分道扬镳时,它们之间也由于货物和人口的流动而更加紧密地联系在一起。

倘若我们采取社会分层的视角来看城乡关系,就会发现当精英阶层、城市社会和文化不断地和农村相分离时,在贫穷者中这道城乡裂缝仍然很小。我们毋需接受牟复礼(Fritz Mote)的假想,即晚清帝国是一个契合无间的统一体,就能认识到晚清城市和乡村的精英们比现代有更紧密的联系。许多绅士中的领导人物住在乡间,儒家文献对乡村生活也称赞有加。城市和小镇并不作为独立管理的实体而存在,表明地方政权必然包括城市和乡村的精英们在内。科举制度为所有人准备了统一的教育经历。所有这些在二十世纪都发生了变化。城市的教育是成为精英的必要条件,城市学校里的教育内容也越来越西方化。新的职业如银行家、律师、记者、教师、医生、军官、政治家、商人和演员组成了多元化的城市精英阶层,而成分相对单一的绅士精英的子孙们则在乡村和远郊区保持了他们大部分权力(参见萧邦奇,Schoppa 1982 年著作)。城市上层和专业阶层的穿着、语言和社会行为的风尚改变得更加迅速和彻底。城市社会和文化的改变、警察巡视的街道、有轨电车、汽车、公园、图书馆、百货商场、旅馆、咖啡厅、舞厅以及各式妓院，表明城市精英们与农村精英生活在一个完全不同的世界里。

但是工人和城市贫民与农村的联系仍然要更紧一点。许多城市贫民只是临时移民，就像从城乡之间大量的双向人口流动中能看出的一样（伊懋可，1974 年著作，第 10—11 页）。二十世纪天津的工匠和工厂工人们绝大多数都是来自农村的第一代移民，其中的男子（与上海不同，天津即使纺织工人绝大多数都是男性）通常把家庭留在乡下，只在过节或找不着工作时才回去（见贺萧，1986 年著作，第 44—45，49—51，57—59 页）。这些工人的文化生活也与农村的形式保持得更近，如讲故事、唱地方戏、杂耍、变戏法和玩魔法——虽然过了一段时间之后，这些文化活动的基本形式都变化了，更多城市的主题进入表演者的曲目（见贺萧，1986 年著作，第 185—189 页）。南通的现代精英们看不起茶馆，这种鄙视在很大部分上反映了对非特权阶级的阶级偏见，重要的是他们代表了这样一个事实："愚蠢的乡下人"为了解决他们自己的矛盾来这些地方寻找讼师和调解人（见邵勤，1998 年著作，第 1028 页）。[2]

如果我们从城市转向乡村，这些社会变迁的本质就变得模糊了——但是社会变迁的事实显得更清楚了。两个大的进程看起来最为重要：现代国家的侵入和农业商品化的持续迅速发展（见黄宗智 1985 年及 1990 年著作；杜赞奇 1988 年著作）。这些进程的后果包含了城里也可见到的某些悖论。一方面，现代化进程中国家财政需求的增加和以村庄为单位的摊款估算，导致了农村社区制度加强：需要一个乡村政权机构在村民间分摊税额（见黄宗智，1985 年著作，第 275—291 页；杜赞奇，1988 年著作，第 210—215 页）。同时在一个游兵散勇组成的流寇四处掳掠的时代，安全的需要也提升了乡村组织和自我防卫手段的水平。这些进程都强化了地方保护村庄不受外敌威胁的努力。

另一方面，农业商品化和不断扩张的国家需求导致了农村与外部世界

2　林培瑞（Perry Link），1981 年研究通俗小说的论文，是一篇坚实扎根于社会史的旧文化史的样板。它提醒我们城市社会的精英-工人两层模式是粗疏简单的。但是我的想法（在他研究的系列言情小说中可以看出）是在介于精英的现代主义文化和贫苦工人喜欢的以农村为基础的文艺形式之间，有着属于小市民的夹在中间的文化领域。

的新联系,这些联系要求有新技能的代理人来办理。其中相当一部分就是恶名远扬的“土豪劣绅”。他们大体上相当于黄宗智所说的“地方恶霸和村落强豪”(黄宗智,1985 年著作,第 285—291 页)和杜赞奇的“职业化的中间人(entrepreneurial brokers)”(杜赞奇,1988 年著作,第 217—243 页)。虽然这一群人声名狼藉,但是我愿意为他们的作用进行部分辩护。

杜赞奇的《文化、权力和国家》(*Culture, Power and the State*)一书的主题思路在我看来是,由于现代国家不断地介入社会的各个层面,同时为了应付国家介入而产生了新的职业化代理人。这些变化造成了农村旧有政权与“文化纽带”的解体。(见杜赞奇,1988 年著作,第 243 页,参阅第 41、74、246 页)。这种文化研究方法使我不太满意的是它与老式涂尔干的论调(Durkheimian theme)互相呼应,认为社会的不宁源自于传统社会文化凝聚力的涣散。我希望提倡的是另一种社会史研究观念:那些依靠社区内的声望、宗族里的地位和对地方及礼仪的熟识来使其地位合法化的老的乡村领导人,已经不适合承担应付市场或国家的侵扰的任务。为获得贷款或减税而交涉,应付征兵的官员或学监,要修桥或者是要免去给别人修路的劳役,这一切都需要新型的领导人。他们更年轻,更顽强,在应付世事上更加明达,做起事来不那么畏首畏脚。这里的关键在于,在民国时期社会政治变迁形势下产生的新的乡村领导人与人民共和国里能干的农村干部极为相似,有关的描述可以参考黄树民(Huang Shu-min)或鲁夫(Gregory Ruf)的人类学著作。

在结束这些散乱的思考时,我要指出二十世纪的中国已经出现了几种新的、极端有力量的人,他们包括:新的专业人士(银行家,记者等),军人(他们已经主宰了中国政治)和控制了大部分普通居民日常生活的城市帮会与乡村土豪。民国时期由军人主宰的国家推行了专业人士的现代化计划。他们一起追求秩序、纪律、效率和国家的发展——到了三十年代,这些计划带上了相当浓厚的法西斯主义色彩(见柯伟林,Kirby 1984 年著作,第 145—189 页)。因为国家的计划和城市专业人士们基本是现代主义的(也因为他们的努力,留下了一笔丰富的文献资料),他们已经成为文化史研究中一个引人注目的主题。但在那种研究中,我们也许忽略了乡村精英们(他们被普遍批评为守旧、落后、狭隘),而且由于这种忽略而未能了解现代中国一个重要主题的意义:城市和乡村精英们之间的疏离和冲突,以及随之而来的精英内部文化凝聚力和有效政治团结的丧失。(如要参考当代的观点,可见汉韦尔,Hanwell 1937 年著作)。

但是我更要强调帮会和土豪的作用。对这类所谓的"豪强"要有广泛理解。他们包括上海的青帮、四川的袍哥、河南或陕西的民团头目、广东珠江三角洲碉堡的头人,以及各类地痞、毒贩,甚至中国各城镇里会党的头目。这些人一直使国家专业人士们的现代化方案遭到挫折,但是我们必须认识到他们不只是旧社会顽固的残余。他们被现代主义者们塑造成这样,但事实上他们也是中国现代变革的产物。如果我们仍然受到现代主义精英的话语所支配的文化史的束缚,那么中国的现代性看起来将与西方的没有区别:又是一个关于纪律、理性、商品化、军事化、国家、个人、主体性和(理所当然的)抗拒的故事。但是如果我们能把这类人带进我们的研究范畴里,认识到他们所建立起来的联系既使得普通人能在现代社会里生活下去,又使现代主义精英们加强秩序的方案遭到挫折。这样我们就能对二十世纪中国独特的现代性得到更好的认识。

参考文献

Apter, David E. and Tong Saich, 1994, *Revolutionary Discourse in Mao's Republic*, Cambridg: Harvard University Press(阿普特和赛茨:《毛的共和国的革命话语》)。

Brey, Francesca, 1997, *Technology and Gender: Fabrics of Power in Late Imperial China*, Berkley: California University Press(布雷:《科技与性:中华帝国晚期的权力网络》)。

Duara, Prasenjit, 1988, *Culture, Power and the State: Rural North China, 1900—1942*, Stanford: Stanford University Press(杜赞奇:《文化、权力和国家:

1900—1942 年的华北农村》)。

——1995, *Rescuing History from the Nation: Questioning Narratives of Modern China*, Chicago: Chicago University Press(杜赞奇:《从国族中拯救历史:质疑现代中国的叙述》)。

Elvin, Mark, 1974, *The Chinese City Between Two Worlds*, Stanford: Stanford University Press(伊懋可:伊懋可和施坚雅的序言,《两个世界之间的中国城市》)。

Esherick, 1995, *Ten Themes on the Chinese Revolution*, *Modern China*(周锡瑞:《中国革命的十个主题》,《现代中国》第 21 卷第 1 期,第 45—76 页)。

——*Remaking the Chinese City: Modernity and National Identity*, 1900—1950 Honolulu: University of Hawaii Press(周锡瑞,1999,《重建中国城市:现代性与国家认同,1900—1950》)。

Fitzgerald, John, 1996, *Awakening China: Politics, Culture and Class in the Nationalist Revolution*, Stanford: Stanford University Press(费约翰:《觉醒的中国:国民革命时期的政治、文化和阶级》)。

——*In The Scales of History: Politics and Culture in Twentieth-Century China*, *Twentieth-Century China*(费约翰:《在历史的巅峰上:二十世纪中国的政治与文化》,《二十世纪中国》杂志)。

Fu, Poshek, 1993, *Passivity, Resistance and Collaboration: Intellectual Choices in Occupied Shanghai*, 1937—1945, Stanford: Stanford University Press(傅葆石:《顺从,抗拒和合作:上海沦陷后的文化选择,1937—1945》)。

Gallin, Bernard and Rita S. Gallin, 1974, *The Integration of Village Migrants in Taipei*, Stanford: Stanford University Press(加林夫妇:《台北农村移民的融合》,参见伊懋可和施坚雅,《两个世界之间的中国城市》)。

Goldstein, Joshua, 1999, *Theatrical Imaginations: Beijing Opera and China's Cultural Crisis*, 1900—1937, Ph. D. diss., University of California at San Diego(葛以嘉:《戏剧想象:京剧和中国的文化危机,1900—1937》)。

Hanwell, Nrman D., 1937, *The Dragnet of Local Government in China*, *Pacific*

Affairs(汉韦尔:《中国地方政府网络》),《太平洋问题》第 10 卷第 1 期(春季号),第 43—63 页。

Hershatter, Gail, 1986, *The Workers of Tianjin, 1900—1949*, Stanford: Stanford University Press(贺萧:《天津工人,1900—1949》)。

——1997, *Dangerous Pleasures: Prostitution and Modernity in Twentieth-Century Shanghai*, Berkley: California University Press(贺萧:《危险的愉悦:二十世纪上海的色情业和现代性》)。

Hofheinz, Roy, 1977, *The Broken Wave: The Chinese Communist Peasant Movement*, 1922—1928, Cambridge: Harvard University Press(霍夫海因茨:《破碎的浪潮:1922—1928 年中国农村共产主义运动》)。

Honig, Emily, 1986, *Sister and Strangers: Women in the Shanghai Cotton Mills*, 1919—1949, Stanford: Stanford University Press(韩起澜:《姊妹与陌生人:上海棉纺厂中的妇女,1919—1949》)。

——1992, *Creating Chinese Ethnicity: Subei People in Shanghai*, 1850—1980, New Haven: Yale Univrersity Press(韩起澜:《创造中国种族:苏北人在上海,1850—1950》)。

Huang, Philip C. C., 1985, *The Peasant Economy and Social Change in North China*, Stanford: Stanford University Press(黄宗智:《华北农村经济和社会变迁》)。

——1990, *The Peasant Family and Rural Development in the Yangzi Delta*, 1350—1988, Stanford: Stanford University Press(黄宗智:《长江三角洲的农民家庭和农村发展,1350—1988》)。

Huang Shu-min, 1989, *The Spiral Road: Change in a Chinese Village Through the Eyes of a Communist Party Leader*, Boulder, Colorado: Westview Press(黄树民:《螺旋形道路:一名共产党领导人眼中的中国农村的变化》)。

Kirby, Williain C., 1984, *Germany and Republican China*, Stanford: Stanford University Press(柯伟林:《德国与中华民国》)。

Link, Perry., Jr., 1981, *Mandarin Ducks and Butterflies: Popular Fictions in Early*

Twentieth-Century Chinese Cities, Berkley: California University Press(林培瑞:《鸳鸯蝴蝶派:二十世纪早期中国城市通俗小说》)。

Lu Hanchao, 1999, *Beyond the Neon Lights: Everyday Shanghai in the Early Twentieth-Century*, Berkley: California University Press(卢汉超:《霓虹灯之外:二十世纪早期上海的日常生活》)。

Macauley, Melissa, 1998, *Social Power and Legal Culture: Litigation Masters in Late Imperial China*, Stanford: Stanford University Press(麦考莱:《社会权力和法律文化,中华帝国晚期的讼师》)。

Mote, F. W., 1977, *The Transformation of Nanking*, 1350—1400, Stanford: Stanford University Press(牟复礼:《南京的变迁,1350—1400》,参见施坚雅《两个世界之间的城市》第 101—153 页)。

Ruf, Gregory, 1998, *Cadrers and Kin: Making a Socialist Village in West China*, 1922—1991, Stanford: Stanford University Press(鲁夫:《干部和亲族,在中西部建造一个社会主义村庄,1921—1991》)。

Schoppa, R. Keith, 1982, *Chinese Elites and Political Change: Zhejiang Province in the Early Twentieth Century*, Cambridge: Harvard University Press(萧邦奇:《中国精英和政治变动:二十世纪初期的浙江省》)。

Schudson Michael, 1989, *How Culture Works: Perspectives from Media Studies on the Efficacy of Symbols*, *Theory and Society*(舒德逊:《文化怎样发挥作用,从媒体研究的角度考察符号的效力》,《理论与社会》第 18 卷 2 期,第 153—180 页)。

——1997, *Paper Tigers: A Sociologist Follows Cultral Studies into The Wilderness*, Lingua Franca(August)(舒德逊:《纸老虎:社会学家为研究文化而进入荒远地带》第 49—56 页)。

Shao, Qin, 1998, *Tempest Over Teapots: The Vilification of Teahouse Culture in Early Republic China*, *Journal of Asian Studies*(邵勤:《茶壶上的风浪:民国初期对茶馆文化的非议》,《亚洲研究》第 57 卷 4 期,第 1009—1041 页)。

Sperber, Dan, *Anthropology and Psychology: Toward an Epidemiology of Repre-*

sentations, *Man*(斯佩柏:《人类学和心理学:表征的传染病学初论》,《人》第20号第73—89页)。

Tilly, Charles, 1984, *Big Structures, Large Processes, Huge Comparisons*, New York: Russell Sage Foundation(蒂利:《大结构,长过程,大比较》)。

Wasserstorm, Jeffery N., 1991, *Student Protest in Twentieth-Century China: The View from Shanghai*, Stanford: Stanford University Press(瓦瑟施特伦:《二十世纪中国的学生运动;上海的视角》)。

Yan Yun-xiang, 1996, *The Flow of Gifts: Reciprocity and Social Networks in a Chinese Village*, Stanford: Stanford University Press(阎云祥:《礼物的流动:一个中国村庄里的依存关系和社会网络》)。

Yeh Wen-hsin, 1990, *The Alienated Academy: Culture and Politics in Republican China, 1919—1937*, Cambridge: Harvard University Council on East Asian Studies(叶文心:《分裂的学园,中华民国时期的文化与政治,1919—1937》)。

(戚学民 译)

(原载《中国学术》第一辑)

上海的历史与历史中的上海

钱曾瑗(美国佛罗里达大学)

在过去15年里,美国的中国现代史研究发生了一种逐渐的、然而又是显而易见的转变。[1]对于最为迷人的地点——上海的历史的研究兴趣是此转变的突出例子。十年来,标题中含有上海字样的著作层出不穷,而内容与上海有关的就更多了。如果从广阔一点的历史编纂的背景来看,这一研究中心的重新定向是相当惊人的。如一位研究民国上海的专家杰弗里·瓦瑟卓姆(Jeffrey Wasserstrom)所指出的,直到二十世纪八十年代,在那些本土的历史学者之外,对于上海历史的研究兴趣还相当少见。[2]比如,上海研究的先驱学者罗兹·墨菲(Rhoads Murphey),虽曾在1953年把他的著作命名为《上海:现代中国的钥匙》[3],但20年后他对中国城市作为一种变革力量的可能性却表示悲观。墨菲在1970年发表的一篇有广泛影响的论文中指出,像上海这样的通商口岸从来没有被真正整合进中国宏大的经济社会风景之

1 尽管本文也会偶尔提到美国之外的学者们最近有关上海历史的研究,但首先是以美国学术界为中心的。而且,关于上海的著作数量惊人,即便是在英语写作的范围内,本文也不能说是囊括无遗。本文的目的是想有选择地介绍一些最能反映过去20年里清末民国时期上海研究的趋向的出版物。

2 杰弗里·瓦瑟卓姆:《定位旧上海:放到合适的地方去》(Jeffrey Wasserstrom, "Locating Old Shanghai: Having Fits about Where It Fits"),收入周锡瑞编:《重新打造中国城市:现代性与民族认同,1900—1950》(Joseph Esherick, ed., *Remaking the Chinese City: Modernity and National Identity, 1900—1950*. Honolulu: University of Hawaii Press, 2000),第202页。

3 罗兹·墨菲:《上海:现代中国的钥匙》(Rhoads Murphey, *Shanghai: Key to Modern China*. Cambridge, MA: Harvard University Press, 1953);中译本:上海社科院历史研究所编译,上海:上海人民出版社,1986年。

中。因而,他认为这些城市对中国发展的实质性影响是相当有限的。[4]实际上,当时美国学术界对中国现代史的学术兴趣更倾向于集中在探讨中国革命的原因和进程上。对大多数人来说,这就意味着突出中国农村的问题,而忽视了城市。显而易见,结果是产生了一长串出版物的名单——论题包括农民起义的历史谱系、帝国主义的冲击、社会分化和动员的过程、经济的运作等。它们影响这一领域长达20年之久。[5]而另一方面,除了少数几处例外,城市在现代中国的发展过程中的地位至多被排在第二位。[6]学院中的许多人或许是接受了毛主义者的假设,即通商口岸从某种意义上说并不是"真正意义上的中国",它们被视为帝国主义势力的巢穴;这种观点对中国历史研究有过几十年的影响,哪怕不占统治地位。

大量复杂的、彼此相关的因素反映了研究进程中最近的变化。我在这儿将简略地提一下其中最明显的几种因素。就中国研究本身来说,一股明显的推动力来自邓小平于二十世纪七十年代末倡导的改革,它又一次把沿海城市推到了领袖眼中的中国未来的最前沿。20年来全球化的影响,也在

4 罗兹·墨菲:《通商口岸和中国的现代化:错在哪里?》(Rhoads Murphey, "The Treaty Ports and China's Modernization: What Went Wrong?", Michigan Papers in Chinese Studies, No. 7[1970])。同一文章修改后收入伊懋可、施坚雅编:《两个世界之间的中国城市》(Mark Elvin and G. William Skinner, eds., *The Chinese City Between Two Worlds*. Stanford: Stanford University Press, 1974),第17—71页。

5 关于对影响美国学术界的主要范式的有价值的讨论,可以参考柯文:《在中国发现历史》第二版(Paul A. Cohen, *Discovering History in China: American Historical Writings on the Recent Chinese Past*. New York: Columbia University Press, 1997)。

6 最有名的不合潮流的例外是三本关于中国城市研究的论文集,均由斯坦福大学出版社于二十世纪七十年代出版:J. W. 刘易斯编《共产主义中国的城市》(*The City in Communist China*, edited by John W. Lewis, 1971);伊懋可、施坚雅编《两个世界之间的中国城市》(*The Chinese City Between Two Worlds*, edited by Mark Elvin and G. William Skinner, 1974);施坚雅编《中华帝国晚期的城市》(*The City in Late Imperial China*, edited by G. William Skinner, 1977)。这几本论文集中有数篇论文,尤其是伊懋可和苏珊·曼·琼斯的文章,与上海有关,并且奠定了相关研究的最近的丰富成果的基础。其他较早的城市研究还有大卫·巴克斯:《中国的城市的变化:山东济南的政治和发展,1890—1940》(David D. Buck, *Urban Change in China: Politics and Development in Tsinan, Shantung, 1890—1940*. Madison: University of Wisconsin Press, 1978)。

广泛的学术团体中再次引发了从多种学科的视角研究世界各地的城市的兴趣。在当今时代,“世界都市”(global city)成为思想、资本、技术、社会实践以及人口转移和交换的枢纽,这一现象越来越引起重视。有人认为,城市是经济、社会变革的强有力的发动机,它代表了现代性的可能性。还有人认为,城市体现了那些表征现代的多重而且经常相互矛盾的因素。尽管存在种种不同的解释和强调,多数人都同意,城市是值得探究的一个丰富、复杂而且重要的着眼点。

在中国城市研究方面,法国历史学者白吉尔夫人(Marie-Claire Bergere)是最早对墨菲关于通商口岸的作用的消极判断提出修正意见的学者之一。白吉尔夫人长期致力于研究中国的资产阶级在晚清和民国时期的兴起,她对上海的历史早已是耳熟能详了。[7]在发表于1981年的论文《另一个中国:1919—1949年的上海》中[8],她作了一个乐观的论断:上海代表了中国的另外一种传统,它长期“被政治、官僚和集权力量所压制”。[9]白吉尔夫人承认,上海是“少数人的中国”,亦即资产阶级、工人和知识分子的中国。或许可以把它看作“另一个中国”,但它也是“和农村中国一样真实的中国,深深地植根于商业阶层的传统之中,却又以开放的姿态面对新的世界以及它在这个世界中的位置”。[10]她最后提出,“四个现代化”的政策将会有利于“另一个中国”的复归。中国沿海城市20年来的再度繁荣,显然已经验证了白吉尔夫人敏锐的观察。

---

7 这些年来白吉尔夫人已经用法语和英语发表了不少成果。她关于资产阶级研究的最有名的作品包括:论文,《资产阶级的角色》(“The Role of the Bourgeoisie”),收入芮玛丽编:《变革中的中国:第一阶段,1900—1913》(Mary Wright, ed., *China in Revolution: The First Phase, 1900—1913*. New Haven: Yale University Press, 1968);著作,《中国资产阶级的黄金时代,1911—1937》(*The Golden Age of the Chinese Bourgeoisie 1911—1937*, trans. Janet Lloyd. Cambridge: Cambridge University Press, 1989)。她使用的许多材料均与上海有关,而且中国资产阶级的典型亦出自上海。

8 白吉尔夫人:《另一个中国:1919—1949年的上海》,收入克里斯托弗·豪编:《上海:一个亚洲都市的变革和发展》(Christopher Howe, ed., *Shanghai: Revolution and Development in an Asian Metropolis*. Cambridge: Cambridge University Press, 1981),第1—34页。更早的法语版,载《年鉴》(“Shanghai ou l' autre Chine, 1919—1949,” *Annales: Economies, Societes, Civilisations*, No. 5(1979), 1039—1068)。

9 同上书,第34页。

10 同上。

然而,由上海所代表的中国的另一种传统,其内容是什么呢?白吉尔夫人把它描述为“现代、民主和国际化”[11],但是其中的内涵是什么,她并没有展开说明。尽管研究者开始争先恐后地投入上海历史的研究,然而很快就清楚了,这一论题并不好对付。首先,上海并不是一个统一的地方。它有复杂的地理和多种多样的居民区,看起来不像是一个上海,而是许多不同的上海。从各方面(物质方面、司法权方面)看,这是一个四分五裂的城市:公共租界、法租界、清上海的县城,由各种各样的人混居。在工业家、工人、激进的知识分子和学生的上海之外,还有另外一些人的上海,其中有暴徒、妓女、小市民、官僚和策划的专家、电影演员、各式各样的卖艺者,还有寄居者、移民和过客,更不用说那些官场上的显贵、一贫如洗的冒险家,以及那些来自国内外的穷苦难民了。是否如白吉尔夫人所说的,把所有这一切综合在一起,构成一条特殊的历史轨迹,就会有助于我们筹划中国的未来呢?也许还应该继续商讨。可无论如何,它们使得我们可以藉此体会“东方巴黎”复杂、多重的政治、社会和文化构成,并可以按照这种方式,将二十世纪九十年代以及未来美国的中国研究中最具有活力的一个课题继续开创下去。

上 海 概 述

虽然并不缺乏有关上海的手册和一般性介绍,但长期以来,用英语写作的关于这个城市的通论却出奇的少。随着对城市中国的兴趣的重新出现,1987 年出版了一本关于上海在晚清和民国时期的演变的内容丰富的著作,作者是香港的历史学者魏培蒂(Betty Peh-t'i Wei)。[12]然而,尽管此书以第

11　白吉尔夫人:《另一个中国:1919—1949 年的上海》,收入克里斯托弗·豪编:《上海:一个亚洲都市的变革和发展》(Christopher Howe, ed., *Shanghai: Revolution and Development in an Asian Metropolis*. Cambridge: Cambridge University Press,,1981)。更早的法语版,载《年鉴》(“Shanghai ou l' autre Chine, 1919—1949,” *Annales: Economies, Societes, Civilisations*, No. 5(1979), 1039—1068)。

12　《上海:现代中国的熔炉》(*Shanghai: Crucible of Modern China*. New York: Oxford University Press)。魏后来又写了一个简编本,题为《旧上海》(*Old Shanghai*),亦由牛津大学出版社出版(1993)。

一手的研究为基础，而且含有文献目录和词汇表，却和许多其他有关上海的著作一样，也是写给非专业的读者看的。此书没有任何注释。[13]最近问世的介绍上海在十九世纪以前数百年来的历史发展过程的学术性著作，就是琳达·库克·约翰逊的《上海：从集镇到通商口岸，1074—1858》。[14]如标题所示，约翰逊的主要贡献是她对这一城市的过去一段以前经常被忽视的时期的研究。其实，约翰逊的目的首先是记录上海作为一个重要贸易中心的出现，而不是在鸦片战争之后如何变成一个通商口岸。在《南京条约》(1842年)签订之前很久，据约翰逊所说，若干世纪以来，上海早就成长为江南经济区的重要的一部分了。进而，约翰逊批评墨菲和白吉尔夫人将上海视为"另一个中国"；她还提出，条约仅仅对这个城市产生了有限的影响。尽管学者们都认为上海在十九世纪中期以前并不仅仅是一个"渔村"，但约翰逊是否估计过高，并非不存在疑问。尤其是，假定她的叙述只到上海变成一个通商口岸为止，那么她的证据是否足够对于将上海视为"另一个中国"的观念构成挑战，这一点也还不够清楚。[15]可不管怎么说，对于那些需要一本有关上海早期历史的概论的人说来，约翰逊的著作是一本有用的参考书。

与约翰逊的研究不同，过去十年里涌现出来的上海历史研究主要是限定在通商口岸这一时期。然而，他们对这个城市的细部的描述又是各不相同的。在某些研究中，上海的城市形象仅仅是作为相对较大的历史叙述或者问题的背景。另外一些研究则在探讨城市环境和分析历时性变化二者结合方面做得比较成功。一般说来，直到最近，与在中国研究领域里社会史的大行其道相一致，大多数论著对于实际的城市本身的关注并不超过对于那

13　看来市场上流行的还是通俗的上海历史著作，最新的一本是斯特拉·董的《上海：一个颓废城市的兴起和衰落》(Stella Dong, *Shanghai: The Rise and Fall of A Decadent City*. New York: William Morrow, 2000)。

14　琳达·库克·约翰逊：《上海：从集镇到通商口岸，1074—1858》(Linda Cooke Johnson, *Shanghai: From Market Town to Treaty Port, 1074—1858*. Stanford: Stanford University Press, 1995)。

15　约翰逊也曾一度承认，墨菲和白吉尔夫人所用的时间框架不同、视角不同，两者之间的歧异亦由此而生。见约翰逊：《上海：从集镇到通商口岸，1074—1858》，第13页。

些居民们上演的话剧的兴趣。[16]但是，如我们在下文的讨论中将要看到的，情况已经在发生变化。特别是，随着"文化研究"作为一个研究分支的出现，在历史学者、文学研究者以及其他研究者的作品里，上海逐渐呈现出一种新的光彩。[17]它不再简单地是一个地点（尽管是一个重要的地点）、一个历史事件和过程展开于其中的地点；这个城市本身——它的空间维度和文化维度——倒成了分析和解剖的焦点。换句话说，并不是有些重要的故事发生在上海，而是上海就是故事本身。比如，吸收了多种学科如文学批评和人类学的洞见，新一代的学者检讨了这个城市的物质的和文化的地理，但不是作为背景信息，而是在更为广阔的历史情境中拥有自己的意义和重要性的一种社会结构形式。结果便出现了一幅更为细致、更多侧面的城市图景。确实，正如历史学者瓦瑟卓姆所说，已经到了这样一个时刻：或许最好将"旧上海当作碎片的集合，而不是当作一个综合的整体"。[18]

上 海 居 民

上海社科院的历史学者熊月之告诉我们，"在1843年以前，根本没有上海人。"[19]熊月之并不是说，那时候的上海还没有人，只不过是说那时候它的居民并不一定认同于他们起居劳作的这座城市，而是处于苏州和杭州这些地方的荫庇之下。他把独特的上海人身份的形成定位在十九世纪末期，与此相伴随的是大都市的兴起，它自我宣称是最重要的经济和文化中心。

16　关于中国研究领域内社会史的"兴起"的细致的概述，可以参见杰弗里·瓦瑟卓姆：《评论：转向中国革命的社会史研究》第一节"一个研究领域的进展"，以及第二节"这一领域的现状"，载《社会史》（Jeffrey Wasserstrom，"Towards a social history of the Chinese Revolution：a review. Part I：the evolution of a field，" *Social History*，Vol. 17：1（1992），pp. 1—21，and "Part II：the state of the field，" *Social History*，Vol. 17：2（1992），pp. 289—317）。

17　参见本文下一节"文化转向"。

18　瓦瑟卓姆：《定位旧上海》，第209页。

19　熊月之：《上海人的形象与身份》，载刘陶陶与科大卫编：《统一与分化：中国的地方文化与认同》（Tao Tao Liu and David Faure，eds.，*Unity and Diversity：Local Culture and Identities in China*. Hong Kong：Hong Kong University Press，1996），第99页。

然而,熊月之也在外在观点和内在观点之间作了区分。从外部来说,那些住在中国其他地方的人比较喜欢对上海人作千篇一律的想象,有些看法也可以说是教条化的。另一方面,“内部的观点”就要复杂多了。[20]的确,近来关于上海的研究表明,无论在晚清和民国有何种上海身份,显然它都是通过阶级和财产差别、性别不平等、同乡联系以及族群和亚族群的紧张来体现的。

傅士卓(Joseph Fewsmith)是较早研究与上海相关的晚清和民国历史的学者之一,他的著作关注的是上海的商业组织。[21]置于城市之中来考察上海的商业组织和形成中的国民党政权之间变动的关系,傅士卓的研究给我们提供了一种富有洞见的分析。但是,傅士卓的关注点主要是国民党政权的性质,他称之为“独裁”(authoritarian),并且将其与两次大战之间欧洲类似的政府相比较。尽管读者可以从中了解民国早期的上海商会的主要特征以及按等级划分的某些分支,但是这本书却对都市本身更为宏大的经济和社会景观几乎未置一词。

谈到上海社会史的研究,我们不得不提到韩起澜(Emily Honig)的《姐妹们和陌生人:上海棉纺厂的女人们,1919—1949》。[22]作为在中国研究领域里考察劳工和女性历史的开创之作,韩起澜所作的研究细致地探讨了工厂里女工的生活和工作状况。韩起澜追溯了这种劳动力的缘由,聚焦于上海历史的一个重要的主题:从晚清最后几十年到民国这段期间,上海的居民大多数是近期的移民。[23]韩起澜关于劳动力构成的讨论,不仅告诉我们乡

---

20 熊月之:《上海人的形象与身份》,载刘陶陶与科大卫编:《统一与分化:中国的地方文化与认同》(Tao Tao Liu and David Faure, eds., *Unity and Diversity: Local Culture and Identities in China*. Hong Kong: Hong Kong University Press, 1996),第102—105页。

21 傅士卓:《民国的政党、国家和地方精英:上海的商业组织和政治,1890—1930》(Joseph Fewsmith, *Party, State, and local Elites in Republican China: Merchant Organizations and Politics in Shanghai, 1890—1930*. Honolulu: University of Hawaii Press, 1985)。

22 韩起澜:《姐妹们和陌生人:上海棉纺厂的女人们,1919—1949》(Emily Honig, *Sisters and Strangers: Women in the Shanghai Cotton Mills, 1919—1949*. Stanford: Stanford University Press, 1986)。

23 如叶文心在其关于民国时期(包括设在上海的)学院的研究中所指出的,在1842年到1949年间,城市人口的十倍的增长主要是乡村农民大量涌入的结果。参见叶

下妇女怎样被招募进上海的棉纺厂工作，而且告诉我们在工人阶级内部的某些裂痕。尤其是，韩起澜对于她所谓的工人中的“族群”分化现象极为敏感，比如说对来自苏北地区的移民的歧视。借此，韩起澜提出了一个有趣的问题：对于平民中的各种分界线，我们应该如何刻画其特征、展示其联系，尤其是在像上海这样社会构成如此复杂的地方。韩起澜自己特别在下面这本书中讨论了这个问题。在《创造中国的族群：苏北人在上海，1850—1980》中，韩起澜说：“阶级，在上海是由乡土身份构成的，而乡土身份的建构又是有关阶级的话语的一部分。进一步说，恰恰是因为这些身份与阶级的联系如此牢不可破，它们才设定了族群（ethnicity）的维度。”[24]实际上，甚至就连有关苏北或者苏北人的地理范围的一个清楚的定义也还不存在，此语仅仅是用来解释身份之形成过程的流动性质。

乡土在理解上海社会时的作用，在裴宜理（Elizabeth Perry）尤其是布赖纳·古德曼（Bryna Goodman）的著作中，得到了进一步的探讨。在他们的研究正式出书之前，我们就在魏斐德（Frederic Wakeman）与叶文心于1992年编辑的论文集中预先了解了他们的成果。回头来看，很显然，这本论文集的出版在“上海研究”作为一个研究分支的形成过程中是一个标志性事件。此书标题特书《上海寄居者》[25]，提醒读者别忘了上海较近的历史是与外地人紧密相关的。这本集子囊括了一群共同关注上海的学者，如本文所论，有关这个城市的方方面面，他们当时或者已经有著作问世，或者即将完成相当分

文心：《被疏离的学校：民国的文化与政治，1919—1937》（Yeh, *The Alienated Academy: Culture and Politics in Republican China, 1919—1937*, Cambridge, MA: Harvard University Press, 1990），第52页。熊月之估计，1885—1935年之间，超过80%的上海居民不是上海本地人。见熊月之：《上海人的形象与身份》，第101页。

24　韩起澜：《创造中国的族群：苏北人在上海，1850—1980》（Honig, *Creating Chinese Ethnicity: Subei People in Shanghai, 1850—1980*. New Haven: Yale University Press, 1992），第4页。

25　魏斐德、叶文心：《上海寄居者》（*Shanghai Sojourners*, Berkeley: Institute of East Asian Studies, 1992）。利用“寄居”这一观念和说法，移民们可以保有这样一种想法：他们的迁移并非永久的，而是仍然和家乡保持着情感和文化的联系。这种想法反过来又引起和增强了乡土身份。

量的研究计划。[26]

裴宜理在其随后的专题研究《上海罢工:中国工人的政治》中附和韩起澜,将讨论工人组织的一章命名为"地方的政治"(the politics of place)。[27]不同之处在于,如裴宜理自己所说的,关于工人的分裂和他们的行动之间的关联,她给出了一种更为肯定的观点。[28]裴宜理也承认,像乡土亲和力、性别或者甚至是年龄等因素有时也会影响工人的团结或者阶级意识的形成。但在她看来,尽管"乡土身份肯定会加剧工人之间的竞争……但是,低估这些地区性联系的组织潜能可能会犯错误。对地域的忠诚(尽管各有各的忠诚)起到了凝聚工人们行动的作用,而不是削弱了工人的战斗力。"[29]

在古德曼的《乡土,城市和国家:上海的地域网络和身份,1853—1937》一书中[30],乡土联系和身份这一问题得到了彻底的研究。与韩起澜、裴宜理不同,古德曼更注重将乡土联系置于国家建构而非阶级形成的背景下看待其作用。古德曼一书的过人之处在于,通过这样一种方式,她把乡土亲和的政治与实践历史化,将其置于具体的背景之下。如其所述,"乡土联系和乡土身份是在特殊的时期产生的,并不简单地是内省的'传统'文化对于人口迁移的反应,而是因为这些组织和身份的产生本身就服务于特殊的变动之经济、政治目的。"[31]同样重要的一点是,她指出乡土身份的政治与国家建设二者之间并不是必然矛盾的。众所周知,一代又一代的中国知识分子都

---

26 除了编者之外,作者还包括:白吉尔夫人、舍曼·科克伦(Sherman Cochran)、布赖纳·古德曼(Bryna Goodman)、贺萧(Gail Hershatter)、韩起澜(Emily Honig)、布赖恩·马丁(Brian Martin)、裴宜理(Elizabeth Perry)、杰弗里·瓦瑟卓姆(Jeffrey Wasserstrom)。

27 裴宜理:《上海罢工:中国工人的政治》(Perry, *Shanghai On Strike: The Politics of Chinese Labor*. Stanford: Stanford University Press, 1993),第一章。在此书的其余部分,裴宜理探讨了工人们如何组织政治行动,以及在烟厂、纺织厂和运输业中的工人组织。

28 同上书,第29页。

29 同上书,第39页。

30 古德曼:《乡土,城市和国家:上海的地域网络和身份,1853—1937》(Goodman, *Native Place, City, and Nation: Regional Networks and Identities in Shanghai, 1853—1937*. Berkeley and Los Angeles: University of California Press, 1995)。

31 同上书,第308页。

曾抱怨,对于建设一个现代国家来说,中国人和血统、土地非同一般的联系是一种阻碍。古德曼将这种说法完全颠倒了过来,甚至主张乡土联系有助于培养一种民族意识。她认为,作为旅居者网络的一部分的同乡组织的发展,实际上使得超越狭隘的"地方主义"成为可能:"在想象中与乡土和乡土共同体相关联的这种方式,通过比附,许可了国民共同体的想象。"[32]

你或许想到了,在古德曼笔下的许多人都从事商业活动。象征上海的商业文化传奇的南京路就是一本新论文集的主题。[33]从百货商店到广告,论文作者们检讨了上海商业的方方面面。此书的编辑者舍曼·科克伦(Sherman Cochran),也发表了他自己的研究成果——关于各种总部设于晚清、民国时代上海的企业的比较研究,题为《遭遇中国人的网络:设在中国的西方企业、日本企业和中国企业,1880—1937》。[34]此书分析了影响中国商业发展的、企业和社会网络之间的相互关系,科克伦称之为"动态的关联"(dynamic interaction)。科克伦说,任一方面都不能完全控制另一方。科克伦发现在他所列举的所有企业中,无论中国的还是外国的,都不得不重视社会网络的存在和重要作用,并且自身采取与之相应的合作等级。另一方面,科克伦也提出,特殊联系,比如以家族关系或者乡土亲情为基础的联系,会不断妨碍社会网络的发展范围。特殊联系尽管或许非常重要、非常普遍,却并不能保证在商业决策上达成一致。在某个给定网络中的紧张、甚或是公开的冲突也并非不为人所知。[35]其实,科克伦对中国的企业内部组织的研究,

32 古德曼:《乡土,城市和国家:上海的地域网络和身份,1853—1937》(Goodman, *Native Place, City, and Nation: Regional Networks and Identities in Shanghai, 1853—1937*. Berkeley and Los Angeles: University of California Press, 1995),第313页。

33 舍曼·科克伦:《创造南京路:上海的商业文化,1900—1945》(Sherman Cochran, ed., *Inventing Nanjing Road: Commercial Culture in Shanghai, 1900—1945*. Ithaca: Cornell East Asia Program, 1999)。

34 科克伦:《遭遇中国人的网络:设在中国的西方企业、日本企业和中国企业,1880—1937》(Cochran, *Encountering Chinese Networks: Western, Japanese, and Chinese Corporations in China, 1880—1937*. Berkeley and Los Angeles: University of California Press, 2000)。科克伦早期研究的重点在烟草工业。参见科克伦:《中国的大生意:烟草业中的中外竞争,1890—1930》(Cochran, *Big Business in China: Sino-Foreign Rivalry in the Cigarette Industry, 1890—1930*. Cambridge, MA: Harvard University Press, 1980)。

35 当然,科克伦注意到也有可能克服社会网络对于特殊联系的过分倚重。当面对

其首要目的就是要对不同时间和地点的商业组织的简单趋同这一观念提出质疑。

如果说科克伦研究上海企业文化的焦点在于制度，叶文心在一篇重要的论文中则使我们得以通过日常实践来瞥见这一文化。在《企业空间，公共时间：上海中国银行的日常生活》中，她把我们带入形成中的这部分现代都市"中产阶级"的世界：他们是"工作卖力的、有教养的、职业的雇员，他们在某个大企业里拥有专门的职位"。[36]比如说，这一群体中的成员的日常生活规律，服从于机械钟表的新式统治。"练习生的一天从黎明到黄昏都完全是计划好的"，叶写到，"他每天按时起床，学习珠算、算术、英文、中文写作。还要学习书法，阅读'有用的杂志、书籍和报纸'，而且——像旧时的儒家书院以及日本人的银行一样——坚持记日记。"[37]就空间而言，银行企图将企业的场地变成"一个独立的世界"。它给雇员提供宿舍，并且接他们来上班。职员们在公司的餐厅吃午餐，还被鼓励参与一些在企业场地里进行的活动和体育锻炼。[38]叶看出，民国时期上海的企业文化和新中国的单位制度之间有某种联系。她的结论是"工作单位，原来是依靠自己设定的共同步调而形成的空间上独立的企业个体，但如今在一个时间节奏下形成的社会，它已成为普遍空间的隐喻。机械时钟，原来是来自欧洲的普通玩具，后来又是西式的资本主义的器械，最后变成了大集体和国家力量的一种工具"。[39]

当然，上海并不仅仅是属于企业和工人的地方。在《二十世纪中国的学生抗议：从上海的视角看》中[40]，杰弗里·瓦瑟卓姆在某些细节方面检讨了

"不可抗拒的机会"或者"来自企业的可怕威胁"时，不同的网络将会结成一体。同前书，第184页。

36 叶文心：《企业空间，公共时间：上海中国银行的日常生活》，载《美国历史评论》(Wen-hsin Yeh, "Corporate Space, Communal Time: Everyday Life in Shanghai's Bank of China," *American Historical Review*, Vol. 100:1[1995],97)。

37 同上书，第107—108页。

38 同上书，第109—110页。

39 同上书，第122页。那个惹人注目的例子，在北京天安门广场上展示的香港回归(1997年7月1日)倒计时，几乎没有必要再提了。

40 瓦瑟卓姆：《二十世纪中国的学生抗议：从上海的视角看》(Jeffrey Wasserstrom,

民国上海学生运动的过程。例如,同乡联系也是学生生活中的一部分——尽管在瓦瑟卓姆看来,它对于学生比起上海的工人“较少决定性的影响”。[41]但是瓦瑟卓姆研究的重点不在这儿。像二十世纪八十年代以来研究世界其他地方的革命或抗议运动的许多学者一样,瓦瑟卓姆关注的不仅是运动的组织和动员策略,他也高度重视学生的集体活动的语言和象征意义。然而,像傅士卓关于商业组织的研究一样,此处瓦瑟卓姆的上海也仅仅是学生们实施他们的抗议计划的地点而已。这是一个从上海看的视角,而不是上海的视角。

不用说,不考虑帝国主义的影响——城市中一大片外国人的控制区以及随处可见的外国人社区,要想理解那些导致民国上海的学生抗议活动的力量是不可能的。如尼古拉斯·克利福德(Nicholas Clifford)在他关于上海的西方人社区的研究中所指出的,“在这个国家没有别的城市,或许在世界上也没有别的城市,外国人可以在不属于他们的土地上掌握如此独立的权力。”[42]1925 年的人口普查发现,与其他通商口岸相比,居住在上海的外国人最为集中,有 37638 人。更重要的是,有超过 100 万人,大约占到这个城市人口的 1/3—1/2,住在国际租界和法国租界内。[43]然而,克利福德对于外国人社区的研究兴趣还没有得到其他历史学者的广泛认同,而且他的研究仅涵盖了一个相对有限的时间框架。[44]填补历史编纂的这一处空白的是一

Student Protests in Twentieth-Century China:*The View From Shanghai*. Stanford:Stanford University Press,1991)。

41　同上书,第 134 页。

42　尼古拉斯·克利福德:《被宠坏了的帝国的孩子:上海的西方人和二十世纪二十年代的中国革命》(*Nicholas Clifford*, *Spoilt Children of Empire*:*Westerners in Shanghai and the Chinese Revolution of the 1920s*. Hanover:University Press of New England,1991)。

43　同上书,第 7 页。

44　当然,也有一些例外。比如:参见克尔·麦克弗森(Kerrie MacPherson)关于十九世纪上海的研究。麦克弗森主要着眼于外国人居住区,描述了对上海居民(包括外国人和中国人)来说,公共卫生在影响上海发展进程方面所起的作用。参见麦克弗森:《茫茫沼泽:上海公共卫生的起源,1843—1893》(MacPherson,*A Wilderness of Marshes*:*The Origins of Public Health in Shanghai*,*1843—1893*. New York:Oxford University Press,1987)。

本新的论文集,《新边疆:帝国主义在东亚的新社区,1842—1953》,编者是英国历史学者罗伯特·比克斯(Robert Bickers)和法国学者克里斯琴·亨里厄特(Christian Henriot)。[45]其中有六篇论文——超过此书的半数——特别关注上海研究。编者提示,帝国主义在东亚的历史还仅仅是在"关于镇压、耻辱、抵抗和解放的民族主义叙述"中被提到,而且"殖民主义在东亚的社会史也很少有人注意"。[46]此书作者们探讨了上海各种外国人的社区,描述了他们的生活、运转的模式以及身份形成的过程。[47]这些外国人来自世界各地,来自不同的阶级。我们得知,还有一些过客和移民,他们追逐着自己的利益,"在帝国的间隙里,在条约合法的边缘灵活地运动,利用治外法权,以及由殖民地公民身份和移民自治所提供的灰色区域,追求他们自己的目的"。[48]这本论文集是否实现了它挑战"有关通商口岸的现存的主流意见"的目标还很难说[49],其原因部分在于,还不能肯定确实存在这些所谓主流意见。不过,显然它为进一步的探讨开辟了一个富有成果的领域。

然而,在外国人社区或者南京路的光彩之外,还有一个不同的上海:大多数上海居民——亦即所谓的小市民和城市贫民——所认识的上海。关于这些常常被忽略的群体的生活和工作状况,卢汉超在《霓虹光圈之外:二十世纪初上海的日常生活》一书中[50],为我们作了一些迷人的,而且常常是多姿多彩的描绘。卢汉超的目的是要陈述基于这个城市的普通中国居民的经

---

45 罗伯特·比克斯和克里斯琴·亨里厄特:《新边疆:帝国主义在东亚的新社区,1842—1953》(Robert Bickers and Christian Henriot, *New Frontiers: Imperialism's New Communities in East Asia, 1842—1953*. Manchester: Manchester University Press, 2000)。

46 同上书,第1页。

47 本书所收研究上海的论文讨论了日本人、英国人、俄国人、德国人、美国人和巴格达犹太人的社区。

48 同上书,第5页。还可以参考罗伯特·比克斯的研究《中国的英国人:社区,文化和殖民主义,1900—1949》(Robert Bickers, *Britain in China: Community, Culture and Colonialism, 1900—1949*. Manchester: Manchester University Press, 1999)。

49 同上书,第10页。

50 卢汉超:《霓虹光圈之外:二十世纪初上海的日常生活》(Hanchao Lu, *Beyond the Neon Lights: Everyday Shanghai in the Early Twentieth Century*. Bekeley and Los Angeles: University of California Press, 1999)。

验之上的上海社会史。他的工作及时地提醒我们，构成旧上海的不仅仅是那些我们已经习惯阅读的东西。同时，卢汉超也正确地指出，15 年之前由柯文提出、并得到许多历史学者拥护的“以中国为中心”的研究方式，可能会轻易地掉进简单寻找“西方事物的中国对应物”的陷阱，因而有“以西方经验为基础将中国历史概念化或者歪曲中国历史以适应源自西方的理论模式的危险”。[51]但是，卢汉超坚持认为，他对于普通上海人的生活的描绘表明了“传统的持续”，这一点也是成问题的，它有可能把我们再次引向“传统”与“现代”的简单二分法，那是八十年代中期以来就已经普遍拒绝了的观念。[52]“传统是很顽强的”，卢汉超这样说，“因为它的根基既非中国的上层建筑，亦非外国人带来的外来文化，而是人们的日常生活”。[53]但是，那些较少有机会接触新式的卫生设施或者还居住在旧式房屋中的人就被称之为“传统”吗？在一个飞速变化的世界中，下层社会就总是受传统束缚的吗？“传统”，到底意味着什么？最重要的是，“传统”仅仅是“现代”的对立面吗？抑或，在二十世纪上海的整体背景之中，另有一些别的意味？卢汉超的论证引出的问题或许并不比他解答的少。

政治的干涉

关于上海的历史写作常常传达出这样一种印象：这个城市几乎完全是由商业和贸易的力量来推动的。林恩·怀特（Lynn White III）在 1981 年曾经提到：“上海在 1949 年之前的现代化是由私人的商业利益所刺激的，而非由法令或者政府的直接行为所驱动。之所以进展很慢，盖因为它是无计划的。”[54]小帕克斯·科布尔（Parks Coble，Jr.）关于国民党政权和上海的商业

---

51 卢汉超：《霓虹光圈之外：二十世纪初上海的日常生活》（Hanchao Lu，*Beyond the Neon Lights：Everyday Shanghai in the Early Twentieth Century*. Bekeley and Los Angeles：University of California Press，1999），第 18 页。还可以参考柯文《在中国发现历史》第四章。

52 比如，参见柯文《在中国发现历史》第二章。

53 卢汉超：《霓虹光圈之外》，第 322 页。

54 林恩·怀特：《现代上海的历史进程中的非政府主义》，载劳伦斯·J. C. 马和

团体之间关系的研究看来是确证了政府和城市成长之间的分裂关系。在《上海资本家与国民党政府,1927—1937》一书中,科布尔认为,二者关系的“特征是政府竭力从政治上削弱城市资本家,压榨经济领域内的现代化部门。南京政府的政策重心是税收,而不是资本家的福利或者经济发展的可能性。”[55]又比如,他进一步提到,当蒋介石在北伐之后想加强权力时,帮会组织担当了一个重要角色,其中也包括对上海工商业精英采取胁迫的手段。民国上海政治的这一诡谲的一面——在合法社会边缘活动的帮会的角色——最近也有人加以研究,亦即布赖恩·马丁(Brian Martin)的《上海的青帮:政治与犯罪组织,1919—1937》一书。[56]

像古德曼关于同乡组织的研究一样,马丁并没有用“中国传统”这一简单的术语来描述帮会的意义——更具体地说,此处应该是所谓秘密社会的传统。相反,马丁将帮会正在发展的力量置于民国上海飞速变化的政治和社会环境中具体地加以考察。比如说,这个城市四分五裂的管辖权就给青帮提供了活动空间。它的头子被召进公共租界和法租界的公安组织,得到了殖民势力的保护。另一方面,中国的当权者试图把流氓在外国租界的存在引向有利于他们的方向,通过和青帮的勾结来延伸他们的政治势力。正是在这一背景下,青帮取得了它对这个城市的毒品、赌博、高利贷和劳工市

爱德华·W.汉廷编:《现代中国城市的发展》(Laurence J. C. Ma and Edward W. Hanten, eds., *Urban Development in Moriern China*. Boulder: Westview Press, 1981),第52页。

55 帕克斯·科布尔:《上海资本家与国民党政府,1927—1937》(Parks Coble, *The Shanghai Capitalists and the Nationalist Government, 1927—1937*. Cambridge, MA: Harvard University Press, 1980),第3页。本书大部分章节谈论民国上海的政治,中心是国民党。关于共产党的活动状况,可以参考帕特丽夏·斯特拉那汉:《在地下:上海共产党和生存的政治》(Patricia Stranahan, *Underground: The Shanghai Communist Party and the Politics of Survival*. Lanham: Rowman and Littlefield, 1998)和史蒂夫·史密斯:《筑路:共产党在上海,1920—1927》(Steve A. Smith, *A Road is Made: Communism in Shanghai, 1920—1927*. Honolulu: University of Hawaii Press, 2000)。

56 布赖恩·马丁:《上海的青帮:政治与犯罪组织,1919—1937》(Brian Martin, *The Shanghai Green Gang: Politics and Organized Crime, 1919—1937*. Berkeley and Los Angeles: University of California Press, 1996)。

场的控制权。在勾画帮会和国民党政府的关系方面，马丁比科布尔走得更远。在马丁看来，青帮在三十年代就已经完全吸收进了他所谓的国民党政府“社团主义(corporatism)”。青帮首脑在当地的政治和公共机构中活动，而这些机构则“充当了政权和资产阶级之间的媒介”。青帮同时也“既属于国民党官方的工会组织，又是城市经济正在扩展的政府份额的一部分”，因而，“成了国民党在上海的官方权力的结构中一种固有的成分”。[57]

马丁的研究表明，在民国上海，政府和社会之间的关系是错综复杂的；而且，仅仅用经济力量来描述上海的发展也过于简单化。显然，这也正是克里斯琴·亨里厄特的《上海，1927—1937：城市力量、地方性和现代化》所要指出的事实。[58]亨里厄特提醒我们注意政治权威的多种层次，并且指出了地方政府为了塑造上海的未来而做的深思熟虑的工作。亨里厄特发现，在1927年国民党控制这个城市之前，上海的中国人居住区实际上是“处于一种长达15年的‘管理不良’状态”。[59]但是，他指出新的地方政府，在资源匮乏的情况下，投入了许多工程，其中包括市镇规划、发展教育和公共卫生。他也对科布尔的发现做出了修正，如其所说，至少从上海地方政府的视角来看，政治权威和资产阶级之间并非敌对的关系。他告诉我们，在上海“资产阶级尚可想保持独立性，甚至在政府和国民党的代表面前也要坚持自己的意见和特权。”[60]但是主动权掌握在政府官员手里。“地方官员都受过良好的训练”，亨里厄特说，“他们是有想法的人，而且能够把想法变成现实。”他们的政策也就是“他们希望在上海引进并且建立的某种现代性的象征”。[61]可以肯定地说，这些人的热情最终会因为资金不足、缺乏政治意志而无法实

57 布赖恩·马丁：《上海的青帮：政治与犯罪组织，1919—1937》(Brian Martin, *The Shanghai Green Gang: Politics and Organized Crime, 1919—1937*. Berkeley and Los Angeles: University of California Press, 1996)，第216页。

58 克里斯琴·亨里厄特著，诺埃尔·卡斯特利诺译：《上海，1927—1937：城市力量、地方性和现代化》(Christian Henriot, *Shanghai, 1927—1937: Municipal Power, Locality, and Modernization*, trans. Noël Castelino. Berkeley and Los Angeles: University of California Press, 1993)。

59 同上书，第169页。

60 同上书，第236页。

61 同上书，第232、233页。

现自己的目标;但是,他们的工作不应该被忽视。

如果亨里厄特的关注点在于上海的政治和现代化,魏斐德则通过一个不同的棱镜来观照国民党为统治这一城市而做的努力。在《管治上海1927—1937》中[62],魏斐德检讨了现代的另一个侧面:国民党政权寻求建立秩序和社会控制的方式。上海的"市民文化",魏斐德说,"始自于维持秩序,而不是增强法制。"[63]在秩序的维持者看来,上海不仅是罪恶和毒品的巢穴,而且是政治上的敌人和危险的破坏分子们的天堂。魏斐德也具体地触及了对管制工作提出的各方面的挑战:这个城市四分五裂的管辖权和治外法权,广泛的腐败堕落,日本入侵的威胁。4000 名警察很难完全解决这个大都市方方面面的要求,需要做出选择。魏斐德发现,尽管"日常的管制工作还在继续应付上海不断增长的犯罪率,……投入对付'赤色分子'的力量越来越多"。[64]

魏斐德关于地方政府的估计与亨里厄特有分歧。例如,与亨里厄特相反,魏斐德认为,1931—1932 年冬天,由日本人进攻上海而引发的危机导致政府势力的增强,从而压过了地方的精英。[65]最具有代表性的例子是上海公共安全局的地位的变化,它反映了"以牺牲市民社会为代价而增强的管理权威"。用魏斐德的话说,"地方独裁——而不是地方民主——成了赢家。"[66]的确,他在此书的结论部分将我们的注意力引到了探讨训导式的政权,亦即"'围墙、空间、机构、规则、话语'这些力量的网络怎样在二十世纪的中国扩张和站稳脚跟,以及在它们的间隙里个人如何生存"。[67]

如果说上海在南京政府控制下的十年已经是一个复杂的地方,1937 年

---

62 魏斐德:《管治上海 1927—1937》(Wakeman, *Policing Shanghai 1927—1937*. Berkeley and Los Angeles: University of California Press, 1995)。

63 同上书,第 46 页。

64 同上书,第 177 页。

65 根据亨里厄特的说法,"占上风的是这样一群人,……他们是能够代表整个上海资产阶级讲话的一个名人的小圈子。"参见亨里厄特:《上海,1927—1937:城市力量、地方性和现代化》,第 102 页。

66 魏斐德:《管治上海 1927—1937》,第 212 页。

67 同上书,第 291 页。

以后,日本人的占领又给它增加了一层复杂性。上海的中国人居住区在1937年11月陷落。但是,直到1941年太平洋战争爆发,外国人的居住区,以享有治外法权和中立地位为名义,一直未被日本人占领。由此产生了所谓的"孤岛"现象。尽管这一术语唤起了一种想象——一块孤立的被包围领土被占领军同国家的其他部分剥离,然而事实并非如此简单。傅葆石(Poshek Fu)在他关于沦陷的上海的知识分子的困境和艰难选择的研究中指出,在战争过程之中,有一个"秘密的但又是巨大的网络,包括情报工作、贸易活动、政治操纵、宣传工作和逃跑路线在内",在"孤岛"和被占领区之间一直运转。[68]傅自己并没有研究这一网络。相反,通过解读精心选择的一些知识分子——如王统照、李健吾以及那些在"古今"群体中的人——的作品,他探测了战时上海的道德—政治危机的情绪和感觉。但是,这个网络——在1937—1941年间产生的混乱、喧嚣并且常常是充满了凶杀的上海世界,却是魏斐德另一本著作《上海劣地》的主题。[69]像傅一样,魏斐德也对抵抗和通敌二者的含混有兴趣。但他探索这一问题没有借助文学作品,而是研究为了争夺妓院和鸦片馆而展开的政治阴谋和斗争的有关记录,更不用说,还有绑架、杀人,以及被国民党、帮会分子和其他类似的通敌的特务机构所出卖的过程。在魏斐德看来,混乱和暴力已经使上海人变得麻木了,这一点也使得日本人在1942—1945年间完全占领上海更为容易。关于日据时期的一些议题,包括"左倾"日本人的异议以及战时上海的电影,在最近由叶文心所编辑的一本论文集中得到了进一步的探讨。[70]

68　傅葆石:《消极、抵抗和通敌:沦陷区上海的知识分子的选择,1937—1945》(*Passivity, Resistance, and Collaboration: Intellectual Choices in Occupied Shanghai, 1937—1945*. Stanford: Stanford University Press, 1993),第31页。

69　魏斐德:《上海劣地》(Frederic Wakeman, Jr., *Shanghai Badlands*. Cambridge: Cambridge University Press, 1996)。

70　叶文心:《战时上海》(*Wartime Shanghai*. New York: Routledge, 1998)。还可以参考伯纳德·沃瑟斯蒂恩:《上海的秘密战争:二战期间不为人知的间谍、密谋和叛逆的故事》(Bernard Wasserstein, *Secret War in Shanghai: An Untold Story of Espionage, Intrigue and Treason in World War II*. Boston: Houghton Mifflin, 1999)。

文化转向

在过去十年里，历史学者所面临的最有趣的问题之一，已经在关于晚清和民国上海的妓女历史的争论中得到了概括。关于这个主题有两本有实质内容的著作，一是贺萧厚达591页的《危险的快乐：二十世纪上海的娼妓与现代性》[71]，一是克里斯琴·亨里厄特的《上海美人：十九到二十世纪中国的妓女和性》[72]，有501页，两书均出版于1997年。在两个历史学家之间，思路的不同和重点的歧异，可以笼统地称之为"文化研究"对历史学家的挑战。

到底"文化研究"或者"新文化史"的研究领域是什么，在学者中难以达成共识，因为这个标签包含了太多的理论倾向和方法倾向。[73]然而，这一领域也有某些共同的特征，文化研究大多产生于对流行的社会科学范式的解释效力的普遍不满。在维多利亚·邦内尔(Victoria Bonnell)和林恩·亨特(Lynn Hunt)那里，历史学家关心的"文化研究"的一种趋势得到了很好的总结。"在文化研究中"，他们说，"因果解释退居次位，甚至被剔除，而对于权

71 贺萧：《危险的快乐：二十世纪上海的娼妓与现代性》(Gail Hershatter, *Dangerous Pleasure: Prostitution and Modernity in Twentieth-Century Shanghai*. Berkeley and Los Angeles: University of California Press, 1997)。

72 克里斯琴·亨里厄特：《上海美人：十九到二十世纪中国的妓女和性》(Christian Henriot, *Belles de Shanghai, Prostitution et sexualité en Chine au XIXe-XXe Siècle*, Paris: CNRS Éditions, 1997)。此书的英文译本题为《上海的妓女与性：一种社会史，1849—1949》(*Prostitution and Sexuality in Shanghai: A Social History, 1849—1949*. Cambridge: Cambridge University Press, 2000)。

73 "文化史"显然也是一个类似的标签。文化史这一新的分支的特殊之处在于，它的研究重心并不仅仅是某一文化的内容；它对"文化"这一概念本身提出了质疑，并且把它当作一种话语和实践的形式来分析，而后者又不可避免地与权力关系的建构相关联。可以参考以下讨论：罗杰·查特著，莉迪亚·G.科克伦译：《文化史》(Roger Chartier, *Cultural History*, Trans. Lydia G. Cochrane. Ithaca: Cornell University Press, 1988)；林恩·亨特编：《新文化史》(Lynn Hunt, ed., *The New Cultural History*. Berkeley and Los Angeles: University of California Press, 1989)；维多利亚·邦内尔和林恩·亨特编：《超越文化转向：在社会与文化研究中的新趋向》(Victoria Bonnell and Lynn Hunt, eds., *Beyond the Cultural Turn: New Directions in the Study of Society and Culture*. Berkeley and Los Angeles: University of California Prass, 1999)。

力的祛魅和解构则取而代之。”[74]假定大多数的历史学者都认为他们的首要任务是阐明历史的变化过程，那么，这种对“因果解释”的忽视不可避免地会引发问题。“文化研究”对于社会概念的挑战，对于历史学者来说，具有同样重要的意义。又如邦内尔和亨特所指出的，“历史社会学家和社会历史学家在社会学范畴的用法上碰头了，卡尔·马克思、马克斯·韦伯、涂尔干……等社会理论的奠基者已经使这些范畴获得了突出的地位，他们花费在研究社会地位和社会关系的影响方面的时间远远超过他们对社会学范畴本身的意义或者操作的探究。”[75]并非过去的历史学者忽视了社会学范畴的疑问性质，而是他们的分析模式通常突出了社会背景和社会属性的问题，模式框架各方面受了范畴本身的限制。正是通过质疑社会的基本地位，“文化研究”引发了关于它的重新概念化(reconceptualization)以及它在历史写作方面的应用的争论。显然，这一议题现在已经渗透到现代中国研究的领域；前面曾提到，从二十世纪八十年代以来，社会史研究已经确立了它的主流地位。在最近有关上海妓女的历史编纂而引发的争论中，亨里厄特看来是更为正统的社会史形式的支持者，而贺萧则更倾向于赞成“文化研究”的洞见。[76]

贺萧欣然承认，她的视角得自于“马克思主义、女权主义、后结构主义”，介于它们之间。[77]在她的导论一章中，小标题是“认识”、“记忆”、“再发明”；

---

74 维多利亚·邦内尔和林恩·亨特编：《超越文化转向》，“导言”，第11页。

75 同上书，第6—7页。邦内尔和亨特一书的作者们严肃地对待“文化转向”提出的挑战，但是，用此书编辑的话来说，“他们拒不接受某些激进的文化论者和后结构主义者所暗示的对‘社会’一词的抹杀。‘社会’一词的意义和地位或许存在问题，这一点对社会史和历史社会学均有影响；但是生活离了它，又是不可能的。”参见该书第11页。

76 还可以参考叶凯蒂：《重新发明礼节：晚清上海妓院中消费者行为的指导手册》(Catherine Vance Yeh, “Reinventing Ritual: Late Qing Handbooks For Proper Customer Behavior In Shanghai Courtesan Houses,” *Late Imperial China*, Vol. 19:2[1998], 1—63)。尽管叶的方法类似于贺萧，但她对那些手册的解读不同于贺萧和亨里厄特，强调的是晚清的妓女从顾客和妓女之间重新安排过的仪式化的关系中得到的好处。还可以参考叶的论文，《制造一个上海身份：晚清妓院手册和新市民的形成》，载刘陶陶、科大卫编：《统一与分化》，第107—123页。

77 贺萧：《危险的快乐》，第10页。

在导论中，她陈述了自己此书的方法论，充分地说明以下的观点：她认为，历史文献最好是作为一种话语形式来阅读。对贺萧来说，对于这些深藏于文献——旅行指南、社会改革者的作品、新闻和杂志、政府记录——中的话语的分析，必须被定义为重构二十世纪上海妓女史的努力的组成部分。换句话说，这些丰富的细节并非仅仅揭示了文献中可能的偏见和矛盾，而是巧妙地承认了，我们接近妓女"现实"的机会总是以我们的文献中各种不同的话语结构为媒介。简单地总结一下，妓女社会史与其说是妓女世界的整体的重构，不如说是历史学者折中历史记录的不同话语的产物。

与此同时，有必要指出这一点：贺萧强调，我们有可能复原妓女留下的踪迹，甚至是她们的声音。她说："在现存的历史记录中，历史学者所看到的、听到的，是各式各样的运动。"[78]与斯皮瓦克在她的名文《贱民会说话吗?》中所作的论证看法不一致[79]，贺萧用肯定的语气回答了斯皮瓦克的修辞问题，尽管还有某些限制。贺萧提出，"在历史记录中，贱民所占有的主体地位并不简单地由那些保存这些记录的精英们所指派；在某种程度上，也受到贱民自身的干涉的影响。"她认为，不同的话语最好能"彼此相联系"地来阅读，而且，"试图使它们顺从于严丝合缝的叙述不仅是不可能的，也是不适宜的。它们相互之间的不和谐之处可以证明恰恰能够进行最有趣的描绘。"[80]因而，在她关于上海妓女的研究中，关于如何重构历史的方法论问题的探讨和重构这一历史过程本身同等重要。

亨里厄特没有将他的文献视为各种不同的话语结构，而是概括地看作信息的集合。亨里厄特非常了解"常常是破碎的文献"所提出的问题，但是

78 贺萧：《危险的快乐》，第25—26页。

79 斯皮瓦克：《贱民会说话吗?》，载卡里·内尔森和劳伦斯·格罗斯伯格编：《马克思主义与文化的解释》(Cary Nelson and Lawrence Grossberg, eds., *Marxism and the Interpretation of Culture*. Urbana and Chicage: University of Illinois Press, 1988)，第271—313页。斯皮瓦克说："贱民是不能发言的。在包罗万象的细目清单里加上'妇女'这样一个假仁假义的词没有什么美德可言。象征意义并未消失殆尽。"("The subaltern cannot speak. There is no virtue in global laundry lists with 'woman' as a pious term. Representation has not withered away.")

80 贺萧：《危险的快乐》，第26、27页。

他的主要关注点是判断何种文献能够提供最有用的材料，可以帮助他进入上海妓女的世界。[81]像贺萧一样，亨里厄特也收集了丰富的材料，但是他表述其发现的方式和贺萧截然不同。贺萧主要是依靠叙述的形式来展示她的材料，从某些分析的开放性和有意的含混中，明显地透出轻松自在，或许还有些自得之感。与此相反，亨里厄特则试图使他的表述有一种精确的意义。秉承在各种社会科学范式的刺激下凸现出来的社会史传统，为了支撑他的陈述，亨里厄特在他这本书里填充了 37 张表格、11 幅地图、5 份图表。[82]还有，他在一篇关于贺萧著作颇为尖刻的书评中，曾经埋怨贺萧“并没有澄清，她在什么时候把她的材料视为对妓女的描写，什么时候视它们为真实生活的记录。”[83]他接下来批评贺萧把她的研究说成是社会史；因为在亨里厄特看来，贺萧主要处理的是以守旧知识分子和现代知识分子的作品为基础的一套话语。[84]显然，亨里厄特倾向于主张“档案材料”才是通向妓女的真实生活的道路。那么，按照他的思路，为了真实地描述上海妓女的世界，首先一点，掌握材料的种类要正确。

这里点出了这一议题的关键：对亨里厄特来说，在“话语”和“真实生活”之间有明确的区分，这是显而易见的，而且必须划清。但是，这种区分显然也有问题，它会引起“文化研究”支持者们的反对；他们认为，如果不首先探讨各种不同话语结构对现实形成的媒介作用，我们就不可能充分明白社会的运作。[85]当然这并不表示文化史家们认为，没有在话语之外的真实；或

81　亨里厄特：《上海美人》(*Belles de Shanghai*)，第 12 页。

82　亨里厄特整本书都是表格、地图和图表，与此相反，贺萧一书仅在叙述的末尾有 6 张表（附了几首诗）。

83　克里斯琴·亨里厄特：《〈危险的快乐〉书评》，载《国际劳工和工人阶级史》(Christian Henriot, “Review of Dangerous Pleasures,” *International Labor and Working Class History*, No. 54(1998), 145)。

84　同上。

85　在贺萧和亨里厄特以前的一场辩论中，贺萧曾经评论亨里厄特同样以上海妓女研究为基础的一篇文章，提出：“在我看来，亨里厄特并没有说清楚，一个具体的陈述何时是‘历史实践’的证据，何时就仅仅是话语的做作(discursive posturing)。”贺萧：《回应》，载《近代中国》(“A Response,” *Modern China*, Vol. 22:2[1996], 165)。亨里厄特的文

者,他们对理解过去的人的社会经验不感兴趣,就像他们的某些批评者故意说的那样。[86]然而,文化史家们通常所坚持的观点是,我们回到过去的机会总是片面的、有争议的,而且关于社会的历史文献——亦即文学作品、政府文件或者统计图表——常常是和某些权力关系相重叠的,而这些权力关系必须首先要进行揭示。从这种观点来看,由像亨里厄特这样的正统社会历史学者所作的话语和真实生活的记录之间的划分,以及在其他情况下,在话语的历史和社会史之间的划分,似乎难以自圆其说。

尽管二者存在差异,贺萧和亨里厄特的著作都大大丰富了我们关于晚清和民国上海妓女的知识。亨里厄特尤其擅长将妓女的经济和地理糅合在一起,而贺萧则清楚地证明了我们对于妓女"问题"的理解与二十世纪的中国政治有着难分难解的联系。同时,他们的分歧也不是细枝末节的差异,对未来的研究方向有着深远的影响。显然,这就是上海文化和社会研究的现状。

正如叶文心在她最近的论文《上海现代性:一个民国城市的商业和文化》中所说,对于就上海文化构成的方方面面的研究兴趣正在学者之间萌生。[87]叶提出,在上海研究的这座富矿里,可以分出两条独立的提问的线索。其一,主要是致力于借助上海这个棱镜探讨国家和社会之间的关系;其二,焦点则在于和商业、文化紧密相关的主题,特别是民国上海是否代表了"一种新的商业文化的诞生地"。[88]此处我们重点讨论的是后一条线索。叶提出了一个有力的说法:尽管那些追随第一条线索的学者主要是以国家背景作为问题的框架,那些对商业和文化感兴趣的学者则更有可能把民国上

章在同一卷中:《从荣耀的宝座到羞耻之席:上海妓女重探(1849—1949)》,第132—163页。

86 关于这些议题的更多的讨论可以参见邦内尔和亨特编:《超越文化转向》(Bonnell and Hunt, eds., *Beyond the Cultural Turn*),尤其是小威廉·H.斯韦尔的文章《文化的概念》(William H. Swell, Jr., "The Concept(s) of Culture")第36—61页。

87 叶文心:《上海现代性:一个民国城市的商业和文化》,载魏斐德和理查德·路易斯·埃德蒙编:《重评民国》(Frederic Wakeman, Jr., and Richard Louis Edmonds, eds., *Reappraising Republican China*. New York: Oxford University Press, 2000),第121—140页。

88 同上书,第123页。

海看作“不仅是国家政治的产物，也是全球化力量的产物”。然而，用简单的东西方二分法来追溯这个城市的文化进程，已经不再为人所接受了。上海的文化构成（从精英到大众）转而要用这样的术语来分析：“不断地试图把外国人本地化，把新奇的东西通俗化”。[89]

但是，叶也注意到，第二条提问的线索本身也包含了各种各样的议题。比如在妓女研究中，学者们就是从许多种不同的视角来展开他们各自的研究计划。因而，他们的主题的范围就包括，“从平凡到崇高，从商业买卖的螺母、螺钉到最抽象、最纯净的人类激情”。[90]并不是说，如此一来，大多数矛盾的研究思路就得到了重视。恰恰相反，正是在对社会和文化的兴趣重新兴起的情况下，在“整合社会经济史家和人文学者的发现”方面，几乎无所作为。[91]可以肯定地说，学科之间缺少对话是一个在中国研究之外也存在的问题。但是很显然，从事现代中国研究的历史学者，除了少数例外，对于“文化研究”的贡献和干扰都保持着相当的免疫力。[92]结果就造成了，在上海文化研究的著作集里，关于“抽象的和崇高的”研究仍然主要是具有某种历史敏感性的文学研究者的领地。

在《中国现代文学于电影中的城市：空间、时间与性别的结构》中[93]，文学研究者张英进探讨了二十世纪中国文学与电影所表现的城市状态和生活，由此凸显了城市的意义。张表明，上海作为一个激动人心而又腐化堕落的城市，专注于追逐金钱和时髦，她这种暧昧不明的声誉，与北京那种符合传统并为知识分子的高雅格调所认同的地方恰成对比；它既是上海具体环

89　叶文心：《上海现代性：一个民国城市的商业和文化》，载魏斐德和理查德·路易斯·埃德蒙编：《重评民国》（Frederic Wakeman，Jr.，and Richard Louis Edmonds，eds.，*Reappraising Republican China*. New York：Oxford University Press，2000），第127、131页。

90　同上书，第122页。

91　同上书，第123页。

92　因为年轻一代的历史学者更加认真地对待“文化研究”对他们的职业提出的挑战，潮流或许正在变化。例如，《立场：东亚文化批评》（*Positions：East Cultures Critique*），这份引领风气的有关东亚“文化研究”的英语杂志，其作者就主要是年轻的学者。

93　张英进：《中国现代文学于电影中的城市：空间、时间与性别的结构》（Yingjin Zhang，*The City in Modern Chinese Literature and Film：Configurations of Space，Time，and Gender*. Stanford：Stanford University Press，1966）。

境的产物,同样也应该说是作家和电影制片人的作品。张英进刚刚编辑了一本论文集,题为《电影与上海的城市文化,1922—1943》;[94]他主要聚集的是一群年轻的学者,其中包括历史研究者。此书的研究主题是民国上海的电影业。

然而,通过整合实物和文本来勾画上海文化轮廓的最有名的尝试,出自李欧梵的手笔。在他最近推出的《上海摩登:一种新都市文化在中国的兴起,1930—1945》一书中[95],李欧梵试图将由一个作家的小圈子的作品所表征的现代文学想象在民国上海的出现置于其情境之中。李欧梵笔下的上海和卢汉超执着的传统主义的世界正相反对:他看到的上海是一个大都市——高楼大厦、百货公司、咖啡厅、舞厅和跑马场,以及由书写文化和视觉文化的繁荣所塑造和改变的社会结构。他告诉我们,一个普通的舞女每月大约的收支是多少;置办一套西装,包括鞋帽在内,要花费几何。[96]归根结底,李欧梵关心的问题是民国上海的社会和文化结构所表现的一种特殊的中国现代性。像叶文心一样,李欧梵也认为研究上海文化的最佳思路是将其视为参与塑造它的各种力量不断调和的过程。提到上海的电影,李欧梵评论道,"与其说它产生的是殖民的模拟(colonial mimicry),倒不如说它导致了各种程度的'中国化'——从对叙述的相似性(比如情节剧的套语)的'误读'到以剧情梗概和时尚杂志文章的形式所作的书面的'重写'——从而将一套中国人的价值观嵌入了外国电影之中。"[97]当然,对于中国现代性的这一表述也并非无可置疑。比如,"一套中国人的价值观"内容到底是什么,这一议题就很有可能引起相当大的争议。尽管如此,李欧梵开创性的工作的确为将来

94　张英进:《电影与上海的城市文化,1922—1943》(Yingjin Zhang, ed., *Cinema and Urban Culture in Shanghai, 1922—1943*. Stanford: Stanford University Press, 1999)。

95　李欧梵:《上海的摩登:一种新都市文化在中国的兴起,1930—1945》(Leo Ou-fan Lee, *Shanghai Modern: The Flowering of a New Urban Culture in China, 1930—1945*. Cambridge, MA: Harvard University Press, 1999)。

96　同上书,第27、131页。

97　同上书,第119页。

研究上海(以及其他地方)的文化史指明了一个或许会收获颇丰的方向。他较多地采用共时性的而非历时性的思路,解析了上海现代性的多重结构,而没有简单地将其置于一种目的论之下,——这种目的论认为,中国将会不可避免地走向一个方程式的现代世界。

附　　记

过去十年来,一度盛行的有关上海的出版物,远未穷尽对于这个城市的研究兴趣,相反,似乎掀起了新的高潮。比如,徐小群关于职业组织的研究已刚刚出版。[98]紧接着还会有其他的专题论文,讨论有关上海的各种主题——电影工业、印刷和出版、说书和商业、戏剧、舞厅等。[99]多数研究属于社会史和文化史的范围。毫无疑问,它们会进一步加深我们关于晚清和民国上海社会的理解,尽管它们与目前关于方法论的争议会有怎样的纠葛还有待观察。不管怎么说,"上海研究"影响已经超出了关于这个城市本身的研究之外。而且,它也将有助于激起一般性的中国城市史研究的兴趣。学者们正在逐渐转向其他的城市,比如北京、天津、哈尔滨、成都、南京,以及扬子江流域下游的其他中心城市。[100] 2000 年 3 月,在圣迭戈(San Diego)举行的亚洲研究学会的年会上,有一个主题讨论中国城市史的分会场,会上讨论的问题多种多样,从不同城市之相互联系的重要性一直到研究城市史应该如何使用视觉材料和书面材料;由此看来,关于未来的中国城市史研究,思路和主题仍将呈现多样性。[101]城市研究已经流行到了这样一种程度:一

98　徐小群:《中国职业人员和民国政府:上海职业组织的兴起,1921—1937》(Xiaoqun Xu, *Chinese Professionals and the Republican State: The Rise of Professional Assciations in Shanghai, 1921—1937*. Cambridge: Cambridge University Press, 2000)。

99　有关以上这些主题的一些初步的研究已经先以论文形式在本文提到的各种最近出版的论文集中发表过。

100　可以参见周锡瑞主编《重新打造中国城市》。

101　与会者的发言发表在《墙壁与市场》杂志上(*Wall and Market*, Vol. 5, Nos. 1 and 2(2000), 12—20)。

个评论者最近在对民国史研究状况的判断中提到，现在需要对农村地区多进行一些探讨。[102]无论如何，历史学是关于现在的学问。至少就当下而言，位于舞台中心的是“另一个中国”。

（岳秀坤 译）

（原载《中国学术》第七辑）

102　R. L. 埃德蒙：《民国研究现状》，载魏斐德和埃德蒙编：《重评民国》（Richard Louis Edmonds, "The State of Studies on Republican China," in Wakeman, Jr. and Edmonds, eds., *Reappraising Republican China*），第5页。